Kohlhammer

Deutscher Gemeindeverlag

W0172042

**Kommunale Schriften
für Niedersachsen**

Herausgegeben vom
Niedersächsischen Städte- und Gemeindebund

Jagdrecht in Niedersachsen

Kommentar

Dr. Heinz Rose
Vorsitzender Richter am Landesarbeitsgericht a. D.

31., überarbeitete Auflage

Kohlhammer
Deutscher Gemeindeverlag

© 2010 · 31., überarbeitete Auflage – erstmals 1963 · Deutscher Gemeindeverlag GmbH und Verlag W. Kohlhammer GmbH Verlagsort: Kiel · Gesamther-
stellung: Deutscher Gemeindeverlag GmbH Kiel · Nachdruck, auch auszugs-
weise, verboten – Alle Rechte vorbehalten · Recht zur fototechn. Wiedergabe
nur mit Genehmigung des Verlages

ISBN 978-3-555-01509-5

VORWORT

zur 31. Auflage

Mit dieser überarbeiteten Auflage wird die Vorschriftensammlung auf den Stand der Gesetzgebung vom 1. August 2010 gebracht.

Der Band enthält alle Bestimmungen, deren Kenntnis für den Jagdbetrieb und für die Verwaltungspraxis erforderlich ist. Ausführlich kommentiert werden das Bundes- und das Niedersächsische Jagdgesetz sowie die Bundeswildschutzverordnung. Die Erläuterungen und Hinweise sollen nicht nur denjenigen zum besseren Verhältnis dienen, die sich auf die Jägerprüfung vorbereiten müssen, sondern auch den beruflich mit Jagd und Jagdrecht befassten Personen sowie Jägern und Grundeigentümern eine möglichst verlässliche und dennoch handliche Arbeitsgrundlage bieten. Um den Umfang des Buches in den durch die Anforderungen von Lehre und Praxis gebotenen Grenzen zu halten, musste (häufig ungern) auf die ausdrückliche Auseinandersetzung mit abweichenden Meinungen, wissenschaftliche Vertiefung sowie Literatur- und weitgehend auf Rechtsprechungshinweise verzichtet werden.

Außer den bereits genannten Bestimmungen sind insbesondere die für den Jäger wichtigen Vorschriften des Waffen-, des neuen Naturschutz- und des Tierschutzrechts, des Waldrechts, des Strafgesetzbuchs, der Tollwut- und der Schweinepest-Verordnung sowie die Unfallverhütungsvorschrift Jagd 2000 der landwirtschaftlichen Berufsgenossenschaft abgedruckt. Die einschlägigen Vorschriften des Sozialgesetzbuches (Unfall- und Haftpflichtversicherung) sowie insbesondere die des Lebensmittel- und des Fleischhygienerechts und des Rechts der Beseitigung tierischer Nebenprodukte werden erläutert und den Bedürfnissen der Praxis entsprechend dargestellt.

Für Kritik und Anregungen, die ich an den Verlag zu richten bitte, bin ich dankbar.

Hannover, im August 2010   Heinz Rose

Zum guten Jäger gehört eine Unruhe im Gewissen angesichts des Todes, den er dem bezaubernden Tier bringt.

José Ortega y Gasset
Meditationen über die Jagd

INHALTSVERZEICHNIS

Inhaltsverzeichnis

Inhaltsverzeichnis

Inhaltsverzeichnis

Inhaltsverzeichnis

ABKÜRZUNGSVERZEICHNIS

AB	Ausführungsbestimmungen
ÄndG	Änderungsgesetz
BAnz.	Bundesanzeiger
BArtSchV	Bundesartenschutzverordnung
BauGB	Baugesetzbuch
BGB	Bürgerliches Gesetzbuch
BGBl.	Bundesgesetzblatt
BJagdG	Bundesjagdgesetz
BML	Bundesminister für Ernährung, Landwirtschaft und Forsten
BMV	Bundesminister für Verkehr
BNatSchG	Bundesnaturschutzgesetz
BVerfG	Bundesverfassungsgericht
BVerwG	Bundesverwaltungsgericht
BWildSchV	Bundeswildschutzverordnung
BZRG	Bundeszentralregistergesetz
CITES	Washingtoner Artenschutzübereinkommen
DJV	Deutscher Jagdschutzverband
E	Erläuterung
EGOWiG	Einführungsgesetz zum Gesetz über Ordnungs- widrigkeiten
EGStGB	Einführungsgesetz zum Strafgesetzbuch
Erl.	Erlass
EU	Europäische Union
FGG	Gesetz über die Angelegenheiten der freiwilligen Gerichtsbarkeit
FlHG	Fleischhygienegesetz
G	Gesetz
Gem.RdErl.	Gemeinsamer Runderlass
GMBl.	Gemeinsames Ministerialblatt
GG	Grundgesetz
GültL	Liste der gültigen Verwaltungsvorschriften
i. d. F.	in der Fassung
JE	Jagdrechtliche Entscheidungen
NJagdG	Niedersächsisches Jagdgesetz
LJagdG	Landesjagdgesetz

Abkürzungsverzeichnis

NWaldLG	Niedersächsisches Gesetz über den Wald und die Landschaftsordnung
LwVfg	Gesetz über das gerichtliche Verfahren in Landwirtschaftssachen
NBauO	Niedersächsische Bauordnung
NGefAG	Niedersächsisches Gefahrenabwehrgesetz
NGO	Niedersächsische Gemeindeordnung
Nieders. oder Nds. GVBl.	Niedersächsisches Gesetz- und Verordnungsblatt
Nieders. GVBl. Sb.	Sammlung des bereinigten Niedersächsischen Landesrechts, Sonderband
Nds. MBl.	Niedersächsisches Ministerialblatt
Nds. MI	Niedersächsischer Minister für Inneres und Sport
Nds. ML	Niedersächsischer Minister für den ländlichen Raum, Ernährung, Landwirtschaft und Verbraucherschutz
Nds. MW	Niedersächsischer Minister für Wirtschaft, Arbeit und Verkehr
NKAG	Niedersächsisches Kommunalabgabengesetz
NAGBNatSchG	Niedersächsisches Ausführungsgesetz zum Bundesnaturschutzgesetz
OLG	Oberlandesgericht
OVG	Oberverwaltungsgericht
OWiG	Gesetz über Ordnungswidrigkeiten
RdErl.	Runderlass
SGB	Sozialgesetzbuch
SOG	Niedersächsisches Gesetz über die öffentliche Sicherheit und Ordnung
StGB	Strafgesetzbuch
StPO	Strafprozessordnung
StVO	Straßenverkehrsordnung
TierNebG	Tierische Nebenprodukte-Beseitigungsgesetz
TierSchG	Tierschutzgesetz
TierSG	Tierseuchengesetz
VO	Verordnung
VSG	Unfallverhütungsvorschrift Jagd
VwVfG	Verwaltungsverfahrensgesetz
WaffG	Waffengesetz

A   Einführung

I. Die Entwicklung des neueren deutschen Jagdrechts beginnt im Jahr 1848. Damals wurde die Berechtigung zur Jagd – bis dahin ein Regal des Landesherrn – untrennbar mit dem Eigentum am Grund und Boden verbunden. § 169 der (Frankfurter) Reichsverfassung von 1849 bestimmte:

„Im Grundeigenthum liegt die Berechtigung zur Jagd auf eigenem Grund und Boden. Die Jagdgerechtigkeit auf fremdem Grund und Boden, Jagddienste, Jagdfronen und andere Leistungen für Jagdzwecke sind ohne Entschädigung aufgehoben…

Die Jagdgerechtigkeit auf fremdem Grund und Boden darf in Zukunft nicht als Grundgerechtigkeit bestellt werden."

In der Folgezeit wurden in den Jagdgesetzen der Länder die wesentlichen das Rechtsgebiet noch heute prägenden Grundentscheidungen getroffen: die Einführung des Revierjagdsystems, von Jagd- und Schonzeiten, des Jagdscheins sowie die Ausbildung des Wildschadensrechts. Durch das Reichsjagdgesetz vom 3. Juli 1934 wurde das Jagdrecht nochmals gründlich umgestaltet. Alle die Jagd betreffenden Landesgesetze wurden aufgehoben, die Zuständigkeit der Länder in Fragen des Jagdrechts beseitigt. Das Jagdrecht wurde Reichsrecht, so dass eine einheitliche Rechtsgrundlage für das gesamte Reichsgebiet entstand. Das Gesetz enthielt Bestimmungen über den Abschussplan und führte eine straffe Organisation der Jagdverwaltung ein. Nach Kriegsende wurde in der amerikanischen und der französischen Besatzungszone das Reichsjagdgesetz aufgehoben. An seine Stelle traten wieder Jagdgesetze der einzelnen Länder. Dagegen blieb es im Gebiet der britischen Zone (Hamburg, Niedersachsen, Nordrhein-Westfalen und Schleswig-Holstein) zunächst – mit Ausnahme der organisationsrechtlichen Teile – weiter gültig.

Eine weitgehend einheitliche gesetzliche Ordnung des Jagdwesens wurde im Bundesgebiet durch das Grundgesetz möglich. Der Bund hatte nach Art. 75 Nr. 3 GG das Recht, unter den Voraussetzungen des Art. 72 GG Rahmenvorschriften u. a. über das Jagdwesen zu erlassen. Er hat davon mit dem Bundesjagdgesetz (BJagdG) Gebrauch gemacht, das am 1. April 1953 in Kraft getreten ist.

Im BJagdG wurden alle wesentlichen die Jagd betreffenden Vorschriften, und zwar sowohl des Jagdverwaltungsrechts als auch des Jagdzivilrechts und des Jagdstrafrechts zusammengefasst. Außerhalb blieben jedoch die strafrechtlichen Bestimmungen über Jagdwilderei.

Einführung

Der Gesetzgeber hat die bewährten Regelungen des Reichsjagdgesetzes mit Ausnahme der Organisationsbestimmungen sämtlich übernommen. Allerdings regelt das Bundesjagdgesetz im Gegensatz zum Reichsjagdgesetz seinen Gegenstand, der damaligen Verteilung der Gesetzgebungsbefugnisse zwischen Bund und Ländern entsprechend, nicht vollständig; die Länder hatten das Recht, den vorgegebenen Rahmen durch Landesgesetze auszufüllen und auch ändernde Bestimmungen zu treffen.

Nach einer Änderung des Grundgesetzes durch Gesetz vom 27. Oktober 1994 (BGBl. I S. 3146) besteht die Rahmenkompetenz des Bundes für das Jagdwesen zwar fort (Art. 75 Abs. 1 Nr. 3 GG). Rahmenvorschriften dürfen jedoch nur noch in Ausnahmefällen in Einzelheiten gehende oder unmittelbar geltende Regelungen enthalten (Art. 75 Abs. 2 GG). Einige Teile des BJagdG könnten nach dieser Grundgesetzänderung nicht mehr als Bundesrecht in Kraft gesetzt werden. Vor dem 15. November 1994 erlassenes Recht gilt jedoch als Bundesrecht fort. Durch Bundesgesetz kann bestimmt werden, dass es durch Landesrecht ersetzt werden kann (Art. 125a Nr. 3 GG).

Das Jagdrecht in den Ländern der Bundesrepublik besteht aus einem bundesrechtlichen und jeweils einem landesrechtlichen Teil. Zu den Gesetzen kommen Verordnungen sowohl des Bundes als auch der Länder und schließlich die landesrechtlichen Verwaltungsbestimmungen – in Niedersachsen vor allem die RdErl. d. ML v. 11.1.2005 – Nds. MBl. S. 152 – (Ausführungsbestimmungen zum Niedersächsischen Jagdgesetz – AB-NJagdG –) und v. 20.5.2002 – Nds. MBl. S. 449 – (Zuständigkeiten für den Jagdschutz sowie den Feld- und Forstschutz (Außendienst)).

II. Obwohl aus gleicher Wurzel hervorgegangen, hatte sich das Jagdrecht in der früheren DDR anders entwickelt als in der Bundesrepublik. Wild galt in Ostdeutschland – maßgeblich zuletzt das Jagdgesetz vom 5. Juni 1984 (Ges. Bl. d. DDR S. 217) – als „Volkseigentum", die Abhängigkeit des Jagdrechts vom Grundeigentum war beseitigt, das System der Revierjagd dagegen beibehalten. Die Jagd in den durch die Staatsorgane unabhängig von Eigentumsgrenzen festgesetzten 800–3000 ha großen „Jagdgebieten" (= Jagdbezirken) oblag „Jagdgesellschaften", in die man besonders aufgenommen werden musste; die Aufnahme setzte u. a. die „politische Zuverlässigkeit" des Bewerbers voraus. Es bestand Jagdscheinzwang; der Jäger musste eine besondere „Jagderlaubnis" (= Jagdschein) erwerben und dazu eine „Jagdprüfung" (= Jägerprüfung) abgelegt haben. Eine allgemeine Ersatzpflicht für Wildschäden war nicht vorgesehen; der Vorsitzende des „Rates des Kreises" entschied im Einzelfall, ob überhaupt und in welchem Umfang eine Jagdgesellschaft entstandene Wildschäden zu ersetzen hatte.

Einen erheblichen Einfluss auf die Gestaltung des Jagdbetriebs hatte die Staatsforstverwaltung. Sie hatte Sitz und Stimme in den Organen aller Jagdgesellschaften, bestellte die „Jagdleiter" für die einzelnen „Jagdgebiete", setzte die Abschusspläne fest und verwaltete die Jagdwaffen, die den Mitgliedern nur von Fall zu Fall kurzfristig überlassen wurden. Da das Wild als Volkseigentum galt, war auch das Wildbret grundsätzlich an die Staatsforstverwaltung abzuliefern.

Nach dem Einigungsvertrag gilt das BJagdG jetzt auch in den neuen Bundesländern.

III. Das BJagdG wurde durch zwei besondere Änderungsgesetze – vom 16. März 1961 und vom 28. September 1976 – in Einzelfragen geändert und jeweils anschließend in neuer Fassung bekannt gemacht. Die vorerst letzte Änderung erfolgte durch Art. 5 des Gesetzes vom 26. März 2008 (BGBl. I S. 426).

In Niedersachsen gilt seit dem 1. April 2001 das Niedersächsische Jagdgesetz (NJagdG) vom 14. März 2001 (Nds. GVBl. S. 100), zuletzt geändert durch Art. 1 des Gesetzes vom 13. Dezember 2007 (Nds. GVBl. S. 708). Das NJagdG ist an die Stelle des Landesjagdgesetzes (LJagdG) in der Fassung vom 24. Februar 1978 (Nds. GVBl. S. 217), zuletzt geändert durch § 33 des Gesetzes vom 22. März 1990 (Nds. GVBl. S. 101), getreten.

IV. Eine grundlegende Änderung der niedersächsischen Forst- und Jagdverwaltung ist am 1. Januar 2005 in Kraft getreten. Sie ist Teil der Modernisierung der Verwaltung in Niedersachsen, die u. a. zur Auflösung der Bezirksregierungen und zur Aufhebung der Regierungsbezirke und damit zur Abschaffung des dreistufigen Behördenaufbaus auch in der Jagd- und Forstverwaltung geführt hat (Gesetz zur Modernisierung der Verwaltung in Niedersachsen vom 5. November 2004 (Nds. GVBl. S. 394)). Durch Artikel 1 des Gesetzes zur Umsetzung der Verwaltungsmodernisierung in den Bereichen Wald und Jagd ist aus dem Niedersächsischen Forstplanungsamt, dem Niedersächsischen Forstlichen Bildungszentrum sowie den Niedersächsischen Forstämtern die rechtsfähige Anstalt öffentlichen Rechts „Niedersächsische Landesforsten" mit Sitz in Braunschweig errichtet worden. Das Land Niedersachsen hat der Anstalt unentgeltlich das Eigentum an seinem von der Landesforstverwaltung verwalteten Staatswaldvermögen übertragen. Die Anstalt hat die Aufgabe, den Landeswald zum Wohl der Allgemeinheit und unter Berücksichtigung der besonderen Sozialpflichtigkeit des öffentlichen Eigentums zu bewirtschaften. Sie nimmt diese Aufgabe im Rahmen ihres öffentlich-rechtlichen Auftrages nach dem NWaldLG und dem NJagdG wahr. Die bisher in § 37 NJagdG vorgesehene Sonderstellung der Forstbehörden des Landes und der Klosterkammer Hannover ist weggefallen. Über die Festsetzung der Abschusspläne entscheidet jetzt stets die Jagdbehörde im Einvernehmen mit dem Jagdbeirat, dem auch eine von der Anstalt Niedersächsische Landesforsten vorgeschlagene Person angehört.

V. Die Erläuterungen folgen in ihrer Reihenfolge dem Sinnzusammenhang der Vorschriften des BJagdG und des NJagdG sowie der zugehörigen Verordnungen, Ausführungsbestimmungen und sonstigen Erlasse. Um dem Leser den Aufbau des BJagdG und des NJagdG erkennbar zu machen, sind die Inhaltsübersichten beider Gesetze dem Text- und Erläuterungsteil vorangestellt.

Bei den zitierten oder erwähnten Vorschriften sind Datum und Fundstelle der jeweiligen letzten Änderung angegeben, um dem Leser die Zurückverfolgung der Rechtsentwicklung zu ermöglichen.

B I Bundesjagdgesetz (BJagdG)

Vom 29. November 1952 (BGBl. I S. 780) in der Fassung vom
29. September 1976 (BGBl. I 1976, S. 2849), zuletzt geändert durch
Artikel 5 des Gesetzes vom 25. März 2008 (BGBl. I S. 426)

Inhaltsübersicht

B II Niedersächsisches Jagdgesetz (NJagdG)

Vom 16. März 2001 (Nds. GVBl. S. 100), zuletzt geändert durch Gesetzes vom 18. Dezember 2007 (Nds. GVBl. S. 708)

Inhaltsübersicht

NJagdG Inhaltsübersicht

C Texte des Bundesjagdgesetzes, des Niedersächsischen Jagdgesetzes, der dazu gehörenden Verordnungen, Ausführungsbestimmungen und sonstigen Erlasse

§ 1 BJagdG: Inhalt des Jagdrechts

(1) Das Jagdrecht ist die ausschließliche Befugnis, auf einem bestimmten Gebiet wildlebende Tiere, die dem Jagdrecht unterliegen (Wild), zu hegen, auf sie die Jagd auszuüben und sie sich anzueignen. Mit dem Jagdrecht ist die Pflicht zur Hege verbunden.

(2) Die Hege hat zum Ziel die Erhaltung eines den landschaftlichen und landeskulturellen Verhältnissen angepassten artenreichen und gesunden Wildbestandes sowie die Pflege und Sicherung seiner Lebensgrundlagen; auf Grund anderer Vorschriften bestehende gleichartige Verpflichtungen bleiben unberührt. Die Hege muss so durchgeführt werden, dass Beeinträchtigungen einer ordnungsgemäßen land-, forst- und fischereiwirtschaftlichen Nutzung, insbesondere Wildschäden, möglichst vermieden werden.

(3) Bei der Ausübung der Jagd sind die allgemein anerkannten Grundsätze deutscher Weidgerechtigkeit zu beachten.

(4) Die Jagdausübung erstreckt sich auf das Aufsuchen, Nachstellen, Erlegen und Fangen von Wild.

(5) Das Recht zur Aneignung von Wild umfasst auch die ausschließliche Befugnis, krankes oder verendetes Wild, Fallwild und Abwurfstangen sowie die Eier von Federwild sich anzueignen.

(6) Das Jagdrecht unterliegt den Beschränkungen dieses Gesetzes und der in seinem Rahmen ergangenen landesrechtlichen Vorschriften.

ERLÄUTERUNGEN

1. Das Wort „Jagdrecht" hat verschiedene Bedeutungen. Es bezeichnet (z. B. in § 15 Abs. 5 BJagdG) ein Rechtsgebiet, nämlich die Gesamtheit der Bestimmungen, die das Jagdwesen regeln.

In einer zweiten Bedeutung (z. B. in § 1 Abs. 1 und § 3 Abs. 3 BJagdG) umfasst der Begriff „Jagdrecht" die Gesamtheit der Befugnisse derjenigen Person, die auf einem bestimmten Gebiet persönlich im Rahmen der geltenden Bestimmungen, ansonsten jedoch uneingeschränkt jagdberechtigt ist, also die Befugnisse des tatsächlich Jagdausübungsberechtigten.

Ferner ist „Jagdrecht" die Bezeichnung für ein spezielles Nutzungsrecht des Eigentümers an seinem Grund und Boden (so in § 3 Abs. 1 BJagdG). Die Möglichkeit, den Boden zu Jagdzwecken zu nutzen, ist als besonderes Recht ausgestaltet. Dieses ist untrennbar mit dem Eigentum an Grund und Boden verbunden und kann – anders als eine Grunddienstbarkeit, eine Hypothek oder eine Grundschuld – nicht als selbstständiges dingliches Recht begründet, übertragen oder gepfändet werden. Das Jagdrecht in diesem Sinne gilt als Bestandteil des Grundstücks (§ 96 BGB). Wie § 1 Abs. 3 NJagdG zeigt, beinhaltet das Jagdrecht in dieser Bedeutung nur bei Vorliegen bestimmter weiterer Voraussetzungen auch das Recht des Grundeigentümers, persönlich die Jagd auszuüben, also tatsächlich zu jagen.

Schließlich dienen Wendungen wie „Tiere, die dem Jagdrecht unterliegen" (§ 1 Abs. 1, vergl. auch § 2 Abs. 1 BJagdG) der Abgrenzung von Wild gegenüber anderen Tierarten.

2. Lebende Tiere sind keine Sachen (§ 90a Satz 1 BGB). Sie sind zwar auch keine Rechtssubjekte (Träger oder Inhaber subjektiver Rechte und Pflichten), jedoch Gegenstand besonderer Schutzvorschriften, die jedermann, also auch der Eigentümer von Tieren, zu beachten hat (§ 903 Satz 2 BGB). Im Übrigen werden Tiere rechtlich wie Sachen behandelt (§ 90a Satz 3 BGB). Wilde Tiere sind herrenlos, solange sie sich in der Freiheit befinden (§ 960 Abs. 1 BGB). Die Möglichkeit, an herrenlosen Sachen dadurch Eigentum zu erwerben, dass sie in Eigenbesitz genommen werden (§ 958 Abs. 1 BGB), ist für einen großen Teil der wildlebenden Tiere durch naturschutzrechtliche (§ 39 Abs. 1 und 2, § 44 Abs. 1 Nr. 2 BNatSchG) oder jagdrechtliche

(§ 1 Abs. 1 BJagdG) Vorschriften ausgeschlossen oder zugunsten bestimmter Aneignungsberechtigter eingeschränkt.

3. Soweit wildlebende Tiere dem Jagdrecht unterliegen (§ 2 Abs. 1 BJagdG, § 1LJagdzeitenV) – nur diese Tiere werden als „Wild" bezeichnet –, richtet sich die Aneignungsberechtigung ausschließlich nach den Bestimmungen des BJagdG und des LJG. Das Aneignungsrecht ist ein besonders wichtiger Teil der aus dem Jagdrecht (§ 1 Abs. 1 BJagdG) folgenden Befugnisse. Diese dürfen stets nur in bestimmten Jagdbezirken ausgeübt werden (Revierjagdsystem, § 4 BJagdG). Nur der Jagdausübungsberechtigte und von ihm ermächtigte Personen dürfen, sofern sie Inhaber eines Jagdscheins sind, in dem Bezirk jagen; sie allein können Eigentum an der Jagdbeute erwerben. Wilderer werden nicht Eigentümer des rechtswidrig in Besitz genommenen Wildes (§ 958 Abs. 2 BGB). Verletzungen des Jagdrechts und des Jagdausübungsrechts sind nach § 292 StGB als Jagdwilderei strafbar. Dem Jagdausübungsberechtigten stehen gegen Beeinträchtigungen seines Rechts – auch durch überjagende Hunde – außerdem die allgemeinen bürgerlich-rechtlichen Abwehrrechte und Schadensersatzansprüche zu (§ 1004, §§ 823 ff. BGB).

4. Das Jagdrecht (§ 1 Abs. 1 BJagdG) umfasst die Befugnis

– zur Hege des Wildes,
– zur eigentlichen Jagdausübung (Aufsuchen, Nachstellung, Erlegen und Fangen des Wildes) und
– zur Aneignung der Jagdbeute, sowie von Fallwild, krankem und verendetem Wild, von Abwurfstangen und von Eiern des Federwildes.

Nach § 29 Abs. 1 Nrn. 2 und 3 NJagdG haben die Jagdschutzberechtigten und aufgrund einer besonderen Ermächtigung auch Jagdgäste ferner das Recht, unter bestimmten Voraussetzungen eventuell in fremdes Eigentum einzugreifen, nämlich wildernde Hunde und Katzen sowie verwilderte Frettchen zu töten.

Als weitere Berechtigungen beinhaltet das Jagdrecht (§ 1 Abs. 1 BJagdG) Befugnisse zum Betreten fremder Grundstücke und zur Errichtung von Jagdanlagen und bestimmte Kontrollbefugnisse beim Jagdschutz.

Die Befugnis zur Aneignung von Fallwild, verendetem Wild, Eiern des Federwildes und Abwurfstangen betrifft nicht die eigentliche Jagdausübung, sondern die Aneignung von Sachen, die dem Jagdrecht unterliegen. Deshalb gelten insoweit die Schonzeitbestimmungen nicht. Zu beachten ist aber, dass das Ausnehmen der Gelege von Federwild grundsätzlich verboten ist (§ 22 Abs. 4 Satz 4 BJagdG).

5. Die inhaltliche Ausgestaltung des Jagdrechts ergibt sich aus den Bestimmungen des BJagdG und der in den einzelnen Bundesländern geltenden Landesjagdgesetze. Diese Gesetze enthalten die in § 1 Abs. 6 BJagdG genannten Beschränkungen. Ihnen ist z. B. zu entnehmen, welche Tiere gejagt werden dürfen, zu welchen Zeiten das geschehen kann, welche Jagdmethoden erlaubt sind, welche Verbote und Gebote zu beachten sind, wer die Jagd ausüben darf, wie die Gebiete beschaffen sein müssen, auf denen die Jagd ausgeübt werden darf.

Die vielfältigen Reglementierungen des Jagdrechts finden ihre Rechtfertigung in der Sozialbindung des Eigentums (Art. 14 GG).

6. Die Jagdausübung, insbesondere die Tötung von Wild, muss unter Beachtung der Grundsätze der Weidgerechtigkeit geschehen. Das ergibt sich nicht nur aus § 1 Abs. 3 BJagdG, sondern auch aus dem Tierschutzgesetz, das durch die Vorschriften des Jagdrechts nicht berührt wird (§ 44a BJagdG), also stets vorrangig zu befolgen ist, und das die Tötung von Wild ausnahmsweise, nämlich nur im Rahmen weidgerechter Jagdausübung, gestattet. Es ist deswegen erforderlich zu wissen, was unter dem unbestimmten Rechtsbegriff der Weidgerechtigkeit zu verstehen ist.

Weder im Bundes- noch im Niedersächsischen Jagdgesetz wird der Inhalt der „allgemein anerkannten Grundsätze deutscher Weidgerechtigkeit" (§ 1 Abs. 3 BJagdG) näher beschrieben. Diese Gesetze enthalten aber zahlreiche Einzelbestimmungen mit dem Zweck, das Wild vor der Anwendung rücksichtsloser Jagdmethoden zu schützen, die

Wildarten trotz der überlegenen technischen Möglichkeiten des Jägers in ihrem Bestand zu sichern und dem einzelnen zu erlegenden Tier Schmerzen und Leiden möglichst zu ersparen. Die u. a. in § 19 Abs. 1 Nrn. 1, 2, 3, 4, 5, 7, 8, 9, 13, 15 BJagdG und § 24 Abs. 1 NJagdG enthaltenen sachlichen Verbote sind gesetzlich formulierte Ausprägungen des Gebots einer weidgerechten Jagdausübung. Daraus sowie aus der Fachliteratur und zahlreichen Gerichtsurteilen ergibt sich, dass (der zu Unrecht angefeindete Begriff der) Weidgerechtigkeit als der Inbegriff einer von Achtung und dem Versuch des Mitgefühls gegenüber dem Wild bestimmten Jagdpraxis zu verstehen ist.

Die Frage, was im Einzelnen als weidgerechte Ausübung der Jagd anzusehen ist, muss unter Berücksichtigung wildbiologischer Erkenntnisse und unter Beachtung der in der Gesellschaft herrschenden Auffassungen sowie der Entwicklung der Waffen- und Fanggerätetechnik von Zeit zu Zeit neu beantwortet werden. So ist die über Jahrhunderte geübte Parforcejagd seit 1936 in Deutschland nicht mehr erlaubt, und heute, obwohl gesetzlich nicht ausdrücklich verboten, dürfte eine Jagd auf Schwarzwild mit blanken Waffen, auch wenn dabei keine Hetze stattfindet, nicht mehr als weidgerecht zu bezeichnen sein. Weitere Beispiele einer nicht weidgerechten Jagd sind die Verwendung von Feuer oder Wasser bei der Baujagd sowie die Jagd auf Wild, das durch besondere äußere Umstände (Überschwemmungen, Brände) gehindert ist, seinem natürlichen Fluchttrieb zu folgen. Auch die Bejagung von Wild in Wintergattern ist fragwürdig, wenn die Forderung, dem Wild ein Maximum an Chancen zu lassen, ernst genommen wird.

Besonders bedeutsam ist der Begriff der Weidgerechtigkeit im Tierschutzrecht, wo insoweit auf das Jagdrecht verwiesen wird. Im **Tierschutzgesetz (TierSchG)**[1] wird das Tier als Mitgeschöpf des Menschen bezeichnet, für das er Verantwortung trägt und dessen Leben und Wohlbefinden zu schützen sind. Niemand darf einem Tier ohne vernünftigen Grund Schmerzen, Leiden oder Schäden zufügen (§ 1 TierSchG). Das gilt auch für die Tötung von Wild im Rahmen weid-

---

1 Anh. 8

gerechter Ausübung der Jagd; denn nach § 4 Satz 2 TierSchG wird die Tötung eines Wirbeltieres im Rahmen weidgerechter Jagdausübung nicht ohne weiteres als zulässig angesehen. Vielmehr darf das Tier (ohne Betäubung) nur getötet werden, wenn dafür ein vernünftiger Grund vorliegt. Ein solcher ist gegeben, wenn mit der Jagd die Nutzung oder Erhaltung einer natürlichen Ressource erstrebt wird. Die Tötung von Wild aus sportlichem Ehrgeiz ist dagegen nicht durch einen vernünftigen Grund gedeckt. Tiere dürfen nicht zu Mitteln der Befriedigung egoistischer oder sportlicher, möglicherweise sogar sadistischer Bedürfnisse herabgewürdigt und missbraucht werden.

Wer ein Wirbeltier ohne vernünftigen Grund tötet, wird mit Freiheitsstrafe bis zu drei Jahren oder mit Geldstrafe bestraft (§ 17 TierSchG). Die rechtskräftige Verurteilung wegen einer Straftat gegen tierschutzrechtliche Vorschriften (u. a. Tierquälerei) lässt darauf schließen, dass es dem Verurteilten an der erforderlichen Zuverlässigkeit fehlt, so dass ihm der Jagdschein versagt werden kann (§ 17 Abs. 4 Nr. 1d BJagdG).

Grundsätzlich darf ein Wirbeltier nur unter Betäubung und sonst, soweit nach den gegebenen Umständen zumutbar, nur unter Vermeidung von Schmerzen getötet werden. Da § 24 Abs. 1 NJagdG jedoch ausdrücklich die Jagd unter Verwendung von Betäubungs- oder Lähmungsmitteln verbietet, hat der Jäger auf andere Weise dafür zu sorgen, dass dem zu erlegenden Tier nicht mehr als unvermeidbare Schmerzen entstehen. Er muss also über die notwendigen Kenntnisse und Fähigkeiten verfügen (Jägerprüfung und Übung im jagdlichen Schießen), und er darf die Tötung eines Tieres nur „im Rahmen weidgerechter Ausübung der Jagd" vornehmen (§ 4 TierSchG).

Die Befolgung der Grundsätze weidgerechter Jagdausübung ist somit nicht nur ein Gebot jagdlicher Ethik, die es gebietet, dem Wild, (aber auch Jagdhunden und Beizvögeln) als Mitgeschöpfen des Menschen mit Achtung zu begegnen, sondern die unverzichtbare rechtliche Voraussetzung für eine erlaubte Jagdausübung. **Weidgerechtigkeit** ist folglich ein Zentralbegriff nicht nur des Jagd- sondern auch des Tierschutzrechts, über dessen Bedeutung sich jeder Jäger im Klaren sein muss. Rechtlich, insbesondere strafrechtlich bedeutsam ist das Gebot der weidgerechten Jagdausübung insbesondere insoweit, als es bezweckt, ein jägerisches Verhalten zu bewirken, bei dessen Beachtung den zu erlegenden oder zu fangenden Tieren voraussichtlich so wenig Schmerzen oder Leiden wie möglich zugefügt werden.

Es ist erforderlich und dem verantwortlichen Schützen angesichts des Standes der Waffentechnik in der Regel auch möglich, das zu erlegende Tier schnell und sicher zu töten. Den Grundsätzen einer weidgerechten Jagdausübung entspricht es deshalb, auf unsichere Schüsse zu verzichten, also auf Schüsse auf ungünstig stehendes Wild, auf zu große Entfernungen, bei schlechtem Licht, schlechter Sicht oder bei Vorliegen sonstiger Umstände, die eine sichere Schusswirkung verhindern könnten (Alkoholgenuss).

Kein Gebot der Weidgerechtigkeit ist es dagegen, nicht auf Hasen in der Sasse oder am Boden befindliche Fasanen zu schießen. Im Gegenteil: Nur sichere und geübte Schützen dürfen sich den Schuss auf flüchtiges oder fliegendes Wild zutrauen. Das gilt auch für jeden an Drück- oder anderen Bewegungsjagden teilnehmenden Jäger.

Andererseits ist es ein unbedingtes Gebot der Weidgerechtigkeit, krankgeschossenes Wild gründlich unter Verwendung eines dafür brauchbaren Jagdhundes nachzusuchen, sowie bei jeder Such-, Drück- oder Treibjagd und bei jeder Jagd auf Federwild einen hierfür brauchbaren Jagdhund mitzuführen (§ 4 Abs. 2 NJagdG).

Soweit es zumutbar ist, ist nach Möglichkeit auch durch einen Verkehrsunfall oder auf andere Weise schwer verletztes Wild ordnungsgemäß nachzusuchen. Wird das Tier noch lebend gefunden, ist entsprechend § 22a BJagdG zu verfahren.

Zusammenfassend lässt sich feststellen, dass jede Jagdausübung unter dem unbedingten Gebot steht, das zu erlegende Tier möglichst schnell und sicher, soweit irgend möglich, unter Vermeidung von Schmerzen und Leiden zu töten. Soll ein Tier nur gefangen werden, muss auch das unter Vermeidung von Schmerzen und Leiden versucht werden.

Das im Zusammenhang mit dem Begriff der Weidgerechtigkeit ebenfalls genannte Gebot, sich ritterlich und anständig gegenüber dem Jagdnachbarn und den Mitjägern zu verhalten, ist zweifellos berechtigt, rechtlich aber in der Regel bedeutungslos. Das Gesetz verlangt die Beachtung der anerkannten Grundsätze der Weidgerechtigkeit nur bei der Jagdausübung, also beim Aufsuchen, Nachstellen, Erlegen und Fangen von Wild (§ 1 Abs. 4 BJagdG). Wenn unvorsichtiges oder sogar rücksichtsloses Verhalten zu einer Verletzung oder Schädigung von Dritten führt, bedarf es nicht eines Rückgriffs auf die Gebote der Weidgerechtigkeit. Es handelt sich dann um kriminelles Unrecht.

7. a) Ein Spannungsverhältnis besteht auch zwischen den **Belangen des Naturschutzes**, insbesondere des Schutzes bestimmter Tierarten, und dem Bedürfnis nach deren jagdlicher Nutzung. In dem Maße, in dem auf nationaler und internationaler, insbesondere auf europäischer Ebene bestimmte Arten unter besonderen Schutz gestellt werden, verringern sich die Möglichkeiten einer jagdlichen Nutzung. Das gilt sowohl für die Anzahl der für eine jagdliche Nutzung in Betracht kommenden Arten als auch für dir Modalitäten der Jagdausübung.

Angesichts der weltweiten dramatischen Zerstörung der Lebensräume wildlebender Pflanzen- und Tierarten, insbesondere durch Flächenverbrauch, Klimaveränderungen, Boden-, Wasser- und Luftverschmutzung, sowie der zunehmenden Ausbeutung wildlebender Tier- und Pflanzenarten für industrielle, vor allem pharmazeutische Zwecke und den damit verbundenen Handel hat sich in vielen Ländern die Erkenntnis durchgesetzt, dass sich die Artenschutzbestrebungen auf sehr viele wildlebende Tier- und Pflanzenarten erstrecken müssen.

b) Auch in Deutschland sind die gesetzlichen Grundlagen für den Artenschutz weitgehend vorgeprägt durch internationale Abkommen wie das kurz als „**Washingtoner Artenschutzübereinkommen**" bezeichnete Übereinkommen über den internationalen Handel mit gefährdeten Arten freilebender Tiere und Pflanzen (The Washington Convention on the International Trade of Endangered Species of Flora and Fauna – **CITES** –) vom 3. März 1973, und Verordnungen und Richtlinien der EU.

Im Washingtoner Artenschutzübereinkommen haben sich die Vertragsstaaten, darunter auch die Bundesrepublik Deutschland, zu weitgehenden Handelsbeschränkungen in Bezug auf die dort aufgeführten Arten verpflichtet. Sie sind dabei, wie es in dem Vorspruch heißt, von der Erkenntnis ausgegangen, dass die frei lebenden Tiere und Pflanzen einen unersetzlichen Bestandteil der natürlichen Systeme der Erde bilden, den es für die heutige und künftige Generationen zu schützen gilt. In dem Bewusstsein, dass die Bedeutung der frei lebenden Tiere und Pflanzen in ästhetischer, wissenschaftlicher und kultureller Hinsicht sowie im Hinblick auf die Erholung und die Wirtschaft ständig zunimmt, sind sie zu der Überzeugung gekommen, dass die internationale Zusammenarbeit zum Schutz bestimmter Arten frei lebender Tiere und Pflanzen vor einer übermäßigen Ausbeutung durch den internationalen Handel lebenswichtig ist. Bei den vereinbarten Beschränkungen geht es nicht nur um den Handel mit lebenden Tieren und Pflanzen, sondern auch mit toten Tieren und Pflanzen, Teilen davon sowie daraus gewonnenen Produkten und Erzeugnissen.

Die Vertragsparteien gestatten den Handel mit Exemplaren der in den Anhängen I, II und III aufgeführten Arten nur in Übereinstimmung mit den näheren Bestimmungen des Übereinkommens.

In Anhang I sind die von der Ausrottung bedrohten Arten, die durch den Handel beeinträchtigt werden oder beeinträchtigt werden können, aufgeführt. Um das Überleben dieser Arten nicht noch weiter zu gefährden, wird der Handel mit Exemplaren dieser Arten einer besonders strengen Regelung unterworfen. Er darf nur in Ausnahmefällen zugelassen werden. Der Anhang II enthält Arten, die von der Ausrottung bedroht sein können, wenn der Handel mit Exemplaren dieser Arten nicht einer strengen Regelung unterworfen wird, damit eine mit ihrem Überleben unvereinbare Nutzung verhindert wird, und andere Arten, die einer Regelung unterworfen werden müssen, damit der Handel mit Exemplaren gewisser Arten, der einer strengen Regelung unterworfen wird, unter wirksamen Kontrolle gebracht werden kann. In Anhang III sind diejenigen Arten aufgeführt, die von einer Vertragspartei als Arten bezeichnet werden, die in ihrem Hoheitsbereich einer besonderen Regelung unterliegen, um die Ausbeutung zu verhindern oder zu beschränken, und bei denen die Mitarbeit anderer Vertragsparteien bei der Kontrolle des Handels erforderlich ist.

c) Das Washingtoner Artenschutzübereinkommen wurde und wird in den Mitgliedstaaten der EU nach gemeinsamen Regeln umgesetzt und durchgeführt, entweder durch Verordnungen oder durch Richtlinien, die von den zuständigen Organen der EU erlassen werden.

Während Verordnungen in den Mitgliedsstaaten unmittelbar geltendes Recht setzen, müssen Richtlinien (RL) von den einzelstaatlichen Gesetzgebungsorganen in nationales Recht transformiert werden, um allgemeine Verbindlichkeit zu erlangen. Richtlinien richten sich daher zunächst an die einzelstaatlichen Gesetzgeber, denen in der Regel ein gewisser Spielraum für die Umsetzung der Richtlinien in nationales Recht eingeräumt wird. Dieser Spielraum betrifft insbesondere Art und Umfang der durchzuführenden Maßnahmen. Auch steht es den Mitgliedstaaten frei, strengere Schutzmaßnahmen zu ergreifen, als sie in den Richtlinien vorgesehen sind. Kommt der Gesetzgeber eines Mitgliedsstaates seiner Pflicht zur Umsetzung einer Richtlinie in nationales Recht nicht rechtzeitig oder nur unvollständig nach, kann er durch ein Vertragsverletzungsverfahren dazu gezwungen werden, das Erforderliche zu veranlassen.

d) Als einschlägige **Verordnungen** sind besonders hervorzuheben die Verordnung (EG) Nr. 338/97 des Rates vom 9. Dezember 1996 über den Schutz von Exemplaren wildlebender Tier- und Pflanzenarten durch Überwachung des Handels (ABl. EG Nr. L 61 S.1), die sog. **Europäische Artenschutzverordnung**, mit den Anhängen A, B, C und D und die Verordnung (EG) Nr. 1808/2001 der Kommission vom 30. August 2001 mit Durchführungsbestimmungen zur Verordnung

(EG) Nr. 338/97 (ABl. EG Nr. L 250 S. 1). Die mehrfach geänderten Anhänge A und B sind im Wesentlichen identisch mit den Anhängen I und II des Washingtoner Artenschutzübereinkommens. Teilweise sind in den Anhang A der Verordnung (EG) Nr. 338/97 jedoch Arten aufgenommen worden, die in Anhang II des Washingtoner Artenschutzübereinkommens aufgeführt sind. Das gilt z. B. für die heimischen Greifvogelarten.

e) Unter den **Richtlinien** sind als für das Artenschutzrecht und damit auch das Jagdrecht von großer Bedeutung insbesondere zu nennen:

– die Richtlinie 49/409/EWG des Rates der Europäischen Gemeinschaften vom 2. April 1979 über die Erhaltung der wildlebenden Vogelarten (ABl. EG Nr. L 103 S. 1), zuletzt geändert durch RL 97/49/EWG v. 29.7.1997 (ABl. EG Nr. L 223 S. 9), die sog. Vogelschutz-Richtlinie,

– die Richtlinie 92/43/EWG des Rates der Europäischen Gemeinschaften vom 21. Mai 1992 zur Erhaltung der natürlichen Lebensräume sowie der wildlebenden Tiere und Pflanzen (ABl. EG Nr. L 206 S. 7), zuletzt geänd. durch RL 97/62/EG v. 27.10.1997 (ABl. EG Nr. 1 305 S. 42), die sog. Flora-Fauna-Habitat-Richtlinie (FFH-Richtlinie).

Die **Vogelschutz-Richtlinie** betrifft die Erhaltung sämtlicher wildlebender Vogelarten, die im Gebiet der Mitgliedstaaten, auf welche der Vertrag zur Gründung der Europäischen Wirtschaftsgemeinschaft Anwendung findet, heimisch sind. Sie hat den Schutz, die Bewirtschaftung und die Regulierung dieser Arten zum Ziel und regelt die Nutzung dieser Arten. Sie gilt für Vögel, ihre Eier, Nester und Lebensräume (Art. 1). Die Mitgliedstaaten treffen die erforderlichen Maßnahmen, um die Bestände aller unter Artikel 1 fallenden Vogelarten auf einem Stand zu halten oder auf einen Stand zu bringen, der insbesondere den ökologischen, wissenschaftlichen und kulturellen Erfordernissen entspricht, wobei den wirtschaftlichen und freizeitbedingten Erfordernissen Rechnung getragen wird (Art. 2).

Neben den Verpflichtungen zur Erhaltung und Wiederherstellung der Lebensräume (Art. 3) und Schaffung und Ausweisung von Schutzgebieten (Art. 4) enthält die Richtlinie in Art. 5 die Verpflichtung der Mitgliedstaaten zur Schaffung einer allgemeinen Regelung zum Schutz aller unter Art. 1 fallenden Vogelarten, insbesondere das Verbot

— des absichtlichen Tötens oder Fangens, ungeachtet der angewandten Methode;
— der absichtlichen Zerstörung oder Beschädigung von Nestern und Eiern und der Entfernung von Nestern;
— des Sammelns der Eier in der Natur und des Besitzes dieser Eier, auch in leerem Zustand;
— ihres absichtlichen Störens, insbesondere während der Brut- und Aufzuchtzeit, sofern sich diese Störung auf die Zielrichtung dieser Richtlinie erheblich auswirkt;
— des Haltens von Vögeln der Arten, die nicht gejagt oder gefangen werden dürfen.

Art. 6 verpflichtet die Mitgliedstaaten zur Einführung bestimmter Handelsbeschränkungen.

In Art. 7 wird geregelt, welche Vogelarten aufgrund ihrer Populationsgröße, ihrer geographischen Verbreitung und ihrer Vermehrungsfähigkeit im Rahmen der einzelstaatlichen Rechtsvorschriften bejagt werden dürfen, wobei die Mitgliedstaaten dafür zu sorgen haben, dass die Jagd auf diese Vogelarten die Anstrengungen, die in ihrem Verbreitungsgebiet zu ihrer Erhaltung unternommen werden, nicht zunichte macht.

Die nach der Vogelschutz-Richtlinie für eine Bejagung in Nordrhein-Westfalen in Betracht kommenden Arten ergeben sich aus den Anhängen II/1 und II/2. Es sind: Saatgans, Graugans, Kanadagans, Pfeifente, Schnatterente, Krickente, Stockente, Spießente, Knäkente, Löffelente, Tafelente, Reiherente, Rebhuhn, Fasan, Blässhuhn, Bekassine, Waldschnepfe, Ringeltaube, Höckerschwan, Blässgans, Ringelgans, Bergente, Trauerente, Samtente, Birkhähne, Auerhähne, Wildtruthuhn, Lachmöwe, Sturmmöwe, Heringsmöwe, Silbermöwe, Mantelmöwe, Türkentaube, Eichelhäher, Elster und Raben- oder Aaskrähe.

In § 2 Abs. 1 Nr. 2 BJagdG werden auch einige Arten genannt, die nach europäischem Recht für eine jagdliche Nutzung nicht in Betracht kommen. Der sich aus der Vogelschutz-Richtlinie ergebenden Schutzverpflichtung wird jedoch dadurch genügt, dass in Nordrhein-Westfalen Jagdzeiten nur für folgende Arten festgesetzt worden sind: Fasanen, Wildtruthähne, Ringel- und Türkentauben, Höckerschwäne, Grau-, Kanada- und Nilgänse, Stockenten, Waldschnepfen, Blässhühner und Silbermöwen.

Nach Art. 7 Abs. 4 der Vogelschutz-Richtlinie haben sich die Mitgliedstaaten zu vergewissern, dass bei der Jagdausübung unter Einschluss der Falknerei, wie sie bei der Anwendung der geltenden einzelstaatlichen Vorschriften ergibt, die Grundsätze für eine vernünftige Nutzung und ein ökologisch ausgewogene Regulierung der Bestände der betreffenden Vogelarten, insbesondere der Zugvogelarten, eingehalten werden und dass diese Jagdausübung hinsichtlich der Bestände dieser Arten mit den Bestimmungen aufgrund von Art. 2 vereinbar ist. Die Mitgliedstaaten haben insbesondere dafür zu sorgen, dass die Arten, auf die die Jagdvorschriften Anwendung finden, nicht während der Nistzeit oder während der einzelnen Phasen der Brut- und Aufzuchtzeit und dass Zugvögel nicht während der Brut- und Aufzuchtzeit oder während ihres Rückzuges zu den Nistplätzen bejagt werden. Entsprechend diesen Verpflichtungen sind die bundesrechtlichen und die landesrechtlichen Jagdzeiten erheblich verkürzt worden.

Nach Art. 8 der Vogelschutz-Richtlinie sind die Mitgliedstaaten verpflichtet, in Bezug auf die Jagd, den Fang oder die Tötung von wildlebenden Vögeln sämtliche Mittel, Einrichtungen oder Methoden zu untersagen, mit denen Vögel in Mengen oder wahllos gefangen oder getötet werden oder die gebietsweise das Verschwinden einer Vogelart nach sich ziehen können, insbesondere Schlingen, Leimruten, Haken, als Lockvögel benutzte geblendete oder verstümmelte lebende Vögel, Tonbandgeräte, elektrische Schläge erteilende Geräte, künstliche

Lichtquellen, Spiegel, Vorrichtungen zur Beleuchtung der Ziele, Visiervorrichtungen für das Schießen bei Nacht mit Bildumwandler oder elektronischem Bildverstärker, Sprengstoffe, Netze Fangfallen, vergiftete oder betäubende Köder, halbautomatische oder automatische Waffen, deren Magazin mehr als zwei Patronen aufnehmen kann. Zu verbieten ist ferner jede Verfolgung von Vögeln aus Flugzeugen, Kraftfahrzeugen und Booten mit einer Antriebsgeschwindigkeit von mehr als 5 km/Stunde.

Die entsprechenden Verbote sind in § 19 Abs. 1 BJagdG enthalten.

Nach Art. 9 der Richtlinie dürfen die Mitgliedstaaten, sofern es keine andere zufriedenstellende Lösung gibt, von den Artikeln 5, 6, 7 und 8 unter Einhaltung bestimmter formaler Kriterien abweichen:

— im Interesse der Volksgesundheit und der öffentlichen Sicherheit, im Interesse der Sicherheit der Luftfahrt,

— zur Abwehr erheblicher Schäden an Kulturen, Viehbeständen, Wäldern, Fischereigebieten und Gewässern,

— zum Schutze der Pflanzen- und Tierwelt;

— zu Forschungs- und Unterrichtszwecken, zur Aufstockung der Bestände, zur Wiederansiedlung und zur Aufzucht im Zusammenhang mit diesen Maßnahmen;

— um unter streng überwachten Bedingungen selektiv den Fang, die Haltung oder jede andere vernünftige Nutzung bestimmter Vogelarten in geringen Mengen zu ermöglichen.

Auch die **FFH-Richtlinie**, die das vorrangige Ziel hat, zur Sicherung der Artenvielfalt durch die Erhaltung oder Wiederherstellung der natürlichen Lebensräume im europäischen Gebiet der Mitgliedstaaten, für das der Vertrag zur Gründung der Europäischen Wirtschaftsgemeinschaft Geltung hat, beizutragen, enthält den Artenschutz betreffende Verpflichtungen der Mitgliedstaaten.

Nach Art. 12 der FFH-Richtlinie treffen die Mitgliedstaaten die notwendigen Maßnahmen, um ein strenges Schutzsystem für die in Anhang IV Buchstabe a) genannten Tierarten in deren natürlichen Verbreitungsgebieten einzuführen, welches verbietet:

- alle absichtlichen Formen des Fangs oder der Tötung von aus der Natur entnommenen Exemplaren dieser Arten;
- jede absichtliche Störung dieser Arten; insbesondere während der Fortpflanzungs-, Aufzucht-, Überwinterungs- und Wanderungszeiten;
- jede absichtliche Zerstörung oder Entnahme von Eiern aus der Natur;
- jede Beschädigung oder Vernichtung der Fortpflanzungs- oder Ruhestätten.

Für die genannten Arten verbieten die Mitgliedstaaten Besitz, Transport, Handel oder Austausch und Angebot zum Verkauf oder Austausch von nach Beginn der Anwendbarkeit der Richtlinie aus der Natur entnommenen Exemplaren. Eng begrenzte Ausnahmetatbestände enthält Art. 16 der FFH-Richtlinie.

Zu den in Anhang IV Buchstabe a) aufgezählten Arten zählen auch die in § 2 Abs. 1 BJagdG als dem Jagdrecht unterliegend genannten Arten Wildkatze, Luchs und Fischotter. Der Schutz dieser Arten vor jagdlicher Verfolgung wird dadurch gewährleistet, dass für diese Jagdzeiten nicht festgesetzt werden dürfen.

Der Umstand, dass in § 2 Abs. 1 BJagdG einige Tierarten aufgeführt sind, die nicht bejagt werden dürfen, steht den Zielen der Vogelschutz-Richtlinie und der FFH-Richtlinie nur scheinbar entgegen. Die Hegepflicht (§ 1 Abs. 1 Satz 2 BJagdG) bezieht sich auch auf die Tierarten, die dem Jagdrecht unterfallen, aber nicht bejagt werden dürfen. Die Aufnahme bestimmter Tierarten in den Katalog der dem Jagdrecht unterfallenden Arten bei gleichzeitigem Verbot der Bejagung führt daher zur Verpflichtung der Jagdausübungsberechtigten zu aktiven Artenschutzmaßnahmen (z. B. Fütterung in Notzeiten, Biotoppflege), während die naturschutzrechtlichen Bestimmungen, jedenfalls soweit es um das Verhalten von Privatpersonen geht, lediglich Unterlassungen vorschreiben, indem sie im Wesentlichen Nachstellungs-, Besitz-, Handels-, Verkehrs- und Verwertungsverbote enthalten.

f) Als maßgebliche **deutsche Gesetze und Verordnungen** sind zu nennen:

— das Bundesnaturschutzgesetz in Verbindung mit der Verordnung zum Schutz wild lebender Tier- und Pflanzenarten (Bundesartenschutzverordnung – BArtSchV),

— die Naturschutzgesetze der Bundesländer, in Niedersachsen das Niedersächsische Ausführungsgesetz zum Bundesnaturschutzgesetz, sowie

— die Bundeswildschutzverordnung.

Ergänzt werden die in diesen Gesetzen und Verordnungen enthaltenen Bestimmungen durch Spezialregelungen, wie sie etwa in den §§ 19 und 19a BJagdG und § 33 NWaldLG enthalten sind.

Erstes und vorrangiges Ziel auch der deutschen artenschutzrechtlichen Vorschriften ist selbstverständlich die Erhaltung der noch vorhandenen besonders bzw. streng geschützten wildlebenden Tier- und Pflanzenarten und die nachhaltige Sicherung ihrer Existenzgrundlagen. Diesem Ziel dienen einerseits Verbote der ungerechtfertigten Beeinträchtigung des Lebens und der Gesundheit der Pflanzen und Tiere einschließlich ihrer Entwicklungsformen, andererseits Gebote zur Pflege, Ausweitung und Vernetzung von natürlichen Lebensräumen. Sanktionsbewehrte Besitz- und Vermarktungsverbote in Bezug auf Tiere und Pflanzen der besonders geschützten Arten sollen die vorgenannten Störungs- und Beeinträchtigungsverbote absichern. Die wichtigsten Vorschriften sind insoweit die §§ 42 und 44 BNatSchG insbesondere in Verbindung mit § 1 der BArtSchV und der Anlage 1, wo die besonders oder streng geschützten Tier- und Pflanzenarten aufgezählt werden.

Danach sind u. a. unter besonderen oder strengen Schutz gestellt

— die dort aufgeführten Vogelarten,

— neben den besonders aufgeführten Arten alle heimischen Säugetierarten mit Ausnahme von Schermaus, Rötelmaus, Erdmaus, Feldmaus, Hausmaus, Wanderratte, Hausratte, Bisam, Amerikanischem Nerz (Mink), Nutria, Marderhund und Waschbär sowie

– alle europäischen Lurch- und Kriechtierarten.

8. a) Ziel der Hege ist die Erhaltung eines artenreichen und gesunden Wildbestandes und die Pflege und Sicherung seiner Lebensgrundlagen. Auch das Jagdrecht dient deswegen dem Artenschutz. Jagd und Naturschutz sind deswegen nicht notwendig Gegensätze.

Zur Hege verpflichtet sind die Inhaber des Jagdrechts im Sinne von § 1 Abs. 1 BJagdG. Das sind diejenigen, die selbst persönlich jagen dürfen, also die Jagdscheininhaber als Eigentümer oder Nießbraucher eines Eigenjagdbezirks, die Pächter des Jagdausübungsrechts in einem Eigenjagdbezirk oder in einem gemeinschaftlichen Jagdbezirk sowie die nach § 10 Abs. 1 Satz 1 oder nach § 21 Abs. 1 Satz 2 NJagdG benannten Personen. Lässt ein Eigentümer eines Eigenjagdbezirks oder eine Jagdgenossenschaft die Jagd durch angestellte Jäger ausüben, obliegt ihm bzw. ihr die Verpflichtung zur Hege. Der Grundeigentümer oder die Jagdgenossenschaft hat dann dafür zu sorgen, dass die Hegepflicht auch dann erfüllt wird, wenn ein tatsächlich jagender Jagdausübungsberechtigter in dem Jagdbezirk nicht vorhanden oder tätig ist.

Dagegen sind die Mitglieder der Jagdgenossenschaft in ihrer Eigenschaft als Grundeigentümer nicht zur Hege verpflichtet. Das mit dem Eigentum an Grund und Boden untrennbar verbundene Jagdrecht (§ 3 Abs. 1 BJagdG) berechtigt allein nicht zur Jagdausübung (E 1, 2 zu § 3 BJagdG). Deswegen sind Eigentümer von Grundflächen insbesondere in befriedeten Bezirken weder zur Hege verpflichtet noch berechtigt. Besteht auf Grundflächen, auf denen die Jagd ruht, die Notwendigkeit, Schutzmaßnahmen für wild lebende Tiere zu ergreifen, sind dazu die zuständigen öffentlichen Stellen berufen.

Während sich jedoch der naturschutzrechtliche Artenschutz, jedenfalls soweit es um das Verhalten einzelner Personen geht, im Wesentlichen auf Nachstellungs-, Besitz-, Handels- und Verwertungsverbote beschränkt, geht der jagdrechtliche Artenschutz weiter. Er macht Jägern und Jagdbehörden auch aktives Handeln zur Sicherung bedrohter Wildarten zur Pflicht und schließt einen stärkeren strafrechtlichen Schutz ein. Die Vorschriften über den Jagdschutz (§§ 23 bis 25

BJagdG, § 25 LJG) dienen vor allem dem Schutz des Wildes. Außerdem enthält die Bundeswildschutzverordnung (BWildSchV) zum Schutz des Federwildes und einiger Haarwildarten noch eine Reihe von Besitz-, Verwendungs-, Handels- und Haltungsbeschränkungen.

b) Soweit jagdrechtliche und naturschutzrechtliche Regelungen kollidieren, gilt Folgendes:

Nach § 37 Abs. 2 BNatSchG bleiben u. a. die Vorschriften des Jagdrechts von den Vorschriften des Kapitels 5 des BNatSchG, die dem Schutz der wild lebenden Tier- und Pflanzenarten, ihrer Lebensstätten und Biotope dienen, und den aufgrund und im Rahmen dieses Kapitels erlassenen Rechtsvorschriften unberührt. Soweit in jagdrechtlichen Vorschriften keine besonderen Bestimmungen zum Schutz und zur Pflege der betreffenden Arten bestehen oder erlassen werden, sind vorbehaltlich der Rechte der Jagdausübungsberechtigten die Vorschriften des Kapitels 5 des BNatSchG und die aufgrund und im Rahmen dieses Kapitels erlassenen Rechtsvorschriften anzuwenden.

c) Dem Artenschutz dient auch der Biotopschutz. Zu unterscheiden sind der passive Biotopschutz, also die Unterlassung von Veränderungen, die die Lebensbedingungen des Wildes und der übrigen Fauna und Flora verschlechtern, und der aktive Biotopschutz, nämlich Maßnahmen zur Verbesserung der Lebensbedingungen, z. B. durch Anpflanzung von Hegebüschen. Der aktive Biotopschutz setzt die Verfügungsgewalt über die Grundstücke des betreffenden Biotops voraus und ist deshalb vor allem Aufgabe des Grundeigentümers. Der Jäger ist zum aktiven Biotopschutz verpflichtet, wenn er selbst Grundeigentümer ist oder wenn ihm entsprechende Befugnisse durch den Grundeigentümer eingeräumt worden sind. Der Biotopschutz obliegt nicht nur Grundeigentümern und Jägern; auch die Behörden sind gehalten, bei allen einschlägigen Planungen und Maßnahmen auf die Lebensbedingungen der freilebenden Tierwelt Rücksicht zu nehmen (§ 1 Abs. 1 Nr. 8 BNatSchG).

d) In diesem Zusammenhang ist darauf hinzuweisen, dass absichtliche Verstöße gegen Natur- und Artenschutzrecht im Rahmen landwirtschaftlicher Tätigkeiten oder auf landwirtschaftlichen Flächen auch gegen europarechtliche „anderweitige Verpflichtungen" (**Cross Compliance-Verpflichtungen**) verstoßen können mit der Folge von Kürzungen der EU-Direktzahlungen. Das gilt insbesondere für Verstöße in den Bereichen der Vogelschutz-Richtlinie und der FFH-Richtlinie. Die Gewährung von Direktzahlungen wird ab dem 1.1.2005 auch an die Einhaltung von Vorschriften in den Bereichen Umwelt, Lebensmittel- und Futtermittelsicherheit sowie Tiergesundheit und Tierschutz geknüpft. Die wesentlichen Bestimmungen zu den Cross Compliance-Verpflichtungen sind in der Verordnung (EG) Nr. 1782/2003 des Rates vom 29. September 2003 mit gemeinsamen Regeln für Direktzahlungen im Rahmen der gemeinsamen Agrarpolitik und mit bestimmten Stützungsregelungen für Inhaber landwirtschaftlicher Betriebe in der jeweils geltenden Fassung und in dem Gesetz zur Einhaltung anderweitiger Verpflichtungen durch Landwirte im Rahmen gemeinschaftsrechtlicher Vorschriften über Direktzahlungen v. 21. Juli 2004 (BGBl. I S. 1763, 1767) enthalten.

§ 1 NJagdG: Jagdausübungsberechtigte, zur Jagd Befugte

(1) Das Jagdausübungsrecht ist das Recht, das Jagdrecht in einem Jagdbezirk auszuüben, insbesondere

1. das Wild zu hegen,
2. das Wild aufzusuchen, ihm nach zustellen, es zu erlegen und zu fangen und
3. sich das Wild anzueignen.

(2) Jagdausübungsberechtigte sind

1. die Eigentümerinnen und Eigentümer oder an deren Stelle die Nießbrauchsberechtigten der Grundstücke eines Eigenjagdbezirks, soweit nicht eine Berechtigung nach Nummer 2 oder 3 besteht,
2. die Pächterinnen und Pächter des Jagdausübungsrechts für einen Jagdbezirk oder

3. die nach § 10 Abs. 1 Satz 1 oder § 21 Abs. 1 Satz 2 benannten Personen.

(3) Zur Jagd Befugte sind

1. **Jagdausübungsberechtigte,**
2. **nach § 10 Abs. 1 Satz 2 von der Jagdbehörde eingesetzte Personen,**
3. **angestellte Jägerinnen und Jäger und**
4. **Jagdgäste,**

die einen Jagdschein besitzen.

ERLÄUTERUNGEN

1. Während in § 1 Abs. 1 Satz 1 BJagdG das Jagdrecht als die ausschließliche Befugnis bezeichnet wird, „auf einem bestimmten Gebiet" wildlebende Tiere, die dem Jagdrecht unterliegen (Wild), zu hegen, auf sie die Jagd auszuüben und sie sich anzueignen, heißt es in § 1 Abs. 1 NJagdG, das Jagdausübungsrecht sei das Recht, das Jagdrecht „in einem Jagdbezirk" auszuüben, insbesondere das Wild zu hegen, das Wild aufzusuchen, ihm nachzustellen, es zu erlegen und zu fangen und sich das Wild anzueignen. § 1 Abs. 1 NJagdG trägt damit der Vorschrift des § 3 Abs. 3 BJagdG Rechnung, dass das Jagdrecht nur in Jagdbezirken ausgeübt werden darf.

2. Die Definition in § 1 Abs. 1 NJagdG ist allerdings insofern problematisch, als dort nicht berücksichtigt wird, dass der Begriff Jagdausübungsrecht und in der Konsequenz daraus auch der Begriff Jagdausübungsberechtigter im BJagdG in unterschiedlicher Bedeutung gebraucht werden. Als jagdausübungsberechtigt wird im BJagdG einerseits die Person bezeichnet, die tatsächlich in einem Jagdbezirk die in § 1 Abs. 1 BJagdG beschriebene Befugnis in vollem Umfang selbst ausüben darf. Anderseits heißt es in § 7 Abs. 4 BJagdG, in einem Eigenjagdbezirk sei der Eigentümer oder an seiner Stelle der Nießbrauchsberechtigte jagdausübungsberechtigt, und in § 8 Abs. 5 BJagdG, in gemeinschaftlichen Jagdbezirken stehe die Ausübung des Jagdrechts der Jagdgenossenschaft zu.

Offensichtlich wird mit dem Jagdausübungsrecht im Sinne des § 7 Abs. 4 und des § 8 Abs. 5 BJagdG etwas anderes gemeint als mit dem Jagdausübungsrecht im Sinne von § 1 Abs. 1 BJagdG und § 1 Abs. 1 NJagdG; denn die Jagdgenossenschaft kann als juristische Person die in § 1 Abs. 1 BJagdG beschriebene Befugnis niemals selbst ausüben, und der Eigentümer oder der Nießbrauchsberechtigte in einem Eigenjagdbezirk ist dazu nur in der Lage, wenn er Inhaber eines Jagdscheins und das Jagdausübungsrecht nicht verpachtet ist. Ist der Eigentümer etwa eine juristische Person (Aktiengesellschaft, Gesellschaft mit beschränkter Haftung, eingetragener Verein) oder hat er keine Jägerprüfung abgelegt, kann ihm kein Jagdschein erteilt werden, so dass auch er die in § 1 Abs. 1 BJagdG beschriebene Befugnis nicht ausüben kann. Ein Inhaber des Jagdausübungsrechts im Sinne von § 7 Abs. 4 und von § 8 Abs. 5 BJagdG ist also keineswegs auch immer Jagdausübungsberechtigter im Sinne von § 1 Abs. 1 NJagdG.

Wenn also von dem Jagdausübungsberechtigten gesprochen wird, muss deutlich werden, ob damit der Inhaber der in § 7 Abs. 4 und § 8 Abs. 5 BJagdG bezeichneten Rechtsstellung gemeint ist oder derjenige, dem das Jagdausübungsrecht im Sinne von § 1 Abs. 1 NJagdG zusteht.

Gerade diese Unterscheidung wird jedoch in § 1 Abs. 2 NJagdG, der im Anschluss an § 1 Abs. 1 NJagdG eine Definition des Begriffs des Jagdausübungsberechtigten enthält, nicht erkennbar. Dort werden in Nr. 1 die Jagdausübungsberechtigten i. S. von § 7 Abs. 4 BJagdG, obwohl diese Personen einen Jagdschein nicht besitzen müssen und in vielen Fällen auch gar nicht besitzen können, neben den Jagdpächter (Nr. 2) und die als jagdausübungsberechtigt benannten Personen (Nr. 3) gestellt. Richtigerweise hätte es in § 1 Abs. 2 Nr. 1 NJagdG heißen müssen, dass diejenigen Eigentümer oder Nießbrauchsberechtigte der Grundstücke eines Eigenjagdbezirks, die einen Jagdschein besitzen, Jagdausübungsberechtigte sind.

Wenn auch die Eigentümer oder Nießbrauchsberechtigten ohne Rücksicht darauf, ob sie einen Jagdschein besitzen, in § 1 Abs. 2

NJagdG als Jagdausübungsberechtigte aufgeführt werden, gibt es keinen Grund, die Jagdgenossenschaften nicht zu nennen.

3. Die in § 1 Abs. 3 NJagdG aufgezählten Berechtigten werden nunmehr als zur Jagd Befugte bezeichnet. Dazu zählen, ohne Jagdausübungsberechtigte zu sein, auch die von der Jagdbehörde eingesetzten Personen. Nach § 10 Abs. 1 Satz 1 NJagdG kann die Jagdbehörde in einem Eigenjagdbezirk die zur Jagdausübung und zum Jagdschutz erforderlichen Maßnahmen, zu denen auch die Einsetzung eines Jagdaufsehers gehören kann, auf Kosten des zur Nennung Berechtigten selbst treffen, wenn jagdscheinlose Jagdausübungsberechtigte die Jagd weder durch angestellte Jäger ausüben lassen, noch innerhalb einer von der Jagdbehörde gesetzten angemessenen Frist eine geeignete Person als jagdausübungsberechtigt benannt haben.

Eine entsprechende Vorschrift für gemeinschaftliche Jagdbezirke fehlt, obwohl auch hier vorläufige Maßnahmen, etwa bei Nichtigkeit eines Jagdpachtvertrages, erforderlich werden können. Die Gesetzeslücke wird durch eine entsprechende Anwendung des § 10 Abs. 1 NJagdG zu schließen sein.

Zu den zur Jagd befugten Personen sind außer den in § 1 Abs. 3 NJagdG genannten die Personen zu zählen, denen die Jagdbehörde eine beschränkte Jagdausübung nach § 6 Satz 2 BJagdG gestattet hat.

§ 2 NJagdG: Jagdeinrichtungen betreffende privatrechtliche Befugnisse, Jägernotweg

(1) Futterplätze, Salzlecken, Ansitze, Jagdschirme und ähnliche mit dem Boden nicht fest verbundene jagdwirtschaftliche Einrichtungen darf die jagdausübungsberechtigte Person auf nicht intensiv genutzten Grundstücken ihres Jagdbezirks anlegen. Die Nutzungsberechtigten können die Beseitigung der Einrichtung verlangen, wenn diese die Nutzung der Grundstücke behindern. Die Errichtung von Jagdhütten, mit dem Boden fest verbundenen Hochsitzen und anderen baulichen Anlagen bedarf der vorherigen Zustimmung der Grundeigentümerin oder des Grundeigentümers und, wenn sie die Nutzung der Grundstücke behindern, der der Nutzungsberechtig-

ten. Nicht mehr benötigte oder unbrauchbare jagdliche Einrichtungen hat die jagdausübungsberechtigte Person unverzüglich zu entfernen. Spätestens drei Monate nach Beendigung einer Jagdausübungsberechtigung hat die bisherige jagdausübungsberechtigte Person die vorhandenen jagdlichen Einrichtungen zu entfernen, falls nicht die nachfolgende jagdausübungsberechtigte Person spätestens bis zum Ablauf eines Monats nach Berechtigungsbeginn deren Übernahme erklärt.

(2) Die jagdausübungsberechtigte Person kann anderen das Betreten der jagdwirtschaftlichen Einrichtungen verbieten und sie zum Verlassen der Einrichtung auffordern.

(3) Das Aufsuchen, Nachstellen, Fangen und Erlegen von Wild darf nicht absichtlich behindert werden.

(4) Die zur Jagd Befugten haben das Recht, in einem benachbarten Jagdbezirk Privatwege als Jägernotweg in Jagdausrüstung zu begehen und zu befahren, wenn sie ihren Jagdbezirk nicht auf einem dem allgemeinen Verkehr dienenden Weg oder nur auf einem unzumutbaren Umweg erreichen können. Die Inanspruchnahme dieses Rechts ist einer jagdausübungsberechtigten Person des Nachbarbezirks vorher anzuzeigen; auf deren Antrag kann die Jagdbehörde den Jägernotweg im Einzelnen festlegen.

ERLÄUTERUNGEN

1. Die Vorschrift regelt die wesentlichen Befugnisse des Jägers, die sich als Auswirkungen seines Rechts zur Jagdausübung ergeben:

a) Betreten von Grundstücken

Durch den Jagdpachtvertrag wird dem Pächter zwar nicht der Besitz an den zu dem Jagdbezirk gehörenden Grundstücken eingeräumt. Die Befugnis, bei der Jagd und den damit zusammenhängenden Tätigkeiten die nicht befriedeten Grundstücke des Jagdbezirks ohne Rücksicht auf Eigentumsverhältnisse zu betreten, wird aber als selbstverständlich vorausgesetzt, besteht jedoch nicht unbeschränkt. Der Jäger ist vielmehr verpflichtet, Felder zwischen Aussaat und Ernte sowie Wiesen vor dem Schnitt tunlichst zu schonen. Weitere Beschränkungen gelten für Treib- und Suchjagden (Einzelheiten vgl. § 33 BJagdG). Darüber hinaus darf der Jäger nach § 27 Abs. 7 NJagdG auch befriedete Grundstücke innerhalb des Jagdbezirks zum Töten und zur Aneignung von in dem befriedeten Bezirk befindlichem krankgeschossenem oder sonst schwerkrankem Wild betreten. Er soll die Nutzungsberechtigten vorher benachrichtigen, es sei denn, das Wild das Wild könne durch ein sofortiges Handeln vor vermeidbaren Schmerzen bewahrt werden.

Ferner ist der Jäger berechtigt, unter bestimmten Voraussetzungen in Jagdausrüstung Privatwege in einem benachbarten Jagdbezirk zu betreten und zu befahren. Da der Jäger auf die Benutzung des Kraftfahrzeugs angewiesen ist, um erlegtes Wild zu versorgen und fortzuschaffen, darf er auch Wirtschaftswege, die durch die Zeichen 250 oder 251 StVO mit dem Zusatzschild „Landwirtschaftlicher Verkehr frei" oder „Frei für Forst- und Holzwirtschaft" für den allgemeinen Verkehr gesperrt sind, mit dem Kraftfahrzeug befahren.

Die im Rahmen einer Jagd erfolgende Beförderung von auf geeigneten Sitzgelegenheiten sitzenden Jägern und Treibern auf der Ladefläche von Anhängern hinter Zugmaschinen ist als land- und forstwirtschaftlicher Verkehr zulässig (§ 21 Abs. 2 Satz 3 StVO).

b) Anlage jagdwirtschaftlicher Einrichtungen

Der Jagdausübungsberechtigte darf unter den in § 2 Abs. 1 NJagdG bezeichneten Voraussetzungen auf den Grundstücken seines Jagdbezirks jagdwirtschaftliche Einrichtungen anlegen:

Auf nicht intensiv genutzten Grundstücken (Rainen, Schneisen, Unland, grundsätzlich allen forstwirtschaftlich genutzten Grundstücken, jedoch nicht Schonungen und Kämpen) darf er ohne weiteres mit dem Boden nicht fest verbundene Einrichtungen anlegen, muss diese aber auf Verlangen des Nutzungsberechtigten beseitigen, wenn sie die Nutzung des Grundstücks behindern. Deswegen Für die Benutzung anderer, intensiv genutzter Grundstücke (Ackerland, Wiesen) sowie für die Errichtung mit dem Boden fest verbundener Anlagen auch auf nicht intensiv genutzten Grundstücken ist die vorherige Erlaubnis des

Grundstückseigentümers einzuholen. Sofern Jagdhütten, mit dem Boden fest verbundene Hochsitze oder andere bauliche Anlagen die Nutzung der Grundstücke behindern würden, ist auch die vorherige Zustimmung der Nutzungsberechtigten der Grundstücke zu der Errichtung erforderlich. Für die Anlage von Äsungsflächen ist eine entsprechende Verständigung mit dem Nutzungsberechtigten, also dem Grundeigentümer oder dem landwirtschaftlichen Pächter erforderlich; denn der Jagdpachtvertrag beinhaltet nicht ohne weiteres das Recht, die Zweckbestimmung der Grundflächen des Jagdbezirks zu ändern. Möglicherweise ist ein angemessenes Entgelt zu vereinbaren.

Aus Gewissensgründen darf der Eigentümer eines zu einem gemeinschaftlichen Jagdbezirk gehörenden Grundstücks die Aufstellung eines Hochsitzes oder die Anlage anderer jagdlicher Anlagen durch den Jagdpächter nicht verbieten (BGH JE XII Nr. 106).

Mit dem Boden fest verbundene kleinere Einrichtungen, wie Hochsitze mit einer Nutzfläche bis 4 qm, Futterraufen, Futtertröge usw., sind zwar bauliche Anlagen im Sinne des Baurechts. Sie bedürfen aber nicht einer besonderen Baugenehmigung (§ 69 Abs. 1 NBauO). Die Errichtung von Jagdhütten bedarf dagegen einer Baugenehmigung. Jagdhütten gehören zu den Bauten, die im Außenbereich genehmigt werden können (§ 35 Abs. 1 BauGB). In Betracht kommt aber nicht jedes Gebäude, das als Jagdhütte bezeichnet wird oder genutzt werden soll. Es muss sich vielmehr um einen einfachen Bau von beschränkter Größe ohne aufwendige Ausstattung – kein Wochenendhaus – handeln. Eine Garage kann zugelassen werden.

Schwierige Fragen können entstehen, wenn der Grundeigentümer, Nießbraucher oder landwirtschaftliche Pächter durch die Errichtung von undurchdringlichen Zäunen den Zugang des Wildes zu bestimmten Revierteilen erschwert oder unmöglich macht, so dass die Jagdausübung beeinträchtigt und die Berechtigung des Jagdpächters praktisch entwertet wird. Grundsätzlich ist der Eigentümer nach § 903 BGB berechtigt, auf seinen Grundflächen auch Zäune zu errichten, soweit nicht das Gesetz (z. B. bau- oder naturschutzrechtliche Vor-

schriften) oder Rechte Dritter (z. B. durch einen Jagdpachtvertrag begründete Rechte) entgegenstehen. Aus Gründen der Wildschadensverhütung kann die Errichtung von Zäunen sogar geboten und das
Fehlen von Zäunen mit Nachteilen für den landwirtschaftlich Nutzungsberechtigten verbunden sein (vergl. § 26 und § 32 Abs. 2
BJagdG).

Andererseits müssen die Grundeigentümer auf die Belange des Jagdpächters Rücksicht nehmen. Zäune und andere den Zugang des
Wildes beeinträchtigende Einrichtungen dürfen nicht dazu führen,
dass die durch den Jagdpachtvertrag begründete Rechtsposition des
Jagdausübungsberechtigten auf Dauer ausgehöhlt wird. Der Pächter
hat einen Anspruch darauf, dass der Verpächter, soweit es in seiner
Macht steht, die Voraussetzungen für eine ordnungsgemäße Jagdausübung und Hege bestehen lässt. In diesem Zusammenhang ist zu bedenken, dass die Jagd nicht ausschließlich als Privatvergnügen des
Jagdausübungsberechtigten angesehen werden kann, sondern auch im
öffentlichen Interesse liegt. Das ergibt sich schon daraus, dass Ab-
schlusspläne erfüllt werden müssen und die Erfüllung gegebenenfalls
erzwungen werden kann (vergl. § 21 Abs. 2 Satz 5 BJagdG).

Um Streitigkeiten nach Möglichkeit auszuschließen, empfiehlt es
sich, bereits bei Abschluss des Jagdpachtvertrages sicherzustellen, dass
die jagdlichen Möglichkeiten nicht mehr, als das aus Gründen der
Wildschadensverhütung notwendig ist, eingeschränkt werden können.

Neu ist die Verpflichtung des Jagdausübungsberechtigten, auch während der Dauer seiner Berechtigung nicht mehr benötigte oder unbrauchbare jagdliche Einrichtungen unverzüglich zu entfernen (§ 2
Abs. 1 Satz 4 NJagdG).

Endet ein Jagdausübungsrecht, läuft also etwa ein Jagdpachtvertrag
aus, endet auch die Befugnis des bisher Jagdausübungsberechtigten
zur weiteren Benutzung von jagdwirtschaftlichen Einrichtungen. Der
Jagdpächter ist berechtigt und verpflichtet, die vom ihm angelegten
jagdlichen Einrichtungen bei Beendigung des Pachtverhältnisses ab-

zubauen und zu entfernen. Der Zustimmung des Grundstückseigentümers dazu bedarf er auch dann nicht, wenn diese fest mit dem Boden verbunden sind. Bei jagdwirtschaftlichen Einrichtungen handelt es sich um Scheinbestandteile des Grundstücks (§ 95 BGB), die nicht in das Eigentum des Grundstückseigentümers übergegangen sind. Selbstverständlich können sich die Beteiligten aber auch jederzeit auf den Verbleib der jagdlichen Einrichtungen im Revier einigen.

Kommt es vor Ablauf der Jagdpachtperiode nicht zu einer Einigung, hat der ehemalige Pächter nach Ablauf des Jagdpachtvertrages innerhalb von drei Monaten seine jagdwirtschaftlichen Einrichtungen zu entfernen (§ 2 Abs. 2 Satz 5 NJagdG). Tut er das nicht, gerät er ohne weitere Mahnung seines Vertragspartners, also des Verpächters, ggfs. auch des Eigentümers des Grundstücks, auf dem die jagdwirtschaftliche Einrichtung steht, in Verzug (§ 286 Abs. 2 Nr. 1 BGB). Eine Ausnahme gilt nur für den Fall, dass der neue Jagdausübungsberechtigte (Verpächter oder neuer Pächter) binnen eines Monats nach Beginn seiner Berechtigung erklärt, er übernehme die Einrichtungen ganz oder zum Teil. Durch eine derartige Erklärung allein ändert sich weder etwas an den Eigentumsverhältnissen noch erwirbt der neue Jagdausübungsberechtigte einen Heraus- oder Übergabeanspruch. Der frühere Jagdausübungsberechtigte ist nur dann verpflichtet, die jagdwirtschaftlichen Einrichtungen im Revier zu belassen, wenn er sich mit seinem Nachfolger über die Bedingungen einer Übernahme, die keineswegs immer zu einem Eigentumsübergang führen muss, verständigt hat. Geschieht das nicht, bleibt es bei der Verpflichtung des früheren Jagdausübungsberechtigten zur Entfernung der von ihm gebauten jagdwirtschaftlichen Einrichtungen. Er gerät jedoch nicht mehr ohne Mahnung in Verzug, wenn die Frist von drei Monaten verstreicht.

2. Wer das rechtmäßige Aufsuchen, Nachstellen, Fangen und Erlegen von Wild absichtlich behindert oder wer einem von dem Jagdausübungsberechtigten oder von einem dazu bevollmächtigten angestellten Jäger oder von einem Jagdgast – auch schriftlich – ausgesprochenem Verbot, eine jagdwirtschaftliche Einrichtung zu betreten, oder

der Aufforderung, die Einrichtung zu verlassen, nicht folgt, begeht eine Ordnungswidrigkeit, die nach § 41 Abs. 1 NJagdG mit einer Geldbuße geahndet werden kann.

§ 3 NJagdG: Hege und Ökologie

(1) Jagd (§ 1 Abs. 4 Bundesjagdgesetz) und Hege (§ 1 Abs. 2 Bundesjagdgesetz) sind so durchzuführen, dass

1. die biologische Vielfalt und ein artenreicher und gesunder Wildbestand in angemessener Zahl im Rahmen einer maßvollen und nachhaltigen Wildbewirtschaftung erhalten bleiben,
2. die natürlichen Bedingungen für das Vorkommen der einzelnen Wildarten erhalten bleiben,
3. auch außerhalb des Waldes Deckung und Ruhezonen sowie Äsungsflächen für das Wild geschaffen werden, soweit dadurch die Lebensräume anderer besonders geschützter wild lebender Tierarten und besonders geschützter Pflanzenarten nicht beeinträchtigt werden und die Nutzungsinteressen der – bei Jagdpacht zur Duldung im Rahmen von Verträgen verpflichteten – Grundeigentümerinnen und Grundeigentümer nicht entgegenstehen,
4. Wildschäden und sonstige Beeinträchtigungen der Land-, Forstund Fischereiwirtschaft sowie der Natur und Landschaft möglichst vermieden und ökologische Erfordernisse berücksichtigt werden.

(2) Die Jagdbehörde kann anordnen, dass jagdliche Einrichtungen im Sinne des § 2 Abs. 1 Sätze 1 und 3 zu entfernen sind, wenn sie Natur und Landschaft erheblich beeinträchtigen.

AB zu § 3 (Hege und Ökologie)

3.1   Grundsätze für die Hege von Schalenwild

3.1.1   Hegeziel

Hegeziel ist die Erhaltung und nachhaltige Nutzung eines gesunden, sozial richtig strukturierten Schalenwildbestandes in angepasster Zahl, bei größtmöglicher faunistischer und floristischer Artenvielfalt (Biodiversität) und unter Beachtung der gesetzlichen Vorgabe, Beeinträchtigungen von Land- und Forstwirtschaft möglichst zu vermeiden.

Zur Hege gehören:

– die Erhaltung und Pflege des Lebensraumes,
– die Wildbestandsbewirtschaftung durch zielgerichtete Nutzung nach Maßgabe der nachstehenden Grundsätze.

3.1.2 Lebensraum

Die Hege soll die Lebensgrundlagen des Schalenwildes sichern. Seine Lebensbedingungen sind durch Schaffung von Äsung, Deckung und Ruhe zu erhalten und ggf. zu verbessern. Dabei kommt der Waldfläche als Rückzugsraum in der äsungsarmen Zeit eine besondere Bedeutung zu. Die in einem Waldgebiet vorkommenden Hauptbaumarten müssen sich i. d. R. ohne Schutzmaßnahmen verjüngen lassen. Die Bedeutung der Wilddichte, der Altersklassen und des Geschlechterverhältnisses ergibt sich aus den Erläuterungen zu § 25 NJagdG.

ERLÄUTERUNGEN

1. In § 3 NJagdG werden insbesondere die Ziele der Hege, wie sie bereits in § 1 Abs. 2 BJagdG formuliert sind, verdeutlicht. Die Jagdausübung (§ 1Abs. 4 BJagdG) dient vor allem dazu, dir übermäßige Vermehrung bestimmter Arten zu verhindern, während die Hege zum Ziel haben sollte, auch solche Arten zu erhalten und zu fördern, die in ihrem Bestand gefährdet sind. Eine der in Betracht kommenden Schutzmaßnahmen für gefährdete Arten kann die verstärkte Bejagung ihrer sog. Feinde sein, die ihrerseits selbstverständlich nicht ausgerottet werden dürfen. Wichtiger ist es jedoch, die Lebensbedingungen der gefährdeten Arten auf andere Weise zu verbessern.

2. Das Gebot, Beeinträchtigungen der Natur und Landschaft möglichst zu vermeiden, bezieht sich u. a. auf die Anlage jagdlicher Einrichtungen wie Hochsitze, Kanzeln und Fütterungseinrichtungen.

Der Zusammenhang zwischen Hege, Jagd und Ökologie kann hier aus Platzgründen auch nicht andeutungsweise dargestellt werden. Grundlegende Einsichten hierzu sind dem Handbuch „Ökologische Grundlagen der Bestandskontrolle beim Schalenwild im Nationalpark Harz und daraus resultierende Regelungen" zu entnehmen, das gegen eine Schutzgebühr von der Nationalparkverwaltung bezogen werden kann und dessen Lektüre jedem Jäger zu empfehlen ist.

3. Die natürlichen Bedingungen für das Vorkommen der einzelnen Wildarten werden am besten dadurch erhalten, dass die Biotope unangetastet bleiben, wenn möglich vergrößert oder vermehrt, miteinander verbunden und vor Störungen jeglicher Art, insbesondere durch Freizeitaktivitäten und Hunde, geschützt werden.

4. Die Schaffung von Deckungs- und Ruhezonen sowie Äsungsflächen für das Wild setzt allerdings das Einverständnis der Eigentümer oder der Nutzungsberechtigten der dafür benötigten Flächen voraus. Es empfiehlt sich daher, im Jagdpachtvertrag entsprechende Handlungsmöglichkeiten des Jagdausübungsberechtigten vorzusehen.

§ 4 NJagdG: Jagdhunde

(1) Den Jagdausübungsberechtigten muss ein für den Jagdbezirk brauchbarer Jagdhund, der geprüft ist, zur Verfügung stehen.

(2) Bei jeder Such-, Drück- oder Treibjagd sowie jeder Jagd auf Federwild muss ein hierfür brauchbarer, geprüfter Jagdhund mitgeführt werden.

(3) Bei der Nachsuche ist ein hierfür brauchbarer, geprüfter Jagdhund einzusetzen. Wild, das offensichtlich schwer krank ist und sofort zur Strecke gebracht werden kann, darf ohne Hund verfolgt werden.

(4) Außerhalb befriedeter Bezirke ist Jagdhundeausbildung einschließlich der Prüfung Jagdausübung. Dabei ist das Arbeiten auf der Wildspur in der Zeit vom 1. April bis 15. Juli nur an der Leine zulässig, soweit nicht Junghunde bis zum 15. April ausgebildet und geprüft werden.

AB zu § 4 (Jagdhunde)

4.1 Für die bei der Jagdausübung zur Wahrung des Tierschutzes und aus Gründen der Weidgerechtigkeit in der jeweils erforderlichen Anzahl zu führenden Jagdhunde muss ein Brauchbarkeitsnachweis vorliegen. Diesen erfüllen alle Jagdhunde, die eine Prüfung bestanden haben, die mindestens den Anforderungen der von der obersten Jagdbehörde genehmigten Richtlinie der anerkannten Landesjägerschaft über die jeweilige jagdliche Brauchbarkeit von Jagdhunden entspricht. Die Prüfung der Wasserarbeit hinter der lebenden Ente ist danach nur für die Jagdhunde nachzuweisen, die in einem Jagdbezirk zur Jagd auf Wasserfederwild zur Verfügung stehen müssen. Die Durchführung von Brauchbarkeitsprüfungen nach dieser Richtlinie erfolgt durch die anerkannte Landesjägerschaft.

4.2 Jagdhunde, die das Fach „Stöbern" in einer Prüfung des Jagdgebrauchshundeverbandes e.V. der anerkannten Landesjägerschaft oder der Landesforstverwaltung (bis einschl. 2004) jeweils nach der zu Nr. 4.1 erlassenen Richtlinie bestanden haben, sind für die Stöberjagd brauchbar.

4.3 Beim Einsatz von Spezialhunden (Schweißhunde, Baujagdhunde wie z. B. Teckel) beschränkt sich die Anerkennung der jagdlichen Brauchbarkeit auf bestandene Prüfungen in deren Spezialfächern. Nr. 4.2 gilt entsprechend.

ERLÄUTERUNGEN

1. § 4 Abs. 1 NJagdG schreibt vor, dass den Jagdausübungsberechtigten ein für den Jagdbezirk brauchbarer geprüfter Jagdhund zur Verfügung stehen müsse. Das bedeutet, dass der Jagdausübungsberechtigte dafür zu sorgen hat, dass immer dann, wenn der Einsatz eines Jagdhundes in dem Jagdrevier erforderlich ist (§ 4 Abs. 2 und 3 NJagdG), ein für den Einsatz geeigneter geprüfter Jagdhund ohne größeren Zeitverlust herbeigeschafft werden kann. Der Jagdausübungsberechtigte muss nicht selbst Halter des Hundes sein. Es muss aber sichergestellt sein, dass der Jagdhund die ihm erteilten Befehle auch ausführen kann. Dazu ist in der Regel Voraussetzung, dass der Hund von einer der an dem Einsatz beteiligten Personen gehalten oder geführt wird.

Jagdausübungsberechtigte i. S. von § 4 Abs. 1 NJagdG sind der Eigentümer oder Nutznießer eines Eigenjagdbezirks, sofern sie selbst jagen, solange nicht das Jagdausübungsrecht verpachtet oder eine Person der Jagdbehörde als jagdausübungsberechtigt benannt ist. Lässt eine Jagdgenossenschaft die Jagd durch einen angestellten Jäger ausüben (§ 10 Abs. 2 Satz 1 BJagdG), muss der Jagdvorstand diesen der Jagdbehörde als Jagdausübungsberechtigten benennen. § 10 Abs. 1 NJagdG ist entsprechend anzuwenden.

Solange die Jagd ruht, besteht die Verpflichtung aus § 4 Abs. 1 NJagdG, deren Verletzung nach § 41 Abs. 1 Nr. 3 NJagdG mit einer Geldbuße geahndet werden kann, nicht. Auch im Falle des § 27 Abs. 1 NJagdG ist der Jagdnachbar, in dessen Jagdbezirk die Jagd ruht, nicht verpflichtet, die Nachsuche fortzusetzen und dafür einen Jagdhund zu Verfügung zu haben. Er hat jedoch im Interesse der Beseitigung eines die öffentliche Ordnung störenden Zustands, nämlich im Interesse der Beendigung der Leiden eines krankgeschossenen oder schwerkranken Stückes Wild, die Nachsuche durch den Schützen oder einen nach § 28 NJagdG beauftragten Schweißhundführer mit dem von diesem einzusetzenden Jagdhund zu dulden.

2. Grundsätzlich ist bei jeder Nachsuche ein für diesen Zweck brauchbarer geprüfter Jagdhund einzusetzen. Von der Notwendigkeit einer Nachsuche ist immer dann auszugehen, wenn der Schütze das beschossene und flüchtende Tier aus den Augen verloren hat, es nicht in unmittelbarer Nähe des wirklichen oder vermeintlichen Anschusses gefunden wird und, was selten der Fall sein wird, nicht mit Sicherheit von einem Fehlschuss ausgegangen werden kann. Eine Ausnahme von dem Gebot des Hundeeinsatzes, die allerdings nicht eine Nachsuche im strengen Sinne des Wortes betrifft, gilt nur für den Fall, dass ein offensichtlich – auch infolge einer Schussverletzung – schwer krankes Stück Wild nicht mehr in der Lage ist, sich aus dem Gesichtskreis des Jägers zu entfernen, so dass es ohne weiteres verfolgt und, sofern es noch lebend angetroffen wird, sofort getötet werden kann.

3. Aus § 4 Abs. 4 NJagdG folgt lediglich, dass in fremden Revieren außerhalb von befriedeten Bezirken Jagdhunde nur mit Zustimmung des Jagdausübungsberechtigten ausgebildet werden dürfen. Die Bestimmung, dass Jagdhundeausbildung außerhalb von befriedeten Bezirken einschließlich der Prüfung als Jagdausübung anzusehen ist, erfordert nicht, dass der Ausbilder eines Jagdhundes bei allen Ausbildungsschritten einen Jagdschein benötigt. Insoweit enthält § 15 Abs. 1 Satz 1 BJagdG eine abschließende Regelung. Wie sich § 1 Abs. 4 BJagdG ergibt, gehören zur Jagdausübung das Erlegen oder Fangen von Wild und die unmittelbar damit zusammenhängenden

Vorbereitungshandlungen, nämlich das Aufsuchen und Nachstellen. Der Ausbilder, der weder Wild aufsucht noch ihm nachstellt, geschweige denn Wild erlegt oder fängt, benötigt daher keinen Jagdschein.

Sollen im Rahmen der Jagdhundeausbildung oder -prüfung Tätigkeiten ausgeführt werden, die als Jagdausübung i. S. von § 1 Abs. 4 BJagdG anzusehen sind, muss der in dem Revier Jagdausübungsberechtigte damit einverstanden sein und selbst oder durch einen von ihm beauftragten Jagdscheininhaber, bei dem es sich auch um den Ausbilder handeln kann, dafür sorgen, dass alle Bestimmungen beachtet werden, die sich auf die Jagdausübung beziehen. Das gilt auch für die anerkannten Grundsätze deutscher Weidgerechtigkeit (§ 1 Abs. 3 BJagdG). Die Jagdhundeausbildung hat insoweit Vorrang vor den Verboten des Tierschutzgesetzes, als dort Ausnahmen für Tätigkeiten im Rahmen weidgerechter Jagdausübung vorgesehen sind. Hunde, die für die Jagd auf Wasserfederwild verwendet werden sollen, dürfen deswegen auch hinter der lebenden Ente ausgebildet und geprüft werden (OVG Münster JE Nr. 54; a. A. OVG Schleswig-Holstein JE VII Nr. 53; Hess. OVG JE VII Nr. 51).

Selbstverständlich ist wie bei jeder Jagdausübung darauf zu achten, dass die Schonzeitbestimmungen nicht verletzt werden. Darüber hinaus soll sichergestellt werden, dass in der allgemeinen Brut- und Setz- und Aufzuchtzeit vom 1. April bis 15. Juli (§ 33 Abs. 1 Nr. 1 Buchst. b LWaldLG) die wildlebenden Tiere im Wald und in der freien Landschaft nicht mehr als unvermeidbar von nicht an der Leine geführten Hunden beunruhigt oder gar verletzt werden. Deswegen ist in der Zeit vom 1. April bis 15. Juli das Arbeiten auf der Wildspur oder der Wildfährte im Rahmen der Jagdhundeausbildung nur zulässig, wenn die Hunde an der Leine geführt werden, es sei denn Junghunde werden bis zum 15. April ausgebildet und geprüft.

Steht für die Jagdhundeausbildung ein geeignetes Gelände innerhalb eines befriedeten Bezirks zur Verfügung, ist zu beachten, dass dort die Jagd ruht (§ 6 Satz 1 BJagdG). Die Ausbildung muss deswegen auf die

Teile beschränkt werden, die nicht tatsächlich Jagdausübung im Sinne von § 1 Abs. 4 BJagdG sind. Der Gebrauch von Schusswaffen ist nicht gestattet.

§ 2 BJagdG: Tierarten

(1) Tierarten, die dem Jagdrecht unterliegen, sind:

1. **Haarwild:**
   Wisent (Bison bonasus L.),
   Elchwild (Alces alces L.),
   Rotwild (Cervus elaphus L.),
   Damwild (Dama dama L.),
   Sikawild (Cervus nippon TEMMINCK),
   Rehwild (Capreolus capreolus L.),
   Gamswild (Rupicapra rupicapra L.),
   Steinwild (Capra ibex L.),
   Muffelwild (Ovis ammon musimon PALLAS),
   Schwarzwild (Sus scrofa L.),
   Feldhase (Lepus europaeus PALLAS),
   Schneehase (Lepus timidus L.),
   Wildkaninchen (Oryctolagus cuniculus L.),
   Murmeltier (Marmota marmota L.),
   Wildkatze (Felis silvestris SCHREBER),
   Luchs (Lynx lynx L.),
   Fuchs (Vulpes vulpes L.),
   Steinmarder (Martes foina ERXLEBEN),
   Baummarder (Martes martes L.),
   Iltis (Mustela putorius L.),
   Hermelin (Mustela erminea L.),
   Mauswiesel (Mustela nivalis L.),
   Dachs (Meles meles L.),
   Fischotter (Lutra lutra L.),
   Seehund (Phoca vitulina L.).
2. **Federwild**
   Rebhuhn (Perdix perdix L.),
   Fasan (Phasianus colchicus L.),
   Wachtel (Coturnix coturnix L.),
   Auerwild (Tetrao urogallus L.),
   Birkwild (Lyrurus tetrix L.),
   Rackelwild (Lyrus tetrix x Tetrao urogallus),

Haselwild (Tetrastes bonasia L.),
Alpenschneehuhn (Lagopus mutus MONTIN),
Wildtruthahn (Meleagris gallopavo L.),
Wildtauben (Columbidae),
Höckerschwan (Cygnus olor GMEL.),
Wildgänse (Gattungen Anser BRISSON und Branta SCOPOLI),
Wildenten (Anatinae),
Säger (Gattung Mergus L.),
Waldschnepfe (Scolopax rusticola L.),
Blässhuhn (Fulica atra L.),
Möwen (Laridae),
Haubentaucher (Podiceps cristatus L.),
Großtrappe (Otis tarda L.),
Graureiher (Ardea cinerea L.),
Greife (Accipitridae),
Falken (Falconidae),
Kolkrabe (Corvus corax L.).

(2) Die Länder können weitere Tierarten bestimmen, die dem Jagdrecht unterliegen.

(3) Zum Schalenwild gehören Wisente, Elch-, Rot-, Dam-, Sika-, Reh-, Gams-, Stein-, Muffel- und Schwarzwild.

(4) Zum Hochwild gehören Schalenwild außer Rehwild, ferner Auerwild, Steinadler und Seeadler. Alles übrige Wild gehört zum Niederwild.

§ 5 NJagdG: Nach Landesrecht dem Jagdrecht unterliegende Tierarten

Nach Landesrecht unterliegen dem Jagdrecht:

1. Waschbär (Procyon lotor L.),
2. Marderhund (Nyctereutes procynoides),
3. Mink (Mustela vison S.),
4. Nutria (Myocastor coypus)
5. Rabenkrähe (Corvus corona L.)
6. Elster (Pica pica L.).
7. Nilgans (Alopochen aegyptiacus)

ERLÄUTERUNGEN

1. Mit Ausnahme von Waschbär, Marderhund, Mink und Nutria sind sämtliche für die Jagd in Betracht kommenden wild lebenden Säugetier- sowie alle Vogelarten nach dem Naturschutzrecht besonders geschützt. Dem Gesetzgeber steht es jedoch grundsätzlich frei, einzelne Tierarten dem Jagdrecht zu unterstellen. Das bedeutet allerdings nicht, dass diese Arten auch tatsächlich bejagt werden dürfen.

Die Unterstellung bestimmter Tierarten unter das Jagdrecht bewirkt u. a., dass die Nachstellung, das Fangen oder das Töten von Tieren dieser Arten im Rahmen der jagdrechtlichen Vorschriften erlaubt ist und nicht gegen Naturschutzbestimmungen verstößt; denn nach § 37 Abs. 2 Satz 1 BNatSchG bleiben u. a. die Vorschriften des Jagdrechts von den Vorschriften des Fünften Kapitels des BNatSchG (Schutz und Pflege wild lebender Tier- und Pflanzenarten) und den aufgrund und im Rahmen dieses Kapitels erlassenen Rechtsvorschriften unberührt. Zu beachten ist aber, dass vorbehaltlich der Rechte der Jagdausübungsberechtigten die genannten Rechtsvorschriften zum Schutz und Pflege wild lebender Tier- und Pflanzenarten anzuwenden sind, soweit in jagdrechtlichen Vorschriften keine besonderen Bestimmungen zum Schutz und zur Pflege der betreffenden Arten bestehen oder erlassen werden (§ 37 Abs. 2 Satz 2 BNatSchG).

Wie § 1 Abs. 2 BJagdG zeigt, wird die Jagd als nachhaltige Nutzung einer natürlichen Ressource verstanden, die ohne den Schutz und den Erhalt insbesondere auch der dem Jagdrecht unterliegenden Tierarten nicht denkbar ist. Wo und wann immer eine Tierart in ihrem Bestand gefährdet ist, darf deswegen eine Bejagung nicht stattfinden. Diesem Erfordernis kann durch eine Streichung der Tierart von der Liste der jagdbaren Arten, durch ganzjährige Jagdverbote oder durch Festsetzung von ausgedehnten Schonzeiten Rechnung getragen werden. Ferner darf keine Wildart ausgerottet werden. Die mit dem Jagdrecht (§ 1 Abs. 1 BJagdG) verbundene Hegepflicht gilt auch in Bezug auf solche Wildarten, die nicht bejagt werden dürfen.

2. Ob in Bezug auf ein einzelnes Tier, das einer dem Jagdrecht unterliegenden Art angehört, tatsächlich jagdrechtliche Vorschriften anzuwenden sind, hängt davon ab, ob das Tier wildlebend und herrenlos ist. Damwild, das wie Weidevieh gehalten wird, Tiere der dem Jagdrecht unterliegenden Arten, die in zoologischen Gärten zur Schau gestellt werden, und Greifvögel von Falknern sind nicht herrenlos. Auf diese Tiere können jagdrechtliche Bestimmungen nicht angewendet werden.

3. Eine bis zum 31. Dezember 2016 befristete Ausnahme von dem Tötungs- und Besitzverbot des § 44 BNatSchG gilt für Kormorane (Phalacrocorax carbo). Nach der **Niedersächsischen Kormoranverordnung (NKormoranVO)** vom 9. Juni 2010 (Nds. GVBl. S. 255), ist es zugelassen, in der Zeit vom 1.August bis zum 31. März zwischen einer Stunde vor Sonnenaufgang und dem Sonnenuntergang zur Abwendung erheblicher fischereiwirtschaftlicher Schäden und zum Schutz der natürlich vorkommenden Tierwelt Kormorane durch Abschuss ohne Verwendung von Bleischrot zu töten. Immatur gefärbte Kormorane, also Jungkormorane, die noch nicht das Federkleid der erwachsenen Tiere tragen und die als solche sicher zu erkennen sind, dürfen ganzjährig getötet werden. Die Zulassung ist beschränkt auf Kormorane, die sich auf, über oder näher als 500 Meter an dem Gewässer einer Teichwirtschaft oder an einem oberirdischen Gewässer befinden, in dem ein Fischereirecht nach § 1 Abs. 1 Nds. FischG besteht. Die Zulassung gilt nicht in Bezug auf Kormorane in befriedeten Bezirken i. S. des § 9 NJagdG mit Ausnahme der nach § 9 Abs. 2 Nr. 3 NJagdG befriedeten Flächen, in Nationalparken, Naturschutzgebieten oder dem Gebietsteil C des Biosphärenreservats „Niedersächsische Elbtalaue" und in nach § 25 Satz 2 NAGBNatSchG bekannt gemachten Gebieten (§§ 1, 2 und NKormoranVO).

Zum Abschuss sind berechtigt jagdausübungsberechtigte Personen in ihrem Jagdbezirk und Personen, die von der jagdausübungsberechtigten Person zum Töten von Kormoranen ermächtigt sind, wenn sie Inhaber eines gültigen Jagdscheins sind.

Betreiber von Teichwirtschaftsbetrieben und ihre Beauftragten sind auch ohne einen auf ihren Namen lautenden Jagdschein zum Töten von Kormoranen, die sich auf oder dem dazugehörigen Betriebsgelände befinden, berechtigt, wenn sie von dem Jagdausübungsberechtigten schriftlich dazu ermächtigt wurden und über die erforderlichen waffenrechtlichen Erlaubnisse verfügen (§ 4 NKormoranVO).

Wer Kormorane getötet hat, hat diese ordnungsgemäß zu entsorgen (§ 1 Abs. 1 Satz 2 NKormoranVO). Das Besitzverbot gilt insoweit nicht, wohl aber das Vermarktungsverbot (§ 44 Abs. 2 Satz 1 Nr. 1 und 2 BNatSchG).

Bei Tötungs- oder Vergrämungsmaßnahmen ist die erhebliche Störung von Tieren anderer besonders geschützter Arten zu vermeiden. Das Jagdrecht, das Tierschutzrecht, das Waffenrecht sowie § 4 ArtSchV bleiben unberührt. Das gilt auch für Verbote in Rechtsvorschriften zur Unterschutzstellung von Teilen von Natur und Landschaft (§ 2 Abs. 3 NKormoranVO).

Wer von der Zulassung nach § 1 Abs. 1 Gebrauch gemacht hat, hat der Jagdbehörde bis zum 15. April eines jeden Jahres über die im Vorjahr abgeschossenen Kormorane schriftlich zu berichten und dabei die Gesamtzahl der Abschüsse, den Ort und das Gewässer oder den Teichwirtschaftsbetrieb der einzelnen Abschüsse und bei beringten Kormoranen die Aufschrift des Rings anzugeben (§ 8 NKormoranVO).

Die NKormoranVO enthält weiter Vorschriften, die das Vergrämen von Kormoranen und die Zerstörung von Niststätten durch Betreiber von Teichwirtschaftsbetrieben sowie die in diesem Zusammenhang bestehenden Befugnisse der Naturschutzbehörde betreffen.

4. Auch nicht besonders geschützte wild lebende Tiere, die nicht dem Jagd- oder Fischereirecht unterliegen, dürfen nicht unnötig beunruhigt, gefangen, verletzt oder getötet werden (§ 39 Abs. 1 Nr. 1 BNatSchG) . Für ihre Verfolgung muss also stets ein vernünftiger Grund vorliegen. Ein solcher liegt vor, wenn schädliche Tiere, wie Haus- und Wanderratten, Bisam und Mäuse der nicht besonders geschützten Arten, im Rahmen von Schädlingsbekämpfungsmaßnahmen verfolgt werden. Zu beachten sind jedoch die in § 4 Abs. 1 BArtSchV aufgeführten Verbote.

In Bezug auf die Bekämpfung des Bisams gilt die Verordnung zur Bekämpfung des Bisams (**Bisamverordnung**) vom 20. Mai 1988 (BGBl. I S. 640) und der RdErl. des ML vom 24. November 1994 (Nds. MBl. S. 58). Danach sind die Bekämpfungsmaßnahmen durch die von der zuständigen Landwirtschaftskammer amtlich anerkannten Personen durchzuführen. Fallen, ausgenommen Reusenfallen, sind unter den in § 4 Abs. 2 BArtSchV genannten Voraussetzungen zulässig. Die Bestimmungen des Tierschutzgesetzes sind stets zu beachten.

§ 3 BJagdG: Inhaber des Jagdrechts, Ausübung des Jagdrechts

(1) Das Jagdrecht steht dem Eigentümer auf seinem Grund und Boden zu. Es ist untrennbar mit dem Eigentum am Grund und Boden verbunden. Als selbstständiges dingliches Recht kann es nicht begründet werden.

(2) Auf Flächen, an denen kein Eigentum begründet ist, steht das Jagdrecht den Ländern zu.

(3) Das Jagdrecht darf nur in Jagdbezirken nach Maßgabe der §§ 4 ff. ausgeübt werden.

ERLÄUTERUNGEN

1. Wegen der unterschiedlichen Bedeutungen des Wortes „Jagdrecht" (vgl. E 1 zu § 1 BJagdG) ist § 3 BJagdG schwer verständlich.

Unter Jagdrecht im Sinne von § 3 Abs. 1 BJagdG ist ein spezielles Bodennutzungsrecht des Eigentümers zu verstehen, wobei völlig offen bleibt, in welcher Weise der Eigentümer von diesem Recht Gebrauch machen kann; denn er darf keineswegs immer tatsächlich auf seinem Grund und Boden jagen. Vielmehr ist er häufig darauf beschränkt, den wirtschaftlichen Nutzen aus seinem Jagdrecht zu ziehen.

Ebenso wie das Eigentum an Grund und Boden steht auch das damit untrennbar verbundene Jagdrecht (§ 3 Abs. 1 BJagdG) unter dem Schutz der verfassungsrechtlichen Eigentumsgarantie (Art. 14 GG). Andererseits gelten auch für das Jagdrecht die Sätze: „Eigentum verpflichtet. Sein Gebrauch soll zugleich dem Wohle der Allgemeinheit dienen." Tatsächlich ist die Möglichkeit, Grund und Boden zu jagdlichen Zwecken zu nutzen, vielfältigen Einschränkungen unterworfen (vergl. E 5 zu § 1 BJagdG), die auch den wirtschaftlichen Wert des Jagdrechts i. S. von § 3 Abs. 1 BJagdG beeinflussen können.

Die Berechtigung, tatsächlich zu jagen, also von den Befugnissen Gebrauch zu machen, die das Jagdrecht im Sinne von § 1 Abs. 1 Satz 1 BJagdG beinhaltet (Hege, Jagdausübung, Aneignung der Jagdbeute), ist nur in Jagdbezirken (Eigenjagdbezirken oder gemeinschaftlichen Jagdbezirken) eröffnet (§ 3 Abs. 3, § 4 BJagdG).

Die Inhaberschaft in Bezug auf das mit dem Eigentum an Grund und Boden untrennbar verbundene Jagdrecht (§ 3 Abs. 1 BJagdG) und das Recht zur Jagdausübung (Jagdausübungsrecht) können deswegen nicht immer in einer Person zusammenfallen. Um die Jagdausübung auch auf solchen Grundflächen zu ermöglichen, die die Voraussetzungen eines Eigenjagdbezirks nicht erfüllen oder die zwar einen Eigenjagdbezirk bilden, auf denen der Eigentümer (oder Nutznießer) aber nicht jagen will oder kann, ist es erforderlich, das Recht zur tatsächlichen Jagdausübung als selbstständiges Recht auszugestalten und übertragbar zu machen. Das BJagdG unterscheidet deswegen zwischen dem Jagdrecht als einer speziellen nur dem Eigentümer vorbehaltenen Berechtigung, den (möglicherweise nur wirtschaftlichen) Nutzen aus der jagdlichen Verwendbarkeit des Grundstücks zu ziehen (§ 3 Abs. 1 BJagdG), und dem Jagdausübungsrecht (§ 7 Abs. 4, § 8 Abs. 5 BJagdG). Das Jagdrecht im Sinne von § 3 Abs. 1 BJagdG ist nicht allein, sondern nur zusammen mit dem Grundeigentum übertragbar. Das Jagdausübungsrecht ist dagegen durch Rechtsgeschäft (in der Regel durch einen Pachtvertrag) übertragbar.

Sowohl derjenige, der das Jagdausübungsrecht rechtsgeschäftlich übertragen kann, als auch derjenige, auf den es in vollem Umfang übertragen worden ist (z. B. der Jagdpächter), wird im BJagdG als Jagdausübungsberechtigter bezeichnet. Dieser Sprachgebrauch ist verwirrend, weil derjenige, der das Jagdausübungsrecht übertragen kann, häufig aus Rechtsgründen überhaupt nicht in der Lage ist, die Jagd tatsächlich auszuüben. Das gilt z. B. für den Eigentümer eines Eigenjagdbezirkes, der keinen Jagdschein besitzt, der aber gleichwohl nach § 7 Abs. 4 BJagdG jagdausübungsberechtigt ist, oder für die Jagdgenossenschaft, der nach § 8 Abs. 5 BJagdG die Ausübung des Jagdrechts zusteht.

Nur Eigentümer von Eigenjagdbezirken sind auch gleichzeitig Jagdausübungsberechtigte, solange sie das Jagdausübungsrecht nicht auf andere Personen übertragen haben. Nur sie dürfen, wenn sie einen gültigen Jagdschein besitzen, tatsächlich in ihrem Jagdbezirk jagen. Dagegen dürfen Jagdausübungsberechtigte, die keinen Jagdschein haben, nicht jagen. Sie sind also tatsächlich nicht befugt, die Jagd auszuüben. Es gibt also Jagdausübungsberechtigte, die nicht befugt sind, in ihrem Jagdbezirk die Jagd auszuüben, weil sie die persönlichen Voraussetzungen für eine erlaubte Jagdausübung nicht erfüllen können oder wollen, und Jagdausübungsberechtigte, die alle Voraussetzungen für eine erlaubte Jagdausübung in ihrem Jagdbezirk erfüllen.

Derjenige, dem auf Grundflächen, die nicht zu einem Jagdbezirk gehören, oder dem in befriedeten Bezirken eine beschränkte Jagdausübung gestattet wird, ist nicht Jagdausübungsberechtigter i. S. von § 1 Abs. 2 NJagdG; denn obwohl die befriedeten Bezirke Teile der Jagdbezirke sind, sie bei der Feststellung der Größe der Jagdbezirke also mitgezählt werden, besteht auf ihnen kein Jagdausübungsrecht. Folglich kann es auch keinen Jagdausübungsberechtigten geben. Der Erlaubnisinhaber ist lediglich aufgrund jagdbehördlicher Gestattung zur Jagd befugt.

2. Das Jagdrecht i S. des § 3 Abs. 1 BJagdG bezeichnet entsprechend den jeweiligen Gegebenheiten folgende Rechte:

–   das „Jagdrecht" des Eigentümers, dessen Grundstück zu einem gemeinschaftlichen Jagdbezirk gehört. Der Berechtigte darf aufgrund des Rechts weder selbst auf seinem Grundstück jagen (Verstoß ist Wilderei) noch Dritten die Jagdausübung gestatten. Seine Befugnisse beschränken sich auf sein Stimmrecht in der Jagdgenossenschaft und den Anspruch auf den anteiligen Jagdpachterlös für den gemeinschaftlichen Jagdbezirk Handelt es sich bei der Grundfläche um einen befriedeten Bezirk, so stehen ihm auch diese Rechte nicht zu (§ 9 Abs. 1 Satz 2 BJagdG).

– das „Jagdrecht" des Eigentümers, dessen Grundstück dem Eigenjagdbezirk eines anderen angegliedert ist. Sein „Jagdrecht" gibt ihm nur den Anspruch auf „Angliederungsentschädigung" (§ 7 Abs. 4 Satz 2 NJagdG).

– das Jagdrecht des Eigentümers der einen Eigenjagdbezirk bildenden Grundflächen. Neben dem Jagdrecht (§ 3 Abs. 1 BJagdG) steht dem Inhaber auch das Jagdausübungsrecht zu (§ 7 Abs. 4 BJagdG). Solange das Jagdausübungsrecht nicht verpachtet ist oder einem Nutznießer zusteht (§ 7 Abs. 4 Satz 2 BJagdG), ist er sowohl befugt, selbst zu jagen, wenn er die einen Jagdschein besitzt, als auch das Jagdausübungsrecht zu verpachten oder Jagderlaubnisse zu erteilen.

In § 3 Abs. 3 BJagdG ist das „Revierjagdsystem" (vgl. E 3 zu § 1 BJagdG) festgeschrieben. Ein Lizenzjagdsystem gibt es im deutschen Jagdrecht nicht.

§ 4   BJagdG: Jagdbezirke

Jagdbezirke, in denen die Jagd ausgeübt werden darf, sind entweder Eigenjagdbezirke (§ 7) oder gemeinschaftliche Jagdbezirke (§ 8).

ERLÄUTERUNGEN

1. Ein Jagdbezirk ist ein bestimmter aus miteinander im Zusammenhang stehenden Grundstücken gebildeter Teil der Landschaft, dessen Mindestgröße gesetzlich festgelegt ist. Das BJagdG unterscheidet zwischen gemeinschaftlichen Jagdbezirken (Gemeindejagden) und Eigenjagdbezirken (Gutsjagden). Die Mindestgrößen sind im prakti-

schen Ergebnis so festgesetzt, dass der geschlossene großbäuerliche Betrieb noch einen Eigenjagdbezirk, das Gebiet auch kleinerer Landgemeinden noch einen gemeinschaftlichen Jagdbezirk bildet.

2. Die Jagdbezirksregelung ist nach der Eigentumsordnung und der Gebietseinteilung der Gemeinden ausgerichtet. Die allgemeine Änderung der Agrarstruktur und ebenso die Gemeindegebietsreform können deshalb für die Jagdbezirkseinteilung beträchtliche Auswirkungen haben. Eine gewisse Korrektur der Jagdbezirksgrenzen nach Gesichtspunkten einer zweckmäßigen Jagdpflege gestatten die Abrundungsvorschriften des § 5 BJagdG und des § 7 NJagdG.

3. Die Jagdbezirksregelung des BJagdG ist statisch. Das Gesetz geht davon aus, dass Jagdbezirke vorhanden sind, regelt aber nicht ausdrücklich, wie sie neu entstehen können oder ihre Eigenschaft als Jagdbezirk verlieren. Insbesondere sind spezielle Verwaltungsakte für die Bildung oder Auflösung von Jagdbezirken im BJagdG nicht vorgesehen. Nähere Bestimmungen für gemeinschaftliche Jagdbezirke enthalten jedoch die §§ 12 bis 15 NJagdG.

4. Der Fall, dass Grundflächen zu keinem Jagdbezirk gehören, ist dann gegeben, wenn Grundflächen eines Eigentümers, die selbst keinen Eigenjagdbezirk bilden können, oder Grundflächen mehrerer Eigentümer, die nicht die für einen gemeinschaftlichen Jagdbezirk erforderliche Mindestgröße erreichen, von einem oder mehreren Eigenjagdbezirken umschlossen werden (Enklaven). Befriedete Bezirke sind dagegen immer Teile des Jagdbezirks, in dem sie liegen.

§ 6 NJagdG: Wattenjagdbezirke

(1) Die Flächen am Meeresstrand, im Wattenmeer einschließlich der im Landeseigentum befindlichen gemeindefreien Inselflächen, und die Flächen in den Küstengewässern seewärts bis zur Staatshoheitsgrenze bilden einen nicht verpachtbaren Wattenjagdbezirk, soweit dem Land das Jagdausübungsrecht zusteht. Nicht verpachtbare Eigenjagdbezirke sind auch die Eigenjagdbezirke des Bundes auf gemeindefreien Inseln, für die der Bund das Jagdausübungsrecht nicht dem Land übertragen hat.

(2) In den Jagdbezirken gemäß Absatz 1 ist anstelle der Jagdbehörde die für die Wattenjagd zuständige Behörde zuständig. Die für die Wattenjagd zuständige Behörde bestimmt das Fachministerium durch Verordnung.[1] Das Fachministerium kann den Wattenjagdbezirk nach Absatz 1 Satz 1 durch Verordnung in mehrere Wattenjagdbezirke aufteilen.

ERLÄUTERUNGEN

Nach § 1 des Bundeswasserstraßengesetzes stehen die Flächen zwischen der Küstenlinie bei mittlerem Hochwasser oder der seewärtigen Begrenzung der Binnenwasserstraßen und der seewärtigen Begrenzung des Küstenmeers (Staatshoheitsgrenze) als Seewasserstraßen im Eigentum des Bundes. Das Bundesland, zu dessen Territorium das dem Festland vorgelagerte Küstenmeer jeweils gehört, kann die im Eigentum des Bundes stehenden Flächen u. a. „zur Ausübung des Jagdrechts" unentgeltlich nutzen.

§ 5   BJagdG: Gestaltung der Jagdbezirke

(1) Jagdbezirke können durch Abtrennung, Angliederung oder Austausch von Grundflächen abgerundet werden, wenn dies aus Erfordernissen der Jagdpflege und Jagdausübung notwendig ist.

(2) Natürliche und künstliche Wasserläufe, Wege, Triften und Eisenbahnkörper sowie ähnliche Flächen bilden, wenn sie nach Umfang und Gestalt für sich allein eine ordnungsmäßige Jagdausübung nicht gestatten, keinen Jagdbezirk für sich, unterbrechen nicht den Zusammenhang eines Jagdbezirkes und stellen auch den Zusammenhang zur Bildung eines Jagdbezirkes zwischen getrennt liegenden Flächen nicht her.

ERLÄUTERUNGEN

1. Auch Grundflächen, die wegen ihrer Lage oder ihrer Ausdehnung nur unter Schwierigkeiten zu bejagen sind, bilden, von der in § 5

---

1 Im Vorgriff auf die noch ausstehende Verordnung hat das NL die Landkreise Aurich und Cuxhaven für zuständig erklärt.

Abs. 2 BJagdG behandelten Fallgestaltung abgesehen, einen Jagdbezirk, wenn die in den §§ 7 oder 8 BJagdG vorgeschriebenen Voraussetzungen vorliegen. Wenn es aus Erfordernissen der Jagdpflege und Jagdausübung notwendig ist, können Jagdbezirke durch Abtrennung, Angliederung oder Austausch von Grundflächen abgerundet werden. Die Notwendigkeit einer Abrundung kann sich einerseits aus dem Grenzverlauf zwischen benachbarten Jagdbezirken, andererseits aber auch daraus ergeben, jagdbezirksfreie Flächen oder Flächen eines ehemals selbstständigen Eigenjagdbezirks, die nicht Bestandteil eines gemeinschaftlichen Jagdbezirks geworden sind, bejagbar zu machen.

2. Eine Ausnahme von der Regel, dass Jagdbezirke unabhängig von der Gestalt der sie bildenden Grundflächen sind, gilt für natürliche und künstliche Wasserläufe, Wege, Triften und Eisenbahnkörper sowie ähnliche Flächen, wenn sie nach Umfang und Gestalt für sich allein eine ordnungsgemäße Jagdausübung nicht gestatten. Derartige Flächen bilden unter keinen Umständen einen Jagdbezirk für sich. Sie können dagegen Teile von gemeinschaftlichen Jagdbezirken sein. Die ausdrücklich bezeichneten Flächen sind dadurch gekennzeichnet, dass sie im Verhältnis erheblich länger als breit sind. Ähnliche Flächen müssen deswegen durch ein unausgewogenes Längen- und Breitenverhältnis, das eine ordnungsgemäße Jagdausübung ausschließt, gekennzeichnet sein. Hinreichend breite Grundflächen können deswegen auch dann einen Jagdbezirk für sich bilden, wenn sie vielfach länger als breit sind. Eine ordnungsgemäße Jagdausübung wird in der Regel nicht mehr möglich sein, wenn eine bandförmige Fläche nicht breiter als etwa 250 m ist. Die Jagd auf schmaleren Flächen dürfte entweder eine Gefahr für die öffentliche Sicherheit darstellen oder störend auf Nachbarjagdbezirke einwirken. Außerdem sind auf derartigen langen schmalen Flächen sinnvolle Hegemaßnahmen schwer vorstellbar.

§ 5 Abs. 2 BJagdG schreibt weiter vor, dass die dort bezeichneten bandförmigen Flächen nicht den Zusammenhang eines Jagdbezirks unterbrechen. Diese Regel kann selbstverständlich nur eingreifen, wenn die schmalen Flächen nicht Teil eines anderen Jagdbezirks sind.

Ist das nicht der Fall, so werden sie rechtlich insoweit als nicht vorhanden angesehen, als es um die Voraussetzungen für die Bildung eines Eigenjagdbezirks geht. Die schmalen Flächen sind dann jagdbezirksfrei. Liegen sich also, nur durch einen Wasserlauf oder einen Eisenbahnkörper getrennt, zwei Grundflächen gegenüber, die zusammen die Voraussetzungen für die Bildung eines Eigenjagdbezirks erfüllen, so ist das Vorhandensein des nicht dem Eigentümer der beiden Grundflächen gehörenden Wasserlaufs oder Eisenbahnkörpers unschädlich. Dabei ist es nicht erforderlich, dass sich die Grundstücke in voller Breite gegenüberliegen. Es genügt, dass sie in einem Punkt Berührung hätten, wenn die schmale Fläche als nicht vorhanden gedacht würde. Die Regel gilt auch dann, wenn der tatsächliche Zusammenhang benachbarter Grundstücksteile durch mehrere nebeneinander verlaufende schmale Flächen unterbrochen wird, wie das etwa der Fall sein kann, wenn eine Bahnstrecke, eine Landstraße und ein Flussbett nebeneinander liegen. Sind die neben einander liegenden Flächen allerdings zusammen nicht mehr schmal, wird der Zusammenhang des Jagdbezirks unterbrochen.

Schließlich bestimmt § 5 Abs. 2 BJagdG, dass die dort bezeichneten Flächen den Zusammenhang zur Bildung eines Jagdbezirks zwischen getrennt liegenden Flächen nicht herstellen können. Erwirbt etwa der Eigentümer zweier getrennt liegender Flächen, die im Zusammenhang einen Eigenjagdbezirk bilden würden, eine Trift, also einen Weg für das Weidevieh, der durch die getrennt liegenden Grundstücke führt, entsteht kein neuer Eigenjagdbezirk.

3. Flächen, die schon nach ihrer äußeren Gestalt wegen, Wasserläufen, Triften oder Bahnkörpern nicht ähnlich sind, fallen nicht unter § 5 Abs. 2 BJagdG. Handelt es sich nicht um Wege, Triften oder Eisenbahnkörper, die getrennt liegende Flächen unter keinen Umständen trennen oder verbinden können, sondern um lange, schmale Flurstücke, die wie die angrenzenden Flächen für Jagd- oder Hegezwecke nutzbar sind, fehlt es wegen des vorhandenen oder durch Anpflanzungen herstellbaren Aufwuchses an der Ähnlichkeit mit den in § 5 Abs. 2 BJagdG ausdrücklich benannten Flächen, die in der Regel für jagdliche und hegerische Zwecke nicht genutzt werden können. Derartige Flächen bilden, wenn sie nach Umfang und Gestalt für sich allein eine ordnungsgemäße Jagdausübung nicht gestatten, zwar keinen Jagdbezirk für sich. Sie können jedoch den Zusammenhang eines Jagdbezirks unterbrechen oder den Zusammenhang zur Bildung eines Jagdbezirks zwischen getrennt liegenden Flächen herstellen (BVerwG JE II Nr. 112, 113).

Bestehende Jagdbezirke werden durch den Zuerwerb von Grundflächen in ihrem Bestand nicht berührt. Bestand zwischen zwei Grundflächen zuvor nur eine Punktverbindung, so ist es unschädlich, wenn die Verbindung sich nach dem Zuerwerb als ein langer, schmaler Grundstücksstreifen darstellt.

§ 7 NJagdG: Abrundung von Jagdbezirken

(1) Eine Abrundung von Jagdbezirken (§ 5 Abs. 1 Bundesjagdgesetz) erfolgt durch Vertrag oder durch Verfügung der Jagdbehörde. Vertragsparteien können sein die Eigentümerinnen und Eigentümer von Eigenjagdbezirken, Jagdgenossenschaften sowie Eigentümerinnen und Eigentümer von Grundflächen, die zu keinem Jagdbezirk gehören.

(2) Für einen Abrundungsvertrag gelten die §§ 544 und 545 des Bürgerlichen Gesetzbuchs sowie § 11 Abs. 4 Sätze 1, 2, 4 und 5, § 12 Abs. 1 Satz 1 und Abs. 2 bis 4 und § 14 des Bundesjagdgesetzes entsprechend. Die Jagdbehörde kann den Vertrag beanstanden, wenn er nicht den gesetzlichen Erfordernissen entspricht.

(3) Ist ein Jagdbezirk, der durch Vertrag abgerundet werden soll, verpachtet, so bedarf der Abrundungsvertrag der Zustimmung der Jagdpächterin oder des Jagdpächters. Die Angliederung einer Grundfläche an einen verpachteten Jagdbezirk kann für die Dauer des Jagdpachtvertrages auch allein mit der Pächterin oder dem Pächter vereinbart werden.

(4) Wird eine Grundfläche während der Laufzeit eines Jagdpachtvertrages einem Jagdbezirk angegliedert oder von ihm abgetrennt, so erhöht oder ermäßigt sich der Pachtzins entsprechend der Größe der angegliederten oder abgetrennten Fläche. Wird eine Grundfläche einem Eigenjagdbezirk angegliedert, so hat die Eigentümerin

oder der Eigentümer der Grundfläche gegen die Eigentümerin oder den Eigentümer des begünstigten Eigenjagdbezirks einen Anspruch auf eine angemessene Entschädigung in Höhe des vergleichbaren ortsüblichen oder, falls nicht vorhanden, in dem Gebiet üblichen Jagdpachtzinses. Abweichende Vereinbarungen sind zulässig.

(5) Ein Jagdbezirk bleibt erhalten, auch wenn er infolge einer Abrundung nicht mehr die erforderliche Mindestgröße besitzt.

AB zu § 7 (Abrundung von Jagdbezirken)

7.1 Eine Abrundungsverfügung soll erst erlassen werden, wenn ein Abrundungsvertrag nicht zustande kommt. Bei einer Abtrennung von Grundflächen soll, insbesondere durch Flächentausch, vermieden werden, dass die Mindestgröße für einen Jagdbezirk (§ 7 des Bundesjagdgesetzes, § 12 NJagdG) unterschritten wird. Die ordnungsgemäße Bejagung eines Jagdbezirks muss nach Abtrennung erhalten bleiben. Die Angliederung von Grundflächen an eine Jagdfläche zur Erreichung der gesetzlichen Mindestgröße für einen Jagdbezirk ist nicht zulässig.

ERLÄUTERUNGEN

1. Die Abrundung eines Jagdbezirks ist nur zulässig, wenn dies aus Erfordernissen der Jagdpflege und Jagdausübung notwendig ist. Sonstige Gründe reichen nicht aus, um eine Abrundung herbeizuführen.

Der Abrundungsvertrag ist ein Vertrag besonderer Art mit bestimmten öffentlich-rechtlichen Wirkungen und Elementen des Pachtvertrags. Beteiligte eines Abrundungsvertrages können sein Eigentümer von Eigenjagdbezirken und jagdbezirksfreien Flächen, Jagdgenossenschaften und unter bestimmten Voraussetzungen (nur Angliederung an die Pachtjagd) auch Jagdpächter. Abrundungsverträge sollen eine Mindestdauer von neun Jahren haben. Eine fristlose Kündigung kommt in Betracht, wenn ein wichtiger Grund vorliegt. Bei Kündigung oder Fristablauf ist eine besondere Rückgliederung der Flächen nicht erforderlich.

Ein Abrundungsvertrag ist der Jagdbehörde von allen Vertragsbeteiligten anzuzeigen (§ 12 Abs. 1 Satz 1 BJagdG). Die Jagdbehörde kann ihn beanstanden, wenn er nicht den gesetzlichen Erfordernissen entspricht, insbesondere wenn die Abrundung nicht zur ordentlichen Jagdpflege und Jagdausübung notwendig ist. Mündlich abgeschlossene Abrundungsverträge sind nichtig (§ 125 BGB).

2. Abrundungen beeinflussen die Eigentumsverhältnisse in Bezug auf die beteiligten Grundflächen nicht. Sie führen jedoch zu einem Wechsel des Inhabers des Jagdausübungsrechts.

Wird eine Fläche einem gemeinschaftlichen Jagdbezirk angegliedert, wird der Eigentümer der angegliederten Fläche Mitglied der Jagdgenossenschaft (§ 9 Abs. 1 Satz 1 BJagdG). War die angegliederte Fläche Teil eines Eigenjagdbezirkes, geht das Jagdausübungsrecht des Eigentümers oder des Nutznießers (§ 7 Abs. 4 BJagdG), gehörte sie zu einem gemeinschaftlichen Jagdbezirk, geht das Jagdausübungsrecht der Jagdgenossenschaft (§ 8 Abs. 5 BJagdG), der der Eigentümer der angegliederten Fläche vor dem Wirksamwerden der Abrundung angehört hatte, auf die aufnehmende Jagdgenossenschaft über.

Wird einem Eigenjagdbezirk eine Grundfläche angegliedert, so entsteht zwischen dem Eigentümer oder Nutznießer des Eigenjagdbezirkes und dem Eigentümer der angegliederten Fläche in Bezug auf das Jagdausübungsrecht ein pachtähnliches Verhältnis. Der Eigentümer der angegliederten Fläche hat, sofern die Beteiligten nichts anderes vereinbart haben, gegen den Eigentümer oder Nutznießer des Eigenjagdbezirks einen Anspruch auf eine angemessene Entschädigung (§ 7 Abs. 4 Satz 2 NJagdG).

Verpachtet der Eigentümer oder Nutznießer eines durch Angliederung abgerundeten Eigenjagdbezirks das Jagdausübungsrecht, ändert sich an dem Entschädigungsanspruch des Eigentümers der angegliederten Fläche dem Grunde nach nichts. Die Höhe des vereinbarten Jagdpachtzinses kann aber indirekt für die Ermittlung des ortsüblichen oder für das Gebiet üblichen Pachtzinses Bedeutung erlangen.

Wird die Abrundung eines Jagdbezirks während der Laufzeit eines Jagdpachtvertrages wirksam, gilt im Verhältnis zwischen Verpächter und Pächter des Jagdausübungsrechts § 7 Abs. 4 Satz 1 NJagdG. Der

Pachtzins erhöht oder ermäßigt sich entsprechend der Größe der angegliederten oder abgetrennten Fläche. Die Interessen des Pächters werden dadurch gewahrt, dass er der Abrundung zustimmen muss (§ 7 Abs. 3 Satz 1 NJagdG).

Einen direkten Anspruch des Eigentümers der angegliederten Fläche gegen den Jagdpächter gibt es nicht, es sei denn, die Beteiligten hätten eine entsprechende Vereinbarung getroffen, was nach § 7 Abs. 4 Satz 3 NJagdG zulässig ist.

3. Kommt ein Abrundungsvertrag, also eine einverständliche Einigung der Beteiligten, nicht zustande, kann die Jagdbehörde das Notwendige verfügen. Abrundungsverfügungen müssen den Beteiligten, auch den betroffenen Jagdgenossen, zugestellt und können von ihnen angefochten werden. Für die Anfechtung einer Abrundungsverfügung (Verwaltungsakt) ist der Rechtsweg zu den Verwaltungsgerichten zulässig. Beanstandet die Jagdbehörde dagegen einen Abrundungsvertrag, so ist für Klagen dagegen der Rechtsweg zu den ordentlichen Gerichten gegeben.

4. Kommunale Neugliederungsmaßnahmen, die zu Gebietsänderungen führen, lassen eine frühere Abrundungsverfügung, die zu Gunsten eines Eigenjagdbezirks ergangen war, in ihrem Bestand unberührt (BVerwG JE II Nr. 131).

§ 6 BJagdG: Befriedete Bezirke, Ruhen der Jagd

Auf Grundflächen, die zu keinem Jagdbezirk gehören, und in befriedeten Bezirken ruht die Jagd. Eine beschränkte Ausübung der Jagd kann gestattet werden. Tiergärten fallen nicht unter die Vorschriften dieses Gesetzes.

ERLÄUTERUNGEN

1. Wo die Jagd ruht, ist die Jagdausübung grundsätzlich verboten. Auf Grundflächen, die zu keinem Jagdbezirk gehören, fehlt das Jagdausübungsrecht, weil das volle Jagdrecht nach § 3 Abs. 3 BJagdG nur in Jagdbezirken nach Maßgabe der §§ 4 ff. BJagdG ausgeübt werden darf. Auch in befriedeten Bezirken besteht kein Jagdausübungsrecht, obwohl diese Teile des Jagdbezirks sind, in dem sie liegen. Ein dauerndes Jagdverbot ist jedoch mit dem Bestehen eines Jagdausübungsrechts unvereinbar. So ist es folgerichtig, das Betreten befriedeter Bezirke innerhalb des Jagdbezirks „zum Töten und zur Aneignung von krankgeschossenem oder übergewechseltem schwerkranken Wild" besonders zu regeln, wie das in § 27 Abs. 7 NJagdG geschehen ist. Es handelt sich dabei um einen der Wildfolge ähnlichen Fall.

2. Bei der Beantwortung Frage, wem nach § 6 Satz 2 BJagdG eine beschränkte Ausübung der Jagd gestattet werden kann, ist zu beachten, dass fremde Rechte, insbesondere das Jagdrecht des Grundeigentümers, nicht verletzt werden dürfen. Eine beschränkte Jagdausübung darf deswegen einem Dritten nur mit Zustimmung des Eigentümers der Grundflächen des befriedeten Bezirks gestattet werden.

3. Der Jagdpächter, der ohne eine entsprechende Gestattung auf Wild schießt, das sich in einem befriedeten Bezirk befindet, verwirklicht den Tatbestand der Jagdwilderei (§ 292 StGB). Er verletzt das Jagdrecht des Eigentümers des befriedeten Bezirks, ohne jagdausübungsberechtigt zu sein. Jagt hingegen der Eigentümer eines befriedeten Bezirks, wird weder ein fremdes Jagdrecht noch ein fremdes Jagdausübungsrecht verletzt. Es liegt dann eine Ordnungswidrigkeit nach § 39 Abs. 1 Nr. 1 BJagdG vor, die mit einer Geldbuße geahndet werden kann.

4. Wildschaden in befriedeten Bezirken soll nach einem Urteil des Bundesgerichtshofs (BGH) vom 4.3.2010 – III ZR 233/09 – nicht zu ersetzen sein. Der BGH führt aus, „nach dem Wortlaut des § 29 Abs. 1 Satz 1 BJagdG" sei „Voraussetzung für einen Wildschadenseratzanspruch lediglich, dass ein zu einem gemeinschaftlichen Jagdbezirk gehörendes oder einem gemeinschaftlichen Jagdbezirk angegliedertes Grundstück durch Schalenwild, Wildkaninchen oder Fasanen beschädigt" werde, „dagegen" sei „die Ersatzfähigkeit von Wildschäden in befriedeten Bezirken nicht ausdrücklich ausgeschlossen." § 29 BJagdG gewähre aber gleichwohl keinen Ersatzanspruch für Wildschäden, die in einem sogenannten befriedeten Bezirk (§ 9 Abs. 1

Nr. 2 und 6 NJagdG) liegen und auf denen gemäß § 6 BJagdG die Jagd ruht. Gegen das entgegengesetzte Normverständnis sprächen „maßgeblich die für die Normierung einer verschuldensunabhängigen Wildschadenshaftung nach § 29 Abs. 1 BJagdG maßgeblichen Gesichtspunkte und deren Zweckrichtung sowie der erkennbar darauf beruhende gesetzgeberische Wille." Der BGH, der insoweit Grundstücke, die zu keinem Jagdbezirk gehören, und befriedete Bezirke gleichstellt, verweist u. a. darauf, dass schon unter der Geltung des Reichsjagdgesetzes (RJagdG) Wildschäden an Grundstücken, auf denen die Jagd ruhte oder nicht ausgeübt werden durfte, nicht zu erstatten gewesen sei. Diese Rechtsfolge habe sich zwar nicht aus der den Wildschadenersatz regelnden Bestimmung des § 44 RJagdG selbst ergeben, sondern aus § 44 Abs. 1 der Verordnung zur Ausführung des RJagdG vom 27. März 1935 (RGBl. I S. 431). Das BJagdG habe zwar die Regelung aus § 44 Abs. 1 der Ausführungsverordnung zum RJagdG nicht übernommen. „Dafür, dass der Bundesgesetzgeber die Haftungsfrage anders als der Reichsgesetzgeber entscheiden wollte", fehle „jedoch jeder Anhalt."

Das Urteil gibt Anlass zu vielen Fragen, u. a.: Ist es mit rechtsstaatlichen Grundsätzen vereinbar, die Bestimmung einer Ausführungsverordnung für maßgeblich zu halten, die das Gegenteil dessen dekretiert, was im Gesetz steht? Ist es zulässig, eine solche Bestimmung als Entscheidung des (Reichs-)Gesetzgebers zu bezeichnen? Ist es bedeutungslos, dass der Bundesgesetzgeber im Jahr 1953 eine Regelung nicht übernommen hat, die in der Ausführungsverordnung aus dem Jahr 1935 enthalten war, als bei den maßgeblichen Personen (Scherping, Göring) über die Wildschadensersatzfrage möglicherweise andere Auffassungen bestanden?

5.   Die der zur Jagd befugten Person in § 27 Abs. 7 NJagdG eingeräumte Befugnis zur entschädigungslosen Aneignung von verendetem Wild, das zuvor krankgeschossen oder schwerkrank in einen befriedeten Bezirk gewechselt war, ist, wenn es sich bei dieser Person nicht um den Eigentümer der Grundflächen des befriedeten Bezirks handelt, nicht zu vereinbaren mit § 3 Abs. 1 BJagdG und Art. 14 GG, übri-

gens auch nicht mit § 292 Abs. 1 Nr. 2 StGB. Das Jagdrecht, das nach § 1 Abs. 1 und 5 BJagdG auch die ausschließliche Befugnis zur Aneignung von verendetem Wild umfasst, steht allein dem Eigentümer auf seinem Grund und Boden zu.

Selbstverständlich darf sich der Jagdausübungsberechtigte auch in den Fällen, in denen Wild, ohne zuvor krankgeschossen worden zu sein, in einem befriedeten Bezirk krank oder tot aufgefunden wird, dieses nur mit Genehmigung des Grundeigentümers aneignen.

Sinnvoll wäre es, dem Grundeigentümer oder einer von ihm beauftragten Person die Entscheidung darüber zu überlassen, was mit dem in dem befriedeten Bezirk verendeten Wild geschehen soll. Dazu könnte auch die Entscheidung gehören, dass der Jäger das Wild gegen eine angemessene Entschädigung des Grundeigentümers zu übernehmen habe.

6. Auch in einem Gebiet, das zu keinem Jagdbezirk gehört, darf die Jagdbehörde eine beschränkte Jagdausübung gestatten. Berechtigt kann aus den dargelegten Gründen nur der Eigentümer der Grundflächen des Gebietes sein. Jagt der Eigentümer in einem jagdbezirksfreien Gebiet ohne eine entsprechende Gestattung oder handelt er der Beschränkung einer Jagderlaubnis nach § 6 Satz 2 BJagdG zuwider, begeht er jedenfalls eine Ordnungswidrigkeit (§ 39 Abs. 1 Nr. 1 BJagdG). Andere Personen, die dort ohne Erlaubnis des Grundeigentümers jagen, begehen Jagdwilderei (§ 292 StGB), weil sie das Jagdrecht des Grundeigentümers verletzen.

7. Von dem Ruhen der Jagd nach § 6 Satz 1 BJagdG ist der Fall zu unterscheiden, in dem der Eigentümer oder an seiner Stelle der Nießbrauchsberechtigte der Grundstücke eines Eigenjagdbezirks oder die Jagdgenossenschaft zu der Entscheidung, die Jagd ruhen zu lassen, die Zustimmung der Jagdbehörde erhalten hat (§ 10 Abs. 2 NJagdG, § 10 Abs. 2 Satz 2 BJagdG). In einem derartigen Fall ist die Jagdausübung nicht grundsätzlich verboten. Das Jagdausübungsrecht bleibt unberührt. Die Jagd kann nach Erfüllung eventueller Erfordernisse, wie etwa der Bestätigung eines Abschussplans, jederzeit wieder aufgenommen werden.

Tiergärten sind zoologische Gärten, nicht jedoch unbedingt Zoos im Sinne von § 42 BNatSchG, in denen Tiere zu anderen als Jagdzwecken gehaltenen werden. Es kann sich dabei auch um Tiere solcher Arten, die nicht dem Jagdrecht unterliegen, handeln. Kennzeichnend für Tiergärten ist es, dass sie von Menschen betreten werden können, so dass die Tiere aus einer verhältnismäßig geringen Entfernung betrachtet werden können. Da Tiergärten eingezäunt sind und ein Entweichen der dort gehaltenen Tiere normalerweise ausgeschlossen ist, sind diese nicht herrenlos (§ 960 Abs. 1 BGB), also auch dann kein Wild, wenn sie zu den dem Jagdrecht unterliegenden Arten (§ 2 Abs. 1 BJagdG, § 5 NJagdG) gehören. Eine Jagdausübung ist schon aus diesem Grund, nicht zulässig.

§ 6 Satz 3 BJagdG bestimmt darüber hinaus, dass auch alle anderen Vorschriften des Bundesjagdgesetzes unanwendbar sind. Tiergärten können daher keinen Eigenjagdbezirk bilden oder Teil eines gemeinschaftlichen Jagdbezirks sein. Weder sind sie kraft Gesetzes befriedete Bezirke noch können sie zu solchen erklärt werden. Ein Jagdausübungsrecht gibt es auf den Flächen eines Tiergartens nicht. Deswegen kann selbst eine beschränkte Ausübung der Jagd auf solche Wildtiere, die zwar dort leben, aber nicht gehalten werden (z. B. Wildkaninchen,) nicht gestattet werden.

Wenn zur Regulierung des Tierbestandes von der Schusswaffe Gebrauch gemacht werden soll oder Tiere gefangen werden, handelt es sich, ebenso wie bei dem in § 9 Abs. 5 NJagdG geregelten Selbsthilferecht der Eigentümer und der Nutzungsberechtigten in einem befriedeten Bezirk, nicht um Jagdausübung im Rechtssinn. Für den Schusswaffengebrauch bedarf es besonderer waffenrechtlicher Erlaubnisse. Selbstverständlich müssen die Vorschriften des Tierschutzgesetzes eingehalten werden.

§ 8 NJagdG: Aneignung von Wild auf Verkehrswegen

Auf öffentlichen Straßen, die nicht zu einem Jagdbezirk gehören, können sich die Jagdausübungsberechtigten der beiderseits angrenzenden Jagdbezirke, jeweils bis zur Mitte der Straße, getötetes, krankes, verletztes und verendetes Wild aneignen. Auf Schienenbahnkörper und Wasserläufe, die zu keinem Jagdbezirk gehören, ist Satz 1 entsprechend anzuwenden.

ERLÄUTERUNGEN

1. Öffentliche Straßen gehören nicht immer zu einem Jagdbezirk, z. B. dann, wenn sie zwischen zwei Eigenjagdbezirken verlaufen. Nach § 8 Satz 1 NJagdG steht ein allerdings nicht ausschließliches Aneignungsrecht in Bezug auf getötetes und verletztes Wild den Jagdausübungsberechtigten der beiderseits angrenzenden Jagdbezirke jeweils bis zur Straßenmitte zu. Durchschneidet die Straße einen Eigenjagdbezirk, so hat der Jagdausübungsberechtigte das Aneignungsrecht auf der gesamten Straßenbreite. Entsprechendes gilt für Schienenbahnkörper und Wasserläufe, die zu keinem Jagdbezirk gehören. § 7 Abs. 3 Nr. 2 TierNebG bestimmt, dass fremde oder herrenlose Körper von Wild, wenn sie auf öffentlichen Straßen oder Plätzen anfallen, von dem Straßenbaulastträger, unverzüglich der für die Beseitigung zuständigen Körperschaft des öffentlichen Rechts zu melden sind.

Dem Aneignungsrecht steht keine Aneignungspflicht gegenüber. Dementsprechend sind Jagdausübungsberechtigte aufgrund jagdrechtlicher Vorschriften in der Regel nicht verpflichtet, im Straßenverkehr getötetes oder auf andere Weise verendetes Wild von der Straße fortzuschaffen. Eine Ausnahme ist denkbar, wenn es sich bei dem toten Tier um ein krankheits- oder gar seuchenverdächtiges Stück Wild handelt. In diesem Fall kann eine Beseitigungspflicht im Rahmen des Jagdschutzes (§ 23 BJagdG) in Betracht kommen.

2. Totes Wild auf der Strasse stellt jedoch immer einen die öffentliche Ordnung und Sicherheit störenden Zustand dar, für dessen Beseiti-

gung die allgemeinen Regeln des Gefahrenabwehrrechts gelten. Es ist daher Aufgabe der Polizei, diese Störung jedenfalls vorläufig zu beseitigen. Die Polizei ist allerdings verpflichtet, der nach § 30 Abs. 3 Satz 1 NJagdG benannten zur Jagd befugten Person einen ihr bekannt gewordenen Wildunfall zu melden, damit sich diese über die zu treffenden Maßnahmen Klarheit verschaffen und gegebenenfalls entscheiden kann, ob sie von dem Aneignungsrecht des Jagdausübungsberechtigten Gebrauch machen will. Das gilt auch für den Fall, dass ein Stück Wild bei einem Wildunfall verletzt worden ist. Zu den Pflichten der jagdausübungsberechtigten Person (§ 30 Abs. 3 Satz 2 NJagdG) gehört es dann, eine Nachsuche durchzuführen oder das Notwendige zu veranlassen.

3. Wird Wild zur Beseitigung einer bestehenden Gefahrenlage von der Fahrbahn geräumt, stellt das allein weder eine Jagdausübung (§ 1 Abs. 4 BJagdG) noch eine Aneignungshandlung dar.

4. Führen öffentliche Straßen durch einen gemeinschaftlichen Jagdbezirk, sind sie Bestandteil dieses Jagdbezirks. Sofern auf öffentlichen Straßen die Jagd ausgeübt werden darf, sind die Straßeneigentümer Jagdgenossen, die sich mit dem oder den Jagdausübungsberechtigten darüber einigen müssen, wie das Aneignungsrecht für auf der Straße aufgefundenes totes oder verletztes Wild gehandhabt werden soll. Eine tatsächliche Jagdausübung (§ 1 Abs. 4 BJagdG) wird auf öffentlichen Straßen jedoch nur selten in Betracht kommen. § 20 BJagdG ist zu beachten. Auf Bundesautobahnen besteht nach § 18 Abs. 9 StVO, auf Bahnanlagen nach § 62 der Eisenbahn-Bau- und Betriebsordnung ein dauerndes Betretungsverbot. Derartige Betretungsverbote beinhalten Jagdverbote. Die Eigentümer von Bundesautobahnen und Bahnanlagen gehören daher nicht der Jagdgenossenschaft an.

§ 9   NJagdG: Befriedete Bezirke und Naturschutzgebiete

(1) Befriedete Bezirke sind

1. Gebäude,
2. Hofräume und Hausgärten, die an ein Gebäude, das zum nicht nur vorübergehenden Aufenthalt von Menschen dient, anschließen und durch eine Umfriedung begrenzt sind,
3. eingefriedete Campingplätze,
4. Kleingärten im Sinne des Bundeskleingartengesetzes,
5. Friedhöfe,
6. alle Grundflächen innerhalb der im Zusammenhang tatsächlich bebauten Ortsteile und
7. Gehege, in denen nicht herrenlose Tiere von Arten, die dem Jagdrecht unterliegen,
   a) zur Schau gestellt werden (Schaugehege) oder
   b) zur Zucht, zur Fleisch- und Pelzgewinnung, zur Überwinterung, zur Absonderung, zur Forschung oder zu ähnlichen Zwecken gehalten werden (Sondergehege).

(2) Die Jagdbehörde kann

1. vollständig eingefriedete Grundflächen, die nicht nach Absatz 1 befriedet sind,
2. öffentliche Anlagen,
3. Fischteiche und andere Anlagen zur Fischhaltung oder zur Fischzucht sowie sonstige stehende Gewässer einschließlich der darin gelegenen Inseln,
4. Sportplätze und
5. Golfplätze

zu befriedeten Bezirken erklären.

(3) Wenn die öffentliche Sicherheit nicht gefährdet wird, kann die Jagdbehörde in befriedeten Bezirken nach Absatz 1 Nrn. 2 bis 6 und Absatz 2 eine beschränkte Ausübung der Jagd durch eine zur Jagd befugte Person gestatten. In den Fällen des Absatzes 2 sollen die Eigentümerinnen, Eigentümer und Nutzungsberechtigten, wenn sie nicht selbst befugte Jägerinnen oder Jäger sind, bevorzugt die jagdausübungsberechtigte Person des betreffenden Jagdbezirks einschließlich deren Jagderlaubnisberechtigte mit der Durchführung und dem Recht zur Aneignung des erlegten Wildes beauftragen.

(4) Die Jagdbehörde kann durch Verordnung die Jagd in Naturschutzgebieten gemäß deren Schutzzweck

1. auf bestimmte seltene oder in ihrem Bestand bedrohte Federwildarten oder
2. zum Schutz schutzbedürftiger Arten oder Lebensgemeinschaften wild lebender Tiere oder wild wachsender Pflanzen oder zum Schutz ihrer Lebensstätten

für bestimmte Zeiträume beschränken oder ganz oder teilweise verbieten. Soweit eine Verordnung nach Satz 1 nicht ausreicht, kann die Jagdbehörde Naturschutzgebiete durch Verordnung zu befriedeten Bezirken erklären. Sie kann darin eine beschränkte Jagdausübung durch die jagdausübungsberechtigten Personen der betreffenden Jagdbezirke gestatten. Sind Regelungen erforderlich, die über das Gebiet einer Jagdbehörde hinausgehen, so kann die oberste Jagdbehörde eine Verordnung nach den Sätzen 1 bis 3 erlassen.

(5) Eigentümerinnen, Eigentümer und Nutzungsberechtigte der Grundstücke eines befriedeten Bezirks dürfen in den Fällen der Absätze 1 und 2 Füchse, Marder, Iltisse, Hermeline, Waschbären, Marderhunde, Minke, Nutrias und Wildkaninchen fangen, töten und sich aneignen, soweit diese Befugnis nicht im Rahmen einer beschränkten Jagdausübung anderen zur Jagd befugten Personen übertragen ist. Die Verbote des § 19 des Bundesjagdgesetzes und die Bestimmungen des § 24 dieses Gesetzes sowie die jagdrechtlichen Vorschriften über die Setz- und Aufzuchtzeiten gelten entsprechend.

ERLÄUTERUNGEN

1.   Befriedete Bezirke sind Bestandteile des Jagdbezirks, in dem sie liegen. Handelt es sich dabei um einen gemeinschaftlichen Jagdbezirk, sind die Eigentümer der die befriedeten Bezirke bildenden Grundflächen keine Jagdgenossen (§ 9 Abs. 1 Satz 2 BJagdG).

Die Befriedung von Grundflächen kraft Gesetzes (§ 9 Abs. 1 NJagdG) beginnt oder endet bei Eintritt oder Wegfall der gesetzlichen Voraussetzungen, ohne dass es eines Tätigwerdens der Jagdbehörde bedarf. Sind dagegen Grundflächen nach § 9 Abs. 2 NJagdG zu befriedeten Bezirken erklärt worden, kann die Befriedung der Flächen nur durch eine auf Antrag des Grundeigentümers oder Nießbrauchsberechtigten oder von Amts wegen zu erlassene Verfügung der Jagdbehörde aufgehoben werden. Die Jagdbehörde hat nach pflichtgemäßem Ermessen zu entscheiden.

2. Die Befriedung von Grundflächen – und damit verbunden der Untergang des Jagdausübungsrechts auf diesen Grundflächen – ist kein Selbstzweck. Sie ist als Einschränkung der Rechtsposition, die das Grundeigentum normalerweise gewährt, nur zu rechtfertigen, wenn höherrangige Interessen zu beachten sind. Bei den in § 9 Abs. 1 NJagdG aufgeführten kraft Gesetzes befriedeten Bezirken stehen einer unbeschränkten Jagdausübung insbesondere Belange der öffentlichen Sicherheit, Ruhe und Ordnung entgegen. Wird ein zu einem gemeinschaftlichen Jagdbezirk gehörendes Grundstück von der Jagdbehörde für befriedet erklärt, steht dem Eigentümer gegen die Befriedungserklärung die Klagebefugnis zu (BVerwG JE II Nr. 125).

Der Zweck der Befriedung ist bei der Bestimmung des Inhalts auslegungsbedürftiger Begriffe zu berücksichtigen. Eine Baulichkeit, die nicht mehr benutzt werden kann, also auch nicht mehr geeignet oder bestimmt ist, auch nur vorübergehend dem Schutz von Menschen, Tieren oder Sachen zu dienen, kann nicht als Gebäude i. S. von § 9 Abs. 1 Nr. 1 NJagdG angesehen werden. Durch eine Umfriedung begrenzt (§ 9 Abs. 1 Nr. 2 NJagdG) sind Grundflächen, bei denen durch das Vorhandensein von Zäunen, Mauern, Hecken oder anderen geeigneten Hindernissen erkennbar ist, dass Fremde keinen ungehinderten Zutritt haben sollen. Es ist nicht nötig, dass es sich um schwer zu überwindende Hindernisse handelt. Das Gleiche muss für vollständig eingefriedete Grundflächen (§ 9 Abs. 2 Nr. 1 NJagdG) gelten. Es ist nicht mehr erforderlich, dass es sich um vollständig abgeschlossene Grundflächen handelt.

Für die Feststellung, welche Grundflächen innerhalb der im Zusammenhang tatsächlich bebauten Ortsteile liegen (§ 9 Abs. 1 Nr. 6 NJagdG), kommt es allein auf die tatsächlichen Verhältnisse und nicht mehr darauf an, ob die Grundstücke in einem Bebauungsplan ausgewiesen sind. Grundflächen, die außerhalb einer um die bebauten Grundstücke eines Ortsteils gezogenen gedachten Linie belegen sind, sind nicht befriedet, so dass dort vorbehaltlich des § 20 Abs. 1 BJagdG die Jagd ausgeübt darf.

3. In kraft Gesetzes befriedeten Bezirken (§ 9 Abs. 1 NJagdG), außer in Gebäuden (Nr. 1) und Gehegen (Nr. 7), kann die Jagdbehörde unter der Voraussetzung, dass die öffentliche Sicherheit nicht gefährdet ist, eine beschränkte Jagdausübung durch eine zur Jagd befugte Person gestatten (§ 9 Abs. 3 Satz 1 NJagdG). Das kann aus dem in E 2 zu § 6 BJagdG dargelegten Grund nur der Eigentümer selbst sein, wenn er Inhaber eines Jagdscheins ist, oder aber ein von ihm beauftragter und benannter Jagdscheininhaber. Sachliche Beschränkungen und Auflagen sind sowohl in Bezug auf Art, Zahl, Alter und Geschlecht der Tiere, auf Zweck und Modalitäten als auch auf Ort und Zeit der Jagdausübung möglich.

4. Auch in von der Jagdbehörde zu befriedeten Bezirken erklärten Gebieten (§ 9 Abs. 2 NJagdG) kommt eine beschränkte Ausübung der Jagd durch eine zur Jagd befugte Person in Betracht. Nach § 9 Abs. 3 Satz 2 NJagdG können das Eigentümer und „Nutzungsberechtigte" der entsprechenden Grundflächen sein. Diese Bestimmung muss einschränkend ausgelegt werden. Würde einer Person, die nicht Inhaberin des Jagdrechts auf den betreffenden Grundflächen ist, ohne Zustimmung des Eigentümers eine beschränkte Jagdausübung gestattet werden, so würde das gegen § 3 Abs. 1 BJagdG verstoßen. Unter „Nutzungsberechtigten" können daher allenfalls Nießbrauchsberechtigte (§ 7 Abs. 4 Satz 2 BJagdG) verstanden werden. Ein Grund für die Annahme, dass es in der Absicht des Gesetzgebers gelegen haben könnte, auch nur schuldrechtlich Nutzungsberechtigten, etwa Grundstückspächtern oder Mietern, eine beschränkte Jagdausübung zu gestatten, ist nicht zu erkennen. Derartige Nutzungsberechtigte sind auf die Befugnisse aus § 9 Abs. 5 NJagdG beschränkt.

Sofern der Eigentümer der Grundflächen des befriedeten Bezirks von der Gestattung nicht selbst Gebrauch machen kann, ist er, nicht etwa die Jagdbehörde, berechtigt, andere Personen, die einen Jagdschein besitzen, zu beauftragen, die Jagd in dem gestatteten Umfang auszuüben. Bevorzugt „soll" dieser Auftrag der jagdausübungsberechtigten Person des betreffenden Jagdbezirks einschließlich deren Jagderlaubnisberechtigten erteilt werden.

Gehört der befriedete Bezirk nicht zu einem gemeinschaftlichen Jagdbezirk, ist der Eigentümer oder Nießbrauchsberechtigte frei in seiner Entscheidung, welchem Jagdscheininhaber er die beschränkte Ausübung der Jagd überträgt.

5. In einem zu einem befriedeten Bezirk erklärten Naturschutzgebiet (§ 9 Abs. 4 Satz 2 NJagdG) kann die obere Jagdbehörde eine beschränkte Jagdausübung durch die „jagdausübungsberechtigten Personen der betreffenden Jagdbezirke" gestatten. Aus dem in E 2 zu § 6 BJagdG dargelegten Grund darf in befriedeten Bezirken nur dem Eigentümer der betreffenden Gründflächen eine beschränkte Jagdausübung erlaubt werden. Ist dieser nicht zugleich die jagdausübungsberechtigte Person in dem betreffenden Bezirk, weil das Jagdausübungsrecht anderweitig verpachtet ist, oder hat die jagdausübungsberechtigte Person, etwa der Eigentümer eines Eigenjagdbezirks, keinen Jagdschein, kommt die Gestattung einer beschränkten Jagdausübung nur mit Zustimmung des Eigentümers in Betracht.

6. Weder das BJagdG noch das NJagdG enthält eine Bestimmung über eine Entschädigung des Eigentümers der Grundflächen eines befriedeten Bezirks für den Fall, dass Dritten die Befugnis eingeräumt wird, sich dort befindliches verendetes Wild aneignen. Es ist indessen mit der Eigentumsordnung des Grundgesetzes nicht zu vereinbaren, dass es der Eigentümer von Grundflächen, der nicht Mitglied der Jagdgenossenschaft ist, entschädigungslos hinnehmen muss, wenn andere teilweise, nämlich soweit es um die Aneignungsbefugnis geht, von seinem ausschließlich ihm zustehenden Jagdrecht Gebrauch machen. Eine verfassungskonforme Auslegung des § 9 NJagdG muss deswegen zu dem Ergebnis führen, dass sich in befriedeten Bezirken andere Personen als die jeweiligen Grundeigentümer Wild nur mit

deren Zustimmung – eventuell gegen eine angemessene Entschädigung – aneignen dürfen. Wird die Zustimmung nicht erteilt, ist das erlegte Wild dem Grundeigentümer oder einer von diesem beauftragten Person herauszugeben.

7. Wer, ohne Grundeigentümer zu sein, in einem befriedeten Bezirk die Jagd ausübt, ohne dass ihm eine beschränkte Ausübung der Jagd gestattet worden ist, oder wer einer Beschränkung der Jagderlaubnis, soweit diese Art und Zahl des Wildes betrifft, zuwiderhandelt oder sich Sachen, die dem Jagdrecht unterliegen, zueignet, begeht Jagdwilderei (§ 292 StGB); denn durch diese Handlungen wird das Jagdrecht des Grundeigentümers verletzt.

Jagdwilderei scheidet dagegen aus, wenn der Inhaber des Jagdrechts, also der Grundeigentümer, in dem befriedeten Bezirk selbst die Jagd ausübt oder ausüben lässt oder wenn er sich über die Beschränkung einer Jagderlaubnis (§ 6 BJagdG) hinwegsetzt. Dann liegt, sofern nicht andere Gesetzesverstöße (z. B. gegen waffenrechtliche Vorschriften) gegeben sind, lediglich eine Ordnungswidrigkeit nach § 39 Abs. 1 Nr. 1 BJagdG vor, weil weder ein fremdes Jagdrecht noch ein fremdes Jagdausübungsrecht verletzt wird.

8. Nach § 9 Abs. 5 NJagdG dürfen alle Eigentümer und Nutzungsberechtigten von Grundstücken, die in den in den Absätzen 1 und 2 bezeichneten befriedeten Bezirken liegen, Tiere bestimmter Arten fangen, töten und sich aneignen. Das Gesetz unterscheidet bei den Berechtigten nicht zwischen Jagdscheininhabern und (natürlichen oder juristischen) Personen, die keinen Jagdschein haben oder erwerben können. Es kann deswegen nicht angenommen werden, dass es für die Ausübung der Berechtigung eines Jagdscheins bedarf. Anders als in Art. 8 Abs. 3 LJagdG, an dessen Stelle § 9 Abs. 5 NJagdG getreten ist, fehlt im NJagdG allerdings ein entsprechender ausdrücklicher Hinweis. Der amtlichen Begründung zu § 9 Abs. 5 NJagdG ist jedoch nicht zu entnehmen, dass an der alten Rechtslage etwas geändert werden sollte. Gründe, aus denen in Niedersachsen im Gegensatz zu

anderen Bundesländern nunmehr ein Jagdschein erforderlich sein könnte, sind nicht vorhanden.

Den Erfordernissen des Tierschutzes, denen ohnehin vorrangig genügt werden muss (§ 44a BJagdG), wird zusätzlich dadurch Rechnung getragen, dass anders als im LJagdG nunmehr ausdrücklich die entsprechende Anwendbarkeit der Verbote des § 19 BJagdG und der Bestimmungen des § 24 NJagdG sowie der jagdrechtlichen Vorschriften über Setz- und Aufzuchtzeiten vorgeschrieben ist. In § 19 BJagdG werden u. a. verboten Schlingen jeder Art, in denen sich Wild fangen kann, und Fanggeräte, die nicht unversehrt fangen oder nicht sofort töten, sowie Selbstschussgeräte. § 24 Abs. 1 NJagdG verbietet die Benutzung von Schleudern, Bolzen, Pfeilen und Druckluftwaffen. Der Gebrauch von Schusswaffen kommt, abgesehen von den Fällen der Gestattung einer beschränkten Jagdausübung, normalerweise nicht in Betracht, weil jedes Schießen mit einer Schusswaffe einer Erlaubnis bedarf (§ 10 Abs. 5 WaffG).

Zum Fangen von Tieren der genannten Arten mit einem Fanggerät ist nach § 24 Abs. 2 NJagdG die erfolgreiche Teilnahme an einem Lehrgang über die Vermittlung notwendiger Kenntnisse über die Fangjagd erforderlich. Der Lehrgang muss von einer von der obersten Jagdbehörde anerkannten Institution durchgeführt werden. Fanggeräte, die sofort töten, bedürfen überdies einer besonderen Zulassung. Selbstverständlich ist der Grundeigentümer oder der Nutzungsberechtigte nicht gehalten, von der Befugnis nach § 9 Abs. 5 NJagdG persönlich Gebrauch zu machen. Mit der Durchführung der Fangmaßnahmen kann er jede Person beauftragen, die an dem vorgeschriebenen Lehrgang teilgenommen hat. Soll ein gefangenes Tier getötet werden, ist insbesondere § 4 Abs. 1 TierSchG zu beachten.

Zu den Nutzungsberechtigten zählen auch Personen, deren Nutzungsrecht auf einem schuldrechtlichen Vertrag, etwa einem Miet- oder Pachtvertrag, beruht. Das ist deswegen kein Systembruch, weil die besondere Befugnis nach § 9 Abs. 5 NJagdG keinen Fall der Gestattung einer beschränkten Ausübung der Jagd nach § 6 Satz 2

BJagdG darstellt (a. A. BGH Urteil vom 4.3.2010 – III ZR 233/09). Vielmehr wird sie den betroffenen Personen gerade deswegen eingeräumt, weil für diese eine Möglichkeit, sich der in befriedeten Bezirken besonders schadenstiftenden oder lästigen Tiere der genannten Arten mit jagdlichen Mitteln zu erwehren, in der Regel nicht gegeben ist. Folglich besteht dieses Recht nicht, wenn die Befugnis im Rahmen einer beschränkten Jagdausübung anderen zur Jagd befugten Personen übertragen worden ist.

Aus Gründen der Rechtsklarheit muss die Jagdbehörde als verpflichtet angesehen werden, derartige Übertragungen auf geeignete Weise bekannt geben. Das muss um so mehr gelten, als für den größten Teil der Eigentümer und Nutzungsberechtigten die nach § 9 Abs. 5 Satz 2 in Verbindung mit § 24 Abs. 2 Satz 1 NJagdG vorgeschriebene Teilnahme an einem Lehrgang über die Vermittlung notwendiger Kenntnisse über die Fangjagd nicht in Betracht kommen dürfte. Aber auch dann, wenn ein Grundeigentümer oder Nutzungsberechtigter eine geeignete Person mit dem Fangen und Töten von Füchsen, Mardern, Iltissen, Hermelinen, Waschbären, Marderhunden, Minks, Nutrias oder Wildkaninchen beauftragen will, muss er wissen, ob ihm dieses Recht noch zusteht.

§ 7 BJagdG

(1) Zusammenhängende Grundflächen mit einer land-, forst- oder fischereiwirtschaftlich nutzbaren Fläche von 75 Hektar an, die im Eigentum ein und derselben Person oder einer Personengemeinschaft stehen, bilden einen Eigenjagdbezirk. Die Länder können abweichend von Satz 1 die Mindestgröße allgemein oder für bestimmte Gebiete höher festsetzen. Soweit am Tag des Inkrafttretens des Einigungsvertrages in den Ländern eine andere als die in Satz 1 bestimmte Größe festgesetzt ist, behält es dabei sein Bewenden, falls sie nicht unter 70 Hektar beträgt. Die Länder können, soweit bei Inkrafttreten dieses Gesetzes eine solche Regelung besteht, abweichend von Satz 1 bestimmen, dass auch eine sonstige zusammenhängende Fläche von 75 Hektar einen Eigenjagdbezirk bildet, wenn

dies von Grundeigentümern oder Nutznießern zusammenhängender Grundflächen von mindestens je 15 Hektar beantragt wird.

(2) Ländergrenzen unterbrechen nicht den Zusammenhang von Grundflächen, die gemäß Absatz 1 Satz 1 einen Eigenjagdbezirk bilden. In den Fällen des Absatzes 1 Satz 3 besteht ein Eigenjagdbezirk, wenn nach den Vorschriften des Landes, in dem der überwiegende Teil der auf mehrere Länder sich erstreckenden Grundflächen liegt, für die Grundflächen insgesamt die Voraussetzungen für einen Eigenjagdbezirk vorliegen würden. Im Übrigen gelten für jeden Teil eines über mehrere Länder sich erstreckenden Eigenjagdbezirkes die Vorschriften des Landes, in dem er liegt.

(3) Vollständig eingefriedete Flächen sowie an der Bundesgrenze liegende zusammenhängende Grundflächen von geringerem als 75 Hektar land-, forst- oder fischereiwirtschaftlich nutzbaren Raum können allgemein oder unter besonderen Voraussetzungen zu Eigenjagdbezirken erklärt werden; dabei kann bestimmt werden, dass die Jagd in diesen Bezirken nur unter Beschränkungen ausgeübt werden darf.

(4) In einem Eigenjagdbezirk ist jagdausübungsberechtigt der Eigentümer. An Stelle des Eigentümers tritt der Nutznießer, wenn ihm die Nutzung des ganzen Eigenjagdbezirkes zusteht.

ERLÄUTERUNGEN

1. Eigenjagdbezirke müssen eine Mindestgröße haben. Eine Obergrenze gibt es nicht. So bilden z. B. Harz und Solling, die überwiegend im Eigentum der Anstalt Niedersächsische Landesforsten stehen, jeweils einen Eigenjagdbezirk. Die Möglichkeit der Teilung von Eigenjagdbezirken unter Beibehaltung der bisherigen Eigentumsverhältnisse ist gesetzlich nicht vorgesehen. Der Eigentümer kann jedoch die Bewirtschaftung der Jagd intern aufteilen und Betriebsbezirke bilden. Er kann das Jagdausübungsrecht auch für Teile seines Jagdbezirks verpachten. Die Teile müssen mindestens 75 Hektar (1 ha = 10 000 qm) groß sein (§ 11 Abs. 2 BJagdG).

Grundflächen hängen auch dann zusammen, wenn sie sich nur an einem Punkt berühren. Die Grundflächen müssen landwirtschaftlich, forst- oder fischereiwirtschaftlich nutzbar sein. Darauf, ob sie auch entsprechend genutzt werden, kommt es nicht an. Auch ist es nicht entscheidend, ob auf den Flächen tatsächlich gejagt werden kann.

Die Grundstücke müssen im Eigentum ein und derselben natürlichen oder juristischen Person oder einer Personengemeinschaft, z. B. einer Erbengemeinschaft, eines Ehepaares oder einer Handelsgesellschaft, stehen.

2. Ein neuer Eigenjagdbezirk entsteht, wenn ein bisher nicht den Größenanforderungen entsprechender Grundbesitz durch Zuerwerb angrenzender, geeigneter Flächen die Größe eines Eigenjagdbezirks erhält oder wenn getrennte Grundstücke verbunden werden und danach zusammen die Mindestgröße eines Eigenjagdbezirks erreichen. Eine Angliederung reicht dazu nicht aus. Ein neuer Eigenjagdbezirk kann auch dadurch entstehen, dass bisher nicht land-, forst- oder fischereiwirtschaftlich nutzbare Grundstücke renaturiert werden und allein oder im Zusammenhang mit anderen geeigneten Grundflächen die erforderliche Größe erreichen.

Die Jagdbezirkseigenschaft entfällt, wenn Teile eines Jagdbezirks veräußert werden und dieser dadurch die Mindestgröße nicht mehr erreicht. Der Eigentümerwechsel tritt mit der Eintragung im Grundbuch ein. Der Fortbestand eines laufenden Jagdpachtvertrages bleibt jedoch unberührt. Es gilt der Grundsatz „Veräußerung bricht nicht Jagdpacht" (§ 14 Abs. 1 BJagdG).

Die Eigenschaft als Eigenjagdbezirk geht auch dann verloren, wenn die land-, forst- oder fischereiwirtschaftliche Nutzbarkeit von Grundflächen, die zu dem Eigenjagdbezirk gehören, nicht mehr gegeben ist und dadurch die erforderliche Mindestgröße der im Zusammenhang stehenden land-, forst- oder fischereiwirtschaftlich nutzbaren Flächen nicht mehr erreicht wird.

3. Nutznießer im Sinne des § 7 Abs. 4 BJagdG ist der Nießbraucher (§ 1030 BGB), der im NJagdG auch als Nießbrauchsberechtigter be-

zeichnet wird. Nur schuldrechtlich Nutzungsberechtigte, etwa aus landwirtschaftlichen Pachtverträgen, sind keine Nutznießer. Soll der Pächter eines Landguts auch Jagdausübungsberechtigter werden, ist deshalb neben dem Landpachtvertrag ein besonderer Jagdpachtvertrag erforderlich.

4. Das gegenüber dem mit dem Eigentum an Grund und Boden untrennbar verbundenen und damit ohne das Grundeigentum nicht übertragbaren Jagdrecht verselbstständigte und übertragbar ausgestaltete Jagdausübungsrecht (vergl. E 1 zu § 3 BJagdG) des Eigentümers oder Nutznießers in einem Eigenjagdbezirk (§ 7 Abs. 4 BJagdG) oder der Jagdgenossenschaft in einem gemeinschaftlichen Jagdbezirk (§ 8 Abs. 5 BJagdG) stellt ein vermögenswertes Recht dar. Es gehört zu den sonstigen Rechten i. S. von § 823 Abs. 1 BGB und ist als konkrete subjektive Rechtsposition durch Art. 14 GG geschützt. Beeinträchtigungen, z. B. durch den Bau eines den Jagdbezirk zerschneidenden Verkehrsweges, können daher entschädigungspflichtig sein (BGH JE I Nr. 99).

§ 10 NJagdG: Benannte Jagdausübungsberechtigte, Ruhenlassen der Jagd

(1) Besitzt in einem Eigenjagdbezirk keine jagdausübungsberechtigte Person einen Jahresjagdschein, so können die Eigentümerinnen und Eigentümer oder an deren Stelle die Nießbrauchsberechtigten der Grundstücke des Jagdbezirks der Jagdbehörde mindestens eine Person als jagdausübungsberechtigt benennen, die einen Jahresjagdschein besitzt. Wird nicht innerhalb einer von der Jagdbehörde dafür gesetzten angemessenen Frist eine geeignete Person benannt, so kann die Jagdbehörde die zur Jagdausübung und zum Jagdschutz erforderlichen Maßnahmen auf Kosten der zur Benennung Berechtigten selbst treffen.

(2) Die Eigentümerinnen und Eigentümer oder an deren Stelle die Nießbrauchsberechtigten der Grundstücke eines Eigenjagdbezirks können mit Zustimmung der Jagdbehörde die Jagd ruhen lassen.

ERLÄUTERUNGEN

1. Die Vorschrift des § 10 Abs. 1 NJagdG betrifft Eigenjagdbezirke, deren Eigentümer oder Nießbrauchsberechtigte das Jagdausübungsrecht nicht verpachtet haben und die entweder keinen Jagdschein erwerben können, weil es sich bei ihnen entweder um juristische Personen oder um natürliche Personen handelt, die die Voraussetzungen für die Erteilung eines Jagdscheins nicht erfüllen oder die dauernd oder vorübergehend einen Jagdschein nicht erwerben wollen. In einem solchen Eigenjagdbezirk ist zwar ein Jagdausübungsberechtigter im Sinne von § 7 Abs. 4 BJagdG vorhanden, nicht jedoch ein zur Jagd befugter Jagdausübungsberechtigter. Eventuell vorhandene angestellte Jäger oder Jagdgäste sind zwar zur Jagd befugt, nicht aber jagdausübungsberechtigt im Sinne von § 1 Abs. 2 NJagdG, also in vollem Umfang Inhaber des Jagdausübungsrechts. Es fehlt also eine Person, die in dem Jagdbezirk die Pflichten des Jagdausübungsberechtigten erfüllen kann, wenn dafür der Besitz eines Jagdscheins erforderlich ist.

Die Eigentümer oder Nießbrauchsberechtigten der Grundstücke des Eigenjagdbezirks können diesen Zustand ändern, indem sie der Jagdbehörde mindestens einen Jahresjagdscheininhaber als jagdausübungsberechtigt nennen. Weitere Voraussetzungen braucht die benannte Person nicht zu erfüllen. Wird eine Person benannt, geht das Jagdausübungsrecht von dem Eigentümer oder Nießbrauchsberechtigten auf diese Person über (§ 1 Abs. 2 NJagdG). Der Eigentümer muss daher zunächst die Benennung rückgängig machen, wenn er das Jagdausübungsrecht verpachten möchte.

2. Die Zahl der Personen, die in einem Jagdbezirk jagen dürfen, mag dieser auch nur die Mindestgröße eines Eigenjagdbezirks haben, ist nicht mehr begrenzt. Auch können Personen in unbegrenzter Zahl als jagdausübungsberechtigt benannt werden.

3. Der Grundstückseigentümer oder Nießbrauchsberechtigte ist zur Benennung eines Jagdausübungsberechtigten nicht verpflichtet. Folgt er jedoch der Aufforderung der Jagdbehörde, innerhalb einer angemessenen Frist eine geeignete Person zu benennen, nicht, kann diese die zur Jagdausübung und zum Jagdschutz erforderlichen Maßnahmen auf Kosten des zur Nennung Berechtigten selbst treffen. Zu den danach möglichen Maßnahmen kann auch die Einsetzung eines Jägers als sog. Notjäger gehören. Der Notjäger wird nicht Jagdausübungsberechtigter. Sein Auftrag ist öffentlich-rechtlicher Natur und beschränkt sich auf die zur Jagdausübung (§ 1 Abs. 4 BJagdG) und zum Jagdschutz (§ 23 BJagdG) erforderlichen Maßnahmen. Weitergehende Befugnisse, insbesondere eigene Aneignungsrechte, stehen ihm nicht zu. Er hat Auskunft über die von ihm durchgeführten Maßnahmen zu erteilen und erlegtes oder gefangenes Wild dem Jagdausübungsberechtigten (§ 7 Abs. 4 BJagdG) herauszugeben. Ein Vertragsverhältnis zu dem Jagdausübungsberechtigten besteht nicht. Dessen Kostentragungspflicht besteht nur gegenüber der Jagdbehörde.

4. Da das Jagdausübungsrecht des Eigentümers oder Nießbrauchsberechtigten der Grundflächen eines Eigenjagdbezirks durch die Einsetzung eines Notjägers nicht eingeschränkt wird, kann der Eigentümer oder Nießbrauchsberechtigte selbst die Jagd ausüben, wenn die Voraussetzungen dafür erfüllt sind, oder das Jagdausübungsrecht verpachten. Die Jagdbehörde hat die Einsetzung des Notjägers zu widerrufen, sobald die Voraussetzungen für die Einsetzung nicht mehr gegeben sind.

5. Die Zustimmung der Jagdbehörde zum Ruhenlassen der Jagd wird nur in Ausnahmefällen in Betracht kommen. Wird die Zustimmung erteilt, bleibt das Jagdausübungsrecht unverändert bestehen. Der Jagdausübungsberechtigte kann bei Vorliegen der erforderlichen Voraussetzungen die Jagdausübung (§ 1 Abs. 4 BJagdG) jederzeit wieder aufnehmen. Die übrigen aus dem Jagdrecht (§ 1 Abs. 1 und 5 BJagdG) folgenden Rechte werden durch das Ruhenlassen der Jagd ohnehin nicht berührt. Der Jagdausübungsberechtigte ist auch nicht gehindert, das Jagdausübungsrecht zu verpachten oder die Jagd durch angestellte Jäger oder Jagdgäste ausüben zu lassen.

§ 11 NJagdG: Verzicht auf Selbstständigkeit von Eigenjagdbezirken

Die Eigentümerinnen und Eigentümer oder an deren Stelle die Nießbrauchsberechtigten der Grundstücke können schriftlich gegenüber der Jagdbehörde auf die Selbstständigkeit ihres Eigenjagdbezirks verzichten; der Bezirk wird dann Bestandteil des gemeinschaftlichen Jagdbezirks, sofern ihn die Jagdbehörde nicht durch besondere Verfügung anderen Jagdbezirken angliedert. Auf schriftlichen Antrag hat die Jagdbehörde die Selbstständigkeit des Jagdbezirks mit Ablauf des Jagdjahres oder im Fall der Jagdpacht mit Ablauf der Pachtperiode wiederherzustellen. Der Antrag muss spätestens sechs Monate vor Ablauf des Jagdjahres oder der Pachtperiode bei der Jagdbehörde vorliegen.

ERLÄUTERUNGEN

Verzichtet der Eigentümer oder der Nießbrauchsberechtigte der Grundflächen auf die Selbstständigkeit des Eigenjagdbezirks, so verliert er das Jagdausübungsrecht. Wird der Bezirk Bestandteil eines gemeinschaftlichen Jagdbezirks, steht das Jagdausübungsrecht der Jagdgenossenschaft zu (§ 8 Abs. 5 BJagdG). Der Eigentümer oder Nießbrauchsberechtigte der Grundflächen des vordem selbstständigen Eigenjagdbezirks wird Mitglied der Jagdgenossenschaft.

Gliedert die Jagdbehörde den Bezirk dagegen anderen Eigenjagdbezirken an, geht das Jagdausübungsrecht auf die Jagdausübungsberechtigten dieser Bezirke über. Dem Eigentümer oder Nießbrauchsberechtigten der Grundflächen des vordem selbstständigen Eigenjagdbezirks steht in diesem Fall jedoch nur ein Anspruch auf eine Angliederungsentschädigung nach § 7 Abs. 4 Satz 2 NJagdG zu. Eine Angliederungsgenossenschaft gibt es in Niedersachsen nicht.

§ 8 BJagdG: Zusammensetzung

(1) Alle Grundflächen einer Gemeinde oder abgesonderten Gemarkung, die nicht zu einem Eigenjagdbezirk gehören, bilden einen gemeinschaftlichen Jagdbezirk, wenn sie im Zusammenhang mindestens 150 Hektar umfassen

(2) Zusammenhängende Grundflächen verschiedener Gemeinden, die im Übrigen zusammen den Erfordernissen eines gemeinschaftlichen Jagdbezirks entsprechen, können auf Antrag zu gemeinschaftlichen Jagdbezirken zusammengelegt werden.

(3) Die Teilung gemeinschaftlicher Jagdbezirke in mehrere selbstständige Jagdbezirke kann zugelassen werden, sofern jeder Teil die Mindestgröße von 250 Hektar hat.

(4) Die Länder können die Mindestgrößen allgemein oder für bestimmte Gebiete höher festsetzen.

(5) In gemeinschaftlichen Jagdbezirken steht die Ausübung des Jagdrechts der Jagdgenossenschaft zu.

ERLÄUTERUNGEN

1. Der gemeinschaftliche Jagdbezirk wird von allen Grundstücken einer Gemeinde oder abgesonderten Gemarkung gebildet, die nicht zu einem Eigenjagdbezirk gehören und die im Zusammenhang eine bestimmte Mindestgröße erreichen. Bei der Verkleinerung des Gemeindegebietes scheidet der betroffene Gebietsteil automatisch auch aus dem gemeinschaftlichen Jagdbezirk der Gemeinde aus, deren Gebiet verkleinert wird. Der gemeinschaftliche Jagdbezirk der Gemeinde, die um das betroffene Gebiet wächst, vergrößert sich entsprechend. Die Eigentümer der betroffenen Grundstücke scheiden aus ihrer bisherigen Jagdgenossenschaft aus und werden Mitglieder der Jagdgenossenschaft der Gemeinde, zu deren Gebiet ihre Grundstücke nunmehr gehören. Die Auswirkung von kommunalen Gebietsreformen auf bestehende Jagdpachtverträge ist weder bundes- noch landesgesetzlich geregelt. Es ist sachgerecht, in derartigen Fällen § 14 Abs. 2 BJagdG entsprechend anzuwenden, so dass die Wirkungen kommunaler Gebietsreformen erst bei Ablauf bestehender Jagdpachtverträge eintreten.

2. Darauf, ob die Grundflächen land- forst- oder fischereiwirtschaftlich nutzbar sind, kommt es – anders als bei Eigenjagdbezirken – nicht an. Auch die Frage, ob auf den Grundflächen eine Jagdausübung tatsächlich möglich oder erlaubt ist, ist unerheblich. Deswegen sind auch befriedete Bezirke Bestandteile des gemeinschaftlichen Jagdbezirks.

Lediglich isolierte Grundflächen, die keinen Zusammenhang mit einer zu dem gemeinschaftlichen Jagdbezirk gehörenden Fläche haben, sind jagdbezirksfrei. Es handelt sich dabei in der Regel um Flächen, die von Eigenjagdbezirken vollständig umschlossen werden, selbst aber keinen Jagdbezirk bilden. Auf diesen Enklaven kann eine beschränkte Jagdausübung gestattet werden (§ 6 Satz 2 BJagdG). Vorrangig kommt jedoch unter den Voraussetzungen des § 5 Abs. 2 BJagdG eine Angliederung an benachbarte Jagdbezirke in Betracht.

3. Die in § 8 Abs. 1 BJagdG festgelegte Mindestgröße eines gemeinschaftlichen Jagdbezirks durfte in der Vergangenheit von den Ländern nicht unterschritten werden. Eine Höchstgrenze für die Größe eines gemeinschaftlichen Jagdbezirks ist nicht festgelegt. In den meisten Bundesländern, so auch in Niedersachsen, ist die Regelmindestgröße auf 250 Hektar festgesetzt.

4. Den einzelnen Eigentümern oder Nießbrauchsberechtigten der zu einem gemeinschaftlichen Jagdbezirk gehörenden Grundflächen steht zwar das Jagdrecht, nicht aber das Recht zu, das Jagdrecht auch auszuüben. Das Jagdausübungsrecht wird vielmehr den Inhabern des Jagdrechts, soweit sie nicht nur Eigentümer oder Nießbrauchsberechtigte von Grundflächen in befriedeten Bezirken sind, in ihrer Gesamtheit, organisiert als Jagdgenossenschaft in Gestalt einer Körperschaft des öffentlichen Rechts, zugewiesen. Das Jagdausübungsrecht ist ein sonstiges Recht im Sinne von § 823 Abs. 1 BGB und hat Teil an der Eigentumsgarantie des Art. 14 GG. Deswegen kann eine Jagdgenossenschaft z. B. dann, wenn der gemeinschaftliche Jagdbezirk durch den Neubau eines öffentlichen Verkehrsweges unter Inanspruchnahme von Grundeigentum durchschnitten wird, eine Enteignungsentschädigung auch für den Verlust des Jagdausübungsrechts auf den für die Neubaustrecke in Anspruch genommenen Flächen verlangen, und zwar selbst dann, wenn deren Eigentümer entschädigt worden sind (BGH JE III Nr. 142).

5. Übt der Eigentümer auf seinen Grundflächen außerhalb von befriedeten Bezirken die Jagd aus, verletzt er das Jagdausübungsrecht der Jagdgenossenschaft und verwirklicht damit den Tatbestand der Jagdwilderei (§ 292 StGB). Das Jagdausübungsrecht umfasst auch das Recht zur Aneignung erlegten oder gefangenen Wildes sowie der Sachen, auf die sich das Jagdrecht bezieht. Ein Eigentumserwerb durch den Grundeigentümer ist deswegen nicht möglich (§ 958 Abs. 2 BGB).

§ 12 NJagdG: Größe eines Jagdbezirks

(1) Die Mindestgröße eines gemeinschaftlichen Jagdbezirks einschließlich befriedeter Bezirke beträgt 250 Hektar zusammenhängender Fläche. Abweichend von Satz 1 kann die Jagdbehörde gemeinschaftliche Jagdbezirke mit einer Größe von wenigstens 200 Hektar zusammenhängender Fläche zulassen, sofern Belange der Jagdpflege und Jagdausübung nicht entgegenstehen. Ein gemeinschaftlicher Jagdbezirk muss jedoch nach Abzug der befriedeten Bezirke, auch wenn in diesen eine beschränkte Jagdausübung zugelassen ist, eine zusammenhängende Fläche von mindestens 75 Hektar haben.

(2) Werden die Mindestgrößen nach Absatz 1 nicht mehr erreicht und grenzen die Flächen an nur einen gemeinschaftlichen Jagdbezirk in derselben Gemeinde, so bilden sie mit diesem einen gemeinschaftlichen Jagdbezirk.

(3) Werden die Mindestgrößen nach Absatz 1 nicht mehr erreicht und liegt kein Fall des Absatzes 2 vor, so hat die Jagdbehörde die Flächen einem oder mehreren der anliegenden gemeinschaftlichen Jagdbezirke in derselben Gemeinde oder, wenn dies nicht möglich ist, einem oder mehreren der anliegenden Eigenjagdbezirke in derselben Gemeinde oder einem anliegenden gemeinschaftlichen

Jagdbezirk einer anderen Gemeinde anzugliedern. Mit der Angliederung hören der Jagdbezirk und die dazugehörige Jagdgenossenschaft auf zu bestehen.

ERLÄUTERUNGEN

1. In Niedersachsen ist die Mindestgröße für gemeinschaftliche Jagdbezirke gemäß § 8 Abs. 4 BJagdG grundsätzlich auf 250 ha, in Sonderfällen auf 200 ha, festgesetzt worden. Ein gemeinschaftlicher Jagdbezirk kann jedoch die gesetzlich vorgeschriebene Mindestgröße verlieren. Wird eine etwa Person oder eine Personengemeinschaft durch Einzel- oder Gesamtrechtsnachfolge (z. B. nach Kauf, Schenkung oder durch Erbgang) Eigentümerin von Grundflächen, die im Zusammenhang, eventuell auch mit Grundflächen außerhalb des Jagdbezirks, einen Eigenjagdbezirk bilden können, so scheiden diese Grundflächen aus dem gemeinschaftlichen Jagdbezirk aus. Erreicht ein gemeinschaftlicher Jagdbezirk dadurch die erforderliche Mindestgröße nicht mehr, hat die Jagdgenossenschaft das der Jagdbehörde anzuzeigen.

Ist das Jagdausübungsrecht für den gemeinschaftlichen Jagdbezirk verpachtet, treten die Rechtsfolgen des Eigentümerwechsels allerdings erst mit Ablauf des Pachtvertrages ein. Zunächst wird der Erwerber bis zum Ablauf des Pachtvertrages Mitglied der Jagdgenossenschaft (§ 14 Abs. 2 Satz 1 BJagdG). Erst mit Wirkung zum Ablauf der Pachtperiode können die gesetzlich vorgesehenen Maßnahmen der Jagdbehörde getroffen werden.

2. Sinkt die Größe des gemeinschaftlichen Jagdbezirks unter 250 ha, verbleibt aber eine zusammenhängende Fläche von mindestens 200 ha, kann die Jagdbehörde den Jagdbezirk weiter zulassen, wenn Belange der Jagdpflege und Jagdausübung nicht entgegenstehen und nach Abzug der befriedeten Bezirke eine zusammenhängende Fläche von mindestens 75 ha verbleibt. Die Entscheidung der Jagdbehörde, die einen entsprechenden Antrag der betroffenen Jagdgenossenschaft voraussetzt, hat nach pflichtgemäßem Ermessen zu erfolgen.

Wird der gemeinschaftliche Jagdbezirk durch die Jagdbehörde nicht zugelassen, weil entweder ein entsprechender Antrag durch die Jagdgenossenschaft nicht gestellt worden ist oder weil Belange der Jagdpflege und Jagdausübung entgegenstehen, oder sinkt die Größe eines zugelassenen gemeinschaftlichen Jagdbezirks unter 200 ha oder verbleiben in einem gemeinschaftlichen Jagdbezirk nach Abzug der _befriedeten Bezirke weniger als 75 ha zusammenhängender Fläche, kommt es für die Beantwortung der Frage, was mit den verbleibenden Flächen geschieht, auf die Grenzverhältnisse an.

Grenzen die verbleibenden Flächen an nur einen gemeinschaftlichen Jagdbezirk in derselben Gemeinde an, so werden sie automatisch Teile dieses Jagdbezirks, ohne dass es einer Maßnahme der Jagdbehörde bedarf (§ 12 Abs. 2 NJagdG). Die alte Jagdgenossenschaft hört auf zu bestehen.

Grenzen die Flächen nicht nur an einen gemeinschaftlichen Jagdbezirk in der derselben Gemeinde an, bedarf es einer Angliederungsverfügung der Jagdbehörde. Die Jagdbehörde hat die Grundflächen einem oder mehreren der anliegenden gemeinschaftlichen Jagdbezirke in derselben Gemeinde anzugliedern. Ist das nicht möglich, darf die Jagdbehörde die Flächen auch an anliegende Eigenjagdbezirke in derselben Gemeinde oder einem anliegenden gemeinschaftlichen Jagdbezirk einer anderen Gemeinde angliedern (§ 12 Abs. 3 Satz 1 NJagdG).

Erst mit der Angliederung hören der gemeinschaftliche Jagdbezirk und dazugehörige Jagdgenossenschaft zu bestehen auf (§ 12 Abs. 3 Satz 2 NJagdG).

3. Die Angliederung an gemeinschaftliche Jagdbezirke hat Vorrang, weil die Eigentümer der angegliederten Grundflächen, wenn auch in einer anderen Jagdgenossenschaft, weiterhin Jagdgenossen sind und somit eine stärkere Stellung haben als das bei einer Angliederung ihrer Flächen an einen Eigenjagdbezirk der Fall wäre. Sie hätten dann lediglich einen Anspruch auf eine Angliederungsentschädigung (§ 7 Abs. 4 Satz 2 NJagdG).

§ 13 NJagdG: Teilung eines Jagdbezirks

(1) Die Jagdbehörde kann einen gemeinschaftlichen Jagdbezirk in mehrere selbstständige, mindestens 250 Hektar große gemeinschaftliche Jagdbezirke teilen, wenn

1. **sich die Jagdgenossenschaft mit der Mehrheit ihrer Mitglieder, die gleichzeitig mehr als die Hälfte der jagdgenossenschaftlichen Grundfläche repräsentiert, für die Teilung ausspricht und**
2. **Belange der Jagdpflege und Jagdausübung nicht entgegenstehen.**

(2) Mit der Teilung ihres Jagdbezirks hört die dazugehörige Jagdgenossenschaft auf zu bestehen.

ERLÄUTERUNGEN

Das Territorialprinzip (Identität zwischen Gemeindegebiet und gemeinschaftlichem Jagdbezirk) ist im BJagdG nicht zwingend vorgeschrieben. Es können, sofern nicht Belange der Jagdpflege und Jagdausübung entgegenstehen, auch Jagdbezirke gebildet werden, die kleiner sind als das Gemeindegebiet (§ 8 Abs. 3 BJagdG). Erforderlich ist dafür ein Verwaltungsakt der Jagdbehörde. Zuvor muss sich jedoch die Jagdgenossenschaft mit der Mehrheit der Jagdgenossen nach Kopfzahl und Fläche für die Teilung erklärt haben. Mehrheit bedeutet hier mehr als die Hälfte der Mitglieder der Jagdgenossenschaft. Die Mehrheit der in einer Versammlung erschienenen oder vertretenen Jagdgenossen genügt nur dann, wenn dies auch die Mehrheit aller Mitglieder der Jagdgenossenschaft ist. Ferner müssen die diese Mehrheit bildenden Jagdgenossen Eigentümer oder Nießbrauchsberechtigte von mehr als der Hälfte der Fläche der bejagbaren Grundstücke sein, mit denen alle Jagdgenossen der Jagdgenossenschaft angehören.

§ 14 NJagdG: Jagdbezirke bei Gemeindezusammen- schlüssen

Bei einem Zusammenschluss von Gemeinden oder einer Angliederung einer Gemeinde an eine andere bleiben die gemeinschaftlichen Jagdbezirke wie nach einer Teilungsverfügung bestehen. Sprechen sich die beteiligten Jagdgenossenschaften mit der in § 13 Abs. 1 Nr. 1 genannten Mehrheit für die Zusammenlegung gemeinschaftlicher Jagdbezirke aus, so hat die Jagdbehörde eine solche Zusammenlegung zu verfügen.

ERLÄUTERUNGEN

Die Jagdbezirksregelung des BJagdG folgt der traditionellen Abgrenzung der Gemeindegebiete. Normalerweise existiert in einer Gemeinde dementsprechend nur ein gemeinschaftlicher Jagdbezirk. Dass sich die Zahl der Gemeinden durch Gemeindezusammenschlüsse grundlegend ändern könnte, hat der Bundesgesetzgeber nicht in Erwägung gezogen. In Niedersachsen hat die Gemeindegebietsreform jedoch zu erheblichen Änderungen geführt. Die Zahl der Gemeinden ist erheblich verringert worden. Wenn die Jagdbezirkseinteilung dem gefolgt wäre, hätten sich unabsehbare Auswirkungen für die Jagdausübung ergeben.

§ 14 NJagdG bestimmt deswegen ebenso wie vordem Art. 11 Abs. 1 LJagdG, dass der Zusammenschluss mehrerer Gemeinden oder die Angliederung einer Gemeinde an eine andere keinen Einfluss auf den Bestand der bestehenden gemeinschaftlichen Jagdbezirke hat, so dass innerhalb der neu entstandenen größeren Gemeinde mehrere gemeinschaftliche Jagdbezirke „wie nach einer Teilungsverfügung" vorhanden sein können. Die Gemeindegrenzen überschreitende gemeinschaftliche Jagdbezirke sollen dadurch nicht ermöglicht werden.

Die Jagdgenossenschaften in den fortbestehenden gemeinschaftlichen Jagdbezirken können sich jedoch für deren Zusammenlegung aussprechen. Erforderlich ist, dass ein entsprechender Beschluss in jeder der Jagdgenossenschaften von der Mehrheit ihrer Mitglieder gefasst wird.

Die diese Mehrheit bildenden Mitglieder der jeweiligen Jagdgenossenschaft müssen Eigentümer oder Nießbrauchsberechtigte von mehr als der Hälfte der Grundflächen sein, auf denen in ihrem gemeinschaftlichen Jagdbezirk die Jagd ausgeübt werden darf. Das Eigentum an befriedeten Bezirken darf bei der Feststellung der Flächenmehrheit nicht berücksichtigt werden.

Haben die Jagdgenossenschaften der fortbestehenden gemeinschaftlichen Jagdbezirke einen Zusammenlegungsbeschluss gefasst, so ist die Jagdbehörde verpflichtet, diesen Beschluss umzusetzen und eine Zusammenlegungsverfügung zu erlassen.

§ 15 NJagdG: Verfügung über Angliederung oder Teilung

(1) Die Jagdbehörde hat die Verfügung über eine Angliederung, Zusammenlegung oder Teilung eines gemeinschaftlichen Jagdbezirks den beteiligten Jagdgenossenschaften und Gemeinden zuzustellen und sie gleichzeitig öffentlich bekannt zu machen.

(2) Mit Unanfechtbarkeit der Verfügung über die Angliederung, Zusammenlegung oder Teilung eines gemeinschaftlichen Jagdbezirks endet die Amtszeit des Jagdvorstandes in allen beteiligten Jagdgenossenschaften. Es ist unverzüglich in der Jagdgenossenschaft oder den dann bestehenden Jagdgenossenschaften ein neuer Jagdvorstand zu wählen.

§ 9 BJagdG: Jagdgenossenschaft

(1) Die Eigentümer der Grundflächen, die zu einem gemeinschaftlichen Jagdbezirk gehören, bilden eine Jagdgenossenschaft. Eigentümer von Grundflächen, auf denen die Jagd nicht ausgeübt werden darf, gehören der Jagdgenossenschaft nicht an.

(2) Die Jagdgenossenschaft wird durch den Jagdvorstand gerichtlich und außergerichtlich vertreten. Der Jagdvorstand ist von der Jagdgenossenschaft zu wählen. Solange die Jagdgenossenschaft keinen Jagdvorstand gewählt hat, werden die Geschäfte des Jagdvorstandes vom Gemeindevorstand wahrgenommen.

(3) Beschlüsse der Jagdgenossenschaft bedürfen sowohl der Mehrheit der anwesenden und vertretenen Jagdgenossen, als auch der Mehrheit der bei der Beschlussfassung vertretenen Grundfläche.

ERLÄUTERUNGEN

1. Die Jagdgenossenschaft ist eine Körperschaft des öffentlichen Rechts (§ 16 Abs. 1 Satz 1 NJagdG). Mitglieder der Jagdgenossenschaft sind die Eigentümer und Nießbrauchsberechtigten derjenigen zu dem gemeinschaftlichen Jagdbezirk gehörenden Grundstücke, auf denen die Jagd ausgeübt werden darf. Obwohl befriedete Bezirke Bestandteile des Jagdbezirks sind, in denen sie liegen, gehören die Eigentümer und Nießbrauchsberechtigten der Grundflächen in befriedeten Bezirken der Jagdgenossenschaft nicht an. Auch die Eigentümer und Nießbrauchsberechtigten von Grundstücken, auf denen die Jagd dauernd nicht ausgeübt werden darf, sind keine Jagdgenossen. Die Gestattung einer beschränkten Jagdausübung führt ebenfalls nicht zu einer Mitgliedschaft der Eigentümer und Nießbrauchsberechtigten der betreffenden Grundflächen in der Jagdgenossenschaft.

Die Jagdgenossenschaft ist als Körperschaft des öffentlichen Rechts eine gegenüber ihren Mitgliedern verselbstständigte juristische Person, ausgestattet mit eigenen Rechten und Pflichten, die vom Wechsel ihrer Mitglieder unabhängig ist und am Rechtsverkehr im eigenen Namen und für eigene Rechnung teilnehmen kann. Wie jede juristische Person bedarf sie, um handeln zu können, geeigneter Organe. Das sind die Versammlung der Jagdgenossen als oberstes Willensbildungs- und Beschlussorgan und der Jagdvorstand, der die Jagdgenossenschaft gesetzlich vertritt und für die Ausführung der Beschlüsse der Versammlung der Jagdgenossen sowie die Geschäfte der laufenden Verwaltung zuständig ist. Die der Versammlung der Jagdgenossen vorbehaltenen Angelegenheiten ergeben sich aus der Satzung, die der Jagdbehörde anzuzeigen und von ihr zu genehmigen ist, wenn ihr Inhalt von dem jeweiligen Inhalt der von der obersten Jagdbehörde bekannt gegebenen Mustersatzung abweicht.

Um eine ordnungsgemäße Vertretung der Jagdgenossenschaft auch in der Zeit sicherzustellen, in der ein Jagdvorstand noch nicht gewählt ist, werden die Geschäfte des Jagdvorstands von dem Gemeindevorstand wahrgenommen (§ 9 Abs. 2 Satz 3 BJagdG). Gemeindevorstand ist der Hauptverwaltungsbeamte. Das ist in der Regel der ürgermeister (Art. 11 Nr. 11 des Gesetzes zur Reform des niedersächsischen Kommunalverfassungsrechts von 1. April 1996 (Nds. GVBl. S. 82), zuletzt geändert durch Art. 5 des Gesetzes vom 19. März 2001 (Nds. GVBl. S. 112)).

Die Befugnisse der Versammlung der Jagdgenossen bleiben unberührt, so dass eine Beschlussfassung des Rats der Gemeinde in Angelegenheiten der Jagdgenossenschaft nicht in Frage kommt.

2. Der Jagdvorstand wird in der Versammlung der Jagdgenossen von den dort anwesenden oder vertretenen Mitgliedern der Jagdgenossenschaft gewählt. Bei Wahlen ist wie bei Beschlüssen in der Versammlung der Jagdgenossen die sog. doppelte Mehrheit erforderlich. Ein Beschluss der Jagdgenossenschaft kommt nur zustande, wenn

— mehr als die Hälfte der in der Versammlung anwesenden oder vertretenen Jagdgenossen (z. B. 8 von 15 oder 10 von 18) zustimmt und
— den Zustimmenden mehr als die Hälfte der bejagbaren Grundflächen aller anwesenden und vertretenen Jagdgenossen gehört (z. B. 150,5 ha von 300 ha). Es kommt also (anders als bei den Abstimmungen nach § 13 Abs. 1 und § 14 Satz 2 NJagdG) nicht darauf an, dass die Mehrheit aller Jagdgenossen in einem gemeinschaftlichen Jagdbezirk zustimmt. Entscheidend sind allein die Mehrheitsverhältnisse in der jeweiligen Versammlung der Jagdgenossen. Stimmenthaltungen sind wie Gegenstimmen zu behandeln. Eine ordnungsgemäß einberufene Versammlung ist grundsätzlich immer beschlussfähig, es sei denn, eine von der Satzung der Jagdgenossenschaft bestimmte Mindestzahl von Abstimmungsberechtigten wird nicht erreicht.

Durch die Vorschrift des § 9 Abs. 3 BJagdG wird verhindert, dass eine Mehrheit von Jagdgenossen mit einem Flächenanteil von nicht mehr als der Hälfte die übrigen Jagdgenossen mit einem Anteil von mehr als der Hälfte der bei der Abstimmung insgesamt zu berücksichtigenden Fläche überstimmen kann oder umgekehrt. Sind z. B. in einer Versammlung 3 Jagdgenossen mit je 70 ha und 5 Jagdgenossen mit je 40 ha Grundfläche anwesend oder vertreten, so müssen mindestens 5 Jagdgenossen, denen zusammen mehr als 205 ha Grundfläche gehören, zustimmen, um einen Beschluss zu fassen. Die knappste Mehrheit könnten in diesem Fall 4 Jagdgenossen mit je 40 ha und ein Jagdgenosse mit 70 ha Grundfläche bilden.

Kommt ein Beschluss nicht zustande, weil die sog. doppelte Mehrheit nicht erreicht wird,

3. Um die nach § 9 Abs. 3 BJagdG erforderlichen Mehrheiten für das Zustandekommen von Beschlüssen der Jagdgenossenschaft ermitteln zu können, ist zunächst die Zahl der in der Versammlung anwesenden sowie derjenigen Jagdgenossen, die sich durch eine mit einer schriftlichen Vollmacht ausgestatteten Person vertreten lassen, festzustellen. Eine Personengemeinschaft, z. B. eine Erbengemeinschaft, oder eine juristische Person, z. B. eine Forstgenossenschaft, Aktiengesellschaft oder Gesellschaft mit beschränkter Haftung, ist als Eigentümerin oder Nutznießerin einer bejagbaren Fläche eine Jagdgenossin mit einer Stimme. Wie diese Stimme gebildet wird, ist durch die Gemeinschaft oder die juristische Person festzulegen. Sodann muss – in der Regel mit Hilfe eines vom Jagdvorstand ständig auf dem aktuellen Stand zu haltenden Verzeichnisses der Grundstücke, die zum gemeinschaftlichen Jagdbezirk gehören, also der bejagbaren Flächen einerseits und der befriedeten Bezirke andererseits (Jagdkataster), – festgestellt werden, wie groß die jedem einzelnen anwesenden oder vertretenen Jagdgenossen gehörende Fläche ist, auf der Jagdausübung erlaubt ist.

Die Meinungsbildung des Jagdvorstands, in den nicht unbedingt nur Jagdgenossen hineingewählt werden müssen, richtet sich nach der Satzung.

§ 16 NJagdG: Rechtscharakter und Satzung einer Jagdgenossenschaft

(1) Die Jagdgenossenschaft ist eine Körperschaft des öffentlichen Rechts. Sie untersteht der Rechtsaufsicht der Jagdbehörde. § 129 Abs. 1 und die §§ 130 bis 132 der Niedersächsischen Gemeindeordnung über die Durchführung der Aufsicht gelten entsprechend. Gemeindevorstand im Sinne des § 9 Abs. 2 Satz 3 des Bundesjagdgesetzes ist die Hauptverwaltungsbeamtin oder der Hauptverwaltungsbeamte.

(2) Die Jagdgenossenschaft regelt ihre Verhältnisse durch Satzung. Die oberste Jagdbehörde gibt eine Mustersatzung bekannt. Entspricht die Satzung dem Muster, so ist sie der Jagdbehörde lediglich anzuzeigen; andernfalls bedarf sie der Genehmigung der Jagdbehörde. Bei einer Änderung der Mustersatzung sollen die Satzungen angepasst werden; Satz 3 gilt entsprechend.

(3) Die Jagdgenossenschaft erhebt Ansprüche gegen ihre Mitglieder aufgrund des § 29 Abs. 1 Satz 2 des Bundesjagdgesetzes wie Gemeindeabgaben. Die Gemeinden leisten den Jagdgenossenschaften Vollstreckungshilfe.

(4) Das Mitglied einer Jagdgenossenschaft, das die Ausübung der Jagd von der Jagdgenossenschaft pachten möchte, oder seine Vertretung ist berechtigt, in der Versammlung der Jagdgenossenschaft an den Abstimmungen über die Vergabe der Jagdpacht und über die Verlängerung eines Jagdpachtvertrages teilzunehmen. Als Vorstandsmitglied darf ein Mitglied der Jagdgenossenschaft nicht an Verträgen mit sich selbst mitwirken.

(5) Die Vollmacht zur Vertretung eines Mitglieds einer Jagdgenossenschaft in der Versammlung der Mitglieder der Jagdgenossenschaft bedarf der Schriftform. Die Unterschrift der oder des Bevollmächtigenden muss behördlich oder notariell beglaubigt sein.

AB zu § 16 (Rechtscharakter und Satzung einer Jagdgenossenschaft)

16.0   Grundflächen in befriedeten Bezirken begründen auch dann keine Mitgliedschaft in einer Jagdgenossenschaft, wenn eine beschränkte Jagdausübung zugelassen ist.

16.2 Die Mustersatzung für Jagdgenossenschaften ist als **Anlage 1**[1] abgedruckt. Bestehende Satzungen der Jagdgenossenschaften, die dem NJagdG, insbesondere § 16, widersprechen, sind entweder anzupassen und danach der Jagdbehörde anzuzeigen oder ihr zur Genehmigung vorzulegen.

ERLÄUTERUNGEN

1. Die Jagdgenossenschaft entsteht nicht durch einen entsprechenden Vertrag, sondern ist eine öffentliche Interessentenschaft, die mit dem Status einer Körperschaft des öffentlichen Rechts ausgestattet ist. Die Pflicht-Mitgliedschaft in dieser öffentlich-rechtlichen Genossenschaft wird vermittelt durch das Eigentum an den im Gebiet der Genossenschaft belegenen, selbst keinen Eigenjagdbezirk bildenden Grundflächen, auf denen die Jagd ausgeübt werden darf und grundsätzlich auch ausgeübt werden muss. Verfassungsrechtliche Bedenken gegen die Zwangsmitgliedschaf in einer Jagdgenossenschaft bestehen nach dem gegenwärtigen Stand der Rechtsprechung nicht (BVerfG JE IV Nr. 112, BVerwG JE IV Nr. 109). Die Aufgabe der Jagdgenossenschaft, nämlich die gemeinschaftliche Nutzung und Verwaltung des ihr zustehenden Jagdausübungsrechts auf den zu dem gemeinschaftlichen Jagdbezirk gehörenden Grundflächen, liegt auch im öffentlichen Interesse. Die Jagdgenossenschaft ist deswegen als Teil einer dezentralisierten Staatsverwaltung ausgestaltet. Sie wird daher der Rechtsaufsicht der Aufsichtsbehörde unterstellt. Die Durchführung der Aufsicht richtet sich nach den einschlägigen Bestimmungen der NGO. Die Jagdbehörde kann sich jederzeit über die Angelegenheiten der Jagdgenossenschaft unterrichten (§ 129 Abs. 1 NGO). Sie hat ein Beanstandungsrecht, wenn Beschlüsse und andere Maßnahmen der Jagdgenossenschaft das Gesetz verletzen, mit der Folge, dass beanstandete Maßnahmen nicht vollzogen werden dürfen und auf Verlangen rückgängig gemacht werden müssen (§ 130 NGO). Kommt eine Jagdgenossenschaft ihren gesetzlichen Pflichten und Aufgaben nicht

---

1   s. S. 102

nach, so kann sie von der Jagdbehörde dazu aufgefordert werden, das Erforderliche zu veranlassen. Nach fruchtlosem Fristablauf kann die Jagdbehörde die Anordnung an Stelle und auf Kosten der Jagdgenossenschaft selbst durchführen oder durchführen lassen (§ 131 NGO). Schließlich kann die Jagdbehörde notfalls auch einen Beauftragten einsetzen, wenn und solange der geordnete Gang der Verwaltung der Jagdgenossenschaft nicht gewährleistet ist (§ 132 NGO).

Kommt ein gewählter Jagdvorstand seinen Pflichten nicht nach oder kann ein notwendiger Beschluss der Versammlung der Jagdgenossen nicht gefasst werden, weil die erforderliche sog. doppelte Mehrheit (§ 9 Abs. 3 BJagdG) nicht erreichbar ist, ist die Jagdgenossenschaft handlungsunfähig. In derartigen Fällen muss ein von der Jagdbehörde einzusetzender Beauftragter die zur Erledigung der öffentlich-rechtlichen Aufgaben der Jagdgenossenschaft notwendigen Maßnahmen durchführen. Ist es z. B. der Versammlung der Jagdgenossen nicht gelungen, einen Beschluss über die Verpachtung des Jagdausübungsrechts oder über die Jagdnutzung durch einen angestellten Jäger, so hat der Jagdvorstand einen Abschussplan für den gemeinschaftlichen Jagdbezirk vorzulegen. Tut er das nicht, hat der Beauftragte den Abschussplan aufzustellen und der Jagdbehörde einzureichen, die dann für dessen Erfüllung sorgen muss.

Dagegen hat der Beauftragte nicht die Aufgabe, für die Jagdgenossenschaft einen Vertrag über die Verpachtung des Jagdausübungsrechts oder einen Anstellungsvertrag mit einem Jäger abzuschließen, also unter Ausschöpfung der rechtlichen Möglichkeiten der Jagdgenossenschaft deren wirtschaftliche Interessen zu wahren. Seine Befugnisse sind vielmehr darauf beschränkt, die zur Erfüllung der gesetzlichen Pflichten der Jagdgenossenschaft (auch gegenüber ihren Mitgliedern) notwendigen Entscheidungen zu treffen und an Stelle des Jagdvorstandes die entsprechenden Maßnahmen durchzuführen.

2. Die Satzung wird der Jagdgenossenschaft in Gestalt einer Mustersatzung von der obersten Jagdbehörde im Wesentlichen vorgeschrieben. Sie ist eine Rechtsnorm. Schließt etwa der Jagdvorstand unter

Überschreitung seiner satzungsmäßigen Zuständigkeit Verträge ab, so sind diese wegen Verstoßes gegen ein gesetzliches Verbot nichtig (§ 134 BGB).

Die **Mustersatzung für Jagdgenossenschaften** (Anlage 1 zu Nr. 16.2 AB-NJagdG) hat folgenden Wortlaut:

§ 1 (1) Aufgabe der Jagdgenossenschaft ist die gemeinschaftliche Nutzung und Verwaltung ihres Jagdausübungsrechts auf den Grundflächen ihrer Mitglieder.

(2) Die Jagdgenossenschaft ist eine Körperschaft des öffentlichen Rechts. Sie steht hinsichtlich der Wahrnehmung ihrer Aufgaben unter der Rechtsaufsicht der Jagdbehörde.

(3) Geschäftsjahr der Jagdgenossenschaft ist das Jagdjahr (1. April bis 31. März).

§ 2 (1) Mitglieder der Jagdgenossenschaft sind die Eigentümerinnen und Eigentümer der zum gemeinschaftlichen Jagdbezirk gehörenden zusammenhängenden Grundflächen (§ 12 NJagdG) nebst den ihrem gemeinschaftlichen Jagdbezirk angegliederten Grundflächen, mit Ausnahme der Grundflächen,

1. die nach § 9 NJagdG befriedet sind, auch wenn eine beschränkte Jagdausübung zugelassen ist,
2. auf denen sonst die Jagd dauerhaft nicht ausgeübt werden darf.

(2) Die Mitgliedschaft in der Jagdgenossenschaft endet mit Verlust des Grundeigentums. Eigentumsänderungen haben die Mitglieder unverzüglich dem Vorstand mitzuteilen und nachzuweisen.

(3) Der Jagdvorstand hat ein Verzeichnis der Grundflächen aufzustellen, die den gemeinschaftlichen Jagdbezirk bilden. In einer Karte, von der eine Ausfertigung dem Jagdpachtvertrag sowie jeder Verlängerung des Jagdpachtvertrages beizufügen ist, sind die Grenzen des gemeinschaftlichen Jagdbezirks einzuzeichnen und die Flächen nach Absatz 1 Nrn. 1 und 2 kenntlich zu machen. Verzeichnis und Karte sind auf dem neuesten Stand zu halten. Fortgeschriebene Jagdkarten sind jeweils der Jagdpächterin oder dem Jagdpächter auszuhändigen.

§ 3 Die Jagdgenossenschaft hat folgende Organe:

1. den Jagdvorstand,
2. die Versammlung der Mitglieder.

§ 4 (1) Der Jagdvorstand besteht aus der oder dem Vorsitzenden, der Schriftführerin oder dem Schriftführer und der Kassenführerin oder dem Kassenführer. Die Versammlung der Mitglieder wählt den Jagdvorstand auf die Dauer von vier Jahren. Die Vorstandsmitglieder sollen Mitglieder der Jagdgenossenschaft sein.

(2) Die Mitglieder des Jagdvorstandes erhalten Ersatz ihrer notwendigen baren Auslagen, die pauschal abgegolten werden können. Im Übrigen steht ihnen eine Vergütung für ihre Tätigkeit nicht zu.

§ 5 (1) Der Jagdvorstand beschließt durch Abstimmung. Bei Stimmengleichheit entscheidet die Stimme der oder des Vorsitzenden. Das Stimmrecht im Vorstand kann nur persönlich ausgeübt werden.

(2) Der Jagdvorstand vertritt die Jagdgenossenschaft gerichtlich und außergerichtlich. Soll die Jagdgenossenschaft durch den Abschluss von Verträgen oder sonst durch Abgabe von Willenserklärungen verpflichtet werden, so sind dazu nur sämtliche Mitglieder des Jagdvorstandes gemeinsam befugt. Die Mitglieder des Jagdvorstandes dürfen bei der Beschlussfassung nicht an Verträgen mit sich selbst sowie an der Einleitung und Erledigung von Rechtsstreitigkeiten zwischen ihnen und der Jagdgenossenschaft mitwirken. Beim Abschussplan genügt die alleinige Unterschrift der oder des Vorsitzenden.

(3) Der Jagdvorstand bleibt auch nach Ablauf seiner Amtszeit bis zu der für die Wahl des neuen Vorstandes angesetzten Mitgliederversammlung zur Vertretung der Jagdgenossenschaft berechtigt. Kommt in der Versammlung ein Beschluss über die Wahl nicht zustande, so obliegt die Vertretung der Hauptverwaltungsbeamtin oder dem Hauptverwaltungsbeamten der Gemeinde. Diese oder dieser hat binnen eines Jahres erneut eine Versammlung mit dem Ziel der Wahl eines Vorstandes einzuberufen.

§ 6 (1) Der Jagdvorstand soll die Mitgliederversammlung bis zum Ende des laufenden Jagdjahres mindestens einmal einberufen. Liegen wichtige Gründe dafür vor, so ist eine außerordentliche Versammlung anzusetzen. Unterlässt der Jagdvorstand die Einberufung der jährlichen oder trotz Vorliegen eines wichtigen Grundes die Einberufung einer außerordentlichen Versammlung, so kann jedes Mitglied bei der Aufsichtsbehörde beantragen, dass diese die Versammlung einberuft.

(2) Zu allen Versammlungen sind die Mitglieder schriftlich oder durch Bekanntmachung nach den für die öffentlichen Bekanntmachungen der Gemeinde geltenden Vorschriften unter Angabe von Ort, Zeit, und Tagesordnung mindestens eine Woche vorher zu laden. Auswärtige Mitglieder

werden bei öffentlicher Bekanntmachung nicht gesondert eingeladen. Sie haben sicherzustellen, dass sie von der Einladung rechtzeitig Kenntnis erhalten.

(3) Die Bekanntmachungen der Jagdgenossenschaft erfolgen nach den für öffentliche Bekanntmachungen der Gemeinde geltenden Vorschriften.

§ 7 (1) Zur Teilnahme an der Mitgliederversammlung sind die Mitglieder selbst oder ihre gesetzlichen Vertreterinnen oder Vertreter berechtigt. Die Berechtigten können sich durch Bevollmächtigte vertreten lassen. Die Vollmacht bedarf der Schriftform und ist nur gültig, wenn die Unterschrift der oder des Bevollmächtigenden behördlich oder notariell beglaubigt ist.

(2) Die Versammlungen werden durch die Vorsitzende oder den Vorsitzenden des Jagdvorstandes geleitet, soweit nicht in den Fällen des § 6 Abs. 1 Satz 3 eine Leitung durch ein Mitglied der Aufsichtsbehörde erforderlich ist. Der Jagdvorstand hat über jede Versammlung eine Niederschrift zu fertigen, die von der Versammlungsleiterin oder dem Versammlungsleiter zu unterschreiben ist. Sie soll enthalten:

1. die Namen aller anwesenden oder vertretenen Mitglieder,
2. soweit Mitglieder durch andere Personen vertreten sind, die Namen der Vertreterinnen oder Vertreter und ggf. eine Feststellung über die Nachprüfung ihrer Vollmacht,
3. die Summe der Grundflächen jedes anwesenden oder vertretenen Mitglieds, die bei der Beschlussfassung zugrunde gelegt wurde,
4. den Wortlaut der Beschlüsse unter Angabe der Mehrheit nach der Kopfzahl und der Fläche, mit der sie gefasst wurde, und
5. bei Beschlüssen über die Verwendung der Jagdnutzung auch die Namen der anwesenden und vertretenen Mitglieder, die dem Beschluss nicht zugestimmt haben.

§ 8 (1) Einem Beschluss der Mitgliederversammlung sind vorbehalten:

1. Entscheidungen, die die Gestalt des Jagdbezirks betreffen (Angliederung, Abtrennung oder Austausch von Grundflächen, Teilung, Zusammenlegung),
2. die Entscheidung über die Form der Verpachtung nach Maßgabe des § 9, über eine Nichtverpachtung (z. B. Ruhenlassen der Jagd) sowie die Entscheidung über die Erteilung des Zuschlags bei der Jagdverpachtung, sofern diese Entscheidung nicht ausdrücklich auf den Jagdvorstand delegiert wird,
3. die Entscheidung über die Verwendung des Jagdertrages,
4. die Wahl, die Abberufung oder die Entlastung des Jagdvorstandes,

5. die jährliche Neuwahl von zwei Kassenprüferinnen oder Kassenprüfern, die nicht dem Vorstand angehören dürfen,
6. die Entscheidung über eine pauschale Abgeltung der Auslagen des Vorstandes,
7. Änderung der Satzung,
8. Umlagen nach § 29 Abs. 1 des Bundesjagdgesetzes.

(2) Mehrere Miteigentümerinnen oder Miteigentümer, Gesamthandeigentümerinnen oder Gesamthandeigentümer haben nur eine Stimme und können ihr Stimmrecht nur gemeinschaftlich ausüben. Abwesende Miteigentümerinnen, Miteigentümer, Gesamthandeigentümerinnen und Gesamthandeigentümer gelten durch die Anwesenden als vertreten.

(3) Beschlussfassungen und Abstimmungen in der Versammlung erfolgen in der Regel offen. Eine geheime Abstimmung ist durchzuführen, wenn dies von einem Viertel der bei der Beschlussfassung anwesenden und vertretenen Mitgliedern i. S. des Absatzes 4 Satz 1 Nr. 1 beantragt wird.

(4) Ein Beschluss der Versammlung kommt zustande, wenn

1. die Mehrzahl der in der Versammlung persönlich anwesenden oder vertretenen Mitglieder dem Beschluss zustimmt und
2. die zum gemeinschaftlichen Jagdbezirk gehörenden Grundflächen der Mitglieder, die dem Beschluss zugestimmt haben, gegenüber den zum gemeinschaftlichen Jagdbezirk gehörenden Grundflächen der sonst anwesenden oder vertretenen Mitglieder eine Mehrheit der Fläche ergeben.

Bei einem Beschluss über die Teilung oder Zusammenlegung gemäß § 13 Abs. 1 und § 14 NJagdG ist die Mehrheit der Mitglieder und mehr als die Hälfte der gesamten Grundfläche, mit der die Mitglieder der Jagdgenossenschaft angehören, erforderlich. Grundflächen von Mitgliedern, die weder anwesend noch vertreten sind, sind bei der Zählung nicht zu berücksichtigen. Ein Mitglied ist nicht stimmberechtigt, wenn Beschlüsse über Verträge mit ihm selbst sowie über die Einleitung und Erledigung von Rechtsstreitigkeiten zwischen ihm und der Jagdgenossenschaft gefasst werden. Als eine zur gebotenen Eigentumswahrung notwendige Ausnahme ist die Stimmberechtigung der Pachtbewerberinnen und Pachtbewerber nach § 16 Abs. 4 Satz 1 NJagdG zu beachten.

(5) Satzungsänderungen (Absatz 1 Nr. 7) bedürfen der Genehmigung der Aufsichtsbehörde.

§ 9 Die Mitgliederversammlung beschließt, ob die gemeinschaftliche Jagd durch öffentliche Ausbietung oder freihändig zu verpachten ist oder ob statt einer Neuverpachtung ein bestehender Pachtvertrag über die Pachtzeit hinaus verlängert werden soll. Die Versammlung kann beschließen, dass als Pachtbewerberinnen und Pachtbewerber nur Mitglieder zuzulassen sind. Sie kann sich die Genehmigung des Pachtvertrages vorbehalten. Bei Abschluss des Jagdpachtvertrages vertritt der Jagdvorstand die Jagdgenossenschaft insbesondere unter Beachtung des § 5 Abs. 2.

§ 10 (1) Der Jagdvorstand verteilt den Reinertrag der Jagd jährlich an die Mitglieder nach dem Verhältnis der Grundflächen, mit denen sie der Jagdgenossenschaft angehören.

(2) Die Mitgliederversammlung kann beschließen, dass der Reinertrag der Jagd nicht verteilt, sondern für andere Zwecke verwandt wird. Mitglieder, die dem Beschluss nicht zugestimmt haben, können innerhalb eines Monats nach der Bekanntmachung schriftlich oder mündlich zu Protokoll des Jagdvorstandes die Auszahlung ihres Anteils verlangen.

(3) Wird der Jagdertrag nicht an die Mitglieder verteilt, so hat der Jagdvorstand über die Verwendung des Ertrages in der jährlichen Mitgliederversammlung Rechnung zu legen.

(4) Entfällt auf ein Mitglied ein geringerer Reinertrag als 15 Euro, so kann die Jagdgenossenschaft beschließen, dass die Auszahlung erst dann fällig wird, wenn der Betrag durch Zuwachs mindestens 30 Euro erreicht hat.

3. Das Verhältnis der Jagdgenossenschaft zu ihren Mitgliedern, den Jagdgenossen, ist öffentlich-rechtlicher Natur. Dementsprechend erhebt die Jagdgenossenschaft für den Fall, dass sie Wildschadensersatz aus der Genossenschaftskasse geleistet hat, die von den Jagdgenossen zu tragenden Anteile wie Gemeindeabgaben. Der Jagdvorstand erlässt also einen mit einer Rechtsmittelbelehrung zu versehenden Abgabenbescheid entsprechend den Bestimmungen des Nds. Kommunalabgabengesetzes. Für die Entscheidung von Streitigkeiten zwischen den Jagdgenossen und der Jagdgenossenschaft ist der Rechtsweg zu den Gerichten der Verwaltungsgerichtsbarkeit gegeben.

4. Möchte ein Jagdgenosse das Jagdausübungsrecht pachten, darf er an der Abstimmung in der Versammlung der Jagdgenossen teilnehmen. Das ist nunmehr in § 16 Abs. 4 Satz 1 NJagdG ausdrücklich

festgelegt. Der Ausschluss eines pachtwilligen Jagdgenossen von der Teilnahme an der Abstimmung ist eine gegen Art. 14 GG verstoßende Teilentziehung seines Jagdrechts i. S. von § 3 Abs. 1 BJagdG (vergl. E 2 zu § 3 BJagdG). Eine Notwendigkeit, eventuellen Interessenkonflikten vorzubeugen, besteht nicht. Abstimmungsergebnisse, die berechtigte Interessen der Jagdgenossenschaft oder einzelner Jagdgenossen beeinträchtigen könnten, sind nicht zu befürchten, weil Beschlüsse nur mit der sog. doppelten Mehrheit von Kopfzahl und Fläche zustande kommen können (§ 9 Abs. 3 BJagdG).

5. Nach § 8 Abs. 3 der Mustersatzung ist in der Versammlung der Jagdgenossen geheim abzustimmen, wenn dies von einem Viertel der bei der Beschlussfassung anwesenden oder vertretenen Mitglieder beantragt wird. Eine gegenüber allen Beteiligten geheime Abstimmung lässt sich jedoch in den Fällen, in denen das Gesetz für das Zustandekommen von Beschlüssen die Mehrheit von Kopfzahl und Fläche (§ 9 Abs. 3 BJagdG) vorschreibt, nicht durchführen; denn zur Ermittlung des Abstimmungsergebnisses muss jeder an der Abstimmung beteiligten Person die ihr gehörende Grundfläche zugeordnet werden können. Es ist also erforderlich, dass ein Stimmzettel erkennen lässt, wer ihn abgegeben hat. Anderenfalls ist die Stimme ungültig. Die mit der Feststellung des Ergebnisses befassten Personen, in der Regel die Mitglieder des Jagdvorstands, bekommen deswegen Kenntnis davon, wie die beteiligten Jagdgenossen abgestimmt haben. Um dem mit dem Antrag auf Durchführung einer geheimen Abstimmung verfolgten Zweck möglichst zu entsprechen, müssen sich diese Personen zur Verschwiegenheit verpflichtet fühlen.

§ 10 BJagdG: Jagdnutzung

(1) Die Jagdgenossenschaft nutzt die Jagd in der Regel durch Verpachtung. Sie kann die Verpachtung auf den Kreis der Jagdgenossen beschränken.

(2) Die Jagdgenossenschaft kann die Jagd für eigene Rechnung durch angestellte Jäger ausüben lassen. Mit Zustimmung der zuständigen Behörde kann sie die Jagd ruhen lassen.

(3) Die Jagdgenossenschaft beschließt über die Verwendung des Reinertrages der Jagdnutzung. Beschließt die Jagdgenossenschaft, den Ertrag nicht an die Jagdgenossen nach dem Verhältnis des Flächeninhaltes ihrer beteiligten Grundstücke zu verteilen, so kann jeder Jagdgenosse, der dem Beschluss nicht zugestimmt hat, die Auszahlung seines Anteils verlangen. Der Anspruch erlischt, wenn er nicht binnen einem Monat nach der Bekanntmachung der Beschlussfassung schriftlich oder mündlich zu Protokoll des Jagdvorstandes geltend gemacht wird.

ERLÄUTERUNGEN

1. Das Jagdausübungsrecht in den gemeinschaftlichen Jagdbezirken wird durch die Jagdgenossenschaften fast ausnahmslos verpachtet. Die Versammlung der Jagdgenossen kann beschließen, dass das Jagdausübungsrecht nur an Jagdgenossen oder unter Einhaltung eines bestimmten Verfahrens (freihändige Verpachtung, öffentliche Ausbietung) oder durch Verlängerung eines bestehenden Vertrags verpachtet werden soll.

2. Die Versammlung der Jagdgenossen entscheidet, welcher Interessent den Zuschlag bei der Verpachtung erhalten soll, sofern diese Entscheidung nicht ausdrücklich auf den Jagdvorstand delegiert wird. Das Gleiche gilt für die Entscheidung über die Kündigung eines Jagdpachtvertrages. Die technische Durchführung der Verpachtung der Jagd ist ebenso wie die Durchführung anderer Beschlüsse der Versammlung der Jagdgenossen Aufgabe des Jagdvorstands, der die notwendigen Verhandlungen zu führen und den Pachtvertrag abzuschließen hat.

3. Beschließt die Jagdgenossenschaft, den Reinertrag der Jagd nicht an die Jagdgenossen auszuschütten, so können Jagdgenossen, die dem Beschluss nicht zugestimmt haben, die Auszahlung ihres Anteils verlangen. Unter dem Reinertrag der Jagd ist der Jagdpachtzins nach Abzug der Verwaltungskosten der Jagdgenossenschaft zu verstehen. Für die Geltendmachung des Anspruchs ist wie für alle Streitigkeiten

zwischen der Jagdgenossenschaft und ihren Mitgliedern der Rechtsweg zu den Verwaltungsgerichten eröffnet. In jedem Fall muss der Anspruch zunächst innerhalb eines Monats nach Bekanntmachung der Beschlussfassung der Versammlung der Jagdgenossen schriftlich oder zu Protokoll des Jagdvorstands geltend gemacht werden. Sonst erlischt er.

§ 10a BJagdG: Bildung von Hegegemeinschaften

(1) Für mehrere zusammenhängende Jagdbezirke können die Jagdausübungsberechtigten zum Zwecke der Hege des Wildes eine Hegegemeinschaft als privatrechtlichen Zusammenschluss bilden.

(2) Abweichend von Absatz 1 können die Länder bestimmen, dass für mehrere zusammenhängende Jagdbezirke die Jagdausübungsberechtigten zum Zwecke der Hege des Wildes eine Hegegemeinschaft bilden, falls diese aus Gründen der Hege im Sinne des § 1 Abs. 2 erforderlich ist und eine an alle betroffenen Jagdausübungsberechtigten gerichtete Aufforderung der zuständigen Behörde, innerhalb einer bestimmten Frist eine Hegegemeinschaft zu gründen, ohne Erfolg geblieben ist.

(3) Das Nähere regeln die Länder.

ERLÄUTERUNGEN

1. Eine Hegegemeinschaft ist der Zusammenschluss der Jagdausübungsberechtigten für mehrere zusammenhängende Jagdbezirke zu dem Zweck, die Hege des Wildes, aber auch die Regulierung des Wildbestandes nach gemeinsamen Plänen durchzuführen. Für die Bildung von Hegegemeinschaften sprechen jagdwirtschaftliche Gründe. Die Jagdbezirke sind oft zu klein, um vor allem das Schalenwild innerhalb eines Bezirks ordnungsgemäß bewirtschaften zu können. Es kann sich deshalb empfehlen, zur größeren Einheit einer Hegegemeinschaft überzugehen. Auch für Hegegemeinschaften gelten die Grundsätze des § 1 Abs. 2 BJagdG.

2. Eine Hegegemeinschaft wird häufig als Gesellschaft bürgerlichen Rechts existieren. Jedoch sind auch andere zivilrechtliche Organisationsformen denkbar. Eine Hegegemeinschaft entsteht durch einen entsprechenden Vertrag der Reviernachbarn. Um gegenüber den Jagdbehörden als Einheit auftreten und handeln zu können, insbesondere aber auch, um an behördlichen Fördermaßnahmen beteiligt werden zu können, etwa bei der Vergabe von Mitteln aus der Jagdabgabe, bedarf die Hegegemeinschaft zusätzlich der Anerkennung durch die Jagdbehörde (§ 17 Abs. 1 Satz 1 NJagdG).

Zwangsverbände, deren Bildung § 10a Abs. 2 BJagdG ermöglicht, gibt es in Niedersachsen nicht.

3. Zu dem Gebiet einer Hegegemeinschaft können auch Jagdbezirke der Forsten des Staates oder anderer Körperschaften sowie Stiftungen des öffentlichen Rechts gehören, wenn sich die dort Jagdausübungsberechtigten, in der Regel die Forstamtsleiter oder die Jagdpächter, der Hegegemeinschaft anschließen.

4. Hegegemeinschaften sind zu unterscheiden von Hegeringen. Hegeringe sind Untergliederungen der Jägerschaften. Sie sollen nach Möglichkeit etwa bestehenden Hegegemeinschaften für Rehwild oder Niederwild entsprechen. Zu den Hegeringen sollen die Mitglieder der Jägerschaften gehören, die entweder ihren Hauptwohnsitz oder ihr Revier in dem entsprechenden Gebiet haben (§ 13 der Satzung der Landesjägerschaft Niedersachsen e. V. und § 11 der Satzungen der in den Landkreisen und kreisfreien Städte bestehenden Jägerschaften). Die Hegeringe wirken bei der Erfüllung der Aufgaben und bei der Verfolgung der Ziele der Jägerschaften (§ 2 der Satzungen) mit. Sie sind ebenso wie viele Jägerschaften auf der Ebene der Landkreise und kreisfreien Städte nicht rechtsfähig.

§ 17 NJagdG: Hegegemeinschaft

(1) Eine Hegegemeinschaft bedarf der Anerkennung durch die Jagdbehörde. Die Anerkennung ist auszusprechen, wenn

1. **die einheitliche Bewirtschaftung der Jagd für mindestens eine bestimmte Wildart im Gebiet der Hegegemeinschaft biologisch und jagdwirtschaftlich zweckmäßig ist und**
2. **die Hegegemeinschaft eine Satzung erlassen hat, nach der**
   a) **die Gewähr für eine ausreichende Dauer des Zusammenschlusses besteht und ein Austritt oder eine Kündigung der Mitgliedschaft nur zum Ende eines Jagdjahres zulässig ist,**
   b) **das Verfahren für die Aufstellung eines gemeinsamen Abschussplanes geregelt ist und**
   c) **Maßnahmen getroffen werden können, um die Erfüllung des Abschussplans zu erzwingen.**

(2) Soweit sich die Hegegemeinschaft auf Rot-, Dam-, Reh- oder Muffelwild bezieht, ist ein gemeinsamer Abschussplan vorzulegen. § 25 Abs. 1 bis 4 gilt entsprechend.

ERLÄUTERUNGEN

1. Die Mitglieder haben einen Rechtsanspruch auf Anerkennung ihrer Hegegemeinschaft durch die Jagdbehörde, wenn die in § 17 Abs. 1 Satz 2 NJagdG geforderten Voraussetzungen erfüllt sind.

Die einheitliche Bewirtschaftung der Jagd ist biologisch und jagdwirtschaftlich zweckmäßig, wenn die in § 1 Abs. 2 BJagdG und in § 3 Abs. 1 Nr. 1 NJagdG formulierten Hegeziele in dem größeren Gebiet der Hegegemeinschaft besser erreicht werden können. Dabei genügt es, wenn sich die Hegegemeinschaft die Hege auch nur einer Wildart, etwa der Hasen oder des Birkwilds, zum Ziel gesetzt hat. Einer einheitlichen Bewirtschaftung der Jagd steht nicht entgegen, dass eine Jagdzeit für das betreffende Wild nicht festgesetzt ist.

Ferner muss gewährleistet sein, dass die Ziele der Hegegemeinschaft mit Ernsthaftigkeit und Nachhaltigkeit verfolgt werden. Die Satzung einer Hegegemeinschaft sollte deswegen folgende Bestimmungen enthalten:

- Eine aus mehr als zwei Jagdausübungsberechtigten bestehende Gemeinschaft wird durch Tod oder Kündigung eines Mitglieds nicht aufgelöst, wenn weiterhin ein Zusammenhang zwischen den Jagdbezirken der verbleibenden Mitglieder besteht.
- Jagdpächter sind Mitglieder für die Dauer ihres Jagdpachtvertrags.
- Die Kündigung der Mitgliedschaft ist im Übrigen nur zum Ende des Jagdjahres mit mindestens einjähriger Frist zulässig.
- Die Mitgliedschaft geht auf den Erben über, endet jedoch, wenn der Jagdpachtvertrag etwa nach § 21 Abs. 1 NJagdG erlischt.
- Soweit Wild nur aufgrund eines Abschlussplanes bejagt werden darf, ist ein bestimmter Personenkreis (Vorstand, Mitgliederversammlung, besonderer Ausschuss) zuständig für die Aufstellung eines gemeinsamen Abschussplans sowie die Verteilung der Abschüsse auf die Mitglieder.
- Eine bestimmte Person vertritt oder bestimmte Personen vertreten die Gemeinschaft gegenüber der Jagdbehörde.
- Verstöße gegen eine gemeinschaftliche Abschussregelung werden mit Konventionalstrafen geahndet (Geldbußen, verringerter Abschuss), die von einem bestimmten Personenkreis (Vorstand, Mitgliederversammlung, besonderer Ausschuss) festgesetzt werden.

2. Ein gemeinsamer Abschussplan muss vorgelegt werden, wenn die Hegegemeinschaft für Rot-, Dam-, Reh- oder Muffelwild gebildet worden ist. Die in § 25 Abs. 1 bis 4 NJagdG enthaltenen Vorschriften über Inhalt und Zustandekommen von Abschlussplänen gelten entsprechend. Ist das Jagdausübungsrecht für zum Gebiet der Hegegemeinschaft gehörenden Jagdbezirke verpachtet, sind die Abschusspläne im Einvernehmen mit den Jagdvorständen der Jagdgenossenschaften und den Inhabern der Eigenjagdbezirke aufzustellen (§ 21 Abs. 2 Satz 4 BJagdG).

§ 11 BJagdG: Jagdpacht

(1) Die Ausübung des Jagdrechts in seiner Gesamtheit kann an Dritte verpachtet werden. Ein Teil des Jagdausübungsrechts kann nicht Gegenstand eines Jagdpachtvertrages sein; jedoch kann sich der Verpächter einen Teil der Jagdnutzung, der sich auf bestimmtes Wild bezieht, vorbehalten. Die Erteilung von Jagderlaubnisscheinen regeln, unbeschadet des Absatzes 6 Satz 2, die Länder.

(2) Die Verpachtung eines Teils eines Jagdbezirkes ist nur zulässig, wenn sowohl der verpachtete als auch der verbleibende Teil bei Eigenjagdbezirken die gesetzliche Mindestgröße, bei gemeinschaftlichen Jagdbezirken die Mindestgröße von 250 Hektar haben. Die Länder können die Verpachtung eines Teiles von geringerer Größe an den Jagdausübungsberechtigten eines angrenzenden Jagdbezirkes zulassen, soweit dies einer besseren Reviergestaltung dient.

(3) Die Gesamtfläche, auf der einem Jagdpächter die Ausübung des Jagdrechts zusteht, darf nicht mehr als 1 000 Hektar umfassen; hierauf sind Flächen anzurechnen, für die dem Pächter auf Grund einer entgeltlichen Jagderlaubnis die Jagdausübung zusteht. Der Inhaber eines oder mehrerer Eigenjagdbezirke mit einer Gesamtfläche von mehr als 1 000 Hektar darf nur zupachten, wenn er Flächen mindestens gleicher Größenordnung verpachtet; der Inhaber eines oder mehrerer Eigenjagdbezirke mit einer Gesamtfläche von weniger als 1 000 Hektar darf nur zupachten, wenn die Gesamtfläche, auf der ihm das Jagdausübungsrecht zusteht, 1 000 Hektar nicht übersteigt. Für Mitpächter, Unterpächter oder Inhaber einer entgeltlichen Jagderlaubnis gilt Satz 1 und 2 entsprechend mit der Maßgabe, dass auf die Gesamtfläche nur die Fläche angerechnet wird, die auf den einzelnen Mitpächter, Unterpächter oder auf den Inhaber einer entgeltlichen Jagderlaubnis, ausgenommen die Erlaubnis zu Einzelabschüssen, nach dem Jagdpachtvertrag oder der Jagderlaubnis anteilig entfällt. Für bestimmte Gebiete, insbesondere im Hochgebirge, können die Länder eine höhere Grenze als 1 000 Hektar festsetzen.

(4) Der Jagdpachtvertrag ist schriftlich abzuschließen. Die Pachtdauer soll mindestens neun Jahre betragen. Die Länder können die Mindestpachtzeit höher festsetzen. Ein laufender Jagdpachtvertrag kann auch auf kürzere Zeit verlängert werden. Beginn und Ende der

Pachtzeit soll mit Beginn und Ende des Jagdjahres (1. April bis 31. März) zusammenfallen

(5) Pächter darf nur sein, wer einen Jahresjagdschein besitzt und schon vorher einen solchen während dreier Jahre in Deutschland besessen hat. Für besondere Einzelfälle können Ausnahmen zugelassen werden. Auf den in Satz 1 genannten Zeitraum sind die Zeiten anzurechnen, während derer jemand vor dem Tag des Wirksamwerdens des Beitritts eine Jagderlaubnis in der Deutschen Demokratischen Republik besessen hat.

(6) Ein Jagdpachtvertrag, der bei seinem Abschluss den Vorschriften des Absatzes 1 Satz 2 Halbsatz 1, des Absatzes 2, des Absatzes 3, des Absatzes 4 Satz 1 oder des Absatzes 5 nicht entspricht, ist nichtig. Das gleiche gilt für eine entgeltliche Jagderlaubnis, die bei Ihrer Erteilung den Vorschriften des Absatzes 3 nicht entspricht.

(7) Die Fläche, auf der einem Jagdausübungsberechtigten oder Inhaber einer entgeltlichen Jagderlaubnis nach Absatz 3 die Ausübung des Jagdrechts zusteht, ist von der zuständigen Behörde in den Jagdschein einzutragen; das Nähere regeln die Länder.

ERLÄUTERUNGEN

1. Mit der Einrichtung der Jagdpacht wird auch denjenigen, die nicht Eigentümer von ausreichend großen land-, forst- oder fischereiwirtschaftlich nutzbaren Grundstücken sind, ein Zugang zur Jagd eröffnet. Die Jagdpacht ist eine Rechtspacht; das Jagdausübungsrecht, nicht der Jagdbezirk wird verpachtet. Wenn in einzelnen Bestimmungen sowohl des Bundes- als auch des Niedersächsischen Jagdgesetzes Formulierungen wie „Verpachtung von Jagdbezirken" enthalten sind, so handelt es sich um eine vereinfachende, juristisch jedoch fehlerhafte Ausdrucksweise. Durch den Jagdpachtvertrag wird dem Pächter nicht der Besitz an den Grundflächen des Jagdbezirks eingeräumt (BVerfG JE I Nr. 45). Auf den Jagdpachtvertrag sind deshalb nur die allgemeinen Bestimmungen des BGB über die Pacht, nicht dagegen diejenigen über die Landpacht anzuwenden mit der Ausnahme, dass der Grundsatz „Veräußerung bricht nicht Miete (bzw. Pacht)." im

Falle von Grundstücksveräußerungen auch für die Pacht des Jagdausübungsrechts in einem Eigenjagdbezirk gilt. Diese Pacht wird insoweit wie eine Grundstückspacht behandelt (§ 14 Abs. 1 BJagdG).

2. Bei der Verpachtung einer Sache hat der Verpächter dem Pächter den Gebrauch des Pachtgegenstandes und den Genuss der Früchte zu gewähren, bei der Jagdpacht entsprechend die Möglichkeit zur Hege, Jagdausübung und Aneignung der Jagdbeute.

3. Gegenüber dem allgemeinen Pachtrecht des BGB gelten für die Jagdpacht folgende Besonderheiten:

Das Jagdausübungsrecht darf nicht in Teilen an verschiedene Personen verpachtet werden. Die Verpachtung der Jagd auf Hochwild an den einen, auf Niederwild an einen anderen Pächter ist ebenso wenig zulässig wie eine auf bestimmte Zeiträume im Jahr oder auf eine bestimmte Anzahl von Tieren beschränkte Verpachtung.

Der Verpächter kann sich jedoch die Jagd auf bestimmtes Wild vorbehalten. Darunter ist die Jagd auf bestimmte Wildarten zu verstehen. Einschränkungen etwa in Bezug auf die Zahl, das Alter oder das Geschlecht der zu bejagenden Tiere sind zulässig. Auch dann, wenn ein entsprechender Vorbehalt erfolgt ist, wird der Pächter allein und in vollem Umfang Jagdausübungsberechtigter; denn ein Teil des Jagdausübungsrechts kann nicht Gegenstand eines Jagdpachtvertrages sein. Der Vorbehalt bewirkt, dass der Pächter im Umfang des Vorbehalts von seinem Jagdausübungsrechts keinen Gebrauch machen darf, während der Verpächter – ähnlich wie ein Jagdgast – ein fremdes Jagdausübungsrecht, nämlich das des Pächters, mit der Befugnis zur Aneignung der Jagdbeute nutzen kann. Da der Verpächter auch nicht zum Teil Jagdausübungsberechtigter bleibt, steht ihm ein eigenes Jagdausübungsrecht nicht mehr zu. Die Aufstellung eines Abschussplans ist allein Aufgabe des Pächters.

Ist der Vorbehalt so umfassend, dass von einer Verpachtung der Ausübung des Jagdrechts in seiner Gesamtheit im Ergebnis nicht mehr gesprochen werden kann, so ist der Jagdpachtvertrag nichtig. Er kann eventuell in einen Vertrag über die Erteilung einer entgeltlichen Jagderlaubnis umgedeutet werden.

Zulässig ist die Verpachtung des Jagdausübungsrechts für Teile des Jagdbezirks (Jagdbögen), sofern die Mindestgrößenvorschrift des § 11 Abs. 2 Satz 1 BJagdG beachtet wird und Belange der Jagdpflege nicht entgegenstehen.

- Der Jagdpachtvertrag bedarf der Schriftform. Der Formzwang gilt auch für Nebenabreden, sofern sie echte Gegenleistungen für die Verpachtung des Jagdausübungsrechts betreffen (BGH JE III Nr. 115).
- Wird die Vorschrift, dass die Mindestpachtzeit neun Jahre betragen soll, nicht eingehalten, so ist der Vertrag nicht ohne weiteres ungültig. Die Jagdbehörde kann ihn aber beanstanden.
- Als Jagdpächter kommen nur natürliche Personen in Betracht; denn nur sie können Inhaber eines Jagdscheins sein. Eine Verpachtung an juristische Personen ist ausgeschlossen. Auch Jagdgesellschaften oder nicht rechtsfähige Vereine sind nicht zugelassen. Zulässig ist dagegen ein Pachtvertrag mit mehreren namentlich zu bezeichnenden Mitpächtern.

Jagdpächter kann nur sein, wer einen gültigen Jahresjagdschein besitzt und einen solchen während dreier Jahre in Deutschland besessen hat. Der Besitz eines Jugendjagdscheins reicht nicht aus. Dagegen kommt es nicht auf einen ununterbrochenen Jagdscheinbesitz an. Es genügt, wenn der Pächter bei Beginn der Pachtperiode Zeiten von insgesamt drei Jahren aufweisen kann, in denen er einen gültigen Jahresjagdschein besessen hat.

Der Erbe des verstorbenen Jagdpächters, der der Jagdbehörde als jagdausübungsberechtigt benannt wird, braucht die Voraussetzungen des § 11 Abs. 5 Satz 1 BJagdG (Jagdpachtfähigkeit) nicht zu erfüllen. Es genügt, wenn er einen gültigen Jahresjagdschein besitzt (§ 21 Abs. 1 Satz 3 NJagdG).

4. Bei der Weiterverpachtung tritt ein Dritter anstelle des Pächters in den Pachtvertrag ein. Der ursprüngliche Pächter scheidet aus dem

Vertragsverhältnis aus. Ohne Einverständnis und Mitwirkung des Verpächters ist eine Auswechslung des Pächters und auch die Aufnahme eines Mitpächters nicht möglich.

Bei der Unterverpachtung bleibt das Vertragsverhältnis zwischen Verpächter und Pächter unverändert bestehen. Vertragsparteien des Unterpachtvertrages sind der Pächter und der Unterpächter. Eine Unterverpachtung bedarf der Erlaubnis des Verpächters (§ 581 Abs. 2, § 540 Abs. 1 BGB). Wird die Erlaubnis verweigert, so hat das – anders als bei der Weiterverpachtung – für die Gültigkeit des Unterpachtvertrages keine Bedeutung. Der Verpächter kann von dem Pächter jedoch verlangen, den Unterpachtvertrag zu beenden, und ihn nach einer erfolglosen Mahnung auf Unterlassung der unerlaubten Unterverpachtung verklagen oder den Pachtvertrag fristlos kündigen (§ 581 Abs. 2, §§ 541, 543 Abs. 2 Nr. 2 BGB). Nach einer Kündigung des Pachtvertrages fällt das Jagdausübungsrecht an den Verpächter zurück.

5. Flächenbeschränkungen bei der Jagdpacht

a) Nach § 11 Abs. 3 BJagdG darf die Gesamtfläche, auf der ein Jagdpächter – auch aufgrund einer entgeltlichen Jagderlaubnis – zur Jagd befugt ist, nicht mehr als 1000 Hektar umfassen. Im Einzelnen ist es danach unzulässig,

— einem einzigen Jäger das Jagdausübungsrecht für einen Jagdbezirk zu verpachten, der größer als 1000 ha ist;

— einem Jäger, der bereits Pächter einer oder mehrerer anderer Jagden oder der Inhaber einer entgeltlichen Jagderlaubnis ist, eine (weitere) Jagd zu verpachten oder eine entgeltliche Jagderlaubnis zu erteilen, wenn dadurch die Gesamtfläche, auf der er damit zur Jagd befugt wäre, 1000 ha übersteigen würde;

— dem Inhaber (Eigentümer oder Nießbrauchsberechtigten) eines oder mehrerer Eigenjagdbezirke mit einer Gesamtfläche von 1000 ha oder mehr eine Jagd zu verpachten oder eine entgeltliche Jagderlaubnis zu erteilen, es sei denn, dass er die Jagd auch auf eigenen Flächen von mindestens derselben Größe verpachtet oder verpachtet hat. Die Fläche, auf der er aufgrund der Jagdpacht oder der entgeltlichen Jagderlaubnis zur Jagd befugt ist, darf nicht mehr als 1000 ha umfassen;

– dem Inhaber eines Eigenjagdbezirks oder mehrerer Eigenjagdbezirke mit einer Gesamtgröße unter 1000 ha eine Jagd zu verpachten oder eine entgeltliche Jagderlaubnis zu erteilen, wenn seine Gesamtjagdfläche dadurch die Grenze von 1000 ha überschreiten würde;

– einem einzigen Jäger gegen Entgelt eine Jagderlaubnis für mehr als 1000 ha Fläche zu erteilen. Eine Erlaubnis zu Einzelabschüssen ist dagegen unschädlich.

Da in befriedeten Bezirken kein Jagdausübungsrecht besteht, müssen diese bei der Berechnung der zulässigen Gesamtfläche unberücksichtigt bleiben.

Abrundungsverträge (§ 7 Abs. 1 Nr. l NJagdG) sind keine Jagdpachtverträge im Sinne von § 11 Abs. 6 BJagdG.

b) Mitpächtern, Unterpächtern oder Inhabern einer entgeltlichen Jagderlaubnis wird nur der jeweils auf sie entfallende Flächenanteil angerechnet.

Beispiel: A, B und C pachten als Mitpächter eine Jagd von 1500 ha. Jeder muss sich ein Drittel der Fläche (500 ha) anrechnen lassen. Geben sie im Wege der Unterpacht das Jagdausübungsrecht für 300 ha an D ab, so beträgt die anrechnungsfähige Fläche für D 300 ha, für A, B und C je $^1/_3$ von 1200 ha, also 400 ha.

Alleinpächter, Mitpächter und Unterpächter müssen sich außerdem auf ihre Gesamtfläche auch die Fläche anteilig anrechnen lassen, für die ihnen eine ständige entgeltliche Jagderlaubnis erteilt ist (Erlaubnisfläche). Die Erlaubnisfläche wird ohne Rücksicht auf den möglicherweise beschränkten Inhalt der Erlaubnis angerechnet. Der Inhaber einer entgeltlichen Erlaubnis, etwa zur Jagd auf Niederwild, muss sich dieselbe Fläche anrechnen lassen, die ihm auch angerechnet würde, wenn er eine unbeschränkte Jagderlaubnis für alles vorkommende Wild erhalten hätte. Ausgenommen sind allein die Erlaubnis zu Einzelabschüssen sowie die unentgeltliche Jagderlaubnis.

c) Ein Verstoß gegen die Größenbeschränkung führt zur Nichtigkeit des betreffenden Jagdpachtvertrages oder der betreffenden Jagderlaubnis (§ 11 Abs. 6 BJagdG). Bei mehreren Beteiligten ist der Vertrag mit Wirkung für alle Beteiligte auch dann nichtig, wenn die zulässige Höchstfläche nur durch einen der Beteiligten überschritten wird.

Beispiel: A, B und C pachten gemeinsam eine Jagd mit einer Größe von 1000 ha. A ist bereits alleiniger Pächter einer anderen Jagd von 700 ha Größe. Der gemeinsame Pachtvertrag ist für alle Beteiligten nichtig

Der Jagdpachtvertrag bleibt auch dann nichtig, wenn er der Jagdbehörde angezeigt und von ihr nicht beanstandet worden ist.

Die Jagdausübung aufgrund eines nichtigen Jagdpachtvertrages oder einer nichtigen Jagderlaubnis ist ordnungswidrig (§ 39 Abs. 1 Nr. 3 BJagdG).

§ 18 NJagdG: Jagderlaubnisse, angestellte Jägerinnen und Jäger, Jagdgäste

(1) Die Jagdausübungsberechtigten können nicht übertragbare Jagderlaubnisse erteilen:

1. **Personen in ihrem Dienst durch Übertragung der Jagdausübung nach Weisung (angestellte Jägerinnen und Jäger),**
2. **anderen Jägerinnen und Jägern (Jagdgäste).**

(2) Die angestellten Jägerinnen und Jäger sowie die Jagdgäste dürfen sich, soweit nichts anderes vereinbart ist, abweichend von § 1 Abs. 1 und 5 des Bundesjagdgesetzes die Trophäen des von ihnen erlegten Wilds aneignen.

ERLÄUTERUNGEN

1. Jagderlaubnis ist jede Erlaubnis zur Jagd, die der Revierinhaber erteilt und die nicht Pacht, Mitpacht oder Unterpacht ist. Auch die

Übertragung der Jagdbefugnis auf angestellte Jäger stellt eine Jagderlaubnis dar. Jagderlaubnisse sind nicht übertragbar. Auch angestellte Jäger dürfen daher ohne Erlaubnis des Jagdausübungsberechtigten andere Personen nicht zur Jagd einladen. Die Jagderlaubnis kann für eine bestimmte Zeit oder unbefristet, mit oder ohne ordentliche Kündigungsmöglichkeit, entgeltlich oder unentgeltlich, für bestimmte Wildarten, eingeschränkt in Bezug auf Zahl, Geschlecht und Alter der zu erlegenden Tiere, beschränkt auf bestimmte Jagdarten oder auf Einzelabschüsse vergeben werden. Das Vertragsverhältnis, auf dem die Jagderlaubnis beruht, kann fristlos gekündigt, und die Jagderlaubnis widerrufen werden, wenn ein wichtiger Grund vorliegt, aus dem die Fortsetzung des Vertragsverhältnisses für den Kündigenden unzumutbar ist.

Für Jagderlaubnisse, die vor dem 1. April 2001 erteilt worden sind, gelten die bisherigen Kündigungs- und Aufhebungsregelungen weiter (§ 42 Abs. 2 NJagdG).

Die Zahl der Personen die in einem Jagdbezirk die Jagd ausüben dürfen, ist im Gegensatz zum früheren Recht nicht begrenzt. Auch benötigt der Jagdpächter für die Erteilung einer Jagderlaubnis nicht mehr die Zustimmung des Verpächters.

2. Für die Abgrenzung von Jagdpacht und Jagderlaubnis kommt es in Zweifelsfällen darauf an, ob das Jagdausübungsrecht in seiner Gesamtheit (§ 11 Abs. 1 Satz 1 BJagdG) übertragen oder ob nur eine beschränkte Befugnis eingeräumt wird, in einem Jagdbezirk persönlich zu jagen. Der Jagdpächter wird Inhaber des Jagdausübungsrechts, er wird Jagdausübungsberechtigter i. S. der §§ 10a, 21, 22a, 24, 25 und 26 ff. BJagdG, während der Inhaber einer Jagderlaubnis nur die Befugnis hat, ein fremdes Jagdausübungsrecht in einem bestimmten Umfang auszuüben mit der Folge, dass er nicht Jagdausübungsberechtigter i. S. der vorgenannten Vorschriften ist. Soll eine entgeltliche Jagderlaubnis das Recht beinhalten, in einem Jagdbezirk oder einem Teil eines Reviers von der Mindestgröße eines Jagdbezirks allein zu jagen und sich die Jagdbeute anzueignen, handelt es sich nicht mehr um eine beschränkte Befugnis; denn der Jagdausübungsberechtigte will sich in Wirklichkeit seines gesamten Jagdausübungsrechts begeben. Deswegen ist der Abschluss eines Pachtvertrages oder eines Weiter- oder Unterpachtvertrages unter Beachtung der in § 11 BJagdG normierten Voraussetzungen mit den sich aus § 12 BJagdG ergebenden Folgen erforderlich. Die Bestimmung, dass der Jagdpächter bei der Anzeige des Jagdpachtvertrages auch die Flächen anzugeben hat, auf denen ihm aufgrund entgeltlicher Jagderlaubnisse mindestens die Jagd auf eine Wildart für deren volle Jagdzeit gestattet wird (§ 20 Abs. 1 Nr. 5 NJagdG), soll die Umgehung der Vorschriften über die Jagdpacht verhindern.

Eine allgemeine Anzeigepflicht in Bezug auf ständige Jagderlaubnisse ist in Niedersachsen nicht mehr vorgesehen. Die Jagdbehörde hat jedoch die Fläche, auf der einem Jagdausübungsberechtigten oder dem Inhaber einer entgeltlichen Jagderlaubnis, ausgenommen die Erlaubnis zu Einzelabschüssen, nach § 11 Abs. 3 BJagdG die Ausübung des Jagdrechts zusteht, in den Jagdschein einzutragen (§ 11 Abs. 7 BJagdG). Deswegen ist der Erlaubnisinhaber jedenfalls auf Anfrage der Jagdbehörde verpflichtet, die notwendigen Angaben zu machen.

3. Wegen der den angestellten Jägern und Jagdgästen zuerkannten Befugnis, sich die Trophäen des von ihnen erlegten Wildes anzueignen, stellt es keine verbotene Eigenmacht und keine Eigentumsverletzung dar, wenn sie die Trophäen abtrennen. Kraft Gewohnheitsrechts gilt das auch für die Aneignung der Innereien der erlegten Tiere (sog. Kleines Jägerrecht).

Ist das beschossene Wild erst in einem anderen Jagdbezirk verendet, ist die ausschließliche Aneignungsbefugnis des dort Jagdausübungsbefugten zu beachten. Es gelten dann die Wildfolgeregelungen des § 27 NJagdG. Auf die Bedenken, die gegen § 27 Abs. 4 NJagdG bestehen, wird auch hier hingewiesen.

Ist erlegtes Wild von Schüssen verschiedener Personen getroffen worden, gilt bei Schalenwild als Erleger derjenige, der zuerst so auf das Tier geschossen hat, dass es aufgrund der Schussverletzung verendet wäre. Bei der Jagd mit der Flinte kommt es auf den letzten Schuss auf das sich noch fortbewegende Tier an, also nicht auf einen Fangschuss. Auch insoweit gilt Gewohnheitsrecht.

§ 19 NJagdG: Erlaubnisnachweis für Jagdgäste

Jeder Jagdgast muss bei der Ausübung der Jagd

1. **einen Jagderlaubnisschein mit sich führen oder**
2. **von einer jagdausübungsberechtigten Person oder einer angestellten Jägerin oder einem angestellten Jäger begleitet sein.**

Für die Begleitung nach Satz 1 Nr. 2 reicht es aus, wenn die Begleitperson im Jagdbezirk ohne Schwierigkeiten zu erreichen ist.

ERLÄUTERUNGEN

Es ist zu unterscheiden zwischen der Jagderlaubnis (auch Begehungsrecht genannt), durch die die Befugnis zur Jagdausübung begründet wird, und dem Jagderlaubnisschein (auch Begehungsschein genannt), der zum Nachweis der erteilten Erlaubnis und damit der Jagdbefugnis in einem Jagdbezirk dient. Der Jagderlaubnisschein hat somit lediglich eine Ordnungsfunktion. Er dient zur Erleichterung der Kontrolle, hat aber keine Bedeutung für die Gültigkeit der Jagderlaubnis. Wer aufgrund einer mündlichen Jagderlaubnis ohne ausreichende Begleitung jagt, handelt zwar ordnungswidrig, wenn er den Jagderlaubnisschein nicht mitführt (§ 41 Abs. 1 Nr. 9 NJagdG), jagt aber nicht unbefugt.

§ 12 BJagdG: Anzeige von Jagdpachtverträgen

(1) Der Jagdpachtvertrag ist der zuständigen Behörde anzuzeigen. Die Behörde kann den Vertrag binnen drei Wochen nach Eingang der Anzeige beanstanden, wenn die Vorschriften über die Pachtdauer nicht beachtet sind oder wenn zu erwarten ist, dass durch eine vertragsmäßige Jagdausübung die Vorschriften des § 1 Abs. 2 verletzt werden.

(2) In dem Beanstandungsbescheid sind die Vertragsteile aufzufordern, den Vertrag bis zu einem bestimmten Zeitpunkt, der mindes-

tens drei Wochen nach Zustellung des Bescheides liegen soll, aufzuheben oder in bestimmter Weise zu ändern.

(3) Kommen die Vertragsteile der Aufforderung nicht nach, so gilt der Vertrag mit Ablauf der Frist als aufgehoben, sofern nicht einer der Vertragsteile binnen der Frist einen Antrag auf Entscheidung durch das Amtsgericht stellt. Das Gericht kann entweder den Vertrag aufheben oder feststellen, dass er nicht zu beanstanden ist. Die Bestimmungen für die gerichtliche Entscheidung über die Beanstandung eines Landpachtvertrages gelten sinngemäß; jedoch entscheidet das Gericht ohne Zuziehung ehrenamtlicher Richter.

(4) Vor Ablauf von drei Wochen nach Anzeige des Vertrages durch einen Beteiligten darf der Pächter die Jagd nicht ausüben, sofern nicht die Behörde die Jagdausübung zu einem früheren Zeitpunkt gestattet. Wird der Vertrag binnen der in Absatz 1 Satz 2 bezeichneten Frist beanstandet, so darf der Pächter die Jagd erst ausüben, wenn die Beanstandungen behoben sind oder wenn durch rechtskräftige gerichtliche Entscheidung festgestellt ist, dass der Vertrag nicht zu beanstanden ist.

ERLÄUTERUNGEN

1. Die Beanstandung des Jagdpachtvertrages durch die Jagdbehörde ist ein Verwaltungsakt, der jedoch aufgrund der Verweisung auf die Bestimmungen für die gerichtliche Entscheidung über die Beanstandung von Landpachtverträgen nicht im verwaltungsgerichtlichen Verfahren, sondern vor den ordentlichen Gerichten anzufechten ist. Maßgeblich ist das Gesetz über das gerichtliche Verfahren in Landwirtschaftssachen (LwVfG) und daneben das FGG (vgl. § 9 LwVfG). Zuständig ist das Amtsgericht als Landwirtschaftsgericht, in dessen Bezirk der Jagdbezirk liegt, für den das Jagdausübungsrecht verpachtet wird.

2. Der Jagdpachtvertrag kann nur aus zwei Gründen beanstandet werden, nämlich

– wenn das Jagdausübungsrecht für kürzere Zeit als neun Jahre verpachtet wird,

– wenn bei vertragsmäßiger Jagdausübung die in § 1 Abs. 2 BJagdG formulierten Hegeziele nicht erreicht werden würden.

Der zweite Grund wird tatsächlich kaum eine Bedeutung erlangen, da hegewidrige Vereinbarungen (z. B. Totalabschussverpflichtungen oder Hegeverbote) nicht im Pachtvertrag festgehalten zu werden pflegen.

3. Lassen die Vertragsparteien die von der Jagdbehörde gesetzte Frist verstreichen, ohne zu reagieren, verliert der Pachtvertrag mit Ablauf der Frist seine Gültigkeit und zwar auch dann, wenn er tatsächlich nicht zu beanstanden war. Wollen die Parteien den Vertrag nach Ablauf der Frist entsprechend der Beanstandung ändern, müssen sie den gesamten Vertrag erneut schriftlich abschließen und der Jagdbehörde anzeigen.

Wollen sie den Vertrag nicht ändern, können sie die Fiktion der Vertragsaufhebung nur durch den Antrag auf eine gerichtliche Entscheidung vermeiden.

4. Der Pächter darf die Jagd erst ausüben, wenn die Jagdbehörde den ihr angezeigten Jagdpachtvertrag entweder binnen drei Wochen nicht beanstandet hat, es sei denn sie hätte eine Jagdausübung zu einem früheren Zeitpunkt gestattet, oder wenn eine Beanstandung erledigt ist. Ein Verstoß gegen die Wartevorschrift des § 12 Abs. 4 BJagdG kann nach § 39 Abs. 1 Nr. 3 BJagdG mit einer Geldbuße geahndet werden.

§ 20 NJagdG: Anzeige eines Jagdpachtvertrages

Einen Jagdpachtvertrag hat die Jagdpächterin oder der Jagdpächter der Jagdbehörde anzuzeigen. Dabei ist anzugeben, auf welchen anderen Flächen sie oder er zusätzlich

1. **als Eigentümerin, Eigentümer, Nießbrauchsberechtigte oder Nießbrauchsberechtigter der Grundstücke eines Eigenjagdbezirks,**
2. **als alleinige Jagdpächterin oder alleiniger Jagdpächter,**
3. **als Mitpächterin oder Mitpächter sowie als Unterpächterin oder Unterpächter,**

4. als nach § 10 Abs. 1 Satz 1 oder § 21 Abs. 1 Satz 2 benannte Person,

5. aufgrund einer entgeltlichen Jagderlaubnis, nach der mindestens die Jagd auf eine Wildart für deren volle Jagdzeit in einem Jagdjahr gestattet wird,

zur Jagd befugt ist. In den Fällen der Nummern 3 bis 5 sind außerdem die anteilig auf sie oder ihn selbst entfallenden Flächen anzugeben.

ERLÄUTERUNGEN

Verpflichtet zur Anzeige eines Jagdpachtvertrages, auch eines Weiter- oder Unterpachtvertrages, ist der Pächter. Die Anzeige des Pachtvertrages erfolgt durch Vorlage des Vertrages mit seinem gesamten Inhalt bei der Jagdbehörde.

Die vorgeschriebene Angabe der Flächen, auf denen der Pächter zusätzlich zu der durch den Pachtvertrag erworbenen Jagdausübungsberechtigung zur Jagd befugt ist, ermöglicht der Jagdbehörde die Prüfung, ob die Flächenbeschränkungen des § 11 Abs. 3 BJagdG eingehalten worden sind. Ist das nicht der Fall, kann die Jagdbehörde den Pachtvertrag zwar nicht beanstanden. Sie wird die die Beteiligten jedoch auf die Nichtigkeit ihres Vertrages aus diesem Grunde und ggfs. auch aus anderen Gründen (§ 11 Abs. 6 BJagdG) hinweisen.

§ 13 BJagdG: Erlöschen des Jagdpachtvertrages

Der Jagdpachtvertrag erlischt, wenn dem Pächter der Jagdschein unanfechtbar entzogen worden ist. Er erlischt auch dann, wenn die Gültigkeitsdauer des Jagdscheines abgelaufen ist und entweder die zuständige Behörde die Erteilung eines neuen Jagdscheines unanfechtbar abgelehnt hat oder der Pächter die Voraussetzungen für die Erteilung eines neuen Jagdscheines nicht fristgemäß erfüllt. Der Pächter hat dem Verpächter den aus der Beendigung des Pachtvertrages entstehenden Schaden zu ersetzen, wenn ihn ein Verschulden trifft.

ERLÄUTERUNGEN

Nach § 11 Abs. 5 Satz 1 BJagdG darf Pächter nur sein, wer jagdpachtfähig ist. Zu den Voraussetzungen für die Jagdpachtfähigkeit gehört
der Besitz eines gültigen Jahresjagdscheins. Der Jagdpachtvertrag
kann nicht fortbestehen, wenn diese Voraussetzung nicht mehr erfüllt
ist. In § 13 BJagdG wird deswegen das Erlöschen des Pachtvertrages
vorgeschrieben, wenn

a) dem Pächter der Jagdschein durch gerichtliche Anordnung nach
§ 41 Abs. 1 BJagdG rechtskräftig entzogen worden ist,

b) die Gültigkeitsdauer des Jagdscheins, auch in den Fällen des § 18
BJagdG, abgelaufen ist und die Jagdbehörde die Erteilung eines neuen
Jagdscheins nach § 17 Abs. 1 oder 2 BJagdG unanfechtbar abgelehnt
hat oder

c) der Pächter innerhalb einer von der Jagdbehörde (§ 21 Abs. 2
NJagdG) zu setzenden Frist die Voraussetzungen für die Erteilung
eines neuen Jagdscheins nicht erfüllt, sei es, dass er einen neuen Jagdschein nicht beantragt oder ihn zwar beantragt, aber notwendige Unterlagen, z. B. den Nachweis der Jagdhaftpflichtversicherung, nicht
vorlegt.

Der Vertrag erlischt in diesen Fällen ohne besondere Kündigung
durch den Verpächter, und zwar bei Entziehung oder Ungültigerklärung des Jagdscheins mit der Rechtskraft der Anordnung, bei Versagung des Jagdscheins mit der Unanfechtbarkeit des Bescheides, bei
Untätigkeit des Pächters mit dem Ablauf der von der Jagdbehörde gesetzten Frist.

Für den Schaden, der dem Verpächter durch das Erlöschen des Pachtvertrages entsteht, haftet der Pächter nur bei Verschulden, also nur
dann, wenn er vorsätzlich oder fahrlässig dazu beigetragen hat, dass er
nicht mehr im Besitz eines gültigen Jahresjagdscheins ist. Das ist auch
dann der Fall, wenn er sich entschließt, die Jagd aufzugeben; denn er
ist dem Verpächter gegenüber zur Vertragserfüllung verpflichtet.

§ 21 NJagdG: Tod einer Jagdpächterin oder eines Jagdpächters, Erlöschen des Jagdpachtvertrages

(1) Der Jagdpachtvertrag erlischt am Ende des ersten nach dem Tod der Pächterin oder des Pächters beginnenden Jagdjahres, soweit nichts anderes vereinbart ist. Die Erbinnen und Erben haben der Jagdbehörde zu benennen, wer in dem gepachteten Jagdbezirk anstelle der verstorbenen Person jagdausübungsberechtigt sein soll. Die benannten Personen müssen einen Jahresjagdschein besitzen. Gehören die benannten Personen nicht zu den Erbinnen und Erben, so müssen sie außerdem bereits vorher während dreier Jahre in Deutschland einen Jagdschein besessen haben. Im Übrigen gilt § 10 Abs. 1 Satz 2 entsprechend.

(2) Die Frist nach § 13 Satz 2 des Bundesjagdgesetzes bestimmt die Jagdbehörde.

ERLÄUTERUNGEN

Abgesehen von dem Fall der Kündigung sowie den in den §§ 13 und 13a BJagdG genannten Fällen erlischt der Jagdpachtvertrag nur bei Ablauf der Zeit, für die er abgeschlossen worden ist. Auch der Tod einer der Vertragsparteien führt nicht ohne weiteres zum Erlöschen des Jagdpachtvertrages. Stirbt allerdings der Pächter und haben die Vertragsparteien keine andere Vereinbarung getroffen, etwa des Inhalts, dass der Vertrag sofort enden oder aber dass er bis zum Ende der Pachtperiode mit den Erben des Pächters fortgesetzt werden soll, so erlischt der Jagdpachtvertrag am Ende des ersten nach dem Tode des Pächters begonnenen Jagdjahres. Für die verbleibende Dauer seiner Laufzeit treten die Erben der verstorbenen Vertragspartei in den Jagdpachtvertrag ein. Die Erben eines verstorbenen Pächters müssen der Jagdbehörde erklären, wer nunmehr jagdausübungsberechtigt sein soll. Selbstverständlich muss der Benannte Inhaber eines gültigen Jahresjagdscheins sein. Gehört er nicht zu den Erben, muss er jagdpachtfähig (§ 21 Abs. 1 Satz 4 NJagdG) sein.

§ 13a BJagdG: Rechtsstellung der Mitpächter

Sind mehrere Pächter an einem Jagdpachtvertrag beteiligt (Mitpächter), so bleibt der Vertrag, wenn er im Verhältnis zu einem Mitpächter gekündigt wird oder erlischt, mit den übrigen bestehen; dies gilt nicht, soweit der Jagdpachtvertrag infolge des Ausscheidens eines Pächters den Vorschriften des § 11 Abs. 3 nicht mehr entspricht und dieser Mangel bis zum Beginn des nächsten Jagdjahres nicht behoben wird. Ist einem der Beteiligten die Aufrechterhaltung des Vertrages infolge des Ausscheidens eines Pächters nicht zuzumuten, so kann er den Vertrag mit sofortiger Wirkung kündigen. Die Kündigung muss unverzüglich nach Erlangung der Kenntnis von dem Kündigungsgrund erfolgen.

ERLÄUTERUNGEN

1. Bei einer Verpachtung des Jagdausübungsrechts an mehrere Mitpächter werden durch den Vertrag gesamtschuldnerisch zu erfüllende Pflichten (§ 427 BGB) und von den Mitpächtern als Gesamtgläubigern geltend zu machende Rechte (§§ 428, 430 BGB) begründet. Zwischen den Mitpächtern einsteht in der Regel ein stillschweigend vereinbartes Gesellschaftsverhältnis (§ 705 BGB). Die Mitpächter können Rechte gegen den Verpächter und gegen Dritte nur gemeinsam geltend machen, und sie haben ihren gesetzlichen und vertraglichen Pflichten normalerweise in gegenseitigem Zusammenwirken nachzukommen.

Die Führung der Geschäfte, zu denen die tatsächliche Jagdausübung nicht gehört, steht ihnen, sofern sie nichts anderes vereinbart haben, gemeinschaftlich zu. Für jedes Geschäft ist die Zustimmung aller Mitpächter erforderlich (§ 709 BGB). So muss etwa eine Jagderlaubnis, wie sie in der Einladung zu einer Jagd liegt, von allen Mitpächtern gemeinsam erteilt werden. Ohne eine anderweitige Vereinbarung ist kein Mitpächter befugt, die übrigen Mitpächter Dritten gegenüber zu vertreten (§ 714 BGB).

2. § 13a Satz 1 BJagdG ist eine Rechtsfolgenregelung. Er besagt nichts darüber, unter welchen Voraussetzungen ein Jagdpachtvertrag im Verhältnis zu einem Mitpächter gekündigt werden kann oder erlischt. Eine ordentliche Kündigung gegenüber nur einem Mitpächter ist ohnehin nicht zulässig (OLG Celle JE III Nr. 156), so dass gegenüber einem Mitpächter nur eine außerordentliche Kündigung aus wichtigem Grund in Betracht kommen kann (OLG Celle JE III Nr. 153). Liegt ein Fall des § 13a BJagdG vor, wird der Jagdpachtvertrag, sofern die Vertragsparteien nicht etwas Anderes vereinbart haben, mit den übrigen Mitpächtern fortgesetzt. Dabei ist jedoch der Fall ausgenommen, dass durch das Ausscheiden eines Pächters der Jagdpachtvertrag „den Vorschriften des § 11 Abs. 3 nicht mehr entspricht". Zu einer Verletzung der Größenbeschränkung nach § 11 Abs. 3 BJagdG kann es bei einzelnen oder auch bei allen verbleibenden Mitpächtern kommen, z. B.:

A, B und C haben gemeinsam eine Jagd von 1800 ha Jagdfläche gepachtet, B für sich allein außerdem eine zweite Jagd von 150 ha. A scheidet aus. B ist nunmehr Pächter für einen Flächenanteil von 1050 ha, C nur für 900 ha.

A, B und C haben gemeinsam eine Jagd von 2100 ha Jagdfläche gepachtet. A scheidet aus. Sowohl B als auch C sind nunmehr Pächter für einen Flächenanteil von 1050 ha.

In beiden Fällen erlischt der Jagdpachtvertrag grundsätzlich am Ende des laufenden Jagdjahres gegenüber allen verbleibenden Mitpächtern, falls der Mangel nicht bis zum Beginn des nächsten Jagdjahres behoben wird. Zweck dieser Vorschrift ist es zu verhindern, dass bei Abschluss eines Jagdpachtvertrages Mitpächter zur Umgehung der Größenbeschränkung aufgenommen werden und anschließend alsbald wieder ausscheiden. Anderseits soll das Pachtverhältnis im Interesse einer kontinuierlichen Jagpflege und Hege möglichst nicht während der laufenden Pachtperiode enden. Schiede etwa ein Mitpächter am 31. März aus, so würde bei wortgetreuer Anwendung von § 13a Satz 1, 2. Halbsatz BJagdG für die Beseitigung des Mangels überhaupt keine Zeit zur Verfügung stehen. Eine dem Sinn der Vorschrift entsprechende Auslegung muss zu dem Ergebnis führen, dass die Jagdbehörde den verbleibenden Mitpächtern für die Behebung des Mangels eine angemessene Frist einräumen muss.

In manchen Fällen wird sich der Mangel nur durch Aufnahme eines neuen Pächters beheben lassen, die zur Verringerung des Flächenanteils der einzelnen Beteiligten führt. Das setzt allerdings die Zustimmung des Verpächters voraus, die nur bei Vorliegen eines berechtigten Interesses verweigert werden darf. Andernfalls würde die den verbleibenden Mitpächtern eingeräumte Möglichkeit zur Einhaltung der in § 11 Abs. 3 BJagdG vorgeschriebenen Flächenbegrenzungen leer laufen.

3. Von der in § 13a Satz 2 BJagdG vorgesehenen Möglichkeit der fristlosen Kündigung muss unverzüglich, also ohne schuldhaftes Zögern (§ 121 Abs. 1 BGB), Gebrauch gemacht werden. Geschieht das nicht, bleiben die Beteiligten zur Vertragserfüllung verpflichtet.

4. Stirbt ein Mitpächter, so gilt zunächst § 21 Abs. 1 NJagdG. Soweit keine andere Vereinbarung getroffen worden ist, erlischt der Pachtvertrag im Verhältnis zu den Erben des verstorbenen Mitpächters am Ende des ersten nach dem Tod des Mitpächters beginnenden Jagdjahres. Die Frage der Zumutbarkeit der Aufrechterhaltung des Pachtvertrages (§ 13a Satz 2 BJagdG) stellt sich deswegen erst für den zu diesem Zeitpunkt beginnenden Zeitraum, so dass eine Kündigung auch erst zu diesem Zeitpunkt in Betracht kommen kann. Auch in diesem Fall ist jedoch nach § 13a Satz 3 BJagdG die Kündigung unverzüglich auszusprechen.

5. Problematisch ist es, wenn der Erbe des verstorbenen Pächters oder Mitpächters selbst Jagdpächter ist und ihm nunmehr nach § 21 Abs. 1 Satz 1 NJagdG das Jagdausübungsrecht auf einer unzulässig großen Fläche zusteht. Erlischt der Jagdpachtvertrag, in den der Erbe eingetreten ist, am Ende des ersten nach dem Tod des Erblassers beginnenden Jagdjahres, ist also nichts anderes vereinbart, so ist der gegen § 11 Abs. 3 Satz 1 BJagdG verstoßende Zustand übergangs-

weise hinzunehmen. Andernfalls muss durch den Abschluss entsprechender Verträge Abhilfe geschaffen werden.

§ 14 BJagdG: Wechsel des Grundeigentümers

(1) Wird ein Eigenjagdbezirk ganz oder teilweise veräußert, so finden die Vorschriften der §§ 566 bis 567b des Bürgerlichen Gesetzbuchs entsprechende Anwendung. Das gleiche gilt im Falle der Zwangsversteigerung von der Vorschrift des § 57 des Zwangsversteigerungsgesetzes; das Kündigungsrecht des Erstehers ist jedoch ausgeschlossen, wenn nur ein Teil eines Jagdbezirkes versteigert ist und dieser Teil nicht allein schon die Erfordernisse eines Eigenjagdbezirkes erfüllt.

(2) Wird ein zu einem gemeinschaftlichen Jagdbezirk gehöriges Grundstück veräußert, so hat dies auf den Pachtvertrag keinen Einfluss; der Erwerber wird vom Zeitpunkt des Erwerbes an auch dann für die Dauer des Pachtvertrages Mitglied der Jagdgenossenschaft, wenn das veräußerte Grundstück an sich mit anderen Grundstücken des Erwerbers zusammen einen Eigenjagdbezirk bilden könnte. Das gleiche gilt für den Fall der Zwangsversteigerung eines Grundstücks.

ERLÄUTERUNGEN

1. § 14 BJagdG behandelt die Auswirkungen von Grundstücksveräußerungen auf bestehende Jagdpachtverträge.

2. Handelt es sich um einen Eigenjagdbezirk, sind die §§ 566 bis 567b BGB entsprechend anzuwenden (§ 14 Abs. 1 BJagdG). Nach § 566 Abs. 1 BGB tritt der Erwerber anstelle des Vermieters in die sich während der Dauer seines Eigentums aus dem Mietverhältnis ergebenden Rechte und Verpflichtungen ein, wenn das vermietete Grundstück nach der Überlassung an den Mieter von dem Vermieter an einen Dritten veräußert wird. Der Satz „Veräußerung bricht nicht Miete." gilt folglich entsprechend für die Pacht des Jagdausübungsrechts in einem Eigenjagdbezirk, also „Veräußerung bricht nicht Jagdpacht."

Das ist unproblematisch, wenn der Eigenjagdbezirk im Ganzen an einen Erwerber veräußert wird. Wird der Eigenjagdbezirk dagegen nur teilweise an einen oder mehrere Erwerber veräußert, ist fraglich, in welchem Verhältnis der Verkäufer und der oder die Erwerber zu dem Jagdpächter, aber auch zueinander stehen; denn § 566 Abs. 1 BGB regelt nicht den Fall einer Teilveräußerung des Grundstücks. Auch in diesem Fall betrifft der Jagdpachtvertrag weiterhin das Jagdausübungsrecht in dem bis zum Ablauf der Jagdpachtperiode als fortbestehend gedachten ursprünglichen Eigenjagdbezirk. Eine Ausnahme gilt, wenn auch der veräußerte Teil die Voraussetzungen eines Eigenjagdbezirks erfüllt. Der Pachtvertrag bezieht sich dann auf das Jagdausübungsrecht in zwei oder mehreren Eigenjagdbezirken. Durch den Eintritt eines Grundstückserwerbers oder mehrerer Erwerber in den Pachtvertrag entsteht auf der Verpächterseite keine Jagdgenossenschaft. Jeder einzelne Grundstückseigentümer wird entsprechend seinem Anteil Vertragspartner des Jagdpächters. Sofern nicht der verbleibende und der veräußerte Teil selbstständige Eigenjagdbezirke bilden, können die Verpächter dem Pächter gegenüber jedoch nur gemeinschaftlich handeln. Stets müssen sie sich untereinander darüber einigen, welchen Anteil an dem Jagdpachtzins jeder von ihnen bekommen soll. Solange das nicht geschehen ist, kann der Pächter den Pachtzins nach den § 372 Satz 2 BGB hinterlegen.

Erfolgt die Veräußerung im Wege der Zwangsversteigerung, so sind die Bestimmungen anwendbar, auf die in § 57 ZVG verwiesen wird. Das in § 57a ZVG geregelte Sonderkündigungsrecht steht dem Ersteher nur dann zu, wenn er entweder den ganzen Eigenjagdbezirk oder einen Teil, der für sich allein die Voraussetzungen für die Bildung eines Eigenjagdbezirks erfüllt, ersteigert hat.

3. Anders als bei der Verpachtung des Jagdausübungsrechts in einem Eigenjagdbezirk sind bei der Verpachtung des Jagdausübungsrechts in einem gemeinschaftlichen Jagdbezirk Grundeigentümer und Verpächter nicht identisch. Das Jagdausübungsrecht in einem gemeinsamen Jagdbezirk steht vor einer Verpachtung nicht den einzelnen Grundeigentümern sondern der Jagdgenossenschaft zu (§ 8 Abs. 5

BJagdG). Nicht die Grundeigentümer verpachten deswegen das Jagdausübungsrecht. Verpächterin ist vielmehr die Jagdgenossenschaft (§ 10 Abs. 1 BJagdG). Die Veräußerung eines zu einem gemeinschaftlichen Jagdbezirk gehörenden Grundstücks hat folglich keinen Einfluss auf die Verpächterstellung der Jagdgenossenschaft, deren selbstständige Existenz als juristische Person nicht davon abhängt, dass ihr stets dieselben Mitglieder als Grundstückseigentümer angehören.

Der Erwerber eines zu einem gemeinschaftlichen Jagdbezirk gehörenden Grundstücks wird für die Dauer eines laufenden Jagdpachtvertrages zunächst Mitglied der Jagdgenossenschaft. Da die Rechtsfolgen des § 14 Abs. 2 Satz 1 BJagdG abbedungen werden können (OLG München JE II Nr. 104), gilt das allerdings nicht, wenn in dem Jagdpachtvertrag vereinbart worden ist, dass sich ein Eigentumswechsel schon Ablauf der Pachtperiode auswirken soll. Im Normalfall dagegen bleibt der Jagdpachtvertrag von der Grundstücksveräußerung unberührt. Erst mit dem Ende der Pachtperiode wirkt sich der Eigentumswechsel, der sich mit der Eintragung im Grundbuch vollzieht, in Bezug auf die Entstehung eines Eigenjagdbezirks und möglicherweise auf den Bestand des gemeinschaftlichen Jagdbezirks aus. Erst von diesem Zeitpunkt an kann ein Grundstückserwerber bei Vorliegen der Voraussetzungen des § 7 BJagdG in einem Eigenjagdbezirk jagdausübungsberechtigt werden; denn erst jetzt verliert der Jagdpachtvertrag seine Wirkung, steht also das Jagdausübungsrecht in Bezug auf den nunmehr entstehenden Eigenjagdbezirk nicht mehr dem Jagdpächter sondern dem neuen Eigentümer zu. Andererseits treten erst zu diesem Zeitpunkt die für den Fall vorgesehenen Rechtsfolgen (§ 12 Abs. 2 und 3 NJagdG) ein, dass ein gemeinschaftlicher Jagdbezirk allein infolge von Grundstücksveräußerungen die vorgeschriebene Mindestgröße (§ 12 Abs. 1 NJagdG) nicht mehr erreicht. Das Gleiche gilt bei Bestandsveränderungen durch Zwangsversteigerungen.

4. Dagegen, dass die in § 12 Abs. 1 Satz 3 NJagdG vorgeschriebene Mindestgröße eines gemeinschaftlichen Jagdbezirks aus anderen Gründen, etwa wegen der Zunahme von befriedeten Bezirken, nicht mehr erhalten bleibt, bietet § 14 BJagdG dem Pächter keinen Schutz.

Dasselbe gilt, wenn ein Gebiet die gesetzlichen Anforderungen für das Bestehen eines Eigenjagdbezirks deswegen nicht mehr erfüllt, weil seine Fläche ganz oder teilweise nicht mehr land-, forst- oder fischereiwirtschaftlich nutzbar ist. Die Rechtsfolgen der in diesen Fällen gegebenen Unmöglichkeit einer Vertragserfüllung im Verhältnis zwischen Verpächter und Pächter bestimmen sich nach den §§ 275 ff. BGB.

5. Werden Gemeindegrenzen durch Gesetz (z. B. im Zuge kommunaler Gebietsreformen) verändert, bleibt das bis zum Ende der Pachtperiode ohne Einfluss auf bestehende Jagdpachtverträge. § 14 Abs. 2 BJagdG ist entsprechend anzuwenden. Bei einem Zusammenschluss von Gemeinden oder einer Angliederung einer Gemeinde an eine andere gilt § 14 NJagdG.

§ 15 BJagdG: Allgemeines

(1) Wer die Jagd ausübt, muss einen auf seinen Namen lautenden Jagdschein mit sich führen und diesen auf Verlangen den Polizeibeamten sowie den Jagdschutzberechtigten (§ 25) vorzeigen. Zum Sammeln von Abwurfstangen bedarf es nur der schriftlichen Erlaubnis des Jagdausübungsberechtigten. Wer die Jagd mit Greifen oder Falken (Beizjagd) ausüben will, muss einen auf seinen Namen lautenden Falknerjagdschein mit sich führen.

(2) Der Jagdschein wird von der für den Wohnsitz des Bewerbers zuständigen Behörde als Jahresjagdschein für höchstens drei Jagdjahre (§ 11 Abs. 4) oder als Tagesjagdschein für vierzehn aufeinander folgende Tage nach einheitlichen, vom Bundesministerium für Verbraucherschutz, Ernährung und Landwirtschaft (Bundesministerium) bestimmten Mustern erteilt.

(3) Der Jagdschein gilt im gesamten Bundesgebiet.

(4) Für Tagesjagdscheine für Ausländer dürfen nur die Gebühren für Inländer erhoben werden, wenn das Heimatland des Ausländers die Gegenseitigkeit gewährleistet.

(5) Die erste Erteilung eines Jagdscheines ist davon abhängig, dass der Bewerber im Geltungsbereich dieses Gesetzes eine Jägerprüfung bestanden hat, die aus einem schriftlichen und einem münd-

lich-praktischen Teil und einer Schießprüfung bestehen soll; er muss in der Jägerprüfung ausreichende Kenntnisse der Tierarten, der Wildbiologie, der Wildhege, des Jagdbetriebes, der Wildschadensverhütung, des Land- und Waldbaues, des Waffenrechts, der Waffentechnik, der Führung von Jagdwaffen (einschließlich Faustfeuerwaffen), der Führung von Jagdhunden, in der Behandlung des erlegten Wildes unter besonderer Berücksichtigung der hygienisch erforderlichen Maßnahmen, in der Beurteilung der gesundheitlich unbedenklichen Beschaffenheit des Wildbrets, insbesondere auch hinsichtlich seiner Verwendung als Lebensmittel, und im Jagd-, Tierschutz- sowie Naturschutz- und Landschaftspflegerecht nachweisen; mangelhafte Leistungen in der Schießprüfung sind durch Leistungen in anderen Prüfungsteilen nicht ausgleichbar. Die Länder können die Zulassung zur Jägerprüfung insbesondere vom Nachweis einer theoretischen und praktischen Ausbildung abhängig machen. Für Bewerber, die vor dem 1. April 1953 einen Jahresjagdschein besessen haben, entfällt die Jägerprüfung. Eine vor dem Tag des Wirksamwerdens des Beitritts in der Deutschen Demokratischen Republik abgelegte Jagdprüfung für Jäger, die mit der Jagdwaffe die Jagd ausüben wollen, steht der Jägerprüfung im Sinne des Satzes 1 gleich.

(6) Bei der Erteilung von Ausländerjagdscheinen können Ausnahmen von Absatz 5 Satz 1 und 2 gemacht werden.

(7) Die erste Erteilung eines Falknerjagdscheines ist davon abhängig, dass der Bewerber im Geltungsbereich dieses Gesetzes zusätzlich zur Jägerprüfung[1] eine Falknerprüfung bestanden hat; er muss darin ausreichende Kenntnisse des Haltens, der Pflege und des Abtragens von Beizvögeln, des Greifvogelschutzes sowie der Beizjagd nachweisen. Für Bewerber, die vor dem 1. April 1977 mindestens fünf Falknerjagdscheine besessen haben, entfällt die Jägerprüfung;

---

1   Nach dem Beschluss des Bundesverfassungsgerichts vom 5. November 1980 – 1 BvR290/78 (BGBl. I 1981 S. 41) ist §15 Absatz 7 Satz 1 in Verbindung mit Absatz 5 Satz 1Bundesjagdgesetz mit Artikel 2 Absatz 1 des Grundgesetzes in Verbindung mit dem Rechtsstaatsprinzip unvereinbar und nichtig, soweit die erste Erteilung eines Falknerjagdscheinsdavon abhängig ist, dass der Bewerber im Rahmen der Jägerprüfung eine Schießprüfungablegen und ausreichende Kenntnisse des Waffenrechts, der Waffentechnik und der Führung von Jagdwaffen (einschließlich Feuerfaustwaffen) nachweisen muss.

gleiches gilt für Bewerber, die vor diesem Zeitpunkt mindestens fünf **Jahresjagdscheine besessen und während der Geltungsdauer die Beizjagd ausgeübt haben. Das Nähere hinsichtlich der Erteilung des Falknerjagdscheines regeln die Länder. Eine vor dem Tag des Wirksamwerdens des Beitritts in der Deutschen Demokratischen Republik abgelegte Jagdprüfung für Falkner steht der Falknerprüfung im Sinne des Satzes 1 gleich.**

ERLÄUTERUNGEN

1. Der Jagdschein ist eine öffentlich-rechtliche Erlaubnis in Form einer öffentlichen Urkunde mit Ausweisfunktion. Er stellt insbesondere auch in Bezug auf den Umgang mit Schusswaffen einen Befähigungsnachweis dar. Der Besitz eines gültigen Jagdscheins ist in Deutschland die öffentlich-rechtliche Voraussetzung für jede legale Jagdausübung, die aber stets nur in einem Gebiet (Jagdbezirk), für das der Inhaber ein eigenes oder gepachtetes Jagdausübungsrecht oder eine Jagderlaubnis besitzt, erfolgen darf (Revierprinzip).

2. Ein Jagdschein kann ausgestellt werden als

— Tages- oder Jahresjagdschein für deutsche Staatsangehörige,
— Tages- oder Jahresjagdschein für Ausländer,
— Jugendjagdschein für Jugendliche nach Vollendung des 16. und vor Vollendung des 18. Lebensjahres,
— Falknerjagdschein.

3. Wer in Deutschland zum ersten Mal einen Jagdschein erwerben will, muss zuvor eine staatliche Prüfung, die Jägerprüfung, bestanden haben. Ausnahmen sind allein für Ausländer zugelassen. Die Prüfungsgegenstände ergeben sich aus § 15 Abs. 5 BJagdG. Die Einzelheiten des Verfahrens sind in der Verordnung über die Jäger- und Falknerprüfung (abgedruckt nach § 23 NJagdG) geregelt. Deutsche Staatsangehörige müssen eine Prüfung im Bundesgebiet nachweisen. Eine ausländische Prüfung (etwa in Österreich) genügt nicht. Die in der ehemaligen DDR abgelegte Jagdprüfung steht der Jägerprüfung gleich.

4. Die erste Erteilung eines Falknerjagdscheins darf nicht davon abhängig gemacht werden, dass der Bewerber bei der Jägerprüfung eine Schießprüfung abgelegt sowie waffenrechtliche und waffentechnische Kenntnisse nachgewiesen hat.

5. Waffenrecht

Das **Waffengesetz (WaffG)**[1] sieht verschiedene waffenrechtliche Erlaubnis- oder Legitimationspapiere vor: die Waffenbesitzkarte, den Munitionserwerbsschein, den Waffenschein sowie den Erlaubnisschein (Schießen mit einer Schusswaffe) (§ 10 WaffG), im Zusammenhang mit der Jagd auch den Jagdschein (§ 13 WaffG).

a) Grundsätzlich bedarf der Umgang mit Schusswaffen (einschließlich ihrer wesentlichen Teile und der dafür bestimmten Schalldämpfer) und der für die Schusswaffen bestimmten Munition der Erlaubnis (§ 2 Abs. 2 WaffG in Verbindung mit der Anlage 2 zum WaffG). Umgang mit einer Waffe oder mit Munition hat, wer diese erwirbt, besitzt, überlässt, führt, verbringt, mitnimmt, damit schießt, herstellt, bearbeitet, instand setzt oder damit Handel treibt (§ 1 Abs. 3 WaffG). Die Bedeutung der einzelnen waffenrechtlichen Begriffe wird in Abschnitt 2 der Anlage 1 zum WaffG erläutert. In Abschnitt 1 der Anlage 1 zum WaffG werden die waffen- und munitionstechnischen Begriffe und die Einstufung von Gegenständen dargestellt.

Die Erlaubnis zum Erwerb und Besitz von Waffen wird grundsätzlich durch eine Waffenbesitzkarte oder durch Eintragung in eine bereits vorhandene Waffenbesitzkarte erteilt (§ 10 Abs. 1 WaffG). Nach § 4 Abs. 1 WaffG setzt eine Erlaubnis voraus, dass der Antragsteller das 18. Lebensjahr vollendet hat, die erforderliche Zuverlässigkeit und die persönliche Eignung besitzt, die erforderliche Sachkunde nachgewiesen und ein Bedürfnis nachgewiesen hat. Personen, die noch nicht das 25. Lebensjahr vollendet haben, haben für die erstmalige Erteilung einer Erlaubnis zum Erwerb und Besitz einer Schusswaffe auf eigene Kosten ein amts- oder fachärztliches oder fachpsychologisches Zeugnis über die geistige Eignung vorzulegen (§ 6 Abs. 3 Satz 1 WaffG).

---

1 Anhang 3

Zum Erwerb und Besitz von Munition ist entweder eine Eintragung in einer Waffenbesitzkarte oder ein Munitionserwerbsschein erforderlich (§ 10 Abs. 3 WaffG).

b) Das Erbenprivileg, das bis zum 31. März 2008 gegolten hat, ist durch eine Neufassung des § 20 WaffG abgelöst worden: Wer erlaubnispflichtige Schusswaffen geerbt oder aufgrund eines Vermächtnisses oder einer Auflage erworben hat, muss binnen eines Monats nach Annahme der Erbschaft oder nach Ablauf der für die Ausschlagung der Erbschaft vorgeschriebenen Frist bzw. nach dem Erwerb dafür eine Waffenbesitzkarte oder ihre Eintragung in eine bereits ausgestellte Waffenbesitzkarte zu beantragen. Dem Antrag ist stattzugeben, wenn der Erblasser berechtigter Besitzer war und der Antragsteller zuverlässig und persönlich geeignet ist. Schusswaffen sind jedoch durch ein dem Stand der Technik entsprechendes Blockiersystem zu sichern, erlaubnispflichtige Munition ist binnen angemessener Frist unbrauchbar zu machen oder einem Berechtigten zu überlassen, wenn kein Bedürfnis nach § 8 oder nach den §§ 13 ff. WaffG geltend gemacht werden kann. Einer Sicherung durch ein Blockiersystem bedarf es nicht, wenn der Erwerber bereits aufgrund eines Bedürfnisses nach § 8 oder §§ 13 ff. berechtigter Besitzer einer erlaubnispflichtigen Schusswaffe ist. Kann der Erwerber ein Bedürfnis nach den genannten Bestimmungen geltend machen, sind die Vorschriften des § 4 Abs. 1 Nr. 1 bis 3 und des § 8 und der §§ 13 ff. WaffG anzuwenden.

Hat der Erblasser eine Person bedacht, deren geringes Alter ein Urteil über ihre Zuverlässigkeit und persönliche Eignung noch nicht zulässt, bleibt nur die Möglichkeit, die Schusswaffe bei einer berechtigten Person in Verwahrung zu geben und zu gegebener Zeit auf dem üblichen Wege eine Waffenbesitzkarte zu beantragen und die Waffe zu erwerben.

c) Zum Führen einer Schusswaffe genügt die Waffenbesitzkarte allein nicht. Vielmehr bedarf es grundsätzlich einer besonderen Erlaubnis in Form eines Waffenscheins (§ 10 Abs. 4 WaffG). Eine Waffe führt, wer die tatsächliche Gewalt darüber außerhalb seiner Wohnung, seiner Geschäftsräume oder seines eigenen befriedeten Besitztums ausübt.

Schließlich ist auch das Schießen mit einer Schusswaffe grundsätzlich nur mit einer besonderen Erlaubnis gestattet. Diese wird durch einen Erlaubnisschein erteilt (§ 10 Abs. 5 WaffG).

d) Zu den Schusswaffen gehören auch Schreckschuss-, Reizstoff- und Signalwaffen, die der zugelassenen Bauart nach § 8 des Beschussgesetzes entsprechen und das in der Anlage 2 zu § 2 Abs. 2 bis 4 WaffG Abschnitt 2 Unterabschnitt 2 Nr. 1.3 bestimmte Zeichen tragen. Der Erwerb und Besitz dieser Schusswaffen sowie der Munition für diese Schusswaffen ist für Personen, die das achtzehnte Lebensjahr vollendet haben, erlaubnisfrei. Wer jedoch Schreckschuss-, Reizstoff- und Signalwaffen führen will, bedarf in der Regel eines Kleinen Waffenscheins (§ 10 Abs. 4 Satz 4 WaffG). Von den in § 4 WaffG normierten Voraussetzungen für die Erteilung dieser waffenrechtlichen Erlaubnis wird von der Waffenbehörde nur geprüft, ob der Bewerber das achtzehnte Lebensjahr vollendet hat und ob er die erforderliche Zuverlässigkeit und persönliche Eignung besitzt. Dagegen bedarf es keines Sachkunde-, Bedürfnis- und Haftpflichtversicherungsnachweises. Auch das Schießen mit Schreckschuss-, Reizstoff- und Signalwaffen ist außer in den Fällen von Notwehr und Notstand grundsätzlich erlaubnispflichtig. Die Ausnahmen sind in § 12 Abs. 4 WaffG geregelt.

e) Grundsätzlich verboten ist das Führen von Anscheinswaffen, also von Waffen, die ihrer äußeren Form nach im Gesamterscheinungsbild den Anschein von Feuerwaffen hervorrufen und bei denen zum Antrieb der Geschosse keine heißen Gase verwendet werden, von Nachbildungen von Schusswaffen mit dem Aussehen von Schusswaffen und unbrauchbar gemachten Schusswaffen mit dem Aussehen von Schusswaffen, sowie von Hieb- und Stoßwaffen, die ihrem Wesen nach dazu bestimmt sind, unter unmittelbarer Ausnutzung der Muskelkraft durch Hieb, Stoß, Stich, Schlag oder Wurf Verletzungen beizubringen, und von Messern mit einhändig feststellbarer Klinge (Einhandmesser) oder feststehenden Messern mit einer Klingenlänge von über 12 cm (§ 42a WaffG). Mit verbotenen Waffen, verbotener Munition und verbotenen Gegenständen (Anlage 2 Abschnitt 1) ist jeglicher Umgang verboten.

f) Die vorstehenden Regelungen gelten, sofern nicht das WaffG für bestimmte Personengruppen Sonderbestimmungen enthält. Das ist insbesondere für Jäger in verschiedener Hinsicht der Fall. Jäger sind nach § 13 Abs. 1 WaffG Inhaber eines gültigen Jagdscheins im Sinne von § 15 Abs. 1 Satz 1 BJagdG, nicht dagegen Inhaber von Jugendjagdscheinen (§ 16 BJagdG). Zuverlässigkeit, persönliche Eignung und Sachkunde von Jägern werden von der unteren Jagdbehörde vor der Erteilung des Jagdscheins in gleicher Weise geprüft wie vor der Ausstellung einer waffenrechtlichen Erlaubnis durch die Waffenbehörde.

aa) Für Jäger gilt § 6 Abs. 3 Satz 1 WaffG nicht. Personen unter 25 Jahren brauchen also kein Gutachten über ihre geistige Eignung vorzulegen.

bb) Bei Jägern, die Inhaber eines von der für ihren Wohnsitz zuständigen unteren Jagdbehörde erteilten gültigen Jahresjagdscheins sind, wird von der für die Erteilung der waffenrechtlichen Genehmigungen zuständigen Behörde nicht geprüft, ob sie die Schusswaffen und die Munition zur Jagdausübung benötigen und ob sie ein Bedürfnis für den Erwerb und Besitz von Langwaffen und zwei Kurzwaffen nachgewiesen haben, sofern die zu erwerbende Schusswaffe und Munition nach dem BJagdG in der zum Zeitpunkt des Erwerbs geltenden Fassung nicht verboten ist (§ 13 Abs. 2 Satz 2 WaffG). Bei Inhabern von Tagesjagdscheinen wird dagegen ein Bedürfnis für den Erwerb und den Besitz von Jagdwaffen und -munition anerkannt, wenn glaubhaft gemacht wird, dass die Jagdwaffen und -munition zur Jagdausübung oder zum Training im jagdlichen Schießen einschließlich jagdlicher Schießwettkämpfe benötigt werden (§ 13 Abs. 1 WaffG).

Wer nicht (mehr) im Besitz eines gültigen Jagdscheins ist, ist nicht Jäger im Sinne des WaffG, so dass ein Bedürfnis für den Besitz von

Schusswaffen und Munition für die Jagd nicht ohne weiteres vorausgesetzt wird, sondern besonders dargelegt werden muss.

g) aa) Für den Erwerb und vorübergehenden (höchstens einen Monat dauernden) Besitz von zur Jagdausübung geeigneten und erlaubten Langwaffen in den in § 12 Abs. 1 Nr. 1 WaffG aufgeführten Fällen steht ein Jagdschein nach § 15 Abs. 1 Satz 1 BJagdG, nicht dagegen ein Jugendjagdschein, einer Waffenbesitzkarte gleich (§ 13 Abs. 4 WaffG). Dauert die Besitzeinräumung zum Zwecke der sicheren Verwahrung länger als einen Monat, muss die Schusswaffe in die Waffenbesitzkarte des Erwerbers eingetragen werden

Wollen mehrere Jahresjagdscheininhaber, etwa ein Ehepaar, die jeweils ihnen allein gehörenden Langwaffen zusammen in einem Waffenschrank aufbewahren, zu dem jeder von ihnen einen Schlüssel besitzt, können und müssen die Schusswaffen in die Waffenbesitzkarten eines jeden Eigentümers eingetragen werden (§ 10 Abs. 2 Satz 1 WaffG).

Der Jäger bedarf zum Erwerb von Langwaffen, die zur Jagdausübung geeignet und nach dem BJagdG in der zum Zeitpunkt des Erwerbs geltenden Fassung nicht verboten sind, und für den Erwerb und Besitz von Munition für solche Langwaffen, sofern sie nicht nach dem BJagdG in der jeweiligen Fassung verboten ist, keiner Erlaubnis, also keiner Waffenbesitzkarte und keines Munitionserwerbsscheins. Er muss jedoch spätestens binnen zwei Wochen nach dem Erwerb der Langwaffe die Ausstellung einer Waffenbesitzkarte oder die Eintragung in eine bereits erteilte Waffenbesitzkarte beantragen (§ 13 Abs. 3 WaffG). Erlaubnisfrei ist der Erwerb von Wechsel- und Austauschläufen gleichen oder geringeren Kalibers einschließlich der für diese Läufe erforderlichen auswechselbaren Verschlüsse (Wechselsysteme) sowie von Einsteckläufen für Schusswaffen, die bereits in der Waffenbesitzkarte des Inhabers eingetragen sind. Wechsel- und Austauschläufe, nicht aber Einsteckläufe, müssen in die Waffenbesitzkarte eingetragen werden. Vor dem 1. April 2008 erworbene, damals noch nicht eintragungspflichtige Teile von Schusswaffen müssen bis zum 1. Oktober 2008 in die Waffenbesitzkarte eingetragen werden.

Für eine zur Jagdausübung geeignete und nach dem BJagdG in der zum Zeitpunkt des Erwerbs geltenden Fassung nicht verbotene Kurzwaffe benötigt der Jäger dagegen die Waffenbesitzkarte bereits zum Erwerb. Für den Erwerb zum Zwecke des vorübergehenden, höchstens einen Monat dauernden Besitzes genügt eine bereits für andere Waffen ausgestellte Waffenbesitzkarte (§ 12 Abs. 1 Nr. 1a WaffG). Ein Jäger darf also seine Kurzwaffe einem anderen Jäger, der Inhaber einer Waffenbesitzkarte ist, für höchstens einen Monat leihen. Will der Jäger dagegen eine Kurzwaffe erwerben, um sie nicht nur vorübergehend zu besitzen, muss er sich zuvor eine Waffenbesitzkarte für eine Kurzwaffe ausstellen lassen. Das geschieht zu erleichterten Bedingungen; denn eine Prüfung, ob der Inhaber eines gültigen Jahresjagdscheins ein Bedürfnis für insgesamt zwei Kurzwaffen hat und ob er diese zur Jagdausübung benötigt, erfolgt nicht (§ 13 Abs. 2 WaffG).

Der Jugendjagdschein (§ 16 Abs. 1 BJagdG) berechtigt nicht zum dauernden Erwerb einer Schusswaffe.

bb) Ein Jäger darf Jagdwaffen zur befugten Jagdausübung einschließlich des Ein- und Anschießens im Revier, zur Ausbildung von Jagdhunden im Revier, zum Jagdschutz oder zum Forstschutz oder im Zusammenhang damit ohne Erlaubnis, also ohne Waffenschein, führen und mit ihnen schießen; er darf auch im Zusammenhang mit diesen Tätigkeiten, z. B. bei der Fahrt in das Revier, die Jagdwaffen nicht schussbereit ohne Erlaubnis, also ohne Waffenschein, führen (§ 13 Abs. 6 WaffG). Nicht schussbereit ist eine Schusswaffe dann, wenn sie nicht geladen ist, wenn sich also keine Munition oder Geschosse in der Trommel, im in die Waffe eingeführten Magazin oder im Patronen- oder Geschosslager befinden. Eine Repetierbüchse oder eine Pistole darf also außerhalb des Reviers nicht „unterladen" sein. Der Jäger muss neben seinem Personalausweis oder Pass die Waffenbesitzkarte sowie den Jagdschein mit sich führen und Polizeibeamten oder sonst zur Personenkontrolle Befugten auf Verlangen zur Prüfung aushändigen (§ 38 Nr. 2 WaffG).

cc) Der Jäger darf ferner seine Waffe ohne Erlaubnis, also ohne Waffenschein, von einem Ort zu einem anderen Ort transportieren, wenn der Transport der Waffe im Zusammenhang mit dem von seinem Bedürfnis umfassten Zweck erfolgt. Die Waffe darf dann (etwa auf dem Weg zum Büchsenmacher oder zur Schießstätte) nicht schussbereit und nicht zugriffsbereit sein (§ 12 Abs. 3 Nr. 2 WaffG). Zugriffsbereit i. S. des Waffengesetzes ist eine Schusswaffe dann, wenn sie unmittelbar in Anschlag gebracht werden kann; sie ist nicht zugriffsbereit, wenn sie in einem verschlossenen Behältnis mitgeführt wird (Anlage 1 Abschnitt 2 Nr. 13 zu § 1 Abs. 4 WaffG). Auch eine in ihre Teile zerlegte Kipplaufwaffe kann nicht unmittelbar in Anschlag gebracht werden.

Für das Verbringen und die Mitnahme von Waffen oder Munition in den, durch den und aus dem Geltungsbereich des Waffengesetzes gelten die §§ 29 bis 33. Diese Bestimmungen müssen also u. a. von denjenigen beachtet werden, die mit ihren Waffen und ihrer Munition im Ausland jagen wollen.

dd) Der Jäger darf seine Waffe und seine Munition einem anderen nur überlassen, also einem anderen die tatsächliche Gewalt darüber einräumen, wenn dieser entweder eine Erlaubnis zum Erwerb und Besitz der Waffe, also eine Waffenbesitzkarte, und der Munition, also einen Munitionserwerbsschein, hat oder, wie ein Jäger für den Erwerb von Langwaffen und von Munition für Langwaffen, einer Erlaubnis nicht bedarf oder wenn ein Fall des § 12 Abs. 1 oder 2 WaffG vorliegt.

ee) Einen Waffenschein benötigt, wer seine Waffe unabhängig von jagdlichen Zwecken, etwa zum Selbstschutz, führen will. Der Waffenschein wird nur bei Nachweis eines Bedürfnisses ausgestellt, z. B. dann, wenn der Antragsteller wesentlich mehr als die Allgemeinheit persönlich gefährdet ist.

ff) Grundsätzlich bedarf außerhalb von Schießstätten jeder Schuss mit einer Schusswaffe der Erlaubnis der zuständigen Behörde. Die Erlaubnis zum Schießen mit einer Schusswaffe wird durch einen Erlaubnisschein erteilt (§ 10 Abs. 5 WaffG).

Erlaubnisfrei ist das Schießen (von der befugten Jagdausübung und den Fällen von Notwehr und Notstand abgesehen) in den in § 12 Abs. 4 WaffG aufgeführten Fällen, insbesondere auf Schießstätten (§ 27 WaffG).

gg) Inhabern von Jugendjagdscheinen im Sinne von § 16 BJagdG wird eine Waffenbesitzkarte nicht erteilt. Sie dürfen jedoch Schusswaffen und die dafür bestimmte Munition (nur) für die Dauer der Ausübung der Jagd oder des Trainings im jagdlichen Schießen einschließlich jagdlicher Schießwettkämpfe ohne Erlaubnis, also ohne Waffenbesitzkarte, erwerben, besitzen, die Schusswaffen führen und damit schießen; sie dürfen auch im Zusammenhang mit diesen Tätigkeiten die Jagdwaffen nicht schussbereit ohne Erlaubnis (Waffenbesitzkarte) führen (§ 13 Abs. 7 WaffG).

Für Personen in der Ausbildung zum Jäger gilt die Vorschrift des § 13 Abs. 8 WaffG.

h) Von großer Bedeutung sind die Vorschriften über die sichere Aufbewahrung von Waffen und Munition. Nach § 36 Abs. 1 Satz 1 WaffG muss, wer Waffen oder Munition besitzt, die erforderlichen Vorkehrungen treffen, um zu verhindern, dass diese Gegenstände abhanden kommen oder Dritte sie unbefugt an sich nehmen. Für Jäger sind besonders die Vorschriften über die Aufbewahrung von Schusswaffen und Munition wichtig. Neben § 36 WaffG ist dabei § 13 der Allgemeinen Waffengesetz-Verordnung (AWaffV)[1] einschlägig. Ein Verstoß gegen die in § 36 Abs. 1 Satz 2 und Abs. 2 WaffG normierten Aufbewahrungsbestimmungen kann als Ordnungswidrigkeit mit einer Geldbuße bis zu 10 000 Euro geahndet werden. Außerdem ist besonders darauf hinzuweisen, dass nach § 5 Abs. 1 Nr. 2 Buchst. b WaffG Personen die erforderliche Zuverlässigkeit nicht besitzen, bei denen Tatsachen die Annahme rechtfertigen, dass sie Waffen oder Munition nicht sorgfältig verwahren werden.

---

1 Anlage 4

Der wesentliche, nicht immer leicht verständliche Inhalt des § 36 WaffG und des § 13 AWaffV lässt sich in seiner hauptsächlichen Bedeutung für Jäger wie folgt zusammenfassen:

Schusswaffen (Langwaffen, also Büchsen, Flinten, kombinierte Waffen, und Kurzwaffen, also Pistolen und Revolver) und Munition müssen in Behältnissen aufbewahrt werden, die bestimmten in DIN- und ähnlichen Normen beschriebenen Sicherheitsanforderungen genügen müssen. In der Regel wird es sich dabei um Stahlschränke handeln. Vergleichbar gesicherte Räume sind als gleichwertig anzusehen. Im Gesetz wird unterschieden zwischen vier Kategorien von Sicherheitsbehältnissen, nämlich solchen, die mindestens der Norm DIN/ EN 1143-1 Widerstandsgrad 0 oder 1 (Stand Mai 1997) oder einer Norm mit gleichem Schutzniveau eines anderen Mitgliedstaates des Übereinkommens über den Europäischen Wirtschaftsraum (EWR-Mitgliedstaat) entsprechen (Behältnisse mit dem Widerstandsgrad 0 oder 1), und Behältnissen, die den Sicherheitsstufen B oder A nach VDMA 24992 (Stand Mai 1995) oder einer Norm mit gleichem Schutzniveau eines anderen EWR-Mitgliedstaates entsprechen (Behältnisse der Sicherheitsstufe A oder B).

In einem Behältnis der Sicherheitsstufe A dürfen bis zu zehn Langwaffen aufbewahrt werden (§ 36 Abs. 2 Satz 2 WaffG). Die zugehörige Munition muss getrennt von den Langwaffen aufbewahrt werden. In Betracht kommt dafür ein Innenfach aus Stahlblech ohne Klassifizierung mit Schwenkriegelschloss oder einer gleichwertigen Verschlussvorrichtung (§ 13 Abs. 4 Satz 2 AWaffV), ein gesondertes Stahlblechbehältnis ohne Klassifizierung mit den bezeichneten Verschlussvorrichtungen oder ein gleichwertiges Behältnis (§ 13 Abs. 3 AWaffV).

In einem Behältnis der Sicherheitsstufe A für bis zu zehn Langwaffen dürfen in einem Innenfach bis zu fünf Kurzwaffen und damit zusammen die zugehörige Munition für Lang- und Kurzwaffen aufbewahrt werden, wenn das Innenfach den Widerstandsgrad 0 aufweist oder der Sicherheitsstufe B entspricht (§ 13 Abs. 4 Satz 1 AWaffV).

In einem Behältnis der Sicherheitsstufe B dürfen Langwaffen in unbegrenzter Zahl und, sofern das Behältnis mindestens 200 Kilogramm wiegt oder die Verankerung gegen Abriss ein vergleichbares Gewicht hat, bis zu zehn Kurzwaffen, sofern das Gewicht des Behältnisses geringer ist oder die Verankerung gegen Abriss unter einem vergleichbaren Gewicht liegt, bis zu fünf Kurzwaffen aufbewahrt werden (§ 13 Abs. 1 Satz 1 AWaffV). Für die getrennte Aufbewahrung der zugehörigen Munition gilt das gleiche wie bei einem Behältnis der Sicherheitsstufe A.

In Behältnissen mit dem Widerstandsgrad 0 dürfen Langwaffen ohne zahlenmäßige Begrenzung, bis zu zehn Kurzwaffen und Munition zusammen aufbewahrt werden, wenn das Behältnis mindestens 200 Kilogramm wiegt oder mit einem vergleichbaren Gewicht gegen Abriss verankert ist. Ist das Gewicht geringer oder liegt seine Verankerung gegen Abriss unter einem vergleichbaren Gewicht, dürfen nur bis zu fünf Kurzwaffen in dem Behältnis aufbewahrt werden (§ 13 Abs. 1 Satz 1 AWaffV).

Sollen mehr als zehn Kurzwaffen aufbewahrt werden, muss das Behältnis mindestens den Widerstandsgrad 1 aufweisen (§ 13 Abs. 1 Satz 2 AWaffV).

In einem nicht dauernd bewohnten Gebäude, also vor allem in Jagdhütten, dürfen nur bis zu drei Langwaffen in einem Behältnis mit mindestens dem Widerstandsgrad 1 aufbewahrt werden (§ 13 Abs. 6 Satz 1 AWaffV).

Besondere Aufmerksamkeit und eine angemessene Aufsicht sind erforderlich bei der vorübergehenden Aufbewahrung von Schusswaffen und Munition außerhalb der Wohnung, insbesondere im Zusammenhang mit der Jagd, also z. B. während eines Schüsseltreibens in einer Gastwirtschaft (§ 13 Abs. 11 AWaffV).

i) Besonders zu beachten ist, dass Verstöße gegen waffenrechtliche Verbote in vielen Fällen (z. B. unberechtigtes Erwerben, Überlassen und Führen von Schusswaffen, Erwerb, Besitz und Überlassen von verbotenen Waffen, Munition oder Gegenständen) strafbare Handlungen (§§ 51, 52 WaffG) darstellen und dass u. a. bei einer Verurteilung deswegen die Unzuverlässigkeit des Verurteilten anzunehmen oder zu vermuten ist (§ 5 WaffG).

§ 16 BJagdG: Jugendjagdschein

(1) Personen, die das sechzehnte Lebensjahr vollendet haben, aber noch nicht achtzehn Jahre alt sind, darf nur ein Jugendjagdschein erteilt werden.

(2) Der Jugendjagdschein berechtigt nur zur Ausübung der Jagd in Begleitung des Erziehungsberechtigten oder einer von dem Erziehungsberechtigten schriftlich beauftragten Aufsichtsperson; die Begleitperson muss jagdlich erfahren sein.

(3) Der Jugendjagdschein berechtigt nicht zur Teilnahme an Gesellschaftsjagden.

(4) Im Übrigen gilt § 15 entsprechend.

ERLÄUTERUNGEN

1. Personen, die das sechzehnte Lebensjahr noch nicht vollendet haben, darf kein Jagdschein erteilt werden. Nach einer erfolgreichen Jägerprüfung, bei der die Anforderungen für Erwachsene und Jugendliche gleich sind, darf Personen, die sechzehn, aber noch nicht achtzehn Jahre alt sind, ein Jugendjagdschein erteilt werden. Voraussetzung ist, dass keiner der Versagungsgründe des § 17 Abs. 1 und 2 BJagdG vorliegt. Insbesondere muss die untere Jagdbehörde den Jagdschein versagen, wenn Tatsachen die Annahme rechtfertigen, dass der Antragsteller die erforderliche Zuverlässigkeit oder körperliche Eignung nicht besitzt (§ 17 Abs. 1 Nr. 2 BJagdG). Zu diesem Ergebnis kann die Jagdbehörde, die nach pflichtgemäßem Ermessen zu entscheiden hat, auch deswegen kommen, weil bei dem Jugendlichen erhebliche Entwicklungsrückstände in körperlicher, geistiger oder sittlicher Hinsicht vorliegen.

Der Jugendjagdschein, der wie alle anderen Jagdscheine nicht nur in dem Bundesland gilt, in dem er ausgestellt worden ist, verliert seine

Gültigkeit nicht dadurch, dass der Inhaber volljährig wird. Will der Inhaber jedoch von den Rechten Gebrauch machen, die der Besitz eines Jagdscheins für Erwachsene gewährt, so muss er einen solchen erwerben.

Der Zeitraum, in dem eine Person lediglich einen Jugendjagdschein besitzt, wird zur Feststellung der Jagdpachtfähigkeit (§ 11 Abs. 5 Satz 1 BJagdG) nicht berücksichtigt.

2. Inhabern eines Jugendjagdscheins wird eine Erlaubnis zum Erwerb und Besitz von Schusswaffen und der dafür bestimmten Munition nicht erteilt (§ 13 Abs. 7 Satz 1 WaffG). Ihnen darf also keine Waffenbesitzkarte (§ 10 Abs. 1 Satz 1 WaffG) ausgestellt werden. Sie dürfen deswegen Schusswaffen und Munition nicht dauerhaft, etwa durch Kauf oder Schenkung, erwerben. Sie dürfen jedoch Schusswaffen und die dafür bestimmte Munition für die Dauer der Ausübung der Jagd oder des Trainings im jagdlichen Schießen einschließlich jagdlicher Schießwettkämpfe ohne Erlaubnis, also ohne Waffenbesitzkarte, erwerben, besitzen, die Schusswaffen führen und damit schießen. Sie dürfen auch im Zusammenhang mit diesen Tätigkeiten die Jagdwaffen nicht schussbereit ohne Erlaubnis (Waffenbesitzkarte) führen (§ 13 Abs. 7 Satz 2 WaffG).

3. Der Inhaber eines Jugendjagdscheins darf die Jagd stets nur in Begleitung einer jagdlich erfahrenen Begleitperson ausüben. Das kann entweder ein Erziehungsberechtigter, in der Regel also ein Elternteil, oder eine von den Erziehungsberechtigten schriftlich beauftragte Person sein. Das Auftragsverhältnis wird durch einen Vertrag (§§ 662 ff. BGB) begründet. Da das Gesetz die Schriftform vorsieht, sind die in § 126 BGB vorgeschriebenen Erfordernisse zu erfüllen. In der Regel werden also die beiden Erziehungsberechtigten als Auftraggeber und der jagdlich erfahrene Auftragnehmer, bei dem es sich nicht unbedingt um einen Jagdscheininhaber handeln muss, ihre Unterschriften auf die Vertragsurkunde setzen. Die Schriftform ist vorgesehen, um allen Beteiligten die Bedeutung ihres Handelns bewusst zu machen.

4. Unter der Teilnahme an einer Gesellschaftsjagd ist nur die Teilnahme als Schütze zu verstehen. Einer Teilnahme als Treiber, Hundeführer oder sonstiger Jagdhelfer können allenfalls die Unfallverhütungsvorschriften (UVV Jagd)[1] entgegenstehen. Bei Gesellschaftsjagden ist die Unfallgefahr besonders groß, weil sich die beteiligten Personen in geringerer Entfernung zueinander, zudem oft auch in Bewegung in nicht selten unübersichtlichem Gelände befinden. Die häufig noch nicht genügend erfahrenen Inhaber von Jugendjagdscheinen sind sich der Gefahren, die unter diesen Umständen vom Umgang mit Schusswaffen ausgehen können, bisweilen nicht in dem erforderlichen Maße bewusst. Entscheidend für die Beantwortung der Frage, ob eine Gesellschaftsjagd vorliegt, ist das jagdliche Zusammenwirken von mehr als drei Teilnehmern, von denen mindestens einer eine Schusswaffe benutzt. Eine Gesellschaftsjagd ist dadurch gekennzeichnet, dass gerade das aufeinander abgestimmte, gemeinschaftliche Vorgehen den Erfolg der Jagd wahrscheinlicher macht, wie das etwa bei einer Treib- oder einer Drückjagd der Fall zu sein pflegt. Nehmen dagegen mehrere Personen jeweils auf entfernt voneinander liegenden Ständen an einer gemeinschaftlichen Ansitzjagd teil, liegt keine Gesellschaftsjagd im Sinne von § 16 Abs. 3 BJagdG vor, mag sich auch vor oder nach der eigentlichen Jagd eine größere Jagdgesellschaft zusammenfinden.

§ 22 NJagdG: Jagdschein, Jagdabgabe

(1) Der Jahresjagdschein wird für ein oder, mit Ausnahme des Jugendjagdscheins, für drei Jagdjahre erteilt oder verlängert.

(2) Die Jagdbehörde erhebt von Personen, die einen Jagdschein erhalten, zugleich mit der Gebühr für den Jagdschein eine Jagdabgabe. Die Jagdabgabe steht dem Land zu und ist zur Förderung jagdlicher Zwecke zu verwenden. Die anerkannte Landesjägerschaft ist über die Verwendung anzuhören. Die oberste Jagdbehörde veröffentlicht jährlich einen Bericht über die Einnahmen aus der Jagdabgabe und deren Verwendung.

---

1 Anlage 13

(3) Die Landesregierung bestimmt durch Verordnung die Höhe der Jagdabgabe. Die Abgabe für ein Jagdjahr darf die Gebühr für den Jahresjagdschein für ein Jahr nicht übersteigen. Die Abgabe für den Jahresjagdschein für drei Jahre beträgt das Dreifache der Abgabe für einen Jahresjagdschein für ein Jahr. Die Landesregierung kann in der Verordnung bestimmen, dass Personen, die mit der Jagd amtlich oder beruflich befasst sind, einschließlich hauptberufliche bestätigte Jagdaufseherinnen und Jagdaufseher, von der Abgabe befreit sind oder die Abgabe zu ermäßigten Sätzen zu leisten haben.

(4) Die Jagdbehörde gibt der Geschäftsführung der anerkannten Landesjägerschaft Gelegenheit zur Stellungnahme, wenn ein Jagdschein wegen eines schweren oder wiederholten Verstoßes gegen die bei der Ausübung der Jagd zu beachtenden allgemein anerkannten Grundsätze der Weidgerechtigkeit versagt oder für ungültig erklärt und eingezogen werden soll.

AB zu § 22 (Jagdschein)

22.1.1 Zuständig für die Erteilung eines Jagdscheins ist die Jagdbehörde, in deren Bezirk die Antrag stellende Person ihren Hauptwohnsitz hat. Hat die Antrag stellende Person in der Bundesrepublik Deutschland keinen ständigen Wohnsitz, so ist für die Erteilung die Jagdbehörde zuständig, in deren Bezirk sie die Jagd vorwiegend ausüben will.

22.1.2 Dem Antrag auf Ausstellung oder Verlängerung eines Jagdscheins sind beizufügen:

a) das Zeugnis über die erfolgreich abgelegte Jägerprüfung nach § 15 Abs. 5 des Bundesjagdgesetzes oder der Nachweis einer der Jägerprüfung nach der Verordnung über die Jäger- und Falknerprüfung gleichgestellten Prüfung oder der letzte Jagdschein,
b) der Nachweis einer Jagdhaftpflichtversicherung für die vorgesehene Geltungsdauer des Jagdscheins mindestens mit den nach § 17 Abs. 1 Nr. 4 des Bundesjagdgesetzes vorgeschriebenen Deckungssummen,
c) ein Passbild (nur bei Ausstellung eines Jagdscheins).

22.1.3 Bei der Ausstellung oder Verlängerung eines Jagdscheins hat die Jagdbehörde die Zuverlässigkeit der Antrag stellenden Person zu prüfen. Hierzu hat sie eine unbeschränkte Auskunft aus dem Zentralregister nach § 41 Abs. 1 Nr. 9 des Bundeszentralregistergesetzes (unbeschränkte Auskunft) einzuholen, wenn

- erstmals ein Jagdschein beantragt wird, es sei denn, dass dieses innerhalb von drei Monaten nach einer in Niedersachsen bestandenen Jägerprüfung geschieht,
- der Jagdschein, dessen Verlängerung beantragt wird, von einer anderen Jagdbehörde ausgestellt wurde oder
- die Gültigkeit des zuletzt ausgestellten Jagdscheins vor mehr als zwei Jahren endete.

Von der Einholung einer unbeschränkten Auskunft soll regelmäßig abgesehen werden, wenn

- bereits für dieselbe Person aus anderen Gründen der Behörde eine unbeschränkte Auskunft vorliegt, die zum Zeitpunkt der Antragstellung nicht älter als ein Jahr ist,
- ein gültiger Waffenschein vorgelegt wird oder
- die Antrag stellende Person in einem öffentlichen Forstdienst im Bundesgebiet steht, wobei die Zugehörigkeit durch eine Bescheinigung der Beschäftigungsdienststelle nachgewiesen wird, aus der sich auch ergibt, dass keine Tatsachen bekannt sind, die nach § 17 Abs. 4 des Bundesjagdgesetzes einer Erteilung eines Jagdscheins entgegenstehen; diese Bescheinigung kann mit einer Bescheinigung nach Nr. 22.1.4 verbunden werden.

Von der Einholung einer unbeschränkten Auskunft kann ausnahmsweise auch dann abgesehen werden, wenn die persönliche Zuverlässigkeit der Antrag stellenden Person durch sonstige Nachweise gewährleistet ist; diese Entscheidung und der Grund hierfür sind aktenkundig zu machen.

22.1.4   Die Voraussetzungen für die Ausstellung eines Jagdscheins zu ermäßigten Gebühren und Jagdabgaben hat die Antrag stellende Person durch eine Bescheinigung nachzuweisen. Diese ist auszustellen für

- Angehörige des öffentlichen Dienstes durch ihre Beschäftigungsdienststelle,
- Angestellte im privaten Forstdienst, hauptberufliche Revierjägerinnen und Revierjäger sowie Auszubildende in diesem Beruf durch die Landwirtschaftskammer,
- Personen, die sich in der vorgeschriebenen Ausbildung – einschließlich des vorgeschalteten fachbezogenen Hochschulstudiums – zur Erlangung der beamtenrechtlichen Befähigung für eine Forstlaufbahn befinden, durch die Hochschule oder Fachoberschule Forstwirtschaft oder

– Personen, die beruflich zur Geschäftsführung einschließlich Geschäftsstelle der anerkannten Landesjägerschaft gehören, durch eine Arbeitsbescheinigung der anerkannten Landesjägerschaft.

22.1.5 Ausländertagesjagdscheine sind zu erteilen, wenn die Antrag stellende Person nachweist, dass sie in einem niedersächsischen Jagdbezirk eine Jagdbefugnis als Jagdgast besitzt und glaubhaft macht, dass sie über ausreichend jagdliche Erfahrung verfügt und mit der Jagdwaffe sicher umgehen kann. Sofern die Antrag stellende Person bereits länger als fünf Jahre ihre Hauptwohnung oder ihren ständigen Aufenthalt in der Bundesrepublik Deutschland hat, darf ein Tagesjagdschein nur nach bestandener deutscher Jägerprüfung ausgestellt werden.

22.1.6 Jahresjagdscheine dürfen an Ausländerinnen und Ausländer, die bisher keinen deutschen Jahresjagdschein besitzen, nur nach bestandener deutscher Jägerprüfung oder einer in ihrem Heimatland bestandenen, der deutschen Jägerprüfung gleichwertigen Jägerprüfung ausgestellt werden. Ob eine ausländische Jägerprüfung als gleichwertig anerkannt wird, entscheidet die oberste Jagdbehörde. An Ausländerinnen oder Ausländer erteilte Jagdscheine sind als „Ausländer-Jagdschein" zu kennzeichnen. Diese Kennzeichnung entfällt, wenn der Jagdschein aufgrund einer bestandenen deutschen Jägerprüfung ausgestellt wird.

22.1.7 Angehörigen der alliierten Streitkräfte kann ein Ausländerjahresjagdschein erteilt werden, wem der Antragsteller

– eine Bescheinigung seiner Dienststelle beibringt, die bestätigt, dass die Antrag stellende Person
  • in Niedersachsen stationiert ist,
  • das 18. Lebensjahr vollendet hat und
  • über die zum Besitz eines Jahresjagdscheines in der Bundesrepublik Deutschland erforderliche Zuverlässigkeit Befähigung, Eignung und Vertrautheit mit den deutschen Jagdgesetzen, mit dem Waffenrecht, mit der Führung von Schusswaffen und den allgemein anerkannten Grundsätzen der deutschen Weidgerechtigkeit (§ 1 BJagdG) verfügt.
– nachweist, dass sie für den Zeitraum, für den sie die Ausstellung eines Jahresjagdscheines beantragt, eine i. S. des § 17 Abs. 1 Nr. 4 BJagdG ausreichende Haftpflichtversicherung abgeschlossen hat.

22.1.8 Bei der erstmaligen Beantragung eines Falknerjagdscheins sind beizufügen

– das Zeugnis über die bestandene Jägerprüfung und

– das Zeugnis der anerkannten Landesjägerschaft über die bestandene Falknerprüfung oder
– das Zeugnis über die bestandene Falknerprüfung in einem anderen Bundesland.

Der Abschluss einer Jagdhaftpflichtversicherung ist für die Ausstellung eines Falknerjagdscheins nicht erforderlich.

Jagdabgabenverordnung

Vom 27. März 2001 (Nds. GVBl. S. 120)

Aufgrund des § 22 Abs. 3 des Niedersächsischen Jagdgesetzes vom 16. März 2001 (Nds. GVBl. S. 100) wird verordnet:

§ 1 Die Höhe der Jagdabgabe beträgt bei Erteilung oder Verlängerung

1.	eines Tagesjagdscheins 10,00 Euro
2.	eines Jahresjagdscheins
2.1	für ein Jagdjahr 30,00 Euro
2.2	für drei Jagdjahre 90,00 Euro
3.	eines Jahresjugendjagdscheins 15,00 Euro
4.	eines Jahresjagdscheins für

    a) Forstbeamtinnen und Forstbeamte im öffentlichen Dienst,

    b) Angestellte im öffentlichen Dienst mit forstlicher Ausbildung in der Tätigkeit von Forstbeamtinnen und Forstbeamten,

    c) Angestellte im privaten Forstdienst, denen die Landwirtschaftskammer eine forstliche Berufsbezeichnung verliehen hat,

    d) Personen, die sich in der vorgeschriebenen Ausbildung – einschließlich des vorgeschalteten fachbezogenen Hochschulstudiums – zur Erlangung der beamtenrechtlichen Befähigung für eine Forstlaufbahn befinden,

    e) Personen, die sich in der Ausbildung nach der Revierjäger-Ausbildungsverordnung vom 26. April 1982 (BGBl. I S. 554) befinden oder die nach Abschluss der Ausbildung in dem Beruf tätig sind,

    f) Kreisjägermeisterinnen und Kreisjägermeister und deren Vertreterinnen und Vertreter,

    g) hauptberufliche bestätigte Jagdaufseherinnen und Jagdaufseher,

    h) die für Jagdfragen zuständigen Bediensteten der Jagdbehörden,

    i) die zur Geschäftsführung der anerkannten Landesjägerschaft gehörenden Personen

4.1	für ein Jagdjahr 7,50 Euro
4.2	für drei Jagdjahre 22,50 Euro
5.	eines Jahresfalknerjagdscheins
5.1	für ein Jagdjahr 15,00 Euro sofern gleichzeitig ein Jahresjagdschein oder Jahresjugendjagdschein ausgestellt wird 7,50 Euro

5.3   für drei Jagdjahre 45,00 Euro
       sofern gleichzeitig ein Jahresjagdschein
       ausgestellt wird 22,50 Euro.

§ 2 Die Jagdbehörden führen die Einnahmen aus der Jagdabgabe für die Zeiträume Januar bis April, Mai, Juni, Juli bis September sowie Oktober bis Dezember jeweils bis zum 20. des Monats, der auf den jeweiligen Abrechnungszeitraum folgt, an das Land ab.

§ 3 (1) Diese Verordnung tritt am 1. April 2001 in Kraft.

(2) Bis zum 31. Dezember 2001 treten in § 1 an die Stelle der Beträge in Euro jeweils mit dem Faktor 2 vervielfachte Beträge in Deutsche Mark.

ERLÄUTERUNGEN

1. Neben der Gebühr für die Ausstellung oder Verlängerung von Jagdscheinen, deren Höhe sich aus Nr. 1.4 der Anlage zur Allgemeinen Gebührenordnung (Kostentarif) ergibt und die dazu bestimmt ist, die Kosten für den Verwaltungsaufwand anteilig zu decken, wird von Personen, denen ein Jagdschein ausgestellt oder deren Jagdschein verlängert wird, ab 1. April 2001 eine zur Förderung jagdlicher Zwecke dienende Jagdabgabe erhoben, deren Höhe in der Jagdabgabenverordnung vom 27. März 2001 festgesetzt ist.

Die Zuständigkeit des Landes für die Gebühren- und Abgabenregelung ergibt sich aus Art. 75 in Verbindung mit Art. 72 GG.

2. Die Jagdabgabe ist nicht zu verwechseln mit der Jagdsteuer. Die Jagdsteuer ist eine kommunale Aufwandsteuer i. S. von Art. 105 Abs. 2a GG. Nach § 3 NKAG dürfen die Jagdsteuer nur Landkreise und kreisfreie Städte erheben. Diese müssen zu diesem Zweck jeweils eine besondere Jagdsteuersatzung erlassen. Gegenstand der Steuer ist die Ausübung des Jagdrechts in einem Jagdbezirk. Steuerpflichtig ist der Jagdausübungsberechtigte. Das ist, wenn das Jagdausübungsrecht nicht verpachtet ist, der Eigentümer oder an dessen Stelle der Nießbrauchsberechtigte der Grundstücke eines Eigenjagdbezirks oder die Jagdgenossenschaft bei einem gemeinschaftlichen Jagdbezirk. Ist das Jagdausübungsrecht verpachtet, ist steuerpflichtig der Pächter, bei

Unterverpachtung der Unterpächter. Besteuerungsgrundlage ist der Jagdwert. Bei verpachteten Jagden gilt als Jagdwert die gesamte Jahresleistung des Pächters (Jagdpachtzins, Umsatzsteuer, vertragliche Nebenleistungen, z. B. Wildschadensersatz und besondere ohne Rechtsverpflichtung gewährte Leistungen). Bei nicht verpachteten Jagden gilt als Jagdwert ein nach Vergleichswerten ermittelter Durchschnittssatz.

Die Erhebung der Jagdsteuer ist in Anbetracht des Umstands, dass die Jagdausübungsberechtigten in vielen Fällen Aufgaben erledigen, die nach der bestehenden Rechtslage öffentlichen Stellen obliegen (z. B. die Entsorgung von im Straßenverkehr getötetem Wild), und damit die öffentlichen Haushalte erheblich entlasten, nicht gerechtfertigt. Auf jeden Fall ergibt sich aus der Staatszielbestimmung Umweltschutz in Art. 20a GG die Verpflichtung, bei der Bemessung der Steuersätze die vorgegebenen Belastungen der Steuerpflichtigen durch ihre Pflicht zur Hege (§ 1 Abs. 2 BJagdG) zu berücksichtigen.

3. Mit der Bestimmung des § 22 Abs. 4 NJagdG hat der Gesetzgeber von der etwas missverständlich formulierten Ermächtigung des § 37 Abs. 2 BJagdG Gebrauch gemacht. Die Vorschrift ist nicht unproblematisch. Es ist zwar begrüßenswert, dass sich die Jagdbehörde vor ihrer Entscheidung über die Versagung oder die Ungültigerklärung eines Jagdscheins Gewissheit darüber verschafft, wie das beanstandete Verhalten eines Jägers aus der Sicht der Jägerschaft beurteilt wird.

Andererseits dürfte es nicht zu den Aufgaben einer Jagdbehörde gehören, ein einem Jäger vorgeworfenes Verhalten der nicht näher definierten „Geschäftsführung" eines privaten Vereins, dem der Jäger möglicherweise gar nicht angehört, ohne weiteres mitzuteilen. Es müsste aus rechtsstaatlichen Gründen mindestens sichergestellt sein, dass die Personen, die von der Jagdbehörde mit der Angelegenheit befasst werden, verpflichtet sind, über die ihnen zur Kenntnis gebrachten Vorwürfe zu schweigen. Solange entsprechende bindende Verpflichtungen nicht existieren, sollte die Jagdbehörde der Geschäftsführung der anerkannten Jägerschaft nur die allgemeinen Umstände des dem Jäger vorgeworfenen Verstoßes, nicht aber dessen Namen und sonstige Identifikationsmerkmale zur Kenntnis geben.

Die Beteiligung des Kreisjägermeisters, der die Jagdbehörde in jagdlichen Belangen zu beraten hat und einer gesetzlichen Schweigepflicht unterliegt, würde zur Erreichung des vom Gesetzgeber angestrebten Zweckes besser geeignet und völlig ausreichend sein. Das gilt auch deswegen, weil es nicht sicher ist, ob es stets eine anerkannte Jägerschaft gibt.

§ 23 NJagdG: Jägerprüfung, Falknerprüfung

(1) Die Durchführung der Jägerprüfung obliegt den Jagdbehörden. Die Kreisjägermeisterin oder der Kreisjägermeister beruft die Mitglieder einer Prüfungskommission und ist deren Vorsitzende oder Vorsitzender. Aus den Mitgliedern der Prüfungskommission wird mindestens ein Prüfungsausschuss zur Abnahme der Prüfungen gebildet.

(2) Die Durchführung der Falknerprüfung wird der anerkannten Landesjägerschaft übertragen. Die oberste Jagdbehörde beruft die Mitglieder einer Prüfungskommission, aus der ein Prüfungsausschuss zur Abnahme der Prüfung gebildet wird.

(3) Die oberste Jagdbehörde wird ermächtigt, durch Verordnung die Prüfungsordnung, die Zusammensetzung der Prüfungskommissionen und die Berufung der Prüfungsausschüsse zu regeln sowie eine angemessene Vergütung für die Prüfenden festzusetzen.

Verordnung über die Jäger- und Falknerprüfung

Vom 30. August 2005 (Nds. GVBl. S. 281)

Aufgrund des § 23 Abs. 3 des Niedersächsischen Jagdgesetzes vom 16. März 2001 (Nds. GVBl. S. 100), geändert durch Artikel 5 des Gesetzes vom 16. Dezember 2004 (Nds. GVBl. S. 616), wird verordnet:

INHALTSÜBERSICHT

ERSTER TEIL: Jägerprüfung

§ 1 Prüfungskommission

Für die Durchführung der Jägerprüfung wird bei der Jagdbehörde eine Prüfungskommission unter Vorsitz der Kreisjägermeisterin oder des Kreisjägermeisters gebildet. Die Kreisjägermeisterin oder der Kreisjägermeister beruft die weiteren Mitglieder der Prüfungskommission für die Dauer von fünf Jahren. Die Mitglieder der Prüfungskommission müssen jagdpachtfähig sein.

§ 2 Prüfungsausschuss

(1) Die Jägerprüfung wird von einem Prüfungsausschuss unter Vorsitz der Kreisjägermeisterin oder des Kreisjägermeisters abgenommen. Die oder der Vorsitzende beruft aus den Mitgliedern der Prüfungskommission mindestens zwei weitere sowie stellvertretende Mitglieder des Prüfungsausschusses. Die oder der Vorsitzende kann die Zusammensetzung des Prüfungsausschusses während des Prüfungsverfahrens ändern. Wer bei der Ausbildung mitgewirkt hat, darf dem Prüfungsausschuss nicht angehören.

(2) Der Prüfungsausschuss entscheidet mit Stimmenmehrheit. Bei Stimmengleichheit gibt die Stimme des vorsitzenden Mitglieds den Ausschlag.

(3) Soweit nichts anderes bestimmt ist, trifft das vorsitzende Mitglied des Prüfungsausschusses Verfahrensentscheidungen während des Prüfungsablaufs, im Übrigen das vorsitzende Mitglied der Prüfungskommission.

(4) Die Mitglieder des Prüfungsausschusses erhalten für jeden angefangenen Tag, an dem sie an einer Prüfung mitwirken, eine Vergütung in Höhe von 80 Euro. Zusätzlich sind die Fahrtkosten in entsprechender Anwendung der für Landesbeamte geltenden reisekostenrechtlichen Vorschriften zu erstatten.

§ 3 Zulassung zur Prüfung

(1) Die Jagdbehörde gibt frühzeitig bekannt, wann die nächste Jägerprüfung stattfindet und wann die Zulassung zur Prüfung bei ihr zu beantragen ist.

(2) Zur Prüfung ist von der Jagdbehörde zuzulassen, wer

1. spätestens sechs Monate vor der Prüfung das 15. Lebensjahr vollendet hat,

2. die für den Erwerb des Jagdscheins erforderliche Zuverlässigkeit besitzt und
3. eine ausreichende Haftpflichtversicherung für den Waffengebrauch abgeschlossen hat.

(3) Der Prüfling ist von der Jagdbehörde spätestens eine Woche vor der Prüfung zu laden.

(4) Liegen der Jagdbehörde bis vier Wochen vor Prüfungsbeginn weniger als 18 Anmeldungen vor, so kann sie mit einer anderen Jagdbehörde eine gemeinsame Jägerprüfung durchführen.

§ 4 Gliederung der Prüfung

(1) Die Jägerprüfung besteht aus den Prüfungsabschnitten

1. Jagdliches Schießen,
2. schriftliche Prüfung und
3. mündlich-praktische Prüfung.

(2) Das Jagdliche Schießen muss vor den anderen Prüfungsabschnitten, jedoch nicht länger als sechs Monate vor Beginn des nächsten Prüfungsabschnittes durchgeführt werden.

(3) Die Jägerprüfung ist nicht öffentlich. Bei der Jägerprüfung, ausgenommen die Beratung der Prüfungsausschüsse, dürfen anwesend sein

1. Beauftragte der Jagdbehörden und
2. vom vorsitzenden Mitglied des Prüfungsausschusses zugelassene Personen, sofern kein Prüfling widerspricht.

§ 5 Jagdliches Schießen

(1) Im Jagdlichen Schießen hat der Prüfling auf einem Schießstand die sichere Handhabung der Schusswaffe und seine Schießfertigkeit nachzuweisen. Er hat hierzu unter Beachtung der Schießvorschriften des Deutschen Jagdschutz-Verbandes die folgenden Leistungen zu erbringen:

Schießdisziplin (Waffe, Kaliber)	Ziel	Schüsse	Entfernung	Mindest-ergebnis	Art der Ausführung
Büchse (für Schalenwild erlaubte Kaliber und Laborierungen)	Rehbock-Scheibe	5	100 m	25 Ringe	Anschlag stehend angestrichen, Visierung und Optik beliebig
Flinte (Kaliber 20 oder stärker)	Tontauben oder Kipphasen	15		5 Treffer	Skeet oder Trap
		15	30 m	10 Treffer	beliebig von links oder rechts

Werden die geforderten Leistungen nicht erbracht, so ist das Schießen in der betreffenden Disziplin einmal, auf Wunsch des Prüflings auch am selben Tage, zu wiederholen.

(2) Die Jägerprüfung hat nicht bestanden, wer

1. beim Umgang mit der Schusswaffe einen Fehler begangen hat, der ihn selbst oder andere hätte gefährden können,
2. gegen die Sicherheitsvorschriften verstoßen hat oder
3. die geforderten Leistungen auch nach einmaliger Wiederholung nicht erbracht hat.

§ 6 Schriftliche Prüfung

Der Prüfling hat in der schriftlichen Prüfung in jedem der in der **Anlage 1** genannten Fachgebiete 20 Fragen im Multiple-Choice-Verfahren unter Aufsicht zu beantworten. Die Bearbeitungszeit für die Fragen eines Fachgebiets beträgt 30 Minuten. Die Fragen wählt das vorsitzende Mitglied der Prüfungskommission aus einem Fragenkatalog der obersten Jagdbehörde aus.

§ 7 Mündlich-praktische Prüfung

(1) Die mündlich-praktische Prüfung wird in einem Jagdrevier abgehalten und erstreckt sich auf die in der Anlage 1 genannten Fachgebiete. Zu Beginn werden auf dem Jagdhorn fünf Jagdsignale geblasen, aus denen der Prüfling die drei sicherheitsrelevanten Leitsignale „Anblasen des Treibens", „Treiber in den Kessel" und „Aufhören zu schießen" erkennen muss.

(2) Die Jägerprüfung hat nicht bestanden, wer

1. die in Absatz 1 Satz 2 genannten drei Leitsignale auch nach einmaliger Wiederholung der fünf Jagdsignale nicht erkannt hat oder

2. beim Umgang mit der Schusswaffe einen Fehler begangen hat, der ihn selbst oder andere hätte gefährden können.

§ 8 Bewertung der Prüfungsleistungen

(1) In der schriftlichen Prüfung wird die Antwort auf jede Frage mit 0, 1 oder 2 Punkten bewertet. Daraus ergeben sich je Fachgebiet die Noten:

sehr gut (1)	bei 40 Punkten,
gut (2)	bei 36 bis 39 Punkten,
befriedigend (3)	bei 32 bis 35 Punkten,
ausreichend (4)	bei 28 bis 31 Punkten,
mangelhaft (5)	bei 14 bis 27 Punkten,
ungenügend (6)	bei 0 bis 13 Punkten.

(2) Die Leistungen in der schriftlichen Prüfung werden jeweils von zwei Mitgliedern des Prüfungsausschusses bewertet. Soweit sie sich nicht einig sind, entscheidet das vorsitzende Mitglied des Prüfungsausschusses und begründet dies schriftlich.

(3) Die Leistungen in jedem Fachgebiet der mündlich-praktischen Prüfung sind mit folgenden Noten zu bewerten:

sehr gut (1) =	eine den Anforderungen in besonderem Maß entsprechende Leistung,
gut (2) =	eine den Anforderungen voll entsprechende Leistung,
befriedigend (3) =	eine den Anforderungen im Allgemeinen entsprechende Leistung,
ausreichend (4) =	eine Leistung, die zwar Mängel aufweist, aber im Ganzen den Anforderungen noch entspricht,
mangelhaft (5) =	eine den Anforderungen nicht entsprechende Leistung, die jedoch erkennen lässt, dass Grundkenntnisse vorhanden sind und die Mängel in absehbarer Zeit behoben werden können,
ungenügend (6) =	eine den Anforderungen nicht entsprechende Leistung, bei der selbst die Grundkenntnisse lückenhaft sind.

Zwischennoten werden nicht erteilt.

(4) Die Leistungen in der mündlich-praktischen Prüfung werden von den hierfür eingeteilten Mitgliedern des Prüfungsausschusses bewertet. Die Bewertenden entscheiden mit Stimmenmehrheit. Bei Stimmengleichheit

setzt das vorsitzende Mitglied des Prüfungsausschusses die Note für das Fachgebiet fest und begründet seine Entscheidung schriftlich.

§ 9 Gesamtergebnis der Prüfung

(1) Zur Ermittlung des Gesamtergebnisses der Jägerprüfung wird aus den Notenwerten der schriftlichen und der mündlich-praktischen Prüfung das arithmetische Mittel bis auf eine Dezimalstelle ohne Rundung errechnet. Die Mittelwerte sind den Noten wie folgt zugeordnet:

1,0 bis 1,4 der Note sehr gut,
1,5 bis 2,4 der Note gut,
2,5 bis 3,4 der Note befriedigend,
3,5 bis 4,4 der Note ausreichend,
4,5 bis 5,4 der Note mangelhaft,
5,5 bis 6,0 der Note ungenügend.

(2) Außer in den in § 5 Abs. 2 und § 7 Abs. 2 bezeichneten Fällen ist die Jägerprüfung auch nicht bestanden, wenn

1. der Mittelwert aus den Notenwerten der schriftlichen und der mündlich-praktischen Prüfung für das Fachgebiet 1 oder 2 der Anlage 1 schlechter als 4,4,
2. der Mittelwert aus den Notenwerten der mündlich-praktischen Prüfung schlechter als 4,4 oder
3. der Mittelwert nach Absatz 1 schlechter als 4,4

ist.

(3) Im Anschluss an die mündlich-praktische Prüfung wird dem Prüfling das Gesamtergebnis der Jägerprüfung mitgeteilt.

§ 10 Prüfungsniederschrift

Über den Verlauf der Jägerprüfung ist eine Niederschrift zu fertigen und vom vorsitzenden Mitglied des Prüfungsausschusses zu unterzeichnen. Die Leistungen im Jagdlichen Schießen sind in einer Schießliste festzuhalten, die Bestandteil der Niederschrift ist.

§ 11 Prüfungszeugnis

Wer die Jägerprüfung bestanden hat, erhält von der Jagdbehörde ein Zeugnis. Wer die Jägerprüfung nicht bestanden hat, erhält hierüber einen Bescheid.

§ 12 Rücktritt

(1) Tritt ein Prüfling ohne Genehmigung von der Jägerprüfung oder einem Prüfungsabschnitt zurück, so gilt die Jägerprüfung als nicht bestanden.

(2) Wird der Rücktritt genehmigt, so gilt die Jägerprüfung oder der Prüfungsabschnitt als nicht unternommen. Die Genehmigung darf nur erteilt werden, wenn ein wichtiger Grund vorliegt, insbesondere wenn der Prüfling die Jägerprüfung oder den Prüfungsabschnitt wegen Krankheit nicht ablegen kann; die Vorlage eines amtsärztlichen Zeugnisses kann verlangt werden.

§ 13 Wiederholung der Prüfung

Hat ein Prüfling die Jägerprüfung nicht bestanden, so kann er sie wiederholen. Prüfungsleistungen werden auf die Wiederholungsprüfung nicht angerechnet.

§ 14 Täuschung

Versucht ein Prüfling, das Ergebnis der Jägerprüfung oder einzelner Prüfungsabschnitte durch Täuschung zu beeinflussen, so nimmt er zunächst weiter an der Prüfung teil. Über die Folgen eines Täuschungsversuchs entscheidet der Prüfungsausschuss. Je nach Schwere der Verfehlung kann von Maßnahmen abgesehen, die Wiederholung der betreffenden Prüfungsleistung angeordnet, die betreffende Prüfungsleistung mit „ungenügend" bewertet oder die Jägerprüfung insgesamt für nicht bestanden erklärt werden.

§ 15 Gleichgestellte Prüfungen

Die Jägerprüfung gilt als bestanden, wenn

1. die Bachelorprüfung im Rahmen des Studiengangs Forstwissenschaften und Waldökologie an der Universität Göttingen, einschließlich einer Prüfung im Fach Jagdtechnik, oder
2. die Diplom- oder Bachelorprüfung im Rahmen des Studiengangs Forstwirtschaft an der Fakultät Ressourcenmanagement der Fachhochschule Hildesheim/Holzminden/Göttingen, einschließlich einer Prüfung im Fach Wildbiologie und Jagdbetriebslehre,

bestanden ist und diese Prüfungen die Anforderungen der §§ 5 und 7 erfüllen.

§ 16 Eingeschränkte Jägerprüfung,

Es kann eine eingeschränkte Jägerprüfung durchgeführt werden. Sie dient als Zulassungsvoraussetzung für die Falknerprüfung. Auf sie sind die im Zusammenhang mit dem Schusswaffengebrauch und den Jagdsignalen stehenden Vorschriften nicht anzuwenden. Die erfolgreich abgelegte eingeschränkte Jägerprüfung kann nicht durch eine spätere Zusatzprüfung zur Jägerprüfung erweitert werden.

ZWEITER TEIL: Falknerprüfung

§ 17 Prüfungskommission

Für die Durchführung von Falknerprüfungen wird bei der Landesjägerschaft eine Prüfungskommission gebildet. Die oberste Jagdbehörde beruft auf Vorschlag der Falknerorganisationen, des Niedersächsischen Landesbetriebs für Wasserwirtschaft, Küstenschutz und Naturschutz und der Landesjägerschaft für die Dauer von fünf Jahren das vorsitzende Mitglied sowie das stellvertretende vorsitzende Mitglied und die weiteren Mitglieder der Prüfungskommission. Die Falknerorganisationen haben das Vorschlagsrecht für die Hälfte der Mitglieder und der Niedersächsische Landesbetrieb für Wasserwirtschaft, Küstenschutz und Naturschutz und die Landesjägerschaft für je ein Viertel der Mitglieder. Die Mitglieder der Prüfungskommission müssen jagdpachtfähig sein.

§ 18 Prüfungsausschuss

Die Falknerprüfung wird von einem Prüfungsausschuss abgenommen. Das vorsitzende Mitglied der Prüfungskommission beruft aus den Mitgliedern der Prüfungskommission einen oder mehrere Prüfungsausschüsse unter Berücksichtigung der Vorschlagsanteile nach § 17 Satz 3. § 2 Abs. 1 Sätze 3 und 4 sowie Abs. 2 bis 4 gilt entsprechend.

§ 19 Zulassung zur Prüfung

Zur Falknerprüfung ist von der Landesjägerschaft zuzulassen, wer die Jägerprüfung oder die eingeschränkte Jägerprüfung bestanden hat. Die Zugelassenen sind spätestens eine Woche vor der Prüfung von der Landesjägerschaft zu laden.

§ 20 Gliederung der Prüfung

(1) Die Falknerprüfung besteht aus den Prüfungsabschnitten

1. schriftliche Prüfung und
2. mündlich-praktische Prüfung.

(2) Die Falknerprüfung ist nicht öffentlich. Bei der Falknerprüfung dürfen anwesend sein

1. Beauftragte der Obersten Jagdbehörde und
2. vom vorsitzenden Mitglied der Prüfungskommission zugelassene Personen, sofern kein Prüfling widerspricht.

§ 21 Schriftliche Prüfung

Der Prüfling hat in der schriftlichen Prüfung in jedem der in der Anlage 2 genannten Fachgebiete zehn Fragen zu beantworten. Die Bearbeitungszeit für die Fragen eines Fachgebiets beträgt 30 Minuten. Die Fragen bestimmt das vorsitzende Mitglied der Prüfungskommission.

§ 22 Mündlich-praktische Prüfung

Die mündlich-praktische Prüfung erstreckt sich auf die in der Anlage 2, genannten Fachgebiete. Die Prüfung kann als Gruppenprüfung durchgeführt werden. Auf jeden Prüfling sollen je Fachgebiet etwa zehn Minuten entfallen.

§ 23 Bewertung der Prüfungsleistungen, Gesamtergebnis der Prüfung

(1) In der schriftlichen Prüfung wird die Antwort auf jede Frage mit 0, 1 oder 2 Punkten bewertet. Daraus ergeben sich je Fachgebiet die Noten:

sehr gut (1)	bei 19 bis 20 Punkten,
gut (2)	bei 16 bis 18 Punkten,
befriedigend (3)	bei 13 bis 15 Punkten,
ausreichend (4)	bei 10 bis 12 Punkten,
mangelhaft (5)	bei 7 bis 9 Punkten,
ungenügend (6)	bei 0 bis 6 Punkten.

§ 8 Abs. 2 bis 4 gilt entsprechend.

(2) Für die Ermittlung des Gesamtergebnisses gilt § 9 Abs. 1 entsprechend.

(3) Die Falknerprüfung ist nicht bestanden, wenn

1. der Mittelwert aus den Notenwerten der schriftlichen und der mündlich-praktischen Prüfung für das Fachgebiet 1, 2 oder 3 der Anlage 2 schlechter als 4,4 oder
2. der Mittelwert nach § 9 Abs. 1 schlechter als 4,4 ist.

§ 24 Ergänzende Vorschriften

§ 10 Satz 1 und die §§ 11 bis 14 gelten für die Durchführung der Falknerprüfung entsprechend mit der Maßgabe, dass das Prüfungszeugnis von der Landesjägerschaft ausgestellt wird.

DRITTER TEIL: Schlussvorschrift

§ 25 In-Kraft-Treten

(1) Diese Verordnung tritt am Tag nach ihrer Verkündung in Kraft.

(2) Gleichzeitig tritt die Verordnung über die Jäger- und Falknerprüfung vom 24. Juni 1991 (Nds. GVBl. S. 285), zuletzt geändert durch Verordnung vom 30. August 2001 (Nds. GVBl. S. 601), außer Kraft.

(3) Eine Prüfung, die vor dem Inkrafttreten dieser Verordnung bereits begonnen hat, richtet sich weiterhin nach den bisher geltenden Vorschriften. Die Jagdbehörde kann bestimmen, dass die Prüfung nach den Regelungen dieser Verordnung fortgeführt wird, wenn kein Prüfling widerspricht.

Anlage 1 (zu den §§ 6 und 7)

Fachgebiete der Jägerprüfung

Fachgebiet	Prüfungsgegenstand
1	**Dem Jagdrecht unterliegende und andere freilebende Tiere**
	– Biologie sowie ökologische Ansprüche, Verhalten und Bedürfnisse der wichtigsten in der Bundesrepublik Deutschland vorkommenden wild lebenden Tiere – Grundlagen der Populationsdynamik
2	**Jagdwaffen und Fanggeräte**
	– Jagdwaffenkunde – Umgang mit Lang- und Kurzwaffen, blanken Waffen, Optik, Zielhilfen und sonstigen Jagdgeräten sowie deren Pflege und Verwahrung – Fanggeräte und Praxis der tierschutzgerechten Fangjagd – Unfallverhütungsvorschriften
3	**Naturschutz, Hege und Jagdbetrieb**
	– Grundlagen der Wechselbeziehungen des Natur- und Artenschutzes und des Land- und Waldbaus – Biotopschutz und -gestaltung – Kenntnis der wichtigsten Feldfrüchte, Baum- und Straucharten – Jagdmethoden, Verhalten auf der Jagd, Jagdeinrichtungen, Sicherheitsbestimmungen – Kenntnis der Jagdsignale – Jagdschutz, Wild- und Jagdschäden
4	**Behandlung des erlegten Wildes, Wildkrankheiten, Jagdhundewesen, jagdliches Brauchtum**
	– Versorgung und Verwertung des Wildes, Wildbrethygiene – Wildkrankheiten – Grundlagen des Jagdhundewesens, Kenntnis der Jagdhunderassen – zeitgemäßes jagdliches Brauchtum – Waidgerechtigkeit

Fachgebiet	Prüfungsgegenstand
5	**Jagdrecht und verwandtes Recht**
	– Bundes- und Landesjagdrecht einschließlich des zugehörigen Artenschutzrechts
	– Waffenrecht
	– Tierschutz-, Tierseuchen- und Tierkörperbeseitigungsrecht
	– Recht des Naturschutzes und der Landschaftspflege einschließlich des zugehörigen Artenschutzrechts
	– Recht des Waldes und der Landschaftsordnung, insbesondere Betretensrecht

Anlage 2

Fachgebiete der Falknerprüfung

Fachgebiet	Prüfungsgegenstand
1	**Haltung und Pflege von Beizvögeln** – Erwerb – Aufzucht – Ernährung – Unterbringung – Mauser – Gesunderhaltung – Beizvogelkrankheiten
2	**Umgang mit Beizvögeln** – Lockemachen – Appell – Einjagen – Flugtraining
3	**Greifvogelschutz** – Greifvogelkunde – Gefährdung und Gefährdungsursachen – praktische Schutzmaßnahmen – Rechtsgrundlagen der Falknerei, des Greifvogelschutzes einschließlich der natur- und artenschutzrechtlichen Bestimmungen im Hinblick auf die Beschaffung, die Kennzeichnung und das In-Verkehr-Bringen von Greifvögeln
4	**Beizjagd** – Hege und Bejagung von Beizwild – Falknerhunde – Versorgung des gebeizten Wildes – Brauchtum

§ 17 BJagdG: Versagung des Jagdscheines

(1) Der Jagdschein ist zu versagen

1. Personen, die noch nicht sechzehn Jahre alt sind;
2. Personen, bei denen Tatsachen die Annahme rechtfertigen, dass sie die erforderliche Zuverlässigkeit oder körperliche Eignung nicht besitzen;
3. Personen, denen der Jagdschein entzogen ist, während der Dauer der Entziehung oder einer Sperre (§§ 18, 41 Abs. 2);
4. Personen, die keine ausreichende Jagdhaftpflichtversicherung (fünfhunderttausend Euro für Personenschäden und fünfzigtausend Euro für Sachschäden) nachweisen; die Versicherung kann nur bei einem Versicherungsunternehmen mit Sitz in der Europäischen Wirtschaftsgemeinschaft oder mit Niederlassung im Geltungsbereich des Versicherungsaufsichtsgesetzes genommen werden; die Länder können den Abschluss einer Gemeinschaftsversicherung ohne Beteiligungszwang zulassen.

Fehlen die Zuverlässigkeit oder die persönliche Eignung im Sinne der §§ 5 und 6 des Waffengesetzes, darf nur ein Jagdschein nach § 15 Abs. 7 erteilt werden.

(2) Der Jagdschein kann versagt werden

1. Personen, die noch nicht achtzehn Jahre alt sind;
2. Personen, die nicht Deutsche im Sinne des Artikels 116 des Grundgesetzes sind;
3. Personen, die nicht mindestens drei Jahre ihren Wohnsitz oder ihren gewöhnlichen Aufenthalt ununterbrochen im Geltungsbereich dieses Gesetzes haben;
4. Personen, die gegen die Grundsätze des § 1 Abs. 3 schwer oder wiederholt verstoßen haben.

(3) Die erforderliche Zuverlässigkeit besitzen Personen nicht, wenn Tatsachen die Annahme rechtfertigen, dass sie

1. Waffen oder Munition missbräuchlich oder leichtfertig verwenden werden;
2. mit Waffen oder Munition nicht vorsichtig und sachgemäß umgehen und diese Gegenstände nicht sorgfältig verwahren werden;
3. Waffen oder Munition an Personen überlassen werden, die zur Ausübung der tatsächlichen Gewalt über diese Gegenstände nicht berechtigt sind.

(4) Die erforderliche Zuverlässigkeit besitzen in der Regel Personen nicht, die

1. a) wegen eines Verbrechens,
    b) wegen eines vorsätzlichen Vergehens, das eine der Annahmen im Sinne des Absatzes 3 Nr. 1 bis 3 rechtfertigt,
    c) wegen einer fahrlässigen Straftat im Zusammenhang mit dem Umgang mit Waffen, Munition oder Sprengstoff,
    d) wegen einer Straftat gegen jagdrechtliche, tierschutzrechtliche oder naturschutzrechtliche Vorschriften, das Waffengesetz, das Gesetz über die Kontrolle von Kriegswaffen oder das Sprengstoffgesetz

    zu einer Freiheitsstrafe, Jugendstrafe, Geldstrafe von mindestens 60 Tagessätzen oder mindestens zweimal zu einer geringeren Geldstrafe rechtskräftig verurteilt worden sind, wenn seit dem Eintritt der Rechtskraft der letzten Verurteilung fünf Jahre nicht verstrichen sind; in die Frist wird die Zeit eingerechnet, die seit der Vollziehbarkeit des Widerrufs oder der Rücknahme eines Jagdscheins oder eines Waffenbesitzverbotes nach § 41 des Waffengesetzes wegen der Tat, die der letzten Verurteilung zugrunde liegt, verstrichen ist; in die Frist nicht eingerechnet wird die Zeit, in welcher der Beteiligte auf behördliche oder richterliche Anordnung in einer Anstalt verwahrt worden ist;

2. wiederholt oder gröblich gegen eine in Nummer 1 Buchstabe d genannte Vorschrift verstoßen haben;

3. geschäftsunfähig oder in der Geschäftsfähigkeit beschränkt sind;

4. trunksüchtig, rauschmittelsüchtig, geisteskrank oder geistesschwach sind.

(5) Ist ein Verfahren nach Absatz 4 Nr. 1 noch nicht abgeschlossen, so kann die zuständige Behörde die Entscheidung über den Antrag auf Erteilung des Jagdscheines bis zum rechtskräftigen Abschluss des Verfahrens aussetzen. Die Zeit der Aussetzung des Verfahrens ist in die Frist nach Absatz 4 Nr. 1 erster Halbsatz einzurechnen.

(6) Sind Tatsachen bekannt, die Bedenken gegen die Zuverlässigkeit nach Absatz 4 Nr. 4 oder die körperliche Eignung nach Absatz 1 Nr. 2 begründen, so kann die zuständige Behörde dem Beteiligten die Vorlage eines amts- oder fachärztlichen Zeugnisses über die geistige und körperliche Eignung aufgeben.

ERLÄUTERUNGEN

1. Die Versagung des Jagdscheins erfolgt vorrangig aus Gründen der öffentlichen Sicherheit. Personen, die als Jäger und als Besitzer von Jagdwaffen ein Sicherheitsrisiko darstellen würden, darf ein Jagdschein, der zum Umgang mit Schusswaffen berechtigt, nicht erteilt werden. Nach § 3 Abs. 2 Nr. 2 der Verordnung über die Jäger- und die Falknerprüfung ist die für den Erwerb des Jagdscheins erforderliche Zuverlässigkeit bereits Voraussetzung für die Zulassung eines Bewerbers zur Jägerprüfung.

Liegt einer der Fälle des § 17 Abs. 1 BJagdG vor, darf ein Jagdschein, der zum Umgang mit Schusswaffen berechtigt, ausnahmslos nicht erteilt werden. Fehlt dem Bewerber die Zuverlässigkeit oder die persönliche Eignung im Sinne der §§ 5 und 6 WaffG, darf ihm bei Vorliegen der entsprechenden Voraussetzungen nur ein Falknerjagdschein erteilt werden. Durch diese Vorschrift wird sichergestellt, dass die Jagdbehörde einem Antrag auf Ausstellung eines Jagdscheins, der zum Umgang mit Schusswaffen berechtigt, bei Vorliegen aller sonstigen Voraussetzungen nur entsprechen darf, wenn auch nach den strengeren Bestimmungen des Waffengesetzes keine Bedenken gegen die Zuverlässigkeit oder die persönliche Eignung des Bewerbers bestehen.

In den in § 5 Abs. 1 WaffG aufgeführten Fällen ist die erforderliche Zuverlässigkeit einer Person ausnahmslos nicht gegeben. Nach § 5 Abs. 1 Nr. 1b WaffG sind auch solche Personen unwiderlegbar unzuverlässig, die rechtskräftig wegen einer vorsätzlichen Straftat, gleichgültig, um welches Delikt auch immer es sich handeln mag, zu einer Freiheitsstrafe von mindestens einem Jahr verurteilt worden sind, wenn seit dem Eintritt der Rechtskraft der letzten Verurteilung zehn Jahre noch nicht verstrichen sind.

Ferner werden als unwiderlegbar unzuverlässig in § 5 Abs. 1 Nr. 2 WaffG (fast gleichlautend in § 17 Abs. 3 BJagdG) Personen bezeichnet, bei denen Tatsachen die Annahme rechtfertigen, dass sie Waffen oder Munition missbräuchlich oder leichtfertig verwenden, mit

Waffen oder Munition nicht vorsichtig oder sachgemäß umgehen oder diese Gegenstände nicht sorgfältig verwahren oder Waffen oder Munition Personen überlassen werden, die zur Ausübung der tatsächlichen Gewalt über diese Gegenstände nicht berechtigt sind. So dürfen Schusswaffen erst dann geladen werden, wenn mit ihrem bestimmungsgemäßen Gebrauch im Rahmen der Jagdausübung unmittelbar zu rechnen ist (Nds. OVG JE V Nr. 226). Das kann frühestens dann angenommen werden, wenn der Jäger sein Revier erreicht hat oder wenn ihm als Jagdgast bei einer Gesellschaftsjagd sein Stand zugewiesen worden ist. Schusswaffen dürfen nur während der tatsächlichen Jagdausübung geladen sein. Beim Besteigen von Fahrzeugen und während der Fahrt muss die Schusswaffe entladen sein. Beim Besteigen oder Verlassen eines Hochsitzes, beim Überwinden von Hindernissen oder in ähnlichen Gefahrenlagen müssen die Läufe (Patronenlager) entladen sein (§ 3 der Unfallverhütungsvorschrift Jagd). Nicht sorgfältig verwahrt werden beispielsweise Waffen, wenn sie ohne Aufsicht in einem verschlossenen Kraftfahrzeug zurückgelassen werden. Ein verbotenes Überlassen von Waffen oder Munition ist z. B. auch dann gegeben, wenn der Schlüssel zu einem Waffenschrank für Personen zugänglich ist, die nicht über eine erforderliche waffenrechtliche Genehmigung verfügen (Familienangehörige).

In den Fällen des § 5 Abs. 2 WaffG besteht (ebenso wie in denen des § 17 Abs. 4 BJagdG) „in der Regel" die Vermutung der Unzuverlässigkeit des Bewerbers. Die Vermutung kann allerdings widerlegt werden. Dazu müssen für die Zuverlässigkeit des Bewerbers sprechende Tatsachen vorgetragen werden. Andererseits kann bei Vorliegen besonderer Umstände die Zuverlässigkeit eines Bewerbers auch dann verneint werden, wenn die in § 5 Abs. 2 WaffG oder § 17 Abs. 4 BJagdG genannten Kriterien nicht oder nicht mehr vorliegen, etwa weil die in den genannten Vorschriften bestimmte Frist von fünf Jahren bereits verstrichen ist.

Nach § 5 Abs. 2 Nr. 1a WaffG besitzen die erforderliche Zuverlässigkeit in der Regel Personen nicht, die wegen einer vorsätzlichen Straftat zu einer Freiheitsstrafe, Jugendstrafe, Geldstrafe von mindestens 60

Tagessätzen oder mindestens zweimal zu einer geringeren Geldstrafe rechtskräftig verurteilt worden sind oder bei denen die Verhängung von Jugendstrafe ausgesetzt worden ist, wenn seit dem Eintritt der Rechtskraft der letzten Verurteilung fünf Jahre noch nicht verstrichen sind. Ein rechtskräftiger Strafbefehl steht einem rechtskräftigen Urteil gleich (§ 410 Abs. 3 StPO) und entfaltet die gleichen Wirkungen (BayVGH JE V Nr. 225). Auch die Verurteilung zu einer Gesamtstrafe von mindestens 60 Tagessätzen wegen Verwirklichung von in § 5 Abs. 2 Nr. 1 WaffG genannten Straftaten soll die Regelvermutung der waffenrechtlichen Unzuverlässigkeit begründen.

2. § 17 Abs. 2 BJagdG bestimmt, dass die Behörde nach pflichtgemäßer Prüfung den Jagdschein zu versagen hat, wenn der Bewerber als Jäger nicht, nicht mehr oder noch nicht geeignet ist. Das ist nach § 17 Abs. 2 Nr. 4 BJagdG auch dann der Fall, wenn der Antragsteller schwer oder wiederholt gegen die Grundsätze des § 1 Abs. 3 BJagdG, also gegen die allgemein anerkannten Grundsätze deutscher Weidgerechtigkeit, verstoßen hat. Soll der Jagdschein aus diesem Grunde versagt (oder für ungültig erklärt und eingezogen) werden, hat die Jagdbehörde der Geschäftsführung der anerkannten Landesjägerschaft (§ 40 NJagdG) Gelegenheit zur Stellungnahme zu geben (§ 22 Abs. 4 NJagdG). Auf diese Weise soll sichergestellt werde, dass die in der Jägerschaft, also in den beteiligten Kreisen, herrschenden Auffassungen über den Inhalt dieses unbestimmten Rechtsbegriffs (vergl. dazu die Erläuterungen 6 zu § 1 BJagdG), der Jagdbehörde zur Kenntnis gebracht und von ihr berücksichtigt werden können. Eine Bindung der Jagdbehörde an die Stellungnahme besteht jedoch nicht.

Ein Verstoß gegen die allgemein anerkannten Grundsätze deutscher Weidgerechtigkeit liegt immer dann vor, wenn die Jagd nicht so ausgeübt wird, dass den betroffenen Tieren vermeidbare Schmerzen oder Leiden möglichst erspart bleiben, oder wenn der Jäger nicht alles Zumutbare unternimmt, um in seinem Jagdbezirk verletzte, insbesondere krankgeschossene, oder schwerkranke Tiere von ihren Schmerzen oder Leiden zu erlösen. Als betroffen kommen nicht nur die Tiere in Betracht, die selbst erlegt oder gefangen werden (sollen), sondern auch

deren Junge, sofern sie auf Ernährung und Führung durch die Elterntiere angewiesen sind. Verstöße gegen jagdrechtliche Vorschriften, die
nicht geeignet sind, das Wohlbefinden der Tiere direkt oder indirekt
zu beeinträchtigen, stellen dagegen in der Regel keinen Verstoß gegen
die Grundsätze deutscher Weidgerechtigkeit dar.

Für die gerichtliche Nachprüfung eines Verwaltungsakts, durch den
ein Jagdschein versagt oder für ungültig erklärt wird (§ 18 BJagdG),
ist der Rechtsweg zu den Verwaltungsgerichten eröffnet. Die Anordnung der Entziehung des Jagdscheins oder einer Sperre (§ 41 BJagdG)
in einem Strafurteil kann dagegen nur mit den im Strafverfahren gegebenen Rechtsmitteln angefochten werden. Auch für die vorzeige
Aufhebung einer Sperre ist das Strafgericht zuständig (§ 41 Abs. 3
BJagdG).

Haftpflicht- und Unfallversicherung

Haftpflichtversicherung

Nach § 17 Abs. 1 Nr. 4 BJagdG darf ein Jagdschein nur ausgestellt
werden, wenn der Bewerber den Abschluss einer „ausreichenden"
Jagdhaftpflichtversicherung nachweist. Die Jagdhaftpflichtversicherung deckt Schäden Dritter, für die der Versicherungsnehmer haftet,
weil er oder Personen in seinen Diensten diese bei einer jagdlichen Betätigung verursacht haben. Sie deckt weder Schäden, die der Versicherungsnehmer selbst auf der Jagd erleidet, noch Wildschäden. Von der
Deckung ausgeschlossen sind auch alle Personenschäden aus Jagdunfällen, die im Rahmen der gesetzlichen Unfallversicherung reguliert
werden.

Gesetzliche Unfallversicherung

§ 123 Abs. 1 Nr. 5 des Siebten Buches Sozialgesetzbuch – SGB VII –
unterstellt die Jagden der gesetzlichen Unfallversicherung. Unfall-
sicherungsträger sind die landwirtschaftlichen Berufsgenossenschaften. Anders als bei der Haftpflichtversicherung und bei einer privaten
Unfallversicherung bedarf es nicht des Abschlusses eines Versiche-
rungsvertrages. Die Versicherung tritt mit der Übernahme eines Jagd-

reviers automatisch in Kraft. Die notwendigen Mittel werden durch die von den Revierinhabern nach einem bestimmten Umlageverfahren zu entrichtenden Beiträge aufgebracht.

Versichert gegen Körperschäden oder Tod – nicht gegen Sachschäden – infolge eines Jagdunfalls sind neben dem Revierinhaber der mit ihm in häuslicher Gemeinschaft lebende Ehegatte oder eingetragene Lebenspartner sowie die von ihm beschäftigten oder herangezogenen Jagdhelfer, Treiber, Jagdaufseher, Berufsjäger, Jagdschutzbeauftragten oder Hegepersonen. Dagegen sind Jagdgäste in der Regel nicht versichert.

Nicht versichert sollen auch Schweißhundführer sein, die bei der Nachsuche einen Unfall erleiden, etwa von einem krankgeschossenen Keiler angenommen werden, weil diese Personen unternehmerähnlich tätig sein sollen, und zwar auch dann, wenn sie ihre Leistungen unentgeltlich erbringen (LSG Rheinland-Pfalz JE XV Nr. 60; LSG JE XV Nr. 68). Diese Auffassung ist nicht zu billigen, weil insbesondere bei Gesellschaftsjagden immer mit der Notwendigkeit von Nachsuchen gerechnet werden muss und weil Schweißhundführer für den Erfolg der Jagd, insbesondere aber für eine den Anforderungen des § 22a BJagdG genügende Jagd, in gleicher Weise notwendig sind wie Treiber und andere Jagdhelfer. Dass sie in der Regel erst nach Beendigung der Jagd tätig werden, in Bezug auf Ort, Zeit und Art ihres Tätigwerdens keinen Weisungen unterliegen und dass sie für den Erfolg der Nachsuche keine Gewähr übernehmen können, ist in der Natur der Sache und nicht darin begründet, dass zwischen dem Revierinhaber und dem Nachsuchenführer in der Regel kein Abhängigkeitsverhältnis besteht.

Bei einem Jagdunfall gewährt die Berufsgenossenschaft die gleichen gesetzlichen Leistungen wie bei einem landwirtschaftlichen Arbeitsunfall.

Die Verhütung von Jagdunfällen dient die Unfallverhütungsvorschrift Jagd (UVV Jagd) der Landwirtschaftlichen Berufsgenossenschaften vom 1. Januar 2000.

§ 18 BJagdG: Einziehung des Jagdscheines

Wenn Tatsachen, welche die Versagung des Jagdscheines begründen, erst nach Erteilung des Jagdscheines eintreten oder der Behörde, die den Jagdschein erteilt hat, bekannt werden, so ist die Behörde in den Fällen des § 17 Abs. 1 und in den Fällen, in denen nur ein Jugendjagdschein hätte erteilt werden dürfen (§ 16), sowie im Falle der Entziehung gemäß § 41 verpflichtet, in den Fällen des § 17 Abs. 2 berechtigt, den Jagdschein für ungültig zu erklären und einzuziehen. Ein Anspruch auf Rückerstattung der Jagdscheingebühren besteht nicht. Die Behörde kann eine Sperrfrist für die Wiedererteilung des Jagdscheins festsetzen.

ERLÄUTERUNGEN

1. Es ist zu unterscheiden zwischen der Entziehung des Jagdscheins und der Einziehung des Jagdscheins. Die Entziehung des Jagdscheins (§ 41 BJagdG) kann nur durch das Gericht in einem Strafverfahren angeordnet werden. Sie wird mit einer Jagdscheinsperre für eine Zeit von einem Jahr bis fünf Jahren oder für dauernd verbunden. Die Anordnung hat folgende Wirkungen:

Die Jagdbehörde hat den Jagdschein für ungültig zu erklären und einzuziehen. Sie muss sich also den Schein körperlich aushändigen zu lassen. Die Ungültigkeitserklärung ist der (nach § 49 VwVfG zulässige) Widerruf eines begünstigenden Verwaltungsakts.

Für die Dauer der Jagdscheinsperre darf dem Betroffenen kein neuer Jagdschein ausgestellt werden (§ 17 Abs. 1 Nr. 3 BJagdG).

Die Jagdbehörde kann den Jagdschein auch nach § 18 BJagdG ohne vorherige gerichtliche Entscheidung für ungültig erklären und einziehen, wenn im Zeitpunkt der Ausstellung des Jagdscheins ein Versagungsgrund vorlag und dieser der Jagdbehörde erst nachträglich bekannt geworden ist oder wenn Versagungsgründe nachträglich eintreten. Die Jagdbehörde kann den Jagdschein selbst dann noch für ungültig erklären, wenn das Gericht die Entziehung nicht angeordnet hat.

2. Versagungsgründe können sich vor allem aus Strafverfahren ergeben. Nach Nr. 37 der in allen Bundesländern einheitlich geltenden Anordnung über Mitteilungen in Strafsachen (MiStra) vom 19.5.2008 (BAnz. Vom 21.8.2008 Nr. 126a) sind in Strafsachen gegen Inhaber von Jagdscheinen und gegen Personen, die einen Antrag auf Erteilung eines Jagdscheins gestellt haben, den für die Erteilung des Jagdscheins zuständigen Behörden Mitteilungen zu machen über Verfahren wegen

1. eines Verbrechens,
2. einer vorsätzlichen Straftat gegen das Leben, die Gesundheit oder die persönliche Freiheit, eine der in § 181b StGB genannten Straftaten (schwerwiegende Straftaten gegen die sexuelle Selbstbestimmung), Land- und Hausfriedensbruchs, Widerstandes gegen die Staatsgewalt, einer gemeingefährlichen Straftat, einer Straftat gegen das Eigentum oder das Vermögen oder einer Wilderei,
3. einer fahrlässigen Straftat im Zusammenhang mit dem Umgang mit Waffen, Munition oder Sprengstoff,
4. einer Straftat nach jagd-, tierschutz- oder naturschutzrechtlichen Vorschriften, dem Waffengesetz, dem Gesetz über die Kontrolle von Kriegswaffen oder dem Sprengstoffgesetz.

Mitzuteilen sind

1. die Erhebung der öffentlichen Klage,
2. der Ausgang des Verfahrens, wenn eine Mitteilung nach Ziffer 1 zu machen war,
3. die Einstellung des Verfahrens nach § 170 Abs. 2 StPO, wenn sie Feststellungen zu einer Schuldunfähigkeit nach § 20 StGB enthält.

(3) In sonstigen Strafsachen gegen eine der in Absatz 1 bezeichneten Personen ist die rechtskräftige Entscheidung mitzuteilen, wenn

1. Führungsaufsicht angeordnet ist oder kraft Gesetzes eintritt,
2. eine Entziehung des Jagdscheins, eine Sperrfrist zur Erteilung des Jagdscheins oder ein Verbot der Jagdausübung angeordnet worden ist.

Weitere Mitteilungspflichten, insbesondere auch gegenüber den für die Erteilung waffenrechtlicher Genehmigungen zuständigen Behörden, sind in den Nrn. 36a und 37 der MiStra enthalten.

Außer der Entziehung und der Einziehung des Jagdscheins ist nach § 41a BJagdG auch ein befristetes Verbot der Jagdausübung mit gleichzeitiger amtlicher Verwahrung des Jagdscheins zulässig (vgl. E zu § 41a BJagdG).

§ 18a BJagdG: Mitteilungspflichten

Die erstmalige Erteilung einer Erlaubnis nach den §§ 15 und 16, das Ergebnis von Überprüfungen nach § 17 sowie Maßnahmen nach den §§ 18, 40, 41 und 41a sind der für den Vollzug des Waffengesetzes nach dessen § 48 Abs. 1 zuständigen Behörde mitzuteilen.

ERLÄUTERUNGEN

Der Umgang, ausgenommen das Überlassen, mit Schusswaffen (Waffen im Sinne des § 1 Abs. 2 Nr. 1 (Anlage 1 Abschnitt 1 Unterabschnitt 1 Nr. 1 bis 4)) und der dafür bestimmten Munition bedarf grundsätzlich der Erlaubnis (Abschnitt 2 Unterabschnitt 1 der Anlage 2 zu § 2 Abs. 2 bis 4 WaffG). Die Erlaubnis zum Erwerb und Besitz von Schusswaffen wird durch eine Waffenbesitzkarte oder durch Eintragung in eine bereits vorhandene Waffenbesitzkarte, die Erlaubnis zum Erwerb und Besitz von Munition durch Eintragung in eine Waffenbesitzkarte für die darin eingetragenen Schusswaffen oder durch einen Munitionserwerbsschein erteilt (§ 10 Abs. 1 und Abs. 3 WaffG). Zuständig für die Erteilung der Erlaubnis und für die Prüfung der dafür sind die für den Vollzug des Waffengesetzes zuständigen Behörden, also Polizeibehörden.

Dieser Grundsatz wird im Bereich des Jagdrechts insofern durchbrochen, als der Besitz eines Jagdscheins in bestimmten Fällen auch ohne Erlaubnis, also ohne Waffenbesitzkarte, zum Umgang mit Waffen berechtigt (§ 13 Abs. 6 und 7 WaffG) und als für die Erteilung von Jagdscheinen und die übrigen in § 18a BJagdG genannten Maßnahmen die Jagdbehörden zuständig sind. Die Jagdbehörden haben also in einem bestimmten Umfang Aufgaben zu erfüllen, für die normalerweise die nach dem WaffG vorgesehenen Behörden zuständig sind. Durch die in § 18a BJagdG vorgeschriebene Mitteilungspflicht soll sichergestellt werden, dass die für den Vollzug des WaffG zuständigen Behörden unverzüglich die notwendigen waffenrechtlichen Folgerungen aus den Erkenntnissen oder Maßnahmen der Jagdbehörden ziehen können.

§ 19 BJagdG: Sachliche Verbote

(1) Verboten ist

1. mit Schrot, Posten, gehacktem Blei, Bolzen oder Pfeilen, auch als Fangschuss, auf Schalenwild und Seehunde zu schießen;
2. a) auf Rehwild und Seehunde mit Büchsenpatronen zu schießen, deren Auftreffenergie auf 100 m (E 100) weniger als 1 000 Joule beträgt;
   b) auf alles übrige Schalenwild mit Büchsenpatronen unter einem Kaliber von 6,5 mm zu schießen; im Kaliber 6,5 mm und darüber müssen die Büchsenpatronen eine Auftreffenergie auf 100 m (E 100) von mindestens 2 000 Joule haben;
   c) auf Wild mit halbautomatischen oder automatischen Waffen, die mehr als zwei Patronen in das Magazin aufnehmen können, zu schießen;
   d) auf Wild mit Pistolen oder Revolvern zu schießen, ausgenommen im Falle der Bau- und Fallenjagd sowie zur Abgabe von Fangschüssen, wenn die Mündungsenergie der Geschosse mindestens 200 Joule beträgt;
3. die Lappjagd innerhalb einer Zone von 300 Metern von der Bezirksgrenze, die Jagd durch Abklingeln der Felder und die Treibjagd bei Mondschein auszuüben;
4. Schalenwild, ausgenommen Schwarzwild, sowie Federwild zur Nachtzeit zu erlegen; als Nachtzeit gilt die Zeit von eineinhalb Stunden nach Sonnenuntergang bis eineinhalb Stunden vor Sonnenaufgang; das Verbot umfasst nicht die Jagd auf Möwen, Waldschnepfen, Auer-, Birk- und Rackelwild;
5. a) künstliche Lichtquellen, Spiegel, Vorrichtungen zum Anstrahlen oder Beleuchten des Zieles, Nachtzielgeräte, die einen Bildwandler oder eine elektronische Verstärkung be-

sitzen und für Schusswaffen bestimmt sind, Tonbandgeräte oder elektrische Schläge erteilende Geräte beim Fang oder Erlegen von Wild aller Art zu verwenden oder zu nutzen sowie zur Nachtzeit an Leuchttürmen oder Leuchtfeuern Federwild zu fangen;

b) Vogelleim, Fallen, Angelhaken, Netze, Reusen oder ähnliche Einrichtungen sowie geblendete oder verstümmelte Vögel beim Fang oder Erlegen von Federwild zu verwenden;

6. Belohnungen für den Abschuss oder den Fang von Federwild auszusetzen, zu geben oder zu empfangen;

7. Saufänge, Fang- oder Fallgruben ohne Genehmigung der zuständigen Behörde anzulegen;

8. Schlingen jeder Art, in denen sich Wild fangen kann, herzustellen, feilzubieten, zu erwerben oder aufzustellen;

9. Fanggeräte, die nicht unversehrt fangen oder nicht sofort töten, sowie Selbstschussgeräte zu verwenden;

10. in Notzeiten Schalenwild in einem Umkreis von 200 Metern von Fütterungen zu erlegen;

11. Wild aus Luftfahrzeugen, Kraftfahrzeugen oder maschinengetriebenen Wasserfahrzeugen zu erlegen; das Verbot umfasst nicht das Erlegen von Wild aus Kraftfahrzeugen durch Körperbehinderte mit Erlaubnis der zuständigen Behörde;

12. die Netzjagd auf Seehunde auszuüben;

13. die Hetzjagd auf Wild auszuüben;

14. die Such- und Treibjagd auf Waldschnepfen im Frühjahr auszuüben;

15. Wild zu vergiften oder vergiftete oder betäubende Köder zu verwenden;

16. die Brackenjagd auf einer Fläche von weniger als 1000 Hektar auszuüben;

17. Abwurfstangen ohne schriftliche Erlaubnis des Jagdausübungsberechtigten zu sammeln;

18. eingefangenes oder aufgezogenes Wild später als vier Wochen vor Beginn der Jagdausübung auf dieses Wild auszusetzen.

(2) Die Länder können die Vorschriften des Absatzes 1 mit Ausnahme der Nummer 16 erweitern oder aus besonderen Gründen einschränken; soweit Federwild betroffen ist, ist die Einschränkung nur aus den in Artikel 9 Abs. 1 der Richtlinie 79/409/EWG des Rates vom 2. April 1979 über die Erhaltung der wildlebenden Vogelarten (ABl. EG Nr. L 103 S. 1) in der jeweils geltenden Fassung genannten Grün-

den und nach den in Artikel 9 Abs. 2 dieser Richtlinie genannten Maßgaben zulässig.

(3) Die in Absatz 1 Nr. 2 Buchstabe a und b vorgeschriebenen Energiewerte können unterschritten werden, wenn von einem staatlichen oder staatlich anerkannten Fachinstitut die Verwendbarkeit der Munition für bestimmte jagdliche Zwecke bestätigt wird. Auf der kleinsten Verpackungseinheit der Munition ist das Fachinstitut, das die Prüfung vorgenommen hat, sowie der Verwendungszweck anzugeben.

ERLÄUTERUNGEN

1. § 19 Abs. 1 BJagdG enthält überwiegend Verbote, die die Jagdausübung durch zur Jagd befugte Personen betreffen und somit Ausformungen des Gebots einer weidgerechten Jagdausübung darstellen. Sie können deswegen von den Ländern mit einer Ausnahme zwar erweitert, aber nur in besonderen Ausnahmefällen eingeschränkt werden (§ 19 Abs. 2 BJagdG). Zum Teil richten sie die Verbote aber auch an jedermann, z. B. das Verbot, Belohnungen für den Abschuss oder den Fang von Federwild auszusetzen oder zu geben (Nr. 6) oder Wild zu vergiften (Nr. 15).

2. Der raue Schuss auf Schalenwild und Seehunde ist verboten (Nr. 1). Posten sind Schrote ab 5 mm Durchmesser. Bolzen und Pfeile werden mit mechanischer Kraft angetrieben. Flintenlaufgeschosse sind erlaubt.

3. In Nr. 2 wird für die Jagd auf Rehwild ein Mindestkaliber für die allein zulässigen Büchsenpatronen nicht vorgeschrieben. Die Auftreffenergie des Geschosses auf 100 m muss jedoch mindestens 1 000 Joule (die Maßeinheit für Energie ist nach dem britischen Physiker James Prescott Joule benannt). Für alles übrige Schalenwild ist ein Mindestkaliber von 6,5 mm vorgeschrieben, während die Auftreffenergie des Geschosses auf 100 m mindestens 2000 Joule betragen muss.

Vollautomatische Selbstladewaffen sind nach § 2 Abs. 3 WaffG verbotene Waffen (Abschnitt 1 Nr. 1.2.1 der Anlage 2 zu § 2 Abs. 2 bis 4 WaffG in Verbindung mit Abschnitt 1 Unterabschnitt 1 Nr. 2.3 der Anlage 1 zu § 1 Abs. 4 WaffG). Ihre Verwendung zu Jagdzwecken kommt ohnehin nicht in Betracht. Halbautomatischen Waffen sind Schusswaffen (Selbstladewaffen), bei denen nach dem ersten Schuss lediglich durch Betätigen des Abzuges weitere Schüsse aus demselben Lauf abgegeben werden können (Abschnitt 1 Unterabschnitt 1 Nr. 2. 3 der Anlage 1 zu § 1 Abs. 4 WaffG). Das Magazin dieser Waffen darf nicht mehr als zwei Patronen aufnehmen können. Eine weitere Patrone darf sich im Lauf befinden, so dass höchstens drei Schüsse in Folge abgegeben werden können. Durch das Verbot soll ein gewissenhaftes Ansprechen jedes einzelnen Tieres erreicht werden.

4. Bei der Lappjagd (Nr. 3) wird das Wild mit Lappen, also mit an Leinen befestigten Textilien, Papier oder Kunststoffen, davon abgehalten, das Gebiet, in dem es sich aufhält, zu verlassen. Durch das Verbot soll verhindert werden, dass Wild, das üblicherweise über die Reviergrenze hin- und herwechselt, in dem einen Revier festgehalten und dort erlegt wird. Es gilt deswegen nur in dem Grenzstreifen von 300 m Breite. Geschieht das Anbringen von Lappen nicht zu Jagdzwecken, sondern nur zur Verhinderung von Wildschäden durch Fernhalten des Wildes greift das Verbot nicht.

Das Abklingeln der Felder soll das Wild zur Flucht in Panik aus seinem Einstand und zur Außerachtlassung seiner üblichen Vorsicht veranlassen.

Bei einer Treibjagd sind außer Schützen weitere Personen beteiligt, die das Wild den Schützen zutreiben sollen. Eine derartige Jagd ist auch dann verboten, wenn wegen des Mondscheins an sich ein Ansprechen des Wildes möglich ist. Das Wild soll während der nächtlichen Ruhe- und Äsungszeit in seinem Biorhythmus nicht gestört werden. Deswegen wäre es auch ein Verstoß gegen die Weidgerechtigkeit, eine Treibjagd bei Vorhandensein anderer Lichtquellen, etwa in der Nähe einer

Flutlichtanlage bei Schneelage, während der Nachtstunden durchzuführen.

Bei Saufängen handelt es sich um fest eingezäunte, in bestimmter Weise eingerichtete Flächen im Wald, in die die Sauen einwechseln, die sie aber nicht wieder verlassen können. Das Fangen der Sauen dient der Vorbereitung einer bestimmten Jagdart, die heute kaum noch praktiziert werden dürfte. Dagegen sind Kastenfallen aus Metall oder Holz keine Saufänge i. S. von § 19 Abs. 1 Nr. 7 BJagdG. Ihre Aufstellung ist anders als die Anlage von Saufängen nicht genehmigungspflichtig. Jedoch ist § 24 Abs. 2 NJagdG zu beachten.

Notzeiten (Nr. 10) sind Zeiten, in denen das Wild seinen Nahrungsbedarf vor allem aus Witterungsgründen (z. B. hohe Schneelage, insbesondere Harsch, tief gefrorener Boden) oder aufgrund außergewöhnlicher Umstände (z. B. großflächige Überschwemmungen, Waldbrände) nicht nur kurzfristig nicht decken kann. Zu beachten ist, dass das Verbot, in Notzeiten Schalenwild in einem Umkreis von 200 Metern von Fütterungen zu erlegen, durch § 32 NJagdG erheblich erweitert worden ist.

Nach § 32 Abs. 4 NJagdG darf im Umkreis von 200 Metern um beschickte Fütterungen auch außerhalb von Notzeiten nicht auf Schalenwild gejagt werden.

Solange während der Zeit, in der Wild gefüttert werden darf, also in dem Zeitraum vom 1. Januar bis 30. April, in einem Jagdbezirk Schalenwild gefüttert wird, ist in diesem Jagdbezirk die Jagdausübung auf Schalenwild mit Ausnahme von Schwarzwild im Rahmen der Jagdzeitenverordnungen nicht zulässig, und zwar auch dann nicht, wenn keine Notzeit herrscht (§ 32 Abs. 2 NJagdG).

Schließlich ist während einer vom Kreisjägermeister für einen bestimmten Bereich bekannt gegebenen Notzeit in diesem Bereich die Jagdausübung (§ 1 Abs. 4 BJagdG), also auch das Fangen von Wild, nicht zulässig (§ 32 Abs. 1 NJagdG).

5. Da die in § 19 Abs. 1 BJagdG aufgeführten Verbote fast ausnahmslos Konkretisierungen des Gebotes einer weidgerechten Jagdausübung sind, können sie von den Ländern mit Ausnahme der Nr. 16 zwar erweitert, aber nach § 19 Abs. 2 BJagdG nur bei Vorliegen besonderer Umstände eingeschränkt werden.

Nach Artikel 9 Abs. 1 der Richtlinie 79/409/EWG des Rates vom 2. April 1979 über die Erhaltung der wildlebenden Vogelarten darf von den dort normierten Schutzbestimmungen abgewichen werden:

a) — im Interesse der Volksgesundheit und der öffentlichen Sicherheit,
   — im Interesse der Sicherheit der Luftfahrt,
   — zur Abwendung erheblicher Schäden an Kulturen, Viehbeständen, Wäldern, Fischereigebieten und Gewässern,
   — zum Schutz der Pflanzen- und Tierwelt;
b) zu Forschungs- und Unterrichtszwecken, zur Aufstockung der Bestände zur Wiederansiedlung und zur Aufzucht im Zusammenhang mit diesen Maßnahmen;
c) um unter streng überwachten Bedingungen selektiv den Fang, die Haltung oder jede andere vernünftige Nutzung bestimmter Vogelarten in geringen Mengen zu ermöglichen.

Nach Artikel 9 Abs. 2 der Richtlinie ist in den abweichenden Bestimmungen anzugeben, für welche Vogelarten die Abweichungen gelten, welche Fang- und Tötungsmittel, -einrichtungen und -methoden zugelassen sind, die Art der Risiken und die zeitlichen und örtlichen Umstände, unter denen diese Abweichungen getroffen werden können, die Stelle, die befugt ist zu erklären, dass die erforderlichen Voraussetzungen gegeben sind, und zu beschließen, welche Mittel, Einrichtungen und Methoden in welchem Rahmen von wem angewandt werden können, welche Kontrollen vorzunehmen sind.

§ 24 NJagdG: Erweiterungen und Einschränkungen von Verboten

(1) Es ist über § 19 des Bundesjagdgesetzes hinaus verboten, die Jagd unter Verwendung von Betäubungs- oder Lähmungsmitteln, Sprengstoffen, elektrischem Strom, Haken, Schleudern, Bolzen, Pfeilen, Luftdruckwaffen oder Schusswaffen mit Schalldämpfern oder die Jagd auf Wasserfederwild an und über Gewässern unter Verwendung von Bleischrot auszuüben. Die oberste Jagdbehörde kann zur Verbesserung des Tierschutzes durch Verordnung weitere Verbotsregelungen treffen.

(2) Zur Jagd mit einem Fanggerät ist eine Bescheinigung einer von der obersten Jagdbehörde anerkannten Institution über die Teilnahme an einem Lehrgang über die Vermittlung notwendiger Kenntnisse über die Fangjagd mitzuführen. Fanggeräte, die unmittelbar töten, dürfen nur in den Verkehr gebracht und verwendet werden, wenn ihre Bauart nach Funktion und Betriebssicherheit von einer von der obersten Jagdbehörde anerkannten Institution oder nach den Regelungen eines anderen Bundeslandes zugelassen worden sind.

(3) Wird Wild ausgesetzt, so darf diese Wildart in dem betreffenden Jagdbezirk nicht vor Ablauf von sechs Monaten nach der Aussetzung bejagt werden.

(4) Die Jagdbehörde kann im Einzelfall die Verwendung von Betäubungs- und Lähmungsmitteln für Forschungszwecke oder zu Behandlung von Krankheiten des Wildes gestatten. Die Entscheidungen sind nach Maßgabe des Artikels 9 Abs. 1 und 2 der Richtlinie 79/409 EWG des Rates vom 2. April 1979 über die Erhaltung der wild lebenden Vogelarten (ABl. EG Nr. L 103 S. 1) in der jeweils geltenden Fassung und Entscheidungen nach Absatz 5 auch nach Maßgabe des Artikels 16 Abs. 1 der Richtlinie 92/43/EWG des Rates vom 21. März 1992 zur Erhaltung der natürlichen Lebensräume sowie der wild lebenden Tiere und Pflanzen (ABl. EG Nr. L 206 S. 7) in der jeweils geltenden Fassung zu treffen.

(5) Die Jagdbehörde kann

1. für bestimmte Jagdbezirke zulassen, dass Rotwild und Damwild gemäß § 19 Abs. 1 Nr. 4 des Bundesjagdgesetzes zur Nachtzeit

erlegt wird, soweit dies zur Erfüllung der Abschusspläne oder zur Verhinderung von Wildschäden erforderlich ist,
2. **Körperbehinderten gestatten, abweichend von § 19 Abs. 1 Nr. 11 des Bundesjagdgesetzes in einem Jagdbezirk von Kraftfahrzeugen einschließlich motorgetriebenen Behindertenfahrzeugen aus auf Wild zu schießen, wenn die behinderte Person infolge ihrer Behinderung nicht imstande ist, ihre Jagdbefugnis ohne Kraftfahrzeug zu nutzen und die Nachsuche (§ 27) sowie die Weidgerechtigkeit durch zusätzliche Vereinbarungen gewährleistet sind.**

AB zu § 24 (Jagd mit Fanggeräten)

24.2.1 Die Lehrgänge müssen die rechtlichen Grundlagen der Fangjagd, Grundzüge des Tierschutz- und Artenschutzrechts sowie theoretische und praktische Kenntnisse über Funktion, artenspezifischen Einsatz, Einbau und Wartung von Fanggeräten, insbesondere auch solche mit selektiver Wirkung, nach der von der anerkannten Landesjägerschaft mit Genehmigung der obersten Jagdbehörde erstellten Richtlinie vermitteln. Für die Durchführung und Bescheinigung entsprechender Lehrgänge können geeignete Institutionen einschließlich private Jagdschulen und Einzelpersonen auf Antrag und Nachweis der Lehrgangsinhalte von der obersten Jagdbehörde anerkannt werden.

24.2.2 Fallen für den Totfang müssen das sofortige Töten des Tieres gewährleisten und einen entsprechenden Prüfungsnachweis der Deutschen Versuchs- und Prüf-Anstalt für Jagd- und Sportwaffen e.V. (DEVA) besitzen oder von einem anderen Bundesland zugelassen sein.

ERLÄUTERUNGEN

1. Wird Wild ausgesetzt, mag es sich dabei um eingefangenes Wild oder um aufgezogene Tiere einer dem Jagdrecht unterliegenden Art handeln, die zunächst, weil nicht wildlebend und im Eigentum des Aussetzenden stehend nicht dem Wildbegriff unterfallen, so dürfen nicht nur die ausgesetzten Tiere, sondern alle Tiere der betreffenden Art in dem Jagdbezirk nicht vor Ablauf von sechs Monaten nach der Aussetzung bejagt werden (§ 24 Abs. 3 NJagdG). Diese Vorschrift geht in den Fällen, in denen gekennzeichnetes Schalenwild zum Zwecke der Blutauffrischung ausgesetzt worden ist, erheblich zu weit.

Es gibt keinen vernünftigen Grund, weswegen in einem derartigen Fall der Abschuss eines in dem Jagdrevier schon vor der Aussetzung vorhandenen kümmernden oder kranken Stückes Wild verboten sein sollte.

2. Ist körperbehinderten Personen nach § 24 Abs. 5 Nr. 2 NJagdG von der Jagdbehörde gestattet worden, „von Kraftfahrzeugen einschließlich motorgetriebenen Behindertenfahrzeugen aus auf Wild zu schießen", so dürfen diese den Schuss aus dem Fahrzeug heraus abgeben. Sie sind also nicht gehalten, das Fahrzeug zu verlassen und den Schuss außerhalb des Fahrzeugs abzugeben. Auch nach § 19 Abs. 1 Nr. 11 BJagdG ist es nur verboten, Wild „aus" den dort genannten Fahrzeugen zu erlegen. Selbstverständlich ist es normalerweise auch nicht weidgerecht, aus diesen Fahrzeugen auf Wild zu schießen, also zu versuchen, Wild zu erlegen. Bußgeldbewehrt ist ein solcher Versuch allerdings leider nicht mehr. Der Versuch einer Ordnungswidrigkeit kann nur dann geahndet werden, wenn das Gesetz es ausdrücklich bestimmt (§ 13 Abs. 2 OWiG).

§ 19a BJagdG: Beunruhigen von Wild

Verboten ist, Wild, insbesondere soweit es in seinem Bestand gefährdet oder bedroht ist, unbefugt an seinen Zuflucht-, Nist-, Brut- oder Wohnstätten durch Aufsuchen, Fotografieren, Filmen oder ähnliche Handlungen zu stören. Die Länder können für bestimmtes Wild Ausnahmen zulassen.

ERLÄUTERUNGEN

Die Vorschrift enthält ein für jedermann geltendes Verbot, Wild jeglicher Art an Plätzen, an denen es besonderer Ruhe bedarf, durch Aufsuchen, Fotografieren, Filmen oder ähnliche Handlungen zu stören. Dabei braucht es sich nicht um Wild zu handeln, das in seinem Bestand bedroht oder gefährdet ist. Die Störung derartigen Wildes stellt aber eine besonders schwerwiegende Ordnungswidrigkeit (§ 39 Abs. 1 Nr. 5 BJagdG) dar, was für die Höhe der festzusetzenden Geldbuße von Bedeutung sein kann.

Der Tatbestand des Aufsuchens wird unmittelbar durch eine vorsätzliche Annäherung an bekannte oder vermutete Aufenthaltsstätten des Wildes verwirklicht. Es genügt jedoch auch eine gezielte Störung durch Hunde, Steinwürfe, Lärm- oder Lichteinwirkungen sowie ähnliche Beeinträchtigungen, die das Wild beunruhigen. Unvermeidliche Störungen durch land- oder forstwirtschaftliche Arbeiten sind dagegen ebenso wenig unbefugt wie Störungen, die bei einer ordnungsgemäßen Jagd- oder Fischereiausübung entstehen.

Ausnahmeregelungen in Bezug auf bestimmtes Wild sind in Niedersachsen nicht vorgesehen.

§ 20 BJagdG: Örtliche Verbote

(1) An Orten, an denen die Jagd nach den Umständen des einzelnen Falles die öffentliche Ruhe, Ordnung oder Sicherheit stören oder das Leben von Menschen gefährden würde, darf nicht gejagt werden.

(2) Die Ausübung der Jagd in Naturschutz- und Wildschutzgebieten sowie in National- und Wildparken wird durch die Länder geregelt.

ERLÄUTERUNGEN

1. § 20 Abs. 1 BJagdG enthält kein unbedingtes Jagdverbot. Die Jagdausübung ist unzulässig, wenn im Zeitpunkt der Schussabgabe Gefahr für andere besteht. Die Jagd kann an Orten, die regelmäßig von Menschen aufgesucht werden, zulässig sein, wenn im Augenblick keine Menschen in der Nähe sind. Sie kann mitten im Wald unzulässig sein, wenn dadurch Menschen konkret gefährdet werden.

Dauernde Betretungsverbote, wie sie z. B. nach § 62 der Eisenbahn-Bau- und Betriebsordnung für Bahnanlagen und nach § 18 Abs. 9 StVO für Bundesautobahnen gelten, lassen dagegen für eine Jagdausübung grundsätzlich keinen Raum. Sie kommen einem unbedingten Jagdverbot gleich.

2. In Naturschutzgebieten (§ 23 BNatSchG) ist die Jagd grundsätzlich nicht verboten. Das Verbot, das Naturschutzgebiet außerhalb der Wege zu betreten (§ 16 Abs. 2 NAGBNatSchG), gilt für die dort zur Jagd befugten Personen generell nicht. Nach § 9 Abs. 4 NJagdG kann die obere Jagdbehörde jedoch durch Verordnung bestimmte Einschränkungen oder Verbote der Jagdausübung festlegen und für den Fall, dass das nicht ausreicht, um den bezweckten Schutz zu erreichen, Naturschutzgebiete zu befriedeten Bezirken erklären. Eine beschränkte Ausübung der Jagd durch die Jagdausübungsberechtigten der betreffenden Jagdbezirke kann die obere Jagdbehörde gestatten.

Mit den Jagdausübungsberechtigten der betreffenden Bezirke können aus den in E 2 zu § 6 BJagdG erörterten Gründen nur Eigentümer und Nießbrauchsberechtigte der Grundflächen der befriedeten Bezirke gemeint sein. Ist das Naturschutzgebiet Teil eines gemeinschaftlichen Jagdbezirks und ist der Jagdpächter nicht auch Eigentümer oder Nießbrauchsberechtigter der Grundflächen des Naturschutzgebietes, kann eine beschränkte Jagdausübung nicht gestattet werden. Das gilt auch dann, wenn das Naturschutzgebiet die Voraussetzungen eines Eigenjagdbezirks erfüllt, also nicht Teil eines gemeinschaftlichen Jagdbezirks ist, und wenn der Eigentümer der Grundflächen keinen Jagdschein besitzt.

3. Für die Jagd bzw. die Regulierung des Wildbestandes in Nationalparks gelten zum Teil Sonderbestimmungen, die in den Gesetzen enthalten sind, durch die bestimmte Gebiete zu Nationalparks erklärt worden sind, sowie in den dazu ergangenen Ausführungsbestimmungen (Gesetz über den Nationalpark „Niedersächsisches Wattenmeer" vom 11. Juli 2001 (Nds. GVBl. S. 443), zuletzt geändert durch Art. 3 des Gesetzes vom 19. Februar 2010 (Nds. GVBl. S. 104) und Gesetz über den Nationalpark „Harz (Niedersachsen)" vom 19. Dezember 2005 (Nds. GVBl. S. 446), geändert durch Art. 2 des Gesetzes vom 19. Februar 2010 (Nds. GVBl. S. 104)).

4. Dem Schutz der Feiertagsruhe dient das Verbot von Treib-, Lapp- und Hetzjagden (letztere sind nach § 19 Abs. 1 Nr. 13 BJagdG ohne-

hin untersagt) an Sonn- und Feiertagen nach dem Nds. Feiertagsgesetz in der Fassung vom 7. März 1995 (Nds. GVBl. S. 51), geändert durch Gesetz vom 24. Januar 2002 (Nds. GVBl. S. 17) i. Verb. m. d. RdErl. v. 6. Dezember 1985 (Nds. MBl. 1986 S. 58). Sog. „stille" Jagdarten (z. B. Pirsch, Ansitz-, Anrühr- und Drückjagden) sind dagegen auch an Sonn- und Feiertagen grundsätzlich erlaubt.

§ 21 BJagdG: Abschussregelung

(1) Der Abschuss des Wildes ist so zu regeln, dass die berechtigten Ansprüche der Land-, Forst- und Fischereiwirtschaft auf Schutz gegen Wildschäden voll gewahrt bleiben sowie die Belange von Naturschutz und Landschaftspflege berücksichtigt werden. Innerhalb der hierdurch gebotenen Grenzen soll die Abschussregelung dazu beitragen, dass ein gesunder Wildbestand aller heimischen Tierarten in angemessener Zahl erhalten bleibt und insbesondere der Schutz von Tierarten gesichert ist, deren Bestand bedroht erscheint.

(2) Schalenwild (mit Ausnahme von Schwarzwild) sowie Auer-, Birk- und Rackelwild dürfen nur auf Grund und im Rahmen eines Abschussplanes erlegt werden, der von der zuständigen Behörde im Einvernehmen mit dem Jagdbeirat (§ 37) zu bestätigen oder festzusetzen ist. Seehunde dürfen nur auf Grund und im Rahmen eines Abschussplanes bejagt werden, der jährlich nach näherer Bestimmung der Länder für das Küstenmeer und Teile davon auf Grund von Bestandsermittlungen aufzustellen ist. In gemeinschaftlichen Jagdbezirken ist der Abschussplan vom Jagdausübungsberechtigten im Einvernehmen mit dem Jagdvorstand aufzustellen. Innerhalb von Hegegemeinschaften sind die Abschusspläne im Einvernehmen mit den Jagdvorständen der Jagdgenossenschaften und den Inhabern der Eigenjagdbezirke aufzustellen, die der Hegegemeinschaft angehören. Das Nähere bestimmt die Landesgesetzgebung. Der Abschussplan für Schalenwild muss erfüllt werden. Die Länder treffen Bestimmungen, nach denen die Erfüllung des Abschussplanes durch ein Abschussmeldeverfahren überwacht und erzwungen werden kann; sie können den körperlichen Nachweis der Erfüllung des Abschussplanes verlangen.

(3) Der Abschuss von Wild, dessen Bestand bedroht erscheint, kann in bestimmten Bezirken oder in bestimmten Revieren dauernd oder zeitweise gänzlich verboten werden.

(4) Den Abschuss in den Staatsforsten regeln die Länder.

ERLÄUTERUNGEN

1. Die Abschussregelung des § 21 Abs. 2 BJagdG schränkt das Jagdausübungsrecht in Bezug auf für die Jagd besonders wichtigen Tierarten stark ein. Es ist grundsätzlich verboten, Schalenwild mit Ausnahme von Schwarzwild, sowie Seehunde, Auer-, Birk- und Rackelwild zu erlegen, wenn der Abschuss nicht durch einen von einer Jagdbehörde bestätigten oder festgesetzten Abschussplan ausdrücklich gestattet ist. Die Jagd auf Seehunde und das genannte Federwild ist in Niedersachsen ohnehin verboten, so dass Abschusspläne praktische Bedeutung vor allem für Reh-, Rot-, Dam- und Muffelwild haben. Diese Wildarten sind neben dem Schwarzwild nicht nur jagdlich von besonderem Interesse. Sie spielen auch im Naturhaushalt eine wichtige und von der Öffentlichkeit wahrgenommene Rolle. Schließlich kommen Tiere dieser Arten schon wegen ihrer Größe als Verursacher von Schäden in Wald und Flur in Betracht. Die Frage, in welcher Zahl dieses Wild in einer verhältnismäßig dicht besiedelten Kulturlandschaft vorhanden sein soll, berührt deswegen verschiedene, teilweise gegensätzliche Interessen. Am Zustandekommen der Abschusspläne sind deswegen nicht nur die Jagdausübungsberechtigten sondern auch die Grundeigentümer und die Jagdbeiräte und damit Vertreter der Landwirtschaft, der Forstwirtschaft, der Jagdgenossenschaften, der Jägerschaft, der Naturschutzbeauftragte und ein forstlich ausgebildeter Vertreter des Beratungsforstamtes beteiligt. Zu ihrer Wirksamkeit bedürfen die Abschusspläne schließlich der Bestätigung oder Festsetzung durch eine Jagdbehörde.

2. Abschusspläne sind Verwaltungsakte, die angefochten und von den Gerichten der Verwaltungsgerichtsbarkeit auf ihre Rechtmäßigkeit überprüft werden können. Dem gerichtlichen Verfahren vorge-

schaltet ist ein Widerspruchsverfahren vor den Jagdbehörden. Abschusspläne sind nur dann rechtmäßig, wenn die in § 21 Abs. 1 BJagdG bezeichneten Belange berücksichtigt und fehlerfrei abgewogen worden sind.

Das vorgeschriebene Beteiligungsverfahren soll eine Gewähr für die inhaltliche Richtigkeit eines Abschussplans bieten. Wird der Abschussplan im Einvernehmen, also mit Zustimmung der jeweils Beteiligten, aufgestellt und von der Jagdbehörde lediglich bestätigt, spricht viel für dessen Fehlerfreiheit, so dass eine Anfechtung durch den Jagdausübungsberechtigten mangels Beschwer nicht in Betracht kommen wird. Eine Klagebefugnis einzelner Jagdgenossen mit dem Ziel der Heraufsetzung der Abschusszahlen ist dagegen anzunehmen, wenn sie geltend machen können, durch den Abschussplan in ihren eigenen Eigentumsrechten verletzt und durch das Schutzsystem der Vorschriften über den Ersatz von Wildschäden nicht hinreichend geschützt zu sein.

Hat die Jagdbehörde einen Abschussplan dagegen festgesetzt, kommt sowohl eine Anfechtung durch den Jagdausübungsberechtigten als auch den Verpächter in Betracht, sofern sie durch den Abschussplan belastet werden.

Aus der Begründung des Abschussplans, der mit einer Rechtsmittelbelehrung dem Jagdausübungsberechtigten, einer etwa vorhandenen Hegegemeinschaft und gegebenenfalls dem Verpächter zuzustellen ist, muss erkennbar sein, von welcher Wilddichte die Jagdbehörde ausgegangen ist.

3. Wer vorsätzlich oder fahrlässig Wild, das nur im Rahmen eines Abschussplans bejagt werden darf, vor der Bestätigung oder Festsetzung oder unter Überschreitung des Abschussplanes erlegt, begeht eine Ordnungswidrigkeit, die nach § 39 Abs. 2 Nr. 3 BJagdG mit einer Geldbuße geahndet werden kann. Der Jagdausübungsberechtigte muss deswegen während des gesamten Jagdjahres Kenntnis vom Stand der Erfüllung des Abschussplanes haben und dafür sorgen, dass auch Jagdgäste und angestellte Jäger den Abschussplan nicht überschreiten.

Ordnungswidrig ist nicht nur eine zahlenmäßige Überschreitung des Abschussplans, sondern auch die Nichtbeachtung der Vorgaben in Bezug auf Geschlecht und Altersklassen.

Nach Güteklassen wird dagegen in Abschussplänen, die nach In-Kraft-Treten des NJagdG bestätigt oder festgesetzt werden, nicht mehr unterschieden (§ 25 Abs. 1 Satz 1 NJagdG).

4. Der Abschussplan muss erfüllt werden. Die Nichterfüllung ist allerdings nicht bußgeldbewehrt. Sofern durch die Nichterfüllung eine Gefahr für die öffentliche Sicherheit und Ordnung entsteht, kann der Jagdausübungsberechtigte mit den Mitteln des Verwaltungszwangs zur Erfüllung des Abschlussplans angehalten werden. Auch eine Ersatzvornahme kommt in Betracht. Der Jagdausübungsberechtigte angehalten werdens

§ 25 NJagdG: Abschussplan

(1) In dem Abschussplan nach § 21 Abs. 2 Satz 1 des Bundesjagdgesetzes ist anzugeben, von welchen Wildarten wie viele Tiere und welchen Geschlechts, unterschieden nach Altersklassen, im Jagdbezirk im nächsten Jagdjahr erlegt werden sollen. Beim Aufstellen der Abschusspläne sind die Abschussergebnisse der letzten fünf Jagdjahre und die Verbiss- und Schälschadensituation im Jagdbezirk zu berücksichtigen. Der Abschussplan ist der Jagdbehörde bis spätestens 15. Februar eines jeden Jahres vorzulegen. Für Rehwild ist jeweils für drei Jagdjahre ein Abschussplan vorzulegen, in dem sich die Abschüsse etwa gleichmäßig auf die einzelnen Jahre verteilen.

(2) In Eigenjagdbezirken ist der Abschussplan durch die jagdausübungsberechtigte Person aufzustellen, in verpachteten Eigenjagdbezirken im Einvernehmen mit der Verpächterin oder dem Verpächter.

(3) Liegt der Jagdbehörde bis zu dem vorgeschriebenen Termin kein ordnungsmäßiger Abschussplan vor oder fehlt ein gesetzlich vorgeschriebenes Einvernehmen, so setzt die Jagdbehörde den Abschussplan für den Jagdbezirk fest.

(4) Die Jagdbehörde entscheidet aber den Abschussplan im Einvernehmen mit dem Jagdbeirat (§ 39). Entscheidungen, die Eigenjagdbezirke betreffen, die von der Anstalt Niedersächsische Landesforsten jagdlich verwaltet werden oder von dieser verpachtet sind, müssen die Erfüllung der Aufgaben der Anstalt Niedersächsische Landesforsten berücksichtigen.

(5) In Eigenjagdbezirken des Bundes, die durch Forstbehörden des Bundes jagdlich verwaltet werden, kann die Jagdbehörde darauf verzichten, sich von diesen Bundesbehörden Abschusspläne vorlegen zu lassen und diese zu bestätigen.

(6) Auf den Abschussplan ist alles Schalenwild anzurechnen, das im Jagdbezirk

1. erlegt wurde oder
2. auf sonstige Weise verendet ist (Fallwild).

Die Jagdausübungsberechtigten haben für ihren Jagdbezirk auf amtlichem Vordruck für alle Wildarten eine stets aktuelle Liste über das erlegte Wild und das Fallwild (Abschussliste) zu führen und diese der Jagdbehörde bis zum 15. Februar eines jeden Jahres vorzulegen. Die Jagdbehörde kann die Vorlage der Abschussliste auch zu früheren Terminen anordnen. Das nach Abschluss der Liste bis zum Ende des Jagdjahres nicht berücksichtigte Wild ist in die Abschussliste des folgenden Jagdjahres zu übernehmen und das Schalenwild auf den Abschussplan des folgenden Jagdjahres anzurechnen.

(7) Die Jagdbehörde kann anordnen, dass die Jagdausübungsberechtigten den Kopfschmuck und den Unterkiefer bestimmter oder aller Arten des erlegten Schalenwildes einmal jährlich auf einer Hegeschau vorlegen. In Jagdbezirken, in denen Schalenwild erhebliche Wildschäden verursacht oder in denen land- oder forstwirtschaftliche Kulturen, insbesondere Aufforstungs- oder Waldnaturverjüngungsflächen, durch Schalenwild besonders gefährdet werden, kann die Jagdbehörde stattdessen verlangen, das erlegte Schalenwild oder einen bestimmten Teil davon einer von der Jagdbehörde beauftragten Person vorzuzeigen.

(8) Die Jagdbehörde kann Abschusslisten (Absatz 5 Satz 2), in denen auch Name und Anschrift der jagdausübungsberechtigten

Person sowie die Bezeichnung ihres Jagdbezirks angegeben sind, zum Zweck der Abstimmung von Abschussplanungen an Forstbehörden des Landes, der Klosterkammer Hannover und Jagdausübungsberechtigte der Nachbarjagdbezirke weitergeben, soweit dies erforderlich ist.

AB zu § 25 (Abschussplan)

25.1.1 Schalenwildbestand

25.1.1.1 Wilddichte

Unter Wilddichte wird der (geschätzte) Frühjahrswildbestand am 1. April jeden Jahres jeweils bezogen auf eine Fläche von 100 ha verstanden. Die Einschätzung der Wilddichte ist für ziehende Wildarten, in großen Waldgebieten, in deckungsreicher Landschaft und bei Häufung kleinflächiger Reviere schwierig. Sie soll daher nach Möglichkeit großräumig vorgenommen werden. Dabei ist zu berücksichtigen, dass Teile des Lebensraumes nicht als Einstand und für die Nahrungssuche zur Verfügung stehen:

$$\text{Wilddichte} = \frac{\text{Frühjahrswildbestand x 100}}{\text{Größe des Lebensraumes in ha}}$$

Weiser für überhöhte Wilddichten sind u. a.

- nicht tragbare Belastungen landwirtschaftlicher Nutzflächen durch Wildschäden,
- wirtschaftlich nicht tragbare Wildschäden im Bereich der Forstwirtschaft (Verbissbelastung der Verjüngungen und Forstkulturen sowie Schälschäden),
- fehlendes Vorkommen von Pionierbaumarten (z. B. Eberesche, Weide, Birke),
- schlechte körperliche Verfassung des Wildes und
- hohe Fallwildrate (einschl. Fallwild durch Verkehr).

Bei der Beurteilung der Wilddichte ist der Anteil des Waldes am Lebensraum des Wildes und dessen Bedeutung für seine Ernährung in der vegetationsarmen Zeit angemessen zu berücksichtigen. Unabhängig vom Einfluss der Wilddichte können als Folge ständiger Störungen durch Erholungsverkehr, Tourismus, sportliche Aktivitäten und unsachgemäße Jagdausübung erhöhte Wildschäden auftreten. Dem Faktor Ruhe kommt daher eine entscheidende Bedeutung für die Verminderung von Schäden zu. Die Gewichtung der verschiedenen Weiser zur Kontrolle einer nachhaltigen Wildbewirtschaftung muss die unterschiedlichen Bedingungen in den einzelnen Lebensräumen einschließen. Sind in einem Gebiet mehrere Schalenwildarten vorhanden, die die Wildschadensgefährdung deutlich erhöhen, so ist die Wilddichte der einzelnen Wildarten auf angemessen niedrigerem Niveau zu regulieren. Um eine ökologisch und wirtschaftlich tragbare Wilddichte bei einer den natürlichen Verhältnissen entsprechenden Sozialstruktur zu gewährleisten, soll die Jagdbehörde Hinweise auf überhöhte Wildbestände bei der Festsetzung der Abschusspläne angemessen berücksichtigen und auf eine Anpassung der Wildbestände hinwirken.

25.1.1.2 Altersklassen, Geschlechterverhältnis

Für einen gesunden Schalenwildbestand ist die Altersstruktur entscheidend. Die obere Altersklasse ist in natürlichen Wildpopulationen zahlenmäßig am geringsten vertreten, jedoch für den Bestand von großer Bedeutung für Entwicklung und Verhalten. Die Mittelklasse weist die geringsten natürlichen Abgänge auf, da sich in dieser unter anderem die für die Erhaltung der Art maßgeblichen sozial reifen Stücke befinden. Die natürlichen Abgänge sind in der Jugendklasse am höchsten. Die Abgrenzung der Altersklassen ergibt sich aus der Tabelle unter 25.1.2. Das Geschlechterverhältnis in sich natürlich regulierenden Schalenwildbeständen beträgt etwa 1 männlich : 1 weiblich. Dieser natürliche Aufbau der Altersstruktur und des Geschlechterverhältnisses ist im Rahmen der Wildbewirtschaftung anzustreben.

25.1.1.3 Bejagbarer Bestand

Die Aufstellung eines Abschussplanes setzt einen bejagbaren Bestand voraus. Wegen der Raumnutzung der großen Schalenwildarten ist dieser in der Regel nicht revierbezogen zu ermitteln. Abschussfreigaben können auch in solchen Revieren möglich und sinnvoll sein, in denen aufgrund des Raumverhaltens des Wildes zum Stichtag 01.04. des Jahres kein Bestand angegeben werden kann.

25.1.2 Abschussplanung, Bejagung

Zur Abschussplanung und Bejagung werden für die einzelnen Schalenwildarten in jeder Altersklasse Abschussanteile in Prozentsätzen festgelegt. Die Abschussplanung soll für nicht zu große und in sich ähnliche Lebensräume zwischen benachbarten Revieren durch die Jagdbehörden und Hegegemeinschaften abgestimmt werden (s. Tab.).

Hegegemeinschaften können sich Abschussrichtlinien unter Berücksichtigung besonderer örtlicher Verhältnisse geben. Die Abschussplanerfüllung darf dadurch nicht erschwert werden.

Empfehlungen für die Abschussplanungen (Geschlechterverhältnis/Altersstruktur)

Wildart	Geschlecht	Zuwachs in v. H. der weiblichen Stücke	Abschussplanung Jugendklasse		Mittlere Altersklasse		Obere Altersklasse	
Rotwild	männlich	70	Hirschkälber bis 3-jährige Hirsche	75 v. H.	4- bis 10-jährig	10 v. H.	ab 11 Jahre	15 v. H.
	weiblich		Kälber/Schmaltiere	65 v. H.	ab 2 Jahre			35 v. H.
Damwild	männlich	70 bis 80	Hirschkälber bis 2-jährige Hirsche	75 v. H.	3- bis 7-jährig	10 v. H.	ab 8 Jahre	15 v. H.
	weiblich		Kälber/Schmaltiere	65 v. H.	ab 2 Jahre			35 v. H.
Muffelwild	männlich	70 bis 90	Widderlämmer bis 1-jährige Widder	70 v. H.	2- bis 5-jährig	10 v. H.	ab 6 Jahre	20 v. H.
	weiblich		Lämmer/Schmalschafe	65 v. H.	ab 2 Jahre			35 v. H.
Rehwild	männlich	100 bis 120	Kitze/Jährlinge	60 v. H.	ab 2 Jahre			40 v. H.
	weiblich		Kitze/Schmalrehe	60 v. H.	ab 2 Jahre			40 v. H.

Ohne Abschussplan:

Wildart	Geschlecht	Zuwachs in v. H.	Abschussplanung Jugendklasse		Mittlere Altersklasse	Obere Altersklasse
Schwarzwild	männlich	300	Frischlinge/Überläuferkeiler	80 v. H.	Ein möglichst hoher Anteil Keiler in der oberen Altersklasse ist anzustreben.	20 v. H.
	weiblich		Frischlinge/Überläuferbachen	80 v. H.	ab 2 Jahre	20 v. H.

25.1.3 Muster für Abschusspläne

Die Abschusspläne sind nach den Mustern der **Anlage 2*** (Rehwild) und **Anlage 3*** (Hochwild) zu erstellen. Der dreijährige Abschussplan für Rehwild ist sowohl hinsichtlich des männlichen als auch des weiblichen Wildes im ersten Jagdjahr mit mindestens 30 und höchstens 40 v. H., im zweiten Jagdjahr mit mindestens 65 und höchstens 75 v. H. des jeweiligen Gesamtabschusses zu erfüllen. Der zusammengefasste Abschussplan für Rehwild ist der Jagdbehörde jeweils bis zum 15. Februar des dritten Jagdjahres vorzulegen.

25.6 Abschussliste

Die Abschussliste ist nach dem Muster der **Anlage 4*** zu führen. Die Jagdbehörden legen der obersten Jagdbehörde eine Zusammenstellung der Abschussergebnisse des abgelaufenen Jagdjahres aller Jagdbezirke bis zum 5. April eines jeden Jahres auf diesem Mustervordruck vor.

25.7 Erfassung, Abschusskontrolle, Hegeschau

Eine fristgerechte und vollzählige Erfassung der Jahresstrecke einschließlich des Fallwildes ist Voraussetzung für die künftige Abschussplanung und Beurteilung der Bestandsentwicklung. Ordnet die Jagdbehörde nach § 25 (7) NJagdG eine Hegeschau an, sind die Jagdtrophäen des abgelaufenen Jagdjahres vorzuzeigen. Die Hegeschauen sind als Fortbildungsveranstaltungen durchzuführen, bei denen die Bestands- und Abschussentwicklung erläutert und diskutiert werden.

ERLÄUTERUNGEN

1. Die Vorschrift regelt die Einzelheiten des Zustandekommens von Abschussplänen (Absätze 1 bis 4), die Frage, welches Schalenwild auf den Abschussplan anzurechnen ist (Absatz 5 Satz 1, siehe aber auch § 27 Abs. 5 NJagdG), die Führung von Abschusslisten (Absatz 6 Satz 2), den Nachweis der Erlegung (Abs. 7) sowie die Möglichkeit der Abstimmung von Abschussplänen (Abs. 8).

---

* Die inhaltlich verbindlich vorgeschriebenen Muster der Anlagen 2 bis 5 sind hier nicht abgedruckt. Sie sind bei den Jagdbehörden der Landkreise und kreisfreien Städte erhältlich und können im Internet unter „www.ml.niedersachsen.de/abnjagdg" aufgerufen werden.

2. Die Aufstellung der Abschusspläne obliegt dem Jagdausübungsberechtigten i. S. von § 1 Abs. 3 Nr. 1 NJagdG. Handelt es sich dabei um den Pächter des Jagdausübungsrechts in einem Eigenjagdbezirk, bedarf er der ausdrücklichen Zustimmung des Verpächters (§ 25 Abs. 2 NJagdG). In gemeinschaftlichen Jagdbezirken muss der Pächter die Zustimmung des Jagdvorstands herbeiführen (§ 21 Abs. 2 Satz 3 BJagdG). In einer anerkannten Hegegemeinschaft muss sich aus der Satzung ergeben, wer für die Aufstellung des gemeinsamen Abschussplans für die betreffende Wildart zuständig ist (§ 17 Abs. 1 Nr. 2 Buchst. b NJagdG). Die nach der Satzung zuständigen Personen haben den gemeinsamen Abschussplan im Einvernehmen mit den Jagdvorständen der Jagdgenossenschaften und den Eigentümern oder Nießbrauchsberechtigten der Eigenjagdbezirke aufzustellen, in denen die Jagdausübungsberechtigten die Hegegemeinschaft gebildet haben (§ 21 Abs. 2 Satz 4 BJagdG).

Der Abschussplan ist der Jagdbehörde nunmehr spätestens am 15. Februar vorzulegen (§ 25 Abs. 1 Satz 3 NJagdG). Das ist im Hinblick darauf, dass sich der Wildbestand, insbesondere der Rehwildbestand, in vielen Revieren erst im späteren Winter mit einiger Sicherheit feststellen lässt, sehr zeitig.

3. Liegt der zuständigen Jagdbehörde (§ 36 Abs. 1 Satz 1, Abs. 3 und 4 NJagdG) am 16. Februar ein ordnungsgemäßer Abschussplan vor und ist die Jagdbehörde mit dem vorgeschlagenen Abschussplan einverstanden, hat sie die Zustimmung des Jagdbeirats (§ 37 Abs. 1 BJagdG, § 39 Abs. 1 NJagdG) einzuholen. Wird das erforderliche Einvernehmen (§ 21 Abs. 2 Satz 1 BJagdG) erzielt, bestätigt die Jagdbehörde den Abschussplan.

4. Hält die Jagdbehörde den Abschussplanvorschlag nicht für richtig oder liegt am 16. Februar kein ordnungsgemäßer Abschussplan bei der Jagdbehörde vor, setzt sie den Abschussplan im Einvernehmen mit dem Jagdbeirat fest. Der Jagdbehörde steht bei ihrer Entscheidung kein Ermessen zu. Allerdings ergibt sich bei der Anwendung der unbestimmten Rechtsbegriffe des § 21 Abs. 1 BJagdG ein gewisser Beurteilungsspielraum.

5. Mit der Errichtung der Anstalt Niedersächsische Landesforsten ist am 1. Januar 2005 auch die bisher in § 37 NJagdG geregelte Sonderstellung der Forstbehörden des Landes (und der Klosterkammer Hannover) bei der Feststellung der Abschusspläne entfallen. Es gilt nur noch insoweit eine Besonderheit, als die für die Bestätigung oder Festsetzung der Abschusspläne nunmehr allein zuständige Jagdbehörde bei ihren Entscheidungen, die, wie es in § 25 Abs. 4 NJagdG heißt, Eigenjagdbezirke betreffen, die von der Anstalt Niedersächsische Landesforsten jagdlich verwaltet werden oder von dieser verpachtet sind, die Erfüllung der Aufgaben der Anstalt Niedersächsische Landesforsten berücksichtigen muss. Die Aufgaben der Anstalt Niedersächsische Landesforsten ergeben sich aus § 3 des Gesetzes zur Umsetzung der Verwaltungsmodernisierung in den Bereichen Wald und Jagd vom 16. Dezember 2004 (Nds. GVBl. S. 616) in Verbindung mit den den Landeswald betreffenden Vorschriften des Niedersächsischen Gesetzes über den Wald und die Landschaftsordnung. In § 25 NJagdG werden verpachtete Eigenjagdbezirke (Abs. 2) oder Eigenjagdbezirke, die von der Anstalt Niedersächsische Landesforsten verpachtet (Abs. 4) sind, behandelt.

Allerdings ist nicht ein Bezirk, also eine bestimmte Fläche, Gegenstand des Pachtvertrages, sondern das Jagdausübungsrecht auf der betreffenden Fläche. Jagdpacht ist Rechtspacht (vergl. E 1 zu § 11 BJagdG). Bei den Flächen muss es sich nicht immer um ganze Eigenjagdbezirke handeln. Weder das Bundesjagdgesetz noch das Niedersächsische Jagdgesetz sehen die Teilung eines Eigenjagdbezirks in mehrere Eigenjagdbezirke ohne Änderung der Eigentumsverhältnisse vor (vergl. E 1 zu § 7 BJagdG). Es ist aber möglich, das Jagdausübungsrecht für Teile von Eigenjagdbezirken (Jagdbögen) zu verpachten, sofern diese die erforderliche Größe (§ 11 Abs. 2 BJagdG) haben. Für die Verpachtung des Jagdausübungsrechts auf Jagdbögen und für die Rechte und Pflichten der Beteiligten gelten dieselben Regeln wie für die Jagdpacht im Übrigen.

Ist das Jagdausübungsrecht auf einer bestimmten der Anstalt Niedersächsische Landesforsten gehörenden Fläche verpachtet, hat der Pächter den Abschussplan im Einvernehmen mit der zuständigen Dienststelle der Anstalt, also mit dem Forstamt, in dessen Bezirk der Jagdbogen liegt, aufzustellen.

6. Erlegt i. S. von § 25 Abs. 5 Satz 1 Nr. 1 NJagdG ist Wild, das durch Abschuss nach jagdrechtlichen Vorschriften getötet worden ist. Die Klammerbezeichnung „Fallwild" präzisiert die Vorschrift, dass „alles Schalenwild, das im Jagdbezirk auf sonstige Weise verendet ist", auf den Abschussplan anzurechnen ist (§ 25 Abs. 5 Satz 1 Nr. 2 NJagdG). Gemeint sind Tiere, die, wären sie nicht verendet, auch hätten erlegt werden können, weil sie in die Überlegungen bei dem Zustandekommen des Abschussplans einbezogen worden sind. Ein Rehkitz, das von Füchsen oder Schwarzwild getötet worden ist, kann daher nicht als Fallwild bezeichnet und auf den Abschussplan angerechnet werden, es sei denn auch die zu erwartenden natürlichen Verluste beim Jungwild wären im Abschussplan berücksichtigt worden.

7. Besonders hinzuweisen ist auf die Ausführungsbestimmung 25.1.3 zu § 25 NJagdG, in der geregelt wird, in welcher Höhe in den einzelnen Jahren der dreijährige Abschussplans für Rehwild zu erfüllen ist.

8. In § 25 Abs. 8 ist noch nicht berücksichtigt, dass die Aufgaben der bis zum 31. Dezember 2004 zuständigen Forstbehörden des Landes nunmehr von der Anstalt Niedersächsische Landesforsten und deren Dienststellen, den Forstämtern, wahrgenommen werden.

§ 22 BJagdG: Jagd- und Schonzeiten

(1) Nach den in § 1 Abs. 2 bestimmten Grundsätzen der Hege bestimmt das Bundesministerium durch Rechtsverordnung mit Zustimmung des Bundesrates die Zeiten, in denen die Jagd auf Wild ausgeübt werden darf (Jagdzeiten). Außerhalb der Jagdzeiten ist Wild mit der Jagd zu verschonen (Schonzeiten). Die Länder können die Jagdzeiten abkürzen oder aufheben; sie können die Schonzeiten für bestimmte Gebiete oder für einzelne Jagdbezirke aus besonderen Gründen, insbesondere aus Gründen der Wildseuchenbekämp-

fung und Landeskultur, zur Beseitigung kranken oder kümmernden Wildes, zur Vermeidung von übermäßigen Wildschäden, zu wissenschaftlichen, Lehr- und Forschungszwecken, bei Störung des biologischen Gleichgewichts oder der Wildhege aufheben. Für den Lebendfang von Wild können die Länder in Einzelfällen Ausnahmen von Satz 2 zulassen.

(2) Wild, für das eine Jagdzeit nicht festgesetzt ist, ist während des ganzen Jahres mit der Jagd zu verschonen. Die Länder können bei Störung des biologischen Gleichgewichts oder bei schwerer Schädigung der Landeskultur Jagdzeiten festsetzen oder in Einzelfällen zu wissenschaftlichen, Lehr- und Forschungszwecken Ausnahmen zulassen.

(3) Aus Gründen der Landeskultur können Schonzeiten für Wild gänzlich versagt werden (Wild ohne Schonzeit).

(4) In den Setz- und Brutzeiten dürfen bis zum Selbstständigwerden der Jungtiere die für die Aufzucht notwendigen Elterntiere, auch die von Wild ohne Schonzeit, nicht bejagt werden. Die Länder können für Schwarzwild, Wildkaninchen, Fuchs, Ringel- und Türkentaube, Silber- und Lachmöwe sowie für nach Landesrecht dem Jagdrecht unterliegende Tierarten aus den in Absatz 2 Satz 2 und Absatz 3 genannten Gründen Ausnahmen bestimmen. Die nach Landesrecht zuständige Behörde[1] kann im Einzelfall das Aushorsten von Nestlingen und Ästlingen der Habichte für Beizzwecke aus den in Artikel 9 Abs. 1 Buchstabe c der Richtlinie 79/409/EWG genannten Gründen und nach den in Artikel 9 Abs. 2 dieser Richtlinie genannten Maßgaben genehmigen. Das Ausnehmen der Gelege von Federwild ist verboten. Die Länder können zulassen, dass Gelege in Einzelfällen zu wissenschaftlichen, Lehr- und Forschungszwecken oder für Zwecke der Aufzucht ausgenommen werden. Die Länder können ferner das Sammeln der Eier von Ringel- und Türkentauben sowie von Silber- und Lachmöwen aus den in Artikel 9 Abs. 1 der Richtlinie 79/409/EWG genannten Gründen und nach den in Artikel 9 Abs. 2 dieser Richtlinie genannten Maßgaben erlauben.

---

1 Landkreis oder kreisfreie Stadt (Jagdbehörde)

§ 26 NJagdG: Änderung von Schonzeiten

(1) Die oberste Jagdbehörde wird ermächtigt, durch Verordnung

1. nach den in § 1 Abs. 2 des Bundesjagdgesetzes bestimmten Zielen und Grundsätzen der Hege und unter Berücksichtigung der Erfordernisse des Naturschutzes und des Tierschutzes die Jagdzeiten für Wild, auch abweichend vom Bundesrecht, und
2. die wildartspezifischen Setz-, Brut- und Aufzuchtzeiten (§ 22 Abs. 4 des Bundesjagdgesetzes)

zu bestimmen.

(2) Die Jagdbehörde wird ermächtigt, zum Erlegen von krankem oder kümmerndem Wild, zur Wildseuchenbekämpfung, aus Gründen der Wildhege, des Artenschutzes oder zur Vermeidung von übermäßigen Wildschäden Schonzeiten durch Verordnung aufzuheben.

(3) Die Jagdbehörde kann durch Verfügung gegenüber den Jagdausübungsberechtigten für einzelne Jagdbezirke Bestimmungen nach den Absätzen 2 und 3 treffen.

(4) Die Jagdbehörde kann im Einzelfall gestatten,

1. zu wissenschaftlichen Zwecken Wild in der Schonzeit zu erlegen,
2. Wild in der Schonzeit unversehrt zu fangen,
3. zu wissenschaftlichen Zwecken, für Zwecke der Aufzucht oder aus Gründen des Artenschutzes Federwild mit Fallen, Netzen, Reusen oder ähnlichen Einrichtungen zu fangen.

Verordnung über die Jagdzeiten

Vom 2. April 1977 (BGBl. I S. 531), zuletzt geändert durch
Verordnung vom 25. April 2002 (BGBl. I S. 1487)

Auf Grund des § 22 Abs. 1 Satz 1 des Bundesjagdgesetzes in der Fassung der Bekanntmachung vom 29. September 1976 (BGBl. I S. 2849) wird mit Zustimmung des Bundesrates verordnet:

§ 1 (1) Die Jagd darf ausgeübt werden auf

1.	Rotwild	
	Kälber	vom 1. August bis 28. Februar
	Schmalspießer	vom 1. Juni bis 28. Februar
	Schmaltiere	vom 1. Juni bis 31. Januar
	Hirsche und Alttiere	vom 1. August bis 31. Januar
2.	Dam- und Sikawild	
	Kälber	vom 1. September bis 28. Februar
	Schmalspießer	vom 1. Juli bis 28. Februar
	Schmaltiere	vom 1. Juli bis 31. Januar
	Hirsche und Alttiere	vom 1. September bis 31. Januar
3.	Rehwild	
	Kitze	vom 1. September bis 28. Februar
	Schmalrehe	vom 1. Mai bis 31. Januar
	Ricken	vom 1. September bis 31. Januar
	Böcke	vom 1. Mai bis 15. Oktober
4.	Gamswild	vom 1. August bis 15. Dezember
5.	Muffelwild	vom 1. August bis 31. Januar
6.	Schwarzwild	vom 16. Juni bis 31. Januar
7.	Feldhasen	vom 1. Oktober bis 15. Januar
8.	Stein- und Baummarder	vom 16. Oktober bis 28. Februar
9.	Iltisse	vom 1. August bis 28. Februar
10.	Hermeline	vom 1. August bis 28. Februar
11.	Mauswiesel	vom 1. August bis 28. Februar
12.	Dachse	vom 1. August bis 31. Oktober
13.	Rebhühner	vom 1. September bis 15. Dezember
14.	Fasanen	vom 1. Oktober bis 15. Januar
15.	Wildtruthähne	vom 15. März bis 15. Mai und vom 1. Oktober bis 15. Januar
16.	Wildtruthennen	vom 1. Oktober bis 15. Januar

17. Ringel- und
    Türkentauben — vom 1. November bis 20. Februar
18. Höckerschwäne — vom 1. November bis 20. Februar
19. Graugänse — vom 1. August bis 31. August und
    vom 1. November bis 15. Januar
20. Bläss-, Saat-, Ringel-
    und Kanadagänse — vom 1. November bis 15. Januar
21. Stockenten — vom 1. September bis 15. Januar
22. Pfeif-, Krick-, Spieß-,
    Berg-, Reiher-, Tafel-,
    Samt- und Trauerenten — vom 1. Oktober bis 15. Januar
23. Waldschnepfen — vom 16. Oktober bis 15. Januar
24. Blässhühner — vom 11. September bis 20. Februar
25. Lach-, Sturm-, Silber-,
    Mantel- und
    Heringsmöwen — vom 1. Oktober bis 10. Februar

(2) Vorbehaltlich der Bestimmungen des § 22 Abs. 4 des Bundesjagdgesetzes darf die Jagd das ganze Jahr ausgeübt werden beim Schwarzwild auf Frischlinge und Überläufer, auf Wildkaninchen und Füchse.

(3) Die in Absatz 1 festgesetzten Jagdzeiten umfassen nur solche Zeiträume einschließlich Tageszeiten, in denen nach den örtlich gegebenen äußeren Umständen für einen Jäger die Gefahr der Verwechslung von Tierarten nicht besteht.

§ 2 Diese Verordnung tritt am Tage nach der Verkündung in Kraft.

Gleichzeitig tritt die Verordnung über die Jagdzeiten vom 13. Juli 1967 (BGBl. I S. 723) außer Kraft.

Verordnung zur Durchführung des Niedersächsischen Jagdgesetzes (DVO-NJagdG)

Vom 23. Mai 2008 (Nds. GVBl. S. 194)

Aufgrund des § 26 Abs. 1 Nr. 1 und des § 34 Nr. 2 des Niedersächsischen Jagdgesetzes vom 16. März 2001 (Nds. GVBl. S.100), zuletzt geändert durch Artikel 1 des Gesetzes vom 13. Dezember 2007 (Nds. GVBl. S.708), wird verordnet:

§ 1 Jagdzeiten für nach Landesrecht jagdbare Tierarten

Für das nachstehend genannte Wild gelten die folgenden Jagdzeiten:

1.	Waschbären	16. Juli bis 31. März,
	jedoch für Jungwaschbären	ganzjährig,
2.	Marderhunde	1. September bis 28. Februar,
	jedoch für Jungmarderhunde	ganzjährig,
3.	Minks	1. August bis 28. Februar,
	jedoch für Jungminks	ganzjährig,
4.	Nutrias	1. September bis 28. Februar,
	jedoch für Jungnutrias	ganzjährig,
5.	Rabenkrähen	1. August bis 20. Februar,
6.	Elstern	1. August bis 28. Februar,
7.	Nilgänse	1. August bis 15. Januar.

§ 2 Jagdzeiten für nach Bundesrecht jagdbare Tierarten

(1) Für das nachstehend genannte Wild gelten abweichend von der Verordnung über die Jagdzeiten vom 2. April 1977 (BGBl. I S. 531), zuletzt geändert durch Verordnung vom 25. April 2002 (BGBl. I S. 1487), die folgenden Jagdzeiten:

1.	Rotwild	
a)	Kälber, Alttiere	1. September bis 31. Januar,
b)	Schmalspießer, Schmaltiere	1. Mai bis 31. Mai und
		1. August bis 31. Januar,
2.	Damwild	
a)	Kälber	1. September bis 31. Januar,
b)	Schmalspießer, Schmaltiere	1. Mai bis 31. Mai und
		1. September bis 31. Januar,
3.	Sikawild	1. September bis 31. Januar,

4. Rehwild
a) Kitze   1. September bis 31. Januar,
b) Schmalrehe   1. Mai bis 31. Mai und
                                    1. September bis 31. Januar,

5. Muffelwild
Lämmer, Schmalschafe, Schafe   1. September bis 31. Januar,
6. Wildkaninchen,
ausgenommen Jungkaninchen   1. Oktober bis 15. Februar,
7. Dachse   1. August bis 31. Januar,
8. Füchse,
ausgenommen Jungfüchse   16. Juni bis 28. Februar,
9. Rebhühner   16. September bis 30. November,
10. Ringeltauben
a) Alttauben   20. August bis 31. März mit der
                                    Maßgabe, dass die Jagd vom
                                    20. August bis 31. Oktober und
                                    vom 21. Februar bis 31. März nur
                                    zur Schadensabwehr und nur auf
                                    Alttauben ausgeübt werden darf,
                                    die in Trupps auf Acker-, Grünland-
                                    oder Baumschulkulturen einfallen,
b) Jungtauben   ganzjährig mit der Maßgabe, dass
                                    die Jagd vom 21. Februar bis 31.
                                    Oktober nur zur Schadensabwehr
                                    und nur auf Jungtauben ausgeübt
                                    werden darf, die auf Acker-, Grün-
                                    land- oder Baumschulkulturen ein-
                                    fallen,
11. Höckerschwäne   1. November bis 20. Februar mit
                                    der Maßgabe, dass die Jagd vom
                                    1. Dezember bis 20. Februar nur
                                    zur Schadensabwehr und nur auf
                                    Höckerschwäne ausgeübt werden
                                    darf, die in Trupps auf Acker- oder
                                    Grünlandkulturen einfallen,
12. Graugänse   1. August bis 15. Januar mit der
                                    Maßgabe, dass die Jagd vom
                                    1. September bis 31. Oktober nur
                                    zur Schadensabwehr und nur auf
                                    Graugänse ausgeübt werden darf,

	die in Trupps auf Acker- oder Grün-landkulturen einfallen,
13. Kanadagänse	1. September bis 15. Januar mit der Maßgabe, dass die Jagd vom 1. September bis 31. Oktober nur zur Schadensabwehr und nur auf Kanadagänse ausgeübt werden darf, die in Trupps auf Acker- oder Grünlandkulturen einfallen,
14. Waldschnepfen	16. Oktober bis 31. Dezember.

(2) Für das nachstehend genannte Wild gelten abweichend von der Verordnung über die Jagdzeiten keine Jagdzeiten:

1. Mauswiesel,
2. Wildtruthähne und Wildtruthennen,
3. Ringelgänse,
4. Bläss- und Saatgänse in den in der Anlage genannten Vogelschutz-gebieten,
5. Spieß-, Berg-, Reiher-, Tafel-, Samt- und Trauerenten,
6. Lachmöwen.

§ 3 (nicht einschlägig)

§ 4 Inkrafttreten

§ 19 Diese Verordnung tritt am Tage nach ihrer Verkündung in Kraft.

Am Tag nach der Verkündung dieser Verordnung treten außer Kraft:

1. die Niedersächsische Verordnung über Jagdzeiten vom 6. August 2001 (Nds. GVBl. S. 593) und
2. die Verordnung über Schutzvorrichtungen zur Vermeidung von Wild-schäden vom 26. März 2001 (Nds. GVBl. S 126).

Anlage (zu § 2 Abs. 2 Nr. 4)

Vogelschutzgebiete

Vogelschutzgebiete im Sinne des § 2 Abs. 2 Nr. 4 sind die folgenden in der Bekanntmachung der Europäischen Vogelschutzgebiete gemäß § 10 Abs. 6 des Bundesnaturschutzgesetzes vom 26. Juli 2007 (BAnz. Nr. 196 vom 19. Oktober 2007 bezeichneten Gebiete:

SPA-Nr. 2121-401	Unterelbe
SPA-Nr. 2210-401	Niedersächsisches Wattenmeer
SPA-Nr. 2408-401	Westermarsch
SPA-Nr. 2508-401	Krummhörn
SPA-Nr. 2509-401	Ostfriesisch Meere
SPA-Nr. 2609-401	Emsmarsch von Leer bis Emden
SPA-Nr. 2709-401	Rhederland
SPA-Nr. 2832.401	Niedersächsische Mittelelbe

ERLÄUTERUNGEN

1. Die in Niedersachsen geltenden Jagdzeiten ergeben sich aus der (bundesrechtlichen) Verordnung über die Jagdzeiten vom 2. April 1977 (BGBl. I S. 531), zuletzt geändert durch Verordnung vom 25. April 2002 (BGBl. I S. 1487), und den §§ 1 und 2 der Verordnung zur Durchführung des Niedersächsischen Jagdgesetzes (DVO-NJagdG) vom 24. Mai 2008 (Nds. GVBl. S. 194)

2. In § 22 Abs. 1 Satz 3 BJagdG wird den Ländern u. a. die Möglichkeit eröffnet, die Schonzeiten zur Beseitigung kranken oder kümmernden Wildes aufzuheben. Unter krankem Wild ist nicht nur krankgeschossenes oder schwerkrankes Wild zu verstehen, das nach § 22a BJagdG ohnehin unverzüglich zu erlegen ist, wenn es nicht genügt und möglich ist, es zu fangen und zu versorgen, sondern auch Wild, das ohne schwer krank zu sein, etwa an einer Tier- oder Wildseuche erkrankt ist. Dagegen kümmern Tiere, wenn sie einer z. B. nach einer Erkrankung, Vergiftung oder Verletzung ihre natürliche Vitalität nicht zurückerlangen.

3. Der Verstoß gegen das Gebot, Wild, für das eine Jagdzeit nicht festgesetzt ist, ganzjährig mit der Jagd zu verschonen, ist eine Straftat, die im Falle einer vorsätzlichen Begehung mit Freiheitsstrafe bis zu fünf Jahren oder mit Geldstrafe, bei Fahrlässigkeit mit Freiheitsstrafe bis zu sechs Monaten oder mit Geldstrafe bis zu einhundertachtzig Tagessätzen bestraft wird (§ 38 Abs. 1 Nr. 2, Abs. 2 BJagdG).

4. § 26 NJagdG räumt den Belangen des Artenschutzes größeres Gewicht ein und trägt damit nicht nur dem Hegeziel eines artenreichen Wildbestandes (§ 1 Abs. 2 BJagdG), sondern dem Schutz der heimischen Fauna und Flora insgesamt Rechnung.

Die Jagdbehörde wird ermächtigt, durch Verordnung Schonzeiten nicht wie bisher nur vorübergehend, sondern ohne zeitliche Einschränkung u. a. aus Gründen des Artenschutzes aufzuheben (Absatz 2). Sie kann überdies die Jagdausübungsberechtigten durch Verfügung anhalten, aus Gründen des Artenschutzes zweckdienliche Maßnahmen zu ergreifen, etwa in ihrem Bestand bedrohte Arten durch verstärkte Bejagung der sie in ihrem Bestand bedrohenden Arten („Feinde") zu fördern (Absatz 3). In Betracht für derartige Regulationsmaßnahmen kommen insbesondere solche Tierarten, die massenhaft vorkommen und nicht nur Niederwild, sondern zahlreiche heimische Vogelarten in ihrem Bestand gefährden können. Das gilt zurzeit vor allem für Elstern und Rabenkrähen. Da die Regulation durch Abschuss nicht immer erfolgreich ist, kann die Jagdbehörde im Einzelfall gestatten, u. a. aus Gründen des Natur- oder des Artenschutzes Federwild mit Fallen, Netzen, Reusen oder ähnlichen Einrichtungen zu fangen (Abs. 4).

Die nationalstaatlichen Handlungsmöglichkeiten sind in dieser Hinsicht jedoch sehr begrenzt; denn nach § 41a NJagdG müssen behördliche Maßnahmen nach dem NJagdG oder einer Verordnung aufgrund des NJagdG unter Beachtung der Maßgaben des Art. 7 Abs. 4 und der Art. 8 und 9 Abs. 1 und 2 der Vogelschutz-Richtlinie und der Art. 12 bis 16 Abs. 1 der FFH-Richtlinie in der jeweils geltenden Fassung getroffen werden. Der Inhalt dieser Bestimmungen ist in E 7e zu § 1 BJagdG dargestellt. Das Fangen von Federwild mit Fallen, Netzen, Reusen oder ähnlichen Einrichtungen kann danach nur ausnahmsweise in Frage kommen. Art. 8 der Vogelschutz-Richtlinie verpflichtet nämlich die Mitgliedstaaten u. a., sämtliche Mittel, Einrichtungen oder Methoden zu untersagen, mit denen Vögel in Mengen oder wahllos gefangen oder getötet werden, zu verbieten. Dementsprechend wird in § 19 Abs. 1 Nr. 5 Buchst. b BJagdG verboten, Fallen, Netze, Reusen oder ähnliche Einrichtungen beim Fang oder Erlegen von Federwild zu verwenden. Die Länder können nach § 19 Abs. 2 BJagdG dieses Verbot nur einschränken, wenn dafür ein in der Vogelschutz-Richtlinie genannter Grund vorliegt. Art. 9 der Vogelschutz-Richtlinie sieht Ausnahmen von dem genannten Verbot u. a. „zum Schutz der Pflanzen- und Tierwelt" vor, jedoch nur, wenn „es keine andere (anderweitige) zufriedenstellende Lösung gibt".

Die Frage, ob die gefangenen Vögel getötet werden dürfen, wird in § 26 Abs. 4 NJagdG nicht beantwortet, dürfte jedoch zu bejahen sein, da es in der Regel sinnlos ist, die gefangenen Vögel wieder freizulassen.

§ 22a BJagdG: Verhinderung von vermeidbaren Schmerzen oder Leiden des Wildes

(1) Um krankgeschossenes Wild vor vermeidbaren Schmerzen oder Leiden zu bewahren, ist dieses unverzüglich zu erlegen; das gleiche gilt für schwerkrankes Wild, es sei denn, dass es genügt und möglich ist, es zu fangen und zu versorgen.

(2) Krankgeschossenes oder schwerkrankes Wild, das in einen fremden Jagdbezirk wechselt, darf nur verfolgt werden (Wildfolge), wenn mit dem Jagdausübungsberechtigten dieses Jagdbezirkes eine schriftliche Vereinbarung über die Wildfolge abgeschlossen worden ist. Die Länder erlassen nähere Bestimmungen, insbesondere über die Verpflichtung der Jagdausübungsberechtigten benachbarter Jagdbezirke, Vereinbarungen über die Wildfolge zu treffen; sie können darüber hinaus die Vorschriften über die Wildfolge ergänzen oder erweitern.

ERLÄUTERUNGEN

1. Das Gebot, krankgeschossenes oder schwerkrankes Wild unverzüglich (ohne schuldhaftes Zögern) zu erlegen, um es vor vermeidbaren Schmerzen oder Leiden zu bewahren, es sei denn, dass es genügt und möglich ist, das Wild zu fangen und zu versorgen (Grundsatz der Verhältnismäßigkeit der Mittel), richtet sich an den zur Jagd Befugten (§ 1 Abs. 3 NJagdG). Es gilt unbedingt und auch dann, wenn die Erlegung oder das Fangen unter normalen Umständen verboten wären. Die Übertretung von Schonzeitbestimmungen, sachlichen Verboten (§ 19 BJagdG) und sonstigen Jagdbeschränkungen (z. B. Überschreiten des Abschussplans) ist jedoch nur gerechtfertigt, wenn das Tier wirklich (noch) krank ist. Geringfügige oder fast verheilte Verletzungen genügen nicht.

Das Gebot erweitert die Bestimmung des § 1 TierSchG, nach der niemand einem Tier ohne vernünftigen Grund Schmerzen, Leiden oder Schäden zufügen darf, um das Gebot, bereits vorhandene schwere Schmerzen und Leiden von Wild zu beenden, gleichgültig wer die Ursache dafür gesetzt hat. Ist es erforderlich, das krankgeschossene oder schwerkranke Tier zu erlegen, sollte allerdings von einer Tierschutzmaßnahme im eigentlichen Sinn nicht die Rede sein; denn eine Maßnahme, die zum Tod des zu schützenden Lebewesens führt, verdient diese Bezeichnung nicht. Bei der Tötung eines krankgeschossenen oder im Straßenverkehr angefahrenen Stückes Wild geht es in Wahrheit um die Beseitigung der Folgen eines vorausgegangenen das Tier schädigenden Tuns.

2. Das Jagdausübungsrecht endet grundsätzlich an der Grenze Jagdbezirks. Wer jenseits der Grenze des Gebietes, in dem er kraft eigenen oder gepachteten Jagdausübungsrechts oder kraft Erlaubnis zur Jagd befugt ist, die Jagd ausübt (§ 1 Abs. 4 BJagdG), erfüllt den Tatbestand der Jagdwilderei (§ 292 StGB). § 22a Abs. 2 BJagdG gestattet, wie die Überschrift dieser Vorschrift zeigt, eine Ausnahme von dem Revierprinzip nur zur Verhinderung von vermeidbaren Schmerzen oder Leiden des Wildes dann, wenn die beteiligten Reviernachbarn eine Wildfolgevereinbarung abgeschlossen haben, ermächtigt aber die Länder, die Vorschriften über die Wildfolge zu ergänzen oder erweitern. Nach Inkrafttreten der Föderalismusreform bedarf es der Ermächtigungsnorm zwar nicht mehr. Vorschriften über die Wildfolge dürfen aber weder das Jagdrecht noch das Jagdausübungsrecht in den Nachbarrevieren aushöhlen.

§ 27 NJagdG: Wildfolge, Tierschutz

(1) Wechselt krankgeschossenes Wild in einen Nachbarjagdbezirk, so hat die zur Jagd befugte Person, die geschossen hat (Schützin oder Schütze), oder in deren Auftrag eine zur Jagd befugte Begleitperson die Stelle, an der das Wild über die Grenze gewechselt ist, kenntlich zu machen und eine im Nachbarjagdbezirk zur Jagd befugte Person (Jagdnachbarin oder Jagdnachbar) unverzüglich zu benachrichtigen. Die Jagdnachbarin oder der Jagdnachbar hat die Nachsuche unverzüglich selbst oder durch eine beauftragte Person fortzusetzen. Die Schützin oder der Schütze oder die Begleitperson (Satz 1) soll sich an der Nachsuche beteiligen.

(2) Wechselt krankgeschossenes Wild in einen Nachbarjagdbezirk und ist ausnahmsweise eine sofortige Nachsuche erforderlich, um das Wild vor vermeidbaren Schmerzen zu bewahren, so ist die Schützin oder der Schütze oder die Begleitperson (Absatz 1 Satz 1) zur Nachsuche verpflichtet und hat das Wild zu erlegen und zu versorgen. Die nachsuchende Person darf das Wild außer Schalenwild fortschaffen. Bei der Nachsuche dürfen Schusswaffen mitgeführt werden, die erforderlich sind, um das kranke Wild zu erlegen. Die nachsuchende Person hat die Jagdnachbarin oder den Jagdnachbarn anschließend unverzüglich zu benachrichtigen.

(3) Wechselt krankgeschossenes Wild in einen militärisch oder aus anderen wichtigen Sicherheitsgründen gesperrten Nachbarbezirk, so gelten Absatz 1 Satz 3 und Absatz 2 nicht.

(4) Kommt krankgeschossenes Wild im Nachbarjagdbezirk zur Strecke, so stehen das Wildbret und die Trophäen abweichend von § 1 Abs. 1 und 5 des Bundesjagdgesetzes dem Jagdausübungsberechtigten des Jagdbezirks zu, in dem das Wild krankgeschossen worden ist, es sei denn, die Nachsuche wurde endgültig aufgegeben. In den Fällen des Satzes 1 ist das Wild abweichend von § 25 Abs. 51 auf dem Abschussplan des Jagdbezirks anzurechnen, in dem das Wild krankgeschossen worden ist, und auch in die Abschussliste dieses Jagdbezirks einzutragen.

(5) Wechselt schwerkrankes Wild in einen Nachbarjagdbezirk, so gelten die Absätze 1 bis 3 entsprechend für die zur Jagd befugte Person, die den Wechsel selbst bemerkt hat oder von einer anderen

Person über den Wechsel benachrichtigt worden ist. Absatz 4 gilt für die jagdausübungsberechtigte Person entsprechend.

(6) Abweichende Wildfolgevereinbarungen sind zulässig, soweit sie den Tierschutz nicht einschränken. Sie bedürfen der Schriftform.

(7) Die zur Jagd befugte Person darf befriedete Bezirke innerhalb des Jagdbezirks zum Töten und zur Aneignung von krankgeschossenem Wild oder übergewechseltem schwerkrankem Wild betreten. Sie soll die Nutzungsberechtigten vorher informieren, soweit nicht eine dadurch eintretende Zeitverzögerung zu vermeidbaren Schmerzen oder Leiden des Wildes führt.

(8) Offensichtlich nicht überlebensfähige Seehunde sind unverzüglich von den von der Jagdbehörde dazu bestätigten Wattenjagdaufseherinnen und Wattenjagdaufsehern zu erlegen.

ERLÄUTERUNGEN

1. § 27 Abs. 1 bis 5 NJagdG enthält Regelungen für den Fall, dass eine Nachsuche erforderlich wird. Die Benachrichtigungspflicht (§ 27 Abs. 1 Satz 1 NJagdG) gilt jedoch auch für die Fälle, in denen Wild jenseits der Jagdbezirksgrenze in Sichtweite verendet.

§ 27 Abs. 1 NJagdG bestätigt zunächst den Grundsatz, dass die jagdlichen Aktivitäten an der Jagdbezirksgrenze zu enden haben, wenn krankgeschossenes Wild in einen Nachbarjagdbezirk wechselt. Dasselbe hat zu gelten, wenn krankgeschossenes Federwild über die Grenze fliegt oder schwimmt. Der Schütze hat die Voraussetzungen für eine erfolgversprechende Nachsuche zu schaffen, indem er, wenn möglich, die Stelle, an der das Wild die Grenze überschritten hat, und selbstverständlich nach Möglichkeit auch den Anschuss verbricht oder in sonstiger Weise kenntlich macht, den Jagdnachbarn benachrichtigt und sich selbst zur Teilnahme an der Nachsuche und zum Erteilen sachdienlicher Auskünfte bereit hält.

2. Besteht Anlass zu der Annahme, dass das krankgeschossene Tier nicht alsbald verenden werde, kommt nach § 27 Abs. 2 NJagdG eine sofortige Nachsuche durch den Schützen oder eine zur Jagd befugte

Begleitperson im Nachbarjagdbezirk nur in Ausnahmefällen in Betracht. Ein solcher Ausnahmefall, in dem man allerdings kaum von einer Nachsuche im Wortsinn sprechen kann, kann gegeben sein, wenn das krankgeschossene Tier in Sichtweite verbleibt und in seiner Bewegungsfähigkeit stark eingeschränkt ist. Ist das nicht der Fall, ist das krankgeschossene Wild vielmehr aus dem Gesichtskreis des Schützen geraten und kennt dieser die Art und Wirkung der Schussverletzung nicht genau, besteht bei einer sofortigen Nachsuche in der Regel die Gefahr, dass es aufgemüdet und zur Flucht veranlasst wird, so dass seine Schmerzen oder Leiden verlängert werden und der Erfolg einer ordnungsgemäßen Nachsuche in Frage gestellt wird.

Liegt ein Fall vor, in dem ein angeschossenes Stück Wild im Nachbarjagdbezirk erlegt werden darf, ist der Schütze dazu nicht nur berechtigt sondern verpflichtet. Erlegtes Schalenwild ist aufzubrechen und an Ort und Stelle zu belassen. Andere Tiere darf der Schütze mitnehmen. Die nachträgliche Benachrichtigung des Jagdnachbarn hat unverzüglich (ohne schuldhaftes Zögern) zu erfolgen.

3. In einem militärisch oder aus anderen wichtigen Sicherheitsgründen gesperrten Nachbarjagdbezirk darf der Schütze nicht nachsuchen.

4. § 27 Abs. 4 NJagdG muss aus verfassungsrechtlichen Gründen eng ausgelegt werden. Die Vorschrift gilt nach ihrem Wortlaut ausschließlich für den Fall, dass „krankgeschossenes Wild" bei der Nachsuche im Nachbarjagdbezirk „zur Strecke kommt". „Krankgeschossen" ist ein Tier dann, wenn seine Schussverletzung nicht ohne weiteres zu seinem Verenden sondern dazu führt, dass es noch während einer mehr oder weniger langen Zeit „krank" weiterlebt. Ein Stück Schalenwild, das mit einem Kammerschuss nach einer kurzen Todesflucht verendet, ist nicht krankgeschossen im Sinne von § 27 Abs. 4 Satz 1 NJagdG sondern totgeschossen. Das infolge der Schussverletzung kranke Stück Wild muss weiter „im Nachbarjagdbezirk zur Strecke" kommen. Dem Ausdruck „zur Strecke kommen", der nicht immer einheitlich verwendet wird, entspricht aus der Sicht des Jägers die Wendung „zur Strecke bringen" (vergl. § 4 Abs. 3 NJagdG).

Damit ist ein aktives jägerisches Tun gemeint, nämlich das „Strecken" (Erlegen) des Wildes. Wer bei der Nachsuche das gesuchte Tier tot auffindet, kann es nicht mehr erlegen. Folglich kommt das Wild in diesem Fall auch nicht zur Strecke, wie § 27 Abs. 4 Satz 1 NJagdG fordert.

Nur in dem Fall also, dass das krankgeschossen Tier noch lebend angetroffen und getötet wird, sollen abweichend von § 1 Abs. 1 und 5 BJagdG das Wildbret und die Trophäen dem Jagdausübungsberechtigten des Jagdbezirks zustehen, in dem das Wild krankgeschossen worden ist, es sei denn, die Nachsuche wurde endgültig aufgegeben. Das Wild ist abweichend von § 25 Abs. 5 NJagdG auf den Abschussplan des Jagdbezirks anzurechnen, in dem das Wild krankgeschossen worden ist und auch in die Abschussliste dieses Jagdbezirks einzutragen.

Ein erlegtes Stück Wild besteht allerdings nicht nur aus Wildbret (Fleisch) und Trophäen. Es gibt keinen vernünftigen Grund dafür, dass für Wildbret und, sofern vorhanden, Trophäen einerseits und die übrigen Tierkörperteile andererseits unterschiedliche Regeln gelten sollen. Daher ergibt eine Auslegung des § 27 Abs. 4 NJagdG, dass sich die Bestimmung auf das erlegte Tier mit allen seinen Bestandteilen bezieht. Wildbret ist die Bezeichnung eines Teils für das Ganze.

Da die Regelung, die sich unterschiedslos auf Wildbret und Trophäen bezieht, von § 1 Abs. 1 und 5 BJagdG abweichen soll, könnte § 27 Abs. 4 NJagdG dahin verstanden werden, dass dem Jagdausübungsberechtigten des Jagdbezirks, in dem das Wild krankgeschossen worden ist, das Aneignungsrecht eingeräumt werden soll. Eine Kompetenz des Landesgesetzgebers, die durch die Eigentumsordnung des Grundgesetzes (Art. 14 GG) geschützte ausschließliche Aneignungsbefugnis des Jagdnachbarn anzutasten und einzuschränken, besteht jedoch nicht. Insbesondere enthält § 22a Abs. 2 BJagdG keine entsprechende Rechtsgrundlage. Eine verfassungskonforme Auslegung der Bestimmung muss deswegen zu dem Ergebnis führen, dass es bei der ausschließlichen Aneignungsbefugnis des Jagdnachbarn bleibt, dem Jagdausübungsberechtigten des Jagdbezirks, in dem das Wild krankgeschossen worden ist, aber ein Herausgabeanspruch zusteht. Gegen diese Auslegung, die auch das Nds. ML in einem Runderlass vom 5.7.2001 (104.2/404-65001-239) vertritt, spricht auch nicht die Bestimmung des § 27 Abs. 2 Satz 2 NJagdG. Während Schalenwild in dem Nachbarrevier zu versorgen und zu belassen ist, darf der Nachsuchende anderes Wild fortschaffen. Selbstverständlich ist er verpflichtet, dieses Wild dem Jagdnachbar unverzüglich abzuliefern.

Auch der Hinweis, es sei praxisfern und unpraktikabel, einen Herausgabeanspruch nur dann zu gewähren, wenn das ein krankgeschossenes Stück Wild im Nachbarjagdbezirk getötet wird, nicht aber auch dann, wenn ein beschossenes Stück ohne weiteres Zutun verendet, ist nicht geeignet, den Herausgabeanspruch unterschiedslos immer dann anzunehmen, wenn angeschossenes Wild im Nachbarjagdbezirk verendet. Es ist zu bedenken, dass die Regelung des § 27 Abs. 4 Satz 1 NJagdG, die übrigens im deutschen Jagdrecht ohne Parallele ist, schon deswegen nicht erweiternd ausgelegt werden darf, weil sie letztlich dazu führt, dass das in § 1 Abs. 1 und 5 BJagdG normierte ausschließliche Aneignungsrecht des Reviernachbarn entwertet wird. Es wäre ein Verstoß gegen höherrangiges Bundesrecht und damit verfassungswidrig, wenn der Herausgabeanspruch auch auf die Fälle erstreckt werden würde, in denen ein Stück Wild, das nicht krank-, sondern totgeschossen worden ist und alsbald nach einer Flucht über die Reviergrenze im Nachbarjagdbezirk verendet ist.

Verlangt der Jagdnachbar, was ihm freisteht, die Herausgabe des Wildbrets, ist fraglich, ob der Revierinhaber, in dessen Revier das herausverlangte Wild „zur Strecke gekommen" ist, diesem Verlangen nachkommen muss, ohne eine Entschädigung verlangen zu können. Obwohl das Gesetz eine ausdrückliche Anspruchsgrundlage dafür nicht enthält, ist die Frage zu bejahen. Das Aneignungsrecht in Bezug auf das in einem Jagdbezirk aufgefundene Wild ist in § 1 Abs. 1 und 5 BJagdG eindeutig zu Gunsten des jeweiligen Revierinhabers geregelt. Erklärt sich der Jagdnachbar nicht zur Leistung einer angemessenen Entschädigung bereit, kann der Revierinhaber die Herausgabe verweigern. Es ist kein überzeugender Grund vorhanden, der einen entschädigungslosen Eingriff in das absolut geschützte Jagdausübungsrecht des Jagdnachbarn rechtfertigen könnte, das nicht nur das Recht beinhaltet, sich verendetes Wild in seinem Jagdbezirk anzueignen, sondern dieses auch zu behalten und zu verwerten. Für das Aneignungsrecht in Bezug auf die Trophäe gilt kraft Gewohnheitsrechts etwas anderes.

Für den Bereich der Landesforsten hat der Nds. ML in seinem Runderlass vom 11. 12. 2001 – 104.2/404-65001-239 –, der einige Hinweise für die Wildfolge enthält, allerdings eine andere Regelung getroffen. In Nr. 3 des Erlasses heißt es:

„Alles im Nachbarjagdbezirk zur Strecke kommende Wild (§ 27 Abs. 4 Satz 1) steht, sofern die Nachsuche nicht endgültig aufgegeben wurde, unentgeltlich dem Jagdausübungsberechtigten des Jagdbezirks zu, in dem das Wild krankgeschossen wurde. Dieser hat das Wild in jedem Falle – unabhängig von der Verwertbarkeit – zu übernehmen. Abweichende Regelungen bedürfen der Schriftform."

Diese Regelung ist sicher in vielen Fällen interessengerecht und steht dem Land für seinen Bereich frei, kann aber als Verwaltungsanweisung nicht für die Rechtsbeziehungen privater Jagdnachbarn maßgebend sein.

Der in der Amtlichen Begründung enthaltene Gedanke, den Herausgabeanspruch gleichsam als Prämie für eine pflichtgemäße Nachsuche („zur Stärkung der Nachsuchepflicht") zu verstehen, ist nicht tragfähig. Er müsste angesichts der vor Beginn jeder Nachsuche bestehenden Ungewissheit, ob das krankgeschossene Stück Wild noch lebt, konsequenterweise auch dann gelten, wenn das nachgesuchte Tier bereits verendet aufgefunden wird. Die Vorschrift würde dann geradezu als Einladung zur Grenzjagd verstanden werden müssen.

Außerdem ist zu bedenken, dass die Nachsuche, von dem Ausnahmefall des § 27 Abs. 2 NJagdG abgesehen, von dem Jagdnachbarn selbst oder von einer von diesem beauftragte Person fortzusetzen ist und dass der Schütze sich lediglich an der Nachsuche beteiligen soll (§ 27 Abs. 1 Sätze 2 und 3 NJagdG). Die Nachsuchepflicht des Jagdnachbarn kann sicherlich nicht dadurch gestärkt werden, dass er, nachdem er Zeit und Geld geopfert hat, um das verletzte Tier zu finden und zu töten, verpflichtet sein soll, das Wildbret entschädigungslos herauszugeben. Das Ziel der „Stärkung der Nachsuchepflicht" (gemeint sein dürfte die Bereitschaft zur Nachsuche) des Schützen ist kein ausreichender Grund, um die Aneignungsbestimmungen des BJagdG zu unterlaufen. Eine sorgfältige Nachsuche nach einem nicht sofort tödlich wirkenden Schuss gehört zu den wichtigsten Verpflichtungen des Jägers, die sich aus den allgemein anerkannten Grundsätzen deutscher Weidgerechtigkeit ergeben. Es kann im Übrigen für das Rechtsbewusstsein nur gefährlich sein, wenn elementare und selbstverständliche Verpflichtungen durch die Gewährung materieller Vorteile abgesichert werden sollen.

5. § 27 Abs. 6 NJagdG erklärt abweichende schriftliche Wildfolgevereinbarungen für zulässig, soweit sie den Tierschutz nicht einschränken. Es wurde bereits darauf hingewiesen, dass es bei der Verpflichtung, krankgeschossenes Wild möglichst bald von den ihm zuvor zugefügten Schmerzen oder Leiden zu erlösen, nur bei beschönigendem Sprachgebrauch um Tierschutz geht (vergl. E 1 zu § 22a BJagdG). Tierschutz ist Lebensschutz. Wer ein Tier schützen will, darf es weder verletzen noch töten.

In Wahrheit handelt es sich nicht selten darum, die Folgen einer unzulänglichen jagdlichen Leistung zu beseitigen, immer aber darum, den wichtigsten der allgemein anerkannten Grundsätze deutscher Weidgerechtigkeit (§ 1 Abs. 3 BJagdG) zu befolgen, das zu erlegende Wild schnell und unter Vermeidung von (weiteren) Schmerzen oder Leiden zu töten. Wildfolgevereinbarungen, die „den Tierschutz nicht einschränken", dürfen deswegen nicht dazu führen, dass die Leiden oder Schmerzen des krankgeschossenen Wildes verlängert oder verschlimmert werden.

6. Vereinbarungen zwischen Jagdnachbarn sollten, auch wenn es sich nicht um Wildfolgevereinbarungen im eigentlichen Sinn handelt, auch Vorkehrungen über die Bergung von im Nachbarrevier verendetem Wild treffen, damit das wertvolle Nahrungsmittel Wildbret vor Qualitätsverlusten oder dem Verderb bewahrt bleibt.

7. § 27 Abs. 5 NJagdG dehnt die in § 27 Abs. 1 bis 3 NJagdG normierten Pflichten auf die Fälle aus, in denen schwerkrankes Wild in einen Nachbarjagdbezirk wechselt. Die vorgesehene entsprechende Geltung des § 27 Abs. 4 NJagdG für die jagdausübungsberechtigte Person vermag allerdings nicht einzuleuchten. Die Interessenlage ist in keiner Weise vergleichbar.

8. § 27 Abs. 7 NJagdG räumt dem zur Jagd Befugten das Recht ein, die in dem Jagdbezirk liegenden befriedeten Bezirke zum Töten und zur Aneignung von übergewechseltem krankgeschossenen oder schwerkranken Wild zu betreten. Bei dieser Bestimmung handelt es sich nicht eigentlich um eine Wildfolgeregelung; denn das Wild ist nicht in einen fremden Jagdbezirk übergewechselt.

Ein Jagdausübungsrecht gibt es in einem befriedeten Bezirk nicht. Andererseits hat in einem befriedeten Bezirk der Grundeigentümer das ausschließliche Recht, sich verendetes Wild anzueignen (§ 1 Abs. 1 und 5 BJagdG). Von dieser bundesgesetzlichen Festlegung hätte der Landesgesetzgeber bis zum Inkrafttreten der Föderalismusreform nur dann abweichen dürfen, wenn das Bundesrecht dazu eine Ermächtigung enthalten hätte. Eine solche war jedoch nicht vorhanden. § 27 Abs. 7 NJagdG würde deswegen insoweit gegen höherrangiges Bundesrecht (§ 1 Abs. 1 und 5 BJagdG) verstoßen, als dem in einem Jagdbezirk, in dem der befriedete Bezirk liegt, zur Jagd Befugten dort ein Aneignungsrecht eingeräumt wird. Eine verfassungskonforme Auslegung muss daher im Gegensatz zur Auffassung des Nds. ML zu dem Ergebnis führen, dass eine Aneignung durch den zur Jagd Befugten nur mit Zustimmung des Eigentümers des befriedeten Bezirks erfolgen darf (vergl. E 7 zu § 9 NJagdG).

Das Recht zum Betreten des befriedeten Bezirks zum Töten von übergewechseltem krankgeschossenen Wild ist erforderlich, um die Erfüllung der in § 22a Abs. 1 BJagdG normierten Verpflichtung zur Beseitigung der Folgen eines vorausgegangenen schädlichen Tuns zu ermöglichen. Nach einem – in der Regel schlechten – Schuss soll das verletzte Tier von den ihm zugefügten Schmerzen erlöst werden.

Auch bei der Tötung von schwerkrankem Wild handelt es sich nicht eigentlich um einen Akt des Tierschutzes, sondern um die Beseitigung eines die öffentliche Ordnung störenden Zustands, für die die Zuständigkeit des zur Jagd Befugten begründet wird. Ähnliches gilt für die Bestimmung des § 27 Abs. 8 NJagdG, nach der offensichtlich nicht überlebensfähige Seehunde von dem zuständigen Jagdaufseher unverzüglich erlegt werden sollen.

9. Kann weder eine zur Jagd befugte Person (§ 1 Abs. 3 NJagdG) noch ein sonstiger Jagdschutzberechtigter (§ 25 Abs. 1 BJagdG) alsbald herbeigerufen werden, wird demjenigen, der sich in einem fremden Jagdbezirk dazu entschließt, ein krankgeschossenes oder schwerkrankes Tier, bei dem es nicht genügt oder möglich ist, es zu fangen und zu versorgen, auf weidgerechte Art zu töten, jedenfalls kein Schuldvorwurf zu machen sein.

§ 28 NJagdG: Schweißhundführung

Wer von der Jagdbehörde als Führerin oder Führer eines bestimmten Schweißhundes bestätigt ist, darf mit diesem krankgeschossenes oder schwerkrankes Schalenwild, das den Jagdbezirk wechselt, nachsuchen. Ihr oder ihm muss hierzu ein Auftrag von einer Person erteilt worden sein, die in einem Jagdbezirk zur Jagd befugt ist, in dem das Wild krankgeschossen oder das schwerkranke Wild bemerkt worden ist. Die Führerin oder der Führer des Schweißhundes darf bei der Nachsuche Schusswaffen führen und das nachgesuchte Wild erlegen. Eine Nachsuche findet nicht statt bei einem Wechsel in einen militärisch oder aus anderen wichtigen Sicherheitsgründen gesperrten Nachbarjagdbezirk. Die Führerin oder der Führer eines Schweißhundes soll die Jagdausübungsberechtigten, deren Jagdbezirke bei der Nachsuche betreten worden sind, unverzüglich benachrichtigen.

AB zu § 28 (Schweißhundführung)

28.1.1 Eine Schweißhundführerin oder ein Schweißhundführer kann durch die Jagdbehörde nur unter folgenden Voraussetzungen nach Anhörung des Jagdbeirats bestätigt werden:

- die Antrag stellende Person muss mindestens zwei Jagdjahre einen Schweißhund der Rassen Hannoverscher Schweißhund, Bayerischer Gebirgsschweißhund oder Dachsbracke oder bei entsprechender Eignung einen anderen Jagdhund einer anerkannten Jagdgebrauchshunderasse auf Schweiß geführt haben,
- der zu führende Hund muss in das Zuchtbuch seiner Rasse eingetragen sein und eine Vorprüfung oder eine Verbandsschweißprüfung (20-Stunden-Übernachtfährte) bestanden haben und
- die Brauchbarkeit des Hundes muss durch mindestens acht erfolgreiche erschwerte Nachsuchen, davon eine laute ausdauernde Hetze mit sicherem Stellen oder Niederziehen, jeweils in den beiden vorangegangenen Jagdjahren nachgewiesen und durch Zeuginnen oder Zeugen belegt sein.

28.1.2 Die Bestätigung bleibt gültig, solange die Schweißhundführerin oder der Schweißhundführer mindestens acht erfolgreiche erschwerte Nachsuchen mit einem geprüften Schweißhund im Jagdjahr durchführt. Die Schweißhundführerin oder der Schweißhundführer hat einen Leistungsnachweis für das abgelaufene Jagdjahr nach dem Muster der **Anlage 5**[1] zu führen und auf Anforderung der Jagdbehörde vorzulegen.

28.1.3 Verliert eine bestätigte Schweißhundführerin oder ein bestätigter Schweißhundführer ihren/seinen erfahrenen Schweißhund aus Altersgründen oder durch Unfall und muss einen jungen Hund einarbeiten, so kann sie/er auf Antrag eine vorläufige Bestätigung erhalten. Voraussetzung dafür ist, dass sie/er seit mindestens fünf Jahren anerkannt war und die Voraussetzungen nach Nr. 28.1.1 mit Ausnahme des letzten Spiegelstriches vorliegen. Für die vorläufige Anerkennung reicht aus, wenn der Hund pro Jagdjahr in den ersten drei Jahren nach bestandener Vorprüfung oder Verbandsschweißprüfung (20-Stunden-Übernachtfährte) mindestens vier erfolgreiche Nachsuchen, davon eine laute ausdauernde Hetze mit sicherem Stellen oder Niederziehen, durch Zeugen belegt, erbringt.

28.1.4 Die Jagdbehörden teilen der anerkannten Landesjägerschaft Name, Vorname, Anschrift und Telefonnummern der Schweißhundführerinnen und Schweißhundführer sowie die geführte Hunderasse nach

---

1 Hier nicht abgedruckt.

Bestätigung zur zentralen Veröffentlichung mit. Desgleichen ist bei einem Widerruf der Bestätigung zu verfahren.

ERLÄUTERUNGEN

1. § 28 NJagdG räumt der Nachsuchepflicht den Vorrang vor dem Revierprinzip ein, wenn die Nachsuche von einem von der Jagdbehörde bestätigten Schweißhundführer mit seinem Schweißhund durchgeführt wird. Voraussetzung ist, dass dem Schweißhundführer ein entsprechender Auftrag erteilt worden ist. Den Auftrag kann eine Person geben, die in dem Jagdbezirk zur Jagd befugt ist, in dem das Schalenwild krankgeschossen oder das schwerkranke Schalenwild bemerkt worden ist. Um ein schwerkrankes Stück Wild handelt es sich auch dann, wenn das Stück Wild in einem anderen Jagdbezirk krankgeschossen worden ist.

2. Soll ein Schweißhundführer mit der Nachsuche auf ein krankgeschossenes oder schwerkrankes Stück Schalenwild beauftragt werden, so ist auch in diesem Fall die Verpflichtung aus § 27 Abs. 1 Satz 1 NJagdG von der dort genannten Person zu erfüllen, wenn bekannt ist, dass das zu suchende Tier in den Nachbarjagdbezirk gewechselt ist. Der Jagdnachbar ist über die beabsichtigte oder bereits erfolgte Beauftragung eines bestätigten Schweißhundführers zu informieren, so dass er diesem die Nachsuche mit einer größeren Aussicht auf Erfolg überlassen kann.

Den Schweißhundführer trifft dagegen keine Pflicht zur vorherigen Benachrichtigung. Sind andere Jagdbezirke bei der Nachsuche betreten worden, soll der Schweißhundführer die Jagdausübungsberechtigten der betreffenden Jagdbezirke jedoch unverzüglich, also ohne schuldhaftes Zögern, benachrichtigen.

3. Der Schweißhundführer darf bei der Nachsuche seine Waffen mitnehmen und selbstverständlich bei Vorliegen der Voraussetzungen des § 22a Abs. 1 BJagdG das noch lebend angetroffene Stück Schalenwild erlegen. Das Tier unterliegt der Aneignungsbefugnis des Jagdausübungsberechtigten des Jagdbezirks, in dem es getötet worden ist (§ 1 Abs. 1 und 5 BJagdG). Die Trophäen eines zuvor krankgeschossenen Tieres stehen nach altem Brauch (Gewohnheitsrecht) demjenigen zu, der das Tier krankgeschossen hat.

4. Die Kosten des Schweißhundführereinsatzes sind von demjenigen zu tragen, der den Auftrag dazu gegeben hat. Hat eine andere Person das nachgesuchte Tier krankgeschossen, so ist diese dem Auftraggeber nach § 683 BGB auch dann zur Erstattung der Kosten verpflichtet, wenn sie mit der Beauftragung des Schweißhundführers nicht einverstanden war (§ 679 BGB).

§ 23 BJagdG: Inhalt des Jagdschutzes

Der Jagdschutz umfasst nach näherer Bestimmung durch die Länder den Schutz des Wildes insbesondere vor Wilderern, Futternot, Wildseuchen, vor wildernden Hunden und Katzen sowie die Sorge für die Einhaltung der zum Schutz des Wildes und der Jagd erlassenen Vorschriften.

ERLÄUTERUNGEN

1. Der Jagdschutz, soweit er von dem Jagdausübungsberechtigten wahrgenommen wird, ist Teil der Hege und stellt deswegen sowohl eine Berechtigung als auch – im Rahmen des Zumutbaren – eine Verpflichtung dar. Neben den zuständigen öffentlichen Stellen sind jagdschutzberechtigt der Jagdausübungsberechtigte, sofern er Inhaber eines Jagdscheins ist, und die von der Jagdbehörde bestätigten Jagdaufseher (§ 25 BJagdG). In gewissem Umfang können Jagdschutzaufgaben, z. B. die Wildfütterung in Notzeiten, auch von angestellten Jägern und Jagdgästen formlos übernommen werden.

2. Die Aufzählung der Jagdschutzaufgaben in § 23 BJagdG ist nicht abschließend. Der Jagdausübungsberechtigte ist deshalb berechtigt, das Wild im Rahmen des Möglichen, aber unter Beachtung des Grundsatzes der Verhältnismäßigkeit nicht nur vor den aufgezählten, sondern auch vor anderen Gefahren zu schützen, also auch vor Raub-

wild und Tieren der nicht besonders geschützten Arten (z. B. Wander-ratten). Raubwild fällt freilich selbst unter die Hegepflicht. Der Jagdausübungsberechtigte darf deshalb zum Schutz anderer Wildar-ten Raubwild nicht ausrotten.

Eine unbedingte Verpflichtung zur Durchführung von Jagdschutz-maßnahmen besteht für den Jagdausübungsberechtigten nur in den im Gesetz besonders aufgeführten Fällen, nämlich beim Auftreten von Wildseuchen (§ 24 BJagdG) und bei Futternot (§ 32 Abs. 1 NJagdG). Die Verletzung der entsprechenden Verpflichtungen kann als Ordnungswidrigkeit geahndet werden (§ 39 Abs. 2 Nr. 4 BJagdG, § 42 Abs. 1 Nr. 19 NJagdG).

Zur Durchführung anderer Jagdschutzmaßnahmen ist der Jagdaus-übungsberechtigte nicht unbedingt verpflichtet. Insbesondere kann von ihm nicht verlangt werden, dass er sich durch ein Einschreiten gegen Wilderer, also Personen, die gegen § 292 des Strafgesetzbuchs (StGB)[1] verstoßen, oder gegen Personen, die die zum Schutze des Wildes oder der Jagd erlassenen Vorschriften verletzen, selbst in Gefahr begibt. Dagegen wird er als verpflichtet angesehen werden können, Anzeige zu erstatten, wenn er davon Kenntnis erhält, dass in seinem Jagdbezirk gewildert wird oder andere zum Schutze des Wildes und der Jagd erlassene Vorschriften missachtet werden. Gegebenen-falls ist es Aufgabe der Polizeibehörden und innerhalb ihres Dienstbe-zirks der bestätigten Jagdaufseher, das Erforderliche zu veranlassen.

Die Frage, ob eine Verpflichtung zum Erlegen wildernder Hunde oder Katzen besteht oder ob es geboten ist, Raubwild oder andere Tiere nicht besonders geschützter Arten, die dem Wild schaden, zu bejagen, lässt sich häufig erst nach einer schwierigen Güterabwägung beant-worten, so dass auch insoweit keine unbedingte Verpflichtung zur Durchführung von Jagdschutzmaßnahmen angenommen werden kann.

---

1   Anh. 12

§ 29 NJagdG: Jagdschutz

(1) Die Jagdschutzberechtigten sind in ihrem Jagdbezirk befugt,

1. Personen, die dort unberechtigt jagen, die außerhalb der zum allgemeinen Gebrauch bestimmten Wege zur Jagd ausgerüstet angetroffen werden oder die eine sonstige Zuwiderhandlung gegen jagdrechtliche Vorschriften begehen, anzuhalten, ihnen gefangenes oder erlegtes Wild, Schuss- und sonstige Waffen, Jagd- und Fanggeräte, Hunde und Frettchen abzunehmen und ihre Personalien festzustellen,

2. wildernde Hunde zu töten, die sich nicht innerhalb der Einwirkung einer für sie verantwortlichen Person befinden und nicht als Jagd-, Rettungs-, Hirten-, Blinden-, Polizei- oder sonstige Diensthunde erkennbar sind, und

3. wildernde Hauskatzen, die sich mehr als 300 m vom nächsten Wohnhaus entfernt befinden, und verwilderte Frettchen zu töten.

(2) Befugnisse nach Absatz 1 Nrn. 2 und 3 können die Jagdausübungsberechtigten schriftlich auf angestellte Jägerinnen oder angestellte Jäger sowie Jagdgäste übertragen. Die Übertragungsurkunde ist bei der Ausübung dieser Befugnisse mitzuführen.

ERLÄUTERUNGEN

1. Von der in § 23 BJagdG den Ländern eröffneten Möglichkeit, nähere Bestimmungen für den Jagdschutz zu erlassen, ist in Niedersachsen in den §§ 29 und 32 NJagdG Gebrauch gemacht worden. § 29 Abs. 1 Nr. 1 betrifft den Schutz des Wildes vor Wilderern und Personen, die gegen jagdrechtliche Vorschriften verstoßen. § 29 Abs. 1 Nrn. 2 und 3 haben den Schutz des Wildes vor wildernden Hunden und Katzen sowie verwilderten Frettchen zum Gegenstand. Entsprechend der Bedeutung eines Vorgehens gegen Menschen sind die Befugnisse aus § 29 Abs. 1 Nr. 1 NJagdG allein den Jagdschutzberechtigten vorbehalten, während die Befugnis zur Tötung wildernder Hunde und Hauskatzen oder verwilderter Frettchen, also das Recht, möglicherweise in fremdes Eigentum einzugreifen, schriftlich auf angestellte Jäger oder Jagdgäste übertragen werden kann.

2. Der Jagdschutzberechtigte hat keine allgemeinen polizeilichen Befugnisse. Er hat nur darüber zu wachen, dass die zum Schutz des Wildes und der Jagd erlassenen Vorschriften eingehalten werden. Dazu gehören z. B. § 19a BJagdG und § 2 Abs. 2 und 3 NJagdG. Wie jedermann hat aber auch der Jagdschutzberechtigte das Recht, eine Person, die auf frischer Tat betroffen oder verfolgt wird, auch ohne richterliche Anordnung vorläufig festzunehmen, wenn sie der Flucht verdächtig ist oder ihre Identität nicht sofort festgestellt werden kann (§ 127 StPO). Bei der Tat muss sich um eine Straftat handeln, die den Erlass eines Haftbefehls rechtfertigen würde. Eine Ordnungswidrigkeit genügt nicht.

Eine Person anhalten bedeutet, sie zum Halten zwingen, um ihre Personalien feststellen zu können. Gegenüber Widerspenstigen kann der Jagdschutzberechtigte notfalls auch körperliche Gewalt anwenden. Von der Schusswaffe darf er jedoch nur im Rahmen des allgemeinen jedem zustehenden Notwehrrechts (§ 32 StGB). Gebrauch machen.

„Notwehr ist die Verteidigung, die erforderlich ist, um einen gegenwärtigen rechtswidrigen Angriff von sich oder einem anderen abzuwenden" (§ 32 Abs. 2 StGB). Voraussetzung für das Vorliegen einer Notwehrsituation und damit für die Rechtfertigung einer „Tat" des Angegriffenen, also einer normalerweise strafbaren Handlung, ist ein unmittelbar bevorstehender oder noch andauernder Angriff auf „sich oder einen anderen". Dabei kommt nicht nur ein Angriff auf die körperliche Unversehrtheit oder gar das Leben des Angegriffenen in Betracht. Grundsätzlich darf jedes Rechtsgut von einigem Gewicht (Freiheit, Eigentum, Besitz, Jagdausübungsrecht) durch eine Notwehrhandlung geschützt werden. Gegen einen bereits abgeschlossenen Angriff ist Notwehr nicht zulässig. Der Angriff muss rechtswidrig sein. Handelt der Angreifer selbst in Notwehr, also gerechtfertigt, ist dagegen keine Notwehr statthaft. Notwehr gegen den rechtswidrigen Angriff einer schuldunfähigen Person ist hingegen zulässig. Die Verteidigung muss erforderlich sein, um den Angriff abzuwehren. Stets ist deswegen der Grundsatz der Verhältnismäßigkeit zu beachten. Das gilt sowohl bei der Wahl der einzusetzenden Abwehrmittel als auch bei der Entscheidung, ob überhaupt von dem Notwehrrecht Gebrauch zu machen ist. Überschreitet der Täter die Grenzen der Notwehr aus Verwirrung, Furcht oder Schrecken, so wird er nicht bestraft (§ 33 StGB).

Während Notwehr einen rechtswidrigen Angriff durch einen Menschen voraussetzt, kommt eine rechtfertigende oder entschuldigende Notstandshandlung (§§ 34, 35 StGB) auch dann in Betracht, wenn eine Gefahr von einem Menschen, der nicht rechtswidrig handelt, etwa von einem Epileptiker während eines schweren Anfalls, von einer Sache oder einem Tier ausgeht.

§ 34 StGB bestimmt: „Wer in einer gegenwärtigen, nicht anders abwendbaren Gefahr für Leben, Leib, Freiheit, Ehre, Eigentum oder ein anderes Rechtsgut eine Tat begeht, um die Gefahr von sich oder einem anderen abzuwenden, handelt nicht rechtswidrig, wenn bei Abwägung der widerstreitenden Interessen, namentlich der betroffenen Rechtsgüter und des Grades der ihnen drohenden Gefahren, das geschützte Interesse das beeinträchtigte wesentlich überwiegt. Dies gilt jedoch nur, soweit die Tat ein angemessenes Mittel ist, die Gefahr abzuwenden."

In § 35 Abs. 1 Satz 1 StGB heißt es: „Wer in einer gegenwärtigen, nicht anders abwendbaren Gefahr für Leben, Leib oder Freiheit eine rechtswidrige Tat begeht, um die Gefahr von sich, einem Angehörigen oder einer ihm nahestehenden Person abzuwenden, handelt ohne Schuld. Dies gilt nicht, soweit dem Täter nach den Umständen, namentlich weil er die Gefahr selbst verursacht hat oder weil er in einem besonderen Rechtsverhältnis stand, zugemutet werden konnte, die Gefahr hinzunehmen; jedoch kann die Strafe nach § 49 Abs. 1 gemildert werden, wenn der Täter nicht mit Rücksicht auf ein besonderes Rechtsverhältnis die Gefahr hinzunehmen hatte."

3. a) Voraussetzung für das Recht zur Tötung eines Hundes im Jagdrevier, nicht aber in einem befriedeten Bezirk, ist nach § 29 Abs. 1 Nr. 2 NJagdG, dass es sich um einen wildernden Hund handelt, der sich nicht in der Einwirkung einer für ihn verantwortlichen Person befindet. Jagd-, Rettungs-, Hirten-, Blinden-, Polizei- und sonstige Diensthunde, die als solche erkennbar sind, dürfen nicht getötet werden. Dabei kommt es auf die tatsächliche Verwendung des Hundes, nicht auf seine Rasse an. Ein Dackel, der nicht als Jagdhund, ein Schäferhund, der nicht als Polizeihund gehalten wird, ist nicht geschützt. Andererseits darf ein jagdlich abgerichteter Mischling, der zur Jagd verwendet wird und entsprechend gekennzeichnet ist, nicht getötet werden.

Das Recht, wildernde Hunde (und Hauskatzen) zu töten, wird dem Jagdausübungsberechtigten zum Schutz des Wildes eingeräumt (§ 23 BJagdG). Es besteht deswegen nur dann, wenn das Wild tatsächlich des Schutzes bedarf. Hunde (und Hauskatzen), die etwa wegen ihrer geringen Größe oder ihres Alters in der gegebenen Lage keine Gefahr für das Wild darstellen können, dürfen nicht getötet werden. Außerdem ist – wie immer – der Grundsatz der Verhältnismäßigkeit zu beachten.

Ein Hund wildert nicht erst dann, wenn er ein Stück Wild verfolgt oder anfällt, sondern bereits dann, wenn er eine Fährte oder Spur aufgenommen hat oder wenn er erkennbar nach Wild sucht.

Ein Hund befindet sich dann nicht in der Einwirkung der für ihn verantwortlichen Person, wenn diese das Verhalten des Hundes mit ihren Kommandos nicht beeinflussen kann, insbesondere dann, wenn sie nicht in der Lage ist, das Wildern des Hundes zu unterbinden. Ein solcher Fall liegt vor, wenn sich der Hund so weit von der Aufsichtsperson entfernt hat, dass er deren Rufe oder Pfeifen nicht mehr hören kann oder wenn er die Kommandos zwar vernehmen kann, sie aber nicht beachtet. Der Hund befindet sich auch dann außerhalb der Einwirkung der verantwortlichen Person, wenn sich diese, aus welchen Gründen auch immer, weigert, von ihren Einwirkungsmöglichkeiten Gebrauch zu machen.

Von § 29 Abs. 1 Nr. 2 NJagdG nicht erfasst ist der Fall, dass die für den Hund verantwortliche Person diesen auf Wild hetzt. Der Hund wird hier als Werkzeug zur Begehung von Wilderei (§ 292 StGB) missbraucht. Die Befugnis, den Hund zu töten, ergibt sich dann aus dem allgemeinen Notwehrrecht; denn auch das Jagdrecht und das Jagdausübungsrecht sind notwehrfähige Rechtsgüter. Die Einschränkung, dass es sich nicht erkennbar um einen Jagd-, Rettungs-, Hirten-, Blinden-, Polizei- oder sonstigen Diensthund handeln darf, gilt nicht. Jedoch ist auch in diesem Fall der Grundsatz der Verhältnismäßigkeit zu beachten.

b) Auch Hauskatzen dürfen nach § 29 Abs. 1 Nr. 3 NJagdG nur getötet werden, wenn sie wildern. Sie müssen sich außerdem mehr als 300 Meter vom nächsten Haus entfernt befinden. Ist das der Fall, ist in der Regel davon auszugehen, dass sie auf der Suche nach Beute sind. In der Brut-, Setz- und Aufzuchtzeit kann auch Jungwild zu den Beutetieren gehören. Wildert eine Katze in einer geringeren Entfernung als 300 Meter vom nächsten Wohnhaus, kann ihre Tötung als Notstandshandlung (§ 34 StGB) gerechtfertigt sein.

c) Verwilderte Frettchen dürfen ohne weiteres getötet werden.

Liegen die Voraussetzungen des § 29 Abs. 1 Nrn. 2 oder 3 NJagdG nicht vor und kommen auch die Notwehr- oder die Notstandsregeln nicht zum Tragen, stellt die Tötung eines Hundes und einer Hauskatze eine Sachbeschädigung (§ 303 StGB) und einen Verstoß gegen § 4 TierSchG, der nach § 17 Nr. 1 TierSchG mit Freiheitsstrafe bis zu drei Jahren oder mit Geldstrafe bestraft werden kann.

4. Zur Erfüllung sonstiger Jagd- und Forstschutzaufgaben darf der Jagdschutzberechtigte auch von der Schusswaffe Gebrauch machen (§ 13 Abs. 6 WaffG). Er benötigt deshalb keine besondere Schießerlaubnis, um im Revier auf nicht besonders geschützte Tiere, wie Wanderratten, zu schießen.

§ 24 BJagdG: Wildseuchen

Tritt eine Wildseuche auf, so hat der Jagdausübungsberechtigte dies unverzüglich der zuständigen Behörde anzuzeigen; sie erlässt im Einvernehmen mit dem beamteten Tierarzt die zur Bekämpfung der Seuche erforderlichen Anweisungen.

ERLÄUTERUNGEN

1. Wildseuchen i. S. von § 24 BJagdG sind alle Krankheiten des Wildes, die sich stark (seuchenhaft) ausbreiten können und wegen ihrer schädlichen Auswirkungen auf Menschen oder Tiere Gegenmaßnahmen erfordern. Werden in einem Revier kranke Tiere angetroffen oder tote Tiere gefunden, ohne dass dafür eindeutig eine andere Ursache erkennbar ist, muss stets an das Auftreten einer anzeigepflichtigen Wildseuche gedacht werden.

2. Zur Bekämpfung von Wildseuchen kommen nicht nur jagdliche Mittel in Betracht, die nach § 24 BJagdG von der Jagdbehörde im Einvernehmen mit dem Amtstierarzt angeordnet werden können, z. B. verstärkter Abschuss von Tieren der Art, bei der die Erkrankung aufgetreten ist. Erforderlichenfalls können dazu Schonzeiten vorübergehend aufgehoben werden (§ 26 Abs. 3 und 4 NJagdG).

Bei Wildseuchen handelt es sich stets um Tierseuchen im Sinne des § 1 Abs. 2 Nr. 1 des Tierseuchengesetzes (TierSG) i. d. F. der Bekanntmachung vom 22. Juni 2004 (BGBl. I S. 1260, 3588), geändert durch Art. 1 § 5 Abs. 3 des Gesetzes vom 13. Dezember 2007 (BGBl. I S. 2930). Nach dem TierSG und den aufgrund dieses Gesetzes erlassenen Verordnungen kann die Veterinärbehörde weitere Maßnahmen anordnen, insbesondere die unschädliche Beseitigung toter, sowie die behördliche Tötung erkrankter und seuchenverdächtiger Tiere. Dem Jagdausübungsberechtigten kann auferlegt werden, Angaben über Standorte der Tiere und die Lage von Bauen, Gehecken und Gelegen zu machen, die erforderliche Hilfe zu leisten und die angeordneten Tötungsmaßnahmen zu dulden. Soweit es ihm zumutbar ist, kann ihm auch die unmittelbare Durchführung der angeordneten Maßnahmen auferlegt werden (§§ 24, 26 TierSG).

3. Der Fuchs ist einer der Hauptüberträger der Tollwut. Nach der **Tollwut-Verordnung** in der Fassung der Bekanntmachung vom 20. Dezember 2005 (BGBl. I S. 3547), zuletzt geändert durch Art. 3 der Verordnung vom 18. Dezember 2009 (BGBl. I S. 3939), kann die zuständige Behörde u. a. anordnen, dass die Tollwut durch verstärkte Bejagung der Füchse und durch orale Immunisierung der Füchse („Schluckimpfung") bekämpft wird. Die Verpflichtung zur verstärkten Bejagung obliegt dem Jagdausübungsberechtigten. Erlegte seuchenverdächtige Tiere müssen unverzüglich unschädlich beseitigt werden. Davon ausgenommen ist nur das Untersuchungsmaterial zur Feststellung der Tollwut; bei Füchsen und kleineren Tieren ist das der ganze Tierkörper, bei größeren Tieren nur der Kopf. Seuchenverdächtige Tiere dürfen also nicht abgebalgt werden.

Vorsätzliche oder fahrlässige Verstöße gegen die Bestimmungen der Tollwut-Verordnung oder gegen Anordnungen der zuständigen Behörden können nach § 15 der Tollwut-Verordnung in Verbindung mit § 76 TierSG als Ordnungswidrigkeiten mit einem Bußgeld bis zu 25000 Euro geahndet werden.

4. Die Anordnung einer verstärkten Bejagung von Wildschweinen kommt nach § 14a Abs. 4 der **Schweinepest-Verordnung** vom 20. Dezember 2005 (BGBl. I S. 3939), zuletzt geändert durch Art. 3 der Verordnung vom 18. Dezember 2009 (BGBl. I S. 3939), in Betracht. Zur Erkennung der Schweinepest in gefährdeten Bezirken und im Überwachungsgebiet enthält § 14e der Schweinpest-Verordnung überdies eingehende Verpflichtungen der Jagdausübungsberechtigten.

Vorsätzliche oder fahrlässige Verstöße können nach § 25 Abs. 1 Nr. 2 Buchst. b der Schweinepest-Verordnung in Verbindung mit § 76 TierSG als Ordnungswidrigkeiten mit einem Bußgeld bis zu 25000 Euro geahndet werden.

5. Wegen der Gefahr der Ausbreitung der sog. Vogelgrippe ist von besonderer Bedeutung die Verordnung zum Schutz gegen die Geflügelpest und die Newcastle-Krankheit (Geflügelpest-Verordnung) vom 18. Dezember 2007 (BGBl. I S. 2348), zuletzt geändert durch Art. 1 der Verordnung vom 18. Dezember 2009 (BGBl. I S. 3939), in der Jagdausübungsberechtigten Verpflichtungen zur unschädlichen Beseitigung verendeten oder erlegten Wildgeflügels, auf Anordnung der zuständigen Behörde zur Einsendung erlegten oder verendeten Wild-

geflügels aus Sperrbezirken, Verdachtssperrbezirken oder Beobachtungsgebieten zur Untersuchung bzw. zur Entnahme und Abgabe von Proben bei erlegten Gänsen und Enten, Meldepflichten in Bezug auf verendetes oder erkranktes wild lebendes Geflügel sowie Verbote der Verwendung von Gänsen oder Enten als Lockvögel auferlegt werden.

6. Zuständig für parasitologische Untersuchungen und bei Tollwutverdacht ist in Niedersachsen in erster Linie das

Veterinärinstitut Hannover
Eintrachtweg 17
30173 Hannover
Tel.: 0511/28897-244 oder 0163/2889701 (Dr. von Keyserlingk).

Die Untersuchung ist kostenfrei. Die Versandkosten sind vom Einsender zu tragen.

§ 25 BJagdG: Jagdschutzberechtigte

(1) Der Jagdschutz in einem Jagdbezirk liegt neben den zuständigen öffentlichen Stellen dem Jagdausübungsberechtigten ob, sofern er Inhaber eines Jagdscheines ist, und den von der zuständigen Behörde bestätigten Jagdaufsehern. Hauptberuflich angestellte Jagdaufseher sollen Berufsjäger oder forstlich ausgebildet sein.

(2) Die bestätigten Jagdaufseher haben innerhalb ihres Dienstbezirkes in Angelegenheiten des Jagdschutzes die Rechte und Pflichten der Polizeibeamten und sind Ermittlungspersonen der Staatsanwaltschaft, sofern sie Berufsjäger oder forstlich ausgebildet sind. Sie haben bei der Anwendung unmittelbaren Zwanges die ihnen durch Landesrecht eingeräumten Befugnisse.

§ 30 NJagdG: Zuständigkeiten für den Jagdschutz

(1) Zuständige öffentliche Stellen für die Ausübung des Jagdschutzes sind die Jagdbehörden.

(2) Auf Antrag des Jagdausübungsberechtigten kann die Jagdbehörde Jagdaufseherinnen und Jagdaufseher als Jagdschutzberechtigte bestätigen.

(3) Für jeden Jagdbezirk haben die Jagdausübungsberechtigten der zuständigen Polizeidienststelle sowie den Jagdausübungsberechtigten der angrenzenden Jagdbezirke mindestens eine zur Jagd befugte Person zu benennen. Die benannte Person hat bei Nachsuchen und Wildunfällen Benachrichtigungen entgegenzunehmen und die Pflichten der jagdausübungsberechtigten Person.

Zuständigkeiten für den Jagdschutz sowie den Feld- und Forstschutz (Außendienst)

RdErl. d. ML v. 20.5.2002 – 104.2/404-65111-60/-64510-5 – (Nds. MBl. S. 449) – VORIS 79200 –[1]

1. Jagdausübungsberechtigte

Jagdausübungsberechtigte i. S. des Jagdschutzes in ihrem Jagdbezirk nach § 25 Abs. 1 des Bundesjagdgesetzes (im Folgenden: BJagdG) sind als Jahresjagdscheininhaberinnen oder Jahresjagdscheininhaber nur die in § 1 Abs. 2 NJagdG genannten Jagdausübungsberechtigten (Eigenjagdbesitz, entsprechender Nießbrauch, Jagdpacht). Sie sind unmittelbar nach § 29 Abs. 1 NJagdG i. V. m. den §§ 23 und 24 BJagdG (Feststellen von Zuwiderhandlungen gegen jagdrechtliche Vorschriften, Abnehmen von Waffen, Gerät und Beute, Feststellen der Person, Töten von wildernden Hunden und Katzen sowie verwilderten Frettchen unter bestimmten Voraussetzungen) zum nicht hoheitlichen Jagdschutz befugt. Einer behördlichen Bestätigung bedarf es insoweit nicht. Polizeiliche Befugnisse oder andere hoheitliche Befugnisse haben sie nicht. Ausnahmsweise kann die Jagdbehörde auf Antrag zum Nachweis der Jagdausübungsberechtigung in den Jagdschein unter „Fläche, auf der … die Jagdausübung zusteht," auch die Bezeichnung des Jagdbezirks und die Art der Berechtigung (siehe § 1 Abs. 2 NJagdG) aufnehmen. Die Jagdausübungsberechtigten können auch zusätzlich als Jagdaufseherinnen oder Jagdaufseher bestätigt werden, wenn sie die jeweiligen in Nr. 2 genannten Voraussetzungen erfüllen.

---

1 Eine Neufassung des Erlasses ist vor allem wegen der Reform der Landesforstverwaltung und Errichtung der Anstalt Niedersächsische Landesforsten erforderlich und in Vorbereitung.

2. Bestätigte Jagdaufseherinnen und Jagdaufseher

2.1 Gemeinsame Mindestbestätigungsvoraussetzungen

Personen, die als qualifizierte oder besonders qualifizierte Jagdaufseherinnen oder Jagdaufseher bestätigt werden, erlangen Zuständigkeiten für bestimmte Befugnisse und Pflichten im Jagdschutz (Außendienst). Bestätigt werden nur Jagdaufseherinnen oder Jagdaufseher, die

a) jagdausübungsberechtigt sind (Nr. 1) oder von einer jagdausübungsberechtigten Person privatrechtlich zum Jagdschutz bestellt sind,
b) jagdpachtfähig sind und einen Jahresjagdschein besitzen,
c) die Gewähr dafür bieten, dass sie ihre Befugnisse nicht missbrauchen.

2.2 Unterschiedliche Bestätigung; örtliche Zuständigkeit

2.2.1 Qualifizierte Jagdaufseherinnen oder Jagdaufseher

Als qualifizierte Jagdaufseherinnen oder Jagdaufseher werden von der Jagdbehörde i. S. des § 36 NJagdG – Landkreis, Region Hannover (außer Landeshauptstadt Hannover), kreisfreie Stadt – für bestimmte Jagdbezirke Personen unter den Voraussetzungen der Nr. 2.1 bestätigt, die zwar nicht Berufsjägerinnen oder Berufsjäger (Revierjägerinnen oder Revierjäger) oder forstlich ausgebildet sind (Nr. 2.2.2), jedoch

a) das allgemeine Recht der Gefahrenabwehr sowie das Strafrecht und Strafprozessrecht so weit beherrschen, wie es für ihre Tätigkeit erforderlich ist und
b) ausreichende Kenntnisse des Jagdbetriebes, des Jagdrechts, des Naturschutzrechts sowie des Rechts der Landschaftsordnung des NWaldLG besitzen.

Zum Nachweis der Voraussetzungen nach Satz 1 Buchst. a und b ist grundsätzlich eine Bescheinigung der anerkannten Landesjägerschaft über eine erfolgreiche Teilnahme an einem Jagdaufseherlehrgang beizubringen.

2.2.2 Besonders qualifizierte Jagdaufseherinnnen oder Jagdaufseher

Als besonders qualifizierte Jagdaufseherinnen oder Jagdaufseher werden von der Jagdbehörde i. S. des § 36 NJagdG für bestimmte Jagdbezirke Personen bestätigt, die Berufsjägerinnen oder Berufsjäger (Revierjägerinnen oder Revierjäger) oder forstlich ausgebildet sind. Forstlich ausgebildet ist, wer einen für die Zulassung in den Vorbereitungsdienst für den höheren und gehobenen Forstdienst erforderlichen Hochschulabschluss erworben hat oder die Laufbahnprüfung für eine Laufbahn des Forstdienstes abgelegt hat oder die Befugnis besitzt, eine forstliche Berufsbezeichnung zu führen, die der Amtsbezeichnung einer Forstbeamtin oder eines Forstbeamten im öffentlichen Dienst vergleichbar ist.

Besonders qualifizierte Jagdaufseherinnen und Jagdaufseher im Forstamtsbereich sind in den gesamten von der Landesforstverwaltung oder der Klosterkammer Hannover verwalteten oder verpachteten Eigenjagdbezirken kraft genereller Bestätigung nach § 25 Abs. 2 BJagdG und § 37 NJagdG, ohne dass es (neben der Ausstellung von Dienstausweisen) noch ergänzender Einzelbestätigung bedarf, folgende funktionsmäßig bestimmte Beamtinnen und Beamte oder Angestellte mit forstlicher Ausbildung:

a) Forstamtsleiterin oder Forstamtsleiter (FoAL),
b) Forstamtsdezernentin oder Forstamtsdezernent (FoAD),
c) Revierleiterin oder Revierleiter (RL),
d) Revierassistentin oder Revierassistent (RA),
e) Funktionsbeamtin oder Funktionsbeamter (FB),
f) Büroleiterin oder Büroleiter (BL).

Soweit in den nicht verpachteten oder verpachteten Eigenjagdbezirken des Bundes sowie in den nicht verpachteten Eigenjagdbezirken der Landkreise und Gemeinden entsprechende beamtete und angestellte Bedienstete mit forstlicher Ausbildung tätig werden, werden sie für diesen örtlichen Tätigkeitsbereich ebenfalls generell als besonders qualifizierte Jagdaufseherinnen und Jagdaufseher bestätigt.

2.3 Sachliche Zuständigkeit aller bestätigten Jagdaufseherinnen und Jagdaufseher hinsichtlich § 29 Abs. 1 NJagdG

Nach § 25 Abs. 1 BJagdG sind sowohl privatrechtlich die qualifizierten als auch i. V. m. § 25 Abs. 2 BJagdG hoheitlich die besonders qualifizierten bestätigten Jagdaufseherinnen und Jagdaufseher sachlich zuständig für den Jagdschutz im Außendienst nach der Ermächtigungsgrundlage des § 29 Abs. 1 NJagdG i. V. m. den §§ 23 und 24 BJagdG (vgl. Nr. 1).

2.4 Sachliche Zuständigkeit für Befugnisse nach dem NGefAG[1] für die besonders qualifizierten bestätigten Jagdaufseherinnen und Jagdaufseher

---

1   Die Gesetzesüberschrift lautet jetzt wieder „Niedersächsisches Gesetz über die öffentliche Sicherheit und Ordnung (Nds. SOG)".

Nur die besonders qualifizierten bestätigten Jagdaufseherinnen und Jagdaufseher sind in Angelegenheiten des Jagdschutzes nach § 25 Abs. 2 BJagdG im Rahmen des Außendienstes sachlich zuständig, die Rechte und Pflichten der Polizeibeamtinnen und Polizeibeamten nach dem NGefAG auszuüben, soweit nicht schon die Befugnisse nach § 29 Abs. 1 NJagdG ausreichen.

Im Rahmen der Außendiensttätigkeit kommen für sie danach zur Abwehr insbesondere einer Gefahr, dass jagdrechtliche Vorschriften verletzt oder eine solche Verletzung fortgesetzt wird, grundsätzlich nur die nachfolgend genannten Ermächtigungsgrundlagen (Befugnisregelungen) des NGefAG im Rahmen einer Ermessensentscheidung in Betracht. Jede in Rechte eingreifende Maßnahme muss insbesondere für den gesetzlichen Jagdschutzzweck geeignet sein, sie muss notwendig sein, das heißt, es darf keine milderen Mittel geben, und von der Eingriffsintensität her muss die Maßnahme angemessen, insbesondere für die betroffene Person zumutbar sein (drei Elemente der Verhältnismäßigkeit).

a) Standardbefugnisse
 – § 12 Befragen von Personen,
 – § 13 Identität im Verdachtsfall feststellen, notfalls Person festhalten (auch § 20 ist zu beachten), Berechtigungsscheine prüfen (Jagdausübungsrecht, befugte Jagdausübung),
 – § 17 eine Person vorübergehend vom Platz verweisen,
 – § 18 eine Person in Gewahrsam nehmen,
 – § 22 eine Person durchsuchen,
 – § 23 Durchsuchen von Sachen (einschließlich Fahrzeuge),
 – § 24 Betreten und Durchsuchen von Wohnungen (einschließlich Jagdhütten),
 – § 26 Sicherstellen von Sachen, die nach § 27 in Verwahrung zu nehmen sind.
 – § 11 Soweit die speziellen Ermächtigungsgrundlagen (Standardmaßnahmen) nicht zutreffen, kommt die Generalermächtigung des § 11 in Betracht: danach können alle zur Gefahrenabwehr geeigneten, notwendigen und angemessenen Maßnahmen angeordnet werden, z. B. die Befolgung gesetzlicher Ge- oder Verbote.

b) Zwangsmittel
  – §§ 64 ff. Nur die besonders qualifizierten bestätigten Jagdaufseherinnen und Jagdaufseher haben nach § 25 Abs. 2 Satz 1 BJagdG in Angelegenheiten des Jagdschutzes im Außendienst die Rechte und Pflichten der Polizei. Sie haben nach § 25 Abs. 2 Satz 2 BJagdG bei der Anwendung unmittelbaren Zwangs die ihnen durch Landesrecht eingeräumten Befugnisse. Danach wird ihnen bereits durch § 25 Abs. 2 Satz 1 BJagdG die Zwangsbefugnis der Ersatzvornahme zugewiesen, die allerdings im Außendienst kaum vorkommt. Ein Zwangsgeld entfällt im Außendienst.

Eine landesrechtliche Regelung für die Anwendung unmittelbaren Zwangs lässt sich dem § 69 Abs. 8 Satz 2 NGefAG entnehmen. Danach dürfen die besonders qualifizierten bestätigten Jagdaufseherinnen und Jagdaufseher zum Gebrauch von Waffen (§ 69 Abs. 4 BJagdG) „ermächtigt" (zuständig gemacht) werden. Diese „Ermächtigung" setzt, wie grundsätzlich auch § 25 Abs. 2 Satz 2 BJagdG, voraus, dass die sachliche Zuständigkeit zur Anwendung desjenigen unmittelbaren Zwangs, der ohne Waffeneinsatz ausgeübt wird, gegeben ist und es nur hinsichtlich des Waffengebrauchs einer zusätzlichen Regelung bedarf. Eine solche zusätzliche Regelung über eine sachliche Zuständigkeit zur Anwendung speziell von Waffen bei der Ausübung unmittelbaren Zwangs liegt allerdings nicht vor.

  – §§ 70, 74 Zwangsmittel sind vorher anzudrohen, soweit dies noch möglich ist.

Alle Jagdaufseherinnen und Jagdaufseher haben das allgemein geltende strafrechtliche, ordnungswidrigkeitenrechtliche und zivilrechtliche Notwehrrecht (einschließlich Nothilferecht), das von den Zwangsmitteln nach dem NGefAG getrennt zu sehen ist und eine notwendige und angemessene Abwehr eines gegenwärtigen rechtswidrigen Angriffs erlaubt.

2.5 Sachliche Zuständigkeit, Befugnisse zur Verfolgung von Straftaten und Ordnungswidrigkeiten auszuüben

Nur die besonders qualifizierten bestätigten Jagdaufseherinnen und Jagdaufseher haben aufgrund ihrer polizeilichen Befugnisse und in ihrer Eigenschaft als Hilfsbeamtinnen und Hilfsbeamte der Staatsanwaltschaft weitere Befugnisse und Pflichten bei der Verfolgung von Straftaten und Ordnungswidrigkeiten, aber jeweils nur im Rahmen des Jagdschutzes im Außendienst (und nur im bestätigten Jagdbezirk). Auf die nachstehend nur unvollständig genannten Vorschriften insbesondere der Strafprozessordnung (StPO) und des Gesetzes über Ordnungswidrigkeiten (OWiG) wird im Einzelnen verwiesen.

Nach § 152 Abs. 1 des Gerichtsverfassungsgesetzes (GVG) und § 161 StPO haben die besonders qualifizierten Jagdaufseherinnen und Jagdaufseher den Anordnungen der Staatsanwaltschaft Folge zu leisten.

Auch steht den besonders qualifizierten Jagdaufseherinnen und Jagdaufsehern nach § 163 StPO und § 53 Abs. 1 OWiG ein eigenes Ermittlungsrecht im Rahmen eines pflichtgemäßen Ermessens (Recht des ersten Zugriffs) zu. Sie haben, wenn sich nach Ermittlung der Verdacht einer Straftat (z. B. Jagdwilderei) ergibt, die ermittelten Ergebnisse unverzüglich der Staatsanwaltschaft mitzuteilen; bei dem Verdacht einer Ordnungswidrigkeit steht es in ihrem pflichtgemäßen Ermessen, die Ergebnisse der Verwaltungsbehörde (Landkreis, Region Hannover, kreisfreie Stadt als Ordnungswidrigkeitenbehörde) mitzuteilen.

Im Rahmen der in den Absätzen 2 und 3 genannten allgemeinen Pflichten und Befugnisse haben die besonders qualifizierten Jagdaufseherinnen und Jagdaufseher folgende besondere Befugnisse:

– Nach § 163a StPO: Vernehmungen hinsichtlich Straftaten u. a. unter Beachtung der Vorschriften über das Zeugnisverweigerungsrecht durchführen; gemäß § 53 i. V. m. § 46 Abs. 1 OWiG, aber auch u. a. § 55 OWiG, gilt dies auch für Ordnungswidrigkeiten.
– Nach § 163b Abs. 1 StPO: die Identität einer Person feststellen, die einer Straftat verdächtig ist, notfalls dazu die verdächtige Person festhalten und sie und ihre mitgeführten Sachen durchsuchen; bei Ordnungswidrigkeiten ist die Befugnis über § 53 Abs. 1 OWiG gegeben.

Nur als Hilfsbeamtinnen und Hilfsbeamte der Staatsanwaltschaft sind sie unter den Voraussetzungen der §§ 102 ff. StPO bei Gefahr im Verzug auch selbst befugt, Beschlagnahmen von Sachen anzuordnen und dann durchzuführen, ggf. auch auf Anordnung. Bei Ordnungswidrigkeiten haben sie die entsprechende Befugnis als Hilfsbeamtinnen und Hilfsbeamte der Ordnungswidrigkeitenbehörde i. V. m. § 53 Abs. 2 OWiG.

Nach § 3 Abs. 2 NGefAG sind bei der Erforschung und Verfolgung von Straftaten und Ordnungswidrigkeiten die §§ 72 ff. NGefAG (Art und Weise der Anwendung unmittelbaren Zwangs) in den in Nr. 2.4 genannten Grenzen anzuwenden, soweit die StPO (oder das Ordnungswidrigkeitenrecht) keine abschließende Regelung enthält und überhaupt noch Raum lässt.

2.6 Dienstausweise, Dienstabzeichen

Alle bestätigten Jagdaufseherinnen und Jagdaufseher haben sich bei ihrer Tätigkeit durch einen Dienstausweis auszuweisen. Die Dienstausweise werden nach amtlichem Muster mit einer Gültigkeit von nicht mehr als fünf Jahren ausgestellt und können zweimal um jeweils nicht mehr als fünf Jahre verlängert werden. Die Dienstausweise können auch ohne Verlängerungsmöglichkeit für die Dauer eines Jagdpachtvertrages zugunsten der Jagdpächterin oder des Jagdpächters oder, soweit für den Jagdbezirk bestellt, der bestätigten Jagdaufseherin oder des bestätigten Jagdaufsehers ausgestellt werden.

Zur Verwaltungsvereinfachung und Vermeidung von Missverständnissen ist für die von den Landkreisen, der Region Hannover und den kreisfreien Städten auszustellenden Dienstausweise „Jagdschutz" das amtliche Muster zu verwenden. Die Ausweisvordrucke können beim Deutschen Gemeindeverlag GmbH, Postfach 18 65, 24017 Kiel, bestellt werden. Auf den Vordrucken sind bei den nicht besonders qualifizierten Jagdaufseherinnen und Jagdaufsehern die Worte „mit polizeilichen Befugnissen" zu streichen.

Soweit wie in aller Regel in der Landesforstverwaltung, der Bundesforstverwaltung und bei der Klosterkammer dieselben Personen sowohl als besonders qualifizierte bestätigte Jagdaufseherinnen oder Jagdaufseher als auch als Forsthüterinnen oder Forsthüter im selben Gebiet zuständig sind, haben die zuständigen Forstämter Dienstausweise nach kombiniertem Muster zu verwenden. (Diese beziehen die Niedersächsischen Forstämter und auf Wunsch die Klosterforstämter der Klosterkammer Hannover beim Niedersächsischen Forstplanungsamt, die übrigen Forstämter beim Deutschen Gemeindeverlag GmbH.)

Die vom Landkreis, der Region Hannover oder der kreisfreien Stadt bestätigten Jagdaufseherinnen und Jagdaufseher erhalten zusammen mit dem Dienstausweis ein Dienstabzeichen nach amtlichem Muster. Es kann bei der Firma W. A. Jäger, Kaiserstraße 65, 63065 Offenbach, bestellt werden. Das Dienstabzeichen bleibt im Eigentum des Landkreises, der Region Hannover oder der kreisfreien Stadt und ist bei Beendigung der Jagdaufsichtstätigkeit oder dem sonstigen Wegfall der Bestätigungsvoraussetzungen zurückzugeben. Geht ein Dienstabzeichen verloren, so hat die bestätigte Jagdaufseherin oder der bestätigte Jagdaufseher die Kosten der Ersatzbeschaffung zu erstatten.

3. Angestellte Jägerinnen und Jäger

Diejenigen Forstbeamtinnen, Forstbeamten und Forstangestellten im Forstamtsbereich des Landes, des Bundes, der Klosterkammer Hannover und der kommunalen Körperschaften, die nicht nach Nr. 2.2.2 bestätigte Jagdaufseherinnen und Jagdaufseher i. S. des § 25 BJagdG in einem Forstamt sind (u. a. Beamtinnen und Beamte auf Widerruf im Vorbereitungsdienst, sonstige Forstbeamtinnen und Forstbeamte und Angestellte), sind nur angestellte Jägerinnen und Jäger i. S. des § 18 Abs. 1 Satz 1 Nr. 1 NJagdG, auch wenn ihnen ein Pirschbezirk oder für den Einzelfall ein Gebiet zur (beschränkten) Jagdausübung zugewiesen worden ist.

Entsprechendes gilt für durch Dienstvertrag angestellte, nicht als Jagdaufseherinnen oder Jagdaufseher bestätigte Jägerinnen und Jäger anderer Jagdbezirke, auch privater Eigenjagdbezirke.

Solche nicht als Jagdaufseherinnen und Jagdaufseher bestätigte angestellte Jägerinnen und Jäger (im öffentlichen oder privaten Dienstverhältnis) sind also nicht mit den Rechten und Pflichten der Polizei und der Hilfsbeamtinnen und Hilfsbeamten der Staatsanwaltschaft ausgestattet. Sie – sowie Jagdgäste – sind auch nur insoweit zum sonstigen Jagdschutz befugt, als ihnen die Tötung von Hunden und Katzen unter den Voraussetzungen des § 29 Abs. 1 Nrn. 2 und 3 i. V. m. § 29 Abs. 2 NJagdG übertragen wird. Daneben haben sie die Jedermannsrechte.

4. Feld- und Forsthüterinnen sowie Feld- und Forsthüter

4.1 Begriff

4.1.1 Gemeindlich Berufene

Die Gemeinden können nach § 36 Sätze 1 und 2 i. V. m. § 43 Abs. 2 Sätze 2 bis 4 NWaldLG für Flächen der freien Landschaft in ihrem Gebiet

– Forsthüterinnen und Forsthüter für den Schutz des Waldes und
– Feldhüterinnen und Feldhüter für den Schutz der Flächen der übrigen freien Landschaft

jeweils für einen bestimmten Bezirk (siehe Nr. 4.4.) berufen. Eine Person kann auch kombiniert als Feld- und Forsthüterin oder als Feld- und Forsthüter bestellt werden.

4.1.2 Gesetzlich Berufene

Im Landes- und Stiftungswald – sowie nach Beleihung der Bundesforstämter durch die BezReg als obere Waldbehörde im Bundeswald – sind

Forsthüterinnen und Forsthüter schon kraft Gesetzes dieselben nach bestimmten Funktionen in Nr. 2.2.2 Abs. 2 bezeichneten Bediensteten von (auch behördlich zuständigen) Forstämtern (§ 43 Abs. 3 und 4 NWaldLG). Betreuen solche Forsthüterinnen oder Forsthüter andere Wälder als die ihres Forstamtsbereichs, muss sie die Gemeinde insoweit persönlich gesondert zu Forsthüterinnen oder Forsthütern berufen.

4.2 Sachliche Zuständigkeit zur pflichtgemäßen Ausübung von Befugnissen nach dem NGefAG für alle Feld- und Forsthüterinnen sowie Feld- und Forsthüter

4.2.1 Forsthüterinnen und Forsthüter sowie Feldhüterinnen und Feldhüter sind Verwaltungsvollzugsbeamtinnen und Verwaltungsvollzugsbeamte nach § 36 Satz 2 i. V. m. § 50 NGefAG. Sie sind – wenn auch nicht als Beliehene – sachlich zuständig nur im Rahmen einer Außendiensttätigkeit für die Abwehr von Gefahren. Es muss sich um Gefahren für Rechtsgüter handeln, die insbesondere durch nach dem sechsten und siebten Teil des NWaldLG genannte Ge- und Verbote – auch im Zusammenhang mit den Regelungen über Freizeitwege – geschützt werden. Insoweit können die Vollzugskräfte über § 3 VollzBeaVO gemäß den in Nr. 2.4 genannten Ermächtigungsgrundlagen im Rahmen pflichtgemäßen Ermessens die hoheitlichen Anordnungs- und Zwangsbefugnisse des NGefAG, insbesondere auch unmittelbaren Zwang, in dem nach Art und Ausmaß der Vollzugsaufgaben erforderlichen Umfang ausüben oder anwenden. Ausgenommen von der Zuständigkeit sind die Befugnisse nach den ohnehin nicht praktisch erheblichen §§ 14 bis 16 sowie den §§ 18 und 24 NGefAG (siehe Nr. 2.4). Der Gebrauch von Waffen ist gemäß § 69 Abs. 8 NGefAG ausgeschlossen.

4.2.2 Soweit auch andere Gesetzesnormen (z. B. des Strafgesetzbuchs) Verletzungen der Nutz-, Schutz- oder Erholungsfunktion des Waldes oder entsprechend der übrigen freien Landschaft i. S. des sechsten und siebten Teils des NWaldLG vermeiden sollen, kann ebenfalls die Gefahr der Verletzung solcher Vorschriften in den genannten Schranken im Außendienst abgewehrt werden.

4.2.3 Im genannten Rahmen erstreckt sich die Zuständigkeit der Feld- und Forsthüterinnen und Feld- und Forsthüter auch auf naturschutzrechtlich besonders geschützte Flächen. Die Vollzugskräfte sind also ggf. neben der Landschaftswacht nach § 59 des Niedersächsischen Naturschutzgesetzes zuständig. Jedoch dürfen sie im Rahmen dieses Amtes nicht Verstöße gegen andere Bestimmungen und Schutzgüter als in den genannten Teilen des NWaldLG abwehren (z. B. der in § 32 NWaldLG genannten Gesetze des Bundes oder Landes einschließlich Naturschutz- und Jagdgesetze), sondern solche Gefahren nur wie jedermann bei der Polizei oder zuständigen Innendienst-Gefahrenabwehrbehörde (grundsätzlich die Gemeindeverwaltung) anzeigen. Auch ist bei unbefugten Sperrungen nach § 31 NWaldLG eine Innendienstentscheidung des Landkreises, der Region Hannover oder der kreisfreien Stadt als Waldbehörde ausreichend und geboten (§ 31 Abs. 2 und 3 NWaldLG).

4.2.4 Das allgemeine Notwehrrecht einschließlich Nothilferecht, das nur eine notwendige und angemessene Abwehr eines gegenwärtigen rechtswidrigen Angriffs erlaubt, bleibt unberührt.

4.3 Sachliche Zuständigkeit, Befugnisse im Bereich der Verfolgung von Straftaten und Ordnungswidrigkeiten auszuüben

4.3.1 Nur die nach § 43 Abs. 3 NWaldLG als Forsthüterinnen und Forsthüter kraft Gesetzes berufenen Bediensteten sind hinsichtlich der Strafverfolgung zugleich Hilfsbeamtinnen und Hilfsbeamte der Staatsanwaltschaft, soweit sie unter § 1 Satz 1 Nr. 3 Buchst. a der Verordnung über die Hilfsbeamtinnen und Hilfsbeamten der Staatsanwaltschaft vom 2.10.1997 (Nds. GVBl. S. 423, 1998 S. 485) fallen. Dies sind die Forstbeamtinnen und Forstbeamten des gehobenen und mittleren Forstdienstes im Außendienst bei den Forstämtern (Nr. 2.2.2 Buchst. c bis f) mit Ausnahme der Forstsekretärinnen und Forstsekretäre sowie Forstassistentinnen und Forstassistenten; Beamtinnen und Beamte auf Probe müssen zudem die weiteren Voraussetzungen des § 1 Satz 2 der Verordnung erfüllen. Der höhere Dienst und die Büroleitung der Forstämter sind – obwohl sie Forsthüterinnen und Forsthüter nach § 43 Abs. 3 NWaldLG sind – nicht zugleich hilfsbeamtete Personen der Staatsanwaltschaft. Hinsichtlich der Weisungsbefugnisse der Staatsanwaltschaft gelten die Ausführungen in Nr. 2.5 Abs. 2 und 4 entsprechend. Ein eigenständiges Ermittlungsrecht i. S. des § 163 StPO wie die Polizei steht diesen Hilfsbeamteten aber nicht zu. Ohne Ermittlungsauftrag der Staatsanwaltschaft haben sie demnach im Rahmen der Identifizierung nur das Jedermannsrecht des § 127 Abs. 1 Satz 1 StPO und nur ganz ausnahmsweise bei Gefahr im Verzug die Sonderbefugnisse nach Nr. 2.5 Abs. 5.

4.3.2 Hinsichtlich der Verfolgung von Ordnungswidrigkeiten wird allerdings § 53 OWiG weit ausgelegt. Zu den „Beamten des Polizeidienstes" und solchen, die zu „Hilfsbeamten der Staatsanwaltschaft" bestellt sind, zählen nicht nur diejenigen, die ausdrücklich mit polizeilichen Befugnissen betraut sind. Es genügt, wenn sie die Hilfsbeamtenfunktion und zumindest gefahrenabwehrrechtliche Befugnisse im Wesentlichen wie beamtete

Polizeibedienstete haben. Unter diesen Voraussetzungen haben die in Nr. 4.3.1 genannten Forstbeamtinnen und Forstbeamten wie die besonders qualifizierten bestätigten Jagdaufseherinnen und Jagdaufseher (vgl. Nr. 2.5) im Rahmen der Verhältnismäßigkeit (vgl. Nr. 2.4 Abs. 2) die Befugnisse und Pflichten nach § 53 i. V. m. § 46 OWiG, unaufschiebbare Anordnungen zu treffen:

– Vernehmungen durchführen (entsprechend § 163a StPO) unter Beachtung von Zeugnisverweigerungsrechten,

– die Identität feststellen und nur im Zusammenhang hiermit notfalls vorläufig festnehmen und dabei ggf. Personen und Sachen durchsuchen (entsprechend § 163b Abs. 1 StPO).

– ganz ausnahmsweise bei Gefahr im Verzug auch Beschlagnahmen anordnen und durchführen (§ 53 Abs. 2 OWiG i. V. m. den §§ 102 ff. StPO).

Im Übrigen ermitteln sie nicht nur auf eine Weisung (entsprechend § 152 GVG und § 161 StPO), sondern haben auch ein eigenes Recht, nach pflichtgemäßem Ermessen zu ermitteln (§ 53 Abs. 1 OWiG), soweit dies nicht der Polizei oder Ordnungswidrigkeitenbehörde überlassen werden kann.

Die anderen Feld- und Forsthüterinnen sowie Feld- und Forsthüter haben bei der Strafverfolgung nur das Jedermannsrecht nach § 127 Abs. 1 Satz 1 StPO.

Nicht einmal dieses steht ihnen bei der Verfolgung von Ordnungswidrigkeiten zu. Jedoch haben die von den Gemeinden bestellten und mit Hoheitsaufgaben beliehenen Feld- und Forsthüterinnen sowie Feld- und Forsthüter, da sie zur Verfolgungsbehörde gehören, auf Weisung der Gemeinde oder eigenständig im Rahmen pflichtgemäßen Ermessens Ordnungswidrigkeiten zu ermitteln (§ 46 OWiG).

§ 3 Abs. 2 NGefAG (siehe Nr. 2.5 Abs. 6) trifft für Feld- und Forsthüterinnen sowie Feld- und Forsthüter ebenfalls zu, da diese als Verwaltungsvollzugsbeamtinnen und Verwaltungsvollzugsbeamte auch unmittelbaren Zwang ausüben dürfen.

4.4 Örtliche Zuständigkeit

Örtlich zuständig sind die kraft Gesetzes berufenen Forsthüterinnen und Forsthüter (Nr. 4.1.2) in dem Dienstbezirk der Behörde, dem ihr Dienstposten zugeordnet ist, beschränkt auf die Waldflächen (§ 2 des Bundeswaldgesetzes und § 2 Abs. 3 bis 6 NWaldLG) ihres Dienstherrn, auch soweit sie als Jagdbezirke verpachtet sind.

Die von den Gemeinden bestellten Feld- und Forsthüterinnen sowie Feld- und Forsthüter sind für das Übrige in der hoheitlichen Bestellung bezeichnete Gemeindegebiet oder -teilgebiet örtlich zuständig.

4.5 Dienstausweise

Die Gemeinden verwenden für Dienstausweise das amtliche Muster „Feldschutz/Forstschutz". Die Ausweisvordrucke können beim Deutschen Gemeindeverlag GmbH, Postfach 1865, 24017 Kiel, bestellt werden.

Die Forstämter stellen die Dienstausweise im Zusammenhang mit Nr. 2.6 Abs. 3 – auch für die Forstamtsleiterinnen und Forstamtsleiter – aus.

ERLÄUTERUNGEN

1. Jagdschutzberechtigt in einem Jagdbezirk ist nicht jede dort zur Jagd befugte Person, auch nicht jeder Jagdausübungsberechtigte, sondern nur der Inhaber des Jagdausübungsrechts, der als Jagdscheininhaber befugt ist, die Jagd in dem Jagdbezirk auch tatsächlich auszuüben, also die Person, die vor dem 1. April 2001 treffend als Revierinhaber bezeichnet wurde, ferner die nach § 10 Abs. 1 oder § 21 Abs. 1 Satz 2 NJagdG benannten Personen.

Die in § 25 Abs. 1 Satz 1 BJagdG weiter genannten zuständigen öffentlichen Stellen sind nach § 30 Abs. 1 NJagdG die Jagdbehörden, deren Aufgaben nach § 36 Abs. 1 Satz 1 und 2 NJagdG, abgesehen von den in § 37 Abs. 1 NJagdG enthaltenen besonderen Regelungen für die staatliche Forstverwaltung, ausschließlich von den Landkreisen und kreisfreien Städten als Aufgabe des übertragenen Wirkungskreises wahrgenommen werden. Gegenüber der bisherigen Regelung, nach der die Behörden der allgemeinen Gefahrenabwehr zuständig waren, bedeutet das insbesondere, dass in geeigneten Fällen der Jagdbeirat zu beteiligen ist.

Da die Jagdbehörden in der Regel nicht über geeignetes Personal verfügen, wird ein eigenes aktives Handeln nur selten in Betracht kommen können. Sind Jagdschutzmaßnahmen erforderlich, die nicht von dem Jagdschutzberechtigten oder einem von der Jagdbehörde bestätigten Jagdaufseher durchgeführt werden können, wird es sich in der Regel darum handeln, Störungen der öffentlichen Sicherheit oder Ordnung zu beseitigen. In derartigen Fällen muss sich die Jagdbehörde der Hilfe der Polizei bedienen. Das gilt vor allem dann, wenn es um Maßnahmen zur Verfolgung oder zur Verhinderung von Straftaten geht.

Jagdaufseher können neben- oder hauptberuflich angestellt werden. Sie müssen für ihre Tätigkeit eine besondere Befähigung besitzen, die entweder durch die Ausbildung zum Berufsjäger oder zu einem der forstlichen Berufe, sonst grundsätzlich durch die erfolgreiche Teilnahme an einem Jagdaufseherlehrgang der Landesjägerschaft erworben wird. Ein Revierinhaber, der die persönlichen Voraussetzungen dafür erfüllt, kann sich selbst als Jagdaufseher bestätigen lassen.

Der Jagdaufseher bedarf der „Bestellung" und, soweit er nicht ohnehin als Forstbeamter im öffentlichen Dienst steht, der „Bestätigung". Die „Bestellung" ist die private Anstellung durch den Jagdausübungsberechtigten, die „Bestätigung" ein Hoheitsakt der Jagdbehörde.

2. Mit der Vorschrift des § 30 Abs. 3 NJagdG wird der Tatsache Rechnung getragen, dass Wildunfälle am ehesten der Polizei zur Kenntnis gebracht werden. Die Polizeidienststellen sind zwar nicht mehr die für den Jagdschutz zuständigen öffentlichen Stellen. Bei einem Wildunfall liegt aber in der Regel eine Störung der öffentlichen Sicherheit und Ordnung vor, für deren Beseitigung die Polizei zuständig ist.

Leider ist eine Pflicht zur Meldung von Wildunfällen nicht in das Gesetz aufgenommen worden. Nach Abschnitt E.3.2 der Allgemeinen Bedingungen für die Kraftfahrtversicherung (AKB) hat jedoch der geschädigte Versicherungsnehmer einen Kollisionsschaden mit Tieren unverzüglich der Polizeibehörde anzuzeigen, wenn der Schaden den Betrag von 1000 Euro übersteigt.

Die Pflicht zur Benennung einer zur Jagd befugten Person, die bei Nachsuchen und Wildunfällen Benachrichtigungen entgegenzunehmen und die Pflichten des Jagdausübungsberechtigten zu erfüllen hat, besteht auch dann, wenn die Jagdbehörde einem Antrag auf Ruhenlassen der Jagd zugestimmt hat. In einem solchen Fall bleibt, anders als in den Fällen des Ruhens der Jagd nach § 6 Satz 1 BJagdG, das Jagdausübungsrecht erhalten (vergl. E 5 zu § 10 NJagdG). Zur Benennung verpflichtet ist der Jagdausübungsberechtigte im Sinne des § 7 Abs. 4 und des § 8 Abs. 5 BJagdG. Der Umstand, dass in einem Jagdbezirk aufgrund des Ruhenlassens die Jagd ruht, stellt kein Hindernis dar, krankgeschossenes oder schwerkrankes Wild gründlich nachzusuchen und, sofern es noch lebend angetroffen wird, zu töten. Der Jagdausübungsberechtigte im Sinne der vorgenannten Vorschriften braucht es, abgesehen von den Fällen des § 27 Abs. 2 und des § 28 NJagdG, nicht hinzunehmen, dass eine andere als die von ihm nach § 30 Abs. 3 Satz 1 NJagdG benannte Person das Notwendige veranlasst.

§ 26 BJagdG: Fernhalten des Wildes

Der Jagdausübungsberechtigte sowie der Eigentümer oder Nutzungsberechtigte eines Grundstückes sind berechtigt, zur Verhütung von Wildschäden das Wild von den Grundstücken abzuhalten oder zu verscheuchen. Der Jagdausübungsberechtigte darf dabei das Grundstück nicht beschädigen, der Eigentümer oder Nutzungsberechtigte darf das Wild weder gefährden noch verletzen.

ERLÄUTERUNGEN

1. Wird in einer Kulturlandschaft die Erhaltung eines den landschaftlichen und landeskulturellen Verhältnissen angepassten artenreichen und gesunden Wildbestandes (§ 1 Abs. 2 BJagdG) angestrebt, so müssen geringfügige Beeinträchtigungen der land-, forst- oder fischereiwirtschaftlichen Nutzung als unvermeidbar hingenommen werden. Das folgt aus der Sozialpflichtigkeit des Eigentums (Art. 14 GG). Als geringfügig anzusehen sind etwa der Verbiss von Rehen auf Feldern und Wiesen sowie die Schäden, die durch das gelegentliche Wechseln von Schalenwild entstehen.

Dagegen ist der Eigentümer oder Nutzungsberechtigte nicht gehalten, der Entstehung von Wildschäden tatenlos zuzusehen. Wildschäden sind nicht nur geringfügige Schäden, die von Wild jedweder Art vor allem an Grundstücken oder Grundstückserzeugnissen, aber auch an Tierbeständen verursacht werden (Wildschaden im weiteren Sinn).

In § 26 BJagdG wird dem Eigentümer oder Nutzungsberechtigten eines Grundstücks das Recht eingeräumt, zur Verhütung von Wildschäden das Wild von den Grundstücken abzuhalten oder zu verscheuchen. Landwirte sollten jedoch mögliche Konsequenzen der Verletzung eventuell bestehender Cross Compliance-Verpflichtungen (vergl. E 8d zu § 1 BJagdG) in Erwägung ziehen. Wo Wildschäden nicht zu befürchten sind, muss der Zugang des Wildes geduldet werden.

Allerdings kann der Eigentümer einer Sache, soweit das Gesetz oder Rechte Dritter nicht entgegenstehen, mit der Sache nach Belieben verfahren und andere von jeder Einwirkung ausschließen (§ 903 BGB). Das schließt grundsätzlich auch die Errichtung von Zäunen, die den Zugang von Wild behindern, ein, solange die Jagdausübung nicht wesentlich behindert oder gar unmöglich gemacht wird. Zu den Rechten Dritter, welche die Handlungsfreiheit des Grundeigentümers einschränken, gehört nämlich auch das Jagdausübungsrecht, das als absolutes Recht im Sinne von § 823 Abs. 1 BGB anerkannt ist. Beeinträchtigen die Maßnahmen des Grundeigentümers den Jagdausübungsberechtigten nicht nur unwesentlich in seiner Rechtsposition, kann dieser den Grundeigentümer beim Amtsgericht auf Schadensersatz und auf Beseitigung der Störung verklagen (§§ 823, 1004 BGB). In Eilfällen kann er den Erlass einer einstweiligen Verfügung beantragen.

Sind dagegen Wildschäden zu befürchten, muss der Jagdausübungsberechtigte die Beeinträchtigung seiner tatsächlichen Jagdmöglichkeiten hinnehmen. In der Wahl der Mittel zum Abhalten oder Verscheuchen des schadenstiftenden Wildes ist der Eigentümer oder

Nutzungsberechtigte nicht ganz frei. Er darf durch seine Maßnahmen das Wild weder gefährden noch verletzen.

2. Auch der Jagdausübungsberechtigte darf Wild von den Grundstücken abhalten oder verscheuchen, um Wildschäden zu verhüten. Nach dem Wortlaut des § 26 BJagdG steht ihm die Abwehrbefugnis gegenüber Wild jeder Art zu. Die Vorschrift sollte jedoch einschränkend ausgelegt werden. Ein eigenes berechtigtes Interesse an der Abhaltung oder Verscheuchung von Wild kann der Jagdausübungsberechtigten nur in Bezug auf solches Wild haben, das Schäden verursachen kann, die ihm selbst entstehen würden, insbesondere also auf Wild, das Schäden verursachen kann, für die er, der Jagdausübungsberechtigte, ersatzpflichtig ist. Es ist kein triftiger Grund ersichtlich, warum etwa der Jagdausübungsberechtigte berechtigt sein sollte, selbst solches Wild abzuhalten oder zu verscheuchen, für das eine Jagdzeit nicht festgesetzt ist, wie das z. B. aus Gründen des Vogelschutzes für bestimmte Gänse- oder Entenarten der Fall ist.

Selbstverständlich hat auch der Jagdausübungsberechtigte eine Gefährdung oder Verletzung des Wildes zu vermeiden. Auch darf er das Grundstück nicht beschädigen. Eine Schutzvorrichtung, etwa ein Elektrozaun, muss so beschaffen sein, dass sie nach Erfüllung ihres Zwecks wieder abgebaut werden kann, ohne dauernde Spuren an dem Grundstück zu hinterlassen. Möchte der Jagdausübungsberechtigte ein festes Gatter errichten, so bedarf er dazu der Erlaubnis des Grundeigentümers oder des Nutzungsberechtigten. Das ist eine Folge des Umstands, dass dem Jagdausübungsberechtigten durch den Jagdpachtvertrag nicht der Besitz an den Flächen eingeräumt wird, auf denen er die Jagd ausüben darf. Jagdpacht ist Rechtspacht, nicht Landpacht. Dem Jagdausübungsberechtigten stehen neben den Ansprüchen gegen die Beeinträchtigung des Jagdausübungsrechts daher bei Fehlen anderweitiger Vereinbarungen nur die Rechte zu, die ihm in den Jagdgesetzen besonders zuerkannt werden. Deswegen sind gegen den Grundeigentümer oder den Nutzungsberechtigten Abwehransprüche gegen Besitzstörungen nicht gegeben (BVerfG JE I

Nr. 45). Ausnahmen bestehen in Bezug auf Jagdhütten, Hochsitze und ähnliche jagdliche Einrichtungen.

§ 27 BJagdG: Verhinderung übermäßigen Wildschadens

(1) Die zuständige Behörde kann anordnen, dass der Jagdausübungsberechtigte unabhängig von den Schonzeiten innerhalb einer bestimmten Frist in bestimmtem Umfange den Wildbestand zu verringern hat, wenn dies mit Rücksicht auf das allgemeine Wohl, insbesondere auf die Interessen der Land-, Forst- und Fischereiwirtschaft und die Belange des Naturschutzes und der Landschaftspflege, notwendig ist.

(2) Kommt der Jagdausübungsberechtigte der Anordnung nicht nach, so kann die zuständige Behörde für dessen Rechnung den Wildbestand vermindern lassen. Das erlegte Wild ist gegen angemessenes Schussgeld dem Jagdausübungsberechtigten zu überlassen.

ERLÄUTERUNGEN

Voraussetzung für eine Anordnung der unteren Jagdbehörde nach § 27 BJagdG ist die Gefahr eines übermäßigen Wildschadens und darüber hinaus die zu befürchtende Beeinträchtigung des allgemeinen Wohls. Der Umstand, dass durch § 27 BJagdG nicht in erster Linie Individualinteressen geschützt werden, schließt es nicht aus, dass das allgemeine Wohl auch dann beeinträchtigt sein kann, wenn einzelnen Personen ein außergewöhnlich großer Schaden droht, ohne dass sie die Möglichkeit haben, einen angemessenen Ausgleich zu erlangen. In Betracht kommt nicht nur Wildschaden im engeren Sinn, also Wildschaden, der von Schalenwild, Wildkaninchen oder Fasanen an Grundstücken herbeigeführt wird (§ 29 Abs. 1 BJagdG), sondern auch Schaden, der von anderem Wild, z. B. Graugänsen oder Graureihern, und nicht nur an Grundstücken, z. B. in Fischzuchtbetrieben, angerichtet wird. Ist für die schadenstiftende Wildart keine Jagdzeit festgesetzt oder ist die Schadensentstehung in der Schonzeit der betreffenden Wildart zu erwarten, können nur sehr schwerwiegende

Gründe Veranlassung für eine Verringerung des Wildbestandes geben. Solche Gründe können gegeben sein, wenn sich die zu erwartenden Schäden besonders nachhaltig auswirken würden und wenn ihrer Entstehung mit anderen Mitteln in zumutbarer Weise nicht vorgebeugt werden kann. Auch wird zu verlangen sein, dass sich der Schaden nicht nur auf ein kleines Gebiet beschränkt, sondern eine größere Fläche betrifft. Nur dann wird davon ausgegangen werden können, dass die Interessen der Land-, Forst- oder Fischereiwirtschaft, also ganzer Wirtschaftszweige, und die Belange des Naturschutzes und der Landschaftspflege berührt sein können. Es muss deswegen insbesondere während der Schonzeit der betreffenden Wildarten eine Güterabwägung stattfinden zwischen der Notwendigkeit des Artenschutzes und der Forderung, der Entstehung übermäßiger Wildschäden vorzubeugen.

Die untere Jagdbehörde, die von Amts wegen oder auch auf Antrag, insbesondere desjenigen tätig werden kann, dem ein Schaden zu entstehen droht, hat ihre Entscheidung nach pflichtgemäßem Ermessen zu treffen. Macht die Rücksicht auf das allgemeine Wohl, das auch aus anderen Gründen als den im Gesetz aufgeführten berührt sein kann, eine Verringerung des Wildbestandes notwendig, kann ihr Ermessensspielraum stark eingeschränkt oder überhaupt nicht mehr vorhanden sein.

Lehnt sie dann ein Tätigwerden ab, kann eine Amtspflichtverletzung vorliegen, die dem oder den Geschädigten Ansprüche wegen eines enteignungsgleichen Eingriffs eröffnet. Ein Anspruch des von einem Schaden Bedrohten auf eine bestimmte, konkrete Maßnahme der unteren Jagdbehörde besteht nicht. Gleichwohl kann ihm ein mitwirkendes Verschulden im Sinne von § 254 BGB angelastet werden, wenn er es unterlässt, bei der unteren Jagdbehörde die seiner Ansicht nach erforderliche Maßnahme zu beantragen.

§ 28 BJagdG: Sonstige Beschränkungen in der Hege

(1) Schwarzwild darf nur in solchen Einfriedungen gehegt werden, die ein Ausbrechen des Schwarzwildes verhüten.

(2) Das Aussetzen von Schwarzwild und Wildkaninchen ist verboten.

(3) Das Aussetzen oder das Ansiedeln fremder Tiere in der freien Natur ist nur mit schriftlicher Genehmigung der zuständigen obersten Landesbehörde oder der von ihr bestimmten Stelle zulässig.

(4) Das Hegen oder Aussetzen weiterer Tierarten kann durch die Länder beschränkt oder verboten werden.

(5) Die Länder können die Fütterung von Wild untersagen oder von einer Genehmigung abhängig machen.

§ 31 NJagdG: Aussetzen von Wild

(1) Tiere fremder Wildarten dürfen nicht in der freien Landschaft ausgesetzt werden. Als fremd gelten Wildarten, die am 1. April 1953 im heutigen Gebiet der Bundesrepublik Deutschland frei lebend nicht heimisch waren.

(2) Schalenwild heimischer Arten darf nur mit Genehmigung der Jagdbehörde ausgesetzt werden. Die Genehmigung ist zu erteilen, wenn die Maßnahme aus wildökologischen Gründen notwendig ist und eine Beeinträchtigung der Land-, Forst- oder Fischereiwirtschaft, des Naturschutzes oder der Landschaftspflege oder anderer Belange des allgemeinen Wohls nicht zu erwarten ist.

ERLÄUTERUNGEN

1. In § 28 Abs. 1 und 4 BJagdG wird der Begriff Hegen wie in § 30 BJagdG im Sinne von „in einem Gehege halten" verwendet. Welcher Zweck von dem Halter verfolgt wird, ist unerheblich. § 28 Abs. 1 BJagdG besagt also, dass Schwarzwildgehege so eingefriedigt sein müssen, dass das Schwarzwild daraus nicht ausbrechen kann. Die Vorschrift enthält dagegen kein allgemeines Verbot für die Hege von Schwarzwild in der freien Wildbahn.

2. Nach § 40 Abs. 4 BNatSchG dürfen Tiere nur mit Genehmigung der zuständigen Behörde ausgesetzt werden. Von dem Erfordernis einer Genehmigung ist ausgenommen das Ansiedeln von jagdbaren Tieren nicht gebietsfremder Arten.

Schwarzwild und Wildkaninchen dürfen niemals ausgesetzt werden (§ 28 Abs. 2 BJagdG).

Tiere fremder Wildarten dürfen nicht in der freien Landschaft ausgesetzt werden (§ 31 Abs. 1 NJagdG). Für die Frage, ob eine Tierart fremd ist, kommt es nicht auf das einzelne Revier an, sondern darauf, ob die Art am 1. April 1953 im Gebiet der heutigen Bundesrepublik Deutschland irgendwo heimisch war. Damwild z. B. ist keine fremde Tierart, selbst wenn es in dem Revier, in dem es ausgesetzt werden soll, bisher nicht vorgekommen ist. Da es zum Schalenwild gehört, bedarf die Aussetzung nach § 31 Abs. 2 NJagdG der Genehmigung der Bezirksregierung. Dasselbe gilt für die Aussetzung von Muffelwild.

Die Aussetzung von Tieren heimischer Schalenwildarten ist genehmigungspflichtig. Liegen die in § 31 Abs. 2 NJagdG bezeichneten Voraussetzungen vor, besteht ein Rechtsanspruch auf Erteilung der Genehmigung.

Das Aussetzen von Niederwild heimischer Arten, außer Rehwild, bedarf keiner Genehmigung.

3. Mit der Jagd auf Wild der ausgesetzten Art, nicht nur auf die ausgesetzten Tiere, darf in dem betreffenden Jagdbezirk nicht vor Ablauf von sechs Monaten nach der Aussetzung begonnen werden (§ 24 Abs. 3 NJagdG).

§ 32 NJagdG: Füttern

(1) Wenn Wild Not leidet (Notzeit), ist für seine ausreichende artgerechte Ernährung zu sorgen. Die Kreisjägermeisterin oder der Kreisjägermeister gibt Beginn und Ende einer Notzeit für die betroffenen Bereiche bekannt. Die Jagdausübung (§ 1 Abs. 4 Bundesjagdgesetz) ist in diesen Bereichen in dieser Zeit nicht zulässig.

(2) In der Zeit vom 1. Januar bis 30. April darf Wild auch außerhalb von Notzeiten mit artgerechtem Futter gefüttert werden. Wird in dieser Zeit Schalenwild in einem Jagdbezirk gefüttert, so ist die Jagdausübung auf Schalenwild mit Ausnahme der Bejagung von Schwarzwild im Rahmen der Jagdzeitenverordnungen nicht zulässig.

(3) In der Zeit vom 1. Mai bis 31. Dezember darf Wild, Schalenwild jedoch nur mit Genehmigung der Jagdbehörde, artgerecht gefüttert werden, um ausgesetztes Wild einzugewöhnen oder als Ablenkung zur Vermeidung übermäßiger Wildschäden im Einzelfall. In Fremdenverkehrsgebieten können mit Genehmigung der Jagdbehörde für die Allgemeinheit zugängliche Schaufütterungen für Schalenwild errichtet und ganzjährig mit artgerechtem Futter beschickt werden, wenn dieses nicht zu übermäßigen Wildschäden im Umfeld führt. Die Genehmigungen können mit Auflagen versehen und befristet werden.

(4) Im Umkreis von 200 m um beschickte Fütterungen darf nicht auf Schalenwild gejagt werden.

(5) Die Jagdbehörde kann aus Gründen der ordnungsgemäßen Wildbewirtschaftung im Einzelfall Ausnahmen von den Regelungen der Absätze 1 bis 4 zulassen.

AB zu § 32 (Füttern)

32.1.1 An den Begriff der Notzeit sind strenge Maßstäbe anzulegen. Eine Notzeit ist nur dann gegeben, wenn das Wild während der Vegetationsruhe insbesondere aufgrund hoher Schneelage, bei Vereisungen und längeren Starkfrostperioden sowie infolge größerer Waldbrände und Überschwemmungen nicht nur an wenigen Tagen keine natürliche Äsung aufnehmen kann. Sofern dem Wild in der Notzeit die Aufnahme örtlich wachsender Nahrung nicht ermöglicht werden kann, ist nur artgerechtes Futter in geringst notwendiger Menge auszubringen.

31.1.2 Notzeiten sind zeitlich und räumlich nur für eng begrenzte Bereiche bekannt zu geben, in denen die vorstehenden Voraussetzungen flächendeckend vorliegen. Das können sowohl einzelne Jagdbezirke als auch durch die Höhenlage bestimmte Gebiete sein.

32.2 Artgerechte Futtermittel für die Fütterung der wiederkäuenden Schalenwildarten sind ausschließlich heimische Feld-, Baum- und sonstige Waldfrüchte, Heu und Silagen jeweils ohne Kraftfutterzusätze. Die Verwendung insbesondere von nicht heimischen Früchten, Back- und Süßwaren, Küchenabfällen oder Futtermitteln, die durch eine industrielle Aufarbeitung ihre natürliche Rohfaserzusammensetzung verloren haben (z. B. Schrot, Pellets, Presslinge), sowie jegliches Kraftfutter ist nicht wildartgerecht und daher unzulässig. Das Fleischhygienerecht und die vor Seuchen schützenden Vorschriften und Verfügungen sind zu beachten.

ERLÄUTERUNGEN

1. § 32 NJagdG unterscheidet zwischen Zeiten, in denen Wild gefüttert werden muss, Zeiten, in denen es ohne Einschränkung, und Zeiten, in denen es nur ausnahmsweise gefüttert werden darf.

Eine Fütterungspflicht besteht in der Zeit, in der das Wild an Futtermangel leidet. Das ist dann der Fall, wenn das Wild nicht nur kurzfristig aufgrund äußerer Umstände nicht in der Lage ist, seinen Nahrungsbedarf in seinem Lebensraum zu decken. Die Frage, ob Futternot besteht, kann für verschiedene Wildarten unterschiedlich zu beantworten sein. Eine über längere Zeit andauernde hohe Schneelage kann für Greifvögel eine Notzeit darstellen, während Schalenwild seinen Nahrungsbedarf noch decken kann. Zu füttern sind, wenn das überhaupt möglich ist, auch Tiere der Arten, die ganzjährig mit der Jagd zu verschonen sind.

Die Bestimmung, dass der Kreisjägermeister Beginn und Ende einer Notzeit für die betroffenen Bereiche bekannt zu geben hat, entbindet den Jagdschutzberechtigten nicht von einer eigenen Prüfung, ob das Wild an Futtermangel leidet. Nach Bekanntgabe des Anbruchs einer Notzeit können sich die zur Fütterung Verpflichteten nicht mehr auf ihre Unkenntnis berufen, wenn Wild in ihrem Jagdbezirk wirklich an Futtermangel leidet.

Die Art der Bekanntmachung des Kreisjägermeisters ist nicht vorgeschrieben. Verantwortlich dafür, dass die Bekanntmachung zur Kenntnis der Jagdschutzberechtigten gelangt, ist ohnehin die Jagdbehörde.

Die Vorschrift, dass die Jagdausübung in diesen Bereichen in dieser Zeit nicht zulässig sei, muss einschränkend dahin ausgelegt werden, dass die Jagdausübung auf Tiere der notleidenden Arten verboten ist. Da Schlachtabfälle nach den Bestimmungen des Tierkörperbeseitigungsrechts (E 5 zu § 44a BJagdG) zur Fütterung nicht verwendet werden dürfen, kann es, wenn außerhalb der Schonzeit nicht auch für Schalenwild eine Notzeit vorliegt und soweit das ein etwa bestehender Abschussplan zulässt, geradezu geboten sein, Schalenwild zu erlegen, um u. a. mit dem Aufbruch Greifvögel füttern zu können.

2. Erlaubte Fütterungen dürfen und sollten unter Verwendung von Fütterungseinrichtungen und -behältern betrieben werden, um die Gefahr der Verbreitung von Krankheiten, die mit der Ausbringung von Futter auf dem Boden verbunden sein kann, möglichst gering zu halten.

3. Auch Ablenkungsfütterungen sind Fütterungen, in deren Umkreis von 200 m die Jagdausübung auf Schalenwild, auch auf Schwarzwild, nicht gestattet ist. Ablenkungsfütterungen dienen der Vermeidung von übermäßigen, also von Wildschäden, die über die in dem betreffenden Jagdbezirk üblicherweise zu erwartenden Schäden hinausgehen. Sie müssen in jedem Einzelfall von der Jagdbehörde genehmigt werden.

4. Seinem Wortlaut nach gilt § 32 Abs. 4 NJagdG auch im Falle von Drückjagden, z. B. auf Schwarzwild. Da für das Jagdverbot ein nicht näher definierter Tierschutzgesichtspunkt maßgebend sein soll, muss es allerdings als zweifelhaft angesehen werden, ob auch Jagdarten, in deren Ablauf das Wild ohnehin keine Möglichkeit zu einer weitgehend ungestörten Nahrungsaufnahme hat, von dem Verbot erfasst werden sollen. In Wirklichkeit sind es nicht Tierschutz- sondern jagdethische Gründe, die die Bejagung des Schalenwildes an Fütterungen als bedenklich erscheinen lassen. Derartige Gründe können bei Drück- und anderen Bewegungsjagden kaum zur Geltung kommen.

5. Das Verbot des § 32 Abs. 4 NJagdG wird nur für diejenigen Fütterungen zu gelten haben, die der Jagdausübungsberechtigte in

seinem eigenen Jagdbezirk angelegt hat oder hat anlegen lassen. Es kann nicht zu den Aufgaben der zur Jagd befugten Personen gehören, sich über die Lage von Fütterungen in den Revieren der Jagdnachbarn Kenntnis zu verschaffen.

6. Äsungsflächen, Wildäcker und Salzlecken sind keine Fütterungen.

§ 33 NJagdG: Kirren

Futter darf zum Anlocken und Erlegen des Wildes nur

1. **in geringen Mengen,**
2. **als artgerechtes Futter und**
3. **ohne Verwendung von Fütterungseinrichtungen und -behältern**

ausgebracht werden (Kirren).

AB zu § 33 (Kirren)

33.1 Das Kirren ist vom Füttern streng abzugrenzen und zu unterscheiden. Als geringe Menge und artgerechtes Futter können höchstens 4 kg heimische Feld-, Baum- und sonstige Waldfrüchte angesehen werden, die auf eine bis zwei Kirrstellen je 75 ha zusammenhängender Jagdfläche ausgebracht werden. Das Kirrfutter ist ausschließlich in der Jagdzeit der zu kirrenden Wildart ohne jegliche Vorrichtungen auf dem Boden auszubringen, erforderlichenfalls mit örtlich vorhandenen natürlichen Materialien abzudecken und erst zu erneuern, wenn es restlos aufgenommen worden ist. Die Bestimmungen zu artgerechten Futtermitteln finden keine Anwendung für die Beköderung von Fallen bei der Fangjagd.

§ 33a NJagdG: Futtermittel

Das Füttern und Kirren des Wildes mit

1. **proteinhaltigen Erzeugnissen oder Fetten aus Gewebe warmblütiger Landtiere,**
2. **Fischen, Fischteilen oder proteinhaltigen Erzeugnissen von Fischen oder**
3. **Mischfuttermitteln, die diese Einzelfuttermittel enthalten,**

ist verboten, Für das Kirren von Füchsen, Waschbären, Marderhunden und Minken dürfen Aufbrüche und Teile von Wild, bei dem kein Verdacht auf Vorliegen einer auf Mensch oder Tier übertragbaren Krankheit besteht, verwendet werden.

ERLÄUTERUNGEN

1. Kirrungen gelten nicht als Fütterungen. Sie sind nicht dafür vorgesehen, den Nahrungsbedarf des Wildes zu decken, sondern sollen dazu dienen, das Wild anzulocken, um es erlegen zu können. Sie dürfen nur während der Jagdzeit des betreffenden Wildes betrieben werden. Soll die Kirrung etwa zum Anlocken von Schwarzwild dienen, muss das zum Kirren verwendete Futter so ausgebracht werden, dass es in der Zeit vom 1. Mai bis 31. Dezember nicht von Wild aufgenommen werden kann, das nicht an der Kirrung erlegt werden darf.

Zum Kirren darf nur artgerechtes Futter in geringen Mengen ausgebracht werden. Die Frage, was unter einer geringen Menge zu verstehen ist, muss unter Berücksichtigung aller Umstände, insbesondere auch des zu bejagenden Wildes und der örtlichen Gegebenheiten, beantwortet werden. Soll etwa in einem Waldgebiet in der Heide Rotwild, das in größeren Rudeln lebt, angekirrt werden, so wird es nicht genügen, drei oder vier Rüben auszubringen. Gerade diejenigen Tiere, die es im Rahmen eines Wahlabschusses in erster Linie zu erlegen gilt, würden dann von den stärkeren Stücken abgedrängt werden und in ständiger Bewegung sein. Der Zweck des Kirrens, der auch darin besteht, aus einer größeren Anzahl von Tieren ein Tier sicher anzusprechen und erlegen zu können, könnte kaum erreicht werden, wenn das ausgebrachte Futter nur von einigen stärkeren Stücken aufgenommen werden könnte.

Fütterungseinrichtungen oder -behälter sind nicht erlaubt. Andererseits braucht die Kirrung nicht nur gelegentlich betrieben zu werden.

2. Zu den Kirrungen sind auch Luderplätze zu zählen. Luderplätze sind bestimmte Stellen im Revier, zu denen vorzugsweise während der Jagdzeit des Schalenwildes mit einer gewissen Regelmäßigkeit Kirrmaterial in geringer Menge gebracht wird und die deswegen von Raubwild aufgesucht und kontrolliert werden. Sie dienen vor allem zum Anlocken von Füchsen. Als Kirrmittel kommen Fallwild oder Teile von Fallwild, soweit es sich nicht um krankheits- oder gar seuchenverdächtiges Wild handelt, und insbesondere der Aufbruch von erlegtem Schalenwild in Betracht. Schlachtabfälle dürfen dagegen nicht ausgebracht werden (vergl. E 5 zu § 44a BJagdG).

Nicht jeder Platz im Revier, an dem ein verendetes Stück Wild oder der Aufbruch eines erlegten Tieres zurückgelassen wird, ist deswegen bereits ein Luderplatz oder gar eine Fütterung. Wird an einer solchen Stelle etwa ein Stück Schwarzwild angetroffen, so darf es dort erlegt werden, und zwar auch dann, wenn der Aufbruch von einem größeren Tier stammt oder wenn es sich um ein größeres Stück Fallwild handelt.

§ 29 BJagdG: Schadensersatzpflicht

(1) Wird ein Grundstück, das zu einem gemeinschaftlichen Jagdbezirk gehört oder einem gemeinschaftlichen Jagdbezirk angegliedert ist (§ 5 Abs. 1), durch Schalenwild, Wildkaninchen oder Fasanen beschädigt, so hat die Jagdgenossenschaft dem Geschädigten den Wildschaden zu ersetzen. Der aus der Genossenschaftskasse geleistete Ersatz ist von den einzelnen Jagdgenossen nach dem Verhältnis des Flächeninhalts ihrer beteiligten Grundstücke zu tragen. Hat der Jagdpächter den Ersatz des Wildschadens ganz oder teilweise übernommen, so trifft die Ersatzpflicht den Jagdpächter. Die Ersatzpflicht der Jagdgenossenschaft bleibt bestehen, soweit der Geschädigte Ersatz von dem Pächter nicht erlangen kann.

(2) Wildschaden an Grundstücken, die einem Eigenjagdbezirk angegliedert sind (§ 5 Abs. 1), hat der Eigentümer oder der Nutznießer des Eigenjagdbezirks zu ersetzen. Im Falle der Verpachtung haftet der Jagdpächter, wenn er sich im Pachtvertrag zum Ersatz des Wildschadens verpflichtet hat. In diesem Falle haftet der Eigentümer oder der Nutznießer nur, soweit der Geschädigte Ersatz von dem Pächter nicht erlangen kann.

(3) Bei Grundstücken, die zu einem Eigenjagdbezirk gehören, richtet sich, abgesehen von den Fällen des Absatzes 2, die Verpflichtung zum Ersatz von Wildschaden (Absatz 1) nach dem zwischen dem Geschädigten und dem Jagdausübungsberechtigten bestehenden Rechtsverhältnis. Sofern nichts anderes bestimmt ist, ist der

Jagdausübungsberechtigte ersatzpflichtig, wenn er durch unzulänglichen Abschuss den Schaden verschuldet hat.

(4) Die Länder können bestimmen, dass die Wildschadensersatzpflicht auch auf anderes Wild ausgedehnt wird und dass der Wildschadensbetrag für bestimmtes Wild durch Schaffung eines Wildschadensausgleichs auf eine Mehrheit von Beteiligten zu verteilen ist (Wildschadensausgleichskasse).

ERLÄUTERUNGEN

1. Wildschäden sind Schäden jeder Art, die von Wild unmittelbar durch seine natürlichen Lebensäußerungen verursacht werden, also Schäden, die vor allem durch das Nahrungs- und das Bewegungsbedürfnis des Wildes entstehen (Wildschaden im weiteren Sinne). Eine Schadensersatzpflicht ist jedoch nur in Bezug auf Schäden vorgesehen, die von Schalenwild, Wildkaninchen oder Fasanen an Grundstücken und ihren wesentlichen Bestandteilen (§ 94 Abs. 1 BGB) sowie Grundstückserzeugnissen angerichtet werden (Wildschaden im engeren Sinne). Nicht zu ersetzen sind Schäden an Grundstücken, bei denen bestimmungsgemäß mit Beschädigungen durch Wild zu rechnen ist (Wildäcker, Wildgehege).

2. Entsteht Wildschaden an einem zu einem gemeinschaftlichen Jagdbezirk gehörenden Grundstück, so haftet dafür die Jagdgenossenschaft. Das gilt nicht nur für den seltenen Fall, dass die Jagdgenossenschaft die Jagd durch angestellte Jäger ausüben oder die Jagd ruhen lässt (§ 10 Abs. 2 BJagdG), sondern grundsätzlich auch dann, wenn sie das Jagdausübungsrecht verpachtet hat. Sehr häufig übernimmt jedoch der Jagdpächter in dem Jagdpachtvertrag ganz oder teilweise die Verpflichtung zum Ersatz des Wildschadens. Dann haftet die Jagdgenossenschaft nur noch ersatzweise, soweit der Geschädigte von dem Pächter keinen Ersatz erlangen kann.

Sofern auf Jagdpachtverträge die Bestimmungen der §§ 305 ff. BGB (Gestaltung rechtsgeschäftlicher Schuldverhältnisse durch Allgemeine Geschäftsbedingungen) Anwendung finden, ist die Vereinbarung von sog. Wildschadenspauschalen unwirksam, wenn die Pauschale den in den geregelten Fällen nach dem gewöhnlichen Lauf der Dinge zu erwartenden Schaden übersteigt oder dem Jagdpächter nicht ausdrücklich der Nachweis gestattet wird, ein Schaden sei überhaupt nicht entstanden oder wesentlich niedriger als die Pauschale (§ 309 Nr. 5 BGB). Voraussetzung ist aber, dass die Pauschale tatsächlich zum Ausgleich konkreter Schäden gezahlt werden soll, für die ohne eine entsprechende Vereinbarung die Jagdgenossenschaft zu haften hätte (§ 29 Abs. 1 Satz 1 BJagdG). Erschöpft sich die Regelung dagegen darin, dass der Jagdpächter in Höhe eines Pauschalbetrages – als Teil des Gesamtpreises für die Verpachtung des Jagdausübungsrechts – eine Gegenleistung (auch) im Hinblick darauf erbringen soll, dass der Jagdgenossenschaft ein Kostenaufwand wegen Wildschäden droht, den sie durch entsprechende Kalkulation des Preises auf den Jagdpächter überwälzen will, so unterliegt sie nicht der richterlichen Inhaltskontrolle nach den §§ 307 ff. BGB.

Stets ist die Haftung unabhängig von einem Verschulden. Für die Jagdgenossenschaft ergibt sich das daraus, dass sie als juristische Person die Jagd weder selbst noch durch ihre Organe ausüben und ihr deshalb auch kein Verschulden in Bezug auf die Entstehung des Schadens angelastet werden kann. Aber auch auf eventuelles Verschulden eines Jagdpächters kommt es nicht an. Die Haftung des Pächters geht nicht weiter als die Haftung der Jagdgenossenschaft, der ursprünglich Verpflichteten. Grundlage für die Haftung ist die Gefährdung, die von dem herrenlosen, aber von dem Jagdausübungsberechtigten zu hegenden und zu bewirtschaftenden Wild ausgeht und gegen die die Grundeigentümer mit jagdlichen Mitteln nichts unternehmen können.

Wildschaden in einem zu einem gemeinschaftlichen Jagdbezirk gehörenden befriedeten Bezirk ist nicht zu ersetzen (vergl. E 4 zu § 6 BJagdG). Dasselbe gilt für Wildschaden an jagdbezirksfreien Flächen (Enklaven).

Mittelbar durch Schalenwild, Wildkaninchen oder Fasanen verursachte Schäden sind nach § 29 Abs. 1 BJagdG auch dann nicht zu ersetzen, wenn sie an Grundstücken, wesentlichen Grundstücksbestandteilen oder Grundstückserzeugnissen entstehen. Nicht als Wildschäden zu ersetzen sind ferner Personenschäden oder Schäden an beweglichen Sachen oder Tieren. Das gilt vor allem für Schäden, die im Straßenverkehr bei Zusammenstößen mit Schalenwild entstehen. Schließlich sind alle Schäden von der Ersatzpflicht nicht erfasst, die von Tieren anderer Wildarten, also nicht Schalenwild, Wildkaninchen oder Fasanen, verursacht werden. Von der Möglichkeit, die Schadensersatzpflicht auf anderes Wild auszudehnen, hat Niedersachsen keinen Gebrauch gemacht.

Nicht durch § 29 BJagdG ausgeschlossen ist jedoch eine Haftung nach den Bestimmungen über unerlaubte Handlungen (§§ 823 ff. BGB) für schuldhaft herbeigeführte Wildunfälle. Eine Schadensersatzpflicht kann z. B. gegeben sein, wenn Wild bei einer Bewegungsjagd aus seinen Einständen getrieben wird, auf einer nahegelegenen Straße mit einem Kraftfahrzeug zusammenstößt, und der Unfall durch einen warnenden Hinweis auf die stattfindende Jagd hätte vermieden werden können.

Eine Meldepflicht für Wildunfälle sieht das NJagdG nicht vor. Einem geschädigten Versicherungsnehmer obliegt es aber, einen Kollisionsschaden mit Tieren unverzüglich auch der Polizeibehörde anzuzeigen, wenn der Schaden den Betrag von 1000 Euro übersteigt (Abschnitt E. 3.2 der Allgemeinen Bedingungen für die Kraftfahrtversicherung (AKB).

3. Wildschäden an Grundstücken, die an einen Eigenjagdbezirk angegliedert sind, hat der Eigentümer oder der Nutznießer (Nießbrauchsberechtigte) auch dann zu ersetzen, wenn ihn kein Verschulden trifft, es sei denn, ein Jagdpächter habe sich zur Übernahme des Wildschadens verpflichtet. Der Eigentümer oder der Nutznießer haftet dann nur ersatzweise.

4. In Eigenjagdbezirken kann die Frage, wer für Wildschäden haftet, nur dann entstehen, wenn der Geschädigte und der Jagdausübungsberechtigte nicht identisch sind, wenn also entweder der Grundeigentümer die Grundstücke selbst nutzt, das Jagdausübungsrecht jedoch verpachtet hat, oder wenn er die Jagd selbst ausübt, das Land jedoch verpachtet hat oder wenn er das Land und das Jagdausübungsrecht an verschiedene Personen verpachtet hat. Haben die Beteiligten keine Vereinbarungen getroffen, haftet der Jagdausübungsberechtigte für den Wildschaden (Schaden an Grundstücken durch Schalenwild, Wildkaninchen oder Fasanen), den er durch unzulänglichen Abschuss verschuldet hat (§ 29 Abs. 3 Satz 2 BJagdG).

Eine weitergehende (z. B. verschuldensunabhängige) Verpflichtung zum Ersatz von Wildschaden besteht nur, wenn dies vertraglich vereinbart worden ist. In einem Jagdpachtvertrag können ausdrücklich Wildschadenersatzverpflichtungen zugunsten landwirtschaftlicher Pächter oder anderer Nutzungsberechtigter.

§ 30 BJagdG: Wildschaden durch Wild aus Gehege

Wird durch ein aus einem Gehege ausgetretenes und dort gehegtes Stück Schalenwild Wildschaden angerichtet, so ist ausschließlich derjenige zum Ersatz verpflichtet, dem als Jagdausübungsberechtigten, Eigentümer oder Nutznießer die Aufsicht über das Gehege obliegt.

ERLÄUTERUNGEN

1. § 30 BJagdG regelt einen Sonderfall der Verpflichtung zum Wildschadensersatz. Keine Besonderheit besteht allerdings insoweit, als die Ersatzpflicht nur für Wildschäden im engeren Sinn, also für Schäden an Grundstücken, wesentlichen Grundstücksbestandteilen und Grundstückserzeugnissen vorgesehen ist. Zu ersetzen sind aber nur Wildschäden, die von Schalenwild, nicht dagegen von Wildkaninchen oder Fasanen, angerichtet werden. Dieses Schalenwild muss zuvor in einem Gehege gehegt worden und aus dem Gehege ausgetre-

ten sein, wobei es gleichgültig ist, ob das Gehege ordnungsgemäß verschlossen war oder nicht. Unter Hegen in Sinne von § 30 BJagdG wird wie in § 28 Abs. 1 und 4 BJagdG ein Eingeschlossenhalten zum Zwecke der Wildbewirtschaftung verstanden. Es genügt nicht, dass sich ein Stück Schalenwild lediglich in einem Gehege aufhält, ohne Gegenstand von Hegemaßnahmen zu sein.

Sind diese Voraussetzungen gegeben, haftet ausschließlich derjenige, der als Jagdausübungsberechtigter, Eigentümer oder Nutznießer (Nießbrauchsberechtigter) das Gehege zu beaufsichtigen hat. Grund für die Haftung ist die Schaffung einer erhöhten Gefahr, die von dem Gehege ausgehen kann und die nur von dem Aufsichtspflichtigen beherrscht werden kann. Die Haftung besteht deswegen unabhängig davon, ob den Aufsichtspflichtigen ein Verschulden trifft.

Die Beweislast dafür, dass der Wildschaden durch aus einem Gehege ausgetretenes und dort gehegtes Schalenwild angerichtet worden ist, trifft den Geschädigten. Der Beweis wird in der Regel nicht mehr zu führen sein, wenn das Wild seinen Einstand in der freien Landschaft genommen hat und nicht an besonderen Merkmalen erkennbar ist. In diesem Fall endet die ausschließliche Haftung nach § 30 BJagdG. Wildschäden sind nach dann nach § 29 BJagdG zu ersetzen.

2. Ist das den Schaden verursachende Tier im Zeitpunkt der Schadensentstehung nicht wildlebend und folglich kein Wild (§ 1 Abs. 1 Satz 1 BJagdG), kommt eine Haftung des Tierhalters nach § 833 Satz 1 BGB in Betracht. Auch in dieser Bestimmung wird ein Verschulden nicht vorausgesetzt. Der Haftungstatbestand geht aber über den des § 30 BJagdG insofern hinaus, als auch Personenschäden und Sachschäden jeder Art zu ersetzen sind.

§ 31 BJagdG: Umfang der Ersatzpflicht

(1) Nach den §§ 29 und 30 ist auch der Wildschaden zu ersetzen, der an den getrennten, aber noch nicht eingeernteten Erzeugnissen eines Grundstücks eintritt.

(2) Werden Bodenerzeugnisse, deren voller Wert sich erst zur Zeit der Ernte bemessen lässt, vor diesem Zeitpunkt durch Wild beschädigt, so ist der Wildschaden in dem Umfang zu ersetzen, wie er sich zur Zeit der Ernte darstellt. Bei der Feststellung der Schadenshöhe ist jedoch zu berücksichtigen, ob der Schaden nach den Grundsätzen einer ordentlichen Wirtschaft durch Wiederanbau im gleichen Wirtschaftsjahr ausgeglichen werden kann.

ERLÄUTERUNGEN

1. Während in den §§ 29 und 30 BJagdG nur die Ersatzpflicht für Wildschäden geregelt ist, die an einem Grundstück, also einer unbeweglichen Sache einschließlich seiner wesentlichen Bestandteile, entstehen, wird durch § 31 Abs. 1 BJagdG die Wildschadenshaftung auf bestimmte bewegliche Sachen erstreckt, nämlich die dort gewachsenen und bereits gerodeten oder von den Trägerpflanzen getrennten Grundstückserzeugnisse, solange diese noch nicht an einen Ort verbracht worden sind, wo sie längere Zeit aufbewahrt werden sollen. Die Aufbewahrung kann auch auf dem Grundstück selbst geschehen, etwa in einer Rüben- oder Kartoffelmiete. Wird eine solche Miete beschädigt, liegt kein ersatzpflichtiger Wildschaden vor.

2. Maßgeblich für die Ermittlung der Höhe eines Wildschadens sind die Verhältnisse im Zeitpunkt der Ernte. Werden in den Boden eingebrachte Saaten, Pflanzknollen oder Pflanzen oder die heranwachsenden Pflanzen zuvor beschädigt, wird es häufig erforderlich sein, die zwischenzeitliche Entwicklung vergleichbarer Pflanzen abzuwarten, um beurteilen zu können, wie sich die beschädigten oder zerstörten Pflanzen entwickelt hätten.

Tritt der Schaden in einem sehr frühen Stadium oder noch vor Beginn des Pflanzenwachstums ein, so ist der Geschädigte zwar nicht verpflichtet, einen im gleichen Wirtschaftsjahr noch möglichen Wiederanbau durch Nachsäen oder Nachpflanzen vorzunehmen. Unterlässt er jedoch einen nach den Grundsätzen einer ordentlichen Wirtschaft gebotenen Wiederanbau, ist ihm bei der Feststellung der Schadenshöhe entgegenzuhalten, dass er seiner Obliegenheit zur Schadensabwendung oder -minderung (§ 254 Abs. 2 BGB) nicht nachgekommen ist.

Nimmt der Geschädigte einen Wiederanbau vor, ist die Höhe des Schadens sofort festzustellen. Er setzt sich zusammen aus den Kosten für das neue Saat- oder Pflanzgut, für die Bodenvorbereitung und die erneute Einsaat oder Anpflanzung. Auf die Verhältnisse im Zeitpunkt der Ernte kann es nur ausnahmsweise noch ankommen, wenn sich nachträglich herausstellt, dass der mit dem Wiederanbau verfolgte Zweck nicht eingetreten ist, während die ursprünglich angebauten Pflanzen ohne die Beschädigung Ertrag gebracht hätten.

§ 32 BJagdG: Schutzvorrichtungen

(1) Ein Anspruch auf Ersatz von Wildschaden ist nicht gegeben, wenn der Geschädigte die von dem Jagdausübungsberechtigten zur Abwehr von Wildschaden getroffenen Maßnahmen unwirksam macht.

(2) Der Wildschaden, der an Weinbergen, Gärten, Obstgärten, Baumschulen, Alleen, einzelstehenden Bäumen, Forstkulturen, die durch Einbringen anderer als der im Jagdbezirk vorkommenden Hauptholzarten einer erhöhten Gefährdung ausgesetzt sind, oder Freilandpflanzungen von Garten- oder hochwertigen Handelsgewächsen entsteht, wird, soweit die Länder nicht anders bestimmen, nicht ersetzt, wenn die Herstellung von üblichen Schutzvorrichtungen unterblieben ist, die unter gewöhnlichen Umständen zur Abwendung des Schadens ausreichen. Die Länder können bestimmen, welche Schutzvorrichtungen als üblich anzusehen sind.

§ 34 NJagdG: Wildschadensersatz, Schutzvorrichtungen

Die oberste Jagdbehörde wird ermächtigt, durch Verordnung

1. Bestimmungen über die Verpflichtung zur Leistung von Wildschadensersatz in den Fällen des § 32 Abs. 2 Satz 1 des Bundesjagdgesetzes zu erlassen, soweit dies mit Rücksicht auf die Interessen der Land- und Forstwirtschaft erforderlich erscheint, und
2. zu bestimmen, welche Schutzvorrichtungen nach § 32 Abs. 2 Satz 2 des Bundesjagdgesetzes als üblich anzusehen sind.

§ 3 DVO-NJagdG:
Schutzvorrichtungen zur Vermeidung von Wildschäden

Übliche Schutzvorrichtungen zur Abwendung von Wildschäden nach § 32 Abs. 2 Satz 2 des Bundesjagdgesetzes sind Wildzäune, die zur Abwehr von

1. Rot- und Damwild eine Mindesthöhe von 1,80 m,
2. Rehwild und Schwarzwild eine Mindesthöhe von 1,50 m,
3. Muffelwild eine Mindesthöhe von 2,50 m und
4. Wildkaninchen eine Mindesthöhe von 1,20 m

über der Bodenoberfläche haben. Wildzäune gegen Schwarzwild müssen zudem am Boden gegen ein Hochheben durch das Schwarzwild befestigt sein. Wildzäune zur Abwehr von Wildkaninchen müssen aus Drahtgeflecht von höchstens 40 mm Maschenweite bestehen und außerdem mindestens 0,30 m tief in die Erde eingelassen sein.

ERLÄUTERUNGEN

1. In § 32 BJagdG werden zwei Fallgestaltungen geregelt, in denen ein Schadenersatzanspruch schon dem Grunde nach nicht gegeben ist. Das gilt zunächst für den Fall, dass der Geschädigte die von dem Jagdausübungsberechtigten zur Abwehr von Wildschaden getroffenen Maßnahmen unwirksam macht. Die Frage eines mitwirkenden Verschuldens des Geschädigten (§ 254 BGB) kann sich nicht stellen, weil ein Schadenersatzanspruch von vornherein ausgeschlossen ist. Voraussetzung ist jedoch, dass die Abwehrmaßnahmen tatsächlich wirksam gewesen wären. Hat der Jagdausübungsberechtigte unzulängliche Abwehrmaßnahmen getroffen, ist § 32 Abs. 1 BJagdG nicht anwendbar.

Ein vorsätzliches Handeln des Geschädigten ist nicht erforderlich. Es genügt z. B. ein versehentliches Offenlassen eines Tores in einem wilddichten Gatter. Ein Schadenersatzanspruch ist auch dann nicht gegeben, wenn der Geschädigte die von dem Jagdausübungsberechtigten geplanten und auf eigene Kosten durchzuführenden wirksamen Schutzmaßnahmen grundlos abgelehnt hatte.

Ferner sind Fälle denkbar, in denen einer Schadenersatzforderung des Geschädigten der Einwand der unzulässigen Rechtsausübung entgegenzuhalten ist, etwa dann, wenn der Grundeigentümer die ihm vom Jagdausübungsberechtigten absprachegemäß zur Durchführung von Schutzmaßnahmen überlassenen Mittel nicht zu diesem Zweck eingesetzt hat.

2. § 32 Abs. 2 BJagdG schließt Schadenersatzansprüche in den Fällen aus, in denen besonders gefährdete Pflanzen nicht hinreichend vor Beschädigungen durch Schadwild geschützt worden sind. Die Aufzählung der in Betracht kommenden Pflanzen, Kulturen und Landschaftsteile ist abschließend und kann nicht erweitert werden. Allerdings sind die verwendeten Begriffe auslegungsfähig, so dass dazu eine umfangreiche Rechtsprechung mit zum Teil regional bedingt unterschiedlichen Ergebnissen entstanden ist. Im Einzelnen:

a) Gärten sind Grundstücke, auf denen Gemüse sowie Würz-, Heil- oder Zierpflanzen gärtnerisch zum eigenen Verbrauch oder zu Erwerbszwecken angebaut werden. Auch gärtnerisch gestaltete und gepflegte Rasenflächen (Golf- und Modellflugplätze) sind als Gärten angesehen worden.

b) Obstgärten sind Flächen, auf denen Stein-, Kern- oder Beerenobst zum eigenen Verbrauch oder zu Erwerbszwecken angebaut wird.

c) Baumschulen dienen der Aufzucht von Bäumen und Sträuchern jeder Art, also auch von Weihnachtsbäumen.

d) Forstkulturen sind Flächen, auf denen durch Saat, Pflanzung oder Naturverjüngung Waldbäume herangezogen werden, solange die herangezogenen Pflanzen ein gewisses Alter nicht überschritten haben. Flächen mit mehr als zwanzig Jahre alten Bäumen werden in der Regel nicht mehr als Forstkulturen anzusehen sein. Die im Jagdbezirk vorkommenden Hauptholzarten sind die dort tatsächlich vorhandenen und häufiger als vereinzelt stockenden einheimischen oder ortsfremden Waldbäume. Ein besonderer Schutz einer Forstkultur ist dann erforderlich, wenn darin als Rein- oder Mischkultur nicht zu den im

Jagdbezirk vorkommenden Hauptholzarten zählende Bäume herangezogen werden, weil diese vom Wild bevorzugt verbissen werden.

e) Freilandpflanzungen bilden einen Gegensatz zu Gärten oder Gärtnereien insofern, als der Pflanzenanbau auf Feldern und mit Mitteln
des feldmäßigen Anbaus erfolgt.

Gartengewächse sind solche, die typischerweise auch und bevorzugt
in Gärten oder Gärtnereien angebaut zu werden pflegen, wie Bohnen,
Erbsen, Kohlrabi, Möhren, Sellerie, Porree, Kohl und Salat aller Art,
Endivien, Rote Beete, Spinat, Spargel, Kürbis, Gurken und Erdbee-
ren. In bestimmten Regionen werden sie dann nicht mehr als Gartengewächse angesehen, wenn ihr gartenmäßiger Anbau sehr stark an Bedeutung verloren hat und sie in weitem Umfang feldmäßig angebaut
werden, wie das z. B. für Möhren, Weiß- und Rotkohl, Kohlrabi, Blu-
menkohl, Rosenkohl, Buschbohnen, Spinat und Radieschen oder bestimmte Blumenarten (Rosen, Tulpen) angenommen worden ist.

Dagegen sind Kartoffeln, Rüben, nicht genveränderter Mais und Ge-
treide stets Feldgewächse.

Handelsgewächse oder ihre Früchte bilden die Grundlage für eine industrielle Verarbeitung. Die Frage, ob sie als hochwertig anzusehen
sind, wird nicht immer einheitlich zu beantworten sein. Maßgebend
ist die Verkehrsauffassung, nach der gegenwärtig als hochwertig anerkannt sind u. a. Arznei- Farb- und Gewürzpflanzen, Hopfen, Tabak
und Mohn. Im Übrigen ist der Unterschied zwischen Garten- und
hochwertigen Handelsgewächsen nicht immer eindeutig zu bestimmen. Der Umstand, dass bestimmte Gemüsesorten mit Methoden des
ökologischen Landbaus erzeugt werden, wirkt sich nach der Verkehrsauffassung zunehmend werterhöhend aus. Ist das Gemüse zur Weiter-
verarbeitung in der Tiefkühl- oder Konservenindustrie gedacht, so
kann eine Einstufung als hochwertiges Handelsgewächs in Betracht
kommen.

§ 33 BJagdG: Schadensersatzpflicht

(1) Wer die Jagd ausübt, hat dabei die berechtigten Interessen der Grundstückseigentümer oder Nutzungsberechtigten zu beachten, insbesondere besäte Felder und nicht abgemähte Wiesen tunlichst zu schonen. Die Ausübung der Treibjagd auf Feldern, die mit reifender Halm- oder Samenfrucht oder mit Tabak bestanden sind, ist verboten; die Suchjagd ist nur insoweit zulässig, als sie ohne Schaden für die reifenden Früchte durchgeführt werden kann.

(2) Der Jagdausübungsberechtigte haftet dem Grundstückseigentümer oder Nutzungsberechtigten für jeden aus missbräuchlicher Jagdausübung entstehenden Schaden; er haftet auch für den Jagdschaden, der durch einen von ihm bestellten Jagdaufseher oder durch einen Jagdgast angerichtet wird.

ERLÄUTERUNGEN

1. Der Eigentümer oder Nutzungsberechtigte hat zu dulden, dass die zur Jagd Befugten die Grundstücke zur Ausübung des Jagdrechts betreten. Wenn es Gründen der Jagdausübung und Hege zwingend geboten ist, beinhaltet das Jagdausübungsrecht auch die Befugnis, mit einem Kraftfahrzeug ein Grundstück zu befahren, etwa um ein erlegtes schweres Tier zu bergen oder in Notzeiten Futter auszubringen. Über weitergehende Befahrensrechte bedarf es einer Einigung zwischen dem Grundeigentümer und dem Jagdausübungsberechtigten.

2. Von diesen rechtlichen Vorgaben ausgehend regelt § 33 BJagdG den Ausgleich der gegensätzlichen Interessen von Grundstückseigentümern oder Nutzungsberechtigten einerseits und des Jagdausübungsberechtigten andererseits.

§ 33 Abs. 1 BJagdG verpflichtet den Jagdausübungsberechtigten, die berechtigten Interessen der Grundstückseigentümer oder Nutzungsberechtigten zu beachten, insbesondere besäte Felder und nicht abgemähte Wiesen tunlichst zu schonen. Die besonders schadenstiftende Ausübung der Treibjagd auf Feldern, die mit reifender Halm- oder Samenfrucht oder mit Tabak bestanden sind, wird verboten. Die Suchjagd auf Tabakfeldern ist ebenfalls verboten, im Übrigen aber nur insoweit zulässig, als sie ohne Schaden für die reifende Halm- oder Samenfrucht durchgeführt werden kann. Ein vorsätzlicher Verstoß gegen die Vorschriften des § 33 Abs. 1 BJagdG kann mit einer Geldbuße geahndet werden (§ 39 Abs. 1 Nr. 8 BJagdG).

3. § 33 Abs. 2 BJagdG enthält eine Schadensersatzregelung. Ersatzpflichtig ist der Schaden, der dem Eigentümer oder dem Nutzungsberechtigten eines Grundstücks in dieser Eigenschaft durch den Jagdausübungsberechtigten, einen von ihm bestellten Jagdaufseher oder einen Jagdgast durch eine jagdliche Betätigung auf dem Grundstück zugefügt wird, wenn der Schaden aus missbräuchlicher Jagdausübung entsteht (Jagdschaden).

Missbräuchlich ist die Jagdausübung dann, wenn die berechtigten Interessen der Grundstückseigentümer oder Nutzungsberechtigten schuldhaft nicht beachtet werden. Fahrlässigkeit genügt. Die berechtigten Interessen sind vor allem darauf gerichtet, dass die landbaulichen Anstrengungen nicht zunichte gemacht werden.

Der Jagdausübungsberechtigte haftet nicht nur für den von ihm selbst schuldhaft durch missbräuchliche Jagdausübung angerichteten Schaden, sondern auch für den Schaden, der in gleicher Weise durch einen von ihm bestellten Jagdaufseher oder einen Jagdgast angerichtet wird. Er kann sich nicht darauf berufen, dass er diese Personen sorgfältig ausgewählt habe (§ 831 Abs. 1 Satz 2 BGB). Andererseits können aus einer ordnungsgemäßen Jagdausübung keine weitergehenden Schadensersatzansprüche des Grundstückseigentümers oder Nutzungsberechtigten aus den §§ 823 ff. BGB erwachsen; denn § 33 BJagdG schließt als Spezialvorschrift die Anwendbarkeit dieser Bestimmungen aus.

Der Eigentümer oder Nutzungsberechtigte kann daher keinen Schadensersatz verlangen, wenn der Schaden etwa bei der Nachsuche auf ein angeschossenes oder schwerkrankes Stück Wild auf einem mit reifenden Halm- oder Samenfrüchten bestandenen Feld entsteht.

Die Schadensersatzpflicht in Bezug auf Schäden, die der Jagdausübungsberechtigte außerhalb seiner jagdlichen Betätigung verursacht,
richtet sich nach dem allgemeinen Deliktsrecht, ebenso wie in Bezug
auf Schäden, die dritten Personen durch die Jagdausübung entstehen.

4. Schäden, für die der Jagdausübungsberechtigte zu haften hat,
werden von der Jagdhaftpflichtversicherung gedeckt.

§ 34 BJagdG: Geltendmachung des Schadens

**Der Anspruch auf Ersatz von Wild- oder Jagdschaden erlischt, wenn
der Berechtigte den Schadensfall nicht binnen einer Woche, nachdem er von dem Schaden Kenntnis erhalten hat oder bei Beobachtung gehöriger Sorgfalt erhalten hätte, bei der für das beschädigte
Grundstück zuständigen Behörde anmeldet. Bei Schaden an forstwirtschaftlich genutzten Grundstücken genügt es, wenn er zweimal
im Jahre, jeweils bis zum 1. Mai oder 1. Oktober, bei der zuständigen
Behörde angemeldet wird. Die Anmeldung soll die als ersatzpflichtig
in Anspruch genommene Person bezeichnen.**

ERLÄUTERUNGEN

1. Es liegt sowohl im Interesse des geschädigten Grundeigentümers
oder Nutzungsberechtigten als auch des ersatzpflichtigen Jagdausübungsberechtigten, die für die Feststellung der Schadensersatzpflicht
erforderlichen Erhebungen so schnell wie möglich durchführen zu lassen. Bei älteren Schäden ist es häufig schwierig, die Schadensursache
und den jeweiligen Anteil verschiedener Ursachen (Witterungseinflüsse, Weidevieh, Reiter, Pflanzenschädlinge, Anbaufehler) eindeutig
festzustellen.

2. Für Schäden an nicht forstwirtschaftlich genutzten Grundstücken
gilt deswegen eine Anmeldefrist von einer Woche. Die Frist beginnt
am Beginn des Tages, der dem Tage nachfolgt, an dem der Geschädigte von dem Schaden Kenntnis erhalten hat oder bei Beobachtung
gehöriger Sorgfalt erhalten hätte (§ 187 Abs. 1 BGB). Sie endet mit
dem Ablauf des Wochentages, der durch seine Benennung dem Tag

entspricht, an dem der Geschädigte von dem Schaden Kenntnis erhalten hat oder hätte erhalten können (§ 188 Abs. 2 BGB). Hat der Geschädigte also an einem Mittwoch Kenntnis von dem Schaden erhalten, muss er den Schaden spätestens am Mittwoch der folgenden Woche anmelden. Eine Ausnahme gilt für den Fall, dass der letzte Tag der Frist auf einen Sonntag, einen staatlich anerkannten Feiertag oder einen Sonnabend fällt. Dann endet die Frist erst am nächsten Werktag (§ 193 BGB).

Für die Kenntnis von dem Schaden reicht es nicht aus, dass dem Geschädigten ein Gerücht über den Schaden zu Ohren kommt. Vielmehr muss es sich um eine sichere Kenntnis handeln. Anderseits kann sich der Geschädigte nicht auf seine Unkenntnis von dem Schaden berufen, wenn er bei Beobachtung gehöriger Sorgfalt Kenntnis von dem Schaden hätte erhalten können. Um seine Rechte zu wahren, obliegt es dem Grundeigentümer oder Nutzungsberechtigten daher, seine landwirtschaftlich genutzten Flächen auf die Entstehung ersatzpflichtiger Schäden zu kontrollieren. In welchen Abständen das zu geschehen hat, hängt von den Umständen des einzelnen Falles ab. Wo mit Wildschäden mit einer gewissen Regelmäßigkeit zu rechnen ist, sind entsprechend häufige Kontrollen erforderlich.

Der Geschädigte hat zu beweisen, dass er die Anmeldung des Schadens rechtzeitig vorgenommen hat, dass also die Anmeldefrist bei der Anmeldung des Schadens noch nicht verstrichen war.

Die Anmeldung des Schadens muss bei der Gemeinde (§ 36 Abs. 1 Satz 3 NJagdG) erfolgen, in der das geschädigte Grundstück liegt. Die Bezeichnung des Ersatzpflichtigen soll geschehen, ist aber nicht zwingend vorgeschrieben.

3. Die Anmeldefrist ist eine Ausschlussfrist. Wird sie versäumt, so erlischt jeder Anspruch auf Ersatz von Wild- oder Jagdschaden. Eine Wiedereinsetzung in den vorigen Stand gegen die Versäumung der Anmeldefrist ist ausgeschlossen. Der Fristablauf ist als rechtsvernichtende Tatsache im Vorverfahren und auch im gerichtlichen Verfahren von Amts wegen zu berücksichtigen.

4. Wildschaden an forstwirtschaftlich genutzten Grundstücken ist normalerweise ohne Schwierigkeiten festzustellen und einzuschätzen. Es genügt deswegen, wenn der in den Sommermonaten entstandene Schaden bis zum 1. Oktober und der in den Wintermonaten entstandene Schaden bis zum 1. Mai angemeldet wird.

§ 35 BJagdG: Verfahren in Wild- und Jagdschadenssachen

Die Länder können in Wild- und Jagdschadenssachen das Beschreiten des ordentlichen Rechtsweges davon abhängig machen, dass zuvor ein Feststellungsverfahren vor einer Verwaltungsbehörde (Vorverfahren) stattfindet, in dem über den Anspruch eine vollstreckbare Verpflichtungserklärung (Anerkenntnis, Vergleich) aufzunehmen oder eine nach Eintritt der Rechtskraft vollstreckbare Entscheidung (Vorbescheid) zu erlassen ist. Die Länder treffen die näheren Bestimmungen hierüber.

§ 35 NJagdG: Feststellungsverfahren

Wegen eines Wild- oder Jagdschadens kann der ordentliche Rechtsweg nur beschritten werden, wenn zuvor ein Feststellungsverfahren bei der Gemeinde stattgefunden hat. Die Einzelheiten des Verfahrens und die Kostentragung werden durch Verordnung der obersten Landesbehörde und des für Justiz zuständigen Ministeriums geregelt.

ERLÄUTERUNGEN

1. Eine gerichtliche Entscheidung über den Ersatz von Wild- oder Jagdschaden darf nur ergehen, wenn zuvor ein Feststellungsverfahren (Vorverfahren) durch die Gemeinde stattgefunden hat, in deren Gebiet das Grundstück liegt, an dem der Schaden entstanden ist. Der Abschluss des Vorverfahrens ist eine zwingende Sachurteilsvoraussetzung. Die Beteiligten können nur gegen den Vorbescheid der Gemeinde klagen. Die Klage ist daher als unzulässig abzuweisen, wenn der Vorbescheid nicht spätestens in der letzten mündlichen Verhandlung vor der Urteilsverkündung vorliegt. Mängel des Vorverfahrens führen nicht zur Unzulässigkeit der Klage.

Bei Klagen gegen Vorbescheide in Wild- und Jagdschadenssachen handelt es sich um bürgerliche Rechtsstreitigkeiten, die nach § 13 GVG in Verbindung mit § 35 BJagdG vor die ordentlichen Gerichte gehören. In Wildschadenssachen ist nach § 23 Nr. 2 Buchst. d GVG ohne Rücksicht auf die Höhe des Streitwertes das Amtsgericht sachlich zuständig und zwar auch dann, wenn es sich um Ersatzansprüche handelt, die aufgrund einer Vereinbarung über die gesetzlichen Ersatzansprüche hinausgehen.

In Jagdschadenssachen richtet sich die sachliche Zuständigkeit dagegen nach der Höhe des Streitwertes.

2. Das Vorverfahren kann entweder mit einer Einigung der Beteiligten und damit der Beilegung des Streites oder mit dem Erlass eines Vorbescheides enden. Die Einzelheiten des Verfahrens und die Kostentragung sind geregelt in der **Verordnung über das Vorverfahren in Wild- und Jagdschadenssachen (WJSchadVO)** vom 16. März 1999 (Nds. GVBl. S. 98), geändert durch Verordnung vom 12. Dezember 2001 (Nds. GVBl. S. 786). Diese hat folgenden Wortlaut:

§ 1 Für die Durchführung des Vorverfahrens in Wild- und Jagdschadenssachen ist die Gemeinde örtlich zuständig, in deren Gebiet das Grundstück liegt, an dem der Schaden entstanden ist.

§ 2 Die Gemeinden berufen ehrenamtliche Sachverständige für Wild- und Jagdschäden jeweils für die Dauer von fünf Jahren auf Widerruf. Für die Feststellung von Schäden an Waldbäumen beruft die Gemeinde im Einzelfall eine forstsachverständige Person. Für die sachverständigen Personen gelten die §§ 83 bis 86 sowie die §§ 20 und 21 des Verwaltungsverfahrensgesetzes entsprechend.

§ 3 (1) Der Anmeldung eines Wild- und Jagdschadens soll ein nicht förmliches Einigungsgespräch der Beteiligten vorausgehen. Wird ein Wild- oder Jagdschaden angemeldet und damit die Durchführung des Vorverfahrens beantragt, so setzt die Gemeinde auf übereinstimmenden Vorschlag der antragstellenden Person und einer von dieser benannten ersatzpflichtigen Person (Beteiligte), ansonsten unverzüglich, einen Ortstermin an und lädt dazu die Beteiligten. Beteiligte können sich mit schriftlicher Vollmacht vertreten lassen; hierauf ist in der Ladung hinzuweisen.

(2) Die Gemeinde soll zu dem Ortstermin eine sachverständige Person hinzuziehen; auf Antrag einer beteiligten Person ist sie dazu verpflichtet. Bei der Hinzuziehung einer sachverständigen Person kann auch im Fall des Nichterscheinens einer beteiligten Person ein Vorbescheid ergehen. In der Ladung ist hierauf hinzuweisen.

§ 4 In dem Termin ist zunächst festzustellen, ob ein Schaden entstanden und fristgerecht angemeldet worden ist. Ist der Schaden zu spät angemeldet worden, so weist die Gemeinde durch Vorbescheid den Antrag als unzulässig zurück.

§ 5 (1) Ist der Wild- und Jagdschaden fristgerecht angemeldet worden, so wirkt die Gemeinde auf eine Einigung der Beteiligten hin.

(2) Bei einer Einigung nimmt die Gemeinde die Erklärung der Beteiligten in einer von diesen und ihr zu unterzeichnenden Niederschrift auf und stellt diese den Beteiligten zu.

§ 6 (1) Besteht im Fall der Nichteinigung nach dem Ergebnis der Verhandlung und der Schätzung durch eine sachverständige Person ein Anspruch auf Schadenersatz, so erlässt die Gemeinde darüber einen Vorbescheid. Ist ein Anspruch nicht gegeben, so wird dieser durch den Vorbescheid als unbegründet zurückgewiesen. Der Vorbescheid soll eine Begründung enthalten. Die Gemeinde nimmt eine Niederschrift über den wesentlichen Verhandlungsablauf auf.

(2) Der Vorbescheid und die Niederschrift sind den Beteiligten zuzustellen.

(3) Wenn sich beschädigte landwirtschaftliche Saaten oder Gewächse bis zur Ernte noch wesentlich erholen werden, aber die sachverständige Person schon in dem Termin die vor Erntebeginn bestehende Höhe des Schadens abschätzen kann, erteilt die Gemeinde einen Vorbescheid. Ist die Höhe des Schadens erst unmittelbar vor der Ernte festzustellen, so ist der zunächst erkennbare Schaden nur insofern in der Niederschrift festzuhalten, als dies zur Beweissicherung erforderlich ist.

(4) Einigen sich die Beteiligten nicht und ergeht im ersten Termin auch kein Vorbescheid; weil ausnahmsweise keine sachverständige Person anwesend ist oder weil nach Absatz 3 Satz 2 der endgültige Schaden erst unmittelbar vor der Ernte festgestellt werden kann, so lädt die Gemeinde die Beteiligten und eine sachverständige Person zu einem zweiten Ortstermin zum Erlass eines Vorbescheids.

§ 7 (1) Die Gemeinde bestimmt in der Einigungsniederschrift oder in dem Vorbescheid nach billigem Ermessen unter Berücksichtigung des Sach- und Streitstands, welche beteiligte Person die Kosten des Vorverfahrens (Gebühren und Auslagen) zu tragen hat oder in welchem Verhältnis die Beteiligten die Kosten des Verfahrens zu tragen haben und setzt die Kosten fest. Die den Beteiligten entstandenen Aufwendungen werden nicht erstattet.

(2) Gebühren werden erhoben für die Durchführung des Vorverfahrens

1. mit Einigung (§ 5 Abs. 2) in Höhe von 60 bis 190 Euro,
2. mit Vorbescheid bei Nichteinigung (§ 4 Satz 2 oder § 6 Abs. 1) in Höhe von 60 bis 375 Euro;

ihre Bemessung richtet sich nach dem Verwaltungsaufwand der Gemeinde. Im Übrigen sind hinsichtlich der Erhebung der Gebühren und der Erstattung der notwendigen Auslagen der Gemeinden die §§ 6 bis 8, 11, 13 Abs. 1 Satz 1 und Abs. 2 des Niedersächsischen Verwaltungskostengesetzes entsprechend anzuwenden. Die Kosten können im Verwaltungszwangsverfahren beigetrieben werden.

§ 8 (1) Gegen den Vorbescheid steht den Beteiligten die Klage zu. Die Klage ist innerhalb einer Notfrist von zwei Wochen nach Zustellung des Vorbescheids bei dem ordentlichen Gericht zu erheben, in dessen Bezirk die mit dem Verfahren befasste Gemeinde liegt. Das Gericht prüft nicht die formelle Rechtmäßigkeit des Vorbescheids.

(2) Das Gericht ändert den Vorbescheid oder weist die Klage ab. Es entscheidet auch darüber, wer die Kosten des Verfahrens zu tragen hat (§ 7 Abs. 1 Satz 1).

(3) Das Gericht übersendet der Gemeinde eine Ausfertigung seines Urteils.

§ 9 (1) Aus der Niederschrift über die Einigung (§ 5 Absatz 2) oder dem unanfechtbar gewordenen Vorbescheid findet die Zwangsvollstreckung nach den Vorschriften der Zivilprozessordnung über die Zwangsvollstreckung aus Vergleichen statt, die vor Gütestellen der in § 794 Abs. 1 Nr. 1 der Zivilprozessordnung bezeichneten Art geschlossen sind.

(2) Für die Erteilung der Vollstreckungsklausel ist das Amtsgericht zuständig, zu dessen Bezirk die Gemeinde gehört.

§ 10 (1) Diese Verordnung tritt am Tage nach ihrer Verkündung in Kraft.

(2) Gleichzeitig tritt die Verordnung über das Vorverfahren in Wild- und Jagdschadenssachen vom 4. August 1953 (Nds. GVBl.: Sb. I S. 722) außer Kraft.

§ 36 BJagdG: Ermächtigungen

(1) Das Bundesministerium wird ermächtigt, durch Rechtsverordnung mit Zustimmung des Bundesrates, soweit dies aus Gründen der Hege, zur Bekämpfung von Wilderei und Wildhehlerei, aus wissenschaftlichen Gründen oder zur Verhütung von Gesundheitsschäden durch Fallwild erforderlich ist, Vorschriften zu erlassen über

1. die Anwendung von Ursprungszeichen bei der Verbringung von erlegtem Schalenwild aus dem Erlegungsbezirk und der Verbringung von erlegtem Schalenwild in den Geltungsbereich dieses Gesetzes,
2. den Besitz, den Erwerb, die Ausübung der tatsächlichen Gewalt oder das sonstige Verwenden, die Abgabe, das Feilhalten, die Zucht, den Transport, das Veräußern oder das sonstige Inverkehrbringen von Wild,
3. die Ein-, Durch- und Ausfuhr sowie das sonstige Verbringen von Wild in den, durch den und aus dem Geltungsbereich dieses Gesetzes,
4. die Verpflichtung zur Führung von Wildhandelsbüchern,
5. das Kennzeichnen von Wild.

(2) Die Länder erlassen insbesondere Vorschriften über

1. die behördliche Überwachung des gewerbsmäßigen Ankaufs, Verkaufs und Tausches sowie der gewerbsmäßigen Verarbeitung von Wildbret und die behördliche Überwachung der Wildhandelsbücher,
2. das Aufnehmen, die Pflege und die Aufzucht verletzten oder kranken Wildes und dessen Verbleib.

(3) Die Vorschriften nach Absatz 1 Nr. 2 und 3 und Absatz 2 Nr. 2 können sich auch auf Eier oder sonstige Entwicklungsformen des Wildes, auf totes Wild, auf Teile des Wildes sowie auf die Nester und die aus Wild gewonnenen Erzeugnisse erstrecken.

(4) Rechtsverordnungen nach Absatz 1 Nr. 1 bedürfen des Einvernehmens mit dem Bundesministerium für Wirtschaft und Arbeit; Rechtsverordnungen nach Absatz 1 Nr. 3 bedürfen des Einvernehmens mit dem Bundesministerium der Finanzen. Rechtsverordnun-

gen nach Absatz 1 Nr. 2 bis 5 bedürfen, soweit sie Rechtsakte des Rates oder der Kommission der Europäischen Gemeinschaften auf dem Gebiet des Artenschutzes oder Verpflichtungen aus internationalen Artenschutzübereinkommen zu beachten haben, des Einvernehmens mit dem Bundesministerium für Umwelt, Naturschutz und Reaktorsicherheit.

(5) Das Bundesministerium der Finanzen und die von ihm bestimmten Zollstellen wirken bei der Ein-, Durch- und Ausfuhr sowie bei dem sonstigen Verbringen von Wild mit. Das Bundesministerium der Finanzen regelt im Einvernehmen mit dem Bundesministerium durch Rechtsverordnung ohne Zustimmung des Bundesrates die Einzelheiten des Verfahrens nach Satz 1; er[1] kann dabei insbesondere Pflichten zu Anzeigen, Anmeldungen, Auskünften und zur Leistung von Hilfsdiensten sowie zur Duldung von Besichtigungen und von Entnahmen unentgeltlicher Muster und Proben vorsehen. Das Bundesministerium gibt im Einvernehmen mit dem Bundesministerium der Finanzen im Bundesanzeiger die Zollstellen bekannt, bei denen Wild zur Ein-, Durch- und Ausfuhr sowie zum sonstigen Verbringen abgefertigt wird, wenn die Ein-, Durch- und Ausfuhr sowie das sonstige Verbringen durch Rechtsverordnung nach Absatz 1 Nr. 3 geregelt ist.

ERÄUTERUNGEN

Aufgrund der Ermächtigung des § 36 Abs. 1 Nrn. 2, 4 und 5 in Verbindung mit § 36 Abs. 3 BJagdG hat der BML die Bundeswildschutzverordnung (BWildSchV) vom 25. Oktober 1985 (BGBl. S. 2040) erlassen, die zuletzt durch Art. 3 der Verordnung vom 14. Oktober 1999 (BGBl. S. 1959) geändert worden ist. Zweck der Verordnung ist es, die in den Anlagen zu einzelnen Bestimmungen aufgeführten Wildarten, insbesondere die in ihrem Bestand bedrohten Wildarten ohne Jagdzeit, Besitz- und Verkehrsverboten zu unterstellen, und durch Aufzeichnungs- Kennzeichnungs- und Nachweispflichten der zuständigen Behörde, eine Herkunftskontrolle zu ermöglichen sowie

---

1 Richtig: „es" (Redaktionsversehen)

Verstöße als Ordnungswidrigkeiten zu verfolgen. Die BWildSchV ist im Anhang 1 abgedruckt und wird dort erläutert.

Die BWildSchV setzt die Richtlinie 79/409/EWG des Rates vom 2. April 1979 über die Erhaltung der wildlebenden Vogelarten (ABl. EG Nr. L 103 S. 1), die sog. Vogelschutz-Richtlinie, in deutsches Recht um und enthält Anschlussvorschriften zum Übereinkommen über den internationalen Handel mit gefährdeten Arten freilebender Tiere und Pflanzen (The Washington Convention on the International Trade of Endangered Species of Flora and Fauna – CITES – vom 3. März 1973).

§ 37 BJagdG

(1) In den Ländern sind Jagdbeiräte zu bilden, denen Vertreter der Landwirtschaft, der Forstwirtschaft, der Jagdgenossenschaften, der Jäger und des Naturschutzes angehören müssen.

(2) Die Länder können die Mitwirkung von Vereinigungen der Jäger für die Fälle vorsehen, in denen Jagdscheininhaber gegen die Grundsätze der Weidgerechtigkeit verstoßen (§ 1 Abs. 3).

ERLÄUTERUNGEN

1. Die Jagd berührt sehr unterschiedliche, zum Teil stark gegensätzliche Interessen. In § 37 Abs. 1 BJagdG wird deswegen die Bildung von Jagdbeiräten in den Ländern vorgeschrieben. In diesen Gremien müssen Vertreter der in erster Linie betroffenen Interessen vertreten sein, um rechtzeitig bei wesentlichen die Jagd betreffenden Entscheidungen sachverständig mitwirken zu können und insbesondere dafür zu sorgen, dass die in § 1 Abs. 2 BJagdG formulierten Hegeziele erkannt und erreicht werden. Die Zusammensetzung der Jagdbeiräte im Einzelnen und die Auswahl der Angelegenheiten, mit denen die Jagdbeiräte befasst werden, ist Sache der Länder.

2. Die Grundsätze der Weidgerechtigkeit sind weder im BJagdG noch in den Jagdgesetzen der Länder im Einzelnen aufgeführt. Die Gesetze enthalten allerdings eine Vielzahl von Bestimmungen, die als

Ausformungen der allgemein anerkannten Grundsätze deutscher Weidgerechtigkeit (§ 1 Abs. 3 BJagdG) angesehen werden können. Diese Grundsätze stehen indessen nicht unabänderlich für alle Zeiten fest. Sie werden beeinflusst vom Stand der Waffentechnik ebenso wie von sich ändernden Anschauungen über das Verhältnis des Menschen zu seinen Mitgeschöpfen. Indem in § 37 Abs. 2 BJagdG den Ländern die Möglichkeit eingeräumt wird, die Mitwirkung von Vereinigungen der Jäger für die Fälle vorzusehen, „in denen Jagdscheininhaber gegen die Grundsätze der Weidgerechtigkeit verstoßen" (§ 1 Abs. 3 BJagdG), trägt der Gesetzgeber der Wandelbarkeit und der Ungewissheit der Anschauungen im Einzelfall Rechnung. Die beteiligten Kreise sollen Gelegenheit erhalten, der Jagdbehörde vor ihrer Entscheidung über Sanktionen gegen einen Jagdscheininhaber sachverständig die in diesen Kreisen herrschende Auffassung über weidgerechtes Verhalten bei der Jagdausübung zur Kenntnis zu bringen.

§ 36 NJagdG: Jagdbehörden

(1) Die Aufgaben der Jagdbehörden und der zuständigen Behörden im Sinne des Bundesjagdgesetzes nehmen die Landkreise und kreisfreien Städte als Aufgabe des übertragenen Wirkungskreises wahr. Die Zuständigkeit der großen selbstständigen Städte und der selbstständigen Gemeinden (§ 11 Abs. 1 Satz 1 und § 12 Abs. 1 Satz 3 der Niedersächsischen Gemeindeordnung) wird ausgeschlossen. Abweichend von Satz 1 nehmen die Gemeinden die Aufgaben der zuständigen Behörde nach § 34 des Bundesjagdgesetzes wahr.

(2) Oberste Jagdbehörde ist das Fachministerium.

(3) Erstreckt sich ein Jagdbezirk oder der Bereich einer Hegegemeinschaft über das Gebiet mehrerer Jagdbehörden, so wird die zuständige Jagdbehörde von der obersten Jagdbehörde bestimmt.

§ 37 *(gestrichen)*

§ 38 NJagdG: Kreisjägermeisterin oder Kreisjägermeister

(1) Die Kreisjägermeisterin oder der Kreisjägermeister wird auf Vorschlag der anerkannten Landesjägerschaft von der Vertretung des Landkreises oder der kreisfreien Stadt für die Dauer der Wahlperiode der Vertretung gewählt. § 11 Abs. 5 Satz 1 des Bundesjagdgesetzes gilt entsprechend. Die Vertretung kann die Kreisjägermeisterin oder den Kreisjägermeister aus wichtigem Grund vorzeitig abberufen.

(2) Die Kreisjägermeisterin oder der Kreisjägermeister wird ehrenamtlich tätig.

(3) Die Kreisjägermeisterin oder der Kreisjägermeister berät die Jagdbehörde in jagdlichen Belangen. Die Jagdbehörde kann der Kreisjägermeisterin oder dem Kreisjägermeister Befugnisse zur Erledigung im Auftrag übertragen.

(4) Die auf Vorschlag der anerkannten Landesjägerschaft in den Jagdbeirat gewählte Person vertritt die Kreisjägermeisterin oder den Kreisjägermeister. Die Jagdbehörde kann für Gebietsteile besondere Vertreterinnen oder Vertreter der Kreisjägermeisterin oder des Kreisjägermeisters bestellen, wenn ihr dies wegen der Größe des Gebietes angebracht erscheint. Sie kann diesen bestimmte Aufgaben zur Erfüllung nach Weisung der Kreisjägermeisterin oder des Kreisjägermeisters übertragen. Die besonderen Vertreterinnen und Vertreter nehmen mit beratender Stimme an den Sitzungen des Jagdbeirats teil. Absatz 1 Satz 2 und Absatz 2 gelten entsprechend.

ERLÄUTERUNGEN

1. Der Kreisjägermeister übt im Bereich der Jagdverwaltung ein besonders wichtiges Ehrenamt aus. Da die Jagdbehörden in den Landkreisen und kreisfreien Städten nicht immer mit jagdlich erfahrenem Personal besetzt sein können, kommt der ihm in § 38 Abs. 3 NJagdG zugewiesenen Aufgabe der Beratung der Jagdbehörde in jagdlichen Belangen eine herausragende Bedeutung zu. Der Kreisjägermeister

muss mit den örtlichen Gegebenheiten in seinem Zuständigkeitsgebiet vertraut sein. Es sollte sich um eine Persönlichkeit handeln, deren jagdliche Kompetenz und charakterliche Lauterkeit über jeden Zweifel erhaben sind.

Der Bedeutung des Ehrenamtes entspricht es, dass der Kreisjägermeister vom Kreistag oder vom Rat der kreisfreien Stadt zu wählen und aus wichtigem Grund abzuberufen ist (§ 38 Abs. 1 NJagdG).

2. Außer der Beratung der Jagdbehörde in allen jagdlichen Belangen sind dem Kreisjägermeister durch Gesetz eine Reihe weiterer wichtiger Aufgaben und Zuständigkeiten übertragen worden:

a) Der Kreisjägermeister beruft die Mitglieder der Prüfungskommission für die Jägerprüfung und ist deren Vorsitzender (§ 23 Abs. 1 NJagdG).

b) Der Kreisjägermeister ist Mitglied des Jagdbeirates, der vor allen wesentlichen Entscheidungen der Jagdbehörde zu hören ist (§ 39 Abs. 3 NJagdG), und leitet dessen Sitzungen. Kommt es bei Abstimmungen über Beschlussfassungen zu einer Stimmengleichheit, so gibt die Stimme des Kreisjägermeisters den Ausschlag.

c) Der Kreisjägermeister hat neben gewissen Einzelaufgaben (z. B. der Bekanntgabe von Notzeiten, § 32 Abs. 1 Satz 2 NJagdG) Befugnisse, die ihm die Jagdbehörde zur Erledigung im Auftrag übertragen kann (§ 38 Abs. 3 Satz 2 NJagdG).

d) Schließlich ist der Kreisjägermeister Repräsentant der Jäger seines Zuständigkeitsgebiets und deren Ansprechpartner in jagdlichen Fragen aller Art.

§ 39 NJagdG: Jagdbeirat

(1) Der Jagdbeirat wird bei der Jagdbehörde aus der Kreisjägermeisterin oder dem Kreisjägermeister und sechs weiteren Mitgliedern gebildet. Die weiteren Mitglieder werden durch die Vertretung des Landkreises oder der kreisfreien Stadt für die Dauer der Wahlperiode der Vertretung gewählt, und zwar auf Vorschlag

1. der Landwirtschaftskammer je eine Person für
   a) die Landwirtschaft,
   b) die Forstwirtschaft und
   c) die Jagdgenossenschaften,
2. der anerkannten Landesjägerschaft eine Person,
3. der oder des Naturschutzbeauftragten eine Person und
4. der Anstalt Niedersächsische Landesforsten eine Person.

Die vorgeschlagenen Personen mit Ausnahme der Personen nach Satz 2 Nr. 1 Buchst. c und Nr. 3 müssen einen Jahresjagdschein besitzen. Die nach Satz 2 Nr. 3 vorgeschlagene Person muss eine Jägerprüfung (§ 15 Abs. 5 des Bundesjagdgesetzes) bestanden haben.

(2) Die Sitzungen des Jagdbeirats werden durch die Kreisjägermeisterin oder den Kreisjägermeister einberufen und geleitet. Der Jagdbeirat ist auf Verlangen zweier Mitglieder oder der Jagdbehörde einzuberufen. Die Hauptverwaltungsbeamtin oder der Hauptverwaltungsbeamte oder eine von ihr oder ihm beauftragte Person kann an den Sitzungen des Jagdbeirats teilnehmen; der teilnehmenden Person ist auf Verlangen das Wort zu erteilen. Beschlüsse werden mit der Mehrheit der Stimmen der anwesenden Mitglieder gefasst. Bei Stimmengleichheit gibt die Stimme der Kreisjägermeisterin oder des Kreisjägermeisters den Ausschlag.

(3) Die Jagdbehörde hat den Jagdbeirat unbeschadet des § 21 Abs. 2 Satz 1 des Bundesjagdgesetzes vor allen wesentlichen Entscheidungen zu hören.

§ 40 NJagdG: Landesjägerschaft

Weist eine jagdliche Vereinigung nach, dass ihr mehr als die Hälfte der Jagdscheininhaberinnen und Jagdscheininhaber des Landes angehört, so kann sie von der obersten Jagdbehörde als Landesjägerschaft anerkannt werden.

AB zu § 40 (Landesjägerschaft)

40.1 Als Landesjägerschaft ist die Landesjägerschaft Niedersachsen e.V. in Hannover anerkannt

ERLÄUTERUNGEN

Der Landesjägerschaft Niedersachsen e. V. als anerkannter Landesjägerschaft sind eine Reihe wichtiger Mitwirkungsbefugnisse zugewiesen. Zu nennen sind vor allem das Vorschlagsrecht für die Wahl des
Kreisjägermeisters (§ 38 Abs. 1 NJagdG) sowie für die Wahl eines
Mitglieds im Jagdbeirat (§ 39 Abs. 1 Nr. 2 NJagdG), die Mitwirkung
bei der Falknerprüfung (§§ 17 ff. NJagdG), die Aufstellung von
Richtlinien für und die Durchführung von Brauchbarkeitsprüfungen
für Jagdhunde (AB 4.1 zu § 4 NJagdG), die Durchführung von Jagd-
aufseherlehrgängen und die Prüfung von Jagdaufsehern und das
Recht zur Stellungnahme im Falle des § 22 Abs. 4 NJagdG.

Die Landesjägerschaft Niedersachsen e. V. ist als Naturschutzverein in
der bis zum 3. April 2002 geltenden Fassung des § 29 BNatSchG anerkannt. Für sie gelten daher die in §§ 63 und 64 BNatSchG geregelten Mitwirkungs- und Beschwerderechte (§ 74 Abs. 3 BNatSchG).

§ 38 BJagdG: Straftaten

**(1) Mit Freiheitsstrafe bis zu fünf Jahren oder mit Geldstrafe wird
bestraft, wer**

1. **einer vollziehbaren Anordnung nach § 21 Abs. 3 zuwiderhandelt,**
2. **entgegen § 22 Abs. 2 Satz 1 Wild nicht mit der Jagd verschont
   oder**
3. **entgegen § 22 Abs. 4 Satz 1 ein Elterntier bejagt.**

**(2) Handelt der Täter fahrlässig, so ist die Strafe Freiheitsstrafe bis
zu sechs Monaten oder Geldstrafe bis zu einhundertachtzig Tagessätzen.**

ERLÄUTERUNGEN

1. Die wichtigste die Jagd betreffende Strafvorschrift ist nicht im
BJagdG sondern unter dem Abschnitt „Strafbarer Eigennutz" in
§ 292 des Strafgesetzbuchs (StGB) enthalten. Sie betrifft die Jagdwilderei.

Jagdwilderei begeht, wer „unter Verletzung fremden Jagdrechts oder Jagdausübungsrechts dem Wilde nachstellt, es fängt, erlegt oder sich zueignet oder eine Sache, die dem Jagdrecht unterliegt, sich oder einem Dritten zueignet, beschädigt oder zerstört". Es ist bereits vollendete Wilderei, wenn dem Wilde nachgestellt wird. Es genügt dazu Stehen auf dem Anstand selbst mit ungeladenem, aber leicht schussfertigem Gewehr, Auslegen vergifteter Köder, Schlingenlegen, Durchstreifen des Gebiets in Jagdausrüstung, nicht dagegen bereits das unbefugte Betreten eines fremden Jagdbezirks außerhalb der zum allgemeinen Gebrauch bestimmten Wege mit Jagdausrüstung, das aber nach § 39 Abs. 2 Nr. 6 BJagdG als Ordnungswidrigkeit mit einer Geldbuße geahndet werden kann.

Das nach § 292 StGB geschützte Rechtsgut ist das Jagd(-ausübungs) -recht, insbesondere das Recht zur Aneignung von Wild, einschließlich kranken oder verendeten Wildes sowie Fallwildes, von Abwurfstangen und von Eiern des Federwildes. Hat der Berechtigte von seinem Aneignungsrecht Gebrauch gemacht, also Eigentum an dem bis dahin herrenlosen lebenden oder toten Wild, den Abwurfstangen oder den Eiern begründet, begeht derjenige, der sich oder einem Dritten die genannten Tiere oder Sachen zueignen will, Diebstahl (§ 242 StGB) oder Unterschlagung (§ 248 StGB).

Wer sich oder einem Dritten in § 2 Abs. 1 BJagdG oder in § 5 NJagdG genannte Tiere, die in Tiergärten (§ 6 Satz 3 BJagdG), oder in Wildfarmen oder Pelztierfarmen gehalten werden, rechtswidrig zueignet, begeht ebenfalls nicht Jagdwilderei sondern Diebstahl; denn diese Tiere sind– auch wenn sie wild sind (§ 960 Abs. 1 Satz 2 BGB) – nicht herrenlos.

2. § 38 BJagdG soll nicht ein fremdes Jagd- oder Jagdausübungsrecht schützen, sondern die dem Jagdrecht unterliegenden Tiere mindestens zeitweise vor einer Nachstellung durch befugte Jäger bewahren. Die Bestimmung sichert – als einzige Strafvorschrift im BJagdG – einige besonders wichtige Jagdverbote nachdrücklich ab, während die Nichtbeachtung anderer Verbote oder Gebote in der Regel nur die

Ahndung mit einem Bußgeld zur Folge haben kann, wenn nicht auch Maßnahmen nach den §§ 40 und 41a BJagdG in Betracht kommen. Der Mindestbetrag eines Bußgeldes ist fünf, der Höchstbetrag nach dem BJagdG fünftausend Euro, nach dem NJagdG dagegen fünfundzwanzigtausend Euro (§ 42 Abs. 2 NJagdG).

Nach § 38 Abs. 1 Nr. 3 BJagdG ist es strafbar, ein Elterntier entgegen § 22 Abs. 4 Satz 1 BJagdG zu bejagen. § 22 Abs. 4 Satz 1 verbietet die Bejagung der für die Aufzucht notwendigen Elterntiere, auch der von Wild ohne Schonzeit, in den Setz- und Brutzeiten bis zum Selbstständigwerden der Jungtiere. Die oberste Jagdbehörde, also das Ministerium, hat von der Ermächtigung des § 26 Abs. 1 Nr. 3 NJagdG, die wildartspezifischen Setz-, Brut- und Aufzuchtzeiten (§ 22 Abs. 4 BJagdG) zu bestimmen, bisher leider noch keinen Gebrauch gemacht. Wegen des im Strafrecht herrschenden Bestimmtheitsgrundsatzes ist die in § 33 Abs. 1 Nr. 1 Buchst. b NWaldLG festgesetzte allgemeine Setz-, Brut- und Aufzuchtzeit vom 1. April bis 15. Juli maßgebend. Dieser Zeitraum ist jedoch unzureichend, weil z. B. das Schalenwild eine erheblich längere Aufzuchtzeit benötigt. Wer in der Schonzeit nach dem 15 Juli ein führendes Alttier erlegt, begeht also nur eine Ordnungswidrigkeit nach § 39 Abs. 2 Nr. 3a BJagdG. Dasselbe gilt für denjenigen, der im März eine säugende Fähe tötet. Allerdings liegt jedenfalls bei vorsätzlichem Handeln auch ein schwerer Verstoß gegen die anerkannten Grundsätze der Weidgerechtigkeit vor mit der Folge, dass dem Betreffenden nach § 17 Abs. 2 Nr. 4 BJagdG der Jagdschein versagt oder dieser ihm nach § 18 BJagdG entzogen werden kann. Auch kommt eine Bestrafung wegen Tierquälerei in Betracht, wenn die verlassenen Jungtiere verhungern (§ 17 Nr. 2 Buchstabe b TierSchG).

Strafbar nach § 38 Abs. 1 Nr. 3 BJagdG ist nur die Bejagung (Fangen, Erlegen, Verletzen) von für die Aufzucht notwendigen Elterntieren. Wo es sich nicht um ein Elterntier handelt oder wo ein Elterntier nicht an der Aufzucht beteiligt ist, ist der Tatbestand des § 38 Abs. 1 Nr. 3 BJagdG nicht erfüllt.

Nach § 38 BJagdG ist ferner strafbar

- der Abschuss von Wild, dessen Bestand bedroht erscheint und dessen Abschuss in bestimmten Bezirken oder in bestimmten Revieren dauernd oder zeitweise gänzlich verboten ist;
- die Jagd auf Wild, für das eine Jagdzeit nicht festgesetzt ist.

§ 39 BJagdG: Ordnungswidrigkeiten

(1) Ordnungswidrig handelt, wer

1. in befriedeten Bezirken die Jagd ausübt oder einer Beschränkung der Jagderlaubnis (§ 6) zuwiderhandelt;
2. auf vollständig eingefriedeten Grundflächen die Jagd entgegen einer nach § 7 Abs. 3 vorgeschriebenen Beschränkung ausübt;
3. auf Grund eines nach § 11 Abs. 6 Satz 1 nichtigen Jagdpachtvertrages, einer nach § 11 Abs. 6 Satz 2 nichtigen entgeltlichen Jagderlaubnis oder entgegen § 12 Abs. 4 die Jagd ausübt;
4. als Inhaber eines Jugendjagdscheines ohne Begleitperson die Jagd ausübt (§ 16);
5. den Vorschriften des § 19 Abs. 1 Nr. 3 bis 9, 11 bis 14, 16 bis 18, § 19a oder § 20 Abs. 1 zuwiderhandelt;
6. zum Verscheuchen des Wildes Mittel anwendet, durch die Wild verletzt oder gefährdet wird (§ 26);
7. einer Vorschrift des § 28 Abs. 1 bis 3 über das Hegen, Aussetzen und Ansiedeln zuwiderhandelt;
8. den Vorschriften des § 33 Abs. 1 zuwiderhandelt und dadurch Jagdschaden anrichtet;
9. den Jagdschein auf Verlangen nicht vorzeigt (§ 15 Abs. 1).

(2) Ordnungswidrig handelt, wer vorsätzlich oder fahrlässig

1. die Jagd ausübt, obwohl er keinen gültigen Jagdschein mit sich führt oder obwohl ihm die Jagdausübung verboten ist (§ 41a);
2. den Vorschriften des § 19 Abs. 1 Nr. 1, 2, 10 und 15 zuwiderhandelt;
3. Schalenwild oder anderes Wild, das nur im Rahmen eines Abschussplanes bejagt werden darf, erlegt, bevor der Abschussplan bestätigt oder festgesetzt ist (§ 21 Abs. 2 Satz 1), oder wer den Abschussplan überschreitet;
3a. entgegen § 22 Abs. 1 Satz 2 Wild nicht mit der Jagd verschont;
4. als Jagdausübungsberechtigter das Auftreten einer Wildseuche nicht unverzüglich der zuständigen Behörde anzeigt oder den

Weisungen der zuständigen Behörde zur Bekämpfung der Wildseuche nicht Folge leistet (§ 24),

5. einer Rechtsverordnung nach § 36 Abs. 1 oder 5 oder einer landesrechtlichen Vorschrift nach § 36 Abs. 2 zuwiderhandelt, soweit sie für einen bestimmten Tatbestand auf diese Bußgeldvorschrift verweist;

6. zur Jagd ausgerüstet unbefugt einen fremden Jagdbezirk außerhalb der zum allgemeinen Gebrauch bestimmten Wege betritt.

(3) Die Ordnungswidrigkeit kann mit einer Geldbuße bis zu fünftausend Euro geahndet werden.

ERLÄUTERUNGEN

Eine Ordnungswidrigkeit ist eine rechtswidrige und vorwerfbare Handlung, die den Tatbestand eines Gesetzes verwirklicht, das die Ahndung mit einer Geldbuße zulässt (§ 1 Abs. 1 OWiG). Ordnungswidrigkeiten werden vom Gesetzgeber zwar nicht als in der Regel nach dem Legalitätsprinzip zu verfolgendes kriminelles Unrecht eingestuft. Sie können, müssen aber nicht in jedem Fall geahndet werden. Es gilt das Opportunitätsprinzip. In geeigneten Fällen kann von der Festsetzung einer Geldbuße abgesehen oder lediglich eine Verwarnung ausgesprochen werden.

Zuständig für die Verfolgung von Ordnungswidrigkeiten sind anders als bei Straftaten zunächst die Verwaltungsbehörden, bei den Ordnungswidrigkeiten, die im Bereich des Jagdrechts begangen werden können (§ 39 BJagdG, § 55 LJG, § 6 BWildSchV), die Jagdbehörden.

Als Ordnungswidrigkeit kann nur vorsätzliches Handeln geahndet werden, außer wenn das Gesetz fahrlässiges Handeln ausdrücklich mit Geldbuße bedroht (§ 10 OWiG). Der Versuch einer Ordnungswidrigkeit kann nur geahndet werden, wenn das Gesetz es ausdrücklich bestimmt (§ 13 Abs. 2 OWiG).

Die Geldbuße beträgt mindestens fünf Euro. Der Höchstbetrag ergibt sich aus den einschlägigen gesetzlichen Vorschriften. Ordnungswidrigkeiten nach § 39 BJagdG, § 55 LJG und § 6 OWiG können mit einer Geldbuße bis zu 5000 Euro geahndet werden. Droht das Gesetz für vorsätzliches und fahrlässiges Handeln Geldbuße an, ohne im Höchstmaß zu unterscheiden, so kann fahrlässiges Handeln im Höchstmaß nur mit der Hälfte des angedrohten Höchstbetrages der Geldbuße geahndet werden.

Grundlage für die Zumessung der Geldbuße sind die Bedeutung der Ordnungswidrigkeit und der Vorwurf, der den Täter trifft. Auch die wirtschaftlichen Verhältnisse des Täters kommen in Betracht; bei geringfügigen Ordnungswidrigkeiten bleiben sie jedoch in der Regel unberücksichtigt. Die Geldbuße soll den wirtschaftlichen Vorteil, den der Täter aus der Ordnungswidrigkeit gezogen hat, übersteigen. Reicht das gesetzliche Höchstmaß hierzu nicht aus, kann es überschritten werden (§ 17 OWiG).

Die Verfolgung von Ordnungswidrigkeiten verjährt, wenn das Gesetz nichts anderes bestimmt, in drei Jahren bei Ordnungswidrigkeiten, die mit Geldbuße im Höchstmaß von mehr als fünfzehntausend Euro bedroht sind, in zwei Jahren bei Ordnungswidrigkeiten, die mit Geldbuße im Höchstmaß von mehr als zweitausendfünfhundert bis zu fünfzehntausend Euro bedroht sind, in einem Jahr bei Ordnungswidrigkeiten, die mit Geldbuße im Höchstmaß von mehr als eintausend bis zu zweitausendfünfhundert Euro bedroht sind, und in sechs Monaten bei den übrigen Ordnungswidrigkeiten.

Die Verjährung beginnt, sobald die Handlung beendet ist. Tritt ein zum Tatbestand gehörender Erfolg erst später ein, so beginnt die Verjährung mit diesem Zeitpunkt (§ 31 OWiG).

§ 40 BJagdG: Einziehung

(1) Ist eine Straftat nach § 38 oder eine Ordnungswidrigkeit nach § 39 Abs. 1 Nr. 5 oder Abs. 2 Nr. 2 bis 3a oder 5 begangen worden, so können

1. **Gegenstände, auf die sich die Straftat oder Ordnungswidrigkeit bezieht, und**
2. **Gegenstände, die zu ihrer Begehung oder Vorbereitung gebraucht worden oder bestimmt gewesen sind,**

eingezogen werden.

(2) § 74a des Strafgesetzbuches und § 23 des Gesetzes über Ordnungswidrigkeiten sind anzuwenden.

ERLÄUTERUNGEN

1. In den in § 40 Abs. 1 BJagdG genannten Fällen kommt eine Einziehung sowohl der durch verbotene Handlung gewonnenen Gegenstände, insbesondere der Jagdbeute, als auch der zur Begehung der Handlung benutzten Mittel, wie Waffen, Fanggeräte, Hunde, Frettchen, u. U. auch Kraftfahrzeuge, in Betracht. Die Einziehung kann im Urteil, Strafbefehl oder Bußgeldbescheid angeordnet werden. Unter den in § 76a StGB oder in § 27 OWiG bezeichneten Voraussetzungen kann auch eine selbstständige Einziehung ausgesprochen werden.

2. § 40 Abs. 2 BJagdG ermöglicht durch den Verweis auf § 74a StGB und § 23 OWiG die Einziehung der in § 40 Abs. 1 BJagdG genannten Gegenstände nicht nur dann, wenn diese zur Zeit der Entscheidung dem Täter oder Teilnehmer gehören oder zustehen, sondern auch dann, wenn derjenige, dem sie zur Zeit der Entscheidung gehören oder zustehen, wenigstens leichtfertig dazu beigetragen hat, dass die Sache oder das Recht Mittel oder Gegenstand der Tat oder ihrer Vorbereitung gewesen ist, oder Gegenstände in Kenntnis der Umstände, welche die Einziehung zugelassen hätten, in verwerflicher Weise erworben hat.

§ 41 BJagdG: Anordnung der Entziehung des Jagdscheines

(1) Wird jemand wegen einer rechtswidrigen Tat

1. nach § 38 dieses Gesetzes,
2. nach den §§ 113, 114, 223 bis 227, 231, 239, 240 des Strafgesetzbuches, sofern derjenige, gegen den sich die Tat richtete, sich in Ausübung des Forst-, Feld-, Jagd- oder Fischereischutzes befand, oder
3. nach den §§ 292 bis 294 des Strafgesetzbuches

verurteilt oder nur deshalb nicht verurteilt, weil seine Schuldunfähigkeit erwiesen oder nicht auszuschließen ist, so ordnet das Gericht die Entziehung des Jagdscheines an, wenn sich aus der Tat ergibt, dass die Gefahr besteht, er werde bei weiterem Besitz des Jagdscheines erhebliche rechtswidrige Taten der bezeichneten Art begehen.

(2) Ordnet das Gericht die Entziehung des Jagdscheines an, so bestimmt es zugleich, dass für die Dauer von einem Jahr bis zu fünf Jahren kein neuer Jagdschein erteilt werden darf (Sperre). Die Sperre kann für immer angeordnet werden, wenn zu erwarten ist, dass die gesetzliche Höchstfrist zur Abwehr der von dem Täter drohenden Gefahr nicht ausreicht. Hat der Täter keinen Jagdschein, so wird nur die Sperre angeordnet. Die Sperre beginnt mit der Rechtskraft des Urteils.

(3) Ergibt sich nach der Anordnung Grund zu der Annahme, dass die Gefahr, der Täter werde erhebliche rechtswidrige Taten der in Absatz 1 bezeichneten Art begehen, nicht mehr besteht, so kann das Gericht die Sperre vorzeitig aufheben.

ERLÄUTERUNGEN

1. Die Entziehung des Jagdscheins als eine in einem Strafverfahren nur durch Urteil, nicht durch Strafbefehl, anzuordnende vorbeugende Sicherungsmaßnahme ist vorgesehen bei Jagdscheininhabern, die Straftaten mit Bezug auf Jagd und Jagdschutz begangen haben. Es kommen in Betracht Schonzeitvergehen nach § 38 BJagdG, Jagd-

und Fischwilderei (§§ 292 bis 294 StGB), Widerstand gegen Vollstreckungsbeamte und gegen Personen, die Vollstreckungsbeamten gleichstehen (§§ 113, 114 StGB), Körperverletzung (§ 223 StGB), gefährliche Körperverletzung (§ 224 StGB), Misshandlung von Schutzbefohlenen (§ 225 StGB), schwere Körperverletzung (§ 226 StGB), Körperverletzung mit Todesfolge (§ 227 StGB), Beteiligung an einer Schlägerei (§ 231 StGB) und Nötigung (§ 240 StGB). Die Widerstandshandlung oder die Straftaten gegen die körperliche Unversehrtheit oder die Nötigung müssen gegen Personen gerichtet gewesen sein, die sich in Ausübung des Forst-, Feld-, Jagd- oder Fischereischutzes befunden haben.

2. Aus dem Zweck der Sicherungsmaßnahme folgt, dass die Tat zu der Befürchtung Anlass geben muss, der Täter werde bei weiterem Besitz des Jagdscheins erhebliche rechtswidrige Taten der bezeichneten Art begehen. Es muss also gerade die jagdliche Betätigung sein, die die Gefahr weiterer einschlägiger Taten heraufbeschwört und von der der Täter deshalb ferngehalten werden soll. Liegen die Voraussetzungen des § 41 Abs. 1 BJagdG vor, so hat das Gericht die Entziehung des Jagdscheins anzuordnen. Ein Ermessensspielraum besteht nur in Bezug auf die Dauer der nach § 41 Abs. 2 BJagdG festzusetzenden Sperre. Ist die Entziehung des Jagdscheins angeordnet worden, so ist die Jagdbehörde verpflichtet, den Jagdschein für ungültig zu erklären und ihn einzuziehen (§ 18 BJagdG).

3. Die Sperre ist auch gegen solche Täter anzuordnen, die keinen Jagdschein haben. Eine vorzeitige Aufhebung der Sperre kann nur durch das Gericht erfolgen, wenn ein Sicherungsbedürfnis nicht mehr besteht (§ 41 Abs. 3 BJagdG).

4. Sind in einem Strafverfahren Tatsachen bekannt geworden, die die Versagung des Jagdscheins nach § 17 Abs. 1 BJagdG rechtfertigen würden, so hat die Jagdbehörde den Jagdschein auch ohne richterliche Anordnung im Anschluss an das Strafverfahren für ungültig zu erklären, und zwar auch dann, wenn in den Fällen des § 41 Abs. 1 BJagdG die Entziehung des Jagdscheins durch das Gericht unterblieben sein sollte.

§ 41a BJagdG: Verbot der Jagdausübung

(1) Wird gegen jemanden

1. wegen einer Straftat, die er bei oder im Zusammenhang mit der Jagdausübung begangen hat, eine Strafe verhängt oder
2. wegen einer Ordnungswidrigkeit nach § 39, die er unter grober oder beharrlicher Verletzung der Pflichten bei der Jagdausübung begangen hat, eine Geldbuße festgesetzt,

so kann ihm in der Entscheidung für die Dauer von einem Monat bis zu sechs Monaten verboten werden, die Jagd auszuüben.

(2) Das Verbot der Jagdausübung wird mit der Rechtskraft der Entscheidung wirksam. Für seine Dauer wird ein erteilter Jagdschein, solange er nicht abgelaufen ist, amtlich verwahrt; das gleiche gilt für einen nach Ablauf des Jagdjahres neu erteilten Jagdschein. Wird er nicht freiwillig herausgegeben, so ist er zu beschlagnahmen.

(3) Ist ein Jagdschein amtlich zu verwahren, so wird die Verbotsfrist erst von dem Tage an gerechnet, an dem dies geschieht. In die Verbotsfrist wird die Zeit nicht eingerechnet, in welcher der Täter auf behördliche Anordnung in einer Anstalt verwahrt wird.

(4) Über den Beginn der Verbotsfrist nach Absatz 3 Satz 1 ist der Täter im Anschluss an die Verkündung der Entscheidung oder bei deren Zustellung zu belehren.

§ 42 BJagdG: Landesrechtliche Straf- und Bußgeldvorschriften

Die Länder können Straf- und Bußgeldbestimmungen für Verstöße gegen die von ihnen erlassenen Vorschriften treffen, soweit solche nicht schon in diesem Gesetz enthalten sind.

§ 41 NJagdG: Ordnungswidrigkeiten

(1) Ordnungswidrig handelt, wer

1. entgegen § 2 Abs. 2 einem Verbot zuwiderhandelnd jagdwirtschaftliche Einrichtungen betritt oder diese entgegen einer Aufforderung nicht verlässt;
2. entgegen § 2 Abs. 3 absichtlich das Aufsuchen, Nachstellen, Fangen oder Erlegen von Wild behindert;

3. entgegen § 4 Abs. 1 keinen für den Jagdbezirk brauchbaren Jagdhund, der geprüft ist, zur Verfügung hat,

4. entgegen § 4 Abs. 2 bei einer Such-, Drück- oder Treibjagd oder einer Jagd auf Federwild keinen hierfür brauchbaren, geprüften Jagdhund mitführt;

5. entgegen § 4 Abs. 3 bei einer Nachsuche keinen hierfür brauchbaren, geprüften Jagdhund einsetzt, obwohl es den Umständen nach erforderlich ist;

6. entgegen § 7 Abs. 2 Satz 1 einen Abrundungsvertrag nicht anzeigt;

7. entgegen § 9 Abs. 5 Satz 2 in der Setz- oder Aufzuchtzeit ein Elterntier fängt oder tötet;

8. eine Jagderlaubnis für einen Wattenjagdbezirk nach § 18 Abs. 3 überschreitet;

9. als Jagdgast die Jagd ausübt und dabei entgegen § 19 vorsätzlich oder fahrlässig weder einen gültigen Jagderlaubnisschein mit sich führt noch eine ausreichende Begleitung hat;

10. entgegen § 24 Abs. 1 Satz 1 bei der Jagd verbotene Mittel oder Geräte verwendet;

11. entgegen § 24 Abs. 2 Satz 1 bei der Jagd mit einem Fanggerät die Bescheinigung einer erfolgreichen Kenntniserlangung vorsätzlich oder fahrlässig nicht mit sich führt;

12. Fanggeräte ohne die nach § 24 Abs. 2 Satz 2 erforderliche Zulassung in den Verkehr bringt oder verwendet;

13. entgegen § 24 Abs. 3 Wild einer ausgesetzten Art vor Ablauf von sechs Monaten nach Aussetzung in dem betreffenden Jagdbezirk jagt;

14. entgegen § 25 Abs. 5 Satz 2 vorsätzlich oder fahrlässig eine vorgeschriebene Abschussliste nicht laufend oder unvollständig oder unrichtig führt oder nicht termingerecht vorlegt;

15. entgegen § 25 Abs. 6 Satz 1 auf einer Hegeschau den Kopfschmuck und Unterkiefer nicht oder unter falschen Angaben vorlegt;

16. entgegen § 27 Abs. 1 Satz 1 oder Abs. 2 Satz 4 die Jagdnachbarin oder den Jagdnachbarn nicht unverzüglich benachrichtigt, wenn krankgeschossenes Wild in einen benachbarten Jagdbezirk gewechselt ist;

17. entgegen § 31 Abs. 1 ein Tier einer fremden Wildart in der freien Landschaft aussetzt;

18. entgegen § 31 Abs. 2 Schalenwild heimischer Arten ohne Genehmigung in der freien Landschaft aussetzt;

19. entgegen § 32 Abs. 1, 2 oder 3 nicht mit artgerechtem Futter füttert;
20. entgegen § 32 Abs. 1 Satz 3 in der Notzeit Wild bejagt;
21. entgegen § 32 Abs. 2 Satz 2 in der Zeit vom 1. Januar bis 30. April Schalenwild, außer Schwarzwild, bejagt, obwohl in dem Jagdbezirk Schalenwild gefüttert wird;
22. entgegen § 32 Abs. 3 Satz 1 ohne Genehmigung in der Zeit vom 1. Mai bis 31. Dezember füttert;
23. entgegen § 32 Abs. 3 Satz 2 ohne Genehmigung eine Schaufütterung durchführt;
24. entgegen § 32 Abs. 4 im Umkreis von 200 m um eine beschickte Fütterung unbefugt Schalenwild jagt, soweit dies nicht nach § 39 Abs. 2 Nr. 2 des Bundesjagdgesetzes ordnungswidrig ist;
25. entgegen § 33 zum Anlocken und Erlegen des Wildes
    a) Futter in mehr als geringer Menge ausbringt,
    b) nicht artgerechtes Futter ausbringt,
    c) Fütterungseinrichtungen oder -behälter verwendet;
26. einer Verordnung aufgrund des § 9 Abs. 4 oder des § 26 Abs. 1 oder 2 zuwiderhandelt, sofern die Verordnung für einen bestimmten Tatbestand auf diese Bußgeldvorschrift verweist.

(2) Die Ordnungswidrigkeit kann mit einer Geldbuße bis zu 25 000 Euro geahndet werden.

§ 43 BJagdG: Ablauf von Jagdpachtverträgen

Als Jahr der Beendigung des Krieges im Sinne der Verordnung über die Fortdauer von Jagdpachtverträgen und über die Mitgliedschaft aktiver Wehrmachtangehöriger bei der Deutschen Jägerschaft während des Krieges vom 19. Februar 1940 in der Fassung der Änderungsverordnung vom 10. Februar 1941 (Reichsgesetzbl. I S. 96) gilt das Jahr 1945. Verpächter und Pächter, die auf Grund dieser Verordnung einen Jagdpachtvertrag bis zu einem späteren Zeitpunkt als den 31. März 1946 als fortdauernd behandelt haben, können sich für die Zeit bis zum Ende des Jagdjahres, in das dieser Zeitpunkt fällt, spätestens jedoch bis zum 31. März 1953, auf den Ablauf des Vertrages nicht berufen.

§ 44 BJagdG: Sonderregelungen

Die zuständigen Landesregierungen werden ermächtigt, durch Rechtsverordnung im Benehmen mit dem Bundesministerium die Ausübung des Jagdrechts auf der Insel Helgoland und die Jagd auf Wasservögel auf dem Untersee und dem Rhein bei Konstanz abweichend von den Vorschriften dieses Gesetzes zu regeln.

§ 44a BJagdG: Unberührtheitsklausel

Vorschriften des Lebensmittelrechts, Seuchenrechts, Fleischhygienerechts und Tierschutzrechts bleiben unberührt.

ERLÄUTERUNGEN

§ 44a BJagdG hebt hervor, dass auch Jagdausübungsberechtigte und Jagdgäste neben den Bestimmungen der Jagdgesetze weitere Vorschriften zu beachten haben, in denen auch spezielle Verpflichtungen für Jäger enthalten sein können.

1. Tierschutzrecht

Nach § 4 Abs. 1 **Tierschutzgesetz** darf ein Wirbeltier nur unter Betäubung oder sonst, soweit nach den gegebenen Umständen zumutbar, nur unter Vermeidung von Schmerzen getötet werden. „Ist die Tötung eines Wirbeltieres ohne Betäubung im Rahmen weidgerechter Ausübung der Jagd (…) zulässig (…), so darf die Tötung nur vorgenommen werden, wenn hierbei nicht mehr als unvermeidbare Schmerzen entstehen. Ein Wirbeltier töten darf nur, wer die dazu notwendigen Kenntnisse und Fähigkeiten hat."

Aus der Vorschrift wird deutlich, dass Tierschutzrecht und Jagdrecht im Verhältnis von Regel und Ausnahme stehen. Das Jagdrecht gestattet nur bei Vorliegen bestimmter Voraussetzungen das Töten von Wirbeltieren ohne Betäubung. Insbesondere ist Voraussetzung für eine zulässige Jagdausübung, dass sie unter Beachtung der anerkannten Grundsätze deutscher Weidgerechtigkeit erfolgt (§ 1 Abs. 3 BJagdG). Wo gegen die Grundsätze der Weidgerechtigkeit verstoßen wird, handelt es sich nicht mehr um eine erlaubte Jagdausübung (vergl. E 6 zu § 1, E 1 zu § 17 BJagdG). Es gelten dann die Bestimmungen des Tierschutzgesetzes. Nur wo das Tierschutzgesetz diese selbst zulässt, wie z. B. in § 4 Abs. 1 oder § 3 Nr. 8, sind Ausnahmen von der Anwendung seiner Vorschriften zulässig.

2. Seuchenrecht

Die in erster Linie für den Jagdausübungsberechtigten maßgebende Bestimmung zur Seuchenbekämpfung findet sich im BJagdG selbst. Nach § 24 hat der Jagdausübungsberechtigte bei Auftreten einer Wildseuche (vergl. dazu E 1 zu § 24 BJagdG) dies unverzüglich, also ohne schuldhaftes Zögern, der zuständigen Behörde (Jagdbehörde) anzuzeigen, die dann ihrerseits im Einvernehmen mit dem beamteten Tierarzt die zur Bekämpfung der Seuche erforderlichen Anweisungen zu erteilen hat.

Die möglichen Maßnahmen ergeben sich vor allem aus dem **Tierseuchengesetz** (TierSG) in der Fassung der Bekanntmachung vom 22. Juni 2004 (BGBl. I S. 1260, 3588), zuletzt geändert durch Art. 1 § 4 und § 5 Gesetzes vom 13. Dezember 2007 (BGBl. I S. 2930). Nach § 1 Abs. 2 Nr. 1 TierSG sind Tierseuchen Krankheiten oder Infektionen mit Krankheitserregern, die bei Tieren auftreten und auf Tiere oder Menschen übertragen werden können. Nach § 18 in Verbindung mit § 24 TierSG kann zum Schutz gegen eine besondere Gefahr einer Tierseuche und für deren Dauer unter Berücksichtigung der beteiligten Wirtschafts- und Verkehrsinteressen u. a. angeordnet werden:

(1) die Tötung der an der Tierseuche erkrankten oder verdächtigen Tiere;

(2) die Tötung von Tieren, die für die Tierseuche empfänglich sind, wenn dies

a) zum Schutz gegen die Ausbreitung einer Tierseuche, die ihrer Beschaffenheit nach eine größere und allgemeine Gefahr darstellt;

b) zur Beseitigung von Infektionsherden oder

c) für die Aufhebung von Sperren, die wegen des Auftretens der Tierseuche verhängt worden sind,

erforderlich ist;

(3) die Tötung von Tieren, die geeignet sind, die Tierseuche zu verschleppen, wenn dies

a) zum Schutz gegen die Ausbreitung einer Tierseuche, die ihrer Beschaffenheit nach eine größere und allgemeine Gefahr darstellt, oder

b) zur Beseitigung von Infektionsherden

erforderlich ist.

Die Tötung von Tieren wild lebender Tierarten, ist – wenn es sich nicht um bereits an der Tierseuche erkrankte oder verdächtige Tiere handelt – nur zulässig, wenn andere geeignete Maßnahmen zur wirksamen Bekämpfung der Tierseuche nicht zur Verfügung stehen. Die durch eine solche Anordnung betroffene Tierart darf durch die Maßnahme nicht der Gefahr der Ausrottung ausgesetzt sein. Die Anordnung kann auf bestimmte Gebiete beschränkt werden. Dem Jagdausübungsberechtigten, dem Grundstückseigentümer und dem Grundstücksbesitzer kann die Verpflichtung auferlegt werden, Angaben über Standorte der Tiere und die Lage von Bauen, Gehecken und Gelegen zu machen, die erforderliche Hilfe zu leisten sowie die angeordneten Tötungsmaßnahmen zu dulden oder, soweit die Maßnahme dem Verpflichteten zuzumuten ist, durchzuführen. Gemeinden und Gemeindeverbänden kann die Durchführung der angeordneten Maßnahmen auferlegt werden.

Zu beachten ist, dass sich die bezeichneten Anordnungen auch auf solche Tiere wild lebender Arten beziehen können, die nicht dem Jagdrecht unterliegen, also nicht zum Wild gehören.

Spezielle Bestimmungen über die Bekämpfung von Tollwut, Schweinepest und Geflügelpest enthalten die **Tollwut-Verordnung**, die **Schweinepest-Verordnung**, die **Geflügelpest-Verordnung** sowie die **Geflügelpestschutzverordnung** (vergl. E 3, 4 und 5 zu § 24 BJagdG).

3. Das **Lebensmittel-** und das **Fleischhygienerecht** sind stark durch europäisches Recht geprägt. Im Lebensmittelrecht gelten neben den deutschen Bestimmungen die europäischen Vorschriften ausnahmslos. In Fragen der Wildbrethygiene kommt es für die Beantwortung der Frage, ob der Jäger europäisches Recht, nationales Recht oder Bestimmungen aus beiden Rechtskreisen zu beachten hat, vor allem darauf an, wie das erlegte Wild verwendet werden soll.

Vorab ist zu betonen, dass sich die Rechtslage für diejenigen Jäger, die Wild für den eigenen Verbrauch oder zur Abgabe an Endverbraucher oder an nahegelegene Einzelhandelsbetriebe, die das Wild ihrerseits an Endverbraucher abgeben, jagen, nicht wesentlich geändert hat. Es gilt fast ausnahmslos nationales Recht, das mit den Vorschriften des Fleischhygienegesetzes und der Fleischhygiene-Verordnung weitgehend übereinstimmt. Bei Personen, die nach dem 1. Februar 1987 die Jägerprüfung abgelegt haben, wird deswegen vermutet, dass sie ausreichend geschult sind, um das Wild vor und nach dem Erlegen darauf untersuchen zu können, ob es zum Verzehr für Menschen geeignet ist, und um eine hygienische Behandlung des Wildes bei der Vorbereitung zur Abgabe sowie bei seiner Lagerung und Beförderung sicherstellen zu können.

Es folgt zunächst eine kurze Zusammenfassung des für die Praxis besonders wichtigen Inhalts der zahlreichen Vorschriften, sodann deren ausführliche Darstellung.

Zusammenfassung:

In allen Fällen gilt: Wildfleisch, das zum Verzehr für Menschen bestimmt ist, ist ein Lebensmittel. Lebensmittel müssen sicher sein. Sie dürfen weder gesundheitsschädlich noch für den Genuss durch Menschen ungeeignet sein. Der Jäger muss daher das ihm Mögliche tun, damit nur einwandfreies Fleisch von gesundem Wild für den Verzehr verwendet wird. Die Vorkehrungen dafür müssen schon vor der Schussabgabe beginnen. Beim Ansprechen des Wildes ist darauf zu achten, ob das Tier in irgendeiner Weise von dem normalen Erscheinungsbild abweicht, z. B. abgekommen oder verletzt ist oder ein abnormales Verhalten zeigt. Der Jäger muss unsichere Schüsse unterlassen. Schlechte, insbesondere Weidwundschüsse fügen dem Wild erhebliche Schmerzen zu und können zu einer rasanten Ausbreitung von Keimen im Wildkörper führen, insbesondere dann, wenn das verletzte Wild spät, möglicherweise sogar erst nach einer langen Nachsuche gefunden wird und versorgt werden kann. Beim Aufbrechen des Wildes, das zur Vermeidung des Verderbs des Wildbrets durch Verhitzung so bald wie möglich zu geschehen hat, müssen Verletzungen von Magen, Därmen und Blase möglichst vermieden werden. Es ist bei gutem, erforderlichenfalls künstlichem Licht zu untersuchen, ob die Eingeweide unauffällig sind, z. B. keine Geschwüre oder Abszesse oder keine übermäßige Gasbildung aufweisen. Ferner ist auf zuvor nicht bemerkte Verletzungen zu achten. Jede Verunreinigung, auch während des Transports, durch Fremdstoffe (Erdreich, Laub, Felle, Decken oder Schwarten von anderem Wild, unsaubere Arbeitsmittel) ist möglichst auszuschließen. Zur Säuberung verunreinigter Teile des Wildkörpers ist Trinkwasser oder sauberes Wasser zu verwenden. Eventuell müssen kontaminierte Teile großflächig abgeschärft werden. Das Wild ist in angemessener Zeit auf eine Kerntemperatur von 7 °C (Großwild) bzw. 4 °C (Kleinwild) abzukühlen.

Sind Merkmale oder Umstände vorhanden, die es als bedenklich erscheinen lassen, dass das Wildbret von Menschen verzehrt wird, darf ein Verzehr nur erfolgen, wenn zuvor durch eine amtliche Fleischuntersuchung die Unbedenklichkeit festgestellt worden ist. Das gilt auch für Wild, das erst nach einer mehrstündigen Nachsuche verendet gefunden oder nach einer längeren Hetze zur Strecke gebracht worden ist.

Fallwild, das nicht durch äußere gewaltsame Einwirkung getötet worden, sondern durch Krankheiten, infolge hohen Alters, wegen Nahrungsmangels, durch Erfrieren oder durch Vergiftung eingegangen ist, ist immer untauglich zum menschlichen Genuss.

Handelt es sich bei dem erlegten Wild um Wildschweine, Dachse, Füchse oder Sumpfbiber (Nutrias), deren Fleisch verzehrt werden soll, ist vor dem Verzehr in jedem Fall die gesetzlich vorgeschriebene Untersuchung auf Trichinen durchzuführen.

Was der Jäger weiter zu beachten hat, hängt davon ab, welchem Verwendungszweck das Wildbret zugeführt werden soll.

Folgende Möglichkeiten sind zu unterscheiden:

a) Das Wild soll im eigenen Haushalt des Jägers verwendet werden.

Hat der Jäger keine Merkmale festgestellt, die den Verzehr des Wildbrets durch den Menschen als bedenklich erscheinen lassen, oder hat eine amtliche Fleischuntersuchung die Unbedenklichkeit des Verzehrs ergeben, kann das Wildbret ohne weiteres im eigenen Haushalt des Jägers verwertet werden. Das gilt auch für Wildbret von Tieren, die nicht durch Abschuss nach jagdrechtlichen Vorschriften erlegt, sondern durch eine äußere gewaltsame Einwirkung (Verkehrsunfall, Genickbruch bei Anfliehen eines Hindernisses, Blitzschlag, Sturz von einer Felswand, Hundebiss) getötet worden sind. Deren Fleisch darf, wie unter b) ausgeführt wird, nicht in Verkehr gebracht werden, kann aber, wenn durch eine amtliche Fleischuntersuchung die Verzehrtauglichkeit festgestellt worden ist, im eigenen Haushalt des Jägers verwertet werden.

Die neuen Anforderungen in Bezug auf eine Ausbildung im Bereich der Fleischhygiene braucht der Jäger nicht zu erfüllen.

b) Kleine Mengen erlegten Wildes sollen als unzerteilte Stücke in der Decke oder Schwarte, im Fell oder Federkleid an Endverbraucher oder an örtliche Einzelhandelsunternehmen zur direkten Abgabe an Endverbraucher abgegeben werden.

Der Jäger, der die Jägerprüfung vor dem 1. Februar 1987 abgelegt hat, muss auf den Gebieten Körperbau, Lebensfunktionen, normales und abnormes Verhalten des Wildes sowie hygienisches Verhalten im Umgang mit Wild ausreichend geschult worden sein, um bedenkliche Merkmale erkennen und die hygienische Behandlung des Wildes jederzeit sicherstellen zu können. Ist oder gilt der Jäger als geschult, darf

er nur ausgeweidetes Wild abgeben, das durch Erlegen nach jagdrechtlichen Vorschriften getötet worden ist.

Wild, das nicht nach jagdrechtlichen Vorschriften erlegt, sondern
durch eine äußere gewaltsame Einwirkung getötet worden ist, darf
nicht in Verkehr gebracht, d. h. an Dritte abgegeben werden. Ist durch
einen Unfall verletztes Wild durch einen Fangschuss getötet worden,
darf es nur dann an Dritte abgegeben werden, wenn durch eine amtliche Fleischuntersuchung die Unbedenklichkeit für den menschlichen Verzehr festgestellt worden ist.

Unter kleinen Mengen erlegten Wildes ist die Strecke eines Jagdtages
zu verstehen.

Örtliche Betriebe des Einzelhandels sind Betriebe, die im Umkreis
von nicht mehr als 100 km vom Wohnort des Jägers oder dem Erlegungsort des Wildes gelegen sind. Dabei kann es sich z. B. um Gast-
ronomiebetriebe, Schlachtereien, Läden oder Supermärkte handeln.
Bei einer Abgabe an örtliche Einzelhandelsbetriebe muss der Jäger
schriftliche Nachweise über die Abnehmer führen.

Ist eine amtliche Fleischuntersuchung oder eine Untersuchung auf
Trichinen durchzuführen, darf das Wild erst abgegeben werden, wenn
durch die Untersuchung festgestellt worden ist, dass dem Verzehr
keine Bedenken entgegenstehen.

An Jäger (Inhaber eines gültigen Jagdscheins im Sinne von § 15 Abs. 1
Satz 1 BJagdG) oder Einzelhandelsbetriebe dürfen Wildschweine
schon vor Durchführung der Untersuchung auf Trichinen abgegeben
werden. Die für die Untersuchung benötigten Körperteile sind bei
dem Wildkörper zu belassen. Beobachtete bedenkliche Merkmale
oder Umstände sind dem Abnehmer mitzuteilen. Die Verpflichtung,
die gesetzlich vorgeschriebene Untersuchung durchführen zu lassen,
trifft dann die Abnehmer.

**c) Kleine Mengen erlegten Wildes sollen zerwirkt an Endverbrau-
cher oder an örtliche Betriebe des Einzelhandels zur direkten
Abgabe an Endverbraucher abgegeben werden.**

Über die unter b) aufgeführten Regeln hinaus gilt: Der Jäger hat sich bei der Veterinärbehörde anzumelden. Er muss über geeignete leicht zu reinigende und zu desinfizierende Arbeits-, Lager- und Kühleinrichtungen verfügen, Arbeitsgeräte und Bekleidung aus hygienisch einwandfreiem Material verwenden, die Kontaminationen jede Art, auch durch Ungeziefer, ausschließen, und bestimmten Anforderungen an seine persönliche Hygiene genügen. Zu Reinigungszwecken muss sauberes kaltes und warmes Wasser in ausreichender Menge vorhanden sein. Der Jäger muss mit den Einzelheiten der zahlreichen Hygienebestimmungen vertraut sein und hat Eigenkontrollen nach bestimmten Grundsätzen, etwa Temperaturmessungen, vorzunehmen und diese zu dokumentieren.

d) Das erlegte Wild soll in größeren Mengen oder in einem weiteren Umkreis als 100 km vom Erlegungsort oder vom Wohnort des Jägers vermarktet werden.

In diesem Fall gelten unmittelbar die einschlägigen EU-Verordnungen. Das erlegte Wild ist von einer kundigen Person zu untersuchen, der, sofern der Erleger selbst nicht als solche geschult worden ist, die Merkmale und Umstände mitzuteilen sind, die der Jäger vor, bei und nach der Erlegung des Wildes gemacht hat und aus denen sich Bedenken in Bezug auf die Genusstauglichkeit des Fleisches des erlegten Wildes ergeben können. Ist keine kundige Person vorhanden, müssen den erlegten Stücken die jeweils zugehörenden Eingeweide beigefügt werden. Das erlegte Wild muss in bestimmter Weise gekennzeichnet, eventuell mit den zugehörigen Eingeweiden, in einen Wildverarbeitungsbetrieb verbracht und einer amtlichen Fleischuntersuchung, Schwarzwild und andere fleischfressende Wildarten unbedingt einer Untersuchung auf Trichinen unterzogen werden. Es sind zahlreiche Vorschriften zu beachten. Wegen der Einzelheiten wird verwiesen auf die nachfolgende

Ausführliche Darstellung:

I. Lebensmittelrecht

Das Lebensmittelrecht soll den Schutz des Lebens und der Gesundheit der Menschen gewährleisten.

Die wichtigsten Vorschriften sind enthalten in

a) der **Verordnung (EG) Nr. 178/2002** des Europäischen Parlamentes und des Rates vom 28. Januar 2002 zur Festlegung der allgemeinen Grundsätze und Anforderungen des Lebensmittelrechts, zur Errichtung der Europäischen Behörde für Lebensmittelsicherheit und zur Festlegung von Verfahren zur Lebensmittelsicherheit (ABl. L 31 vom 1.2.2002 S. 1), geändert durch Verordnung (EG) Nr. 1642/2003 (ABl. L 245 v. 29.9.2003 S. 4) und

b) dem **Gesetz zur Neuordnung des Lebensmittel- und des Futtermittelrechts** vom 1. September 2005 (BGBl. I S. 2618), dessen Artikel 1 das neue **Lebensmittel-, Bedarfsgegenstände- und Futtermittelgesetzbuch (Lebensmittel- und Futtermittelgesetzbuch – LFGB)** enthält, dessen Neufassung am 24. Juli 2009 (BGBl. I S. 2205) bekannt gemacht worden ist.

Art. 2 der Verordnung (EG) Nr. 178/2002 (im Folgenden VO 178/2002) bezeichnet als **Lebensmittel** alle Stoffe oder Erzeugnisse, die dazu bestimmt sind oder von denen nach vernünftigem Ermessen erwartet werden kann, dass sie in verarbeitetem, teilweise verarbeitetem oder unverarbeitetem Zustand von Menschen aufgenommen werden. Dazu gehören auch erlegte Tiere, deren Fleisch verzehrt werden soll.

Lebensmittelunternehmen sind alle Unternehmen, gleichgültig, ob sie auf Gewinnerzielung ausgerichtet sind oder nicht und ob sie öffentlich oder privat sind, die eine mit der Produktion, der Verarbeitung und dem Vertrieb von Lebensmitteln zusammenhängende Tätigkeit ausführen (Art. 3 Nr. 2 VO 178/2002). **Lebensmittelunternehmer** ist die natürliche oder juristische Person, die dafür verantwortlich ist, dass die Anforderungen des Lebensmittelrechts in dem ihrer Kontrolle unterstehenden Lebensmittelunternehmen erfüllt werden (Art. 3 Nr. 4 VO 178/2002). **Da das Jagen eine Form der Pri-märproduktion ist (Art. 3 Nr. 17 VO 178/2002), sind Lebensmit-telunternehmer auch Revierinhaber und Jäger, die frei lebendes Wild für den menschlichen Verzehr jagen.**

Im Lebensmittelrecht gilt als oberster Grundsatz (Art. 14 VO 178/2002):

Lebensmittel, die nicht sicher sind, dürfen nicht in den Verkehr ge-bracht werden. Als nicht sicher gelten Lebensmittel, wenn davon auszugehen ist, dass sie

(a) gesundheitsschädlich sind,

(b) für den Verzehr durch Menschen ungeeignet sind.

Bei der Beurteilung einer eventuellen Gesundheitsschädlichkeit sind die wahrscheinlichen sofortigen und/oder langfristigen Auswirkungen des Lebensmittels nicht nur auf die Gesundheit des Verbrauchers son-dern auch auf nachfolgende Generationen, die wahrscheinlichen ku-mulativen toxischen Auswirkungen sowie die besondere gesundheitli-che Empfindlichkeit einer bestimmten Verbrauchergruppe, falls das Lebensmittel für diese Gruppe bestimmt ist, zu berücksichtigen. Bei der Entscheidung, ob ein Lebensmittel für den Verzehr durch Men-schen ungeeignet ist, ist zu berücksichtigen, ob das Lebensmittel in-folge einer durch Fremdstoffe oder auf andere Weise bewirkten Kon-tamination, durch Fäulnis, Verderb oder Zersetzung ausgehend von dem beabsichtigten Verwendungszweck nicht für den Verzehr durch den Menschen inakzeptabel geworden ist.

Der Ausdruck „**Inverkehrbringen von Lebensmitteln**" bezeichnet das Bereithalten von Lebensmitteln für Verkaufszwecke einschließlich des Anbietens zum Verkauf oder jeder anderen Form der Weitergabe, gleichgültig, ob unentgeltlich oder nicht, sowie den Verkauf, den Ver-trieb oder andere Formen der Weitergabe selbst (Artikel 3 Nr. 8 VO 178/2002).

Die Verwertung von Wild im eigenen Haushalt des Jägers stellt kein Inverkehrbringen dar.

Nach Art. 18 VO 178/2002 muss die **Rückverfolgbarkeit von Lebensmitteln** in allen Produktions-, Verarbeitungs- und Vertriebsstufen sichergestellt werden. Die Lebensmittelunternehmer müssen in der Lage sein, jede Person festzustellen, von der sie ein Lebensmittel erhalten haben. Die Lebensmittelunternehmer haben Systeme und Verfahren zur Feststellung der anderen Unternehmen einzurichten, an die ihre Erzeugnisse geliefert worden sind. Diese Informationen sind den zuständigen Behörden auf Anforderung zur Verfügung zu stellen.

Nach § 5 Abs. 1 Satz 1 LFGB ist es verboten, Lebensmittel für andere derart herzustellen oder zu behandeln, dass ihr Verzehr gesundheitsschädlich im Sinne des Artikels 14 Abs. 2 Buchstabe a der VO 178/2002 ist. Verstöße werden nach § 58 Abs. 1 Nr. 1 LFGB mit Freiheitsstrafe bis zu drei Jahren oder mit Geldstrafe bestraft.

Das **Produkthaftungsgesetz** vom 15. Dezember 1989 (BGBl. I S. 2198), zuletzt geändert durch Art. 9 Abs. 3 des Gesetzes vom 19. Juli 2002 (BGBl. I S. 2674), sieht überdies bei Vorliegen bestimmter Voraussetzungen Schadensersatzansprüche vor, wenn durch den Fehler eines Produkts jemand getötet, sein Körper oder seine Gesundheit verletzt oder eine Sache beschädigt wird.

II. Fleischhygienerecht

Voraussetzung für die Erreichung des bezeichneten lebensmittelrechtlichen Ziels ist die Einhaltung der allgemeinen hygienischen und der besonderen fleischhygienischen Standards, die vor allem festgelegt sind in

a) der **Verordnung (EG) Nr. 852/2004** des Europäischen Parlaments und des Rates vom 29. April 2004 über Lebensmittelhygiene (ABl. L 139 v. 30.4.2004 S. 1);

b) der **Verordnung (EG) Nr. 853/2004** des Europäischen Parlaments und des Rates vom 29. April 2004 mit spezifischen Hygienevorschriften für Lebensmittel tierischen Ursprungs in berichtigter Fassung (ABl. Nr. L 226 v. 25.6.2004 S. 22);

c) der **Verordnung (EG) Nr. 854/2004** des Europäischen Parlaments und des Rates vom 29. April 2004 mit besonderen Verfahrensvorschriften für die amtliche Überwachung von zum menschlichen Verzehr bestimmten Erzeugnissen tierischen Ursprungs in berichtigter Fassung (ABl. L 226 v. 25.6.2004 S. 83);

d) der **Verordnung zur Durchführung von Vorschriften des gemeinschaftlichen Lebensmittelhygienerechts** vom 8. August 2007 (BGBl. I S. 1816);

e) der Ersten Verordnung zur Änderung von Vorschriften zur Durchführung des gemeinschaftlichen Lebensmittelhygienerechts vom 11. Mai 2010 (BGBl. I S. 612) und

f) dem durch Art. 7 des Gesetzes zur Neuordnung des Lebensmittel- und des Futtermittelrechts vom 1. September 2005 (BGBl. I S. 2618) zwar aufgehobenen, gleichwohl aber nach Art. 2 § 1 Abs. 1 Nr. 4 dieses Gesetzes vorläufig in Teilen weiter anzuwendenden **Fleischhygienegesetz (FlHG)** vom 30. Juni 2003 (BGBl. I S. 1243).

Die EG-Verordnungen Nr. 852/2004 bis 854/2004 gelten nicht für die Primärproduktion (Primärproduktion ist die auch das Jagen umfassende Erzeugung von Primärprodukten), **für den privaten häuslichen Gebrauch und für die häusliche Verarbeitung** (Verarbeitung ist eine wesentliche Veränderung des ursprünglichen Erzeugnisses, beispielsweise durch Erhitzen, Räuchern, Pökeln, Reifen, Trocknen, Marinieren, Extrahieren, Extrudieren oder durch eine Kombination dieser verschiedenen Verfahren), **Handhabung oder Lagerung von Lebensmitteln zum häuslichen privaten Verbrauch. Die Verordnungen (EG) Nr. 852/2004** (im Folgenden VO 852/2004) **und (EG) Nr. 853/2004** (im Folgenden VO 853/2004) **gelten auch nicht für die direkte Abgabe kleiner Mengen von Primärerzeugnissen** (Erzeugnissen aus primärer Produktion einschließlich Jagderzeugnissen), **durch den Erzeuger an den Endverbraucher oder an lokale Einzelhandelsgeschäfte** (örtliche Einzelhandelsunternehmen), **die die Erzeugnisse direkt an**

den Endverbraucher abgeben. Die VO 853/2004 gilt schließlich **auch nicht für Jäger, die kleine Mengen von Wild oder Wildfleisch direkt an den Endverbraucher oder an örtliche Einzelhandelsunternehmen zur direkten Abgabe an den Endverbraucher abgeben.**

Als **Einzelhandel** wird definiert: die Handhabung und/oder Be- oder Verarbeitung von Lebensmitteln und ihre Lagerung am Ort des Verkaufs oder der Abgabe an den Endverbraucher; hierzu gehören Verladestellen, Verpflegungsvorgänge, Betriebskantinen, Großküchen, Restaurants und ähnliche Einrichtungen der Lebensmittelversorgung, Läden, Supermarkt-Vertriebszentren und Großhandelsverkaufsstellen (Art. 3 Nr. 7 VO 178/2002).

Die VO 852/2004 gilt jedoch, wenn das Primärerzeugnis, also der ausgeweidete Wildkörper, zerwirkt und das Wildfleisch sodann abgegeben wird. Der Jäger als Lebensmittelunternehmer hat deswegen, anders als bei der Abgabe des Wildes in der Decke/Schwarte, im Fell oder im Federkleid, die in Kapitel II der VO 852/2004 genannten Verpflichtungen zu erfüllen:

Er muss sicherstellen, dass die einschlägigen Hygienevorschriften der VO 852/2004 eingehalten werden (Art. 3). Er hat also die in Art. 4 der VO 852/2004 aufgeführten allgemeinen und speziellen Hygienevorschriften gemäß Anhang I Teil A (Vermeidung von Kontaminationen jeder Art u. a. durch die Verhinderung von Bodenkontakten und die Verwendung von Trinkwasser oder sauberem Wasser, Reinhaltung von Transportmitteln und Anlagen, Gesundheit beteiligter Personen) sowie etwaige spezielle Anforderungen der VO 853/2004 zu erfüllen (Art. 4). Ferner hat er u. U. eine Gefahrenanalyse, beruhend auf den **HACCP**-Grundsätzen (HACCP = Hazard Analysis and Critical Control Points = Gefahrenanalyse und Überwachung kritischer Lenkungspunkte) durchzuführen (Art. 5). Insbesondere hat er der zuständigen Veterinärbehörde in der von dieser verlangten Weise seine Tätigkeit als Lebensmittelunternehmer zwecks Eintragung zu melden (Art. 6).

Die Verordnungen 852/2004 und 853/2004 gelten also immer dann, wenn das erlegte Wild an Wildverarbeitungsbetriebe abgegeben wird oder wenn nicht nur kleine Mengen erlegten Wildes oder wenn kleine Mengen erlegten Wildes außerhalb eines Umkreises von 100 km um den Wohnort des Jägers oder den Erlegungsort an Betriebe des Einzelhandels abgegeben werden.

In allen anderen Fällen gilt nationales Recht.

Die Mitgliedstaaten sind aber nach Art. 1 Abs. 4 VO 853/2004 verpflichtet, im Rahmen des einzelstaatlichen Rechts **Vorschriften** zu erlassen, **mit denen gewährleistet wird, dass die Ziele dieser Verordnung auch für die** (oben näher bezeichneten) **Tätigkeiten und Personen erreicht werden, die von Geltung der Verordnung ausgenommen sind.**

Derartige Vorschriften sind in verschiedenen Verordnungen enthalten, die in der **Verordnung zur Durchführung von Vorschriften des gemeinschaftlichen Lebensmittelrechts** vom 8. August 2007 (BGBl. I S. 1816) zusammengefasst sind, nämlich u. a.

a) in Art. 1 die **Verordnung über Anforderungen an die Hygiene beim Herstellen, Behandeln und Inverkehrbringen von Lebensmitteln (Lebensmittelhygiene-Verordnung – LMHV),** geändert durch Art. 1 der Verordnung vom 11. Mai 2010 (BGBl. I S. 612),

b) in Art. 2 die **Verordnung über Anforderungen an die Hygiene beim Herstellen, Behandeln und Inverkehrbringen von bestimmten Lebensmitteln tierischen Ursprungs (Tierische Lebensmittel-Hygieneverordnung – Tier-LMHV),** geändert durch Art. 2 der Verordnung vom 11. Mai 2010 (BGBl. I S. 612), und

c) in Art. 3 die **Verordnung zur Regelung bestimmter Fragen der amtlichen Überwachung des Herstellens, Behandelns und Inverkehrbringens von Lebensmitteln tierischen Ursprungs (Tierische Lebensmittel-Überwachungsverordnung),** geändert durch Art. 3 der Verordnung vom 11. Mai 2010 (BGBl. I S. 612).

Zur Beurteilung der Frage, welche hygienischen Anforderungen von Jägern im Einzelfall zu erfüllen sind, kommt es also darauf an, ob unmittelbar geltendes EU-Recht, eventuell ergänzt durch nationales Recht, oder allein nationales Recht anzuwenden ist.

Die Anforderungen, die an den Jäger im Revier vor, bei und nach dem Erlegen sowie bei der Versorgung des erlegten Wildes zu stellen sind, haben sich nicht geändert.

Die Merkmale, auf die er zu achten und die er gegebenenfalls. bei der Abgabe des erlegten Wildes mitzuteilen hat, sind aufgeführt in der Anlage 2 der FlHV Kapitel VI Nr. 1.3, die fast wörtlich mit der Anlage 4 der Tier-LMHV (Anforderungen an die Abgabe kleiner Mengen von erlegtem Wild oder Fleisch von erlegtem Wild) übereinstimmt.

Ferner besteht der Grundsatz fort, dass erlegtes Haarwild, dessen Fleisch zum Genuss für Menschen bestimmt ist, der amtlichen Fleischuntersuchung unterliegt. Auch für den Fall, dass das Fleisch lediglich zum eigenen Gebrauch verwendet werden soll, bleibt es dabei, dass die amtliche Fleischuntersuchung nur unterbleiben kann, wenn keine Merkmale festgestellt werden, die das Fleisch als bedenklich zum Genuss für Menschen erscheinen lassen (§ 1 Abs. 1 FlHG).

Unverändert gilt auch, dass Wildschweine, Füchse, Dachse und andere fleischfressende Tiere nach der Tötung der Untersuchung auf Trichinen unterliegen, wenn deren Fleisch zum Genuss für Menschen verwendet werden soll (§ 1 Abs. 2 FlHG).

Für die direkte Abgabe kleiner Mengen von Primärerzeugnissen durch den Erzeuger an den Endverbraucher oder an örtliche Einzelhandelsunternehmen, die die Erzeugnisse direkt an den Endverbraucher abgeben, gilt stets die LMHV. Für Jäger, die kleine Mengen von Wild oder von Wildfleisch direkt an den Endverbraucher oder an örtliche Einzelhandelsunternehmen zur direkten Abgabe an den Endverbraucher abgeben, gilt darüber hinaus auch die Tier-LMHV.

In allen anderen Fällen gelten die Verordnungen 852/2004 und 853/2004 und die §§ 9 ff. Tier-LMHV.

III. Der für Jäger wesentliche Inhalt der LMHV:

§ 3 Satz 1: Lebensmittel dürfen nur so hergestellt, behandelt oder in den Verkehr gebracht werden, dass sie bei Beachtung der im Verkehr erforderlichen Sorgfalt der Gefahr einer nachteiligen Beeinflussung nicht ausgesetzt sind.

§ 2 Abs. 1 Nr. 1: Eine nachteilige Beeinflussung ist eine Ekel erregende oder sonstige Beeinträchtigung der einwandfreien hygienischen Beschaffenheit von Lebensmitten, wie durch Mikroorganismen, Verunreinigungen, Witterungseinflüsse, Gerüche, Temperaturen, Gase, Dämpfe, Rauch, Aerosole, tierische Schädlinge, menschliche und tierische Ausscheidungen sowie durch Abfälle, Abwässer, Reinigungsmittel, Pflanzenschutzmittel, Tierarzneimittel, Biozid-Produkte oder ungeeignete Behandlungs- und Zubereitungsverfahren.

§ 4 Abs. 1 Satz 1: Leicht verderbliche Lebensmittel dürfen nur von Personen hergestellt, behandelt oder in den Verkehr gebracht werden, die aufgrund einer Schulung nach Anhang II Kapitel XII Nr. 1 VO 852/2004 über ihrer jeweiligen Tätigkeit entsprechende Fachkenntnisse auf den in der Anlage 1 genannten Sachgebieten verfügen.

Bei Wildfleisch handelt es sich um ein leicht verderbliches Lebensmittel, also um ein Lebensmittel, das in mikrobiologischer Hinsicht in kurzer Zeit leicht verderblich ist und dessen Verkehrsfähigkeit nur bei Einhaltung bestimmter Temperaturen oder sonstiger Bedingungen erhalten werden kann.

§ 4 Abs. 1 Satz 3: Satz 1 gilt nicht für die Primärproduktion und die Abgabe kleiner Mengen von Primärerzeugnissen nach § 5.

Zur Primärproduktion gehört auch die Jagd. Zu den Primärerzeugnissen zählt auch erlegtes Wild.

§ 5 Abs. 1: Wer kleine Mengen der in Absatz 2 genannten Primärerzeugnisse direkt Verbraucher oder an örtliche Betriebe des Einzelhandels zur unmittelbaren Abgabe an Verbraucher abgibt, hat bei deren Herstellung und Behandlung unbeschadet der Anforderungen der Tierische Lebensmittel-Hygieneverordnung die Anforderungen der Anlage 2 einzuhalten.

Örtliche Betriebe des Einzelhandels sind solche, die im Umkreis von nicht mehr als 100 Kilometer vom Wohnort des Jägers oder dem Erlegungsort des Wildes gelegen sind.

§ 5 Abs. 2 Nr. 2: Kleine Mengen im Sinne des Absatzes 1 Satz 1 (und auch im Sinne der Tier-LMHV) sind im Falle von erlegtem Wild die Strecke eines Jagdtages.

Großwild sind frei lebende Landsäugetiere, die nicht unter die Begriffsbestimmung für Kleinwild fallen. Kleinwild sind frei lebendes Federwild und frei lebende Hasentiere.

Die Anlage 2 enthält insbesondere Bestimmungen zur Vermeidung von Verunreinigungen von erlegtem Wild in Arbeitsräumen und Transportmitteln, durch Arbeitsgeräte und Arbeitskleidung, ferner das Gebot, bei dessen Reinigung Trinkwasser oder, falls angemessen, sauberes Wasser zu verwenden sowie zu vermeiden, dass das Wild durch Krankheitskeime, insbesondere aus infizierten Wunden, Hautinfektionen oder Geschwüren, kontaminiert werden kann, die von Personen ausgehen, die das Wild behandeln oder mit ihm umgehen.

Vorsätzliche oder fahrlässige Verstöße gegen § 3 Satz 1 oder § 4 Abs. 1 Satz 1 LMHV können als Ordnungswidrigkeiten im Sinne des § 60 Abs. 2 Nr. 26 Buchstabe a LFGB mit Geldbußen bis zu zwanzigtausend Euro geahndet werden.

IV. Die **Tier-LMHV** regelt einerseits die Anforderungen an die Abgabe kleiner Mengen bestimmter Primärerzeugnisse und Lebensmittel tierischen Ursprungs, enthält andererseits aber auch Vorschriften, die nur oder auch für das Herstellen, Behandeln und Inverkehrbringen von Lebensmitteln im Anwendungsbereich der VO 853/2004 gelten.

Für Jäger sind folgende Bestimmungen der Tier-LMHV wichtig:

§ 2b Abs. 1: Wer selbst erlegtes Großwild für den eigenen häuslichen Verbrauch in Eigenblitz genommen hat, hat das Wild vor der weiteren Bearbeitung bei der für den Erlegungsort oder deinen Wohnort zuständigen Behörde

1. zur amtlichen Fleischuntersuchung anzumelden, wenn vor oder nach dem Erlegen des Wildes Merkmale nach Anlage 4 Nummer 1.3 festgestellt worden sind, und
2. im Falle von Wildschweinen oder anderen Tieren, die Träger von Trichinen sein können, zur amtlichen Untersuchung auf Trichinen anzumelden.

§ 2b Abs. 2: Im Falle des § 6 Absatz 2 Satz 1 Nummer 1 der Tierische Lebensmittel-Überwachungsverordnung hat der Jäger das Wild zur Untersuchung auf Trichinen nach Absatz 1 Nummer 2 unter Verwendung eines Wildursprungsscheins nach Form und Inhalt des Musters der Anlage 8a anzumelden. Der Wildursprungsschein nach Satz 1 hat unbeschadet weitergehender landesrechtlicher Vorschriften aus einem für die zuständige Behörde bestimmten Original und zwei Durchschriften zu bestehen. Der Jäger darf einen Tierkörper oder Fleisch von Wildschweinen oder Dachsen nicht für den eigenen häuslichen Verbrauch verwenden, bevor

1. der Untersucher im Wildursprungsschein vermerkt hat, dass Trichinen nicht nachgewiesen worden sind, oder
2. der Zeitpunkt erreicht ist, ab dem der Jäger laut Eintragung des Untersuchers im Wildursprungsschein über das Wildbret verfügen darf.

Die zuständige Behörde kann dem Jäger eine Durchschrift des Wildursprungsscheins elektronisch übermitteln.

§ 2c Abs. 2: Es ist verboten, nach § 2b Absatz 1 erlegtes Wild vor Abschluss einer nach § 2b Absatz 1 erforderlichen amtlichen Untersuchung für den Menschlichen Verzehr im eigenen häuslichen Bereich zuzubereiten oder zu be- oder verarbeiten.

§ 22: Es ist verboten, Fleisch von Groß- oder Kleinwild, das nicht durch Erlegen getötet worden ist, in Verkehr zu bringen.

§ 2 Abs. 1 Nr. 2: Im Sinne dieser Verordnung ist Erlegen das Töten von Groß- und Kleinwild nach jagdrechtlichen Vorschriften.

Es ist also verboten, Fleisch von Groß- oder Kleinwild in Verkehr zu bringen, das durch ein plötzlich von außen wirkendes Ereignis, etwa einen Verkehrsunfall oder einen Sturz von einer Felswand, durch Genickbruch infolge Anfliegens eines Hindernisses oder durch einen Hundebiss getötet worden ist. Wird dagegen verletztes Wild mit einem Fangschuss oder durch Abfangen mit einer blanken Waffe getötet, ist eine amtliche Fleischuntersuchung unabdingbar, wenn das Wild in Verkehr gebracht werden soll. Nur wenn die amtliche Fleischuntersuchung ergeben hat, dass Bedenken gegen den Verzehr des Wildbrets durch Menschen nicht bestehen, darf das Wild an Dritte abgegeben werden.

Selbstverständlich darf Fleisch von Fallwild, das durch Krankheit, Vergiftung, Nahrungsmangel, Ertrinken, Erfrieren oder wegen hohen Alters verendet ist, nicht in Verkehr gebracht werden.

§ 3 Abs. 1 Satz 1: Wer kleine Mengen von erlegtem Wild direkt an Verbraucher oder an örtliche Betriebe des Einzelhandels zur unmittelbaren Abgabe an Verbraucher abgibt, hat unbeschadet der Anforderungen der LMHV bei der Herstellung oder Behandlung die Anforderungen der Anlage 4 einzuhalten.

§ 4 Abs. 1: Kleine Mengen von erlegtem Wild oder von Fleisch von erlegtem Wild dürfen nur von Personen abgegeben werden, die auf den Gebieten des Körperbaus (Anatomie), der Lebensfunktionen (Physiologie), des normalen und abnormen Verhaltens und krankhafter Veränderungen des Wildes sowie der hygienischen Anforderungen im Umgang mit Wild ausreichend geschult sind, um

1. das Wild vor und nach dem Erlegen einer Untersuchung insbesondere auf die in der Anlage 4 Nr. 1.3 bezeichneten Merkmale

unterziehen zu können, die das Fleisch als bedenklich zum Verzehr für Menschen erscheinen lassen, und

2. eine hygienische Behandlung des Wildes bei der Vorbereitung
   zur Abgabe sowie bei seiner Lagerung und Beförderung sicherstellen zu können.

Bei Personen, die nach dem 1. Februar 1987 die Jägerprüfung nach
§ 15 Abs. 5 Satz 1 BJagdG bestanden haben, wird vermutet, dass sie
im Sinne des Satzes 1 ausreichend geschult sind. Die zu schulenden
Personen werden im Wesentlichen über die gleiche Qualifikation
verfügen müssen wie die kundigen Personen nach Anhang III Abschnitt IV Kapitel I Nr. 4 der VO 853/2004.

§ 4 Abs. 2: Wer kleine Mengen von erlegtem Wild zum Zwecke der
Abgabe nach § 3 Abs. 1 Satz 1 in Eigenbesitz genommen hat, hat
das Wild unbeschadet der Regelung in der Anlage 4 Nr. 1.1 vor der
weiteren Bearbeitung oder vor der Abgabe bei der für den Erlegeort
oder den Wohnort zuständigen Behörde

1. zur amtlichen Fleischuntersuchung anzumelden, wenn vor oder
   nach dem Erlegen des Wildes Merkmale nach Anlage 4 Nr. 1.3
   festgestellt worden sind und

2. im Falle von Wildschweinen, Sumpfbibern, Dachsen oder anderen Tieren, die Träger von Trichinen sein können, zur amtlichen
   Untersuchung auf Trichinen anzumelden.

Abweichend von Satz 1 muss das erlegte Wild nicht zur amtlichen
Fleischuntersuchung oder Untersuchung auf Trichinen angemeldet
werden, wenn es an einen Betrieb des Einzelhandels oder an einen
Jäger abgegeben wird. In diesem Fall hat die abgebende Person nach
Satz 1 Nr. 1 festgestellte Merkmale bei der Abgabe mitzuteilen; die
Pflichten nach Satz 1 gelten in diesem Fall für die für den Betrieb des
Einzelhandels verantwortliche Person oder den Jäger entsprechend.

**Selbstverständlich müssen die für die Untersuchung wichtigen Kör-
perteile bei dem abzugebenden Wild belassen werden.**

§ 4 Abs. 3: Im Falle des § 6 Absatz 2 Satz 1 Nummer 2 der Tierische Lebensmittel-Überwachungsverordnung hat der Jäger das Wild zur Untersuchung auf Trichinen nach Absatz 2 Satz 1 Nummer 2 unter Verwendung eines Wildursprungsscheins nach Form und Inhalt des Musters der Anlage 8a anzumelden. Der Wildursprungsschein nach Satz 1 hat unbeschadet weitergehender landesrechtlicher Vorschriften aus einem für die zuständige Behörde bestimmten Original und zwei Durchschriften zu bestehen. Der Jäger darf einen Tierkörper oder Fleisch von Wildschweinen oder Dachsen nicht in den Verkehr bringen, es sei denn

1. der Untersucher hat im Wildursprungsschein als Ergebnis der Untersuchung auf Trichinen vermerkt, dass Trichinen nicht nachgewiesen worden sind, oder

2. der Zeitpunkt ist erreicht, ab dem der Jäger laut Eintragung des Untersuchers im Wildursprungsschein über das Wildbret verfügen darf, und der Untersucher hat dem Jäger bis zu diesem Zeitpunkt nicht mitgeteilt, dass Trichinen nachgewiesen worden sind.

Die zuständige Behörde kann dem Jäger eine Durchschrift des Wildursprungsscheins elektronisch übermitteln.

§ 25: Abweichend von § 2b Absatz 2 und § 4 Absatz 3 ist bis zum 20. November 2010 § 4 Absatz 2 in Verbindung mit Anlage 2 Kapitel VI Nummer 5 der Fleischhygiene-Verordnung in der Fassung der Bekanntmachung vom 29. Juni 2001 (BGBl. I S. 230, 231) in der bis zum 20. Mai 2010 geltenden Fassung weiter anzuwenden. Wildursprungsscheine, die nach Form und Inhalt dem Muster der Anlage 8a nicht entsprechen, können bis zum 20. November 2010 weiterverwendet werden.

Anlage 4 zu § 3 Abs. 1 Satz 1 Nr. 5, § 4 Abs. 1 Satz 1 Nr. 1, Abs. 2 Satz 1 und Abs. 4: Anforderungen an die Abgabe kleiner Mengen von erlegtem Wild oder Fleisch von erlegtem Wild

1.   Beim Gewinnen des Fleisches ist Folgendes zu beachten:

1.1   Großwild ist so schnell wie möglich, Kleinwild spätestens bei der Abgabe aufzubrechen und auszuweiden. Das Enthäuten und eine Zerlegung von Großwild am Erlegeort ist nur zulässig, wenn der Transport sonst nicht möglich ist.

1.2   Großwild ist unmittelbar nach dem Aufbrechen und Ausweiden so aufzubewahren, dass es gründlich auskühlen und in den Körperhöhlen abtrocknen kann. Kleinwild ist unmittelbar nach dem Erlegen so aufzubewahren, dass es gründlich auskühlen kann. Großwild muss alsbald nach dem Erlegen auf eine Innentemperatur von höchstens + 7 °C, Kleinwild auf eine Innentemperatur von höchstens + 4 °C abgekühlt sein; erforderlichenfalls ist das erlegte Wild dazu in eine geeignete Kühleinrichtung zu verbringen.

1.3   Beim Erlegen, Aufbrechen, Zerwirken und weiteren Behandeln ist auf Merkmale zu achten, die das Fleisch als gesundheitlich bedenklich erscheinen lassen. Diese liegen vor bei

1.3.1 abnormen Verhaltensweisen oder Störungen des Allgemeinbefindens;

1.3.2 Fehlen von Anzeichen äußerer Gewalteinwirkung als Todesursache (Fallwild);

1.3.3 Geschwülsten und Abszessen, wenn sie zahlreich oder verteilt in inneren Organen oder in der Muskulatur vorkommen;

1.3.4 Schwellungen der Gelenke oder Hoden, Hodenvereiterung, Leber- oder Milzschwellung, Darm- oder Nabelentzündung, bei Federwild Entzündung des Herzens, des Drüsen- oder Muskelmagens;

1.3.5 fremden Inhalt in den Körperhöhlen, insbesondere Magen- oder Darminhalt oder Harn, wenn Brust- oder Bauchfell verfärbt ist;

1.3.6 erheblicher Gasbildung im Magen- und Darmkanal mit Verfärbung der inneren Organe;

1.3.7 erheblichen Abweichungen der Muskulatur oder der Organe in Farbe, Konsistenz oder Geruch:

1.3.8 offenen Knochenbrüchen, soweit sie nicht unmittelbar mit dem Erlegen in Zusammenhang stehen;

1.3.9 erheblicher Abmagerung;

1.3.10 frischen Verklebungen oder Verwachsungen von Organen mit Brust- oder Bauchfell;

1.3.11 Geschwülste oder Wucherungen im Kopfbereich oder an den Ständern bei Federwild;

1.3.12 verklebten Augenlidern, Anzeichen von Durchfall, insbesondere im Bereich der Kloake, sowie Verklebungen und sonstigen Veränderungen der Befiederung, Haut- oder Kopfanhänge sowie Ständer bei Federwild;

1.3.13 sonstigen erheblichen sinnfälligen Veränderungen außer Schussverletzungen.

1.4 Eingeweide, die Veränderungen aufweisen, sind so zu kennzeichnen, dass eine Zugehörigkeit zu dem betreffenden Wildkörper festgestellt werden kann; sie müssen bis zum Abschluss der amtlichen Untersuchung beim Wildkörper verbleiben.

2. Es ist durch geeignete Maßnahmen oder Vorrichtungen sicherzustellen, dass beim Zerlegen und Umhüllen Fleisch von Großwild auf einer Temperatur von nicht mehr als + 7 °C und Fleisch von Kleinwild auf einer Temperatur von nicht mehr als + 4 °C gehalten wird.

3. Räume zum Sammeln von Groß- und Kleinwild nach dem Erlegen (Wildkammern) müssen über

3.1 eine geeignete Kühleinrichtung verfügen, wenn auf andere Weise eine gründliche Auskühlung des erlegten Wildes nicht erreicht werden kann;

3.2 einen geeigneten Platz um Enthäuten und Zerlegen verfügen, wenn diese Arbeiten darin ausgeführt werden.

4. In den Räumen und gegebenenfalls in Wildkammern gilt für die Bearbeitung des erlegten Wildes Folgendes:

4.1 Untersuchungspflichtiges erlegtes Wild ist so rechtzeitig der Untersuchung zuzuführen, dass Veränderungen bei der amtlichen Untersuchung erkannt und beurteilt werden können.

4.2   Erlegtes Großwild ist auf Ersuchen des amtlichen Untersuchers zur Untersuchung zu enthäuten; der Brustkorb ist zu öffnen. Die Wirbelsäule und der Kopf sind längs zu spalten, wenn nach Feststellung des Untersuchers gesundheitliche Gründe dies erforderlich machen. Erlegtes Großwild in der Decke darf nicht eingefroren werden.

4.3   Erlegtes Federwild ist auf Verlangen des Untersuchers zur Untersuchung so herzurichten, dass die nach der fachlichen Beurteilung erforderlichen durchgeführt werden können. Ungerupftes und nicht ausgenommenes Federwild darf nicht eingefroren werden.

4.4   Großwild in der Decke oder Kleinwild in der Decke oder im Federkleid darf Fleisch von erlegtem Wild nicht berühren.

§ 5 Abs. 3: Es ist verboten, kleine Mengen von erlegtem Wild

1. vor Abschluss der amtlichen Fleischuntersuchung nach § 4 Abs. 2 Satz 1 Nr. 1 oder der amtlichen Untersuchung auf Trichinen nach § 4 Abs. 2 Satz 1 Nr. 2 oder

2. unausgeweidet

an Verbraucher abzugeben.

Wer vorsätzlich oder fahrlässig kleine Mengen von erlegtem Wild unausgeweidet oder Fleisch von Groß- oder Kleinwild, das nicht durch Erlegen getötet worden ist, in Verkehr bringt, wird mit Freiheitsstrafe bis zu drei Jahren oder mit Geldstrafe bestraft. Auch der Versuch ist strafbar (§ 23 Abs. 1 Nr. 2 und Nr. 8 in Verbindung mit § 58 Abs. 1 Nr. 1, Abs. 4 bis 6 LFGB).

Wer entgegen § 5 Abs. 3 Nr. 1 vorsätzlich kleine Mengen von erlegtem Wild vor Abschluss der amtlichen Fleischuntersuchung nach § 4 Abs. 2 Satz 1 Nr. 1 oder der amtlichen Untersuchung auf Trichinen nach § 4 Abs. 2 Satz 1 Nr. 2 in Verkehr bringt, wird mit Freiheitsstrafe bis zu einem Jahr oder mit Geldstrafe bestraft (§ 23 Abs. 2 Nr. 2 in Verbindung mit § 59 Abs. 1 Nr. 21 Buchstabe a LFGB).

Die übrigen Verstöße gegen die Bestimmungen der Tier-LMHV können als Ordnungswidrigkeiten im Sinne des § 60 Abs. 2 Nr. 26 Buchstabe a LFGB mit Geldbußen bis zu zwanzigtausend Euro geahndet werden. Das gilt insbesondere für das fahrlässige Inverkehrbringen kleiner Mengen von erlegtem Wild vor Abschluss der amtlichen Fleischuntersuchung nach § 4 Abs. 2 Satz 1 Nr. 1 oder der amtlichen Untersuchung auf Trichinen nach § 4 Abs. 2 Satz 1 Nr. 2.

V. Handelt es sich nicht mehr nur um die Abgabe kleiner Mengen von Wild oder soll die Abgabe nicht an örtliche Einzelhandelsunternehmen zur unmittelbaren Abgabe an Verbraucher oder soll die Abgabe an Unternehmen erfolgen, die das Wild nicht unmittelbar an Verbraucher abgeben, so finden die Vorschriften der Verordnungen 852/2004 und 853/2004 Anwendung.

Anhang III Abschnitt IV Kapitel I der VO 853/2004 schreibt in Bezug auf die Ausbildung von Jägern in Hygienefragen (**Ausbildung zur kundigen Person**) vor:

1. Personen, die Wild bejagen, um Wildbret für den menschlichen Verzehr in Verkehr zu bringen, müssen auf dem Gebiet der Wildpathologie und der Produktion und Behandlung von Wildbret ausreichend geschult sein, um des Wild vor Ort einer ersten Untersuchung unterziehen zu können.

2. Es genügt jedoch, wenn mindestens eine Person einer Jagdgesellschaft über die in Nr. 1 bezeichneten Kenntnisse verfügt. Der Ausdruck „kundige Person" bezeichnet eine solche Person.

3. Die kundige Person kann auch der Wildheger oder Wildhüter sein, wenn sie Teil der Jagdgesellschaft oder in unmittelbarer Nähe des Gebietes niedergelassen ist, in dem die Jagd stattfindet. Im letztgenannten Fall muss der Jäger das Wild dem Wildheger oder dem Wildhüter vorlegen und ihn über etwaige vor dem Erlegen beobachtete Verhaltensstörungen hinweisen.

4. Die zuständige Behörde muss sich davon überzeugen, dass Jäger ausreichend geschult sind, um als kundige Person gelten zu können. Die Ausbildungsgänge sollten mindestens folgende Gebiete umfassen:

a) normale Anatomie, Physiologie und Verhaltensweisen von frei lebendem Wild,

b) abnorme Verhaltensweisen und pathologische Veränderungen beim Wild infolge von Krankheiten, Umweltverschmutzung oder sonstigen Faktoren, die die menschliche Gesundheit bei Verzehr von Wildbret schädigen können,

c) Hygiene- und Verfahrensvorschriften für den Umgang mit Wildkörpern nach dem Erlegen, ihr Befördern, Ausweiden usw.; und

d) Rechts- und Verwaltungsvorschriften auf dem Gebiet der Gesundheit von Mensch und Tier und auf hygienischem Gebiet, die für das Inverkehrbringen von Wildbret von Belang sind.

Die zuständige Behörde wird angehalten, die Jagdverbände aufzufordern, solche Lehrgänge anzubieten.

Für den **Umgang mit frei lebendem Großwild** schreibt Abschnitt IV Kapitel II des Anhangs III der VO 853/2004 vor:

1. Nach dem Erlegen des frei lebenden Großwildes müssen Mägen und Gedärme sobald wie möglich entfernt werden; erforderlichenfalls müssen die Tiere entblutet werden,

2. Die kundige Person muss den Wildkörper und alle ausgenommen Eingeweide auf Merkmale hin untersuchen, die darauf schließen lassen, dass das Fleisch gesundheitlich bedenklich sein könnte. Die Untersuchung muss sobald wie möglich nach dem Erlegen stattfinden.

3. Fleisch von frei lebendem Großwild darf nur in Verkehr gebracht werden, wenn der Wildkörper sobald wie möglich nach der unter Nummer 2 genannten Untersuchung zu einem Wildverarbeitungsbetrieb befördert wird. Die Eingeweide müssen dem Wildkörper gemäß den Vorschriften der Nummer 4 beigefügt werden. Die Eingeweide müssen als zu einem bestimmten Tier gehörig erkennbar sein.

4. a) Werden bei der Untersuchung gemäß Nummer 2 keine auffälligen Merkmale festgestellt, vor dem Erlegen keine Verhaltensstörungen beobachtet und besteht kein Verdacht auf Umweltkontamination, so muss die kundige Person dem Wildkörper eine mit einer Nummer versehene Erklärung beigeben, in der dies bescheinigt wird. In dieser Bescheinigung müssen auch das Datum, der Zeitpunkt und der Ort des Erlegens aufgeführt werden. In diesem Fall brauchen der Kopf und die Eingeweide dem Wildkörper nicht beigefügt zu werden, außer bei Tieren der für Trichinose anfälligen Arten (Schweine, Einhufer und andere), deren Kopf (ausgenommen Hauer) und Zwerchfell dem Wildkörper beigefügt werden müssen. Die Jäger müssen jedoch allen zusätzlichen Anforderungen, die in den Mitgliedstaaten, in denen gejagt wird, gestellt werden, genügen, damit insbesondere bestimmte Rückstände und Stoffe gemäß der Richtlinie 96/23/EG kontrolliert werden können.

b) Andernfalls müssen der Kopf (ausgenommen Hauer, Geweih und Hörner) und alle Eingeweide mit Ausnahme des Magens und der Gedärme beigefügt werden. Die kundige Person, die die Untersuchung vorgenommen hat, muss der zuständigen Behörde mitteilen, welche auffälligen Merkmale, welche Verhaltensstörungen oder welcher Versacht auf Umweltkontamination sie bewogen hatten, keine Bescheinigung im Sinne von Buchstabe a) auszustellen.

c) Steht zur Durchführung der Untersuchung nach Nummer 2 keine kundige Person zur Verfügung, so müssen der Kopf (ausgenommen Hauer, Geweih und Hörner) sowie alle Eingeweide mit Ausnahme des Magens und der Gedärme beim Wildkörper belassen werden.

5. Die Wildkörper müssen nach dem Erlegen innerhalb einer angemessenen Zeitspanne auf nicht mehr als 7 °C abgekühlt werden. Soweit es die klimatischen Verhältnisse erlauben, ist eine aktive Kühlung nicht erforderlich.

6. Während der Beförderung zum Wildverarbeitungsbetrieb muss das Übereinanderlegen von Wildkörpern vermieden werden.

7. Frei lebendes Großwild, das einem Wildverarbeitungsbetrieb angeliefert wird, muss der zuständigen Behörde Untersuchung gestellt werden.

8. Außerdem darf nicht enthäutetes frei lebendes Großwild nur enthäutet und in Verkehr gebracht werden, wenn es

a) vor der Häutung von anderen Lebensmitteln getrennt gelagert und behandelt und nicht tiefgefroren wird und

b) nach der Häutung einer abschließenden Untersuchung gemäß der Verordnung (EG) Nr. 854/2004 unterzogen wird.

Für den **Umgang mit frei lebendem Kleinwild** schreibt Abschnitt IV Kapitel III des Anhangs III der VO 853/2004 vor:

1. Die kundige Person muss den Wildkörper auf Merkmale hin untersuchen, die darauf schließen lassen, dass das Fleisch gesundheitlich bedenklich sein könnte. Die Untersuchung muss so bald wie möglich nach dem Erlegen stattfinden.

2. Werden bei der Untersuchung auffällige Merkmale festgestellt, vor Erlegen Verhaltensweisen beobachtet oder besteht ein Verdacht auf Umweltkontamination, so muss die kundige Person die zuständige Behörde davon unterrichten.

3. Fleisch von frei lebendem Kleinwild darf nur in den Verkehr gebracht werden, wenn der Wildkörper so bald wie möglich nach der unter Nummer 1 genannten Untersuchung zu einem Wildverarbeitungsbetrieb befördert wird.

4. Die Wildkörper insgesamt müssen nach dem Erlegen innerhalb einer angemessenen Zeitspanne auf nicht mehr als 4 °C abgekühlt werden. Soweit es die klimatischen Verhältnisse erlauben, ist eine aktive Kühlung nicht erforderlich.

III. Untersuchung auf Trichinen

Außer der amtlichen Fleischuntersuchung muss **in jedem Fall eine amtliche Untersuchung auf Trichinenbefall durchgeführt werden bei Wildschweinen, Füchsen und Dachsen, wenn ihr Fleisch zum**

Genuss für Menschen verwendet werden soll (§ 4 Abs. 2 Nr. 2 Tier-LMHV). Für Wildverarbeitungsbetriebe schreibt Art. 2 Abs. 3 der Verordnung (EG) Nr. 2075/2005 der Kommission vom 5. Dezember 2005 mit spezifischen Vorschriften für die amtlichen Fleischuntersuchungen auf Trichinen (ABl. L 338 v. 22. 12.2005 S. 60) vor, dass Schlachtkörper u. a. von Wildschweinen und frei lebendem Wild, die Träger von Trichinen (Nematoden, die zu den Arten der Gattung Trichinella gehören) sein können, systematisch im Rahmen der Fleischuntersuchung zu beproben sind. Nach Art. 4 Abs. 1 Satz 1 der Verordnung dürfen Schlachtkörper oder Teile der genannten Tiere das Gelände des Wildverarbeitungsbetriebes erst verlassen, wenn ein negativer Befund der Trichinenschau vorliegt. Das gilt auch dann, wenn es sich um kleine Mengen erlegten Wildes handelt, das nach § 4 Abs. 2 Satz 1 Nr. 1 oder 2 Tier-LMHV zur amtlichen Fleischuntersuchung oder zur Untersuchung auf Trichinen angemeldet worden ist (Art. 3 § 6 der Verordnung zur Durchführung von Vorschriften des gemeinschaftlichen Lebensmittelhygienerechts).

Nach Ablauf einer am 20. November 2010 endenden Übergangsfrist (§ 11 Tier-LMÜV), in der die bisher geltenden Bestimmungen über die Untersuchung von Wildschweinen auf Trichinen weiter angewendet werden können, gilt für die Fleischuntersuchung und die Untersuchung auf Trichinen vor Abgabe kleiner Mengen erlegten Wildes die Tier-LMÜV.

§ 6 Abs. 1: Bei kleinen Mengen erlegten Wildes, das nach § 4 Abs. 2 Satz 1 Nr. 1 oder 2 der Tierische Lebensmittel-Hygieneverordnung zur amtlichen Fleischuntersuchung oder zur amtlichen Untersuchung auf Trichinen angemeldet wurde, ist

1. die amtliche Fleischuntersuchung nach Anhang I Abschnitt IV Kapitel VIII Buchstabe A in Verbindung mit Abschnitt II Kapitel V Nr. 1 der Verordnung (EG) Nr. 854/2004 in der jeweils geltenden Fassung oder

2. die amtliche Untersuchung auf Trichinen nach Artikel 2 Abs. 3 Unterabsatz 3 in Verbindung mit Anhang I Kapitel I oder II und

Anhang III der Verordnung (EG) Nr. 2075/2005 der Kommission vom 5. Dezember 2005 mit spezifischen Vorschriften für die amtlichen Fleischuntersuchungen auf Trichinen (Abl. EU Nr. L 338 S. 60) in der jeweils geltenden Fassung

durchzuführen. Für die Beurteilung auf Grund der Ergebnisse der Untersuchungen nach Satz 1 gilt Anhang I Abschnitt IV Kapitel V Buchstabe B und Kapitel IX Buchstabe C der Verordnung (EG) Nr. 854/2004 entsprechend.

§ 6 Abs. 2: Die zuständige Behörde kann einem Jäger, der Inhaber eines gültigen Jahresjagdscheins ist und

1. **nach § 2b der Tierische Lebensmittel-Hygieneverordnung Wild zum Zweck der Verwendung als Lebensmittel für den eigenen häuslichen Verbrauch erlegt oder**
2. **nach § 3 Absatz 1 Satz 1 Nummer 5 der Tierische Lebensmittel-Hygieneverordnung kleine Mengen von erlegtem Wild oder Fleisch von erlegtem Wild abgibt,**

im Fall von Wildscheinen oder Dachsen die Entnahme von Proben zur Untersuchung auf Trichinen nach Absatz 1 Nummer 2 übertragen. Eine Übertragung nach Satz 1 darf nur erfolgen, wenn

1. **der Jäger von der zuständigen Behörde für die Wahrnehmung dieser Tätigkeit geschult worden ist und**
2. **keine Tatsachen vorliegen, die die Annahme rechtfertigen, dass der Jäger die erforderliche Zuverlässigkeit für diese Tätigkeit nicht besitzt.**

4. Das **Tierkörperbeseitigungsrecht** ist als Konsequenz der BSE-Krise durch die **Verordnung (EG) Nr. 1774/2002** des Europäischen Parlaments und des Rates vom 3. Oktober 2002 (im Folgenden: VO) mit Hygienevorschriften für nicht für den menschlichen Verzehr bestimmte tierische Nebenprodukte (ABl. EG Nr. L 273 S. 1), geändert durch die Verordnung (EG) Nr. 808/2003 der Kommission vom 12. Mai 2003 (ABl. EU Nr. L 117 S.1), und der zu ihrer Durchführung ergangenen Rechtsakte der Europäischen Gemeinschaft und das

Gesetz zur Durchführung gemeinschaftsrechtlicher Vorschriften über die Verarbeitung und Beseitigung von nicht für den menschlichen Verzehr bestimmten tierischen Nebenprodukten (im Folgenden: Gesetz) vom 25. Januar 2004 (BGBl. I S. 82), neu geregelt worden.

Das Tierkörperbeseitigungsgesetz ist am 26. Januar 2004 außer Kraft getreten (Art. 6 des Gesetzes).

Die Frage, wie mit Körpern und Körperteilen von wild lebenden Tieren, insbesondere von Wild zu verfahren ist, ist in den Vorschriften der unmittelbar geltenden VO und in den in Art. 1 des Gesetzes enthaltenen Bestimmungen des **Tierische Nebenprodukte-Beseitigungsgesetzes** (TierNebG), zuletzt geändert durch Art. 2 der Verordnung vom 7. Mai 2009 (BGBl. I S. 1044), nur zum Teil geregelt.

Nach Art. 1 Abs. 2 Buchstabe c der VO gilt diese nämlich nicht für ganze Körper oder Teile von Wildtieren, bei denen kein Verdacht auf Vorliegen einer auf Mensch oder Tier übertragbaren Krankheit besteht, außer Wildkörpern oder Teilen von Wildkörpern, die zur Herstellung von Jagdtrophäen verwendet werden. Das bedeutet im Umkehrschluss, dass die VO dann anzuwenden ist, wenn es sich um Körper oder Teile von Wildtieren handelt, bei denen der Verdacht auf Vorliegen einer auf Mensch oder Tier übertragbaren Krankheit besteht oder um Wildkörper oder Teile von Wildkörpern, bei denen kein Verdacht auf Infektion mit auf Mensch oder Tier übertragbaren Krankheiten besteht, die aber zur Herstellung von Jagdtrophäen verwendet werden sollen.

In der VO werden tierische Nebenprodukte, die nicht für den menschlichen Verzehr bestimmt sind, nach dem Grad ihrer Gefährlichkeit in verschiedene Kategorien eingeteilt und bestimmten Vorschriften unterworfen. Nach Art. 4 Abs. 1 Buchstabe a der VO gehören u. a. zu Material der Kategorie 1 Wildtiere, wenn der Verdacht besteht, dass sie mit einer auf Mensch oder Tier übertragbaren Krankheit infiziert sind.

Zu Material der Kategorie 2 gehören nach Art. 5 Abs. 1 Buchstabe g der VO auch ganze Körper oder Teile von Wildtieren, bei denen zwar kein Verdacht auf Vorliegen einer auf Mensch oder Tier übertragbaren Krankheit besteht, die aber zur Herstellung von Jagdtrophäen verwendet werden sollen.

Material der Kategorie 1 ist nach Art. 4 Abs. 2 der VO unverzüglich abzuholen und abzutransportieren und zu kennzeichnen und in der dort näher beschriebenen Weise zu beseitigen. Auch für Material der Kategorie 2 gilt nach Art. 5 Abs. 2 der VO, dass es unverzüglich abzuholen und abzutransportieren und zu kennzeichnen ist. Es ist sodann, je nach dem, um welches Material es sich im Einzelnen handelt, entweder zu beseitigen oder zu verarbeiten oder zu verwenden. Körper oder Teile von Wildtieren, bei denen kein Verdacht auf Vorliegen einer auf Mensch oder Tier übertragbaren Krankheit besteht, die zur Herstellung von Jagdtrophäen verwendet werden sollen, müssen zur Herstellung von Jagdtrophäen in einer gemäß Art. 18 der VO für diesen Zweck zugelassenen technischen Anlage verwendet werden.

Das TierNebG enthält seinem Zweck entsprechend insbesondere Vorschriften zur Durchführung der VO. Diese betreffen u. a. die Verpflichtung zur Abholung und Beseitigung durch die nach Landesrecht Beseitigungspflichtigen (§ 3), die auch für verendete wild lebende Tiere besteht, sofern die zuständige Behörde eine Verarbeitung und Beseitigung anordnet.

Nach § 7 Abs. 1 TierNebG hat der Besitzer der für die Beseitigung zuständigen Körperschaft des öffentlichen Rechts (Landkreis/kreisfreie Stadt) unverzüglich zu melden, wenn in § 3 Abs. 1 TierNebG bezeichnetes Material der Kategorien 1 oder 2 angefallen ist. Nach § 7 Abs. 4 TierNebG hat der Besitzer des in § 3 Abs. 1 bezeichneten Materials dieses der beseitigungspflichtigen Körperschaft zu überlassen. Da zu dem in § 3 Abs. 1 bezeichneten Material auch Wildkörper oder Teile von Wildkörpern gehören, die zur Herstellung von Jagdtrophäen verwendet werden sollen (Art. 1 Abs. 1 Buchstabe c der VO), sind bei der bestehenden Rechtslage auch diese zu melden und zu überlassen.

Nach § 4 Satz 1 Nr. 1 TierNebG kann die zuständige Behörde (Landkreis/kreisfreie Stadt) allerdings Ausnahmen genehmigen für tierische Nebenprodukte, die zum Zwecke der Präparation von Tierkörpern und Tierkörperteilen in nach Artikel 18 der Verordnung (EG) Nr. 1774/2002 zugelassenen Anlagen verwendet werden.

Da die Ausnahmemöglichkeit jedoch nur die Überlassung, nicht aber die Verwendung der Tierkörper und Tierkörperteile in zugelassenen Anlagen betrifft, bedeutet das für den normalen Jäger, dass er die von ihm erbeuteten Jagdtrophäen nicht selbst präparieren darf.

Es sind Bestrebungen vorhanden, die in diesem Punkte als unnötig und überzogen eingeschätzte europäische Regelung zu Gunsten einer praktikablen Lösung zu ändern. Die nationalen Gesetzgebungsorgane sind dazu nicht in der Lage, weil es sich bei der VO um übergeordnetes unmittelbar geltendes Recht handelt. Es wird abzuwarten sein, inwieweit die Vorgaben der VO in diesem Punkt tatsächlich durchgesetzt werden sollen. Bislang ist das, soweit ersichtlich, nicht geschehen.

§ 7 Abs. 3 TierNebG bestimmt, dass fremde oder herrenlose Körper von Vieh, Wild, Hunden oder Katzen,

1. wenn sie auf einem Grundstück anfallen, von dem Grundstücksbesitzer,
2. wenn sie auf öffentlichen Straßen oder Plätzen anfallen, von dem Straßenbaulastträger,
3. wenn sie in Gewässern anfallen, von dem zur Unterhaltung Verpflichteten

unverzüglich zu melden sind.

§ 7 Abs. 3 TierNebG ist seinem Zweck entsprechend auszulegen. Soweit es sich um Wild handelt, kommen nur solche Körper in Betracht, in Bezug auf die ein eventuell Aneignungsberechtigter (vergl. § 8 NJagdG) von

dem ihm zustehenden Aneignungsrecht keinen Gebrauch gemacht hat, machen kann oder machen will. Andererseits wird die Bestimmung auch dann anzuwenden sein, wenn es sich um Körper von wild lebenden Tieren handelt, die nicht dem Jagdrecht unterliegen, also nicht Wild im Sinne von § 1 Abs. 1 BJagdG sind. Die Meldepflicht hat den Sinn, eine möglicherweise bestehende Gefahr für die öffentliche Sicherheit und Ordnung zu beseitigen, die naturgemäß nicht nur von Wildkörpern ausgehen kann.

Die im normalen Jagdbetrieb anfallenden Körper oder Körperteile (Aufbruch, Decken, Schwarten, Bälge oder Kerne) von Wildtieren, bei denen kein Verdacht auf Vorliegen einer auf Mensch oder Tier übertragbaren Krankheit besteht, werden weder von den Bestimmungen der VO noch von denen des Gesetzes erfasst. Da auch andere Vorschriften eine bestimmte Art der Beseitigung nicht vorsehen können diese Gegenstände wie bisher im Revier belassen oder in geringen Mengen auf Luderplätze verbracht werden, um Füchse, Waschbären, Marderhunde und Minke anzukirren (§ 33a NJagdG). Sie können auch durch Vergraben an geeigneten Stellen (nicht in Wasserschutzgebieten und nicht in unmittelbarer Nähe von öffentlichen Wegen und Plätzen) unschädlich beseitigt werden.

§ 45 BJagdG: Berlin-Klausel

(weggefallen)

§ 46 BJagdG: Inkrafttreten des Gesetzes

(1) (Inkrafttreten der ursprünglichen Fassung des Gesetzes)

(2) (Aufhebung von Vorschriften)

(3) Verweisungen auf Vorschriften, die nach Absatz 2 außer Kraft getreten sind, gelten als Verweisungen auf die entsprechenden Vorschriften dieses Gesetzes oder die entsprechenden landesrechtlichen Vorschriften.

§ 42 NJagdG: Übergangsregelungen

(1) Die Jagdbehörde kann Verordnungen über Wildschutzgebiete nach Artikel 8 Abs. 4 des Landesjagdgesetzes in der Fassung vom 24. Februar 1978 (Nds. GVBl. S. 217), zuletzt geändert durch § 33 des Gesetzes vom 22. März 1990 (Nds. GVBl. S. 101), aufheben.

(2) Für Jagderlaubnisse, die vor dem In-Kraft-Treten dieses Gesetzes erteilt worden sind, gelten weiterhin die Kündigungs- und Aufhebungsregelungen nach Artikel 22 Abs. 2 und 3 des Landesjagdgesetzes in der in Absatz 1 genannten Fassung.

(3) Auf Jagdgehege, die jagdrechtlich genehmigt sind oder als genehmigt gelten, ist Artikel 29 des Landesjagdgesetzes in der in Absatz 1 genannten Fassung weiterhin anzuwenden.

(4) Ein Jahresjagdschein für drei Jahre nach § 22 Abs. 1 darf erstmals für das am 1. April 2002 beginnende Jagdjahr ausgegeben werden.

(5) Personen, die ihren ersten Jagdschein vor dem In-Kraft-Treten dieses Gesetzes erlangt haben, müssen abweichend von § 24 Abs. 2 die dort genannte Teilnahmebescheinigung erstmals zwei Jahre nach der Verkündung dieses Gesetzes nachweisen können.

(6) § 25 Abs. 1 ist erstmals für die ab 1. April 2002 wirksam werdenden Abschusspläne anzuwenden.

(7) Bußgelder gemäß § 41 Abs. 2 werden bis zum 31. Dezember 2001 in einer Höhe von bis zu 50 000 Deutsche Mark festgesetzt.

ERLÄUTERUNGEN

1. Art. 29 des Landesjagdgesetzes in der in § 42 Abs. 2 NJagdG genannten Fassung lautet:

„(1) Die Anlage von Jagdgehegen, in denen Wild zur Jagd eingehegt wird, bedarf der Genehmigung der Jagdbehörde. Die Anlage darf nur genehmigt werden, wenn

1. andernfalls hohe Wildschäden zu erwarten sind,

2. das Jagdgehege eine Fläche von mindestens 250 Hektar im Eigentum ein und derselben Person oder einer Personengemeinschaft umschließt und

3. der allgemeine Zutritt zur freien Landschaft nicht unangemessen behindert wird.

(2) Jagdgehege bilden einen besonderen Eigenjagdbezirk. Sie müssen gegen den Zu- und Abgang des Schalenwildes dicht abgeschlossen sein. Die Jagdbehörde kann Anordnungen über die Beschaffenheit der Zäune treffen und die Einrichtung einer ausreichenden Zahl von Zugängen für die Allgemeinheit vorschreiben.

(3) Die Jagdbehörde kann die Genehmigung eines Jagdgeheges widerrufen, wenn eine der in Absatz 1 bestimmten Voraussetzungen nicht mehr vorliegt oder Anordnungen nach Absatz 2 nicht befolgt werden. Sie kann die Beseitigung nicht genehmigter Jagdgehege anordnen.

(4) Jagdgehege, die vor dem 1. Januar 1973 angelegt worden sind, gelten als genehmigt. Die Jagdbehörde kann im Einzelfall ihre Beseitigung anordnen, wenn entweder

1. das Jagdgehege den allgemeinen Zutritt zur freien Landschaft unangemessen behindert oder

2. das Jagdgehege eine Fläche von weniger als 75 Hektar umschließt oder

3. Anordnungen nach Absatz 2 nicht befolgt werden.

2. Personen, denen ihr erster Jagdschein, bei dem es sich nicht um einen Jahresjagdschein zu handeln braucht, vor dem 1. April 2001 ausgestellt worden ist, dürfen die Jagd mit einem Fanggerät in der Zeit bis zum 23. März 2003 wie bisher ausüben. Ab dem 24. März 2003 benötigen auch sie die in § 24 Abs. 2 Satz 1 NJagdG vorgeschriebene Bescheinigung.

§ 43 NJagdG: In-Kraft-Treten

(1) Dieses Gesetz tritt am 1. April 2001 in Kraft. Abweichend von Satz 1 tritt § 4 Abs. 4 Satz 2 am 1. Mai 2001 in Kraft.

(2) Abweichend von Absatz 1 treten die Ermächtigungen zum Erlass von Verordnungen nach § 22 Abs. 3, § 23 Abs. 3, § 26 Abs. 1, § 34 und § 35 Satz 2 am Tag nach der Verkündung dieses Gesetzes in Kraft.

(3) Mit dem In-Kraft-Treten dieses Gesetzes nach Absatz 1 Satz 1 treten außer Kraft:

1. das Landesjagdgesetz in der Fassung vom 24. Februar 1978 (Nds. GVBl. S. 217), zuletzt geändert durch § 33 des Gesetzes vom 22. März 1990 (Nds. GVBl. S. 101), und
2. die Verordnung zur Durchführung des Landesjagdgesetzes vom 10. April 1978 (Nds. GVBl. S. 301), zuletzt geändert durch Artikel 1 der Verordnung vom 8. Juni 1998 (Nds. GVBl. S. 514).

Bundeswildschutzverordnung (BWildSchV)

Vom 25. Oktober 1985 (BGBl. I S. 2040), zuletzt geändert durch
Art. 3 der Verordnung vom 16. Februar 2005 (BGBl. I S. 258)

§ 1 Anwendungsbereich, Begriffsbestimmungen

(1) Diese Verordnung findet Anwendung auf Tiere der in den Anlagen 1
und 4 genannten Arten. Für die Abgrenzung der Tierarten im Sinne dieser
Verordnung ist ihre wissenschaftliche Bezeichnung maßgebend. Die Art
schließt Unterarten ein, auch soweit diese im Geltungsbereich des Bundeswaldgesetzes in der Natur nicht vorkommen.

(2) Der Begriff Tiere im Sinne dieser Verordnung umfasst lebende und
tote Tiere, ihre ohne weiteres erkennbaren Teile, ohne weiteres erkennbar
aus ihnen gewonnenen Erzeugnisse sowie ihre Eier, sonstigen Entwicklungsformen und Nester.

ERLÄUTERUNGEN

§ 36 BJagdG enthält eine Ermächtigung, Vorschriften über den Besitz, den Erwerb, die Ausübung der tatsächlichen Gewalt oder das
sonstige Verwenden, die Abgabe, das Feilhalten, die Zucht, den Transport, das Veräußern oder das sonstige Inverkehrbringen von Wild, die
Ein-, Durch- und Ausfuhr sowie das sonstige Verbringen von Wild in
die, durch die und aus der Bundesrepublik Deutschland und das
Kennzeichnen von Wild zu erlassen, soweit dies aus Gründen der
Hege, zur Bekämpfung von Wilderei und Wildhehlerei, aus wissenschaftlichen Gründen oder zur Verhütung von Gesundheitsschäden
durch Fallwild erforderlich ist. Von dieser Ermächtigung hat das BML
durch Erlass der BWildSchV Gebrauch gemacht. Die darin enthaltenen Verbote sind von jedermann zu beachten. Für Jäger und Falkner
gelten jedoch zahlreiche Ausnahmen.

Die Verordnung findet nur auf Tiere der besonders genannten Arten
Anwendung (Anlagen 1 und 4). Weitere inhaltlich ähnliche Schutzbestimmungen finden sich im Bundesnaturschutzgesetz (§§ 42, 43), in
der Bundesartenschutzverordnung und der Verordnung (EWG)

Nr. 3626/82. Sie betreffen u. a. Tiere der Arten Wolf, Luchs, Wildkatze, Greifvögel, insbesondere Steinadler, Falken, Großtrappe, Moorente und Knäkente.

Der Tierbegriff ist sehr weit definiert (ähnlich § 10 Abs. 2 Nr. 1 BNatSchG). Er umfasst sogar die Nester des Federwildes.

§ 2 Verbote

(1) Es ist verboten, Tiere der in Anlage 1 genannten Arten

1. in Besitz zu nehmen, zu erwerben, die tatsächliche Gewalt über sie auszuüben, sie zu be- oder verarbeiten oder sonst zu verwenden,
2. abzugeben, anzubieten, zu veräußern oder sonst in den Verkehr zu bringen sowie
3. für eine der in Nummer 2 genannten Tätigkeiten zu befördern.

Das Aneignungsrecht des Jagdausübungsberechtigten sowie Vorschriften der Länder nach § 36 Abs. 2 Nr. 2 des Bundesjagdgesetzes über das Aufnehmen, die Pflege und die Aufzucht verletzten oder kranken Wildes und dessen Verbleib bleiben unberührt.

(2) Die Verbote des Absatzes 1 gelten nicht für Tiere, an denen nach Inkrafttreten dieser Verordnung im Rahmen der Ausübung des Jagdrechts Eigentum erworben wurde. Diese Tiere dürfen jedoch nicht an Dritte gegen Entgelt abgegeben oder zu diesem Zweck befördert, gehalten oder angeboten werden. Ausgenommen von diesen Beschränkungen sind

1. Tiere der in Anlage 2 genannten Arten,
2. Tiere der in Anlage 3 genannten Arten, soweit die in Satz 2 aufgeführten Tätigkeiten nicht zu gewerbsmäßigen Zwecken erfolgen sowie
3. in der Natur aufgefundene tote Tiere, soweit sie für Zwecke der Forschung oder Lehre verwendet werden.

(3) Die Verbote des Absatzes 1 gelten ferner nicht für Tiere, die

1. vor Inkrafttreten dieser Verordnung in Übereinstimmung mit den Vorschriften zum Schutz der betreffenden Art im Geltungsbereich des Bundeswaldgesetzes erworben sind,
2. in Übereinstimmung mit den Vorschriften zum Schutz der betreffenden Art in den Geltungsbereich des Bundeswaldgesetzes gelangt sind. Für Tiere der in Anlage 1 genannten Arten, die auf Grund einer lediglich zum persönlichen Gebrauch oder als Hausrat zulässigen Einfuhr in den Geltungsbereich des Bundeswaldgesetzes gelangt

sind, gelten die Beschränkungen des Absatzes 2 Satz 2 entsprechend.

(4) Die Verbote des Absatzes 1 gelten ferner nicht für Tiere der Arten Rebhuhn, Fasan, Wachtel und Stockente, die im Geltungsbereich des Bundeswaldgesetzes in der Gefangenschaft gezüchtet und nicht herrenlos geworden sind.

(5) Die nach Landesrecht zuständige Behörde[1]) kann im Einzelfall Ausnahmen von den Verboten des Absatzes 1 zulassen, soweit dies für die Verwertung beschlagnahmter oder eingezogener Tiere erforderlich ist. Sie kann ferner im Einzelfall Ausnahmen von den Verboten des Absatzes 1 sowie von den Verboten des Absatzes 2 Satz 2 und des Absatzes 3 Satz 2 zulassen, soweit dies

1. für Zwecke der Forschung oder Lehre,
2. zur Ansiedlung von Tieren in der freien Natur oder der damit zusammenhängenden Aufzucht oder
3. aus einem sonstigen vernünftigen Grund für eine Nutzung von Tieren in geringen Mengen

erforderlich ist und Belange des Arten- und Biotopschutzes sowie Rechtsakte des Rates oder der Kommission der Europäischen Gemeinschaften oder Verpflichtungen aus internationalen Artenschutzübereinkommen nicht entgegenstehen.

ERLÄUTERUNGEN

Grundsätzlich ist es verboten, Tiere der Haarwildarten Steinwild, Schneehase, Murmeltier und Seehund sowie der Federwildarten Rebhuhn, Fasan, Wachtel, Auer-, Birk-, Rackel- und Haselwild, Alpenschneehuhn, Wildtruthuhn, Hohl-, Ringel-, Turtel- und Türkentaube, Höckerschwan, Grau-, Bläss-, Saat-, Kurzschnabel-, Ringel-, Weißwangen- und Kanadagans, Stock-, Löffel-, Schnatter-, Pfeif-, Krick-, Spieß-, Kolben-, Berg-, Reiher-, Tafel-, Schell-, Brand-, Eis-, Samt-, Trauer- und Eiderente, Mittel-, Gänse- und Zwergsäger, Waldschnepfe, Blässhuhn, Mantel-, Herings-, Silber-, Sturm-, Lach-, Schwarzkopf-, Zwerg- und Dreizehenmöwe, Haubentaucher, Graureiher und Kolkrabe in Besitz zu nehmen, zu erwerben, die tatsächliche Gewalt über sie auszuüben, sie zu be- oder verarbeiten oder sonst zu verwenden, sie abzugeben, anzubieten, zu veräußern oder sonst in den Verkehr zu bringen oder sie für eine der vier zuletzt genannten Tätigkeiten zu befördern.

Das Aneignungsrecht des Jagdausübungsberechtigten bleibt jedoch unberührt. Dieser hat aber die bundes- und landesrechtlichen Bestimmungen über die Jagd- bzw. Schonzeiten zu beachten, so dass sich sein Aneignungsrecht bei ganzjährig zu schonenden Arten nur auf Fallwild oder verendete Tiere beziehen kann.

Von den in der Anlage 1 zu § 2 Abs. 1 BWildSchV aufgeführten Tierarten sind die vier Haarwildarten und 33 Federwildarten ganzjährig zu schonen. In Niedersachsen darf innerhalb der festgesetzten Jagdzeiten die Jagd ausgeübt werden auf Rebhühner, Fasanen, Ringel- und Türkentauben, Höckerschwäne, Graugänse, Stock-, Pfeif- und Krickenten, Waldschnepfen, Blässhühner, Mantel-, Herings-, Silber- und Sturmmöwen, also auf 15 Arten.

Für Tiere, an denen nach dem 9. 11. 1985 im Rahmen der Ausübung des Jagdrechts Eigentum erworben wurde, gilt in Bezug auf die weitere Verwendung:

Über Tiere der Arten Rebhuhn, Fasan, Ringeltaube, Graugans, Stock-, Pfeif-, Krick-, Spieß- und Tafelente (die beiden letzteren in Niedersachsen ohne Jagdzeit) sowie Blässhuhn darf der Jagdausübungsberechtigte frei verfügen. Insoweit gelten keine Beschränkungen, auch nicht für weitere Abnehmer.

Tiere der Arten Blässgans, Reiherente (beide in Niedersachsen ohne Jagdzeit) und Waldschnepfe dürfen nicht zu gewerbsmäßigen Zwecken an Dritte gegen Entgelt abgegeben oder zu diesem Zweck befördert, gehalten oder angeboten werden. An nicht gewerbliche Abnehmer dürfen sie auch gegen Entgelt abgegeben werden.

Tiere der restlichen Arten (Jagdzeiten sind aber nur festgesetzt für die Arten Türkentaube, Höckerschwan, Mantel-, Herings-, Silber- und Sturmmöwen) darf der Jagdausübungsberechtigte nicht gegen Entgelt an Dritte abgegeben oder zu diesem Zweck befördern, halten oder anbieten.

Ausgenommen von diesen Beschränkungen sind in der Natur aufgefundene tote Tiere, soweit sie für Zwecke der Forschung oder Lehre verwendet werden, d. h. diese Tiere darf der Jagdausübungsberechtigte zu den genannten Zwecken auch gegen Entgelt abgeben oder anbieten.

Von den genannten Verboten sind schließlich nicht betroffen in der Gefangenschaft gezüchtete Tiere der Arten Rebhuhn, Fasan, Wachtel und Stockente, die nicht herrenlos geworden sind.

Die zuständige Behörde kann unter den in Absatz 5 geregelten Voraussetzungen im Einzelfall, z. B. für die Aufzucht von Seehunden (Heulern) und von Auerwild, aber auch für Zwecke der Forschung und Lehre, Ausnahmen von den Besitz- und Verkehrsverboten zulassen.

§ 3 Halten von Greifen und Falken

(1) Die Haltung von Greifen oder Falken der in Anlage 4 genannten Arten ist nur nach Maßgabe der Absätze 2 bis 6 zulässig.

(2) Wer Greife oder Falken hält,

1. muss Inhaber eines auf seinen Namen lautenden gültigen Falknerjagdscheines sein,
2. darf insgesamt nicht mehr als zwei Exemplare der Arten Habicht, Steinadler und Wanderfalke halten,
3. hat unverzüglich die Greife und Falken dauerhaft und unverwechselbar nach Maßgabe des Absatzes 3 zu kennzeichnen und
4. hat der nach Landesrecht zuständigen Stelle
   a) spätestens bis zum 1. Juni 1986, bei späterem Beginn der Haltung binnen vier Wochen nach Begründung des Eigenbesitzes, den Bestand an Greifen und Falken und
   b) nach der Bestandsanzeige jeweils unverzüglich den Zu- und Abgang von Greifen und Falken

schriftlich anzuzeigen; die Anzeige muss Angaben enthalten über Zahl, Art, Alter, Geschlecht, Herkunft, Verbleib, Standort, Verwendungszweck und Kennzeichen der Greife und Falken. Die Verlegung des regelmäßigen Standortes der Greife und Falken ist ebenfalls unverzüglich anzuzeigen. Das durch den Tod eines Tieres freigewordene Kennzeichen ist mit der Anzeige über den Abgang zurückzugeben.

(3) Die Kennzeichnung der gemäß Absatz 1 gehaltenen Greifen und Falken der Anlage 4 hat nach den Bestimmungen der §§ 12 bis 15 der Bundesartenschutzverordnung[1] zu erfolgen.[2]

(4) Die nach Landesrecht zuständige Behörde kann im Einzelfall von den Voraussetzungen des Absatzes 2 Nr. 1 und 2 Ausnahmen zulassen, wenn

1. die Haltung wissenschaftlichen, Lehr- oder Forschungszwecken dient oder die Ausnahme zur Nachzucht für einen der vorstehenden Zwecke, zur Nachzucht für die Ausübung der Beizjagd oder zur Nachzucht für die Ansiedlung in der freien Natur erforderlich ist,
2. der Halter die erforderliche Zuverlässigkeit und ausreichende Kenntnisse über das Halten und die Pflege von Greifen und Falken besitzt und
3. eine fachgerechte Betreuung sowie eine den tierschutzrechtlichen Vorschriften entsprechende Haltung gewährleistet sind.

(5) Absatz 2 Nr. 1 und 2 ist nicht anzuwenden auf Greife und Falken, die bei Inkrafttreten dieser Verordnung in Übereinstimmung mit den zu ihrem Schutz geltenden Vorschriften gehalten werden. Die Anwendung des Absatzes 2 Nr. 1 und 2 auf die Erweiterung solcher Bestände und auf den Ersatz des Abgangs bleibt unberührt.

(6) Die Absätze 2 bis 5 gelten nicht für zoologische Einrichtungen von juristischen Personen des öffentlichen Rechts sowie für behördlich genehmigte oder anerkannte Auffang- und Pflegestationen.

ERLÄUTERUNGEN

Die Haltung von Greifvögeln und Falken ist zahlenmäßig wie folgt beschränkt:

– Von Habichten, Wanderfalken und Steinadlern dürfen in einem Bestand insgesamt nicht mehr als zwei Exemplare, also entweder je ein Vogel aus zwei dieser Arten oder zwei Vögel aus derselben Art gehalten werden.

---

1 Anhang 10
2 Nach der Fußnote 13 zur Anlage 6 der Bundesartenschutzverordnung gilt die Bestimmung, dass nicht mit geschlossenem Ring gekennzeichnete Vögel mit Transponder zu kennzeichnen sind (§ 8 BArtSchV), nicht für im Freiflug jagdlich oder vergleichbar eingesetzte Greifvögel.

Anhang 1

– Die Haltung anderer Greifvögel oder Falken ist nicht verboten.
Zu § 3 Abs. 4 enthält das Nähere der RdErl. des Nds. ML v. 11.
12. 1989 (Nds. MBl. 1990, S. 94).

§ 4 Aufzeichnungs- und Kennzeichnungspflichten

(1) Wer gewerbsmäßig

1. tote Tiere der in Anlage 5 genannten Arten oder Teile dieser Tiere
   präpariert oder
2. lebende oder tote Tiere der in Anlage 5 genannten Arten oder Teile
   dieser Tiere in den Verkehr bringt oder erwirbt,

hat über diese Tiere ein Aufnahme- und Auslieferungsbuch mit täglicher
Eintragung nach dem Muster der Anlage 6[1] zu führen. Werden Tiere nach
Nummer 2 im Einzelhandel abgegeben, brauchen Name und Anschrift
des Empfängers sowie der Abgangstag nur bei den Tieren angegeben zu
werden, deren Verkaufspreis über 250 Deutsche Mark beträgt.

(2) Alle Eintragungen in das Buch sind in dauerhafter Form vorzunehmen;
§ 43 Abs. 2 bis 4 Satz 1 und 2 des Handelsgesetzbuches gilt sinngemäß.

(3) Die Bücher mit den Belegen sind der nach Landesrecht zuständigen
Stelle[2] auf Verlangen zur Prüfung auszuhändigen.

(4) Die Bücher mit den Belegen sind fünf Jahre aufzubewahren. Die Aufbewahrungsfrist beginnt mit dem Schluss des Kalenderjahres, in dem die
letzte Eintragung für ein abgeschlossenes Geschäftsjahr gemacht worden
ist.

(5) Die in Absatz 1 genannten Tiere und Teile von Tieren sind zu kennzeichnen, soweit dies mit angemessenem Aufwand möglich ist.

§ 5 Rechtmäßiger Besitz, Nachweispflicht

Wer Tiere der in Anlage 5 genannten Arten besitzt oder die tatsächliche
Gewalt darüber ausübt, kann sich gegenüber der zuständigen Behörde[3]
auf eine Berechtigung hierzu nur berufen, wenn er auf Verlangen nachweist, dass die Voraussetzungen für eine Ausnahme nach § 2 Abs. 2 bis

---

1 nicht abgedruckt
2 Landkreis/kreisfreie Stadt
3 Landkreis oder kreisfreie Stadt, Region Hannover.

5 vorliegen oder glaubhaft macht, dass er oder ein Dritter die Tiere bei Inkrafttreten dieser Verordnung in Besitz hatte. Für Gegenstände zum persönlichen Gebrauch oder Hausrat gilt dies nur, wenn Tatsachen die Annahme rechtfertigen, dass eine Berechtigung nach § 2 Abs. 2 bis 5 nicht besteht.

§ 6 Ordnungswidrigkeiten

Ordnungswidrig im Sinne des § 39 Abs. 2 Nr. 5 des Bundesjagdgesetzes handelt, wer vorsätzlich oder fahrlässig

1. entgegen § 2 Abs. 1 Satz 1 dort bezeichnete Tiere in Besitz nimmt, erwirbt, die tatsächliche Gewalt über sie ausübt, sie be- oder verarbeitet oder sonst verwendet, in den Verkehr bringt oder befördert,
2. entgegen § 2 Abs. 2 Satz 2 oder Abs. 3 Nr. 2 Satz 2 dort bezeichnete Tiere an Dritte gegen Entgelt abgibt oder zu diesem Zweck befördert, hält oder anbietet,
3. entgegen § 3 Abs. 2 Nr. 1 Greife oder Falken hält,
4. einer Vorschrift des § 3 Abs. 2 Nr. 2, 3 oder 4 über die Haltung oder Kennzeichnung von Greifen oder Falken, über Anzeigepflichten oder über die Pflicht zur Rückgabe eines freigewordenen Kennzeichens zuwiderhandelt oder
5. einer Vorschrift des § 4 Abs. 1 Satz 1, Abs. 2 bis 5 über die Führung, Form, Aushändigung oder Aufbewahrung von Aufnahme- und Auslieferungsbüchern oder Belegen oder über die Kennzeichnung von Tieren oder Teilen von Tieren zuwiderhandelt.

…

Anlage 1[1]
(zu § 2 Abs. 1)

1. Haarwild
Steinwild (*Capra ibex* L.), (5)
Schneehase *(Lepus timidus* L.), (5)
Murmeltier (*Marmota marmota* L.), (5)
Seehund (*Phoca vitulina* L.), (5)

---

1 Die in den Anlagen 2, 3 und 5 aufgeführten Wildarten sind sämtliche auch in der Anlage 1 enthaltenen; von einem Abdruck der Anlagen 2, 3 und 5 wird deshalb abgesehen. Die betreffenden Arten sind jedoch jeweils durch eine (2), (3) oder (5) kenntlich gemacht.

Anhang 1

2. Federwild

Rebhuhn (*Perdix perdix* L.), (2)
Fasan (*Phasianus colchicus* L.), (2)
Wachtel (*Coturnix coturnix* L.), (5)
Auerwild (*Tetrao urogallus* L.), (5)
Birkwild (*Lyrurus tetrix* L.), (5)
Rackelwild (*Lyrurus tetrix x Tetrao urogallus*), (5)
Haselwild (*Tetrastes bonasia* L.), (5)
Alpenschneehuhn (*Lagopus mutus* MONTIN), (5)
Wildtruthuhn (*Meleagris gallopavo* L.),
Hohltaube (*Columba oenas* L.), (5)
Ringeltaube (*Columba palumbus* L.), (2)
Turteltaube (*Streptopelia turtur* L.), (5)
Türkentaube (*Streptopelia decaocto* FRIVALDSKY),
Höckerschwan (*Cygnus olor* GMELIN),
Graugans (*Anser anser* L.), (2)
Blässgans (*Anser albifrons* SCOPOLI), (3)
Saatgans (*Anser fabalis* LATHAM),
Kurzschnabelgans (*Anser brachyrhynchos* BAILLON), (5)
Ringelgans (*Branta bernicla* L.),
Weißwangengans (*Branta leucopsis* BECHSTEIN), (5)
Kanadagans (*Branta canadensis* L.),
Stockente (*Anas platyrhynchos* L.), (2)
Löffelente (*Anas clypeata* L.), (5)
Schnatterente (*Anas strepera* L.), (5)
Pfeifente (*Anas penelope* L.), (2)
Krickente (*Anas crecca* L.), (2)
Spießente (*Anas acuta* L.), (2)
Kolbenente (*Netta rufina* PALLAS), (5)
Bergente (*Aythya marila* L.),
Reiherente (*Aythya fuligula* L.), (3)
Tafelente (*Aythya ferina* L.), (2)
Schellente (*Bucephala clangula* L.), (5)
Brandente (*Tadorna tadorna* L.), (5)
Eisente (*Clangula hyemalis* L.), (5)
Samtente (*Melanitta fusca* L.),
Trauerente (*Melanitta nigra* L.),
Eiderente (*Somateria mollissima* L.), (5)
Mittelsäger (*Mergus serrator* L.), (5)
Gänsesäger (*Mergus merganser* L.), (5)
Zwergsäger (*Mergus albullus* L.), (5)

Waldschnepfe (*Scolopax rusticola* L.), (3)
Blässhuhn (*Fulica atra* L.), (2)
Mantelmöwe (*Larus marinus* L.),
Heringsmöwe (*Larus fuscus* L.),
Silbermöwe (*Larus argentatus* PONTOPPIDAN),
Sturmmöwe (*Larus canus* L.), (5)
Lachmöwe (*Larus ridibundus* L.),
Schwarzkopfmöwe (*Larus melanocephalus* TEMMINCK), (5)
Zwergmöwe (*Larus minutus* PALLAS), (5)
Dreizehenmöwe (*Rissa tridactyla* L.), (5)
Haubentaucher (*Podiceps cristatus* L.), (5)
Graureiher (*Ardea cinerea* L.), (5)
Kolkrabe (*Corvus corax* L.), (5)

Anlage 4
(zu § 3 Abs. 1)

Fischadler (*Pandion haliaeetus* L.),
Wespenbussard (*Pernis apivorus* L.),
Schwarzmilan (*Milvus migrans* BODDAERT),
Rotmilan (*Milvus milvus* L.),
Seeadler (*Haliaeetus albicilla* L.),
Rohrweihe (*Circus aeruginosus* L.),
Kornweihe (*Circus cyaneus* L.),
Wiesenweihe (*Circus pygargus* L.),
Sperber (*Accipiter nisus* L.),
Habicht (*Accipiter gentilis* L.),
Mäusebussard (*Buteo buteo* L.),
Rauhfußbussard (*Buteo lagopus* BRUENNICH),
Steinadler (*Aquila chrysaetos* L.),
Turmfalke (*Falco tinnunculus* L.),
Rotfußfalke (*Falco vespertinus* L.),
Merlin (*Falco columbarius* L.),
Baumfalke (*Falco subbuteo* L.),
Wanderfalke (*Falco peregrinus* TUNSTALL).

Richtlinien für die Feststellung der erfolgreichen Teilnahme an einem Jagdaufseherlehrgang der Landesjägerschaft Niedersachsen e.V.

§ 1 Allgemeines

(1) Der Bewerber muss volljährig sein und einen Jahresjagdschein besitzen.

(2) Für die Bestätigung zum Nachweis der erfolgreichen Teilnahme an einem Jagdaufseherlehrgang sind diese Richtlinien verbindlich.

§ 2 Prüfungsausschuss

(1) Der Erfolgsnachweis ist vor einem Prüfungsausschuss zu erbringen.

(2) Ein Prüfungsausschuss setzt sich zusammen aus einem Vorsitzenden und mindestens 2 weiteren Prüfern. Für jedes Mitglied ist ein Stellvertreter zu berufen.

(3) Die Mitglieder des Prüfungsausschusses und deren Stellvertreter werden von dem Präsidenten der Landesjägerschaft Niedersachsen e.V. auf die Dauer von 4 Jahren bestimmt.

(4) Die Mitglieder des Prüfungsausschusses erhalten für ihre Teilnahme an den Prüfungen eine Entschädigung entsprechend den Bestimmungen für die Mitglieder der Prüfungsausschüsse bei der Ablegung der Jägerprüfungen in Niedersachsen.

§ 3 Anmeldung der Bewerber

(1) Anmeldungen sind schriftlich zusammen mit der Anmeldung zu einem Jagdaufseherlehrgang zu richten an:

Jägerlehrhof Jagdschloss Springe in 31832 Springe.

(2) Der Anmeldung ist eine Ablichtung des gültigen Jahresjagdscheines beizufügen.

(3) Die Prüfungsgebühr ist zusammen mit der Lehrgangsgebühr vor der Prüfung an den

Jägerlehrhof Jagdschloss Springe,
Konto-Nr. 300 101 403 8 bei der S*parkasse Hannover*
(BLZ 250 501 80), zu überweisen.

§ 4 Durchführung, Gegenstand und Bewertung der Prüfung

(1) Die Prüfung ist nicht öffentlich. Der Vorsitzende kann jedoch bis zu zwei Beobachter zulassen, die von der Landesjägerschaft Niedersachsen e.V. benannt sind.

(2) Den Ablauf der Prüfung bestimmt der Vorsitzende.

(3) Die Prüfung besteht aus einem schriftlichen und einem mündlichen Teil und erstreckt sich auf folgende Sachgebiete:

1. Allgemeines Recht der Gefahrenabwehr sowie Strafrecht und Strafprozessrecht, soweit wie es für die Tätigkeit als Jagdaufseher erforderlich ist.
2. Jagdbetrieb.
3. Jagdrecht.
4. Naturschutzrecht, Feld- und Forstordnungsrecht.

(4) *Die schriftlichen Prüfungsarbeiten* bestehen aus einem vom Vorsitzenden aufzustellenden Fragebogen mit 10 Fragen für jedes Sachgebiet (gem. Abs. 3), den die Prüflinge unter Aufsicht auszufüllen haben. Jede schriftliche Arbeit ist von zwei Prüfern gemeinsam zu bewerten; können diese sich im Einzelfall über die Bewertung nicht einigen, so entscheidet der Vorsitzende. Für die Bewertung der Sachgebiete gilt folgender Schlüssel:

Im Wesentlichen richtige Antwort	2 Punkte
teilweise richtige Antwort	1 Punkt
im Wesentlichen unrichtige Antwort	0 Punkte

sehr gut (1)	mindestens 19 Punkte
gut (2)	mindestens 16 Punkte
befriedigend (3)	mindestens 13 Punkte
ausreichend (4)	mindestens 10 Punkte
mangelhaft (5)	mindestens 5 Punkte
ungenügend (6)	weniger als 5 Punkte

(5) In der *mündlichen Prüfung* muss der Bewerber in jedem Sachgebiet geprüft werden. Die Leistungen der Bewerber sind wie folgt zu bewerten:

sehr gut (1)	für eine den Anforderungen in besonderem Maße entsprechende Leistung,
gut (2)	für eine den Anforderungen voll entsprechende Leistung,
befriedigend (3)	für eine den Anforderungen im allgemeinen entsprechende Leistung,

Anhang 2

ausreichend (4)	für eine Leistung, die zwar Mängel aufweist, aber im ganzen den Anforderungen noch entspricht,
mangelhaft (5)	für eine den Anforderungen nicht entsprechende Leistung, die jedoch erkennen lässt, dass die notwendigen Grundkenntnisse vorhanden sind und die Mängel in absehbarer Zeit behoben werden könnten,
ungenügend (6)	für eine den Anforderungen nicht entsprechende Leistung, bei der selbst die Grundkenntnisse so lückenhaft sind, dass die Mängel in absehbarer Zeit nicht behoben werden könnten.

Zwischennoten werden nicht erteilt.

Die Prüfung in einem Sachgebiet soll für den einzelnen Prüfling höchstens 10 Minuten dauern.

(6) Aus den Noten der schriftlichen und mündlichen Prüfung ist für jedes Sachgebiet eine Gesamtnote (Hälfte der Summe der beiden Einzelnoten) zu bilden. Die Prüfung ist nicht bestanden, wenn in einem Sachgebiet der mittlere Wert der Gesamtnote die Note vier (4,0) übersteigt.

§ 5 Prüfungsniederschrift

Über das Prüfungsergebnis ist eine Niederschrift anzufertigen, die von allen Mitgliedern des Prüfungsausschusses zu unterzeichnen ist.

§ 6 Prüfungsergebnis

Der Bewerber erhält nach bestandener Prüfung eine Bestätigung.

§ 7 Wiederholung der Prüfung

Hat der Bewerber die Prüfung nicht bestanden, so kann er sie frühestens nach Ablauf eines Jahres und nochmaliger Teilnahme an einem Jagdaufseherlehrgang wiederholen.

Der Bewerber ist hierüber zu belehren. Die Belehrung ist in der Niederschrift zu vermerken.

Waffengesetz (WaffG)

Vom 11. Oktober 2002 (BGBl. I S. 3970, 4592, BGBl. 2003 I
S. 1957), zuletzt geändert durch Art. 3 Abs. 5 des Gesetzes
vom 17. Juli 2009 (BGBl. I S.2062, 2088) – Auszug –

§ 1 Gegenstand und Zweck des Gesetzes, Begriffsbestimmungen

(1) Dieses Gesetz regelt den Umgang mit Waffen oder Munition unter
Berücksichtigung der Belange der öffentlichen Sicherheit und Ordnung.

(2) Waffen sind

1. Schusswaffen oder ihnen gleichgestellte Gegenstände und
2. tragbare Gegenstände,
   a) die ihrem Wesen nach dazu bestimmt sind, die Angriffs- oder
      Abwehrfähigkeit von Menschen zu beseitigen oder herabzuset-
      zen, insbesondere Hieb- und Stoßwaffen;
   b) die, ohne dazu bestimmt zu sein, insbesondere wegen ihrer
      Beschaffenheit, Handhabung oder Wirkungsweise geeignet sind,
      die Angriffs- oder Abwehrfähigkeit von Menschen zu beseitigen
      oder herabzusetzen, und die in diesem Gesetz genannt sind.

(3) Umgang mit einer Waffe oder Munition hat, wer diese erwirbt, besitzt,
überlässt, führt, verbringt, mitnimmt, damit schießt, herstellt, bearbeitet,
instandsetzt oder Handel damit treibt.

(4) Die Begriffe der Waffen und Munition sowie die Einstufung von Gegen-
ständen nach Absatz 2 Nr. 2 Buchstabe b als Waffen, die Begriffe der
Arten des Umgangs und sonstige waffenrechtliche Begriffe sind in der
Anlage 1 (Begriffsbestimmungen) zu diesem Gesetz näher geregelt.

§ 2 Grundsätze des Umgangs mit Waffen oder Munition, Waffenliste

(1) Der Umgang mit Waffen oder Munition ist nur Personen gestattet, die
das achtzehnte Lebensjahr vollendet haben.

(2) Der Umgang mit Waffen oder Munition, die in der Anlage 2 (Waffenliste) Abschnitt 2 zu diesem Gesetz genannt sind, bedarf der Erlaubnis.

(3) Der Umgang mit Waffen oder Munition, die in der Anlage 2 Abschnitt
1 zu diesem Gesetz genannt sind, ist verboten.

(4) Waffen oder Munition, mit denen der Umgang ganz oder teilweise von
der Erlaubnispflicht oder von einem Verbot ausgenommen ist, sind in der

Anhang 3

Anlage 2 Abschnitt 1 und 2 genannt. Ferner sind in der Anlage 2 Abschnitt 3 die Waffen und Munition genannt, auf die dieses Gesetz ganz oder teilweise nicht anzuwenden ist.

(5) Bestehen Zweifel darüber, ob ein Gegenstand von diesem Gesetz erfasst wird oder wie er nach Maßgabe der Begriffsbestimmungen in Anlage 1 Abschnitt 1 und 3 und der Anlage 2 einzustufen ist, so entscheidet auf Antrag die zuständige Behörde. Antragsberechtigt sind

1. Hersteller, Importeure, Erwerber oder Besitzer des Gegenstandes, soweit sie ein berechtigtes Interesse an der Entscheidung nach Satz 1 glaubhaft machen können,
2. die zuständigen Behörden des Bundes und der Länder.

Die nach Landesrecht zuständigen Behörden sind vor der Entscheidung zu hören. Die Entscheidung ist für den Geltungsbereich dieses Gesetzes allgemein verbindlich. Sie ist im Bundesanzeiger bekannt zu machen.

§ 3 Umgang mit Waffen oder Munition durch Kinder und Jugendliche

(1) Jugendliche dürfen im Rahmen eines Ausbildungs- oder Arbeitsverhältnisses abweichend von § 2 Abs. 1 unter Aufsicht eines weisungsbefugten Waffenberechtigten mit Waffen oder Munition umgehen.

(2) Jugendliche dürfen abweichend von § 2 Abs. 1 Umgang mit geprüften Reizstoffsprühgeräten haben.

(3) Die zuständige Behörde kann für Kinder und Jugendliche im Einzelfall Ausnahmen von Alterserfordernissen zulassen, wenn besondere Gründe vorliegen und öffentliche Interessen nicht entgegenstehen.

§ 4 Voraussetzungen für eine Erlaubnis

(1) Eine Erlaubnis setzt voraus, dass der Antragsteller

1. das achtzehnte Lebensjahr vollendet hat (§ 2 Abs. 1),
2. die erforderliche Zuverlässigkeit (§ 5) und persönliche Eignung (§ 6) besitzt,
3. die erforderliche Sachkunde nachgewiesen hat (§ 7),
4. ein Bedürfnis nachgewiesen hat (§ 8) und
5. bei der Beantragung eines Waffenscheins oder einer Schießerlaubnis eine Versicherung gegen Haftpflicht in Höhe von einer Million Euro – pauschal für Personen- und Sachschäden – nachweist.

(2) Die Erlaubnis zum Erwerb, Besitz, Führen oder Schießen kann versagt werden, wenn der Antragsteller seinen gewöhnlichen Aufenthalt nicht seit mindestens fünf Jahren im Geltungsbereich dieses Gesetzes hat.

(3) Die zuständige Behörde hat die Inhaber von waffenrechtlichen Erlaubnissen in regelmäßigen Abständen, mindestens jedoch nach Ablauf von drei Jahren, erneut auf ihre Zuverlässigkeit und ihre persönliche Eignung zu prüfen sowie in den Fällen des Absatzes 1 Nr. 5 sich das Vorliegen einer Versicherung gegen Haftpflicht nachweisen zu lassen.

(4) Die zuständige Behörde hat drei Jahre nach Erteilung der ersten waffenrechtlichen Erlaubnis das Fortbestehen des Bedürfnisses zu prüfen. Die zuständige Behörde kann auch nach Ablauf des in Satz 1 genannten Zeitraums das Fortbestehen des Bedürfnisses prüfen.

§ 5 Zuverlässigkeit

(1) Die erforderliche Zuverlässigkeit besitzen Personen nicht,

1. die rechtskräftig verurteilt worden sind
   a) wegen eines Verbrechens oder
   b) wegen sonstiger vorsätzlicher Straftaten zu einer Freiheitsstrafe von mindestens einem Jahr, wenn seit dem Eintritt der Rechtskraft der letzten Verurteilung zehn Jahre noch nicht verstrichen sind,
2. bei denen Tatsachen die Annahme rechtfertigen, dass sie
   a) Waffen oder Munition missbräuchlich oder leichtfertig verwenden werden,
   b) mit Waffen oder Munition nicht vorsichtig oder sachgemäß umgehen oder diese Gegenstände nicht sorgfältig verwahren werden,
   c) Waffen oder Munition Personen überlassen werden, die zur Ausübung der tatsächlichen Gewalt über diese Gegenstände nicht berechtigt sind.

(2) Die erforderliche Zuverlässigkeit besitzen in der Regel Personen nicht, die

1. a) wegen einer vorsätzlichen Straftat,
   b) wegen einer fahrlässigen Straftat im Zusammenhang mit dem Umgang mit Waffen, Munition oder Sprengstoff oder wegen einer fahrlässigen gemeingefährlichen Straftat,
   c) wegen einer Straftat nach dem Waffengesetz, dem Gesetz über die Kontrolle von Kriegswaffen, dem Sprengstoffgesetz oder dem Bundesjagdgesetz

zu einer Freiheitsstrafe, Jugendstrafe, Geldstrafe von mindestens 60 Tagessätzen oder mindestens zweimal zu einer geringeren Geldstrafe rechtskräftig verurteilt worden sind oder bei denen die Verhängung von Jugendstrafe ausgesetzt worden ist, wenn seit dem Eintritt der Rechtskraft der letzten Verurteilung fünf Jahre noch nicht verstrichen sind,

2. Mitglied
   a) in einem Verein, der nach dem Vereinsgesetz als Organisation unanfechtbar verboten wurde oder der einem unanfechtbaren Betätigungsverbot nach dem Vereinsgesetz unterliegt, oder
   b) in einer Partei, deren Verfassungswidrigkeit das Bundesverfassungsgericht nach § 46 des Bundesverfassungsgerichtsgesetzes festgestellt hat,

   waren, wenn seit der Beendigung der Mitgliedschaft zehn Jahre noch nicht verstrichen sind,

3. einzeln oder als Mitglied einer Vereinigung Bestrebungen verfolgen oder in den letzten fünf Jahren verfolgt haben, die gegen die verfassungsmäßige Ordnung oder gegen den Gedanken der Völkerverständigung, insbesondere gegen das friedliche Zusammenleben der Völker gerichtet sind,

4. innerhalb der letzten fünf Jahre mehr als einmal wegen Gewalttätigkeit mit richterlicher Genehmigung in polizeilichem Präventivgewahrsam waren,

5. wiederholt oder gröblich gegen die Vorschriften eines der in Nummer 1 Buchstabe c genannten Gesetze verstoßen haben.

(3) In die Frist nach Absatz 1 Nr. 1 oder Absatz 2 Nr. 1 nicht eingerechnet wird die Zeit, in welcher der Betroffene auf behördliche oder richterliche Anordnung in einer Anstalt verwahrt worden ist.

(4) Ist ein Verfahren wegen Straftaten im Sinne des Absatzes 1 Nr. 1 oder des Absatzes 2 Nr. 1 noch nicht abgeschlossen, so kann die zuständige Behörde die Entscheidung über den Antrag auf Erteilung einer waffenrechtlichen Erlaubnis bis zum rechtskräftigen Abschluss des Verfahrens aussetzen.

(5) Die zuständige Behörde hat im Rahmen der Zuverlässigkeitsprüfung folgende Erkundigungen einzuholen:

1. die unbeschränkte Auskunft aus dem Bundeszentralregister;
2. die Auskunft aus dem zentralen staatsanwaltschaftlichen Verfahrensregister hinsichtlich der in Absatz 2 Nr. 1 genannten Straftaten;
3. die Stellungnahme der örtlichen Polizeidienststelle, ob Tatsachen bekannt sind, die Bedenken gegen die Zuverlässigkeit begründen; die

örtliche Polizeidienststelle schließt in ihre Stellungnahme das Ergebnis der von ihr vorzunehmenden Prüfung nach Absatz 2 Nr. 4 ein.

Die nach Satz 1 Nr. 2 erhobenen personenbezogenen Daten dürfen nur für den Zweck der waffenrechtlichen Zuverlässigkeitsprüfung verwendet werden.

§ 6 Persönliche Eignung

(1) Die erforderliche persönliche Eignung besitzen Personen nicht, wenn Tatsachen die Annahme rechtfertigen, dass sie

1. geschäftsunfähig sind,
2. abhängig von Alkohol oder anderen berauschenden Mitteln, psychisch krank oder debil sind oder
3. auf Grund in der Person liegender Umstände mit Waffen oder Munition nicht vorsichtig oder sachgemäß umgehen oder diese Gegenstände nicht sorgfältig verwahren können oder dass die konkrete Gefahr einer Fremd- oder Selbstgefährdung besteht.

Die erforderliche persönliche Eignung besitzen in der Regel Personen nicht, wenn Tatsachen die Annahme rechtfertigen, dass sie in ihrer Geschäftsfähigkeit beschränkt sind. Die zuständige Behörde soll die Stellungnahme der örtlichen Polizeidienststelle einholen. Der persönlichen Eignung können auch im Erziehungsregister eingetragene Entscheidungen oder Anordnungen nach § 60 Abs. 1 Nr. 1 bis 7 des Bundeszentralregistergesetzes entgegenstehen.

(2) Sind Tatsachen bekannt, die Bedenken gegen die persönliche Eignung nach Absatz 1 begründen, oder bestehen begründete Zweifel an vom Antragsteller beigebrachten Bescheinigungen, so hat die zuständige Behörde dem Betroffenen auf seine Kosten die Vorlage eines amts- oder fachärztlichen oder fachpsychologischen Zeugnisses über die geistige oder körperliche Eignung aufzugeben.

(3) Personen, die noch nicht das fünfundzwanzigste Lebensjahr vollendet haben, haben für die erstmalige Erteilung einer Erlaubnis zum Erwerb und Besitz einer Schusswaffe auf eigene Kosten ein amts- oder fachärztliches oder fachpsychologisches Zeugnis über die geistige Eignung vorzulegen. Satz 1 gilt nicht für den Erwerb und Besitz von Schusswaffen im Sinne von § 14 Abs. 1 Satz 2.

(4) Das Bundesministerium des Innern wird ermächtigt, durch Rechtsverordnung mit Zustimmung des Bundesrates Vorschriften über das Verfah-

ren zur Erstellung, über die Vorlage und die Anerkennung der in den Absätzen 2 und 3 genannten Gutachten bei den zuständigen Behörden zu erlassen.

§ 7 Sachkunde

(1) Den Nachweis der Sachkunde hat erbracht, wer eine Prüfung vor der dafür bestimmten Stelle bestanden hat oder seine Sachkunde durch eine Tätigkeit oder Ausbildung nachweist.

(2) Das Bundesministerium des Innern wird ermächtigt, durch Rechtsverordnung mit Zustimmung des Bundesrates Vorschriften über die Anforderungen an die waffentechnischen und waffenrechtlichen Kenntnisse, über die Prüfung und das Prüfungsverfahren einschließlich der Errichtung von Prüfungsausschüssen sowie über den anderweitigen Nachweis der Sachkunde zu erlassen.

§ 8 Bedürfnis, allgemeine Grundsätze

Der Nachweis eines Bedürfnisses ist erbracht, wenn gegenüber den Belangen der öffentlichen Sicherheit oder Ordnung

1. besonders anzuerkennende persönliche oder wirtschaftliche Interessen, vor allem als Jäger, Sportschütze, Brauchtumsschütze, Waffen- oder Munitionssammler, Waffen- oder Munitionssachverständiger, gefährdete Person, als Waffenhersteller oder -händler oder als Bewachungsunternehmer, und
2. die Geeignetheit und Erforderlichkeit der Waffen oder Munition für den beantragten Zweck

glaubhaft gemacht sind.

§ 9 Inhaltliche Beschränkungen, Nebenbestimmungen und Anordnungen

(1) Eine Erlaubnis nach diesem Gesetz kann zur Abwehr von Gefahren für die öffentliche Sicherheit oder Ordnung inhaltlich beschränkt werden, insbesondere um Leben und Gesundheit von Menschen gegen die aus dem Umgang mit Schusswaffen oder Munition entstehenden Gefahren und erheblichen Nachteile zu schützen.

(2) Zu den in Absatz 1 genannten Zwecken können Erlaubnisse befristet oder mit Auflagen verbunden werden. Auflagen können nachträglich aufgenommen, geändert und ergänzt werden.

(3) Gegenüber Personen, die die Waffenherstellung oder den Waffenhandel nach Anlage 2 Abschnitt 2 Unterabschnitt 2 Nr. 4 bis 6 oder eine Schießstätte nach § 27 Abs. 2 ohne Erlaubnis betreiben dürfen, können Anordnungen zu den in Absatz 1 genannten Zwecken getroffen werden.

§ 10 Erteilung von Erlaubnissen zum Erwerb, Besitz, Führen und Schießen

(1) Die Erlaubnis zum Erwerb und Besitz von Waffen wird durch eine Waffenbesitzkarte oder durch Eintragung in eine bereits vorhandene Waffenbesitzkarte erteilt. Für die Erteilung einer Erlaubnis für Schusswaffen sind Art, Anzahl und Kaliber der Schusswaffe anzugeben. Die Erlaubnis zum Erwerb einer Waffe gilt für die Dauer eines Jahres, die Erlaubnis zum Besitz wird in der Regel unbefristet erteilt. Wer eine Waffe auf Grund einer Erlaubnis nach Satz 1 erwirbt, hat binnen zwei Wochen der zuständigen Behörde unter Benennung von Name und Anschrift des Überlassenden den Erwerb schriftlich anzuzeigen und seine Waffenbesitzkarte zur Eintragung des Erwerbs vorzulegen.

(2) Eine Waffenbesitzkarte über Schusswaffen, die mehrere Personen besitzen, kann auf diese Personen ausgestellt werden …

(3) Die Erlaubnis zum Erwerb und Besitz von Munition wird durch Eintragung in eine Waffenbesitzkarte für die darin eingetragenen Schusswaffen erteilt. In den übrigen Fällen wird die Erlaubnis durch einen Munitionserwerbsschein für eine bestimmte Munitionsart erteilt; sie ist für den Erwerb der Munition auf die Dauer von sechs Jahren zu befristen und gilt für den Besitz der Munition unbefristet.

(4) Die Erlaubnis zum Führen einer Waffe wird durch einen Waffenschein erteilt. Eine Erlaubnis nach Satz 1 zum Führen von Schusswaffen wird für bestimmte Schusswaffen auf höchstens drei Jahre erteilt; die Geltungsdauer kann zweimal um höchstens je drei Jahre verlängert werden, sie ist kürzer zu bemessen, wenn nur ein vorübergehendes Bedürfnis nachgewiesen wird. Der Geltungsbereich des Waffenscheins ist auf bestimmte Anlässe oder Gebiete zu beschränken, wenn ein darüber hinausgehendes Bedürfnis nicht nachgewiesen wird. Die Voraussetzungen für die Erteilung einer Erlaubnis zum Führen von Schreckschuss-, Reizstoff- und Signalwaffen sind in der Anlage 2 Abschnitt 2 Unterabschnitt 3 Nr. 2 und 2.1 genannt (Kleiner Waffenschein).

(5) Die Erlaubnis zum Schießen mit einer Schusswaffe wird durch einen Erlaubnisschein erteilt.

Anhang 3

§ 12 Ausnahmen von den Erlaubnispflichten

(1) Einer Erlaubnis zum Erwerb und Besitz einer Waffe bedarf nicht, wer diese

1. als Inhaber einer Waffenbesitzkarte von einem Berechtigten
   a) lediglich vorübergehend, höchstens aber für einen Monat für einen von seinem Bedürfnis umfassten Zweck oder im Zusammenhang damit, oder
   b) vorübergehend zum Zwecke der sicheren Verwahrung oder der Beförderung

   erwirbt;
2. vorübergehend von einem Berechtigten zur gewerbsmäßigen Beförderung, zur gewerbsmäßigen Lagerung oder zur gewerbsmäßigen Ausführung von Verschönerungen oder ähnlicher Arbeiten an der Waffe erwirbt;
3. von einem oder für einen Berechtigten erwirbt, wenn und solange er
   a) auf Grund eines Arbeits- oder Ausbildungsverhältnisses,
   b) als Beauftragter oder Mitglied einer jagdlichen oder schießsportlichen Vereinigung, einer anderen sportlichen Vereinigung zur Abgabe von Startschüssen oder einer zur Brauchtumspflege Waffen tragenden Vereinigung,
   c) als Charterer von seegehenden Schiffen zur Abgabe von Seenotsignalen

   den Besitz über die Waffe nur nach den Weisungen des Berechtigten ausüben darf;
4. von einem anderen,
   a) dem er die Waffe vorübergehend überlassen hat, ohne dass es hierfür der Eintragung in die Erlaubnisurkunde bedurfte, oder
   b) nach dem Abhandenkommen

   wieder erwirbt;
5. auf einer Schießstätte (§ 27) lediglich vorübergehend zum Schießen auf dieser Schießstätte erwirbt;
6. auf einer Reise in den oder durch den Geltungsbereich des Gesetzes nach § 32 berechtigt mitnimmt.

(2) Einer Erlaubnis zum Erwerb und Besitz von Munition bedarf nicht, wer diese

1. unter den Voraussetzungen des Absatzes 1 Nr. 1 bis 4 erwirbt;
2. unter den Voraussetzungen des Absatzes 1 Nr. 5 zum sofortigen Verbrauch lediglich auf dieser Schießstätte (§ 27) erwirbt;

3. auf einer Reise in den oder durch den Geltungsbereich des Gesetzes nach § 32 berechtigt mitnimmt.

(3) Einer Erlaubnis zum Führen von Waffen bedarf nicht, wer

1. diese mit Zustimmung eines anderen in dessen Wohnung, Geschäftsräumen oder befriedetem Besitztum oder dessen Schießstätte in einem von seinem Bedürfnis umfassten Zweck oder im Zusammenhang damit führt;
2. diese nicht schussbereit und nicht zugriffsbereit von einem Ort zu einem anderen Ort befördert, sofern der Transport der Waffe zu einem von seinem Bedürfnis umfassten Zweck oder im Zusammenhang damit erfolgt;
3. eine Langwaffe nicht schussbereit den Regeln entsprechend als Teilnehmer an genehmigten Sportwettkämpfen auf festgelegten Wegstrecken führt;
4. eine Signalwaffe beim Bergsteigen, als verantwortlicher Führer eines Wasserfahrzeugs auf diesem Fahrzeug oder bei Not- und Rettungsübungen führt;
5. eine Schreckschuss- oder eine Signalwaffe zur Abgabe von Start- oder Beendigungszeichen bei Sportveranstaltungen führt, wenn optische oder akustische Signalgebung erforderlich ist.

(4) Einer Erlaubnis zum Schießen mit einer Schusswaffe bedarf nicht, wer auf einer Schießstätte (§ 27) schießt. Das Schießen außerhalb von Schießstätten ist darüber hinaus ohne Schießerlaubnis nur zulässig

1. durch den Inhaber des Hausrechts oder mit dessen Zustimmung im befriedeten Besitztum
    a) mit Schusswaffen, deren Geschossen eine Bewegungsenergie von nicht mehr als 7,5 Joule (J) erteilt wird oder deren Bauart nach § 7 des Beschussgesetzes zugelassen ist, sofern die Geschosse das Besitztum nicht verlassen können,
    b) mit Schusswaffen, aus denen nur Kartuschenmunition verschossen werden kann,
2. durch Personen, die den Regeln entsprechend als Teilnehmer an genehmigten Sportwettkämpfen nach Absatz 3 Nr. 3 mit einer Langwaffe an Schießständen schießen,
3. mit Schusswaffen, aus denen nur Kartuschenmunition verschossen werden kann,
    a) durch Mitwirkende an Theateraufführungen und diesen gleich zu achtenden Vorführungen,
    b) zum Vertreiben von Vögeln in landwirtschaftlichen Betrieben,

4. mit Signalwaffen bei Not- und Rettungsübungen,
5. mit Schreckschuss- oder mit Signalwaffen zur Abgabe von Start- oder Beendigungszeichen im Auftrag der Veranstalter bei Sportveranstaltungen, wenn optische oder akustische Signalgebung erforderlich ist.

(5) Die zuständige Behörde kann im Einzelfall weitere Ausnahmen von den Erlaubnispflichten zulassen, wenn besondere Gründe vorliegen und Belange der öffentlichen Sicherheit und Ordnung nicht entgegenstehen.

§ 13 Erwerb und Besitz von Schusswaffen und Munition durch Jäger, Führen und Schießen zu Jagdzwecken

(1) Ein Bedürfnis für den Erwerb und Besitz von Schusswaffen und der dafür bestimmten Munition wird bei Personen anerkannt, die Inhaber eines gültigen Jagdscheines im Sinne von § 15 Abs. 1 Satz 1 des Bundesjagdgesetzes sind (Jäger), wenn

1. glaubhaft gemacht wird, dass sie die Schusswaffen und die Munition zur Jagdausübung oder zum Training im jagdlichen Schießen einschließlich jagdlicher Schießwettkämpfe benötigen,
2. die zu erwerbende Schusswaffe und Munition nach dem Bundesjagdgesetz in der zum Zeitpunkt des Erwerbs geltenden Fassung nicht verboten ist (Jagdwaffen und -munition).

(2) Für Jäger gilt § 6 Abs. 3 Satz 1 nicht. Bei Jägern, die Inhaber eines Jahresjagdscheines im Sinne von § 15 Abs. 2 in Verbindung mit Abs. 1 Satz 1 des Bundesjagdgesetzes sind, erfolgt keine Prüfung der Voraussetzungen des Absatzes 1 Nr. 1 sowie des § 4 Abs. 1 Nr. 4 für den Erwerb und Besitz von Langwaffen und zwei Kurzwaffen, sofern die Voraussetzungen des Absatzes 1 Nr. 2 vorliegen.

(3) Inhaber eines gültigen Jahresjagdscheines im Sinne des § 15 Abs. 2 in Verbindung mit Abs. 1 Satz 1 des Bundesjagdgesetzes bedürfen zum Erwerb von Langwaffen nach Absatz 1 Nr. 2 keiner Erlaubnis. Die Ausstellung der Waffenbesitzkarte oder die Eintragung in eine bereits erteilte Waffenbesitzkarte ist binnen zwei Wochen durch den Erwerber zu beantragen.

(4) Für den Erwerb und vorübergehenden Besitz gemäß § 12 Abs. 1 Nr. 1 von Langwaffen nach Absatz 1 Nr. 2 steht ein Jagdschein im Sinne von § 15 Abs. 1 Satz 1 des Bundesjagdgesetzes einer Waffenbesitzkarte gleich.

(5) Jäger bedürfen für den Erwerb und Besitz von Munition für Langwaffen nach Absatz 1 Nr. 2 keiner Erlaubnis, sofern sie nicht nach dem Bundesjagdgesetz in der jeweiligen Fassung verboten ist.

(6) Ein Jäger darf Jagdwaffen zur befugten Jagdausübung einschließlich des Ein- und Anschießens im Revier, zur Ausbildung von Jagdhunden im Revier, zum Jagdschutz oder zum Forstschutz ohne Erlaubnis führen und mit ihnen schießen; er darf auch im Zusammenhang mit diesen Tätigkeiten die Jagdwaffen nicht schussbereit ohne Erlaubnis führen.

(7) Inhabern eines Jugendjagdscheines im Sinne von § 16 des Bundesjagdgesetzes wird eine Erlaubnis zum Erwerb und Besitz von Schusswaffen und der dafür bestimmten Munition nicht erteilt. Sie dürfen Schusswaffen und die dafür bestimmte Munition nur für die Dauer der Ausübung der Jagd oder des Trainings im jagdlichen Schießen einschließlich jagdlicher Schießwettkämpfe ohne Erlaubnis erwerben, besitzen, die Schusswaffen führen und damit schießen; sie dürfen auch im Zusammenhang mit diesen Tätigkeiten die Jagdwaffen nicht schussbereit ohne Erlaubnis führen.

(8) Personen in der Ausbildung zum Jäger dürfen nicht schussbereite Jagdwaffen in der Ausbildung ohne Erlaubnis unter Aufsicht eines Ausbilders erwerben, besitzen und führen, wenn sie das vierzehnte Lebensjahr vollendet haben und der Sorgeberechtigte und der Ausbildungsleiter ihr Einverständnis in einer von beiden unterzeichneten Berechtigungsbescheinigung erklärt haben. Die Person hat in der Ausbildung die Berechtigungsbescheinigung mit sich zu führen.

§ 27 Schießstätten, Schießen durch Minderjährige auf Schießstätten

(1) Wer eine ortsfeste oder ortsveränderliche Anlage, die ausschließlich oder neben anderen Zwecken dem Schießsport oder sonstigen Schießübungen mit Schusswaffen, der Erprobung von Schusswaffen oder dem Schießen mit Schusswaffen zur Belustigung dient (Schießstätte), betreiben oder in ihrer Beschaffenheit oder in der Art ihrer Benutzung wesentlich ändern will, bedarf der Erlaubnis der zuständigen Behörde. Die Erlaubnis darf nur erteilt werden, wenn der Antragsteller die erforderliche Zuverlässigkeit (§ 5) und persönliche Eignung (§ 6) besitzt und eine Versicherung gegen Haftpflicht in Höhe von mindestens einer Million Euro – pauschal für Personen- und Sachschäden – sowie gegen Unfall in Höhe von mindestens 10 000 Euro für den Todesfall und mindestens 100 000 Euro für den Invaliditätsfall bei einem im Geltungsbereich dieses Gesetzes zum

Geschäftsbetrieb befugten Versicherungsunternehmen nachweist. § 10 Abs. 2 Satz 2 bis 5 gilt entsprechend.

(5) Personen in der Ausbildung zum Jäger dürfen in der Ausbildung ohne Erlaubnis mit Jagdwaffen schießen, wenn sie das vierzehnte Lebensjahr vollendet haben und der Sorgeberechtigte und der Ausbildungsleiter ihr Einverständnis in einer von beiden unterzeichneten Berechtigungsbescheinigung erklärt haben. Die Person hat in der Ausbildung die Berechtigungsbescheinigung mit sich zu führen.

§ 34 Überlassen von Waffen oder Munition, Prüfung der Erwerbsberechtigung, Anzeigepflicht

(1) Waffen oder Munition dürfen nur berechtigten Personen überlassen werden. Die Berechtigung muss offensichtlich sein oder nachgewiesen werden. Werden sie zur gewerbsmäßigen Beförderung überlassen, müssen die ordnungsgemäße Beförderung sichergestellt und Vorkehrungen gegen ein Abhandenkommen getroffen sein. Munition darf gewerbsmäßig nur in verschlossenen Packungen überlassen werden; dies gilt nicht im Falle des Überlassens auf Schießstätten gemäß § 12 Abs. 2 Nr. 2 oder soweit einzelne Stücke von Munitionssammlern erworben werden. Wer Waffen oder Munition einem anderen lediglich zur gewerbsmäßigen Beförderung (§ 12 Abs. 1 Nr. 2, Abs. 2 Nr. 1) an einen Dritten übergibt, überlässt sie dem Dritten.

(2) Der Inhaber einer Erlaubnis nach § 21 Abs. 1 Satz 1, der einem anderen auf Grund einer Erlaubnis nach § 10 Abs. 1 eine Schusswaffe überlässt, hat in die Waffenbesitzkarte unverzüglich Herstellerzeichen oder Marke und – wenn gegeben – die Herstellungsnummer der Waffe, ferner den Tag des Überlassens und die Bezeichnung und den Sitz des Betriebs dauerhaft einzutragen und das Überlassen binnen zwei Wochen der zuständigen Behörde schriftlich anzuzeigen. Überlässt sonst jemand einem anderen eine Schusswaffe, zu deren Erwerb es einer Erlaubnis bedarf, so hat er dies binnen zwei Wochen der zuständigen Behörde schriftlich anzuzeigen und ihr, sofern ihm eine Waffenbesitzkarte oder ein Europäischer Feuerwaffenpass erteilt worden ist, diese zur Berichtigung vorzulegen; dies gilt nicht in den Fällen des § 12 Abs. 1. In der Anzeige nach den Sätzen 1 und 2 sind anzugeben Name, Vorname, Geburtsdatum, Geburtsort und Wohnanschrift des Erwerbers, sowie Art und Gültigkeitsdauer der Erwerbs- und Besitzberechtigung. Bei Nachweis der Erwerbs- und Besitzerlaubnis durch eine Waffenbesitzkarte sind darüber hinaus deren Nummer und ausstellende Behörde anzugeben. Bei Über-

lassung an einen Erlaubnisinhaber nach § 21 Abs. 1 Satz 1 sind in der Anzeige lediglich der Name der Firma und die Anschrift der Niederlassung anzugeben.

(3) Die Absätze 1 und 2 gelten nicht für denjenigen, der Schusswaffen oder Munition einem anderen, der sie außerhalb des Geltungsbereichs des Gesetzes erwirbt, insbesondere im Versandwege unter eigenem Namen überlässt. Die Vorschriften des § 31 bleiben unberührt.

(4) Wer Personen, die ihren gewöhnlichen Aufenthalt in einem anderen Mitgliedstaat der Europäischen Union haben, eine Schusswaffe nach Anlage 1 Abschnitt 3[1] (Kategorien B und C) oder Munition für eine solche überlässt, hat dies unverzüglich dem Bundeskriminalamt schriftlich anzuzeigen; dies gilt nicht in den Fällen des § 12 Abs. 1 Nr. 1 und 5.

(5) Wer erlaubnispflichtige Feuerwaffen nach Anlage 1 Abschnitt 1 Unterabschnitt 1 Nr. 2, ausgenommen Einzellader-Langwaffen mit nur glattem Lauf oder glatten Läufen, und deren wesentliche Teile, Schalldämpfer und tragbare Gegenstände nach Anlage 1 Abschnitt 1 Unterabschnitt 1 Nr. 1.2.1 einem anderen, der seinen gewöhnlichen Aufenthalt in einem Mitgliedstaat des Übereinkommens vom 28. Juni 1978 über die Kontrolle des Erwerbs und Besitzes von Schusswaffen durch Einzelpersonen (BGBl. I 1980 S. 953) hat, überlässt, dorthin versendet oder ohne Wechsel des Besitzers endgültig dorthin verbringt, hat dies unverzüglich dem Bundeskriminalamt schriftlich anzuzeigen. Dies gilt nicht

1. für das Überlassen und Versenden der in Satz 1 bezeichneten Gegenstände an staatliche Stellen in einem dieser Staaten und in den Fällen, in denen Unternehmen Schusswaffen zur Durchführung von Kooperationsvereinbarungen zwischen Staaten oder staatlichen Stellen überlassen werden, sofern durch Vorlage einer Bescheinigung von Behörden des Empfangsstaates nachgewiesen wird, dass diesen Behörden der Erwerb bekannt ist, oder

2. soweit Anzeigepflichten nach Absatz 4 oder nach § 31 Abs. 2 Satz 3 bestehen.

(6) Das Bundesministerium des Innern wird ermächtigt, durch Rechtsverordnung mit Zustimmung des Bundesrates zur Abwehr von Gefahren für Leben und Gesundheit von Menschen zu bestimmen, dass in den in den Absätzen 2, 4 und 5 bezeichneten Anzeigen weitere Angaben zu machen oder den Anzeigen weitere Unterlagen beizufügen sind.

---

1   Anlage 1 Abschnitt 3 wird hier nicht abgedruckt.

Anhang 3

§ 35 Werbung, Hinweispflichten, Handelsverbote

(1) Wer Waffen oder Munition zum Kauf oder Tausch in Anzeigen oder Werbeschriften anbietet, hat bei den nachstehenden Waffenarten auf das Erfordernis der Erwerbsberechtigung jeweils wie folgt hinzuweisen:

1. bei erlaubnispflichtigen Schusswaffen und erlaubnispflichtiger Munition: Abgabe nur an Inhaber einer Erwerbserlaubnis,
2. bei nicht erlaubnispflichtigen Schusswaffen und nicht erlaubnispflichtiger Munition sowie sonstigen Waffen: Abgabe nur an Personen mit vollendetem achtzehnten Lebensjahr,
3. bei verbotenen Waffen: Abgabe nur an Inhaber einer Ausnahmegenehmigung,

sowie seinen Namen, seine Anschrift und gegebenenfalls seine eingetragene Marke bekannt zu geben. Anzeigen und Werbeschriften nach Satz 1 dürfen nur veröffentlicht werden, wenn sie den Namen und die Anschrift des Anbieters sowie die von ihm je nach Waffenart mitzuteilenden Hinweise enthalten. Satz 2 gilt nicht für die Bekanntgabe der Personalien des nicht gewerblichen Anbieters, wenn dieser der Bekanntgabe widerspricht. Derjenige, der die Anzeige oder Werbeschrift veröffentlicht, ist im Falle des Satzes 3 gegenüber der zuständigen Behörde verpflichtet, die Urkunden über den Geschäftsvorgang ein Jahr lang aufzubewahren und dieser auf Verlangen Einsicht zu gewähren.

§ 36 Aufbewahren von Waffen oder Munition

(1) Wer Waffen oder Munition besitzt, hat die erforderlichen Vorkehrungen zu treffen, um zu verhindern, dass diese Gegenstände abhanden kommen oder Dritte sie unbefugt an sich nehmen. Schusswaffen dürfen nur getrennt von Munition aufbewahrt werden, sofern nicht die Aufbewahrung in einem Sicherheitsbehältnis erfolgt, das mindestens der Norm DIN/EN 1143-1 Widerstandsgrad 0 (Stand Mai 1997)[1] oder einer Norm mit gleichem Schutzniveau eines anderen Mitgliedstaates des Übereinkommens über den Europäischen Wirtschaftsraum (EWR-Mitgliedstaat) entspricht.

(2) Schusswaffen, deren Erwerb nicht von der Erlaubnispflicht freigestellt ist, und verbotene Waffen sind mindestens in einem der Norm DIN/EN 1143-1 Widerstandsgrad 0 (Stand Mai 1997) entsprechenden oder gleichwertigen Behältnis aufzubewahren; als gleichwertig gilt insbesondere ein

---

1 Herausgegeben im Beuth-Verlag GmbH, Berlin und Köln.

Behältnis der Sicherheitsstufe B nach VDMA[1], [2] 24992 (Stand Mai 1995). Für bis zu zehn Langwaffen gilt die sichere Aufbewahrung auch in einem Behältnis als gewährleistet, das der Sicherheitsstufe A nach VDMA 24992 (Stand Mai 1995) oder einer Norm mit gleichem Schutzniveau eines anderen EWR-Mitgliedstaates entspricht. Vergleichbar gesicherte Räume sind als gleichwertig anzusehen.

(3) Wer erlaubnispflichtige Schusswaffen, Munition oder verbotene Waffen besitzt oder die Erteilung einer Erlaubnis zum Besitz beantragt hat, hat der zuständigen Behörde die zur sicheren Aufbewahrung getroffenen oder vorgesehenen Maßnahmen nachzuweisen. Besitzer von erlaubnispflichtigen Schusswaffen, Munition oder verbotenen Waffen haben außerdem der Behörde zur Überprüfung der Pflichten aus den Absätzen 1 und 2 Zutritt zu den Räumen zu gestatten, in denen die Waffen und die Munition aufbewahrt werden. Wohnräume dürfen gegen den Willen des Inhabers nur zur Verhütung dringender Gefahren für die öffentliche Sicherheit betreten werden; das Grundrecht der Unverletzlichkeit der Wohnung (Artikel 13 des Grundgesetzes) wird insoweit eingeschränkt.

(4) Entspricht die bisherige Aufbewahrung von Waffen oder Munition, deren Erwerb und Besitz ihrer Art nach der Erlaubnis bedarf, nicht den in diesem Gesetz oder in einer Rechtsverordnung nach Absatz 5 festgelegten Anforderungen, so hat der Besitzer bis zum 31. August 2003 die ergänzenden Vorkehrungen zur Gewährleistung einer diesen Anforderungen entsprechenden Aufbewahrung vorzunehmen. Dies ist gegenüber der zuständigen Behörde innerhalb der Frist des Satzes 1 anzuzeigen und nachzuweisen.

(5) Das Bundesministerium des Innern wird ermächtigt, nach Anhörung der beteiligten Kreise durch Rechtsverordnung mit Zustimmung des Bundesrates unter Berücksichtigung des Standes der Technik, der Art und Zahl der Waffen, der Munition oder der Örtlichkeit von den Anforderungen an die Aufbewahrung abzusehen oder zusätzliche Anforderungen an die Aufbewahrung abzusehen oder zusätzliche Anforderungen an die Aufbewahrung oder die Sicherung der Waffe festzulegen. Dabei können

1. Anforderungen an technische Sicherungssysteme zur Verhinderung einer unberechtigten Wegnahme oder Nutzung von Schusswaffen,

2. die Nachrüstung oder der Austausch vorhandener Sicherungssysteme,

---

1 Verband Deutscher Maschinen- und Anlagebau e.V.
2 Herausgegeben im Beuth-Verlag GmbH, Berlin und Köln.

3. die Ausstattung von Schusswaffen mit mechanischen, elektronischen oder biometrischen Sicherungssystemen

festgelegt werden.

(6) Ist im Einzelfall, insbesondere wegen der Art und Zahl der aufzubewahrenden Waffen oder Munition oder wegen des Ortes der Aufbewahrung, ein höherer Sicherheitsstandard erforderlich, hat die zuständige Behörde die notwendigen Ergänzungen anzuordnen und zu deren Umsetzung eine angemessene Frist zu setzen.

§ 37 Anzeigepflichten

(1) Wer Waffen oder Munition, deren Erwerb der Erlaubnis bedarf,

1. beim Tode eines Waffenbesitzers, als Finder oder in ähnlicher Weise,
2. als Insolvenzverwalter, Zwangsverwalter, Gerichtsvollzieher oder in ähnlicher Weise

in Besitz nimmt, hat dies der zuständigen Behörde unverzüglich anzuzeigen. Die zuständige Behörde kann die Waffen und die Munition sicherstellen oder anordnen, dass sie binnen angemessener Frist unbrauchbar gemacht oder einem Berechtigten überlassen werden und dies der zuständigen Behörde nachgewiesen wird. Nach fruchtlosem Ablauf der Frist kann die zuständige Behörde die Waffen oder Munition einziehen. Ein Erlös aus der Verwertung steht dem nach bürgerlichem Recht bisher Berechtigten zu.

(2) Sind jemandem Waffen oder Munition, deren Erwerb der Erlaubnis bedarf, oder Erlaubnisurkunden abhanden gekommen, so hat er dies der zuständigen Behörde unverzüglich anzuzeigen und, soweit noch vorhanden, die Waffenbesitzkarte und den Europäischen Feuerwaffenpass zur Berichtigung vorzulegen. Die örtliche Behörde unterrichtet zum Zwecke polizeilicher Ermittlungen die örtliche Polizeidienststelle über das Abhandenkommen.

(3) Wird eine Schusswaffe, zu deren Erwerb es einer Erlaubnis bedarf, oder eine verbotene Schusswaffe nach Anlage 2 Abschnitt 1 Nr. 1.2 nach den Anforderungen der Anlage 1 Abschnitt 1 Unterabschnitt 1 Nr. 1.4 unbrauchbar gemacht oder zerstört, so hat der Besitzer dies der zuständigen Behörde binnen zweier Wochen schriftlich anzuzeigen und ihr auf Verlangen den Gegenstand vorzulegen. Dabei hat er seine Personalien sowie Art, Kaliber, Herstellerzeichen oder Marke und – sofern vorhanden – die Herstellungsnummer der Schusswaffe anzugeben.

§ 38 Ausweispflichten

Wer eine Waffe führt, muss

1. seinen Personalausweis oder Pass und
   a) wenn es einer Erlaubnis zum Erwerb bedarf, die Waffenbesitzkarte oder, wenn es einer Erlaubnis zum Führen bedarf, den Waffenschein,
   e) im Falle der vorübergehenden Berechtigung zum Erwerb oder zum Führen auf Grund des § 12 Abs. 1 Nr. 1 und 2 oder § 28 Abs. 4 einen Beleg, aus dem der Name des Überlassers, des Besitzberechtigten und das Datum der Überlassung hervorgeht, oder
   f) im Falle des Schießens mit einer Schießerlaubnis nach § 10 Abs. 5 diese, und
2. in den Fällen des § 13 Abs. 6 den Jagdschein

mit sich führen und Polizeibeamten oder sonst zur Personenkontrolle Befugten auf Verlangen zur Prüfung aushändigen. In den Fällen des § 13 Abs. 3 und § 14 Abs. 4 Satz 2 genügt an Stelle der Waffenbesitzkarte ein schriftlicher Nachweis darüber, dass die Antragsfrist noch nicht verstrichen oder ein Antrag gestellt worden ist. Satz 1 gilt nicht in Fällen des § 12 Abs. 3 Nr. 1.

§ 39 Auskunfts- und Vorzeigepflicht, Nachschau

(1) Wer Waffenherstellung, Waffenhandel oder eine Schießstätte betreibt, eine Schießstätte benutzt oder in ihr die Aufsicht führt, ein Bewachungsunternehmen betreibt, Veranstaltungen zur Ausbildung im Verteidigungsschießen durchführt oder sonst den Besitz über Waffen oder Munition ausübt, hat der zuständigen Behörde auf Verlangen oder, sofern dieses Gesetz einen Zeitpunkt vorschreibt, zu diesem Zeitpunkt die für die Durchführung dieses Gesetzes erforderlichen Auskünfte zu erteilen; eine entsprechende Pflicht gilt ferner für Personen, gegenüber denen ein Verbot nach § 41 Abs. 1 oder 2 ausgesprochen wurde. Sie können die Auskunft auf solche Fragen verweigern, deren Beantwortung sie selbst oder einen der in § 383 Abs. 1 Nr. 1 bis 3 der Zivilprozessordnung bezeichneten Angehörigen der Gefahr strafrechtlicher Verfolgung oder eines Verfahrens nach dem Gesetz über Ordnungswidrigkeiten aussetzen würde. Darüber hinaus hat der Inhaber der Erlaubnis die Einhaltung von Auflagen nachzuweisen.

(3) Aus begründetem Anlass kann die zuständige Behörde anordnen, dass der Besitzer von

1. Waffen oder Munition, deren Erwerb der Erlaubnis bedarf, oder
2. in Anlage 2 Abschnitt 1 bezeichneten verbotenen Waffen

ihr diese sowie Erlaubnisscheine oder Ausnahmebescheinigungen binnen angemessener, von ihr zu bestimmender Frist zur Prüfung vorlegt.

§ 40 Verbotene Waffen

(3) Inhaber einer jagdrechtlichen Erlaubnis und Angehörige von leder- oder pelzverarbeitenden Berufen dürfen abweichend von § 2 Abs. 3 Umgang mit Faustmessern nach Anlage 2 Abschnitt 1 Nr. 1.4.2 haben, sofern sie diese Messer zur Ausübung ihrer Tätigkeit benötigen.

(5) Wer eine in Anlage 2 Abschnitt 1 bezeichnete Waffe als Erbe, Finder oder in ähnlicher Weise in Besitz nimmt, hat dies der zuständigen Behörde unverzüglich anzuzeigen. Die zuständige Behörde kann die Waffen oder Munition sicherstellen oder anordnen, dass innerhalb einer angemessenen Frist die Waffen oder Munition unbrauchbar gemacht, von Verbotsmerkmalen befreit oder einem nach diesem Gesetz Berechtigten überlassen werden, oder dass der Erwerber einen Antrag nach Absatz 4 stellt. Das Verbot des Umgangs mit Waffen oder Munition wird nicht wirksam, solange die Frist läuft oder eine ablehnende Entscheidung nach Absatz 3 dem Antragsteller noch nicht bekannt gegeben worden ist.

§ 42 Verbot des Führens von Waffen bei öffentlichen Veranstaltungen

(1) Wer an öffentlichen Vergnügungen, Volksfesten, Sportveranstaltungen, Messen, Ausstellungen, Märkten oder ähnlichen öffentlichen Veranstaltungen teilnimmt, darf keine Waffen im Sinne des § 1 Abs. 2 führen.

§ 42a Verbot des Führens von Anscheinswaffen und bestimmten tragbaren Gegenständen

(1) Es ist verboten,
1. Anscheinswaffen,
2. Hieb- und Stoßwaffen nach Anlage 1 Abschnitt 1 Unterabschnitt 2 Nr. 1.1 oder
3. Messer mit einhändig feststellbarer Klinge (Einhandmesser) oder feststehende Messer mit einer Klingenlänge über 12 cm

zu führen.

(2) Absatz 2 gilt nicht

1. für die Verwendung bei Foto-, Film- oder Fernsehaufnahmen oder Theateraufführungen,
2. für den Transport in einem verschlossenen Behältnis,
3. für das Führen der Gegenstände nach Absatz 1 Nr. 2 und 3, sofern ein berechtigtes Interesse vorliegt.

Weitergehende Regelungen bleiben unberührt.

(3) Ein berechtigtes Interesse nach Absatz 2 Nr. 3 liegt insbesondere vor, wenn das Führen des Gegenstandes im Zusammenhang mit der Berufsausübung erfolgt, der Brauchtumspflege, dem Sport oder einem allgemein anerkannten Zweck dient.

§ 43a Nationales Waffenregister

Bis zum 31. Dezember 2012 ist ein Nationales Waffenregister zu errichten, in dem bundesweit insbesondere Schusswaffen, deren Erwerb und Besitz der Erlaubnis bedürfen, sowie Daten von Erwerbern, Besitzern und Überlassern dieser Schusswaffen elektronisch auswertbar zu erfassen und auf aktuellem Stand zu erhalten sind.

§ 45 Rücknahme und Widerruf

(1) Eine Erlaubnis nach diesem Gesetz ist zurückzunehmen, wenn nachträglich bekannt wird, dass die Erlaubnis hätte versagt werden müssen.

(2) Eine Erlaubnis nach diesem Gesetz ist zu widerrufen, wenn nachträglich Tatsachen eintreten, die zur Versagung hätten führen müssen. Eine Erlaubnis nach diesem Gesetz kann auch widerrufen werden, wenn inhaltliche Beschränkungen nicht beachtet werden.

(3) Bei einer Erlaubnis kann abweichend von Absatz 2 Satz 1 im Falle eines vorübergehenden Wegfalls des Bedürfnisses, aus besonderen Gründen auch in Fällen des endgültigen Wegfalls des Bedürfnisses, von einem Widerruf abgesehen werden. Satz 1 gilt nicht, sofern es sich um eine Erlaubnis zum Führen einer Waffe handelt.

(4) Verweigert ein Betroffener im Falle der Überprüfung des weiteren Vorliegens von in diesem Gesetz oder in einer auf Grund dieses Gesetzes erlassenen Rechtsverordnung vorgeschriebenen Tatbestandsvoraussetzungen, bei deren Wegfall ein Grund zur Rücknahme oder zum Widerruf

einer Erlaubnis oder Ausnahmebewilligung gegeben wäre, seine Mitwirkung, so kann die Behörde deren Wegfall vermuten. Der Betroffene ist darauf hinzuweisen.

§ 46 Weitere Maßnahmen

(1) Werden Erlaubnisse nach diesem Gesetz zurückgenommen oder widerrufen, so hat der Inhaber alle Ausfertigungen der Erlaubnisurkunde der zuständigen Behörde unverzüglich zurückzugeben. Das Gleiche gilt, wenn die Erlaubnis erloschen ist.

(2) Hat jemand auf Grund einer Erlaubnis, die zurückgenommen, widerrufen oder erloschen ist, Waffen oder Munition erworben oder befugt besessen, und besitzt er sie noch, so kann die zuständige Behörde anordnen, dass er binnen angemessener Frist die Waffen oder Munition dauerhaft unbrauchbar macht oder einem Berechtigten überlässt und den Nachweis darüber gegenüber der Behörde führt. Nach fruchtlosem Ablauf der Frist kann die zuständige Behörde die Waffen oder Munition sicherstellen.

(3) Besitzt jemand ohne die erforderliche Erlaubnis oder entgegen einem vollziehbaren Verbot nach § 41 Abs. 1 oder 2 eine Waffe oder Munition, so kann die zuständige Behörde anordnen, dass er binnen angemessener Frist

1. die Waffe oder Munition dauerhaft unbrauchbar macht oder einem Berechtigten überlässt oder
2. im Fall einer verbotenen Waffe oder Munition die Verbotsmerkmale beseitigt und
3. den Nachweis darüber gegenüber der Behörde führt.

Nach fruchtlosem Ablauf der Frist kann die zuständige Behörde die Waffe oder Munition sicherstellen.

(4) Die zuständige Behörde kann Erlaubnisurkunden sowie die in Absatz 2 und 3 bezeichneten Waffen oder Munition sofort sicherstellen

1. in Fällen eines vollziehbaren Verbots nach § 41 Abs. 1 oder 2 oder
2. soweit Tatsachen die Annahme rechtfertigen, dass die Waffen oder Munition missbräuchlich verwendet oder von einem Nichtberechtigten erworben werden sollen.

Zu diesem Zweck sind die Beauftragten der zuständigen Behörde berechtigt, die Wohnung des Betroffenen zu betreten und diese nach Urkunden, Waffen oder Munition zu durchsuchen; Durchsuchungen dürfen nur durch den Richter, bei Gefahr im Verzug auch durch die zuständige Behörde angeordnet werden; das Grundrecht der Unverletzlichkeit der Wohnung (Artikel 13 des Grundgesetzes) wird insoweit eingeschränkt. Widerspruch und Anfechtungsklage haben keine aufschiebende Wirkung.

(5) Sofern der bisherige Inhaber nicht innerhalb eines Monats nach Sicherstellung einen empfangsbereiten Berechtigten benennt oder im Fall der Sicherstellung verbotener Waffen oder Munition nicht in dieser Frist eine Ausnahmezulassung nach § 40 Abs. 4 beantragt, kann die zuständige Behörde die sichergestellten Waffen oder Munition einziehen und verwerten. Dieselben Befugnisse besitzt die zuständige Behörde im Fall der unanfechtbaren Versagung einer für verbotene Waffen oder Munition vor oder rechtzeitig nach der Sicherstellung beantragten Ausnahmezulassung nach § 40 Abs. 4. Der Erlös aus einer Verwertung der Waffen oder Munition steht nach Abzug der Kosten der Sicherstellung, Verwahrung und Verwertung dem nach bürgerlichem Recht bisher Berechtigten zu.

§ 51 Strafvorschriften

(1) Mit Freiheitsstrafe von einem Jahr bis zu fünf Jahren wird bestraft, wer entgegen § 2 Abs. 1 oder 3, jeweils in Verbindung mit Anlage 2 Abschnitt 1 Nr. 1.2.1, eine dort genannte Schusswaffe erwirbt, besitzt, überlässt, führt, verbringt, mitnimmt, herstellt, bearbeitet, instand setzt oder Handel damit treibt.

(2) In besonders schweren Fällen ist die Strafe Freiheitsstrafe von einem Jahr bis zu zehn Jahren. Ein besonders schwerer Fall liegt in der Regel vor, wenn der Täter gewerbsmäßig oder als Mitglied einer Bande, die sich zur fortgesetzten Begehung solcher Straftaten verbunden hat, unter Mitwirkung eines anderen Bandenmitgliedes handelt.

(3) In minder schweren Fällen ist die Strafe Freiheitsstrafe bis zu drei Jahren oder Geldstrafe.

(4) Handelt der Täter fahrlässig, so ist die Strafe Freiheitsstrafe bis zu zwei Jahren oder Geldstrafe.

§ 52 Strafvorschriften

(1) Mit Freiheitsstrafe von sechs Monaten bis zu fünf Jahren wird bestraft, wer

1. entgegen § 2 Abs. 1 oder 3, jeweils in Verbindung mit Anlage 2 Abschnitt 1 Nr. 1.1 oder 1.3.4, eine dort genannte Schusswaffe oder

einen dort genannten Gegenstand erwirbt, besitzt, überlässt, führt, verbringt, mitnimmt, herstellt, bearbeitet, instand setzt oder damit Handel treibt,

2. ohne Erlaubnis nach

a) § 2 Abs. 2 in Verbindung mit Anlage 2 Abschnitt 2 Unterabschnitt 1 Satz 1 eine Schusswaffe oder Munition erwirbt, um sie entgegen § 34 Abs. 1 Satz 1 einem Nichtberechtigten zu überlassen,

b) § 2 Abs. 2 in Verbindung mit Anlage 2 Abschnitt 2 Unterabschnitt 1 Satz 1 eine halbautomatische Kurzwaffe erwirbt, besitzt, oder führt,

c) § 2 Abs. 2 in Verbindung mit Anlage 2 Abschnitt 2 Unterabschnitt 1 Satz 1 in Verbindung mit § 21 Abs. 1 Satz 1 eine Schusswaffe oder Munition herstellt, bearbeitet, instandsetzt oder damit Handel treibt,

d) § 2 Abs. 2 in Verbindung mit Anlage 2 Abschnitt 2 Unterabschnitt 1 Satz 1 in Verbindung mit § 29 Abs. 1, § 30 Abs. 1 Satz 1 oder § 32 Abs. 1 Satz 1 eine Schusswaffe oder Munition in den oder durch den Geltungsbereich dieses Gesetzes verbringt oder mitnimmt,

3. entgegen § 35 Abs. 3 Satz 1 eine Schusswaffe, Munition oder eine Hieb- oder Stoßwaffe im Reisegewerbe oder auf einer dort genannten Veranstaltung vertreibt oder anderen überlässt oder

4. entgegen § 40 Abs. 1 zur Herstellung eines dort genannten Gegenstandes anleitet oder auffordert.

(2) Der Versuch ist strafbar.

(3) Mit Freiheitsstrafe bis zu drei Jahren oder mit Geldstrafe wird bestraft, wer

1. entgegen § 2 Abs. 1 oder 3, jeweils in Verbindung mit Anlage 2 Abschnitt 1 Nr. 1.2.2 bis 1.2.5, 1.3.1 bis 1.3.3, 1.3.5, 1.3.7, 1.3.8, 1.4.1 Satz 1, 1.4.2 bis 1.4.4 oder 1.5.3 bis 1.5.5, einen dort genannten Gegenstand erwirbt, besitzt, überlässt, führt, verbringt, mitnimmt, herstellt, bearbeitet, instand setzt oder damit Handel treibt,

2. ohne Erlaubnis nach § 2 Abs. 2 in Verbindung mit Anlage 2 Abschnitt 2 Unterabschnitt 1 Satz 1

a) eine Schusswaffe erwirbt, besitzt oder führt, oder

b) Munition erwirbt oder besitzt,

wenn die Tat nicht in Absatz 1 Nr. 2 Buchstabe a oder b mit Strafe bedroht ist,

3. ohne Erlaubnis nach § 2 Abs. 2 in Verbindung mit Anlage 2 Abschnitt 2 Unterabschnitt 1 Satz 1 in Verbindung mit § 26 Abs. 1 Satz 1 eine Schusswaffe herstellt, bearbeitet oder instand setzt,

4. ohne Erlaubnis nach § 2 Abs. 2 in Verbindung mit Anlage 2 Abschnitt 2 Unterabschnitt 1 Satz 1 in Verbindung mit § 31 Abs. 1 eine dort genannte Schusswaffe oder Munition in einen anderen Mitgliedstaat verbringt,

5. entgegen § 28 Abs. 2 Satz 1 eine Schusswaffe führt,

6. entgegen § 28 Abs. 3 Satz 2 eine Schusswaffe oder Munition überlässt,

7. entgegen § 34 Abs. 1 Satz 1 eine erlaubnispflichtige Schusswaffe oder erlaubnispflichtige Munition einem Nichtberechtigten überlässt,

8. einer vollziehbaren Anordnung nach § 41 Abs. 1 Satz 1 oder Abs. 2 zuwiderhandelt,

9. entgegen § 42 Abs. 1 eine Waffe führt oder

10. entgegen § 57 Abs. 5 Satz 1 den Besitz über eine Schusswaffe oder Munition ausübt.

(4) Handelt der Täter in den Fällen des Absatzes 1 Nr. 1, 2 Buchstabe b, c oder d, oder Nr. 3 oder des Absatzes 3 fahrlässig, so ist die Strafe bei den bezeichneten Taten nach Absatz 1 Freiheitsstrafe bis zu zwei Jahren oder Geldstrafe, bei Taten nach Absatz 3 Freiheitsstrafe bis zu einem Jahr oder Geldstrafe.

(5) In besonders schweren Fällen des Absatzes 1 Nr. 1 ist die Strafe Freiheitsstrafe von einem Jahr bis zu zehn Jahren. Ein besonders schwerer Fall liegt in der Regel vor, wenn der Täter gewerbsmäßig oder als Mitglied einer Bande, die sich zur fortgesetzten Begehung solcher Straftaten verbunden hat, unter Mitwirkung eines anderen Bandenmitgliedes handelt.

(6) In minder schweren Fällen des Absatzes 1 ist die Strafe Freiheitsstrafe bis zu drei Jahren oder Geldstrafe.

§ 52a Strafvorschriften

Mit Freiheitsstrafe bis zu drei Jahren oder mit Geldstrafe wird bestraft, wer eine in § 53 Absatz 1 Nummer 19 bezeichnete Handlung vorsätzlich begeht und dadurch die Gefahr verursacht, dass eine Schusswaffe oder Munition abhanden kommt oder darauf unbefugt zugegriffen wird.

§ 53 Bußgeldvorschriften

(1) Ordnungswidrig handelt, wer vorsätzlich oder fahrlässig

Anhang 3

1. entgegen § 2 Abs. 1 eine nicht erlaubnispflichtige Waffe oder nicht erlaubnispflichtige Munition erwirbt oder besitzt,
2. entgegen § 2 Abs. 1 oder 3, jeweils in Verbindung mit Anlage 2 Abschnitt 1 Nr. 1.3.6 einen dort genannten Gegenstand erwirbt, besitzt, überlässt, führt, verbringt, mitnimmt, herstellt, bearbeitet, instand setzt oder damit Handel treibt,
3. ohne Erlaubnis nach § 2 Abs. 2 in Verbindung mit Abs. 4, dieser in Verbindung mit Anlage 2 Abschnitt 2 Unterabschnitt 1 Satz 1, mit einer Schusswaffe schießt,
4. einer vollziehbaren Auflage nach § 9 Abs. 2 Satz 1, § 10 Abs. 2 Satz 3, § 17 Abs. 2 Satz 2 oder § 18 Abs. 2 Satz 2 oder einer vollziehbaren Anordnung nach § 9 Abs. 3, § 36 Abs. 3 Satz 1 oder Abs. 6, § 37 Abs. 1 Satz 2, § 39 Abs. 3, § 40 Abs. 5 Satz 2 oder § 46 Abs. 2 Satz 1 oder Abs. 3 Satz 1 zuwiderhandelt,
5. entgegen § 10 Abs. 1a, § 21 Abs. 6 Satz 1 und 4, § 24 Abs. 5, § 27 Abs. 1 Satz 6, Abs. 2 Satz 2, § 31 Abs. 2 Satz 3, § 34 Abs. 2 Satz 1 oder Satz 2, Abs. 4 oder Abs. 5 Satz 1, § 36 Abs. 4 Satz 2, § 37 Abs. 1 Satz 1, Abs. 2 Satz 1 oder Abs. 3 Satz 1 oder § 40 Abs. 5 Satz 1 eine Anzeige nicht, nicht richtig, nicht vollständig, nicht in der vorgeschriebenen Weise oder nicht rechtzeitig erstattet,
6. entgegen § 10 Abs. 2 Satz 4 oder § 37 Abs. 4 eine Mitteilung nicht, nicht richtig, nicht vollständig oder nicht rechtzeitig macht,
7. entgegen § 13 Abs. 3 Satz 2, § 14 Abs. 4 Satz 2 oder § 20 Absatz 1 die Ausstellung einer Waffenbesitzkarte oder die Eintragung der Waffe in eine bereits erteilte Waffenbesitzkarte nicht beantragt oder entgegen § 34 Abs. 2 Satz 2 die Waffenbesitzkarte oder den Europäischen Feuerwaffenpass nicht oder nicht rechtzeitig vorlegt,
14. entgegen § 27 Abs. 5 Satz 2 eine Bescheinigung nicht mitführt,
15. entgegen § 33 Abs. 1 Satz 1 eine Schusswaffe oder Munition nicht anmeldet oder nicht oder nicht rechtzeitig vorführt,
16. entgegen § 34 Abs. 1 Satz 1 eine nicht erlaubnispflichtige Waffe oder nicht erlaubnispflichtige Munition einem Nichtberechtigten überlässt,
17. entgegen § 35 Abs. 1 Satz 4 die Urkunden nicht aufbewahrt oder nicht, nicht vollständig oder nicht rechtzeitig Einsicht gewährt,
18. entgegen § 35 Abs. 2 einen Hinweis nicht, nicht richtig, nicht vollständig oder nicht rechtzeitig gibt oder die Erfüllung einer dort genannten Pflicht nicht, nicht richtig, nicht vollständig oder nicht rechtzeitig protokolliert,
19. entgegen § 36 Abs. 1 Satz 2 oder Abs. 2 eine Schusswaffe aufbewahrt,

20. entgegen § 38 Satz 1 eine dort genannte Urkunde nicht mit sich führt oder nicht oder nicht rechtzeitig aushändigt,
21. entgegen § 39 Abs. 1 Satz 1 eine Auskunft nicht, nicht richtig, nicht vollständig oder nicht rechtzeitig erteilt,
22. entgegen § 46 Abs. 1 Satz 1, auch in Verbindung mit Satz 2, eine Aufzeichnung oder Erlaubnisurkunde nicht oder nicht rechtzeitig zurückgibt oder
23. einer Rechtsverordnung nach § 15a Abs. 4, § 25 Abs. 1 Nr. 1 Buchstabe b, § 27 Abs. 7, § 36 Abs. 5, § 42 Abs. 5 Satz 1, auch in Verbindung mit Satz 2, oder § 47 oder einer vollziehbaren Anordnung auf Grund einer solchen Rechtsverordnung zuwiderhandelt, soweit die Rechtsverordnung für einen bestimmten Tatbestand auf diese Bußgeldvorschrift verweist.

(2) Die Ordnungswidrigkeit kann mit einer Geldbuße bis zu zehntausend Euro geahndet werden.

(3) Verwaltungsbehörde im Sinne des § 36 Abs. 1 Nr. 1 des Gesetzes über Ordnungswidrigkeiten ist, soweit dieses Gesetz von der Physikalisch-Technischen Bundesanstalt oder dem Bundeskriminalamt ausgeführt wird, die für die Erteilung von Erlaubnissen nach § 21 Abs. 1 zuständige Behörde.

§ 54 Einziehung und erweiterter Verfall

(1) Ist eine Straftat nach §§ 51, 52 Abs. 1, 2 oder 3 Nr. 1, 2 oder 3 oder Abs. 5 begangen worden, so werden Gegenstände

1. auf die sich diese Straftat bezieht oder
2. die durch sie hervorgebracht oder zu ihrer Begehung oder Vorbereitung gebraucht worden oder bestimmt gewesen sind,

eingezogen.

(2) Ist eine sonstige Straftat nach § 52 oder eine Ordnungswidrigkeit nach § 53 begangen worden, so können in Absatz 1 bezeichnete Gegenstände eingezogen werden.

(3) § 74a des Strafgesetzbuches und § 23 des Gesetzes über Ordnungswidrigkeiten sind anzuwenden. In den Fällen der §§ 51, 52 Abs. 1 oder 3 Nr. 1 bis 3 ist § 73d des Strafgesetzbuches anzuwenden, wenn der Täter gewerbsmäßig oder als Mitglied einer Bande handelt, die sich zur fortgesetzten Begehung solcher Straftaten verbunden hat.

(4) Als Maßnahme im Sinne des § 74b Abs. 2 Satz 2 des Strafgesetzbuches kommt auch die Anweisung in Betracht, binnen einer angemessenen Frist eine Entscheidung der zuständigen Behörde über die Erteilung einer Erlaubnis nach § 10 vorzulegen oder die Gegenstände einem Berechtigten zu überlassen.

§ 58 Altbesitz

(1) Soweit nicht nachfolgend Abweichendes bestimmt wird, gelten Erlaubnisse im Sinne des Waffengesetzes in der Fassung der Bekanntmachung vom 8. März 1976 (BGBl. I S. 432), zuletzt geändert durch Gesetz vom 21. November 1996 (BGBl. I S. 1779), fort. Erlaubnisse zum Erwerb von Munition berechtigen auch zu deren Besitz. Hat jemand berechtigt Munition vor dem Inkrafttreten dieses Gesetzes erworben, für die auf Grund dieses Gesetzes eine Erlaubnis erforderlich ist, und übt er über diese bei Inkrafttreten dieses Gesetzes noch den Besitz aus, so hat er diese Munition bis zum 31. August 2003 der zuständigen Behörde schriftlich anzumelden. Die Anmeldung muss die Personalien des Besitzers sowie die Munitionsarten enthalten. Die nachgewiesene fristgerechte Anmeldung gilt als Erlaubnis zum Besitz.

(2) Eine auf Grund des Waffengesetzes in der Fassung der Bekanntmachung vom 8. März 1976 (BGBl. I S. 432) erteilte waffenrechtliche Erlaubnis für Kriegsschusswaffen tritt am ersten Tag des sechsten auf das Inkrafttreten dieses Gesetzes folgenden Monats außer Kraft.

(3) Ist über einen vor Inkrafttreten dieses Gesetzes gestellten Antrag auf Erteilung einer Erlaubnis nach § 7 des Waffengesetzes in der Fassung der Bekanntmachung vom 8. März 1976 (BGBl. I S. 432) noch nicht entschieden worden, findet für die Entscheidung über den Antrag § 21 dieses Gesetzes Anwendung.

(4) Bescheinigungen nach § 6 Abs. 2 des Waffengesetzes in der Fassung der Bekanntmachung vom 8. März 1976 (BGBl. I S. 432) gelten im bisherigen Umfang als Bescheinigungen nach § 55 Abs. 2 dieses Gesetzes.

(5) Ausnahmebewilligungen nach § 37 Abs. 3 und § 57 Abs. 7 des Waffengesetzes in der Fassung der Bekanntmachung vom 8. März 1976 (BGBl. I S. 432) gelten in dem bisherigen Umfang als Ausnahmebewilligungen nach § 40 Abs. 4 dieses Gesetzes.

(6) Die nach § 40 Abs. 1 des Waffengesetzes in der Fassung der Bekanntmachung vom 8. März 1976 (BGBl. I S. 432) ausgesprochenen Verbote gelten in dem bisherigen Umfang als Verbote nach § 41 dieses Gesetzes.

(7) Hat jemand am 1. April 2003 eine bislang nicht einem Verbot nach § 37 Abs. 1 des Waffengesetzes in der Fassung der Bekanntmachung vom 8. März 1976 (BGBl. I S. 432) unterliegende Waffe im Sinne der Anlage 2 Abschnitt 1 dieses Gesetzes besessen, so wird das Verbot nicht wirksam, wenn er bis zum 31. August 2003 diese Waffe unbrauchbar macht, einem Berechtigten überlässt oder einen Antrag nach § 40 Abs. 4 dieses Gesetzes stellt. § 46 Abs. 3 Satz 2 und Abs. 5 findet entsprechend Anwendung.

(8) Wer eine am 25. Juli 2009 unerlaubt besessene Waffe bis zum 31. Dezember 2009 unbrauchbar macht, einem Berechtigten überlässt oder der zuständigen Behörde oder einer Polizeidienststelle übergibt, wird nicht wegen unerlaubten Erwerbs, unerlaubten Besitzes oder unerlaubten Verbringens bestraft. Satz 1 gilt nicht, wenn

1. vor der Unbrauchbarmachung, Überlassung oder Übergabe dem bisherigen Besitzer der Waffe die Einleitung des Straf- oder Bußgeldverfahrens wegen der Tat bekannt gegeben worden ist oder
2. der Verstoß im Zeitpunkt der Unbrauchbarmachung, Überlassung oder Übergabe ganz oder zum Teil bereits entdeckt war und der bisherige Besitzer dies wusste oder bei verständiger Würdigung der Sachlage damit rechnen musste.

(9) Besitzt eine Person, die noch nicht das fünfundzwanzigste Lebensjahr vollendet hat, am 1. April 2003 mit einer Erlaubnis auf Grund des Waffengesetzes in der Fassung der Bekanntmachung vom 8. März 1976 (BGBl. I S. 432) eine Schusswaffe, so hat sie binnen eines Jahres auf eigene Kosten der zuständigen Behörde ein amts- oder fachärztliches oder fachpsychologisches Zeugnis über die geistige Eignung nach § 6 Abs. 3 vorzulegen. Satz 1 gilt nicht für den Erwerb und Besitz von Schusswaffen im Sinne von § 14 Abs. 1 Satz 2 und in den Fällen des § 13 Abs. 2 Satz 1.

(10) Die Erlaubnispflicht für Schusswaffen im Sinne der Anlage 2 Abschnitt 2 Unterabschnitt 1 Satz 3 gilt für Schusswaffen, die vor dem Tag des Inkrafttretens dieses Gesetzes erworben wurden, erst ab dem 1. April 2008.

(11) Hat jemand am 1. April 2008 eine bislang nicht nach Anlage 2 Abschnitt 1 Nummer 1.2.1.2 dieses Gesetzes verbotenen Waffe besessen, so wird dieses Verbot nicht wirksam, wenn er bis zum 1. Oktober 2008 diese Waffe unbrauchbar macht, einem Berechtigten überlässt oder der zuständigen Behörde oder einer Polizeidienststelle überlässt oder einen Antrag nach § 40 Absatz 4 dieses Gesetzes stellt. § 46 Abs. 3 Satz 2 und Abs. 5 findet entsprechende Anwendung.

Anhang 3

(12) Besitzt der Inhaber einer Waffenbesitzkarte am 1. April 2008 erlaubnisfrei erworbene Teile von Schusswaffen im Sinne der Anlage 2 Abschnitt 2 Unterabschnitt 2 Nr. 2, so sind diese Teile bis zum 1. Oktober 2008 in die Waffenbesitzkarte einzutragen.

Anlage 1
(zu § 1 Abs. 4)

Begriffsbestimmungen

Abschnitt 1: Waffen- und munitionstechnische Begriffe, Einstufung von Gegenständen

Unterabschnitt 1: Schusswaffen

1. Schusswaffen im Sinne des § 1 Abs. 2 Nr. 1
1.1 Schusswaffen
Schusswaffen sind Gegenstände, die zum Angriff oder zur Verteidigung, zur Signalgebung, zur Jagd, zur Distanzinjektion, zur Markierung, zum Sport oder zum Spiel bestimmt sind und bei denen Geschosse durch einen Lauf getrieben werden.
1.2 Gleichgestellte Gegenstände
Den Schusswaffen stehen gleich tragbare Gegenstände.
1.2.1 die zum Abschießen von Munition für die in Nummer 1.1 genannten Zwecke bestimmt sind,
1.2.2 bei denen bestimmungsgemäß feste Körper gezielt verschossen werden, deren Antriebsenergie durch Muskelkraft eingebracht und durch eine Sperrvorrichtung gespeichert werden kann (z. B. Armbrüste).
1.3 Wesentliche Teile von Schusswaffen, Schalldämpfer
Wesentliche Teile von Schusswaffen und Schalldämpfer stehen, soweit in diesem Gesetz nichts anderes bestimmt ist, den Schusswaffen gleich, für die sie bestimmt sind. Dies gilt auch dann, wenn sie mit anderen Gegenständen verbunden sind und die Gebrauchsfähigkeit als Waffenteil nicht beeinträchtigt ist oder mit allgemein gebräuchlichen Werkzeugen wieder hergestellt werden kann.
Wesentliche Teile sind
1.3.1 der Lauf oder Gaslauf, der Verschluss sowie das Patronen- oder Kartuschenlager, wenn diese nicht bereits Bestandteil des Laufes

sind; der Lauf ist ein aus einem ausreichenden festen Werkstoff bestehender rohrförmiger Gegenstand, der Geschossen, die hindurchgetrieben werden, ein gewisses Maß an Führung gibt; der Gaslauf ist ein Lauf, der ausschließlich der Ableitung der Verbrennungsgase dient; der Verschluss ist das unmittelbar das Patronen- oder Kartuschenlager oder den Lauf abschließende Teil;

1.3.2 bei Schusswaffen, bei denen zum Antrieb ein entzündbares flüssiges oder gasförmiges Gemisch verwendet wird, auch die Verbrennungskammer und die Einrichtung zur Erzeugung des Gemisches;

1.3.3 bei Schusswaffen mit anderem Antrieb auch die Antriebsvorrichtung, sofern sie fest mit der Schusswaffe verbunden ist;

1.3.4 bei Kurzwaffen auch das Griffstück oder sonstige Waffenteile, soweit sie für die Aufnahme des Auslösemechanismus bestimmt sind;

1.3.5 als wesentliche Teile gelten auch vorgearbeitete wesentliche Teile von Schusswaffen sowie Teile/Reststücke von Läufen und Laufrohlingen, wenn sie mit allgemein gebräuchlichen Werkzeugen fertiggestellt werden können;

1.3.6 Schalldämpfer sind Vorrichtungen, die der wesentlichen Dämpfung des Mündungsknalls dienen und für Schusswaffen bestimmt sind.

1.4 Unbrauchbar gemachte Schusswaffen
Die für Schusswaffen geltenden Vorschriften sind auf unbrauchbar gemachte Schusswaffen und auf aus Schusswaffen hergestellte Gegenstände anzuwenden, wenn

1.4.1 das Patronenlager nicht dauerhaft so verändert ist, dass weder Munition noch Treibladungen geladen werden können,

1.4.2 der Verschluss nicht dauerhaft funktionsunfähig gemacht worden ist,

1.4.3 in Griffstücken oder anderen wesentlichen Waffenteilen für Handfeuer-Kurzwaffen der Auslösemechanismus nicht dauerhaft funktionsunfähig gemacht worden ist,

1.4.4 bei Kurzwaffen der Lauf nicht auf seiner ganzen Länge, im Patronenlager beginnend,
 – bis zur Laufmündung einen durchgehenden Längsschlitz von mindestens 4 mm Breite oder
 – im Abstand von jeweils 3 cm, mindestens jedoch 3 kalibergroße Bohrungen oder
 – andere gleichwertige Laufveränderungen
aufweist,

1.4.5 bei Langwaffen der Lauf in dem dem Patronenlager zugekehrten Drittel nicht
– mindestens 6 kalibergroße Bohrungen oder
– andere gleichwertige Laufveränderungen
aufweist und vor diesen in Richtung der Laufmündung mit einem kalibergroßen gehärteten Stahlstift dauerhaft verschlossen ist;

1.4.6 dauerhaft unbrauchbar gemacht ist eine Schusswaffe dann, wenn mit allgemein gebräuchlichen Werkzeugen die Schussfähigkeit der Waffe oder der wesentlichen Teile nicht wieder hergestellt werden kann.

1.5 Nachbildung von Schusswaffen

Die für Schusswaffen geltenden Vorschriften sind auf Nachbildungen von Schusswaffen anzuwenden, wenn diese Gegenstände mit allgemein gebräuchlichen Werkzeugen so umgebaut oder verändert werden können, dass aus ihnen Munition, Ladungen oder Geschosse verschossen werden können. Nachbildungen sind nicht als Schusswaffen hergestellte Gegenstände, die die äußere Form einer Schusswaffe haben und aus denen nicht geschossen werden kann.

2. Feuerwaffen sind die nachfolgend genannten Waffen, bei denen zum Antrieb der Geschosse heiße Gase verwendet werden:

2.1 Schusswaffen nach Nummer 1.1,

2.2 Gegenstände nach Nummer 1.2.1.

2.3 Automatische Schusswaffen; dies sind Schusswaffen, die nach Abgabe eines Schusses selbsttätig erneut schussbereit werden und bei denen aus demselben Lauf durch einmalige Betätigung des Abzuges oder einer anderen Schussauslösevorrichtung mehrere Schüsse abgegeben werden können (Vollautomaten) oder durch einmalige Betätigung des Abzuges oder einer anderen Schussauslösevorrichtung jeweils nur ein Schuss abgegeben werden kann (Halbautomaten). Als automatische Schusswaffen gelten auch Schusswaffen, die mit allgemein gebräuchlichen Werkzeugen in automatische Schusswaffen geändert werden können. Als Vollautomaten gelten auch in Halbautomaten geänderte Vollautomaten, die mit den in Satz 2 genannten Hilfsmitteln wieder in Vollautomaten zurückgeändert werden können. Double-Action-Revolver sind keine halbautomatischen Schusswaffen. Beim Double-Action-Revolver wird bei Betätigung des Abzugs durch den Schützen die Trommel weitergedreht, so dass das nächste Lager mit einer neuen Patrone vor den Lauf und den Schlagbolzen zu liegen kommt, und gleichzeitig die Feder spannt.

Beim weiteren Durchziehen des Abzugs schnellt der Hahn nach vorn und löst den Schuss aus.

2.4 Repetierwaffen; dies sind Schusswaffen, bei denen nach Abgabe eines Schusses über einen von Hand zu betätigenden Mechanismus Munition aus einem Magazin in das Patronenlager nachgeladen wird.

2.5 Einzelladerwaffen; dies sind Schusswaffen ohne Magazin mit einem oder mehreren Läufen, die vor jedem Schuss aus demselben Lauf von Hand geladen werden.

2.6 Langwaffen; dies sind Schusswaffen, deren Lauf und Verschluss in geschlossener Stellung insgesamt länger als 30 cm sind und deren kürzeste bestimmungsgemäß verwendbare Gesamtlänge 60 cm überschreitet; Kurzwaffen sind alle anderen Schusswaffen.

2.7 Schreckschusswaffen; dies sind Schusswaffen mit einem Kartuschenlager, die zum Abschießen von Kartuschenmunition bestimmt sind.

2.8 Reizstoffwaffen; dies sind Schusswaffen mit einem Patronen- oder Kartuschenlager, die zum Verschießen von Reiz- oder anderen Wirkstoffen bestimmt sind.

2.9 Signalwaffen; dies sind Schusswaffen mit einem Patronen- oder Kartuschenlager, die zum Verschießen von pyrotechnischer Munition bestimmt sind.

3. Weitere Begriffe zu wesentlichen Teilen

3.1 Austauschläufe sind Läufe für ein bestimmtes Waffenmodell oder -system, die ohne Nacharbeit ausgetauscht werden können.

3.2 Wechselläufe sind Läufe, die für eine bestimmte Waffe zum Austausch des vorhandenen Laufes vorgefertigt sind und die noch eingepasst werden müssen.

3.3 Einsteckläufe sind Läufe ohne eigenen Verschluss, die in die Läufe von Waffen größeren Kalibers eingesteckt werden können.

3.4 Wechseltrommeln sind Trommeln für ein bestimmtes Revolvermodell, die ohne Nacharbeit gewechselt werden können.

3.5 Wechselsysteme sind Wechselläufe einschließlich des für sie bestimmten Verschlusses.

3.6 Einstecksysteme sind Einsteckläufe einschließlich des für sie bestimmten Verschlusses.

3.7 Einsätze sind Teile, die den Innenmaßen des Patronenlagers der Schusswaffe angepasst und zum Verschießen von Munition kleinerer Abmessungen bestimmt sind.

4. Sonstige Teile von Schusswaffen
4.1 Vorrichtungen, die das Ziel beleuchten (z. B. Zielscheinwerfer) oder markieren (z. B. Laser oder Zielpunktprojektoren),
4.2 Nachtsichtgeräte und Nachtzielgeräte mit Montagevorrichtungen für Schusswaffen sowie Nachtsichtvorsätze und Nachtsichtaufsätze für Zielhilfsmittel (z. B. Zielfernrohre), sofern die Gegenstände einen Bildwandler oder eine elektronische Verstärkung besitzen.
5. Reizstoffe sind Stoffe, die bei ihrer bestimmungsgemäßen Anwendung auf den Menschen eine belästigende Wirkung durch Haut- und Schleimhautreizung, insbesondere durch einen Augenreiz ausüben und resorptiv nicht giftig wirken.

Unterabschnitt 2: Tragbare Gegenstände

1. Tragbare Gegenstände nach § 1 Abs. 2 Nr. 2 Buchstabe a sind insbesondere
1.1 Hieb- und Stoßwaffen (Gegenstände, die ihrem Wesen nach dazu bestimmt sind, unter unmittelbarer Ausnutzung der Muskelkraft durch Hieb, Stoß, Stich, Schlag oder Wurf Verletzungen beizubringen),
1.2 Gegenstände,
1.2.1 die unter Ausnutzung einer anderen als mechanischen Energie Verletzungen beibringen (z. B. Elektroimpulsgeräte),
1.2.2 aus denen Reizstoffe versprüht oder ausgestoßen werden, die eine Reichweite bis zu 2 m haben (Reizstoffsprühgeräte),
1.2.3 bei denen in einer Entfernung von mehr als 2 m bei Menschen
    a) eine angriffsunfähig machende Wirkung durch ein gezieltes Versprühen oder Ausstoßen von Reiz- oder anderen Wirkstoffen oder
    b) eine gesundheitsschädliche Wirkung durch eine andere als kinetische Energie, insbesondere durch ein gezieltes Ausstrahlen einer elektromagnetischen Strahlung
    hervorgerufen werden kann,
1.2.4 bei denen gasförmige, flüssige oder feste Stoffe den Gegenstand gezielt und brennend mit einer Flamme von mehr als 20 cm Länge verlassen,
1.2.5 bei denen leicht entflammbare Stoffe so verteilt und entzündet werden, dass schlagartig ein Brand entstehen kann,
1.2.6 die nach ihrer Beschaffenheit und Handhabung dazu bestimmt sind, durch Drosseln die Gesundheit zu schädigen,

1.3 Schleudern, die zur Erreichung einer höchstmöglichen Bewegungsenergie eine Armstütze oder eine vergleichbare Vorrichtung besitzen oder für eine solche Vorrichtung eingerichtet sind (Präzisionsschleudern) sowie Armstützen und vergleichbare Vorrichtungen für die vorbezeichneten Gegenstände.

2. Tragbare Gegenstände im Sinne des § 1 Abs. 2 Nr. 2 Buchstabe b sind

2.1 Messer,

2.1.1 deren Klingen auf Knopf- oder Hebeldruck hervorschnellen und hierdurch festgestellt werden können (Springmesser),

2.1.2 deren Klingen beim Lösen einer Sperrvorrichtung durch ihre Schwerkraft oder durch eine Schleuderbewegung aus dem Griff hervorschnellen und selbsttätig oder beim Loslassen der Sperrvorrichtung festgestellt werden (Fallmesser),

2.1.3 mit einem quer zur feststehenden Klinge verlaufenden Griff, die bestimmungsgemäß in der geschlossenen Faust geführt oder eingesetzt werden (Faustmesser),

2.1.4 Faltmesser mit zweigeteilten, schwenkbaren Griffen (Butterflymesser),

2.2 Gegenstände,

2.2.1 die bestimmungsgemäß unter Ausnutzung einer anderen als mechanischen Energie Tieren Verletzungen beibringen (z. B. Elektroimpulsgeräte), mit Ausnahme der ihrer Bestimmung entsprechend im Bereich der Tierhaltung Verwendung findenden Gegenstände.

Unterabschnitt 3: Munition und Geschosse

1. Munition ist zum Verschießen aus Schusswaffen bestimmte

1.1 Patronenmunition (Hülsen mit Treibladungen, die ein Geschoss enthalten, und Geschosse mit Eigenantrieb),

1.2 Kartuschenmunition (Hülsen mit Treibladungen, die ein Geschoss nicht enthalten),

1.3 hülsenlose Munition (Treibladungen mit oder ohne Geschoss, wobei die Treibladung eine den Innenabmessungen einer Schusswaffe oder eines Gegenstandes nach Unterabschnitt 1 Nr. 1.2 angepasste Form hat),

1.4 pyrotechnische Munition (Munition, in der explosionsgefährliche Stoffe oder Stoffgemische – pyrotechnische Sätze, Schwarzpulver – enthalten sind, die einen Licht-, Schall-, Rauch- oder ähnlichen Effekt erzeugen und keine zweckbestimmte Durchschlagskraft im Ziel entfalten); hierzu gehört

1.4.1 pyrotechnische Patronenmunition,

1.4.2 unpatronierte pyrotechnische Munition,

1.4.3 mit der Antriebsvorrichtung fest verbundene pyrotechnische Munition.

2. Treibladungen sind die Hauptenergieträger, die als vorgefertigte Ladung oder in loser Form in Waffen nach Unterabschnitt 1 Nr. 1.1 oder Gegenstände nach Unterabschnitt 1 Nr. 1.2.1 eingegeben werden und
   – zum Antrieb von Geschossen oder Wirkstoffen oder
   – zur Erzeugung von Schall- oder Lichtimpulsen bestimmt sind.

3. Geschosse im Sinne dieses Gesetzes sind als Waffen oder für Schusswaffen bestimmte

3.1 feste Körper,

3.2 gasförmige, flüssige oder feste Stoffe in Umhüllungen.

Abschnitt 2:   Waffenrechtliche Begriffe

Im Sinne dieses Gesetzes

1. erwirbt eine Waffe oder Munition, wer die tatsächliche Gewalt darüber erlangt,

2. besitzt eine Waffe oder Munition, wer die tatsächliche Gewalt darüber ausübt,

3. überlässt eine Waffe oder Munition, wer die tatsächliche Gewalt darüber einem anderen einräumt,

4. führt eine Waffe, wer die tatsächliche Gewalt darüber außerhalb der eigenen Wohnung, Geschäftsräume oder des eigenen befriedeten Besitztums ausübt,

5. verbringt eine Waffe oder Munition, wer diese Waffe oder Munition über die Grenze zum dortigen Verbleib oder mit dem Ziel des Besitzwechsels in den, durch den oder aus dem Geltungsbereich des Gesetzes zu einer anderen Person oder zu sich selbst transportieren lässt oder selbst transportiert,

6. nimmt eine Waffe oder Munition mit, wer diese Waffe oder Munition vorübergehend auf einer Reise ohne Aufgabe des Besitzes zur Verwendung über die Grenze in den, durch den oder aus dem Geltungsbereich des Gesetzes bringt,

7. schießt, wer mit einer Schusswaffe Geschosse durch einen Lauf verschießt, Kartuschenmunition abschießt, mit Patronen- oder

Kartuschenmunition Reiz- oder andere Wirkstoffe verschießt oder pyrotechnische Munition verschießt,

8.

8.1 gilt als Herstellen von Munition auch das gewerbsmäßige Wiederladen von Hülsen,

8.2 wird eine Schusswaffe insbesondere bearbeitet oder instand gesetzt, wenn sie verkürzt, in der Schussfolge verändert oder so geändert wird, dass andere Munition oder Geschosse anderer Kaliber aus ihr verschossen werden können, oder wenn wesentliche Teile, zu deren Einpassung eine Nacharbeit erforderlich ist, ausgetauscht werden; eine Schusswaffe wird weder bearbeitet noch instand gesetzt, wenn lediglich geringfügige Änderungen, insbesondere am Schaft oder an der Zieleinrichtung, vorgenommen werden,

9. treibt Waffenhandel, wer gewerbsmäßig oder selbstständig im Rahmen einer wirtschaftlichen Unternehmung Schusswaffen oder Munition ankauft, feilhält, Bestellungen entgegennimmt oder aufsucht, anderen überlässt oder den Erwerb, den Vertrieb oder das Überlassen vermittelt;

10. sind Kinder Personen, die noch nicht vierzehn Jahre alt sind;

11. sind Jugendliche Personen, die vierzehn, aber noch nicht achtzehn Jahre alt sind.

Anlage 2
(zu § 2 Abs. 2 bis 4)

Waffenliste

Abschnitt 1: Verbotene Waffen

Der Umgang mit folgenden Waffen und Munition ist verboten:

1.1 Waffen (§ 1 Abs. 2), mit Ausnahme halbautomatischer tragbarer Schusswaffen, die in der Anlage zum Gesetz über die Kontrolle von Kriegswaffen (Kriegswaffenliste) in der Fassung der Bekanntmachung vom 22. November 1990 (BGBl. I S. 2506) oder deren Änderungen aufgeführt sind, nach Verlust der Kriegswaffeneigenschaft;

1.2 Schusswaffen im Sinne des § 1 Abs. 2 Nr. 1 nach Nummer 1.2.1 bis 1.2.3 und deren Zubehör nach Nr. 1.2.4, die

1.2.1 Vollautomaten im Sinne der Anlage 1 Abschnitt 1 Unterabschnitt 1 Nr. 2.3 oder Vorderschaftrepetierflinten, bei denen der Hinterschaft durch einen Pistolengriff ersetzt ist, sind;

1.2.2 ihrer Form nach geeignet sind, einen anderen Gegenstand vorzutäuschen oder die mit Gegenständen des täglichen Gebrauchs verkleidet sind (z. B. Koppelschlosspistolen, Schießkugelschreiber, Stockgewehre, Taschenlampenpistolen);

1.2.3 über den für Jagd- und Sportzwecke allgemein üblichen Umfang hinaus zusammengeklappt, zusammengeschoben, verkürzt oder schnell zerlegt werden können;

1.2.4 für Schusswaffen bestimmte

1.2.4.1 Vorrichtungen sind, die das Ziel beleuchten (z. B. Zielscheinwerfer) oder markieren (z. B. Laser oder Zielpunktprojektoren);

1.2.4.2 Nachtsichtgeräte und Nachtzielgeräte mit Montagevorrichtung für Schusswaffen sowie Nachtsichtvorsätze und Nachtsichtaufsätze für Zielhilfsmittel (z. B. Zielfernrohre) sind, sofern die Gegenstände einen Bildwandler oder eine elektronische Verstärkung besitzen;

1.2.5 mehrschüssige Kurzwaffen sind, deren Baujahr nach dem 1. Januar 1970 liegt, für Zentralfeuermunition in Kalibern unter 6,3 mm, wenn der Antrieb der Geschosse nicht ausschließlich durch den Zündsatz erfolgt;

1.3 Tragbare Gegenstände im Sinne des § 1 Abs. 2 Nr. 2 Buchstabe a nach Nummer 1.3.1 bis 1.3.8

1.3.1 Hieb- oder Stoßwaffen sind, die ihrer Form nach geeignet sind, einen anderen Gegenstand vorzutäuschen, oder die mit Gegenständen des täglichen Gebrauchs verkleidet sind;

1.3.2 Stahlruten, Totschläger oder Schlagringe;

1.3.3 sternförmige Scheiben, die nach ihrer Beschaffenheit und Handhabung zum Wurf auf ein Ziel bestimmt und geeignet sind, die Gesundheit zu schädigen (Wurfsterne);

1.3.4 Gegenstände, bei denen leicht entflammbare Stoffe so verteilt und entzündet werden, dass schlagartig ein Brand entstehen kann;

1.3.5 Gegenstände mit Reiz- oder anderen Wirkstoffen, es sei denn, dass die Stoffe als gesundheitlich unbedenklich amtlich zugelassen sind und die Gegenstände
   – in der Reichweite und Sprühdauer begrenzt sind und
   – zum Nachweis der gesundheitlichen Unbedenklichkeit, der Reichweiten- und der Sprühdauerbegrenzung ein amtliches Prüfzeichen tragen;

1.3.6 Gegenstände, die unter Ausnutzung einer anderen als mechanischen Energie Verletzungen beibringen (z. B. Elektroimpulsgeräte), sofern sie nicht als gesundheitlich unbedenklich amtlich zugelassen sind und ein amtliches Prüfzeichen tragen zum Nachweis der gesundheitlichen Unbedenklichkeit;

1.3.7 Präzisionsschleudern nach Anlage 1 Abschnitt 1 Unterabschnitt 2 Nr. 1.3 sowie Armstützen und vergleichbare Vorrichtungen für die vorbezeichneten Gegenstände;

1.3.8 Gegenstände, die nach ihrer Beschaffenheit und Handhabung dazu bestimmt sind, durch Drosseln die Gesundheit zu schädigen (z. B. Nun-Chakus);

1.4 Tragbare Gegenstände im Sinne des § 1b nach Nummer 1.4.1 bis 1.4.4 Abs. 2 Nr. 2 Buchstabe

1.4.1 Spring- und Fallmesser nach Anlage 1 Abschnitt 1 Unterabschnitt 2 Nr. 2.1.1 und 2.1.2. Hiervon ausgenommen sind Springmesser, wenn die Klinge seitlich aus dem Griff herausspringt und der aus dem Griff herausragende Teil der Klinge
  – höchstens 8,5 cm lang ist,
  – in der Mitte mindestens eine Breite von 20 vom Hundert ihrer Länge aufweist,
  – nicht zweiseitig geschliffen ist und
  – einen durchgehenden Rücken hat, der sich zur Schneide hin verjüngt;

1.4.2 feststehende Messer mit einem quer zur Klinge verlaufenden Griff, die bestimmungsgemäß in der geschlossenen Faust geführt oder eingesetzt werden (Faustmesser);

1.4.3 Faltmesser mit zweigeteilten, schwenkbaren Griffen (Butterflymesser);

1.4.4 Gegenstände, die unter Ausnutzung einer anderen als mechanischen Energie Tieren Verletzungen beibringen (z. B. Elektroimpulsgeräte), sofern sie nicht als gesundheitlich unbedenklich amtlich zugelassen sind und ein amtliches Prüfzeichen tragen zum Nachweis der gesundheitlichen Unbedenklichkeit oder bestimmungsgemäß in der Tierhaltung Verwendung finden;

1.5 Munition und Geschosse nach Nummer 1.5.1 bis 1.5.6

1.5.1 Geschosse mit Betäubungsstoffen, die zu Angriffs- oder Verteidigungszwecken bestimmt sind;

1.5.2 Geschosse oder Kartuschenmunition mit Reizstoffen, die zu Angriffs- oder Verteidigungszwecken bestimmt sind ohne amtliches Prüfzeichen zum Nachweis der gesundheitlichen Unbedenklichkeit;

1.5.3   Patronenmunition für Schusswaffen mit gezogenen Läufen, deren Geschosse im Durchmesser kleiner sind als die Felddurchmesser der dazu gehörigen Schusswaffen und die mit einer Treib- und Führungshülse umgeben sind, die sich nach Verlassen des Laufes vom Geschoss trennt;

1.5.4   Patronenmunition mit Geschossen, die einen Leuchtspur-, Brand- oder Sprengsatz mit einem Hartkern (mindestens 400 HB 30 – Brinellhärte – bzw. 421 HV – Vickershärte –) enthalten, ausgenommen pyrotechnische Munition, die bestimmungsgemäß zur Signalgebung bei der Gefahrenabwehr dient;

1.5.5   Knallkartuschen, Reiz- und sonstige Wirkstoffmunition nach Tabelle 5 der Maßtafeln nach § 1 Abs. 3 Satz 3 der Dritten Verordnung zum Waffengesetz in der Fassung der Bekanntmachung vom 2. September 1991 (BGBl. I S. 3073), die zuletzt durch die Zweite Verordnung zur Änderung von waffenrechtlichen Verordnungen vom 24. Januar 2000 (BGBl. I S. 38) geändert wurde, in der jeweils geltenden Fassung (Maßtafeln), bei deren Verschießen in Entfernungen von mehr als 1,5 m vor der Mündung Verletzungen durch feste Bestandteile hervorgerufen werden können, ausgenommen Kartuschenmuntion der Kaliber 16 und 12 mit einer Hülsenlänge von nicht mehr als 47 oder 49 mm;

1.5.6   Kleinschrotmunition, die in Lagern nach Tabelle 5 der Maßtafeln mit einem Durchmesser (P_1) bis 12,5 mm geladen werden kann.

Abschnitt 2:   Erlaubnispflichtige Waffen

Unterabschnitt 1: Erlaubnispflicht

Der Umgang, ausgenommen das Überlassen, mit Waffen im Sinne des § 1 Abs. 2 Nr. 1 (Anlage 1 Abschnitt 1 Unterabschnitt 1 Nummer 1 bis 4) und der dafür bestimmten Munition bedarf der Erlaubnis, soweit solche Waffen oder Munition nicht nach Unterabschnitt 2 für die dort bezeichneten Arten des Umgangs von der Erlaubnispflicht freigestellt sind. In Unterabschnitt 3 sind die Schusswaffen oder Munition aufgeführt, bei denen die Erlaubnis unter erleichterten Voraussetzungen erteilt wird.

Unterabschnitt 2: Erlaubnisfreie Arten des Umgangs

1.   Erlaubnisfreier Erwerb und Besitz
1.1   Druckluft-, Federdruckwaffen und Waffen, bei denen zum Antrieb der Geschosse kalte Treibgase Verwendung finden, wenn den Geschossen eine Bewegungsenergie von nicht mehr als 7,5 Joule

erteilt wird und die das Kennzeichen nach Anlage 1 Abbildung 1 zur Ersten Verordnung zum Waffengesetz vom 24. Mai 1976 (BGBl. I S. 1285) in der zum Zeitpunkt des Inkrafttretens dieses Gesetzes geltenden Fassung oder ein durch Rechtsverordnung nach § 25 Abs. 1 Nr. 1 Buchstabe c bestimmtes Zeichen tragen;

1.2   Druckluft-, Federdruckwaffen und Waffen, bei denen zum Antrieb der Geschosse kalte Treibgase Verwendung finden, die vor dem 1. Januar 1970 oder in dem in Artikel 3 des Einigungsvertrages genannten Gebiet vor dem 2. April 1991 hergestellt und entsprechend den zu diesem Zeitpunkt geltenden Bestimmungen in den Handel gebracht worden sind;

1.3   Schreckschuss-, Reizstoff- und Signalwaffen, die der zugelassenen Bauart nach § 8 des Beschussgesetzes entsprechen und das Zulassungszeichen nach Anlage 1 Abbildung 2 zur Ersten Verordnung zum Waffengesetz vom 24. Mai 1976 (BGBl. I S. 1285) in der zum Zeitpunkt des Inkrafttretens dieses Gesetzes geltenden Fassung oder ein durch Rechtsverordnung nach § 25 Abs. 1 Nr. 1 Buchstabe c bestimmtes Zeichen tragen;

1.4   Munition für die in Nr. 1.3 bezeichneten Schusswaffen;

1.5   veränderte Langwaffen, die für Zier- oder Sammlerzwecke, zu Theateraufführungen, Film- oder Fernsehaufnahmen bestimmt sind, wenn sie die nachstehenden Anforderungen erfüllen:

–   das Patronenlager muss dauerhaft so verändert sein, dass keine Patronen- oder pyrotechnische Munition geladen werden kann,

–   der Lauf muss in dem dem Patronenlager zugekehrten Drittel mindestens sechs kalibergroße, nach vorn gerichtete unverdeckte Bohrungen oder andere gleichwertige Laufveränderungen aufweisen und vor diesen in Richtung der Laufmündung mit einem kalibergroßen gehärteten Stahlstift dauerhaft verschlossen sein,

–   der Lauf muss mit dem Gehäuse fest verbunden sein, sofern es sich um Waffen handelt, bei denen der Lauf ohne Anwendung von Werkzeugen ausgetauscht werden kann, und die Änderungen müssen so vorgenommen worden sein, dass sie nicht mit allgemein gebräuchlichen Werkzeugen rückgängig gemacht und die Gegenstände nicht so geändert werden können, dass aus ihnen Geschosse, Patronen- oder pyrotechnische Munition verschossen werden können;

1.6	Schusswaffen, die vor dem 1. April 1976 entsprechend den Anforderungen des § 3 der Ersten Verordnung zum Waffengesetz vom 19. Dezember 1972 (BGBl. I S. 2522) verändert worden sind;
1.7	einläufige Einzelladerwaffen mit Zündhütchenzündung (Perkussionswaffen), deren Modell vor dem 1. Januar 1871 entwickelt worden ist;
1.8	Schusswaffen mit Lunten- oder Funkenzündung, deren Modell vor dem 1. Januar 1871 entwickelt worden ist;
1.9	Schusswaffen mit Zündnadelzündung, deren Modell vor dem 1. Januar 1871 entwickelt worden ist;
1.10	Armbrüste;
1.11	Kartuschenmunition für die nach Nummer 1.5 abgeänderten Schusswaffen sowie für Schussapparate nach § 7 des Beschussgesetzes;
1.12	pyrotechnische Munition, die das Zulassungszeichen nach Anlage II Abbildung 5 zur Dritten Verordnung zum Waffengesetz mit der Klassenbezeichnung PM I trägt.
2.	erlaubnisfreier Erwerb und Besitz durch Inhaber einer Waffenbesitzkarte
2.1	Wechsel- und Austauschläufe gleichen oder geringeren Kalibers einschließlich der für diese Läufe erforderlichen auswechselbaren Verschlüsse (Wechselsysteme);
2.2	Wechseltrommeln, aus denen nur Munition verschossen werden kann, bei der gegenüber der für die Waffe bestimmten Munition Geschossdurchmesser und höchstzulässiger Gebrauchsgasdruck gleich oder geringer sind (Maßtafeln);
2.3	Einsteckläufe und dazugehörige Verschlüsse (Einstecksysteme) sowie Einsätze, die dazu bestimmt sind, Munition mit kleinerer Abmessung zu verschießen, und die keine Einsteckläufe sind; für Schusswaffen, die bereits in der Waffenbesitzkarte des Inhabers einer Erlaubnis eingetragen sind.
3.	Erlaubnisfreies Führen
3.1	Schusswaffen mit Lunten- oder Funkenzündung, deren Modell vor dem 1. Januar 1871 entwickelt worden ist;
3.2	Armbrüste;
3.3	Schusswaffen nach Abschnitt 3 Unterabschnitt 2, die als getreue Nachahmungen im Sinne der vorgenannten Nummern nicht vom Waffengesetz ausgenommen sind.
4.	Erlaubnisfreier Handel und erlaubnisfreie Herstellung
4.1	Schusswaffen mit Lunten- oder Funkenzündung, deren Modell vor dem 1. Januar 1871 entwickelt worden ist;

4.2	Armbrüste;
5.	Erlaubnisfreier Handel
5.1	Einläufige Einzelladerwaffen mit Zündhütchenzündung (Perkussionswaffen), deren Modell vor dem 1. Januar 1871 entwickelt worden ist;
5.2	Schusswaffen mit Zündnadelzündung, deren Modell vor dem 1. Januar 1871 entwickelt worden ist.
6.	Erlaubnisfreie nichtgewerbsmäßige Herstellung
6.1	Munition.
7.	Erlaubnisfreies Verbringen und erlaubnisfreie Mitnahme in den, durch den oder aus dem Geltungsbereich des Gesetzes
7.1	Druckluft-, Federdruckwaffen und Waffen, bei denen zum Antrieb der Geschosse kalte Treibgase Verwendung finden, sofern sie den Voraussetzungen der Nummer 1.1, 1.2 oder 1.3 entsprechen;
7.2	Schreckschuss-, Reizstoff- und Signalwaffen, die der zugelassenen Bauart nach § 8 des Beschussgesetzes entsprechen und das Zulassungszeichen nach Anlage 1 Abbildung 2 zur Ersten Verordnung zum Waffengesetz vom 24. Mai 1976 (BGBl. I S. 1285) in der zum Zeitpunkt des Inkrafttretens dieses Gesetzes geltenden Fassung oder ein durch Rechtsverordnung nach § 25 Abs. 1 Nr. 1 Buchstabe c bestimmtes Zeichen tragen;
7.3	veränderte Langwaffen, die für Zier- oder Sammlerzwecke, zu Theateraufführungen, Film- oder Fernsehaufnahmen bestimmt sind, wenn sie die Anforderungen der Nummer 1.5 erfüllen;
7.4	Schusswaffen, die vor dem 1. April 1976 entsprechend den Anforderungen des § 3 der Ersten Verordnung zum Waffengesetz vom 19. Dezember 1972 (BGBl. I S. 2522) verändert worden sind;
7.5	Munition für die in Nummer 7.2 bezeichneten Waffen;
7.6	einläufige Einzelladerwaffen mit Zündhütchenzündung (Perkussionswaffen), deren Modell vor dem 1. Januar 1871 entwickelt worden ist;
7.7	Schusswaffen mit Lunten- oder Funkenzündung, deren Modell vor dem 1. Januar 1871 entwickelt worden ist;
7.8	Armbrüste;
7.9	pyrotechnische Munition, die das Zulassungszeichen nach Anlage II Abbildung 5 zur Dritten Verordnung zum Waffengesetz in der Fassung der Bekanntmachung vom 2. September 1991 (BGBl. I S. 1872) mit der Klassenbezeichnung PM I trägt.

8.   Erlaubnisfreies Verbringen und erlaubnisfreie Mitnahme aus dem Geltungsbereich des Gesetzes in einen Staat, der nicht Mitgliedstaat der Europäischen Union ist
Sämtliche Waffen im Sinne des § 1 Abs. 2.

Unterabschnitt 3: Entbehrlichkeit einzelner Erlaubnisvoraussetzungen

1.   Erwerb und Besitz ohne Bedürfnisnachweis (§ 4 Abs. 1 Nr. 4)
1.1   Feuerwaffen, deren Geschossen eine Bewegungsenergie von nicht mehr als 7,5 Joule erteilt wird und die das Kennzeichen nach Anlage 1 Abbildung 1 der Ersten Verordnung zum Waffengesetz vom 24. Mai 1976 (BGBl. I S. 1285) in der zum Zeitpunkt des Inkrafttretens dieses Gesetzes geltenden Fassung oder ein durch Rechtsverordnung nach § 25 Abs. 1 Nr. 1 Buchstabe c bestimmtes Zeichen tragen;
1.2   für Waffen nach Nr. 1.1 bestimmte Munition.
2.   Führen ohne Sachkunde-, Bedürfnis- und Haftpflichtversicherungsnachweis (§ 4 Abs. 1 Nr. 3 bis 5) – Kleiner Waffenschein
2.1   Schreckschuss-, Reizstoff- und Signalwaffen nach Unterabschnitt 2 Nr. 1.3.

Abschnitt 3:   Vom Gesetz ganz oder teilweise ausgenommene Waffen

Unterabschnitt 1: Vom Gesetz mit Ausnahme von § 2 Abs. 1 und § 41 ausgenommene Waffen

Unterwassersportgeräte, bei denen zum Antrieb der Geschosse keine Munition verwendet wird (Harpunengeräte).

Unterabschnitt 2: Vom Gesetz ausgenommene Waffen

1.   Schusswaffen (Anlage 1 Abschnitt 1 Unterabschnitt 1 Nr. 1.1), die zum Spiel bestimmt sind, wenn aus ihnen nur Geschosse verschossen werden können, denen eine Bewegungsenergie von nicht mehr als 0,08 Joule (J) erteilt wird, es sei denn,
      – sie können mit allgemein gebräuchlichen Werkzeugen so geändert werden, dass die Bewegungsenergie der Geschosse über 0,08 (J) Joule steigt oder
      – sie sind getreue Nachahmungen von Schusswaffen im Sinne der Anlage 1 Abschnitt 1 Unterabschnitt 1 Nr. 1.1, deren Erwerb der Erlaubnis bedarf.

2. Schusswaffen und tragbare Gegenstände im Sinne von Anlage 1 Abschnitt 1 Unterabschnitt 1 Nr. 1.2.2, bei denen feste Körper durch Muskelkraft angetrieben werden, es sei denn
   – deren durch Muskelkraft eingebrachte Antriebsenergie kann durch eine Sperrvorrichtung gespeichert werden (z. B. Druckluft- und Federdruckwaffen, Armbrüste) oder
   – sie sind getreue Nachahmungen von Schusswaffen im Sinne der Anlage 1 Abschnitt 1 Unterabschnitt 1 Nr. 1.1, deren Erwerb der Erlaubnis bedarf.

3. In Anlage 1 Abschnitt 1 Unterabschnitt 1 Nr. 1.1 oder 1.2.1 bezeichnete Gegenstände, die zum Spiel bestimmt sind, wenn mit ihnen nur Zündblättchen, -bänder, -ringe (Amorces) oder Knallkorken abgeschossen werden können, es sei denn,
   – sie können mit allgemein gebräuchlichen Werkzeugen in eine Schusswaffe oder einen anderen, einer Schusswaffe gleichstehenden Gegenstand umgearbeitet werden oder
   – sie sind getreue Nachahmungen von Schusswaffen im Sinne der Anlage 1 Abschnitt 1 Unterabschnitt 1 Nr. 1.1, deren Erwerb der Erlaubnis bedarf.

4. Schusswaffen, die vor dem 1. April 2003 entsprechend den Anforderungen der Anlage 1 Abschnitt 1 Unterabschnitt 1 Nr. 1.4 in der bis zu diesem Zeitpunkt geltenden Fassung unbrauchbar gemacht worden sind.

Allgemeine Waffengesetz-Verordnung (AWaffV)

Vom 27. Oktober 2003 (BGBl. I S. 2133), zuletzt geändert durch Art. 3 Abs. 6 des Gesetzes vom 17. Juli 2009 (BGBl. I S. 2062, 2090) – Auszug

§ 13 Aufbewahrung von Waffen oder Munition

(1) In einem Sicherheitsbehältnis, das der Norm DIN/EN 1143-1 Widerstandsgrad 0 (Stand: Mai 1997)[1] oder einer Norm mit gleichem Schutzniveau eines anderen Mitgliedstaates des Übereinkommens über den Europäischen Wirtschaftsraum (EWR-Mitgliedstaat) oder der Sicherheitsstufe B nach VDMA 24992[2] (Stand: Mai 1995) entspricht, dürfen nicht mehr als zehn Kurzwaffen (Anlage 1 Abschnitt 1 Unterabschnitt 1 Nr. 2.6, dritter Halbsatz zum Waffengesetz), zu deren Erwerb und Besitz es einer Erlaubnis bedarf, oder zehn nach Anlage 2 Abschnitt 1 Nr. 1.1 bis 1.2.3 zum Waffengesetz verbotene Waffen aufbewahrt werden; unterschreitet das Gewicht des Behältnisses 200 Kilogramm oder liegt die Verankerung gegen Abriss unter einem vergleichbaren Gewicht, so verringert sich die Höchstzahl der aufzubewahrenden Waffen auf fünf. Wird die in Satz 1 genannte Anzahl überschritten, so darf die Aufbewahrung nur in einem Sicherheitsbehältnis, das mindestens der Norm DIN/EN 1143-1 Widerstandsgrad I (Stand: Mai 1997) oder einer Norm mit gleichem Schutzniveau eines anderen EWR-Mitgliedstaates entspricht, oder in einer entsprechenden Mehrzahl von Sicherheitsbehältnissen nach Satz 1 erfolgen.

(2) Werden mehr als zehn Langwaffen (Anlage 1 Abschnitt 1 Unterabschnitt 1 Nr. 2.6, erster und zweiter Halbsatz zum Waffengesetz), zu deren Erwerb und Besitz es einer Erlaubnis bedarf, aufbewahrt, so darf die Aufbewahrung nur in einem Sicherheitsbehältnis, das mindestens einer der in Absatz 1 Satz 1 genannten Normen entspricht, oder in einer entsprechenden Mehrzahl von Sicherheitsbehältnissen nach § 36 Abs. 2 Satz 2 des Waffengesetzes erfolgen.

(3) Munition, deren Erwerb nicht von der Erlaubnispflicht freigestellt ist, darf nur in einem Stahlblechbehältnis ohne Klassifizierung mit Schwenkriegelschloss oder einer gleichwertigen Verschlussvorrichtung oder in einem gleichwertigen Behältnis aufbewahrt werden.

---

1 Herausgegeben im Beuth-Verlag GmbH, Berlin und Köln.
2 Verband Deutscher Maschinen- und Anlagenbau e.V.

(4) Werden Langwaffen, zu deren Erwerb und Besitz es einer Erlaubnis bedarf, in einem Sicherheitsbehältnis, das der Sicherheitsstufe A nach VDMA 24992 (Stand: Mai 1995) entspricht, aufbewahrt, so ist es für die Aufbewahrung von bis zu fünf Kurzwaffen, zu deren Erwerb und Besitz es einer Erlaubnis bedarf, und der Munition für die Lang- und Kurzwaffen ausreichend, wenn sie in einem Innenfach erfolgt, das den Sicherheitsanforderungen nach Absatz 1 Satz 1 entspricht; in diesem Fall dürfen die Kurzwaffen und die Munition innerhalb des Innenfaches zusammen aufbewahrt werden. Im Falle der Aufbewahrung von Schusswaffen in einem Sicherheitsbehältnis der Sicherheitsstufe A oder B nach VDMA 24992 ist es für die Aufbewahrung der dazugehörigen Munition ausreichend, wenn sie in einem Innenfach aus Stahlblech ohne Klassifizierung mit Schwenkriegelschloss oder einer gleichwertigen Verschlussvorrichtung erfolgt; nicht zu den dort aufbewahrten Waffen gehörige Munition darf zusammen aufbewahrt werden.

(5) Die zuständige Behörde kann eine andere gleichwertige Aufbewahrung der Waffen zulassen. Insbesondere kann von Sicherheitsbehältnissen im Sinne des § 36 Abs. 1 und 2 des Waffengesetzes oder im Sinne der Absätze 1 bis 3 abgesehen werden, wenn die Waffen und die Munition in einem Waffenraum aufbewahrt werden, der dem Stand der Technik entspricht.

(6) In einem nicht dauernd bewohnten Gebäude dürfen nur bis zu drei Langwaffen, zu deren Erwerb und Besitz es einer Erlaubnis bedarf, aufbewahrt werden. Die Aufbewahrung darf nur in einem mindestens der Norm DIN/EN 1143-1 Widerstandsgrad I entsprechenden Sicherheitsbehältnis erfolgen. Die zuständige Behörde kann Abweichungen in Bezug auf die Art oder Anzahl der aufbewahrten Waffen oder das Sicherheitsbehältnis auf Antrag zulassen; in diesen Fällen soll die kriminalpolizeiliche Beratungsstelle beteiligt werden.

(7) Die zuständige Behörde kann auf Antrag bei einer Waffen- oder Munitionssammlung unter Berücksichtigung der Art und der Anzahl der Waffen oder der Munition und ihrer Gefährlichkeit für die öffentliche Sicherheit und Ordnung von den Vorgaben der Absätze 1 bis 6 insbesondere unter dem Gesichtspunkt der Sichtbarkeit zu Ausstellungszwecken abweichen und dabei geringere oder höhere Anforderungen an die Aufbewahrung stellen; bei Sammlungen von Waffen, deren Modell vor dem 1. Januar 1871 entwickelt worden ist, und bei Munitionssammlungen soll sie geringere Anforderungen stellen. Dem Antrag ist ein Aufbewahrungskonzept beizugeben. Die kriminalpolizeiliche Beratungsstelle soll beteiligt werden.

(8) Die zuständige Behörde kann auf Antrag von Anforderungen an die Sicherheitsbehältnisse nach § 36 Abs. 1 und 2 des Waffengesetzes oder nach den Absätzen 1 bis 3 oder an einen Waffenraum nach Absatz 5 Satz 2 absehen, wenn ihre Einhaltung unter Berücksichtigung der Art und der Anzahl der Waffen und der Munition und ihrer Gefährlichkeit für die öffentliche Sicherheit und Ordnung eine besondere Härte darstellen würde. In diesem Fall hat sie die niedrigeren Anforderungen festzusetzen.

(9) Bestehen begründete Zweifel, dass Normen anderer EWR-Mitgliedstaaten im Schutzniveau den in § 36 Abs. 1 und 2 des Waffengesetzes oder in den Absätzen 1 bis 4 genannten Normen gleichwertig sind, kann die Behörde vom Verpflichteten die Vorlage einer Stellungnahme insbesondere des Deutschen Instituts für Normung verlangen.

(10) Die gemeinschaftliche Aufbewahrung von Waffen oder Munition durch berechtigte Personen, die in einer häuslichen Gemeinschaft leben, ist zulässig.

(11) Bei der vorübergehenden Aufbewahrung von Waffen im Sinne des Absatzes 1 Satz 1 oder des Absatzes 2 oder von Munition außerhalb der Wohnung, insbesondere im Zusammenhang mit der Jagd oder dem sportlichen Schießen, hat der Verpflichtete die Waffen oder Munition unter angemessener Aufsicht aufzubewahren oder durch sonstige erforderliche Vorkehrungen gegen Abhandenkommen oder unbefugte Ansichnahme zu sichern, wenn die Aufbewahrung gemäß den Anforderungen der Absätze 1 bis 8 nicht möglich ist.

Niedersächsisches Gesetz über den Wald und die Landschaftsordnung (NWaldLG)

Vom 21. März 2002 (Nds. GVBl. S. 112), zuletzt geändert durch Gesetz vom 26. März 2009 (Nds. GVBl. S. 112) – Auszug –

Erster Teil   Gesetzeszweck, Begriffsbestimmungen, Zusammenwirken

§ 1 Gesetzeszweck

Zweck dieses Gesetzes ist,

1. den Wald
   a) wegen seines wirtschaftlichen Nutzens (Nutzfunktion),
   b) wegen seiner Bedeutung für die Umwelt, die dauernde Leistungsfähigkeit des Naturhaushalts, insbesondere als Lebensraum für wild lebende Tiere und wild wachsende Pflanzen, das Klima, den Wasserhaushalt, die Reinhaltung der Luft, die Bodenfruchtbarkeit, das Landschaftsbild, die Agrarstruktur und die Infrastruktur (Schutzfunktion) und
   c) wegen seiner Bedeutung für die Erholung der Bevölkerung (Erholungsfunktion)
   zu erhalten, erforderlichenfalls zu mehren und seine ordnungsgemäße Bewirtschaftung nachhaltig zu sichern,
2. die Forstwirtschaft zu fördern,
3. einen Ausgleich zwischen dem Interesse der Allgemeinheit und den Belangen der Waldbesitzenden herbeizuführen und
4. die Benutzung der freien Landschaft zu ordnen.

§ 2 Wald und übrige freie Landschaft

(1) ¹Die freie Landschaft besteht aus den Flächen des Waldes und der übrigen freien Landschaft, auch wenn die Flächen innerhalb der im Zusammenhang bebauten Ortsteile liegen. ²Bestandteile dieser Flächen sind auch die zugehörigen Wege und Gewässer.

(2) Nicht zur freien Landschaft gehören

1. Straßen und Wege, soweit sie aufgrund straßengesetzlicher Regelung für den öffentlichen Verkehr bestimmt sind,
2. Gebäude, Hofflächen und Gärten,

3. Gartenbauflächen einschließlich Erwerbsbaumschulen und Erwerbsobstflächen sowie
4. Parkanlagen, die im räumlichen Zusammenhang zu baulichen Anlagen stehen, die zum dauernden Aufenthalt von Menschen bestimmt sind.

(3) [1]Wald ist jede mit Waldbäumen bestockte Grundfläche, die aufgrund ihrer Größe und Baumdichte einen Naturhaushalt mit eigenem Binnenklima aufweist. [2]Nach einer Erstaufforstung oder wenn sich aus natürlicher Ansamung mindestens kniehohe Waldbäume entwickelt haben, liegt Wald vor, wenn die Fläche den Zustand nach Satz 1 wahrscheinlich erreichen wird.

(4) Zum Wald im Sinne des Absatzes 3 gehören auch

1. kahl geschlagene oder verlichtete Grundflächen, Waldwege, Schneisen, Waldeinteilungs- und Sicherungsstreifen, Waldblößen, Lichtungen, Waldwiesen, mit dem Wald zusammenhängende und ihm dienende Wildäsungsflächen und Wildäcker,
2. Holzlagerplätze sowie weitere mit dem Wald verbundene und seiner Bewirtschaftung oder seinem Besuch dienende Flächen wie Parkplätze, Spielplätze und Liegewiesen sowie
3. Moore, Heiden, Gewässer und sonstige ungenutzte Ländereien, die mit Wald zusammenhängen und natürliche Bestandteile der Waldlandschaft sind.

(5) Als Wald gelten

1. mit dem Wald im Sinne der Absätze 3 und 4 verbundene überwiegend für den Eigenbedarf der Waldbesitzenden bestimmte Waldbaumschulen und
2. mit Waldbäumen bestandene Parkanlagen, die nicht unter Absatz 2 Nr. 4 fallen und nicht innerhalb im Zusammenhang bebauter Ortsteile liegen.

(6) Waldflächen im Sinne der Absätze 3 bis 5 verlieren ihre rechtliche Eigenschaft als Wald nicht dadurch, dass sie durch Windwurf oder Brand geschädigt, kahl geschlagen, gerodet oder unzulässig in Flächen mit einer anderen Nutzungsart umgewandelt worden sind.

(7) Wald sind nicht

1. kleinere Flächen in der übrigen Landschaft, die nur mit einzelnen Baumgruppen, Baumreihen oder mit Hecken bestockt sind,
2. Hofgehölze,

3. Flächen , auf denen Waldbäume mit dem Ziel baldiger Holzentnahme angepflanzt werden (Kurzumtriebsplantagen),
4. Weihnachtsbaumkulturen,
5. Schmuckreisigkulturen.

§ 3 Waldeigentumsarten

(1) Staatswald ist der Wald im Alleineigentum des Landes Niedersachsen oder der Anstalt Niedersächsische Landesforsten (Landeswald), des Bundes oder eines anderen Landes.

(2) Kommunalwald ist der Wald im Alleineigentum einer Gemeinde, eines Gemeindeverbandes, eines Zweckverbandes oder einer sonstigen kommunalen Körperschaft.

(3) Stiftungswald ist der Wald im Alleineigentum einer unter der Aufsicht des Landes stehenden Stiftung des öffentlichen Rechts.

(4) Privatwald ist der nicht unter die Absätze 1 bis 3 fallende Wald, auch wenn eine juristische Person des öffentlichen Rechts Eigentümer ist.

(5) Genossenschaftswald ist der Privatwald im Alleineigentum eines Realverbandes im Sinne des niedersächsischen Realverbandsgesetzes oder einer Teilnehmergemeinschaft nach dem Flurbereinigungsgesetz.

§ 4 Waldbesitzende, sonstige Grundbesitzende

(1) Waldbesitzende sind die Waldeigentümerin oder der Waldeigentümer und die nutzungsberechtigte Person, sofern diese unmittelbare Besitzerin des Waldes ist.

(2) Sonstige Grundbesitzende sind die Eigentümerin oder der Eigentümer eines Grundstücks in der übrigen freien Landschaft und die nutzungsberechtigte Person, sofern diese unmittelbare Besitzerin des Grundstücks ist.

Sechster Teil   Betreten der freien Landschaft

§ 23 Recht zum Betreten

(1) Jeder Mensch darf die freie Landschaft (§ 2 Abs. 1) betreten und sich dort erholen. Dieses Recht findet seine Grenzen in einer für die Grundbesitzenden unzumutbaren Nutzung, insbesondere durch öffentliche Veranstaltungen oder eine gewerbsmäßige Nutzung.

(2) Nicht betreten werden dürfen

1. Waldkulturen, Walddickungen, Waldbaumschulen sowie Flächen, auf denen Holz eingeschlagen wird,
2. Äcker in der Zeit vom Beginn ihrer Bestellung bis zum Ende der Ernte und
3. Wiesen während der Aufwuchszeit und Weiden während der Aufwuchs- oder Weidezeit.

(3) Betreten im Sinne dieses Gesetzes ist das Begehen, das Fahren in den Fällen des § 25 Abs. 1 und das Reiten.

§ 24 Begehen

Das Begehen schließt das Skilaufen, das nicht durch Motorkraft oder Zugtiere bewirkte Schlittenfahren und das Benutzen von Krankenfahrstühlen ohne Motorkraft ein.

§ 25 Fahren

(1) [1]Das Fahren mit Fahrrädern ohne Motorkraft und mit Krankenfahrstühlen mit Motorkraft ist auf tatsächlich öffentlichen Wegen gestattet. [2]Tatsächlich öffentliche Wege sind private Straßen und Wege, die mit Zustimmung oder Duldung der Grundeigentümerin, des Grundeigentümers oder der sonstigen berechtigten Person tatsächlich für den öffentlichen Verkehr genutzt werden; dazu gehören Wanderwege, Radwege, Fahrwege (Absatz 2 Satz 2), Reitwege und Freizeitwege (§ 37).

(2) [1]Außerhalb von Fahrwegen ist das Fahren mit Kraftfahrzeugen sowie mit von Zugtieren gezogenen Fuhrwerken oder Schlitten nicht gestattet. [2]Fahrwege sind befestigte oder naturfeste Wirtschaftswege, die von zweispurigen nicht geländegängigen Kraftfahrzeugen ganzjährig befahren werden können. [3]Das Fahren mit den in Satz 1 genannten Fahrzeugen auf Fahrwegen wird durch dieses Gesetz nicht geregelt.

§ 26 Reiten

(1) [1]Das Reiten ist auf gekennzeichneten Reitwegen und auf Fahrwegen (§ 25 Abs. 2 Satz 2) gestattet. [2]Die Gestattung erstreckt sich nicht auf Fahrwege, die durch Beschilderung als Radwege gekennzeichnet sind.

(2) Um die Feststellung der Identität von Reiterinnen und Reitern zu erleichtern, kann die Waldbehörde durch Verordnung bestimmen, dass

Personen in der freien Landschaft außerhalb eingefriedeter Grundflächen nur reiten dürfen, wenn die Pferde ein amtliches Kennzeichen tragen.

§ 27 Zelte, Wohnwagen, Wohnmobile

In der freien Landschaft sind außerhalb von genehmigten Campingplätzen das Zelten, das Aufstellen von Wohnwagen und Wohnmobilen sowie der Aufenthalt in Zelten, Wohnmobilen und Wohnwagen nicht gestattet.

§ 28 Weiter gehende Gestattungen

[1]Die Waldbesitzenden und sonstigen Grundbesitzenden können die Benutzung ihrer Grundstücke über die Regelungen der §§ 23 bis 25, 26 Abs. 1 und des § 27 hinaus gestatten. [2]Eine Gestattung nach § 27 darf nur begrenzt auf wenige Tage und nur in Einzelfällen erteilt werden.

§ 29 Rücksichtnahme

[1]Wer Grundstücke im Rahmen der §§ 23 bis 28 betritt, darf die Waldbesitzenden und sonstigen Grundbesitzenden der betretenen und der benachbarten Grundstücke und andere Personen nicht schädigen, gefährden oder belästigen. [2]Radfahrerinnen und Radfahrer sowie Reiterinnen und Reiter haben besondere Rücksicht auf andere Personen zu nehmen. [3]Sie haben Krankenfahrstühlen, Fußgängerinnen und Fußgängern Vorrang einzuräumen, es sei denn, dass sie auf gekennzeichneten Radwegen fahren oder auf gekennzeichneten Reitwegen reiten.

§ 30 Haftung

[1]Wer von den Betretensrechten nach den §§ 23 bis 28 Gebrauch macht, handelt auf eigene Gefahr. [2]Die Waldbesitzenden und sonstigen Grundbesitzenden haften insbesondere nicht für

1. natur- oder waldtypische Gefahren durch Bäume,
2. natur- oder waldtypische Gefahren durch den Zustand von Wegen,
3. aus der Bewirtschaftung der Flächen entstehende typische Gefahren,
4. Gefahren, die dadurch entstehen, dass
   a) Wald in der Zeit von eineinhalb Stunden nach Sonnenuntergang bis eineinhalb Stunden vor Sonnenaufgang (Nachtzeit) außerhalb von tatsächlich öffentlichen Wegen (§ 25 Abs. 1 Satz 2) begangen wird,

b) die freie Landschaft in der Nachtzeit (Buchstabe a) mit Fahrrädern ohne Motorkraft außerhalb von Radwegen oder von Fahrwegen (§ 25 Abs. 2 Satz 2) befahren wird oder

c) bei der Ausübung von Betretensrechten sonstige schlechte Sicht-verhältnisse nicht berücksichtigt werden, sowie für

5. Gefahren außerhalb von Wegen, die

    a) natur- oder waldtypisch sind oder

    b) durch Eingriffe in die freie Landschaft oder durch den Zustand von Anlagen entstehen, insbesondere durch Bodenerkundungs-schächte, Gruben und Rohrdurchlässe.

[3]Die Haftung der Waldbesitzenden oder sonstigen Grundbesitzenden ist nicht nach Satz 2 Nr. 3, 4 oder 5 Buchst. b ausgeschlossen, wenn die Schädigung von Personen, die den Wald oder die freie Landschaft betre-ten, von den Waldbesitzenden oder sonstigen Grundbesitzenden vorsätz-lich herbeigeführt wird.

§ 31 Verbote und Sperren

(1) [1]Waldbesitzende und sonstige Grundbesitzende dürfen die Ausübung der Betretensrechte nach den §§ 23 bis 28 schriftlich, durch Zeichen oder in dringenden Fällen mündlich verbieten sowie durch Zäune, Sperren oder sonstige Hindernisse verhindern oder wesentlich erschweren, soweit dies erforderlich ist

1. zur Abwehr von Gefahren für Leib und Leben,

2. zur Brandverhütung,

3. zum Schutz der Waldbesitzenden, sonstiger Grundbesitzender oder anderer Personen vor Schäden oder unzumutbaren Belästigungen, insbesondere bei übermäßig häufiger Benutzung,

4. zur Vermeidung von erheblichen verbotswidrigen Abfallablagerungen an Badeteichen und Grillplätzen,

5. zur ordnungsgemäßen land- oder forstwirtschaftlichen Nutzung der Grundstücke,

6. zum Schutz der besonders geschützten Arten von wild lebenden Tieren und wild wachsenden Pflanzen sowie von Wild, das während des ganzen Jahres mit der Jagd zu verschonen ist,

7. wegen ständiger erheblicher Beunruhigung des Wildes durch Besu-cherinnen und Besucher,

8. zur Bejagung des Schalenwildes

    a) durch Treib-, Drück- oder Stöberjagden oder

b) durch andere Formen der Bejagung, wenn jagdrechtliche Abschusspflichten ohne die Sperrung nicht mehr zu erfüllen sind,

9. aus wichtigem Grund für weitere Vorhaben, mit denen eine gleichzeitige Benutzung der Grundstücke durch die Allgemeinheit nicht vereinbar ist.

²Zäune, Sperren oder sonstige Hindernisse dürfen auch errichtet werden, soweit dies erforderlich ist, um Schäden durch Wild auf Straßen und Nachbargrundstücken zu verhüten; diese Sperranlagen sind so zu gestalten, dass die Ausübung der Betretensrechte soweit möglich gewährleistet bleibt, zumindest durch begehbare oder überschreitbare Vorrichtungen auf den vorhandenen Wegen.

(2) Die Errichtung von Gehegen für wild lebende Tiere zum Zweck der Jagdausübung (Jagdgehege) ist in der freien Landschaft unzulässig.

(3) ¹Verbote, Zäune, Sperren und sonstige Hindernisse, die auf Absatz 1 Satz 1 Nrn. 3 bis 9 und Satz 2 gestützt werden, bedürfen bei Privatwald der Genehmigung der Waldbehörde, sofern sie die Dauer von einer Woche nicht überschreiten sollen. ²Die Genehmigung ist zu erteilen, soweit die Voraussetzungen des Absatzes 1 vorliegen.

(4) ¹Sind Verbote, Zäune, Sperren und sonstige Hindernisse mit Absatz 1 nicht vereinbar, so kann die Waldbehörde die zur Wiederherstellung eines rechtmäßigen Zustandes erforderlichen Anordnungen treffen. ²Die Anordnungen gelten auch gegenüber den Rechtsnachfolgerinnen und Rechtsnachfolgern.

§ 32 Geltung anderer Vorschriften

Unberührt bleiben die Vorschriften des Straßenrechts, des Straßenverkehrsrechts, des Naturschutzrechts, des Jagdrechts und andere Rechtsvorschriften, die das Betreten einschränken oder dazu in weiterem Umfang berechtigen.

Siebenter Teil   Verhalten in der freien Landschaft

§ 33 Pflichten zum Schutz vor Schäden

(1) In der freien Landschaft ist jede Person verpflichtet,

1. dafür zu sorgen, dass ihrer Aufsicht unterstehende Hunde
   a) nicht streunen oder wildern und
   b) in der Zeit vom 1. April bis zum 15. Juli (allgemeine Brut-, Setz- und Aufzuchtzeit) an der Leine geführt werden, es sei denn, dass

sie zur rechtmäßigen Jagdausübung, als Rettungs- oder Hüte-
hunde oder von der Polizei, dem Bundesgrenzschutz[1] oder dem
Zoll eingesetzt werden oder ausgebildete Blindenführhunde sind,

2. Koppeltore, Wildgattertore und andere zur Sperrung von Eingängen
   in eingefriedete Grundstücke oder von Wegen dienende Vorrichtungen nach dem Öffnen zu schließen,
3. das eigene und das anvertraute Vieh außerhalb eingefriedeter Grundstücke zu beaufsichtigen oder zu sichern.

(2) [1]Die Feld- und Forstordnungsbehörden können durch Verordnung
bestimmen, dass Hunde in der freien Landschaft auch außerhalb der Zeit
vom 1. April bis zum 15. Juli an der Leine zu führen sind

1. zum Schutz der Rückzugsmöglichkeiten des Wildes oder sonstiger
   wild lebender Tiere vor Beunruhigung durch Festlegung von Schon-
   gebieten oder
2. zum Schutz von Erholungssuchenden vor Belästigungen durch frei
   laufende Hunde auf Grundflächen, die besonderen Formen der Erholung dienen, insbesondere auf Liegewiesen, Spielplätzen und Sport-
   anlagen.

[2]Die Ausnahmen nach Absatz 1 Nr. 1 Buchst. b bleiben unberührt.

§ 34 Verbote zum Schutz vor Schäden

Es ist in der freien Landschaft verboten, unbefugt

1. Bäume, Hecken, Wallhecken, Sträucher, Pflanzen und Früchte ohne
   vernünftigen Grund zu beschädigen,
2. Feld- und Waldwege und die dazugehörenden Einrichtungen zu
   beschädigen oder ihre Benutzung erheblich zu erschweren,
3. Wegweiser, Hinweisschilder, Einfriedungen, Geländer und elektrische Zäune, Vorrichtungen, die zum Schutz von Bäumen dienen,
   sowie Vorrichtungen, die zur Sperrung von Eingängen in eingefriedete
   Grundstücke oder Wegen dienen oder zur Verhütung von Unfällen
   aufgestellt sind, wegzunehmen, umzuwerfen, zu beschädigen,
   unkenntlich, unwirksam oder unbrauchbar zu machen,
4. Stamm, Stoß- oder Losnummern sowie entsprechende Zeichen an
   stehenden oder gefällten Stämmen und an aufgeschichteten Stößen
   von Holz oder anderen Walderzeugnissen sowie an Torf zu zerstören,
   unkenntlich zu machen, nachzumachen oder zu verändern,

---

1 jetzt: Bundespolizei

5. aufgeschichtete forstwirtschaftliche Erzeugnisse zu betreten, umzuwerfen, zu verstreuen, vom Standort zu entfernen oder deren Stützen
   wegzunehmen,
6. zur Bewässerung eines Grundstücks dienendes Wasser abzuleiten
   und
7. Gräben, Wälle, Rinnen oder andere zur Ableitung oder Zuleitung von
   Wasser oder zur Beregnung dienende Anlagen zu beseitigen, zu
   beschädigen oder in einer ihre Funktion beeinträchtigenden Weise zu
   verändern.

§ 35 Schutz vor Brandgefahren

(1) [1]In Wald, Moor und Heide sowie in gefährlicher Nähe davon ist es
verboten, in der Zeit vom 1. März bis zum 31. Oktober Feuer anzuzünden
oder zu rauchen. [2]Dies gilt nicht für Waldbesitzende, sonstige Grundbesitzende und Personen, die zu diesen in einem ständigen Dienst- oder
Arbeitsverhältnis stehen und für diese auf den Grundstücken Dienste oder
Arbeiten verrichten, sowie für die dort zur Jagd Befugten.

(2) Das Grillen ist nur auf Grillplätzen gestattet, die die waldbesitzende
oder sonstige grundbesitzende Person angelegt hat.

(3) [1]Wer in Wald, Moor, Heide oder in gefährlicher Nähe davon ein Feuer
angezündet hat, hat es zu überwachen. [2]Brennende oder glimmende
Gegenstände dürfen nicht weggeworfen werden.

(4) Die Waldbehörde kann in Zeiten besonderer Brandgefahr und in
besonders brandgefährdeten Gebieten durch Verordnung

1. den Zutritt zu Wald, Moor und Heide verbieten oder beschränken,
2. Verbote nach Absatz 1 über den Zeitraum vom 1. März bis 31. Oktober
   hinaus ausdehnen oder
3. andere oder weiter gehende Bestimmungen über den Umgang mit
   Feuer und feuergefährlichen Gegenständen in Wald, Moor und Heide
   sowie in gefährlicher Nähe davon treffen.

(5) Sind Bestimmungen nach Absatz 4 über das Gebiet eines Landkreises
oder einer kreisfreien Stadt hinaus erforderlich, so erlässt die oberste
Waldbehörde die Verordnung.

§ 36 Feld- und Forstschutz

[1]Die Aufgaben der Gefahrenabwehr nach dem Sechsten und nach diesem
Teil dieses Gesetzes obliegen den Feld- und Forstordnungsbehörden

(§ 43 Abs. 2 Satz 1) sowie im Außendienst den Behörden nach § 43 Abs. 3 Satz 1 und Abs. 4 sowie den Feldhüterinnen, Feldhütern, Forsthüterinnen und Forsthütern. [2]Die Feldhüterinnen, Feldhüter, Forsthüterinnen und Forsthüter sind Verwaltungsvollzugsbeamtinnen und Verwaltungsvollzugsbeamte (§ 50 des Niedersächsischen Gesetzes über die öffentliche Sicherheit und Ordnung). [3]Sie haben nicht die Befugnisse nach den §§ 14 bis 16, 18 und 24 des Niedersächsischen Gesetzes über die öffentliche Sicherheit und Ordnung.

Neunter Teil   Schlussbestimmungen

§ 42 Ordnungswidrigkeiten

(1) [1]Ordnungswidrig handelt, wer vorsätzlich oder fahrlässig ohne die nach § 8 Abs. 1, 2 Satz 1 und Abs. 8 erforderliche Genehmigung

1. Wald in Flächen mit einer anderen Nutzungsart umwandelt,
2. Waldflächen nach § 8 Abs. 8 überführt oder
3. Waldbäume (§ 2 Abs. 3) zu Zwecken nach Nummer 1 oder 2 fällt, rodet oder auf sonstige Weise beseitigt. [2]Die Ordnungswidrigkeit kann mit einer Geldbuße bis zu 25 000 Euro geahndet werden.

(2) [1]Ordnungswidrig handelt, wer vorsätzlich oder fahrlässig unbefugt

1. entgegen § 23 Abs. 2
    a) eine Waldkultur, Walddickung, Waldbaumschule oder eine Fläche, auf der Holz eingeschlagen wird,
    b) einen Acker in der Zeit vom Beginn der Bestellung bis zum Ende der Ernte oder
    c) eine Wiese oder Weide während der Aufwuchszeit
    betritt;
2. über die Gestattung nach § 25 Abs. 1 Satz 1 hinaus mit einem Krankenfahrstuhl mit Motorkraft oder mit einem Fahrrad in der freien Landschaft außerhalb von Wegen fährt;
3. entgegen § 25 Abs. 2 Satz 1 mit einem Kraftfahrzeug oder einem von Zugtieren gezogenen Fuhrwerk oder Schlitten außerhalb der Fahrwege fährt;
4. über die Gestattung nach § 26 Abs. 1 hinaus in der freien Landschaft reitet;
5. entgegen einer Verordnung nach § 26 Abs. 2 ohne amtliches Kennzeichen reitet, soweit die Verordnung auf diese Bußgeldvorschrift verweist;

6. entgegen § 27 im Wald oder in der übrigen freien Landschaft zeltet oder einen Wohnwagen oder ein Wohnmobil aufstellt oder sich darin aufhält;
7. ein Grundstück entgegen einem rechtmäßigen oder von der Waldbehörde genehmigten Verbot nach § 31 betritt.

[2]Nicht ordnungswidrig ist das Verhalten in den Fällen des Satzes 1 Nrn. 1 bis 4 und 6, wenn eine weiter gehende Gestattung der Waldbesitzenden oder sonstigen Grundbesitzenden gemäß § 28 erteilt worden ist, in den Fällen des § 27 jedoch nur, wenn sich die Gestattung in den Grenzen des § 28 Satz 2 hält.

(3) Ordnungswidrig handelt auch, wer vorsätzlich oder fahrlässig

1. entgegen § 12 Abs. 1 einen Kahlschlag nicht rechtzeitig anzeigt;
2. entgegen § 12 Abs. 2 einen Kahlschlag durchführt;
3. entgegen § 33 Abs. 1 Nr. 1 Buchst. a nicht dafür sorgt, dass ein seiner Aufsicht unterstehender Hund in der freien Landschaft nicht streunt oder wildert;
4. entgegen § 33 Abs. 1 Nr. 1 Buchst. b nicht dafür sorgt, dass ein seiner Aufsicht unterstehender Hund in der freien Landschaft in der Zeit vom 1. April bis zum 15. Juli an der Leine geführt wird;
5. entgegen § 33 Abs. 1 Nr. 2 ein Koppel- oder Wildgattertor oder eine Vorrichtung, die zur Sperrung von Eingängen in eingefriedete Grundstücke oder Wegen dient, nachdem er sie geöffnet hat, nicht wieder schließt;
6. entgegen § 33 Abs. 1 Nr. 3 eigenes Vieh oder anvertrautes Vieh außerhalb eingefriedeter Grundstücke nicht beaufsichtigt oder sichert;
7. dem Gebot einer Verordnung nach § 33 Abs. 2 Satz 1 Nr. 1 über das Anleinen von Hunden zuwiderhandelt, soweit die Verordnung auf diese Bußgeldvorschrift verweist;
8. entgegen § 34 Nr. 1 einen Baum, eine Hecke, eine Wallhecke, einen Strauch, Pflanzen oder Früchte ohne vernünftigen Grund beschädigt;
9. entgegen § 34 Nr. 2 einen Feld- oder Waldweg oder eine dazugehörende Einrichtung beschädigt oder ihre Benutzung erheblich erschwert;
10. entgegen § 34 Nr. 3 einen Wegweiser, ein Hinweisschild, eine Einfriedung, ein Geländer, einen elektrischen Zaun, eine Vorrichtung, die zum Schutz von Bäumen dient, oder eine Vorrichtung, die zur Sperrung eines Weges oder eines Eingangs in ein eingefriedetes Grundstück dient oder zur Verhütung von Unglücksfällen aufgestellt ist,

wegnimmt, umwirft, beschädigt oder unkenntlich, unwirksam oder unbrauchbar macht;

11. entgegen § 34 Nr. 4 die Stamm-, Stoß- oder Losnummer oder ein entsprechendes Zeichen an einem stehenden oder gefällten Stamm oder an einem aufgeschichteten Stoß von Holz, einem anderen Walderzeugnis oder an Torf zerstört, unkenntlich macht, nachmacht oder verändert;

12. entgegen § 34 Nr. 5 aufgeschichtete forstwirtschaftliche Erzeugnisse umwirft, verstreut, vom Standort entfernt oder deren Stützen wegnimmt;

13. entgegen § 34 Nr. 6 zur Bewässerung eines Grundstücks dienendes Wasser ableitet;

14. entgegen § 34 Nr. 7 einen Graben, einen Wall, eine Rinne oder eine andere zur Ableitung oder Zuleitung von Wasser oder zur Beregnung des Grundstücks dienende Anlage beschädigt, beseitigt oder in einer ihre Funktion beeinträchtigenden Weise verändert;

15. entgegen § 35 Abs. 1, auch in Verbindung mit einer Verordnung nach § 35 Abs. 4 Nr. 2, in Wald, Moor oder Heide oder in gefährlicher Nähe davon ein Feuer anzündet oder raucht;

16. entgegen § 35 Abs. 3 Satz 1 ein Feuer, das er in Wald, Moor, Heide oder in gefährlicher Nähe davon angezündet hat, nicht überwacht;

17. entgegen § 35 Abs. 3 Satz 2 in Wald, Moor und Heide oder in gefährlicher Nähe davon einen brennenden oder glimmenden Gegenstand wegwirft;

18. dem Verbot einer Verordnung nach § 35 Abs. 4 Nr. 1 oder 3 zuwiderhandelt, soweit die Verordnung für bestimmte Tatbestände auf diese Bußgeldvorschrift verweist.

(4) Ordnungswidrigkeiten nach den Absätzen 2 und 3 können mit einer Geldbuße bis zu 5000 Euro geahndet werden.

§ 43 Behörden

(1) [1]Die Aufgaben der Waldbehörden und der höheren Forstbehörde nach § 45 Abs. 2 Satz 1 des Bundeswaldgesetzes nehmen die Landkreise und kreisfreien Städte wahr. [3]Oberste Waldbehörde ist das Fachministerium.

(2) [1]Die Aufgaben der Feld- und Forstordnungsbehörden nehmen die Gemeinden wahr. [2]Diese berufen Feldhüterinnen, Feldhüter, Forsthüterinnen und Forsthüter. [3]Als solche dürfen nur Personen bestellt werden, die zur Gemeinde in einem Beamten- oder Dienstverhältnis stehen. [4]Ausnahmsweise können nach Satz 2 Personen zur neben- oder ehrenamt-

lichen Wahrnehmung der Vollzugsaufgaben berufen werden, wenn ein enger Sachzusammenhang der Vollzugsaufgaben mit einem bestehenden oder frühren Dienstverhältnis besteht und die Weisungsgebundenheit gegenüber der Gemeinde gewährleistet ist.

(3) [1]Abweichend von Absatz 2 Satz 1 sind für Außendienstaufgaben zuständig:

1. die Anstalt Niedersächsische Landesforsten im Landeswald und, vorbehaltlich der Nr. 2, in dem von ihr verwalteten Stiftungswald.
2. die Klosterkammer Hannover in dem von ihr verwalteten Stiftungswald.

[2]Diese Aufgaben einschließlich der Aufgaben der Forsthüterinnen und Forsthüter nach § 36 Satz 2 können nur fachkundige Personen im Sinne des § 15 Abs. 3 Satz 2 wahrnehmen.

(4) Für den Bundeswald beleiht die oberste Waldbehörde abweichend von Absatz 2 Satz 2 die Forstämter des Bundes mit den Außendienstaufgaben; Absatz 3 Satz 2 gilt entsprechend.

(5) [1]Die unmittelbare Fachaufsicht über die kreisangehörigen Gemeinden führen vorbehaltlich des Satzes 2 Nr. 2 die Landkreise als Waldbehörden. [2]Die oberste Waldbehörde führt die unmittelbare Fachaufsicht über

1. die ihr nachgeordneten Waldbehörden,
2. die kreisfreien und großen selbstständigen Städte für die Aufgaben nach Absatz 2,
3. die Forstämter für die Aufgaben nach Absatz 3 und über
4. die Beliehenen für die Aufgaben nach Absatz 4.

(6) [1]Die Aufgaben der Waldbehörden sowie der Feld- und Forstordnungsbehörden gehören zum übertragenen Wirkungskreis. [2]Die für diese Aufgaben entstehenden Kosten werden im Rahmen des kommunalen Finanzausgleichs abgegolten.

(7) Die Zuständigkeit der großen selbstständigen Städte nach § 11 Abs. 1 Satz 1 sowie der selbstständigen Gemeinden nach § 12 Abs. 1 Satz 3 der Niedersächsischen Gemeindeordnung für Aufgaben des übertragenen Wirkungskreises der Landkreise nach diesem Gesetz wird ausgeschlossen.

§ 50 Inkrafttreten

(1) Dieses Gesetz tritt am Tage nach seiner Verkündung in Kraft.

Anhang 5

(2) Gleichzeitig treten außer Kraft:

1. das Landeswaldgesetz in der Fassung vom 19. Juli 1978 (Nds. GVBl. S. 595), zuletzt geändert durch Artikel 31 des Gesetzes vom 22. März 1990 (Nds. GVBl. S. 101),
2. das Gesetz über den Körperschafts- und Genossenschaftswald vom 4. März 1961 (Nds. GVBl. S. 99), zuletzt geändert durch Artikel 9 des Gesetzes vom 13. Dezember 1996 (Nds. GVBl. S. 494),
3. das Feld- und Forstordnungsgesetz in der Fassung vom 30. August 1984 (Nds. GVBl. S. 215), zuletzt geändert durch Artikel 28 des Gesetzes vom 22. März 1990 (Nds. GVBl. S. 101).

Verordnung zum Schutz gegen die Tollwut (Tollwut-Verordnung)[1]

Vom 11. April 2001 (BGBl. I S. 598), zuletzt geändert durch Art. 3 der Verordnung vom 17. Juni 2009 (BGBl. I S. 1337)

Abschnitt 1   Begriffsbestimmungen

§ 1   Im Sinne dieser Verordnung liegen vor:

1. Ausbruch der Tollwut, wenn diese durch virologische Untersuchung nach einem in den vom Bundesministerium für Ernährung, Landwirtschaft und Verbraucherschutz im Bundesanzeiger bekannt gemachten Arbeitsanleitungen zur Labordiagnostik von anzeigepflichtigen Tierseuchen (BAnz. S. 18304 vom 12. September 2000) beschriebenen Untersuchungsverfahren festgestellt worden ist;
2. Verdacht des Ausbruchs der Tollwut, wenn das Ergebnis der klinischen Untersuchung, der pathologisch-anatomischen Untersuchung oder der histologischen Untersuchung, jeweils in Verbindung mit epizootiologischen Anhaltspunkten, den Ausbruch der Tollwut befürchten lässt;
3. wirksamer Impfschutz bei Hunden und Katzen, wenn eine Impfung gegen Tollwut
   a) im Falle einer Erstimpfung bei Welpen im Alter von mindestens drei Monaten mindestens 21 Tage nach Abschluss der Grundimmunisierung und längstens um den Zeitraum zurückliegt, den der Impfstoffhersteller für eine Wiederholungsimpfung angibt, oder
   b) im Falle von Wiederholungsimpfungen die Impfungen jeweils innerhalb des Zeitraumes durchgeführt worden sind, den der Impfstoffhersteller für die jeweilige Wiederholungsimpfung angibt.

Abschnitt 2   Schutzmaßregeln

Unterabschnitt 1   Allgemeine Schutzmaßregeln

§ 2   Impfungen und Heilversuche

(1) Gegen die Tollwut darf nur mit Impfstoffen aus nicht vermehrungsfähigen (inaktivierten) Erregern geimpft werden. Impfungen seuchenkran-

---

1   S. auch RdErl. d. ML v. 13.8.1992 (Nds. MBl. S. 1264), geändert durch RdErl. d ML v. 6.1.1998 (Nds. MBl. S. 382), Durchführung der Tollwut-Verordnung.

ker oder verdächtiger Tiere gegen die Tollwut sind verboten. Die Sätze 1 und 2 gelten nicht für die Impfung wild lebender Tiere.

(2) Die zuständige Behörde kann Impfungen gegen die Tollwut anordnen, sofern dies aus Gründen der Seuchenbekämpfung erforderlich ist.

(3) Heilversuche an verdächtigen Tieren sind verboten.

§ 3 Ausnahmen

Die zuständige Behörde kann Ausnahmen zulassen, sofern Belange der Tierseuchenbekämpfung nicht entgegenstehen,

1. von § 2 Abs. 1 Satz 1 für die Impfung mit anderen als den dort bezeichneten Impfstoffen,
2. von § 2 Abs. 1 Satz 1 und 2 für wissenschaftliche Versuche,
3. von § 2 Abs. 1 Satz 2 für ansteckungsverdächtige Tiere, sofern sie zu dem Zeitpunkt, an dem sie tatsächlich oder vermutlich mit seuchenkranken oder seuchenverdächtigen Tieren in Berührung gekommen sind, unter wirksamem Impfschutz gestanden haben.

§ 4 Anzeige von Tierausstellungen

Hunde- und Katzenausstellungen sowie Veranstaltungen ähnlicher Art mit Hunden und Katzen sind der zuständigen Behörde mindestens acht Wochen vor Beginn anzuzeigen. Die zuständige Behörde kann solche Ausstellungen und Veranstaltungen beschränken oder verbieten, wenn es aus Gründen der Seuchenbekämpfung erforderlich ist.

§ 5 Kennzeichnung

Es ist verboten, Hunde außerhalb geschlossener Räume frei laufen zu lassen oder mit sich zu führen, wenn sie nicht ein Halsband, einen Gurt oder ein sonstiges Hundegeschirr tragen, auf oder an dem Name und Anschrift des Besitzers angegeben sind oder an dem eine Steuermarke befestigt ist. Dies gilt nicht für Hunde auf umfriedeten Grundstücken, von denen sie nicht entweichen können, und für Jagdhunde bei jagdlicher Verwendung.

Unterabschnitt 2   Besondere Schutzmaßregeln bei Haustieren

A. Vor amtlicher Feststellung

§ 6   Im Falle des Ausbruchs oder des Verdachts des Ausbruchs der Tollwut in einem Betrieb oder an einem sonstigen Standort gilt vor der amtlichen Feststellung für seuchenverdächtige Haustiere Folgendes:

1. Der Besitzer muss alle Haustiere an ihrem jeweiligen Standort so absondern, dass sie nicht mit Haustieren anderer Besitzer sowie mit Menschen in Berührung kommen können.
2. Verendete oder getötete Haustiere sind so aufzubewahren, dass sie Witterungseinflüssen nicht ausgesetzt sind und dass Menschen oder Tiere nicht mit ihnen in Berührung kommen können. Sie dürfen nur mit Genehmigung der zuständigen Behörde und nur zu diagnostischen Zwecken oder zur unschädlichen Beseitigung aus dem Betrieb oder von dem sonstigen Standort verbracht werden. Sie dürfen nur von einem Tierarzt oder unter dessen Leitung zerlegt werden; das Abtrennen des Kopfes gilt nicht als Zerlegen.
3. Führt die amtstierärztliche Untersuchung bei einem als seuchenverdächtig gemeldeten Haustier nicht zu einem eindeutigen Ergebnis, so ordnet die zuständige Behörde die behördliche Beobachtung des Tieres an; hierzu ist es sicher einzusperren. Die Beobachtung wird aufgehoben, wenn sich der Verdacht auf Grund amtstierärztlicher Untersuchungen als unbegründet erwiesen hat.

B. Nach amtlicher Feststellung

§ 7   Tötung und unschädliche Beseitigung

(1) Ist der Ausbruch oder der Verdacht des Ausbruchs der Tollwut in einem Betrieb oder an einem sonstigen Standort amtlich festgestellt, so kann die zuständige Behörde die sofortige Tötung und unschädliche Beseitigung der seuchenverdächtigen Tiere anordnen; bei seuchenverdächtigen Hunden und Katzen hat sie die Tötung und unschädliche Beseitigung anzuordnen.

(2) Abweichend von Absatz 1 kann die zuständige Behörde bei seuchenverdächtigen Hunden oder Katzen anstelle der Tötung und unschädlichen Beseitigung die behördliche Beobachtung bis zur Beseitigung des Verdachts anordnen, wenn diese Tiere

1. einen Menschen gebissen haben oder
2. nachweislich unter wirksamem Impfschutz stehen.

(3) Das Schlachten und Abhäuten seuchenverdächtiger Tiere sowie der Verkauf oder Verbrauch einzelner Teile, der Milch oder sonstiger Erzeugnisse solcher Tiere sind verboten.

§ 8 Schutzmaßregeln für den gefährdeten Bezirk

(1) Ist der Ausbruch oder der Verdacht des Ausbruchs der Tollwut bei einem Haustier oder einem wild lebenden Tier amtlich festgestellt worden und kann im Falle der amtlichen Feststellung des Ausbruchs der Tollwut bei einem Haustier eine Infektion in diesem Gebiet auf Grund epizootiologischer Nachforschungen nicht ausgeschlossen werden, so erklärt die zuständige Behörde unter Berücksichtigung der örtlichen Gegebenheiten ein Gebiet mit einer Fläche von mindestens 5 000 Quadratkilometern oder mit einem Radius von mindestens 40 Kilometern um die Tierhaltung, die Abschuss-, Tötungs- oder Fundstelle zum gefährdeten Bezirk und gibt dies öffentlich bekannt. Im Falle der amtlichen Feststellung des Ausbruchs oder des Verdachts des Ausbruchs der Tollwut bei Fledermäusen gilt Absatz 4.

(2) Die zuständige Behörde bringt an den Zugängen zu dem gefährdeten Bezirk und an anderen geeigneten Stellen Schilder mit der deutlichen und haltbaren Aufschrift „Tollwut! Gefährdeter Bezirk" gut sichtbar an.

(3) Im gefährdeten Bezirk dürfen Hunde und Katzen nicht frei laufen gelassen werden. Hiervon ausgenommen sind Hunde, die nachweislich unter wirksamem Impfschutz stehen und die von einer Person begleitet werden, der sie zuverlässig gehorchen, sowie Katzen, die nachweislich unter wirksamem Impfschutz stehen.

(4) Ist der Ausbruch oder der Verdacht des Ausbruchs der Tollwut bei einer Fledermaus amtlich festgestellt worden, so kann die zuständige Behörde das betreffende Gebiet nach Maßgabe des Absatzes 1 Satz 1 zum gefährdeten Bezirk erklären. Die Erklärung ist öffentlich bekannt zu geben. Die Absätze 2 und 3 gelten entsprechend.

§ 9 Schutzmaßregeln bei Ansteckungsverdacht

(1) Für Hunde und Katzen ordnet die zuständige Behörde die sofortige Tötung an, wenn anzunehmen ist, dass sie mit seuchenkranken Tieren in Berührung gekommen sind. Sie kann die sofortige Tötung dieser Hunde und Katzen anordnen, wenn anzunehmen ist, dass sie mit seuchenverdächtigen Tieren in Berührung gekommen sind.

(2) Andere als in Absatz 1 bezeichnete Haustiere, von denen anzunehmen ist, dass sie mit seuchenkranken oder seuchenverdächtigen Tieren in Berührung gekommen sind, sind sofort behördlich zu beobachten.

(3) Absatz 1 gilt nicht für Hunde und Katzen, die nachweislich bei der Berührung unter wirksamem Impfschutz standen. Solche Hunde und Katzen sind sofort behördlich zu beobachten und unverzüglich erneut gegen Tollwut zu impfen. Die zuständige Behörde kann zulassen, dass von der Impfung abgesehen wird, wenn die Tiere bereits mehrmals in kurzen Abständen gegen Tollwut geimpft worden sind.

(4) Die zuständige Behörde kann im Einzelfall für nicht unter wirksamem Impfschutz stehende Hunde und Katzen Ausnahmen von Absatz 1 zulassen, sofern die Tiere sofort für mindestens drei Monate sicher eingesperrt werden und Belange der Seuchenbekämpfung nicht entgegenstehen.

§ 10 Behördliche Beobachtung

(1) Die Dauer der behördlichen Beobachtung nach § 9 Abs. 2 und 3 beträgt sechs Monate. Die zuständige Behörde kann die Dauer bis auf zwei Monate verkürzen, sofern die ansteckungsverdächtigen Tiere vor dem Zeitpunkt, an dem sie tatsächlich oder vermutlich mit tollwutkranken oder seuchenverdächtigen Tieren in Berührung gekommen sind, unter wirksamem Impfschutz standen und unverzüglich erneut gegen Tollwut geimpft werden. § 9 Abs. 3 Satz 3 gilt entsprechend.

(2) Während der behördlichen Beobachtung darf das Tier nur mit Genehmigung der zuständigen Behörde von seinem Standort entfernt werden. Die Nutzung und der Weidegang von Einhufern, Rindern, Schweinen, Schafen und Ziegen sind gestattet, die Nutzung der Hunde bedarf der Genehmigung der zuständigen Behörde. Wird das Tier vom Standort entfernt, so unterliegt es der Beobachtung am neuen Standort.

(3) Statt der behördlichen Beobachtung kann die zuständige Behörde für ansteckungsverdächtige Einhufer, Rinder, Schweine, Schafe und Ziegen die Tötung und unschädliche Beseitigung anordnen, sofern dies aus Gründen der Seuchenbekämpfung erforderlich ist.

Unterabschnitt 3 Besondere Schutzmaßregeln bei wildlebenden Tieren

§ 11 Bei seuchenverdächtigen Tieren

Jagdausübungsberechtigte haben dafür zu sorgen, dass seuchenverdächtigen wild lebenden Tieren sofort nachgestellt wird und dass diese erlegt und unverzüglich unschädlich beseitigt werden. Ausgenommen von der Verpflichtung zur unschädlichen Beseitigung ist Untersuchungsmaterial zur Feststellung bei Tollwut; bei Füchsen und kleineren Tieren ist der ganze Tierkörper, bei größeren Tieren nur der Kopf. Wird das Untersuchungsmaterial nicht der zuständigen Behörde oder einem staatlichen Veterinäruntersuchungsamt abgeliefert, so ist der zuständigen Behörde mitzuteilen, wo es sich befindet.

§ 12 Bei Füchsen

(1) Ist der Ausbruch der Tollwut bei einem Fuchs amtlich festgestellt oder liegen sonst gesicherte Anhaltspunkte dafür vor, dass die Tollwut durch den Fuchs verbreitet wird, ordnet die zuständige Behörde eine verstärkte Bejagung, orale Immunisierung und die Untersuchung der Füchse nach Anlage 1 und 2 an, wenn

1. ein Gebiet zum gefährdeten Bezirk nach § 8 Abs. 1 erklärt worden ist oder
2. eine Einschleppung der Tollwut in ein tollwutfreies Gebiet zu befürchten ist.

Der Jagdausübungsberechtigte ist zur verstärkten Bejagung und zur Mitwirkung bei der Auslegung der Impfköder im Rahmen der oralen Immunisierung im Falle einer behördlichen Anordnung nach Satz 1 verpflichtet.

(2) Die zuständige Behörde bestimmt ein Gebiet mit einer Fläche von mindestens 5 000 Quadratkilometern als tollwutfrei, wenn über einen Zeitraum von mindestens vier Jahren oder über einen Zeitraum von mindestens zwei Jahren nach Aufhebung von Schutzmaßregeln nach § 14

1. Tollwut amtlich nicht festgestellt worden ist,
2. keine orale Immunisierung der Füchse durchgeführt worden ist und
3. Füchse nach Anlage 1 untersucht worden sind.

Ein Gebiet gilt auch dann im Sinne von Satz 1 als tollwutfrei, wenn abweichend von Satz 1 Nr. 1 der Ausbruch der Tollwut bei Fledermäusen oder Haustieren amtlich festgestellt worden ist und bei Haustieren eine Infektion in diesem Gebiet auf Grund epizootiologischer Nachforschungen ausgeschlossen werden kann.

(3) Den Zeitraum und das Gebiet, in denen die orale Immunisierung nach Absatz 1 durchzuführen ist, die Art der Impfköderauslage, die Impfstrategie, die Anzahl der Impfköder und den Abschluss der Impfmaßnahmen bestimmt die zuständige oberste Landesbehörde im Benehmen mit dem Friedrich-Loeffler-Institut, Bundesforschungsinstitut für Tiergesundheit;

dabei sind die Epizootiologie der Seuche und die landschaftsstrukturellen Gegebenheiten zugrunde zu legen.

(4) Die zuständige oberste Landesbehörde kann eine großflächige orale Immunisierung zum Schutz gegen die Einschleppung der Tollwut oder zum Schutz gegen die Ausbreitung der Tollwut anordnen.

Unterabschnitt 4 Desinfektion

§ 13 Nach Tötung und unschädlicher Beseitigung der verdächtigen Tiere muss der Besitzer die Ställe oder sonstigen Standorte sowie sämtliche Gegenstände, die Träger des Seuchenerregers sein können, unverzüglich nach näherer Anweisung des beamteten Tierarztes reinigen und desinfizieren.

Unterabschnitt 5 Aufhebung der Schutzmaßregeln

§ 14 (1) Die zuständige Behörde hebt Schutzmaßregeln auf, die sie wegen des Ausbruchs oder des Verdachts des Ausbruchs der Tollwut bei einem Haustier angeordnet hat, wenn die Tollwut bei Haustieren erloschen ist oder der Verdacht auf Tollwut bei Haustieren beseitigt ist oder sich als unbegründet erwiesen hat. Die Tollwut bei Haustieren gilt als erloschen und der Verdacht auf Tollwut bei Haustieren gilt als beseitigt, wenn die seuchenkranken Haustiere oder seuchenverdächtigen Hunde und Katzen verendet oder getötet worden sind, die toten Tiere unschädlich beseitigt worden sind und die Desinfektion nach näherer Anweisung des beamteten Tierarztes durchgeführt und von ihm abgenommen worden ist.

(2) Die zuständige Behörde hebt Schutzmaßregeln auf, die sie wegen des Ausbruchs der Tollwut oder des Verdachts des Ausbruchs der Tollwut bei einem wild lebenden Tier angeordnet hat, wenn die Tollwut bei wild lebenden Tieren erloschen ist oder der Verdacht auf Tollwut bei wild lebenden Tieren beseitigt ist oder sich als unbegründet erwiesen hat. Die Tollwut bei wild lebenden Tieren gilt als erloschen, wenn in dem gefährdeten Bezirk

1. über einen Zeitraum von mindestens zwei Jahren keine orale Immunisierung der Füchse durchgeführt, während dieser Zeit Tollwut amtlich nicht festgestellt und eine Untersuchung von Füchsen nach Anlage 1 durchgeführt worden ist oder
2. über einen Zeitraum von mindestens zwei Jahren die orale Immunisierung der Füchse durchgeführt, während dieser Zeit Tollwut amtlich nicht festgestellt und eine Untersuchung von Füchsen nach Anlage 1 und 2 durchgeführt worden ist.

Anhang 6

Abschnitt 3   Ordnungswidrigkeiten

§ 15 (1) Ordnungswidrig im Sinne des § 76 Abs. 2 Nr. 1 Buchst. b des Tierseuchengesetzes handelt, wer vorsätzlich oder fahrlässig

1. einer vollziehbaren Anordnung nach § 2 Abs. 2, § 4 Satz 2, § 6 Nr. 3 Satz 1, § 7 Abs. 1, § 9 Abs. 1, § 10 Abs. 3 oder § 12 Abs. 1 Satz 1 oder Abs. 3 oder
2. einer mit einer Genehmigung nach § 3, § 6 Nr. 2 Satz 2, nach § 9 Abs. 3 Satz 3, auch in Verbindung mit § 10 Abs. 1 Satz 3, nach § 9 Abs. 24 oder § 10 Abs. 2 Satz 1 oder 2 verbundenen vollziehbaren Auflage

zuwiderhandelt.

(2) Ordnungswidrig im Sinne des § 76 Abs. 2 Nr. 2 des Tierseuchengesetzes handelt, wer vorsätzlich oder fahrlässig

1. entgegen § 2 Abs. 1 Satz 1 oder 2 eine Impfung oder entgegen § 2 Abs. 3 einen Heilversuch durchführt,
2. entgegen § 4 Satz 1 eine Tierausstellung oder eine Veranstaltung ähnlicher Art nicht oder nicht rechtzeitig anzeigt,
3. entgegen § 5 Satz 1 einen Hund außerhalb geschlossener Räume ohne die vorgeschriebene Kennzeichnung frei laufen lässt oder mit sich führt,
4. entgegen § 6 Nr. 1 ein Haustier nicht absondert,
5. entgegen § 6 Nr. 2 Satz 1 ein verendetes oder getötetes Haustier aufbewahrt oder entgegen § 6 Nr. 2 Satz 3 zerlegt,
6. ohne Genehmigung nach
    a) § 6 Nr. 2 Satz 2 ein verendetes oder getötetes Haustier verbringt,
    b) § 10 Abs. 2 Satz 1 ein Tier entfernt oder
    c) § 10 Abs. 2 Satz 2 einen Hund nutzt,
7. entgegen § 7 Abs. 3 ein seuchenverdächtiges Tier schlachtet oder abhäutet oder einzelne Teile, Milch oder ein sonstiges Erzeugnis eines solchen Tieres verkauft oder verbraucht,
8. entgegen § 8 Abs. 3 Satz 1 in einem gefährdeten Bezirk einen Hund oder eine Katze frei laufen lässt,
9. entgegen § 11 Satz 1 nicht dafür sorgt, dass einem seuchenverdächtigen wild lebenden Tier sofort nachgestellt wird, dieses erlegt und unschädlich beseitigt wird oder
10. eine Vorschrift des § 13 über die Reinigung und Desinfektion zuwiderhandelt.

Anlage 1
(zu § 12 Abs. 1 Satz 1 und Abs. 2 Satz 1 Nr. 3 und § 14 Abs. 2 Satz 2)

Untersuchung von Füchsen auf Tollwut

1. Stichprobenumfang

Es müssen jährlich mindestens acht Füchse pro 100 km^2 untersucht werden. Ist in einem Gebiet über einen Zeitraum von mindestens vier Jahren Tollwut amtlich nicht festgestellt worden, kann die Untersuchungsdichte auf wenigstens vier Füchse pro 100 km^2 reduziert werden.

2. Auswahlkriterien

a) Alle verendeten, kranken, verhaltensgestörten oder anderweitig auffälligen Füchse sind in die Untersuchung einzubeziehen.

b) Die Stichproben sind auf das gesamte Einzugsgebiet, auf die flächenanteilige Beteiligung aller Gemeinden oder auf die Jagdbezirke zufällig zu verteilen.

c) In Zeiten erhöhter Exposition (Ranz, Raubmündigkeit) hat eine verstärkte Beprobung verendeter, kranker und verhaltensauffälliger Füchse zu erfolgen.

Anhang 6

Anlage 2
(zu § 12 Abs. 1 Satz 1 und § 14 Abs. 2 Nr. 2)

Untersuchung von Füchsen zur Kontrolle des Impferfolges

1. Stichprobenumfang

In einem Gebiet mit einer Fläche von mindestens 5000 km² oder mit einem Radius von mindestens 40 km um die Abschuss-, Tötungs- oder Fundstelle müssen bei einer statistischen Sicherheit von 95 % und einer angenommenen Immunisierungsrate von 70 % bei einer Schätzgenauigkeit von 5 % jährlich 323 Füchse untersucht werden.

2. Auswahlkriterien

a) Die Stichproben sind auf das gesamte Untersuchungsgebiet gleichmäßig zu verteilen.

b) Die Stichproben sind zufällig auszuwählen, wobei in einem Zeitraum von vier Wochen nach der Köderauslage keine Stichproben erfolgen und Jungfüchse bis zur Herbstauslage nicht untersucht werden sollten, sofern nicht spezielle Untersuchungsprogramme durchgeführt werden. Im Falle einer Untersuchung auf Grund eines speziellen Untersuchungsprogramms sind die Jungfüchse altersmäßig zu kennzeichnen.

Verordnung zum Schutze gegen die Schweinepest und die Afrikanische Schweinepest (Schweinepest-Verordnung)

Neufassung vom 20. Dezember 2005 (BGBl. I S. 3547), zuletzt geändert durch Art. 3 der Verordnung vom 18. Dezember 2009 (BGBl. I S. 3939) – Auszug –

7. Schutzmaßregeln beim Auftreten der Schweinepest oder der Afrikanischen Schweinepest bei Wildschweinen

§ 11 Sperrbezirk

(1) Ist die Schweinepest oder die Afrikanische Schweinepest in einem Bezirk amtlich festgestellt, so legt die zuständige Behörde ein Gebiet um den Seuchenbetrieb mit einem Radius von mindestens drei Kilometern als Sperrbezirk fest. Hierbei berücksichtigt sie die Ergebnisse durchgeführter epidemiologischer Untersuchungen, Strukturen des Handels und der örtlichen Schweinehaltung, das Vorhandensein von Schlachtstätten und Verarbeitungsbetrieben für Material der Kategorie 1 oder 2 nach Artikel 13 der Verordnung (EG) Nr. 1774/2002 des Europäischen Parlaments und des Rates vom 3. Oktober 2002 mit Hygienevorschriften für nicht für den menschlichen Verzehr bestimmte tierische Nebenprodukte (Abl. EG Nr. L 273 S. 1) in der jeweils geltenden Fassung, natürlichen Grenzen sowie Überwachungsmöglichkeiten.

(2) Die zuständige Behörde

...

5. kann anordnen, dass Jagdausübungsberechtigte von jedem erlegten Wildschwein Proben zur virologischen und serologischen Untersuchung auf Schweinepest oder Afrikanische Schweinepest zu entnehmen, zu kennzeichnen und zusammen mit dem Tierkörper, dem Aufbruch und dem Begleitschein der von der zuständigen Behörde festgelegten Wildsammelstelle oder Aufnahmestelle zuzuführen haben.

§ 14a Gefährdeter Bezirk

(1) Im Falle des Verdachts auf Schweinepest oder Afrikanische Schweinepest bei einem Wildschwein ordnet die zuständige Behörde die serolo-

gische und virologische Untersuchung der erlegten oder verendeten Wildschweine an und führt epidemiologische Nachforschungen durch.

(2) Ist der Ausbruch der Schweinepest oder der Afrikanischen Schweinepest bei einem Wildschwein amtlich festgestellt, so legt die zuständige Behörde das Gebiet um die Abschuss- oder Fundstelle als gefährdeten Bezirk fest. Hierbei berücksichtigt sie die mögliche Weiterverbreitung des Erregers, die Wildschweinepopulation, Tierbewegungen innerhalb der Wildschweinepopulation, natürliche Grenzen sowie Überwachungsmöglichkeiten. Die Festlegung eines gefährdeten Bezirks und dessen Änderung oder Aufhebung werden von der zuständigen Behörde öffentlich bekannt gemacht und nachrichtlich im Bundesanzeiger veröffentlicht.

(3) Die zuständige Behörde bringt an den Hauptzufahrtswegen zu dem gefährdeten Bezirk und an geeigneten Stellen Schilder mit der deutlichen und haltbaren Aufschrift

1. im Falle der Schweinepest „Schweinepest bei Wildschweinen – Gefährdeter Bezirk",
2. im Falle der Afrikanischen Schweinepest „Afrikanische Schweinepest bei Wildschweinen – Gefährdeter Bezirk"

gut sichtbar an.

(4) Mit Bekanntgabe der Festlegung des gefährdeten Bezirks haben Tierhalter im gefährdeten Bezirk

1. der zuständigen Behörde unverzüglich
   a) die Anzahl der gehaltenen Schweine unter Angabe ihrer Nutzungsart und ihres Standorts,
   b) verendete oder erkrankte, insbesondere fieberhaft erkrankte Schweine
   anzuzeigen,
2. die Schweine so abzusondern, dass sie nicht mit Wildschweinen in Berührung kommen können,
3. geeignete Desinfektionsmöglichkeiten an den Ein- und Ausgängen der Ställe oder sonstigen Standorte einzurichten,
4. verendete und erkrankte Schweine, bei denen der Verdacht auf Schweinepest oder Afrikanische Schweinepest nicht ausgeschlossen werden kann, nach näherer Anweisung der zuständigen Behörde serologisch oder virologisch auf Schweinepest oder Afrikanische Schweinepest untersuchen zu lassen,

5. Futter, Einstreu und sonstige Gegenstände, mit denen Schweine in Berührung kommen können, für Wildschweine unzugänglich aufzubewahren,
6. sicherzustellen, dass Hunde das Betriebsgelände nur unter Aufsicht verlassen.

(5) Außerdem gilt für den gefährdeten Bezirk Folgendes:

1. Auf öffentlichen oder privaten Straßen oder Wegen, ausgenommen auf betrieblichen Wegen, dürfen Schweine nicht getrieben werden.
2. Schweine dürfen weder in einen noch aus einem Betrieb im gefährdeten Bezirk verbracht werden.
3. Sperma, Eizellen und Embryonen von Schweinen dürfen zum Zwecke des innergemeinschaftlichen Handels aus dem gefährdeten Bezirk nicht verbracht werden.
4. Personen, die mit Wildschweinen in Berührung gekommen sind, haben Reinigungs- und Desinfektionsmaßnahmen nach näherer Anweisung der zuständigen Behörde durchzuführen.
5. Teile erlegter oder verendet aufgefundener Wildschweine sowie Gegenstände, mit denen Wildschweine in Berührung gekommen sein können, dürfen in einen Betrieb nicht verbracht werden.

(8) Die zuständige Behörde kann für den gefährdeten Bezirk, unter Berücksichtigung epidemiologischer Erkenntnisse

1. Maßnahmen in Bezug auf die Tötung von Wildschweinen einschließlich der Verpflichtung der Jagdausübungsberechtigten zur Mitwirkung und
2. die Reinigung von Personen und Fahrzeugen, die mit Wildschweinen in Berührung kommen können,

anordnen.

(9) Liegen gesicherte Anhaltspunkte dafür vor, dass die Schweinepest oder die Afrikanische Schweinepest durch Wildschweine verbreitet wird und ist eine Einschleppung der Schweinepest oder der Afrikanischen Schweinepest in ein bisher seuchenfreies Gebiet zu befürchten, kann die zuständige Behörde geeignete jagdliche Maßnahmen zur verstärkten Bejagung auch in diesem Gebiet anordnen.

§ 14b Notimpfung bei Wildschweinen

Die zuständige oberste Landesbehörde kann, vorbehaltlich der Zustimmung durch die Kommission der Europäischen Gemeinschaften, für den gefährdeten Bezirk oder für ein bestimmtes Gebiet innerhalb des gefährdeten Bezirks die Durchführung von Notimpfungen gegen Schweinepest bei Wildschweinen anordnen, wenn dies aus Gründen der Seuchenbekämpfung erforderlich ist. Zu diesem Zweck erstellt die zuständige oberste Landesbehörde einen Notimpfplan, der insbesondere Angaben enthält über die Seuchensituation, das Impfgebiet, die voraussichtliche Zahl der zu impfenden Wildschweine, das Impfverfahren einschließlich Maßnahmen zur Impfung von Jungtieren, die Dauer der Impfmaßnahmen, die Wirksamkeit des zu verwendenden Impfstoffs, Maßnahmen zur Vermeidung einer Ausbreitung des Impfvirus, zur Reduzierung der Jungtiere und zur Überprüfung der Ergebnisse durch die zuständige Behörde. Im Falle einer behördlichen Anordnung nach Satz 1 ist der Jagdausübungsberechtigte zur Mitwirkung bei der Auslegung der Impfköder im Rahmen der Notimpfung verpflichtet.

§ 14c Maßregeln zur Erkennung der Schweinepest oder der Afrikanischen Schweinepest

(1) Zur Erkennung der Schweinepest oder der Afrikanischen Schweinepest bei Wildschweinen gilt im gefährdeten Bezirk Folgendes:

1. Jagdausübungsberechtigte haben
   a) jedes erlegte Wildschwein unverzüglich nach näherer Anweisung der zuständigen Behörde zu kennzeichnen und einen von ihr vorgegebenen Begleitschein auszustellen;
   b) von jedem erlegten Wildschwein unverzüglich Proben nach näherer Anweisung der zuständigen Behörde zur virologischen und serologischen Untersuchung auf Schweinepest oder Afrikanische Schweinepest zu entnehmen, zu kennzeichnen und zusammen mit dem Tierkörper, dem Aufbruch und dem Begleitschein der durch die zuständige Behörde festgelegten Wildsammel- oder Annahmestelle zuzuführen;
   c) dafür Sorge zu tragen, dass bei Gesellschaftsjagden das Aufbrechen der Tiere und die Sammlung des Aufbruchs zentral an einem Ort erfolgt;
   d) jedes verendet aufgefundene Wildschwein unverzüglich unter Angabe des Fundorts der zuständigen Behörde anzuzeigen und der zuständigen Untersuchungseinrichtung zur virologischen und serologischen Untersuchung auf Schweinepest oder Afrikanische Schweinepest zuzuleiten; Buchstabe a gilt entsprechend.
2. Die zuständige Behörde ordnet an, dass der Aufbruch jedes erlegten Wildschweins in einem Verarbeitungsbetrieb für Material der Katego-

rie 1 oder 2 nach Artikel 13 der Verordnung (EG) Nr. 1774/2002 unschädlich zu beseitigen ist.

3. Wird bei einem erlegten Wildschwein Schweinepest oder Afrikanische Schweinepest auf Grund eines virologischen Untersuchungsergebnisses amtlich festgestellt, so ordnet die zuständige Behörde die unschädliche Beseitigung des Tierkörpers in einem Verarbeitungsbetrieb für Material der Kategorie 1 oder 2 nach Artikel 13 der Verordnung (EG) Nr. 1774/2002 an; sie ordnet die unschädliche Beseitigung weiterer Tierkörper an, wenn diese durch Kontakt kontaminiert sein können.

4. Wird bei einem erlegten Wildschwein ein serologischer Befund (Antikörpernachweis) erhoben, so kann die zuständige Behörde die unschädliche Beseitigung des Tierkörpers in einem Verarbeitungsbetrieb für Material der Kategorie 1 oder 2 nach Artikel 13 der Verordnung (EG) Nr. 1774/2002 anordnen.

Die zuständige Behörde kann anordnen, dass erlegte Wildschweine nur an von ihr bestimmten Stellen aufgebrochen werden dürfen.

(2) Zur Erkennung der Schweinepest oder der Afrikanischen Schweinepest bei Wildschweinen kann die zuständige Behörde für ein von ihr bestimmtes Gebiet anordnen, dass Jagdausübungsberechtigte

1. von erlegten Wildschweinen Proben entnehmen und der zuständigen Untersuchungseinrichtung zur virologischen und serologischen Untersuchung auf Schweinepest oder Afrikanische Schweinepest zuleiten und

2. verendet aufgefundene Wildschweine unter Angabe des Fundorts der zuständigen Behörde anzeigen und der zuständigen Untersuchungseinrichtung zur virologischen und serologischen Untersuchung auf Schweinepest oder Afrikanische Schweinepest zuleiten.

(3) Die zuständige oberste Landesbehörde kann, sofern eine Notimpfung der Wildschweine nach § 14b durchgeführt worden ist, frühestens sechs Monate nach dem letzten Nachweis von Schweinepest oder Afrikanischer Schweinepest bei Wildschweinen Ausnahmen von den Kennzeichnungs- und Untersuchungspflichten nach Absatz 1 Nr. 1 Buchstabe a, b und d genehmigen, soweit die Belange der Seuchenbekämpfung nicht entgegenstehen.

Anhang 7

§ 14d Tilgungsplan

Die zuständige Behörde legt dem Bundesministerium

1. im Falle der Schweinepest bei Wildschweinen einen Plan zur Tilgung gemäß Artikel 16 Abs. 1 und 3 der Richtlinie 2001/89/EG,
2. im Falle der Afrikanischen Schweinepest bei Wildschweinen einen Plan zur Tilgung gemäß Artikel 16 Abs. 1 und 3 der Richtlinie 2002/60/EG

in der jeweils geltenden Fassung vor.

§ 14e Seuchenausbruch bei Wildschweinen in einem benachbarten Mitgliedstaat

Wird auf dem Gebiet eines benachbarten Mitgliedstaats der Ausbruch der Schweinepest oder der Afrikanischen Schweinepest bei Wildschweinen innerhalb einer Entfernung von zehn Kilometern von der deutschen Grenze festgestellt und der für das angrenzende Gebiet im Inland zuständigen Behörde amtlich zur Kenntnis gebracht, so ordnet diese die Maßnahmen entsprechend den §§ 14a bis 14d an.

§ 25a Weitergehende Maßnahmen

Die Befugnis der zuständigen Behörde, bei Feststellung der Schweinepest oder der Afrikanischen Schweinepest bei einem Hausschein oder einem Wildschweinen weitergehende Maßnahmen nach § 79 Abs. 4 in Verbindung mit den §§ 17, 17b Abs. 1 Nr. 4 und den §§ 18 bis 30 des Tierseuchengesetzes anzuordnen, soweit diese zur Seuchenbekämpfung erforderlich sind und Rechtsakte der Europäischen Gemeinschaften nicht entgegenstehen, bleibt unberührt.

Tierschutzgesetz

In der Fassung der Bekanntmachung vom 25. Mai 1998
(BGBl. I S. 1105, 1818), zuletzt geändert durch Art 1 des
Gesetzes vom 15. Juli 2009 (BGBl. I S. 1950) – Auszug –

§ 1 Zweck dieses Gesetzes ist es, aus der Verantwortung des Menschen für das Tier als Mitgeschöpf dessen Leben und Wohlbefinden zu schützen. Niemand darf einem Tier ohne vernünftigen Grund Schmerzen, Leiden oder Schäden zufügen.

§ 2 Wer ein Tier hält, betreut oder zu betreuen hat,

1. muss das Tier seiner Art und seinen Bedürfnissen entsprechend angemessen ernähren, pflegen und verhaltensgerecht unterbringen,
2. darf die Möglichkeit des Tieres zu artgemäßer Bewegung nicht so einschränken, dass ihm Schmerzen oder vermeidbare Leiden oder Schäden zugefügt werden,
3. muss über die für eine angemessene Ernährung, Pflege und verhaltensgerechte Unterbringung des Tieres erforderlichen Kenntnisse und Fähigkeiten verfügen.

§ 3 Es ist verboten,

...

5. ein Tier auszubilden oder zu trainieren, sofern damit erhebliche Schmerzen, Leiden oder Schäden für das Tier verbunden sind,
6. ein Tier zu einer Filmaufnahme, Schaustellung, Werbung oder ähnlichen Veranstaltung heranzuziehen, sofern damit Schmerzen, Leiden oder Schäden für das Tier verbunden sind,
7. ein Tier an einem anderen lebenden Tier auf Schärfe abzurichten oder zu prüfen,
8. ein Tier auf ein anderes Tier zu hetzen, soweit dies nicht die Grundsätze weidgerechter Jagdausübung erfordern,
11. ein Gerät zu verwenden, das durch direkte Stromeinwirkung das artgemäße Verhalten eines Tieres, insbesondere seine Bewegung, erheblich einschränkt oder es zur Bewegung zwingt und dem Tier dadurch nicht unerhebliche Schmerzen, Leiden oder Schäden zufügt, soweit dies nicht nach bundes- oder landesrechtlichen Vorschriften zulässig ist.

...

§ 4 (1) Ein Wirbeltier darf nur unter Betäubung oder sonst, soweit nach den gegebenen Umständen zumutbar, nur unter Vermeidung von Schmerzen getötet werden. Ist die Tötung eines Wirbeltieres ohne Betäubung im Rahmen weidgerechter Ausübung der Jagd oder auf Grund anderer Rechtsvorschriften zulässig oder erfolgt sie im Rahmen zulässiger Schädlingsbekämpfungsmaßnahmen, so darf die Tötung nur vorgenommen werden, wenn hierbei nicht mehr als unvermeidbare Schmerzen entstehen. Ein Wirbeltier töten darf nur, wer die dazu notwendigen Kenntnisse und Fähigkeiten hat.

§ 6 (1) Verboten ist das vollständige oder teilweise Amputieren von Körperteilen oder das vollständige oder teilweise Entnehmen oder Zerstören von Organen oder Geweben eines Wirbeltieres. Das Verbot gilt nicht, wenn

1. der Eingriff im Einzelfall
    a) nach tierärztlicher Indikation geboten ist oder
    b) bei jagdlich zu führenden Hunden für die vorgesehene Nutzung des Tieres unerlässlich ist und tierärztliche Bedenken nicht entgegenstehen,

...

§ 13 (1) Es ist verboten, zum Fangen, Fernhalten oder Verscheuchen von Wirbeltieren Vorrichtungen oder Stoffe anzuwenden, wenn damit die Gefahr vermeidbarer Schmerzen, Leiden oder Schäden für Wirbeltiere verbunden ist; dies gilt nicht für die Anwendung von Vorrichtungen oder Stoffen, die auf Grund anderer Rechtsvorschriften zugelassen sind. Vorschriften des Jagdrechts, des Naturschutzrechts, des Pflanzenschutzrechts und des Seuchenrechts bleiben unberührt.

(2) Das Bundesministerium wird ermächtigt, durch Rechtsverordnung mit Zustimmung des Bundesrates zum Schutz des Wildes Maßnahmen anzuordnen, die das Wild vor vermeidbaren Schmerzen oder Schäden durch land- oder forstwirtschaftliche Arbeiten schützen.

§ 17 Mit Freiheitsstrafe bis zu drei Jahren oder mit Geldstrafe wird bestraft, wer

1. ein Wirbeltier ohne vernünftigen Grund tötet oder
2. einem Wirbeltier
    a) aus Rohheit erhebliche Schmerzen oder Leiden oder

b) länger anhaltende oder sich wiederholende erhebliche Schmerzen oder Leiden

zufügt.

§ 18 (1) Ordnungswidrig handelt, wer vorsätzlich oder fahrlässig

1. einem Wirbeltier, das er hält, betreut oder zu betreuen hat, ohne vernünftigen Grund erhebliche Schmerzen, Leiden oder Schäden zufügt,

...

4. einem Verbot nach § 3 zuwiderhandelt,
5. entgegen § 4 Abs. 1 ein Wirbeltier tötet,
25. entgegen § 13 Abs. 1 Satz 1 eine Vorrichtung oder einen Stoff anwendet,

...

(2) Ordnungswidrig handelt auch, wer, abgesehen von den Fällen des Absatzes 1 Nr. 1, einem Tier ohne vernünftigen Grund erhebliche Schmerzen, Leiden oder Schäden zufügt.

(3) Die Ordnungswidrigkeit kann in den Fällen des Absatzes 1 Nr. 1, 2, 3 Buchstabe a, Nr. 4 bis 9, 11, 12, 17, 20, 22, 25 und 27 und des Absatzes 2 mit einer Geldbuße bis zu fünfundzwanzigtausend Euro, in den übrigen Fällen des Absatzes 1 mit einer Geldbuße bis zu fünftausend Euro geahndet werden.[1]

---

1 Zuständig für die Verfolgung und Ahndung von Ordnungswidrigkeiten sind die Landkreise und kreisfreien Städte (§ 3 Nr. 3 der VO vom 17. November 2003 (Nds. GVBl. S. 378)).

Gesetz über Naturschutz und Landschaftspflege (Bundesnaturschutzgesetz – BNatSchG)

Vom 29. Juli 2009 (BGBl. I S. 2542) – Auszug –

Kapitel 1   Allgemeine Vorschriften

§ 1 Ziele des Naturschutzes und der Landschaftspflege

(1) Natur und Landschaft sind auf Grund ihres eigenen Wertes und als Grundlage für Leben und Gesundheit des Menschen auch in Verantwortung für die künftigen Generationen im besiedelten und unbesiedelten Bereich nach Maßgabe der nachfolgenden Absätze so zu schützen, dass

1.   die biologische Vielfalt,
2.   die Leistungs- und Funktionsfähigkeit des Naturhaushalts einschließlich der Regenerationsfähigkeit und nachhaltigen Nutzungsfähigkeit der Naturgüter sowie
3.   die Vielfalt, Eigenart und Schönheit sowie der Erholungswert von Natur und Landschaft auf Dauer gesichert sind; der Schutz umfasst auch die Pflege, die Entwicklung und, soweit erforderlich, die Wiederherstellung von Natur und Landschaft (allgemeiner Grundsatz).

(2) Zur dauerhaften Sicherung der biologischen Vielfalt sind entsprechend dem jeweiligen Gefährdungsgrad

1.   lebensfähige Populationen wild lebender Tiere und Pflanzen einschließlich ihrer Lebensstätten zu erhalten und der Austausch zwischen den Populationen sowie Wanderungen und Wiederbesiedelungen zu ermöglichen,
2.   Gefährdungen von natürlich vorkommenden Ökosystemen, Biotopen und Arten entgegenzuwirken,
3.   Lebensgemeinschaften und Biotope mit ihren strukturellen und geografischen Eigenheiten in einer repräsentativen Verteilung zu erhalten; bestimmte Landschaftsteile sollen der natürlichen Dynamik überlassen bleiben.

(3) Zur dauerhaften Sicherung der Leistungs- und Funktionsfähigkeit des Naturhaushalts sind insbesondere

1.   die räumlich abgrenzbaren Teile seines Wirkungsgefüges im Hinblick auf die prägenden biologischen Funktionen, Stoff- und Energieflüsse sowie landschaftlichen Strukturen zu schützen; Naturgüter, die sich nicht erneuern, sind sparsam und schonend zu nutzen; sich erneu-

erne Naturgüter dürfen nur so genutzt werden, dass sie auf Dauer zur Verfügung stehen,

2. Böden so zu erhalten, dass sie ihre Funktion im Naturhaushalt erfüllen können; nicht mehr genutzte versiegelte Flächen sind zu renaturieren, oder, soweit eine Entsiegelung nicht möglich oder nicht zumutbar ist, der natürlichen Entwicklung zu überlassen,

3. Meeres- und Binnengewässer vor Beeinträchtigungen zu bewahren und ihre natürliche Selbstreinigungsfähigkeit und Dynamik zu erhalten; dies gilt insbesondere für natürliche und naturnahe Gewässer einschließlich ihrer Ufer, Auen und sonstigen Rückhalteflächen; Hochwasserschutz hat auch durch natürliche oder naturnahe Maßnahmen zu erfolgen; für den vorsorgenden Grundwasserschutz sowie für einen ausgeglichenen Niederschlags-Abflusshaushalt ist auch durch Maßnahmen des Naturschutzes und der Landschaftspflege Sorge zu tragen,

4. Luft und Klima auch durch Maßnahmen des Naturschutzes und der Landschaftspflege zu schützen; dies gilt insbesondere für Flächen mit günstiger lufthygienischer oder klimatischer Wirkung wie Frisch- und Kaltluftentstehungsgebiete oder Luftaustauschbahnen; dem Aufbau einer nachhaltigen Energieversorgung insbesondere durch zunehmende Nutzung erneuerbarer Energien kommt eine besondere Bedeutung zu,

5. wild lebende Tiere und Pflanzen, ihre Lebensgemeinschaften sowie ihre Biotope und Lebensstätten auch im Hinblick auf ihre jeweiligen Funktionen im Naturhaushalt zu erhalten,

6. der Entwicklung sich selbst regulierender Ökosysteme auf hierfür geeigneten Flächen Raum und Zeit zu geben.

(4) Zur dauerhaften Sicherung der Vielfalt, Eigenart und Schönheit sowie des Erholungswertes von Natur und Landschaft sind insbesondere

1. Naturlandschaften und historisch gewachsene Kulturlandschaften, auch mit ihren Kultur-, Bau- und Bodendenkmälern, vor Verunstaltung, Zersiedelung und sonstigen Beeinträchtigungen zu bewahren,

2. zum Zweck der Erholung in der freien Landschaft nach ihrer Beschaffenheit und Lage geeignete Flächen vor allem im besiedelten und siedlungsnahen Bereich zu schützen und zugänglich zu machen.

(5) Großflächige, weitgehend unzerschnittene Landschaftsräume sind vor weiterer Zerschneidung zu bewahren. Die erneute Inanspruchnahme bereits bebauter Flächen sowie die Bebauung unbebauter Flächen im beplanten und unbeplanten Innenbereich, soweit sie nicht für Grünflächen vorgesehen sind, hat Vorrang vor der Inanspruchnahme von Freiflächen

im Außenbereich. Verkehrswege, Energieleitungen und ähnliche Vorhaben sollen landschaftsgerecht geführt, gestaltet und so gebündelt werden, dass die Zerschneidung und die Inanspruchnahme der Landschaft sowie Beeinträchtigungen des Naturhaushalts vermieden oder so gering wie möglich gehalten werden. Beim Aufsuchen und bei der Gewinnung von Bodenschätzen, bei Abgrabungen und Aufschüttungen sind dauernde Schäden des Naturhaushalts und Zerstörungen wertvoller Landschaftsteile zu vermeiden; unvermeidbare Beeinträchtigungen von Natur und Landschaft sind insbesondere durch Förderung natürlicher Sukzession, Renaturierung, naturnahe Gestaltung, Wiedernutzbarmachung oder Rekultivierung auszugleichen oder zu mindern.

(6) Freiräume im besiedelten und siedlungsnahen Bereich einschließlich ihrer Bestandteile, wie Parkanlagen, großflächige Grünanlagen und Grünzüge, Wälder und Waldränder, Bäume und Gehölzstrukturen, Fluss und Bachläufe mit ihren Uferzonen und Auenbereichen, stehende Gewässer, Naturerfahrungsräume sowie gartenbau- und landwirtschaftlich genutzte Flächen, sind zu erhalten und dort, wo sie nicht in ausreichendem Maße vorhanden sind, neu zu schaffen.

§ 2 Verwirklichung der Ziele

(1) Jeder soll nach seinen Möglichkeiten zur Verwirklichung der Ziele des Naturschutzes und der Landschaftspflege beitragen und sich so verhalten, dass Natur und Landschaft nicht mehr als nach den Umständen unvermeidbar beeinträchtigt werden.

(2) Die Behörden des Bundes und der Länder haben im Rahmen ihrer Zuständigkeit die Verwirklichung der Ziele des Naturschutzes und der Landschaftspflege zu unterstützen.

(3) Die Ziele des Naturschutzes und der Landschaftspflege sind zu verwirklichen, soweit es im Einzelfall möglich, erforderlich und unter Abwägung aller sich aus § 1 Absatz 1 ergebenden Anforderungen untereinander und gegen die sonstigen Anforderungen der Allgemeinheit an Natur und Landschaft angemessen ist.

(4) Bei der Bewirtschaftung von Grundflächen im Eigentum oder Besitz der öffentlichen Hand sollen die Ziele des Naturschutzes und der Landschaftspflege in besonderer Weise berücksichtigt werden.

(5) Die europäischen Bemühungen auf dem Gebiet des Naturschutzes und der Landschaftspflege werden insbesondere durch Aufbau und Schutz des Netzes „Natura 2000" unterstützt. Die internationalen Bemü-

hungen auf dem Gebiet des Naturschutzes und der Landschaftspflege werden insbesondere durch den Schutz des Kultur- und Naturerbes im Sinne des Übereinkommens vom 16. November 1972 zum Schutz des Kultur- und Naturerbes der Welt (BGBl. 1977 II S. 213, 215) unterstützt.

(6) Das allgemeine Verständnis für die Ziele des Naturschutzes und der Landschaftspflege ist mit geeigneten Mitteln zu fördern. Erziehungs-, Bildungs- und Informationsträger klären auf allen Ebenen über die Bedeutung von Natur und Landschaft, über deren Bewirtschaftung und Nutzung sowie über die Aufgaben des Naturschutzes und der Landschaftspflege auf und wecken das Bewusstsein für einen verantwortungsvollen Umgang mit Natur und Landschaft.

§ 3 Zuständigkeiten, Aufgaben und Befugnisse, vertragliche Vereinbarungen, Zusammenarbeit der Behörden

(1) Die für Naturschutz und Landschaftspflege zuständigen Behörden im Sinne dieses Gesetzes sind

1. die nach Landesrecht für Naturschutz und Landschaftspflege zuständigen Behörden oder
2. das Bundesamt für Naturschutz, soweit ihm nach diesem Gesetz Zuständigkeiten zugewiesen werden.

(2) Die für Naturschutz und Landschaftspflege zuständigen Behörden überwachen die Einhaltung der Vorschriften dieses Gesetzes und der auf Grund dieses Gesetzes erlassenen Vorschriften und treffen nach pflichtgemäßem Ermessen die im Einzelfall erforderlichen Maßnahmen, um deren Einhaltung sicherzustellen, soweit nichts anderes bestimmt ist.

(3) Bei Maßnahmen des Naturschutzes und der Landschaftspflege soll vorrangig geprüft werden, ob der Zweck mit angemessenem Aufwand auch durch vertragliche Vereinbarungen erreicht werden kann.

(4) Mit der Ausführung landschaftspflegerischer und gestalterischer Maßnahmen sollen die zuständigen Behörden nach Möglichkeit land- und forstwirtschaftliche Betriebe, Vereinigungen, in denen Gemeinden oder Gemeindeverbände, Landwirte und Vereinigungen, die im Schwerpunkt die Ziele des Naturschutzes und der Landschaftspflege fördern, gleichberechtigt vertreten sind (Landschaftspflegeverbände), anerkannte Naturschutzvereinigungen oder Träger von Naturparken beauftragen. Hoheitliche Befugnisse können nicht übertragen werden.

(5) Die Behörden des Bundes und der Länder haben die für Naturschutz und Landschaftspflege zuständigen Behörden bereits bei der Vorbereitung aller öffentlichen Planungen und Maßnahmen, die die Belange des Naturschutzes und der Landschaftspflege berühren können, hierüber zu unterrichten und ihnen Gelegenheit zur Stellungnahme zu geben, soweit nicht eine weiter gehende Form der Beteiligung vorgesehen ist. Die Beteiligungspflicht nach Satz 1 gilt für die für Naturschutz und Landschaftspflege zuständigen Behörden entsprechend, soweit Planungen und Maßnahmen des Naturschutzes und der Landschaftspflege den Aufgabenbereich anderer Behörden berühren können.

(6) Die für Naturschutz und Landschaftspflege zuständigen Behörden gewährleisten einen frühzeitigen Austausch mit Betroffenen und der interessierten Öffentlichkeit über ihre Planungen und Maßnahmen.

(7) Aufgaben nach diesem Gesetz obliegen einer Gemeinde oder einem Gemeindeverband nur, wenn der Gemeinde oder dem Gemeindeverband die Aufgaben durch Landesrecht übertragen worden sind.

§ 5 Land-, Forst und Fischereiwirtschaft

(1) Bei Maßnahmen des Naturschutzes und der Landschaftspflege ist die besondere Bedeutung einer natur- und landschaftsverträglichen Land-, Forst- und Fischereiwirtschaft für die Erhaltung der Kultur- und Erholungslandschaft zu berücksichtigen.

(2) Bei der landwirtschaftlichen Nutzung sind neben den Anforderungen, die sich aus den für die Landwirtschaft geltenden Vorschriften und aus § 17 Absatz 2 des Bundes-Bodenschutzgesetzes ergeben, insbesondere die folgenden Grundsätze der guten fachlichen Praxis zu beachten:

1. die Bewirtschaftung muss standortangepasst erfolgen und die nachhaltige Bodenfruchtbarkeit und langfristige Nutzbarkeit der Flächen muss gewährleistet werden;
2. die natürliche Ausstattung der Nutzfläche (Boden, Wasser, Flora, Fauna) darf nicht über das zur Erzielung eines nachhaltigen Ertrages erforderliche Maß hinaus beeinträchtigt werden;
3. die zur Vernetzung von Biotopen erforderlichen Landschaftselemente sind zu erhalten und nach Möglichkeit zu vermehren;
4. die Tierhaltung hat in einem ausgewogenen Verhältnis zum Pflanzenbau zu stehen und schädliche Umweltauswirkungen sind zu vermeiden;

5. auf erosionsgefährdeten Hängen, in Überschwemmungsgebieten, auf Standorten mit hohem Grundwasserstand sowie auf Moorstandorten ist ein Grünlandumbruch zu unterlassen;
6. die Anwendung von Dünge- und Pflanzenschutzmitteln hat nach Maßgabe des landwirtschaftlichen Fachrechts zu erfolgen; eine Dokumentation über den Einsatz von Dünge- und Pflanzenschutzmitteln ist nach Maßgabe des § 7 der Düngeverordnung in der Fassung der Bekanntmachung vom 27. Februar 2007 (BGBl. I S. 221), die durch Artikel 1 der Verordnung vom 6. Februar 2009 (BGBl. I S. 153) geändert worden ist, und § 6 Absatz 4 des Pflanzenschutzgesetzes in der Fassung der Bekanntmachung vom 14. Mai 1998 (BGBl. I S. 971, 1527, 3512), das zuletzt durch Artikel 1 des Gesetzes vom 5. März 2008 (BGBl. I S. 284, 1102) geändert worden ist, zu führen.

(3) Bei der forstlichen Nutzung des Waldes ist das Ziel zu verfolgen, naturnahe Wälder aufzubauen und diese ohne Kahlschläge nachhaltig zu bewirtschaften. Ein hinreichender Anteil standortheimischer Forstpflanzen ist einzuhalten.

(4) Bei der fischereiwirtschaftlichen Nutzung der oberirdischen Gewässer sind diese einschließlich ihrer Uferzonen als Lebensstätten und Lebensräume für heimische Tier- und Pflanzenarten zu erhalten und zu fördern. Der Besatz dieser Gewässer mit nichtheimischen Tierarten ist grundsätzlich zu unterlassen. Bei Fischzuchten und Teichwirtschaften der Binnenfischerei sind Beeinträchtigungen der heimischen Tier- und Pflanzenarten auf das zur Erzielung eines nachhaltigen Ertrages erforderliche Maß zu beschränken.

§ 6 Beobachtung von Natur und Landschaft

(1) Der Bund und die Länder beobachten im Rahmen ihrer Zuständigkeiten Natur und Landschaft (allgemeiner Grundsatz).

(2) Die Beobachtung dient der gezielten und fortlaufenden Ermittlung, Beschreibung und Bewertung des Zustands von Natur und Landschaft und ihrer Veränderungen einschließlich der Ursachen und Folgen dieser Veränderungen.

(3) Die Beobachtung umfasst insbesondere

1. den Zustand von Landschaften, Biotopen und Arten zur Erfüllung völkerrechtlicher Verpflichtungen,
2. den Erhaltungszustand der natürlichen Lebensraumtypen und Arten von gemeinschaftlichem Interesse einschließlich des unbeabsichtig-

ten Fangs oder Tötens der Tierarten, die in Anhang IV Buchstabe a der Richtlinie 92/43/EWG des Rates vom 21. Mai 1992 zur Erhaltung der natürlichen Lebensräume sowie der wildlebenden Tiere und Pflanzen (ABl. L 206 vom 22.7.1992, S. 7), die zuletzt durch die Richtlinie 2006/105/EG (ABl. L 363 vom 20.12.2006, S. 368) geändert worden ist, aufgeführt sind, sowie der europäischen Vogelarten und ihrer Lebensräume; dabei sind die prioritären natürlichen Lebensraumtypen und prioritären Arten besonders zu berücksichtigen.

(4) Die zuständigen Behörden des Bundes und der Länder unterstützen sich bei der Beobachtung. Sie sollen ihre Beobachtungsmaßnahmen aufeinander abstimmen.

(5) Das Bundesamt für Naturschutz nimmt die Aufgaben des Bundes auf dem Gebiet der Beobachtung von Natur und Landschaft wahr, soweit in Rechtsvorschriften nichts anderes bestimmt ist.

(6) Rechtsvorschriften über die Geheimhaltung, über den Schutz personenbezogener Daten sowie über den Schutz von Betriebs- und Geschäftsgeheimnissen bleiben unberührt.

§ 7 Begriffsbestimmungen

(1) Für dieses Gesetz gelten folgende Begriffsbestimmungen:

1. biologische Vielfalt
   die Vielfalt der Tier- und Pflanzenarten einschließlich der innerartlichen Vielfalt sowie die Vielfalt an Formen von Lebensgemeinschaften und Biotopen;
2. Naturhaushalt
   die Naturgüter Boden, Wasser, Luft, Klima, Tiere und Pflanzen sowie das Wirkungsgefüge zwischen ihnen;
3. Erholung
   natur- und landschaftsverträglich ausgestaltetes Natur- und Freizeiterleben einschließlich natur- und landschaftsverträglicher sportlicher Betätigung in der freien Landschaft, soweit dadurch die sonstigen Ziele des Naturschutzes und der Landschaftspflege nicht beeinträchtigt werden;
4. natürliche Lebensraumtypen
   von gemeinschaftlichem Interesse die in Anhang I der Richtlinie 92/43/EWG aufgeführten Lebensraumtypen;

5. prioritäre natürliche Lebensraumtypen
   die in Anhang I der Richtlinie 92/43/EWG mit dem Zeichen (*) gekennzeichneten Lebensraumtypen;
6. Gebiete von gemeinschaftlicher Bedeutung
   die in die Liste nach Artikel 4 Absatz 2 Unterabsatz 3 der Richtlinie
   92/43/EWG aufgenommenen Gebiete, auch wenn ein Schutz im
   Sinne des § 32 Absatz 2 bis 4 noch nicht gewährleistet ist;
7. Europäische Vogelschutzgebiete
   Gebiete im Sinne des Artikels 4 Absatz 1 und 2 der Richtlinie 79/409/
   EWG des Rates vom 2. April 1979 über die Erhaltung der wildlebenden Vogelarten (ABl. L 103 vom 24.4.1979, S. 1), die zuletzt durch die
   Richtlinie 2008/102/EG (ABl. L 323 vom 3.12.2008, S. 31) geändert
   worden ist, wenn ein Schutz im Sinne des § 32 Absatz 2 bis 4 bereits
   gewährleistet ist;
8. Natura 2000-Gebiete
   Gebiete von gemeinschaftlicher Bedeutung und Europäische Vogelschutzgebiete;
9. Erhaltungsziele
   Ziele, die im Hinblick auf die Erhaltung oder Wiederherstellung eines
   günstigen Erhaltungszustands eines natürlichen Lebensraumtyps
   von gemeinschaftlichem Interesse, einer in Anhang II der Richtlinie
   92/43/EWG oder in Artikel 4 Absatz 2 oder Anhang I der Richtlinie 79/
   409/EWG aufgeführten Art für ein Natura 2000-Gebiet festgelegt sind.

(2) Für dieses Gesetz gelten folgende weitere Begriffsbestimmungen:

1. Tiere
   a) wild lebende, gefangene oder gezüchtete und nicht herrenlos
      gewordene sowie tote Tiere wild lebender Arten,
   b) Eier, auch im leeren Zustand, sowie Larven, Puppen und sonstige
      Entwicklungsformen von Tieren wild lebender Arten,
   c) ohne Weiteres erkennbare Teile von Tieren wild lebender Arten
      und
   d) ohne Weiteres erkennbar aus Tieren wild lebender Arten gewon-
      nene Erzeugnisse;
2. Pflanzen
   a) wild lebende, durch künstliche Vermehrung gewonnene sowie
      tote Pflanzen wild lebender Arten,
   b) Samen, Früchte oder sonstige Entwicklungsformen von Pflanzen
      wild lebender Arten,
   c) ohne Weiteres erkennbare Teile von Pflanzen wild lebender Arten
      und

d) ohne Weiteres erkennbar aus Pflanzen wild lebender Arten gewonnene Erzeugnisse; als Pflanzen im Sinne dieses Gesetzes gelten auch Flechten und Pilze;

3. Art
jede Art, Unterart oder Teilpopulation einer Art oder Unterart; für die Bestimmung einer Art ist ihre wissenschaftliche Bezeichnung maßgebend;

4. Biotop
Lebensraum einer Lebensgemeinschaft wild lebender Tiere und Pflanzen;

5. Lebensstätte
regelmäßiger Aufenthaltsort der wild lebenden Individuen einer Art;

6. Population
eine biologisch oder geografisch abgegrenzte Zahl von Individuen einer Art;

7. heimische Art
eine wild lebende Tier- oder Pflanzenart, die ihr Verbreitungsgebiet oder regelmäßiges Wanderungsgebiet ganz oder teilweise
a) im Inland hat oder in geschichtlicher Zeit hatte oder
b) auf natürliche Weise in das Inland ausdehnt;
als heimisch gilt eine wild lebende Tier- oder Pflanzenart auch, wenn sich verwilderte oder durch menschlichen Einfluss eingebürgerte Tiere oder Pflanzen der betreffenden Art im Inland in freier Natur und ohne menschliche Hilfe über mehrere Generationen als Population erhalten;

8. gebietsfremde Art
eine wild lebende Tier- oder Pflanzenart, wenn sie in dem betreffenden Gebiet in freier Natur nicht oder seit mehr als 100 Jahren nicht mehr vorkommt;

9. invasive Art
eine Art, deren Vorkommen außerhalb ihres natürlichen Verbreitungsgebiets für die dort natürlich vorkommenden Ökosysteme, Biotope oder Arten ein erhebliches Gefährdungspotenzial darstellt;

10. Arten von gemeinschaftlichem Interesse
die in Anhang II, IV oder V der Richtlinie 92/43/EWG aufgeführten Tier- und Pflanzenarten;

11. prioritäre Arten
die in Anhang II der Richtlinie 92/43/EWG mit dem Zeichen (*) gekennzeichneten Tier- und Pflanzenarten;

12. europäische Vogelarten
    in Europa natürlich vorkommende Vogelarten im Sinne des Artikels 1
    der Richtlinie 79/409/EWG;
13. besonders geschützte Arten
    a) Tier- und Pflanzenarten, die in Anhang A oder Anhang B der
       Verordnung (EG) Nr. 338/97 des Rates vom 9. Dezember 1996
       über den Schutz von Exemplaren wildlebender Tier- und Pflan-
       zenarten durch Überwachung des Handels (ABl. L 61 vom
       3.3.1997, S. 1, L 100 vom 17.4.1997, S. 72, L 298 vom 1.11.1997,
       S. 70, L 113 vom 27.4.2006, S. 26), die zuletzt durch die Verord-
       nung (EG) Nr. 318/2008 (ABl. L 95 vom 8.4.2008, S. 3) geändert
       worden ist, aufgeführt sind,
    b) nicht unter Buchstabe a fallende
       aa) Tier- und Pflanzenarten, die in Anhang IV der Richtlinie 92/
           43/EWG aufgeführt sind,
       bb) europäische Vogelarten,
    c) Tier- und Pflanzenarten, die in einer Rechtsverordnung nach § 54
       Absatz 1 aufgeführt sind;
14. streng geschützte Arten
    besonders geschützte Arten, die
    a) in Anhang A der Verordnung (EG) Nr. 338/97,
    b) in Anhang IV der Richtlinie 92/43/EWG,
    c) in einer Rechtsverordnung nach § 54 Absatz 2
    aufgeführt sind;
15. gezüchtete Tiere
    Tiere, die in kontrollierter Umgebung geboren oder auf andere Weise
    erzeugt und deren Elterntiere rechtmäßig erworben worden sind;
16. künstlich vermehrte Pflanzen
    Pflanzen, die aus Samen, Gewebekulturen, Stecklingen oder Teilun-
    gen unter kontrollierten Bedingungen herangezogen worden sind;
17. Anbieten
    Erklärung der Bereitschaft zu verkaufen oder zu kaufen und ähnliche
    Handlungen, einschließlich der Werbung, der Veranlassung zur Wer-
    bung oder der Aufforderung zu Verkaufs- oder Kaufverhandlungen;
18. Inverkehrbringen
    das Anbieten, Vorrätighalten zur Abgabe, Feilhalten und jedes Abge-
    ben an andere;
19. rechtmäßig
    in Übereinstimmung mit den jeweils geltenden Rechtsvorschriften
    zum Schutz der betreffenden Art im jeweiligen Staat sowie mit Rechts-
    akten der Europäischen Gemeinschaft auf dem Gebiet des Arten-

schutzes und dem Übereinkommen vom 3. März 1973 über den internationalen Handel mit gefährdeten Arten freilebender Tiere und Pflanzen (BGBl. 1975 II S. 773, 777) – Washingtoner Artenschutzübereinkommen – im Rahmen ihrer jeweiligen räumlichen und zeitlichen Geltung oder Anwendbarkeit;

20. Mitgliedstaat
ein Staat, der Mitglied der Europäischen Union ist;

21. Drittstaat
ein Staat, der nicht Mitglied der Europäischen Union ist.

(3) Soweit in diesem Gesetz auf Anhänge der

1. Verordnung (EG) Nr. 338/97,
2. Verordnung (EWG) Nr. 3254/91 des Rates vom 4. November 1991 zum Verbot von Tellereisen in der Gemeinschaft und der Einfuhr von Pelzen und Waren von bestimmten Wildtierarten aus Ländern, die Tellereisen oder den internationalen humanen Fangnormen nicht entsprechende Fangmethoden anwenden (ABl. L 308 vom 9.11.1991, S. 1),
3. Richtlinien 92/43/EWG und 79/409/EWG,
4. Richtlinie 83/129/EWG des Rates vom 28. März 1983 betreffend die Einfuhr in die Mitgliedstaaten von Fellen bestimmter Jungrobben und Waren daraus (ABl. L 91 vom 9.4.1983, S. 30), die zuletzt durch die Richtlinie 89/370/EWG (ABl. L 163 vom 14.6.1989, S. 37) geändert worden ist, oder auf Vorschriften der genannten Rechtsakte verwiesen wird, in denen auf Anhänge Bezug genommen wird, sind die Anhänge jeweils in der sich aus den Veröffentlichungen im Amtsblatt Teil L der Europäischen Union ergebenden geltenden Fassung maßgeblich.

(4) Das Bundesministerium für Umwelt, Naturschutz und Reaktorsicherheit gibt die besonders geschützten und die streng geschützten Arten sowie den Zeitpunkt ihrer jeweiligen Unterschutzstellung bekannt.

(5) Wenn besonders geschützte Arten bereits auf Grund der bis zum 8. Mai 1998 geltenden Vorschriften unter besonderem Schutz standen, gilt als Zeitpunkt der Unterschutzstellung derjenige, der sich aus diesen Vorschriften ergibt. Entsprechendes gilt für die streng geschützten Arten, soweit sie nach den bis zum 8. Mai 1998 geltenden Vorschriften als vom Aussterben bedroht bezeichnet waren.

Kapitel 4 Schutz bestimmter Teile von Natur und Landschaft

Abschnitt 1 Biotopverbund und Biotopvernetzung; geschützte Teile von Natur und Landschaft

§ 20 Allgemeine Grundsätze

(1) Es wird ein Netz verbundener Biotope (Biotopverbund) geschaffen, das mindestens 10 Prozent der Fläche eines jeden Landes umfassen soll.

(2) Teile von Natur und Landschaft können geschützt werden

1. nach Maßgabe des § 23 als Naturschutzgebiet,
2. nach Maßgabe des § 24 als Nationalpark oder als Nationales Naturmonument,
3. als Biosphärenreservat,
4. nach Maßgabe des § 26 als Landschaftsschutzgebiet,
5. als Naturpark,
6. als Naturdenkmal oder
7. als geschützter Landschaftsbestandteil.

(3) Die in Absatz 2 genannten Teile von Natur und Landschaft sind, soweit sie geeignet sind, Bestandteile des Biotopverbunds.

§ 21 Biotopverbund, Biotopvernetzung

(1) Der Biotopverbund dient der dauerhaften Sicherung der Populationen wild lebender Tiere und Pflanzen einschließlich ihrer Lebensstätten, Biotope und Lebensgemeinschaften sowie der Bewahrung, Wiederherstellung und Entwicklung funktionsfähiger ökologischer Wechselbeziehungen. Er soll auch zur Verbesserung des Zusammenhangs des Netzes „Natura 2000" beitragen.

(2) Der Biotopverbund soll länderübergreifend erfolgen. Die Länder stimmen sich hierzu untereinander ab.

(3) Der Biotopverbund besteht aus Kernflächen, Verbindungsflächen und Verbindungselementen. Bestandteile des Biotopverbunds sind

1. Nationalparke und Nationale Naturmonumente,
2. Naturschutzgebiete, Natura 2000-Gebiete und Biosphärenreservate oder Teile dieser Gebiete,
3. gesetzlich geschützte Biotope im Sinne des § 30,
4. weitere Flächen und Elemente, einschließlich solcher des Nationalen Naturerbes, des Grünen Bandes sowie Teilen von Landschaftsschutzgebieten und Naturparken,

wenn sie zur Erreichung des in Absatz 1 genannten Zieles geeignet sind.

(4) Die erforderlichen Kernflächen, Verbindungsflächen und Verbindungselemente sind durch Erklärung zu geschützten Teilen von Natur und Landschaft im Sinne des § 20 Absatz 2, durch planungsrechtliche Festlegungen, durch langfristige vertragliche Vereinbarungen oder andere geeignete Maßnahmen rechtlich zu sichern, um den Biotopverbund dauerhaft zu gewährleisten.

(5) Unbeschadet des § 30 sind die oberirdischen Gewässer einschließlich ihrer Randstreifen, Uferzonen und Auen als Lebensstätten und Biotope für natürlich vorkommende Tier- und Pflanzenarten zu erhalten. Sie sind so weiterzuentwickeln, dass sie ihre großräumige Vernetzungsfunktion auf Dauer erfüllen können.

(6) Auf regionaler Ebene sind insbesondere in von der Landwirtschaft geprägten Landschaften zur Vernetzung von Biotopen erforderliche lineare und punktförmige Elemente, insbesondere Hecken und Feldraine sowie Trittsteinbiotope, zu erhalten und dort, wo sie nicht in ausreichendem Maße vorhanden sind, zu schaffen (Biotopvernetzung).

§ 22 Erklärung zum geschützten Teil von Natur und Landschaft

(1) Die Unterschutzstellung von Teilen von Natur und Landschaft erfolgt durch Erklärung. Die Erklärung bestimmt den Schutzgegenstand, den Schutzzweck, die zur Erreichung des Schutzzwecks notwendigen Gebote und Verbote, und, soweit erforderlich, die Pflege-, Entwicklungs- und Wiederherstellungsmaßnahmen oder enthält die erforderlichen Ermächtigungen hierzu. Schutzgebiete können in Zonen mit einem entsprechend dem jeweiligen Schutzzweck abgestuften Schutz gegliedert werden; hierbei kann auch die für den Schutz notwendige Umgebung einbezogen werden.

(2) Form und Verfahren der Unterschutzstellung, die Beachtlichkeit von Form- und Verfahrensfehlern und die Möglichkeit ihrer Behebung sowie die Fortgeltung bestehender Erklärungen zum geschützten Teil von Natur und Landschaft richten sich nach Landesrecht. Die Unterschutzstellung kann auch länderübergreifend erfolgen.

(3) Teile von Natur und Landschaft, deren Schutz beabsichtigt ist, können für einen Zeitraum von bis zu zwei Jahren einstweilig sichergestellt werden, wenn zu befürchten ist, dass durch Veränderungen oder Störungen der beabsichtigte Schutzzweck gefährdet wird. Die einstweilige Sicherstellung kann unter den Voraussetzungen des Satzes 1 einmalig bis zu weiteren zwei Jahren verlängert werden. In dem einstweilig sichergestell-

ten Teil von Natur und Landschaft sind Handlungen und Maßnahmen nach Maßgabe der Sicherstellungserklärung verboten, die geeignet sind, den Schutzgegenstand nachteilig zu verändern. Die einstweilige Sicherstellung ist ganz oder teilweise aufzuheben, wenn ihre Voraussetzungen nicht mehr oder nicht mehr in vollem Umgang gegeben sind. Absatz 2 gilt entsprechend.

(4) Geschützte Teile von Natur und Landschaft sind zu registrieren und zu kennzeichnen. Das Nähere richtet sich nach Landesrecht.

(5) Die Erklärung zum Nationalpark oder Nationalen Naturmonument einschließlich ihrer Änderung ergeht im Benehmen mit dem Bundesministerium für Umwelt, Naturschutz und Reaktorsicherheit und dem Bundesministerium für Verkehr, Bau und Stadtentwicklung.

§ 23 Naturschutzgebiete

(1) Naturschutzgebiete sind rechtsverbindlich festgesetzte Gebiete, in denen ein besonderer Schutz von Natur und Landschaft in ihrer Ganzheit oder in einzelnen Teilen erforderlich ist

1. zur Erhaltung, Entwicklung oder Wiederherstellung von Lebensstätten, Biotopen oder Lebensgemeinschaften bestimmter wild lebender Tier- und Pflanzenarten,
2. aus wissenschaftlichen, naturgeschichtlichen oder landeskundlichen Gründen oder
3. wegen ihrer Seltenheit, besonderen Eigenart oder hervorragenden Schönheit.

(2) Alle Handlungen, die zu einer Zerstörung, Beschädigung oder Veränderung des Naturschutzgebiets oder seiner Bestandteile oder zu einer nachhaltigen Störung führen können, sind nach Maßgabe näherer Bestimmungen verboten. Soweit es der Schutzzweck erlaubt, können Naturschutzgebiete der Allgemeinheit zugänglich gemacht werden.

§ 24 Nationalparke, Nationale Naturmonumente

(1) Nationalparke sind rechtsverbindlich festgesetzte einheitlich zu schützende Gebiete, die

1. großräumig, weitgehend unzerschnitten und von besonderer Eigenart sind,
2. in einem überwiegenden Teil ihres Gebiets die Voraussetzungen eines Naturschutzgebiets erfüllen und

3. sich in einem überwiegenden Teil ihres Gebiets in einem vom Menschen nicht oder wenig beeinflussten Zustand befinden oder geeignet sind, sich in einen Zustand zu entwickeln oder in einen Zustand entwickelt zu werden, der einen möglichst ungestörten Ablauf der Naturvorgänge in ihrer natürlichen Dynamik gewährleistet.

(2) Nationalparke haben zum Ziel, in einem überwiegenden Teil ihres Gebiets den möglichst ungestörten Ablauf der Naturvorgänge in ihrer natürlichen Dynamik zu gewährleisten. Soweit es der Schutzzweck erlaubt, sollen Nationalparke auch der wissenschaftlichen Umweltbeobachtung, der naturkundlichen Bildung und dem Naturerlebnis der Bevölkerung dienen.

(3) Nationalparke sind unter Berücksichtigung ihres besonderen Schutzzwecks sowie der durch die Großräumigkeit und Besiedlung gebotenen Ausnahmen wie Naturschutzgebiete zu schützen.

(4) Nationale Naturmonumente sind rechtsverbindlich festgesetzte Gebiete, die

1. aus wissenschaftlichen, naturgeschichtlichen, kulturhistorischen oder landeskundlichen Gründen und
2. wegen ihrer Seltenheit, Eigenart oder Schönheit von herausragender Bedeutung sind. Nationale Naturmonumente sind wie Naturschutzgebiete zu schützen.

§ 25 Biosphärenreservate

(1) Biosphärenreservate sind einheitlich zu schützende und zu entwickelnde Gebiete, die

1. großräumig und für bestimmte Landschaftstypen charakteristisch sind,
2. in wesentlichen Teilen ihres Gebiets die Voraussetzungen eines Naturschutzgebiets, im Übrigen überwiegend eines Landschaftsschutzgebiets erfüllen,
3. vornehmlich der Erhaltung, Entwicklung oder Wiederherstellung einer durch hergebrachte vielfältige Nutzung geprägten Landschaft und der darin historisch gewachsenen Arten- und Biotopvielfalt, einschließlich Wild- und früherer Kulturformen wirtschaftlich genutzter oder nutzbarer Tier- und Pflanzenarten, dienen und
4. beispielhaft der Entwicklung und Erprobung von die Naturgüter besonders schonenden Wirtschaftsweisen dienen.

(2) Biosphärenreservate dienen, soweit es der Schutzzweck erlaubt, auch der Forschung und der Beobachtung von Natur und Landschaft sowie der Bildung für nachhaltige Entwicklung.

(3) Biosphärenreservate sind unter Berücksichtigung der durch die Großräumigkeit und Besiedlung gebotenen Ausnahmen über Kernzonen, Pflegezonen und Entwicklungszonen zu entwickeln und wie Naturschutzgebiete oder Landschaftsschutzgebiete zu schützen.

(4) Biosphärenreservate können auch als Biosphärengebiete oder Biosphärenregionen bezeichnet werden.

§ 26 Landschaftsschutzgebiete

(1) Landschaftsschutzgebiete sind rechtsverbindlich festgesetzte Gebiete, in denen ein besonderer Schutz von Natur und Landschaft erforderlich ist

1. zur Erhaltung, Entwicklung oder Wiederherstellung der Leistungs- und Funktionsfähigkeit des Naturhaushalts oder der Regenerationsfähigkeit und nachhaltigen Nutzungsfähigkeit der Naturgüter, einschließlich des Schutzes von Lebensstätten und Lebensräumen bestimmter wild lebender Tier- und Pflanzenarten,
2. wegen der Vielfalt, Eigenart und Schönheit oder der besonderen kulturhistorischen Bedeutung der Landschaft oder
3. wegen ihrer besonderen Bedeutung für die Erholung.

(2) In einem Landschaftsschutzgebiet sind unter besonderer Beachtung des § 5 Absatz 1 und nach Maßgabe näherer Bestimmungen alle Handlungen verboten, die den Charakter des Gebiets verändern oder dem besonderen Schutzzweck zuwiderlaufen.

§ 27 Naturparke

(1) Naturparke sind einheitlich zu entwickelnde und zu pflegende Gebiete, die

1. großräumig sind,
2. überwiegend Landschaftsschutzgebiete oder Naturschutzgebiete sind,
3. sich wegen ihrer landschaftlichen Voraussetzungen für die Erholung besonders eignen und in denen ein nachhaltiger Tourismus angestrebt wird,

4. nach den Erfordernissen der Raumordnung für Erholung vorgesehen sind,
5. der Erhaltung, Entwicklung oder Wiederherstellung einer durch vielfältige Nutzung geprägten Landschaft und ihrer Arten- und Biotopvielfalt dienen und in denen zu diesem Zweck eine dauerhaft umweltgerechte Landnutzung angestrebt wird und
6. besonders dazu geeignet sind, eine nachhaltige Regionalentwicklung zu fördern.

(2) Naturparke sollen entsprechend ihren in Absatz 1 beschriebenen Zwecken unter Beachtung der Ziele des Naturschutzes und der Landschaftspflege geplant, gegliedert, erschlossen und weiterentwickelt werden.

§ 28 Naturdenkmäler

(1) Naturdenkmäler sind rechtsverbindlich festgesetzte Einzelschöpfungen der Natur oder entsprechende Flächen bis zu fünf Hektar, deren besonderer Schutz erforderlich ist

1. aus wissenschaftlichen, naturgeschichtlichen oder landeskundlichen Gründen oder
2. wegen ihrer Seltenheit, Eigenart oder Schönheit.

(2) Die Beseitigung des Naturdenkmals sowie alle Handlungen, die zu einer Zerstörung, Beschädigung oder Veränderung des Naturdenkmals führen können, sind nach Maßgabe näherer Bestimmungen verboten.

§ 29 Geschützte Landschaftsbestandteile

(1) Geschützte Landschaftsbestandteile sind rechtsverbindlich festgesetzte Teile von Natur und Landschaft, deren besonderer Schutz erforderlich ist

1. zur Erhaltung, Entwicklung oder Wiederherstellung der Leistungs- und Funktionsfähigkeit des Naturhaushalts,
2. zur Belebung, Gliederung oder Pflege des Orts- oder Landschaftsbildes,
3. zur Abwehr schädlicher Einwirkungen oder
4. wegen ihrer Bedeutung als Lebensstätten bestimmter wild lebender Tier- und Pflanzenarten.

Der Schutz kann sich für den Bereich eines Landes oder für Teile des Landes auf den gesamten Bestand an Alleen, einseitigen Baumreihen, Bäumen, Hecken oder anderen Landschaftsbestandteilen erstrecken.

(2) Die Beseitigung des geschützten Landschaftsbestandteils sowie alle Handlungen, die zu einer Zerstörung, Beschädigung oder Veränderung des geschützten Landschaftsbestandteils führen können, sind nach Maßgabe näherer Bestimmungen verboten. Für den Fall der Bestandsminderung kann die Verpflichtung zu einer angemessenen und zumutbaren Ersatzpflanzung oder zur Leistung von Ersatz in Geld vorgesehen werden.

(3) Vorschriften des Landesrechts über den gesetzlichen Schutz von Alleen bleiben unberührt.

§ 30 Gesetzlich geschützte Biotope

(1) Bestimmte Teile von Natur und Landschaft, die eine besondere Bedeutung als Biotope haben, werden gesetzlich geschützt (allgemeiner Grundsatz).

(2) Handlungen, die zu einer Zerstörung oder einer sonstigen erheblichen Beeinträchtigung folgender Biotope führen können, sind verboten:

1. natürliche oder naturnahe Bereiche fließender und stehender Binnengewässer einschließlich ihrer Ufer und der dazugehörigen uferbegleitenden natürlichen oder naturnahen Vegetation sowie ihrer natürlichen oder naturnahen Verlandungsbereiche, Altarme und regelmäßig überschwemmten Bereiche,
2. Moore, Sümpfe, Röhrichte, Großseggenrieder, seggen- und binsenreiche Nasswiesen, Quellbereiche, Binnenlandsalzstellen,
3. offene Binnendünen, offene natürliche Block-, Schutt- und Geröllhalden, Lehm- und Lösswände, Zwergstrauch-, Ginster- und Wacholderheiden, Borstgrasrasen, Trockenrasen, Schwermetallrasen, Wälder und Gebüsche trockenwarmer Standorte,
4. Bruch-, Sumpf- und Auenwälder, Schlucht-, Blockhalden- und Hangschuttwälder, subalpine Lärchen- und Lärchen-Arvenwälder,
5. offene Felsbildungen, alpine Rasen sowie Schneetälchen und Krummholzgebüsche,
6. Fels- und Steilküsten, Küstendünen und Strandwälle, Strandseen, Boddengewässer mit Verlandungsbereichen, Salzwiesen und Wattflächen im Küstenbereich, Seegraswiesen und sonstige marine Makrophytenbestände, Riffe, sublitorale Sandbänke, Schlickgründe

mit bohrender Bodenmegafauna sowie artenreiche Kies-, Grobsand- und Schillgründe im Meeres- und Küstenbereich.

Die Verbote des Satzes 1 gelten auch für weitere von den Ländern gesetzlich geschützte Biotope.

(3) Von den Verboten des Absatzes 2 kann auf Antrag eine Ausnahme zugelassen werden, wenn die Beeinträchtigungen ausgeglichen werden können.

(4) Sind auf Grund der Aufstellung, Änderung oder Ergänzung von Bebauungsplänen Handlungen im Sinne des Absatzes 2 zu erwarten, kann auf Antrag der Gemeinde über eine erforderliche Ausnahme oder Befreiung von den Verboten des Absatzes 2 vor der Aufstellung des Bebauungsplans entschieden werden. Ist eine Ausnahme zugelassen oder eine Befreiung gewährt worden, bedarf es für die Durchführung eines im Übrigen zulässigen Vorhabens keiner weiteren Ausnahme oder Befreiung, wenn mit der Durchführung des Vorhabens innerhalb von sieben Jahren nach Inkrafttreten des Bebauungsplans begonnen wird.

(5) Bei gesetzlich geschützten Biotopen, die während der Laufzeit einer vertraglichen Vereinbarung oder der Teilnahme an öffentlichen Programmen zur Bewirtschaftungsbeschränkung entstanden sind, gilt Absatz 2 nicht für die Wiederaufnahme einer zulässigen land-, forst-, oder fischereiwirtschaftlichen Nutzung innerhalb von zehn Jahren nach Beendigung der betreffenden vertraglichen Vereinbarung oder der Teilnahme an den betreffenden öffentlichen Programmen.

(6) Bei gesetzlich geschützten Biotopen, die auf Flächen entstanden sind, bei denen eine zulässige Gewinnung von Bodenschätzen eingeschränkt oder unterbrochen wurde, gilt Absatz 2 nicht für die Wiederaufnahme der Gewinnung innerhalb von fünf Jahren nach der Einschränkung oder Unterbrechung.

(7) Die gesetzlich geschützten Biotope werden registriert und die Registrierung wird in geeigneter Weise öffentlich zugänglich gemacht. Die Registrierung und deren Zugänglichkeit richten sich nach Landesrecht.

(8) Weiter gehende Schutzvorschriften einschließlich der Bestimmungen über Ausnahmen und Befreiungen bleiben unberührt.

Abschnitt 2   Netz „Natura 2000"

§ 31 Aufbau und Schutz des Netzes „Natura 2000"

Der Bund und die Länder erfüllen die sich aus den Richtlinien 92/43/EWG und 79/409/EWG ergebenden Verpflichtungen zum Aufbau und Schutz des zusammenhängenden europäischen ökologischen Netzes „Natura 2000" im Sinne des Artikels 3 der Richtlinie 92/43/EWG.

§ 32 Schutzgebiete

(1) Die Länder wählen die Gebiete, die der Kommission nach Artikel 4 Absatz 1 der Richtlinie 92/43/EWG und Artikel 4 Absatz 1 und 2 der Richtlinie 79/409/EWG zu benennen sind, nach den in diesen Vorschriften genannten Maßgaben aus. Sie stellen das Benehmen mit dem Bundesministerium für Umwelt, Naturschutz und Reaktorsicherheit her. Dieses beteiligt die anderen fachlich betroffenen Bundesministerien und benennt die ausgewählten Gebiete der Kommission. Es übermittelt der Kommission gleichzeitig Schätzungen über eine finanzielle Beteiligung der Gemeinschaft, die zur Erfüllung der Verpflichtungen nach Artikel 6 Absatz 1 der Richtlinie 92/43/EWG einschließlich der Zahlung eines finanziellen Ausgleichs insbesondere für die Land- und Forstwirtschaft erforderlich ist.

(2) Die in die Liste nach Artikel 4 Absatz 2 Unterabsatz 3 der Richtlinie 92/43/EWG aufgenommenen Gebiete sind nach Maßgabe des Artikels 4 Absatz 4 dieser Richtlinie und die nach Artikel 4 Absatz 1 und 2 der Richtlinie 79/409/EWG benannten Gebiete entsprechend den jeweiligen Erhaltungszielen zu geschützten Teilen von Natur und Landschaft im Sinne des § 20 Absatz 2 zu erklären.

(3) Die Schutzerklärung bestimmt den Schutzzweck entsprechend den jeweiligen Erhaltungszielen und die erforderlichen Gebietsbegrenzungen. Es soll dargestellt werden, ob prioritäre natürliche Lebensraumtypen oder prioritäre Arten zu schützen sind. Durch geeignete Gebote und Verbote sowie Pflege- und Entwicklungsmaßnahmen ist sicherzustellen, dass den Anforderungen des Artikels 6 der Richtlinie 92/43/EWG entsprochen wird. Weiter gehende Schutzvorschriften bleiben unberührt.

(4) Die Unterschutzstellung nach den Absätzen 2 und 3 kann unterbleiben, soweit nach anderen Rechtsvorschriften einschließlich dieses Gesetzes und gebietsbezogener Bestimmungen des Landesrechts, nach Verwaltungsvorschriften, durch die Verfügungsbefugnis eines öffentlichen

oder gemeinnützigen Trägers oder durch vertragliche Vereinbarungen ein gleichwertiger Schutz gewährleistet ist.

(5) Für Natura 2000-Gebiete können Bewirtschaftungspläne selbstständig oder als Bestandteil anderer Pläne aufgestellt werden.

(6) Die Auswahl und die Erklärung von Gebieten im Sinne des Absatzes 1 Satz 1 und des Absatzes 2 im Bereich der deutschen ausschließlichen Wirtschaftszone und des Festlandsockels zu geschützten Teilen von Natur und Landschaft im Sinne des § 20 Absatz 2 richten sich nach § 57.

§ 33 Allgemeine Schutzvorschriften

(1) Alle Veränderungen und Störungen, die zu einer erheblichen Beeinträchtigung eines Natura 2000-Gebiets in seinen für die Erhaltungsziele oder den Schutzzweck maßgeblichen Bestandteilen führen können, sind unzulässig. Die für Naturschutz und Landschaftspflege zuständige Behörde kann unter den Voraussetzungen des § 34 Absatz 3 bis 5 Ausnahmen von dem Verbot des Satzes 1 sowie von Verboten im Sinne des § 32 Absatz 3 zulassen.

(2) Bei einem Gebiet im Sinne des Artikels 5 Absatz 1 der Richtlinie 92/43/EWG gilt während der Konzertierungsphase bis zur Beschlussfassung des Rates Absatz 1 Satz 1 im Hinblick auf die in ihm vorkommenden prioritären natürlichen Lebensraumtypen und prioritären Arten entsprechend. Die §§ 34 und 36 finden keine Anwendung.

§ 34 Verträglichkeit und Unzulässigkeit von Projekten; Ausnahmen

(1) Projekte sind vor ihrer Zulassung oder Durchführung auf ihre Verträglichkeit mit den Erhaltungszielen eines Natura 2000-Gebiets zu überprüfen, wenn sie einzeln oder im Zusammenwirken mit anderen Projekten oder Plänen geeignet sind, das Gebiet erheblich zu beeinträchtigen, und nicht unmittelbar der Verwaltung des Gebiets dienen. Soweit ein Natura 2000-Gebiet ein geschützter Teil von Natur und Landschaft im Sinne des § 20 Absatz 2 ist, ergeben sich die Maßstäbe für die Verträglichkeit aus dem Schutzzweck und den dazu erlassenen Vorschriften, wenn hierbei die jeweiligen Erhaltungsziele bereits berücksichtigt wurden. Der Projektträger hat die zur Prüfung der Verträglichkeit sowie der Voraussetzungen nach den Absätzen 3 bis 5 erforderlichen Unterlagen vorzulegen.

(2) Ergibt die Prüfung der Verträglichkeit, dass das Projekt zu erheblichen Beeinträchtigungen des Gebiets in seinen für die Erhaltungsziele oder

den Schutzzweck maßgeblichen Bestandteilen führen kann, ist es unzulässig.

(3) Abweichend von Absatz 2 darf ein Projekt nur zugelassen oder durchgeführt werden, soweit es

1. aus zwingenden Gründen des überwiegenden öffentlichen Interesses, einschließlich solcher sozialer oder wirtschaftlicher Art, notwendig ist und
2. zumutbare Alternativen, den mit dem Projekt verfolgten Zweck an anderer Stelle ohne oder mit geringeren Beeinträchtigungen zu erreichen, nicht gegeben sind.

(4) Können von dem Projekt im Gebiet vorkommende prioritäre natürliche Lebensraumtypen oder prioritäre Arten betroffen werden, können als zwingende Gründe des überwiegenden öffentlichen Interesses nur solche im Zusammenhang mit der Gesundheit des Menschen, der öffentlichen Sicherheit, einschließlich der Verteidigung und des Schutzes der Zivilbevölkerung, oder den maßgeblich günstigen Auswirkungen des Projekts auf die Umwelt geltend gemacht werden. Sonstige Gründe im Sinne des Absatzes 3 Nummer 1 können nur berücksichtigt werden, wenn die zuständige Behörde zuvor über das Bundesministerium für Umwelt, Naturschutz und Reaktorsicherheit eine Stellungnahme der Kommission eingeholt hat.

(5) Soll ein Projekt nach Absatz 3, auch in Verbindung mit Absatz 4, zugelassen oder durchgeführt werden, sind die zur Sicherung des Zusammenhangs des Netzes „Natura 2000" notwendigen Maßnahmen vorzusehen. Die zuständige Behörde unterrichtet die Kommission über das Bundesministerium für Umwelt, Naturschutz und Reaktorsicherheit über die getroffenen Maßnahmen.

(6) Bedarf ein Projekt im Sinne des Absatzes 1 Satz 1, das nicht von einer Behörde durchgeführt wird, nach anderen Rechtsvorschriften keiner behördlichen Entscheidung oder Anzeige an eine Behörde, so ist es der für Naturschutz und Landschaftspflege zuständigen Behörde anzuzeigen. Diese kann die Durchführung des Projekts zeitlich befristen oder anderweitig beschränken, um die Einhaltung der Voraussetzungen der Absätze 1 bis 5 sicherzustellen. Trifft die Behörde innerhalb eines Monats nach Eingang der Anzeige keine Entscheidung, kann mit der Durchführung des Projekts begonnen werden. Wird mit der Durchführung eines Projekts ohne die erforderliche Anzeige begonnen, kann die Behörde die vorläufige Einstellung anordnen. Liegen im Fall des Absatzes 2 die Voraussetzungen der Absätze 3 bis 5 nicht vor, hat die Behörde die Durch-

führung des Projekts zu untersagen. Die Sätze 1 bis 5 sind nur insoweit anzuwenden, als Schutzvorschriften der Länder, einschließlich der Vorschriften über Ausnahmen und Befreiungen, keine strengeren Regelungen für die Zulässigkeit von Projekten enthalten.

(7) Für geschützte Teile von Natur und Landschaft im Sinne des § 20 Absatz 2 und gesetzlich geschützte Biotope im Sinne des § 30 sind die Absätze 1 bis 6 nur insoweit anzuwenden, als die Schutzvorschriften, einschließlich der Vorschriften über Ausnahmen und Befreiungen, keine strengeren Regelungen für die Zulässigkeit von Projekten enthalten. Die Verpflichtungen nach Absatz 4 Satz 2 zur Beteiligung der Kommission und nach Absatz 5 Satz 2 zur Unterrichtung der Kommission bleiben unberührt.

(8) Die Absätze 1 bis 7 gelten mit Ausnahme von Bebauungsplänen, die eine Planfeststellung ersetzen, nicht für Vorhaben im Sinne des § 29 des Baugesetzbuches in Gebieten mit Bebauungsplänen nach § 30 des Baugesetzbuches und während der Planaufstellung nach § 33 des Baugesetzbuches.

Kapitel 5   Schutz der wild lebenden Tier- und Pflanzenarten, ihrer Lebensstätten und Biotope

Abschnitt 1   Allgemeine Vorschriften

§ 37 Aufgaben des Artenschutzes

(1) Die Vorschriften dieses Kapitels sowie § 6 Absatz 3 dienen dem Schutz der wild lebenden Tier- und Pflanzenarten. Der Artenschutz umfasst

1. den Schutz der Tiere und Pflanzen wild lebender Arten und ihrer Lebensgemeinschaften vor Beeinträchtigungen durch den Menschen und die Gewährleistung ihrer sonstigen Lebensbedingungen,
2. den Schutz der Lebensstätten und Biotope der wild lebenden Tier- und Pflanzenarten sowie
3. die Wiederansiedlung von Tieren und Pflanzen verdrängter wild lebender Arten in geeigneten Biotopen innerhalb ihres natürlichen Verbreitungsgebiets.

(2) Die Vorschriften des Pflanzenschutzrechts, des Tierschutzrechts, des Seuchenrechts sowie des Forst-, Jagd- und Fischereirechts bleiben von den Vorschriften dieses Kapitels und den auf Grund dieses Kapitels erlassenen Rechtsvorschriften unberührt. Soweit in jagd- oder fischereirecht-

lichen Vorschriften keine besonderen Bestimmungen zum Schutz und zur Pflege der betreffenden Arten bestehen oder erlassen werden, sind vorbehaltlich der Rechte der Jagdausübungs- oder Fischereiberechtigten die Vorschriften dieses Kapitels und die auf Grund dieses Kapitels erlassenen Rechtsvorschriften anzuwenden.

§ 38 Allgemeine Vorschriften für den Arten-, Lebensstätten- und Biotopschutz

(1) Zur Vorbereitung und Durchführung der Aufgaben nach § 37 Absatz 1 erstellen die für Naturschutz und Landschaftspflege zuständigen Behörden des Bundes und der Länder auf der Grundlage der Beobachtung nach § 6 Schutz-, Pflege- und Entwicklungsziele und verwirklichen sie.

(2) Soweit dies zur Umsetzung völker- und gemeinschaftsrechtlicher Vorgaben oder zum Schutz von Arten, die in einer Rechtsverordnung nach § 54 Absatz 1 Nummer 2 aufgeführt sind, einschließlich deren Lebensstätten, erforderlich ist, ergreifen die für Naturschutz und Landschaftspflege zuständigen Behörden des Bundes und der Länder wirksame und aufeinander abgestimmte vorbeugende Schutzmaßnahmen oder stellen Artenhilfsprogramme auf. Sie treffen die erforderlichen Maßnahmen, um sicherzustellen, dass der unbeabsichtigte Fang oder das unbeabsichtigte Töten keine erheblichen nachteiligen Auswirkungen auf die streng geschützten Arten haben.

(3) Die erforderliche Forschung und die notwendigen wissenschaftlichen Arbeiten im Sinne des Artikels 18 der Richtlinie 92/43/EWG und des Artikels 10 der Richtlinie 79/409/EWG werden gefördert.

Abschnitt 2   Allgemeiner Artenschutz

§ 39 Allgemeiner Schutz wild lebender Tiere und Pflanzen; Ermächtigung zum Erlass von Rechtsverordnungen

(1) Es ist verboten,

1. wild lebende Tiere mutwillig zu beunruhigen oder ohne vernünftigen Grund zu fangen, zu verletzen oder zu töten,
2. wild lebende Pflanzen ohne vernünftigen Grund von ihrem Standort zu entnehmen oder zu nutzen oder ihre Bestände niederzuschlagen oder auf sonstige Weise zu verwüsten,
3. Lebensstätten wild lebender Tiere und Pflanzen ohne vernünftigen Grund zu beeinträchtigen oder zu zerstören.

(2) Vorbehaltlich jagd- oder fischereirechtlicher Bestimmungen ist es verboten, wild lebende Tiere und Pflanzen der in Anhang V der Richtlinie 92/43/EWG aufgeführten Arten aus der Natur zu entnehmen. Die Länder können Ausnahmen von Satz 1 unter den Voraussetzungen des § 45 Absatz 7 oder des Artikels 14 der Richtlinie 92/43/EWG zulassen.

(3) Jeder darf abweichend von Absatz 1 Nummer 2 wild lebende Blumen, Gräser, Farne, Moose, Flechten, Früchte, Pilze, Tee- und Heilkräuter sowie Zweige wild lebender Pflanzen aus der Natur an Stellen, die keinem Betretungsverbot unterliegen, in geringen Mengen für den persönlichen Bedarf pfleglich entnehmen und sich aneignen.

(4) Das gewerbsmäßige Entnehmen, Be- oder Verarbeiten wild lebender Pflanzen bedarf unbeschadet der Rechte der Eigentümer und sonstiger Nutzungsberechtigter der Genehmigung der für Naturschutz und Landschaftspflege zuständigen Behörde. Die Genehmigung ist zu erteilen, wenn der Bestand der betreffenden Art am Ort der Entnahme nicht gefährdet und der Naturhaushalt nicht erheblich beeinträchtigt werden. Die Entnahme hat pfleglich zu erfolgen. Bei der Entscheidung über Entnahmen zu Zwecken der Produktion regionalen Saatguts sind die günstigen Auswirkungen auf die Ziele des Naturschutzes und der Landschaftspflege zu berücksichtigen.

(5) Es ist verboten,

1. die Bodendecke auf Wiesen, Feldrainen, Hochrainen und ungenutzten Grundflächen sowie an Hecken und Hängen abzubrennen oder nicht land-, forst- oder fischereiwirtschaftlich genutzte Flächen so zu behandeln, dass die Tier- oder Pflanzenwelt erheblich beeinträchtigt wird,
2. Bäume, die außerhalb des Waldes, von Kurzumtriebsplantagen oder gärtnerisch genutzten Grundflächen stehen, Hecken, lebende Zäune, Gebüsche und andere Gehölze in der Zeit vom 1. März bis zum 30. September abzuschneiden oder auf den Stock zu setzen; zulässig sind schonende Form- und Pflegeschnitte zur Beseitigung des Zuwachses der Pflanzen oder zur Gesunderhaltung von Bäumen,
3. Röhrichte in der Zeit vom 1. März bis zum 30. September zurückzuschneiden; außerhalb dieser Zeiten dürfen Röhrichte nur in Abschnitten zurückgeschnitten werden,
4. ständig wasserführende Gräben unter Einsatz von Grabenfräsen zu räumen, wenn dadurch der Naturhaushalt, insbesondere die Tierwelt erheblich beeinträchtigt wird.

Die Verbote des Satzes 1 Nummer 1 bis 3 gelten nicht für

1. behördlich angeordnete Maßnahmen,
2. Maßnahmen, die im öffentlichen Interesse nicht auf andere Weise oder zu anderer Zeit durchgeführt werden können, wenn sie
   a) behördlich durchgeführt werden,
   b) behördlich zugelassen sind oder
   c) der Gewährleistung der Verkehrssicherheit dienen,
3. nach § 15 zulässige Eingriffe in Natur und Landschaft,
4. zulässige Bauvorhaben, wenn nur geringfügiger Gehölzbewuchs zur Verwirklichung der Baumaßnahmen beseitigt werden muss.

Die Landesregierungen werden ermächtigt, durch Rechtsverordnung bei den Verboten des Satzes 1 Nummer 2 und 3 für den Bereich eines Landes oder für Teile des Landes erweiterte Verbotszeiträume vorsehen. Sie können die Ermächtigung nach Satz 3 durch Rechtsverordnung auf andere Landesbehörden übertragen.

(6) Es ist verboten, Höhlen, Stollen, Erdkeller oder ähnliche Räume, die als Winterquartier von Fledermäusen dienen, in der Zeit vom 1. Oktober bis zum 31. März aufzusuchen; dies gilt nicht zur Durchführung unaufschiebbarer und nur geringfügig störender Handlungen sowie für touristisch erschlossene oder stark genutzte Bereiche.

(7) Weiter gehende Schutzvorschriften insbesondere des Kapitels 4 und des Abschnitts 3 des Kapitels 5 einschließlich der Bestimmungen über Ausnahmen und Befreiungen bleiben unberührt.

§ 40 Nichtheimische, gebietsfremde und invasive Arten

(1) Es sind geeignete Maßnahmen zu treffen, um einer Gefährdung von Ökosystemen, Biotopen und Arten durch Tiere und Pflanzen nichtheimischer oder invasiver Arten entgegenzuwirken.

(2) Arten, bei denen Anhaltspunkte dafür bestehen, dass es sich um invasive Arten handelt, sind zu beobachten.

(3) Die zuständigen Behörden des Bundes und der Länder ergreifen unverzüglich geeignete Maßnahmen, um neu auftretende Tiere und Pflanzen invasiver Arten zu beseitigen oder deren Ausbreitung zu verhindern. Sie treffen bei bereits verbreiteten invasiven Arten Maßnahmen, um eine weitere Ausbreitung zu verhindern und die Auswirkungen der Ausbreitung zu vermindern, soweit diese Aussicht auf Erfolg haben und der Erfolg nicht außer Verhältnis zu dem erforderlichen Aufwand steht. Die Sätze 1 und 2

gelten nicht für in der Land- und Forstwirtschaft angebaute Pflanzen im Sinne des Absatzes 4 Satz 3 Nummer 1.

(4) Das Ausbringen von Pflanzen gebietsfremder Arten in der freien Natur sowie von Tieren bedarf der Genehmigung der zuständigen Behörde. Künstlich vermehrte Pflanzen sind nicht gebietsfremd, wenn sie ihren genetischen Ursprung in dem betreffenden Gebiet haben. Die Genehmigung ist zu versagen, wenn eine Gefährdung von Ökosystemen, Biotopen oder Arten der Mitgliedstaaten nicht auszuschließen ist. Von dem Erfordernis einer Genehmigung sind ausgenommen

1. der Anbau von Pflanzen in der Land- und Forstwirtschaft,
2. der Einsatz von Tieren
   a) nicht gebietsfremder Arten,
   b) gebietsfremder Arten, sofern der Einsatz einer pflanzenschutzrechtlichen Genehmigung bedarf, bei der die Belange des Artenschutzes berücksichtigt sind, zum Zweck des biologischen Pflanzenschutzes,
3. das Ansiedeln von Tieren nicht gebietsfremder Arten, die dem Jagd- oder Fischereirecht unterliegen,
4. das Ausbringen von Gehölzen und Saatgut außerhalb ihrer Vorkommensgebiete bis einschließlich 1. März 2020; bis zu diesem Zeitpunkt sollen in der freien Natur Gehölze und Saatgut vorzugsweise nur innerhalb ihrer Vorkommensgebiete ausgebracht werden.

Artikel 22 der Richtlinie 92/43/EWG ist zu beachten.

(5) Genehmigungen nach Absatz 4 werden bei im Inland noch nicht vorkommenden Arten vom Bundesamt für Naturschutz erteilt.

(6) Die zuständige Behörde kann anordnen, dass ungenehmigt ausgebrachte Tiere und Pflanzen oder sich unbeabsichtigt in der freien Natur ausbreitende Pflanzen sowie dorthin entkommene Tiere beseitigt werden, soweit es zur Abwehr einer Gefährdung von Ökosystemen, Biotopen oder Arten erforderlich ist

§ 41 Vogelschutz an Energiefreileitungen

Zum Schutz von Vogelarten sind neu zu errichtende Masten und technische Bauteile von Mittelspannungsleitungen konstruktiv so auszuführen, dass Vögel gegen Stromschlag geschützt sind. An bestehenden Masten und technischen Bauteilen von Mittelspannungsleitungen mit hoher Gefährdung von Vögeln sind bis zum 31. Dezember 2012 die notwendigen

Maßnahmen zur Sicherung gegen Stromschlag durchzuführen. Satz 2 gilt nicht für die Oberleitungsanlagen von Eisenbahnen.

§ 42 Zoos

(1) Zoos sind dauerhafte Einrichtungen, in denen lebende Tiere wild lebender Arten zwecks Zurschaustellung während eines Zeitraumes von mindestens sieben Tagen im Jahr gehalten werden. Nicht als Zoo gelten

1. Zirkusse,
2. Tierhandlungen und
3. Gehege zur Haltung von nicht mehr als fünf Arten von Schalenwild, das im Bundesjagdgesetz aufgeführt ist, oder Einrichtungen, in denen nicht mehr als 20 Tiere anderer wild lebender Arten gehalten werden.

(2) ...

§ 43 Tiergehege

(1) Tiergehege sind dauerhafte Einrichtungen, in denen Tiere wild lebender Arten außerhalb von Wohn- und Geschäftsgebäuden während eines Zeitraums von mindestens sieben Tagen im Jahr gehalten werden und die kein Zoo im Sinne des § 42 Absatz 1 sind.

(2) ...

Abschnitt 3   Besonderer Artenschutz

§ 44 Vorschriften für besonders geschützte und bestimmte andere Tier- und Pflanzenarten

(1) Es ist verboten,

1. wild lebenden Tieren der besonders geschützten Arten nachzustellen, sie zu fangen, zu verletzen oder zu töten oder ihre Entwicklungsformen aus der Natur zu entnehmen, zu beschädigen oder zu zerstören,
2. wild lebende Tiere der streng geschützten Arten und der europäischen Vogelarten während der Fortpflanzungs-, Aufzucht-, Mauser-, Überwinterungs- und Wanderungszeiten erheblich zu stören; eine erhebliche Störung liegt vor, wenn sich durch die Störung der Erhaltungszustand der lokalen Population einer Art verschlechtert,
3. Fortpflanzungs- oder Ruhestätten der wild lebenden Tiere der besonders geschützten Arten aus der Natur zu entnehmen, zu beschädigen oder zu zerstören,

4. wild lebende Pflanzen der besonders geschützten Arten oder ihre Entwicklungsformen aus der Natur zu entnehmen, sie oder ihre Standorte zu beschädigen oder zu zerstören (Zugriffsverbote).

(2) Es ist ferner verboten,

1. Tiere und Pflanzen der besonders geschützten Arten in Besitz oder Gewahrsam zu nehmen, in Besitz oder Gewahrsam zu haben oder zu be- oder verarbeiten (Besitzverbote),
2. Tiere und Pflanzen der besonders geschützten Arten im Sinne des § 7 Absatz 2 Nummer 13 Buchstabe b und c
   a) zu verkaufen, zu kaufen, zum Verkauf oder Kauf anzubieten, zum Verkauf vorrätig zu halten oder zu befördern, zu tauschen oder entgeltlich zum Gebrauch oder zur Nutzung zu überlassen,
   b) zu kommerziellen Zwecken zu erwerben, zur Schau zu stellen oder auf andere Weise zu verwenden (Vermarktungsverbote).

Artikel 9 der Verordnung (EG) Nr. 338/97 bleibt unberührt.

(3) Die Besitz- und Vermarktungsverbote gelten auch für

1. Waren im Sinne des Anhangs der Richtlinie 83/129/EWG, die entgegen den Artikeln 1 und 3 dieser Richtlinie nach dem 30. September 1983 in die Gemeinschaft gelangt sind,
2. Tiere und Pflanzen, die durch Rechtsverordnung nach § 54 Absatz 4 bestimmt sind.

(4) Entspricht die land-, forst- und fischereiwirtschaftliche Bodennutzung und die Verwertung der dabei gewonnenen Erzeugnisse den in § 5 Absatz 2 bis 4 dieses Gesetzes genannten Anforderungen sowie den sich aus § 17 Absatz 2 des Bundes-Bodenschutzgesetzes und dem Recht der Land-, Forst- und Fischereiwirtschaft ergebenden Anforderungen an die gute fachliche Praxis, verstößt sie nicht gegen die Zugriffs-, Besitz- und Vermarktungsverbote. Sind in Anhang IV der Richtlinie 92/43/EWG aufgeführte Arten, europäische Vogelarten oder solche Arten, die in einer Rechtsverordnung nach § 54 Absatz 1 Nummer 2 aufgeführt sind, betroffen, gilt dies nur, soweit sich der Erhaltungszustand der lokalen Population einer Art durch die Bewirtschaftung nicht verschlechtert. Soweit dies nicht durch anderweitige Schutzmaßnahmen, insbesondere durch Maßnahmen des Gebietsschutzes, Artenschutzprogramme, vertragliche Vereinbarungen oder gezielte Aufklärung sichergestellt ist, ordnet die zuständige Behörde gegenüber den verursachenden Land-, Forst- oder Fischwirten die erforderlichen Bewirtschaftungsvorgaben an. Befugnisse nach Lan-

desrecht zur Anordnung oder zum Erlass entsprechender Vorgaben durch Allgemeinverfügung oder Rechtsverordnung bleiben unberührt.

(5) …

§ 45 Ausnahmen; Ermächtigung zum Erlass von Rechtsverordnungen

(1) Von den Besitzverboten sind, soweit sich aus einer Rechtsverordnung nach § 54 Absatz 5 nichts anderes ergibt, ausgenommen

1. Tiere und Pflanzen der besonders geschützten Arten, die rechtmäßig
    a) in der Gemeinschaft gezüchtet und nicht herrenlos geworden sind, durch künstliche Vermehrung gewonnen oder aus der Natur entnommen worden sind,
    b) aus Drittstaaten in die Gemeinschaft gelangt sind,
2. Tiere und Pflanzen der Arten, die in einer Rechtsverordnung nach § 54 Absatz 4 aufgeführt und vor ihrer Aufnahme in die Rechtsverordnung rechtmäßig in der Gemeinschaft erworben worden sind.

Satz 1 Nummer 1 Buchstabe b gilt nicht für Tiere und Pflanzen der Arten im Sinne des § 7 Absatz 2 Nummer 13 Buchstabe b, die nach dem 3. April 2002 ohne eine Ausnahme oder Befreiung nach § 43 Absatz 8 Satz 2 oder § 62 des Bundesnaturschutzgesetzes in der bis zum 1. März 2010 geltenden Fassung oder nach dem 1. März 2010 ohne eine Ausnahme nach Absatz 8 aus einem Drittstaat unmittelbar in das Inland gelangt sind. Abweichend von Satz 2 dürfen tote Vögel von europäischen Vogelarten im Sinne des § 7 Absatz 2 Nummer 13 Buchstabe b Doppelbuchstabe bb, soweit diese nach § 2 Absatz 1 des Bundesjagdgesetzes dem Jagdrecht unterliegen, zum persönlichen Gebrauch oder als Hausrat ohne eine Ausnahme oder Befreiung aus einem Drittstaat unmittelbar in das Inland verbracht werden.

(2) Soweit nach Absatz 1 Tiere und Pflanzen der besonders geschützten Arten keinen Besitzverboten unterliegen, sind sie auch von den Vermarktungsverboten ausgenommen. Dies gilt vorbehaltlich einer Rechtsverordnung nach § 54 Absatz 5 nicht für aus der Natur entnommene

1. Tiere und Pflanzen der streng geschützten Arten und
2. Tiere europäischer Vogelarten.

(3) Von den Vermarktungsverboten sind auch ausgenommen

1. Tiere und Pflanzen der streng geschützten Arten, die vor ihrer Unterschutzstellung als vom Aussterben bedrohte oder streng geschützte Arten rechtmäßig erworben worden sind,

2. Tiere europäischer Vogelarten, die vor dem 6. April 1981 rechtmäßig erworben worden oder in Anhang III Teil 1 der Richtlinie 79/409/EWG aufgeführt sind,

3. Tiere und Pflanzen der Arten, die den Richtlinien 92/43/EWG und 79/409/EWG unterliegen und die in einem Mitgliedstaat in Übereinstimmung mit den Richtlinien zu den in § 44 Absatz 2 Satz 1 Nummer 2 genannten Handlungen freigegeben worden sind.

(4) Abweichend von den Besitz- und Vermarktungsverboten ist es vorbehaltlich jagd- und fischereirechtlicher Vorschriften zulässig, tot aufgefundene Tiere und Pflanzen aus der Natur zu entnehmen und an die von der für Naturschutz und Landschaftspflege zuständigen Behörde bestimmte Stelle abzugeben oder, soweit sie nicht zu den streng geschützten Arten gehören, für Zwecke der Forschung oder Lehre oder zur Präparation für diese Zwecke zu verwenden.

(5) Abweichend von den Verboten des § 44 Absatz 1 Nummer 1 sowie den Besitzverboten ist es vorbehaltlich jagdrechtlicher Vorschriften ferner zulässig, verletzte, hilflose oder kranke Tiere aufzunehmen, um sie gesund zu pflegen. Die Tiere sind unverzüglich freizulassen, sobald sie sich selbstständig erhalten können. Im Übrigen sind sie an die von der für Naturschutz und Landschaftspflege zuständigen Behörde bestimmte Stelle abzugeben. Handelt es sich um Tiere der streng geschützten Arten, so hat der Besitzer die Aufnahme des Tieres der für Naturschutz und Landschaftspflege zuständigen Behörde zu melden. Diese kann die Herausgabe des aufgenommenen Tieres verlangen.

(6) Die für die Beschlagnahme oder Einziehung zuständigen Behörden können Ausnahmen von den Besitz- und Vermarktungsverboten zulassen, soweit dies für die Verwertung beschlagnahmter oder eingezogener Tiere und Pflanzen erforderlich ist und Rechtsakte der Europäischen Gemeinschaft dem nicht entgegenstehen.

(7) Die nach Landesrecht für Naturschutz und Landschaftspflege zuständigen Behörden sowie im Fall des Verbringens aus dem Ausland das Bundesamt für Naturschutz können von den Verboten des § 44 im Einzelfall weitere Ausnahmen zulassen

1. zur Abwendung erheblicher land-, forst-, fischerei-, wasser- oder sonstiger erheblicher wirtschaftlicher Schäden,

2. zum Schutz der natürlich vorkommenden Tier- und Pflanzenwelt,

3. für Zwecke der Forschung, Lehre, Bildung oder Wiederansiedlung oder diesen Zwecken dienende Maßnahmen der Aufzucht oder künstlichen Vermehrung,

4. im Interesse der Gesundheit des Menschen, der öffentlichen Sicherheit, einschließlich der Verteidigung und des Schutzes der Zivilbevölkerung, oder der maßgeblich günstigen Auswirkungen auf die Umwelt oder
5. aus anderen zwingenden Gründen des überwiegenden öffentlichen Interesses einschließlich solcher sozialer oder wirtschaftlicher Art.

Eine Ausnahme darf nur zugelassen werden, wenn zumutbare Alternativen nicht gegeben sind und sich der Erhaltungszustand der Populationen einer Art nicht verschlechtert, soweit nicht Artikel 16 Absatz 1 der Richtlinie 92/43/EWG weiter gehende Anforderungen enthält. Artikel 16 Absatz 3 der Richtlinie 92/43/EWG und Artikel 9 Absatz 2 der Richtlinie 79/409/EWG sind zu beachten. Die Landesregierungen können Ausnahmen auch allgemein durch Rechtsverordnung zulassen. Sie können die Ermächtigung nach Satz 4 durch Rechtsverordnung auf andere Landesbehörden übertragen.

(8) Das Bundesamt für Naturschutz kann im Fall des Verbringens aus dem Ausland von den Verboten des § 44 unter den Voraussetzungen des Absatzes 7 Satz 2 und 3 im Einzelfall weitere Ausnahmen zulassen, um unter kontrollierten Bedingungen und in beschränktem Ausmaß eine vernünftige Nutzung von Tieren und Pflanzen bestimmter Arten im Sinne des § 7 Absatz 2 Nummer 13 Buchstabe b sowie für gezüchtete und künstlich vermehrte Tiere oder Pflanzen dieser Arten zu ermöglichen.

§ 46 Nachweispflicht

(1) Diejenige Person, die

1. lebende Tiere oder Pflanzen der besonders geschützten Arten, ihre lebenden oder toten Entwicklungsformen oder im Wesentlichen vollständig erhaltene tote Tiere oder Pflanzen der besonders geschützten Arten,
2. ohne Weiteres erkennbare Teile von Tieren oder Pflanzen der streng geschützten Arten oder ohne Weiteres erkennbar aus ihnen gewonnene Erzeugnisse oder
3. lebende Tiere oder Pflanzen der Arten, die in einer Rechtsverordnung nach § 54 Absatz 4 aufgeführt sind,

besitzt oder die tatsächliche Gewalt darüber ausübt, kann sich gegenüber den für Naturschutz und Landschaftspflege zuständigen Behörden auf eine Berechtigung hierzu nur berufen, wenn sie auf Verlangen diese Berechtigung nachweist oder nachweist, dass sie oder ein Dritter die Tiere oder Pflanzen vor ihrer Unterschutzstellung als besonders geschützte Art oder vor ihrer Aufnahme in eine Rechtsverordnung nach § 54 Absatz 4 in Besitz hatte.

(2) Auf Erzeugnisse im Sinne des Absatzes 1 Nummer 2, die dem persönlichen Gebrauch oder als Hausrat dienen, ist Absatz 1 nicht anzuwenden. Für Tiere oder Pflanzen, die vor ihrer Unterschutzstellung als besonders geschützte Art oder vor ihrer Aufnahme in eine Rechtsverordnung nach § 54 Absatz 4 erworben wurden und die dem persönlichen Gebrauch oder als Hausrat dienen, genügt anstelle des Nachweises nach Absatz 1 die Glaubhaftmachung. Die Glaubhaftmachung darf nur verlangt werden, wenn Tatsachen die Annahme rechtfertigen, dass keine Berechtigung vorliegt.

(3) Soweit nach Artikel 8 oder Artikel 9 der Verordnung (EG) Nr. 338/97 die Berechtigung zu den dort genannten Handlungen nachzuweisen ist oder für den Nachweis bestimmte Dokumente vorgeschrieben sind, ist der Nachweis in der in der genannten Verordnung vorgeschriebenen Weise zu führen.

§ 47 Einziehung

Tiere oder Pflanzen, für die der erforderliche Nachweis oder die erforderliche Glaubhaftmachung nicht erbracht wird, können von den für Naturschutz und Landschaftspflege zuständigen Behörden eingezogen werden. § 51 gilt entsprechend; § 51 Absatz 1 Satz 2 gilt mit der Maßgabe, dass auch die Vorlage einer Bescheinigung einer sonstigen unabhängigen sachverständigen Stelle oder Person verlangt werden kann.

Kapitel 7   Erholung in Natur und Landschaft

§ 59 Betreten der freien Landschaft

(1) Das Betreten der freien Landschaft auf Straßen und Wegen sowie auf ungenutzten Grundflächen zum Zweck der Erholung ist allen gestattet (allgemeiner Grundsatz).

(2) Das Betreten des Waldes richtet sich nach dem Bundeswaldgesetz und den Waldgesetzen der Länder sowie im Übrigen nach dem sonstigen Landesrecht. Es kann insbesondere andere Benutzungsarten ganz oder teilweise dem Betreten gleichstellen sowie das Betreten aus wichtigen Gründen, insbesondere aus solchen des Naturschutzes und der Landschaftspflege, des Feldschutzes und der land- und forstwirtschaftlichen Bewirtschaftung, zum Schutz der Erholungsuchenden, zur Vermeidung

erheblicher Schäden oder zur Wahrung anderer schutzwürdiger Interessen des Grundstücksbesitzers einschränken.

§ 60 Haftung

Das Betreten der freien Landschaft erfolgt auf eigene Gefahr. Durch die Betretungsbefugnis werden keine zusätzlichen Sorgfalts- oder Verkehrssicherungspflichten begründet. Es besteht insbesondere keine Haftung für typische, sich aus der Natur ergebende Gefahren.

Kapitel 8   Mitwirkung von anerkannten Naturschutzvereinigungen

§ 63 Mitwirkungsrechte

(1) Einer nach § 3 des Umwelt-Rechtsbehelfsgesetzes vom Bund anerkannten Vereinigung, die nach ihrem satzungsgemäßen Aufgabenbereich im Schwerpunkt die Ziele des Naturschutzes und der Landschaftspflege fördert (anerkannte Naturschutzvereinigung), ist Gelegenheit zur Stellungnahme und zur Einsicht in die einschlägigen Sachverständigengutachten zu geben

1. bei der Vorbereitung von Verordnungen und anderen im Rang unter dem Gesetz stehenden Rechtsvorschriften auf dem Gebiet des Naturschutzes und der Landschaftspflege durch die Bundesregierung oder das Bundesministerium für Umwelt, Naturschutz und Reaktorsicherheit,
2. vor der Erteilung von Befreiungen von Geboten und Verboten zum Schutz von geschützten Meeresgebieten im Sinne des § 57 Absatz 2, auch wenn diese durch eine andere Entscheidung eingeschlossen oder ersetzt werden,
3. in Planfeststellungsverfahren, die von Behörden des Bundes oder im Bereich der deutschen ausschließlichen Wirtschaftszone und des Festlandsockels von Behörden der Länder durchgeführt werden, wenn es sich um Vorhaben handelt, die mit Eingriffen in Natur und Landschaft verbunden sind,
4. bei Plangenehmigungen, die von Behörden des Bundes erlassen werden und an die Stelle einer Planfeststellung im Sinne der Nummer 3 treten, wenn eine Öffentlichkeitsbeteiligung vorgesehen ist, soweit sie durch das Vorhaben in ihrem satzungsgemäßen Aufgabenbereich berührt wird.

(2) Einer nach § 3 des Umwelt-Rechtsbehelfsgesetzes von einem Land anerkannten Naturschutzvereinigung, die nach ihrer Satzung landesweit

tätig ist, ist Gelegenheit zur Stellungnahme und zur Einsicht in die einschlägigen Sachverständigengutachten zu geben

1. bei der Vorbereitung von Verordnungen und anderen im Rang unter dem Gesetz stehenden Rechtsvorschriften der für Naturschutz und Landschaftspflege zuständigen Behörden der Länder,
2. bei der Vorbereitung von Programmen und Plänen im Sinne der §§ 10 und 11,
3. bei der Vorbereitung von Plänen im Sinne des § 36 Satz 1 Nummer 2,
4. bei der Vorbereitung von Programmen staatlicher und sonstiger öffentlicher Stellen zur Wiederansiedlung von Tieren und Pflanzen verdrängter wild lebender Arten in der freien Natur,
5. vor der Erteilung von Befreiungen von Geboten und Verboten zum Schutz von Gebieten im Sinne des § 32 Absatz 2, Natura 2000-Gebieten, Naturschutzgebieten, Nationalparken, Nationalen Naturmonumenten und Biosphärenreservaten, auch wenn diese durch eine andere Entscheidung eingeschlossen oder ersetzt werden,
6. in Planfeststellungsverfahren, wenn es sich um Vorhaben im Gebiet des anerkennenden Landes handelt, die mit Eingriffen in Natur und Landschaft verbunden sind,
7. bei Plangenehmigungen, die an die Stelle einer Planfeststellung im Sinne der Nummer 6 treten, wenn eine Öffentlichkeitsbeteiligung vorgesehen ist,
8. in weiteren Verfahren zur Ausführung von landesrechtlichen Vorschriften, wenn das Landesrecht dies vorsieht, soweit sie durch das Vorhaben in ihrem satzungsgemäßen Aufgabenbereich berührt wird.

(3) § 28 Absatz 2 Nummer 1 und 2, Absatz 3 und § 29 Absatz 2 des Verwaltungsverfahrensgesetzes gelten entsprechend. Eine in anderen Rechtsvorschriften des Bundes oder der Länder vorgeschriebene inhaltsgleiche oder weiter gehende Form der Mitwirkung bleibt unberührt.

(4) Die Länder können bestimmen, dass in Fällen, in denen Auswirkungen auf Natur und Landschaft nicht oder nur im geringfügigen Umfang zu erwarten sind, von einer Mitwirkung abgesehen werden kann.

§ 64 Rechtsbehelfe

(1) Eine anerkannte Naturschutzvereinigung kann neben den Rechtsbehelfen nach § 2 des Umwelt- Rechtsbehelfsgesetzes, ohne in eigenen Rechten verletzt zu sein, Rechtsbehelfe nach Maßgabe der Verwaltungsgerichtsordnung einlegen gegen Entscheidungen nach § 63 Absatz 1 Nummer 2 bis 4 und Absatz 2 Nummer 5 bis 7, wenn die Vereinigung

1. geltend macht, dass die Entscheidung Vorschriften dieses Gesetzes, Rechtsvorschriften, die auf Grund dieses Gesetzes erlassen worden sind oder fortgelten, Naturschutzrecht der Länder oder anderen Rechtsvorschriften, die bei der Entscheidung zu beachten und zumindest auch den Belangen des Naturschutzes und der Landschaftspflege zu dienen bestimmt sind, widerspricht,

2. in ihrem satzungsgemäßen Aufgaben- und Tätigkeitsbereich, soweit sich die Anerkennung darauf bezieht, berührt wird und

3. zur Mitwirkung nach § 63 Absatz 1 Nummer 2 bis 4 oder Absatz 2 Nummer 5 bis 7 berechtigt war und sie sich hierbei in der Sache geäußert hat oder ihr keine Gelegenheit zur Äußerung gegeben worden ist.

(2) § 1 Absatz 1 Satz 4, § 2 Absatz 3 und 4 Satz 1 des Umwelt-Rechtsbehelfsgesetzes gelten entsprechend.

(3) Die Länder können Rechtsbehelfe von anerkannten Naturschutzvereinigungen auch in anderen Fällen zulassen, in denen nach § 63 Absatz 2 Nummer 8 eine Mitwirkung vorgesehen ist.

Kapitel 9   Eigentumsbindung, Befreiungen

§ 65 Duldungspflicht

(1) Eigentümer und sonstige Nutzungsberechtigte von Grundstücken haben Maßnahmen des Naturschutzes und der Landschaftspflege auf Grund von Vorschriften dieses Gesetzes, Rechtsvorschriften, die auf Grund dieses Gesetzes erlassen worden sind oder fortgelten, oder Naturschutzrecht der Länder zu dulden, soweit dadurch die Nutzung des Grundstücks nicht unzumutbar beeinträchtigt wird. Weiter gehende Regelungen der Länder bleiben unberührt.

(2) Vor der Durchführung der Maßnahmen sind die Berechtigten in geeigneter Weise zu benachrichtigen.

(3) Die Befugnis der Bediensteten und Beauftragten der Naturschutzbehörden, zur Erfüllung ihrer Aufgaben Grundstücke zu betreten, richtet sich nach Landesrecht.

§ 66 Vorkaufsrecht

(1) Den Ländern steht ein Vorkaufsrecht zu an Grundstücken,

1. die in Nationalparken, Nationalen Naturmonumenten, Naturschutzgebieten oder als solchen einstweilig sichergestellten Gebieten liegen,

2. auf denen sich Naturdenkmäler oder als solche einstweilig sicherge-
    stellte Gegenstände befinden,
3. auf denen sich oberirdische Gewässer befinden. Liegen die Merkmale
    des Satzes 1 Nummer 1 bis 3 nur bei einem Teil des Grundstücks vor,
    so erstreckt sich das Vorkaufsrecht nur auf diesen Teil. Der Eigentü-
    mer kann verlangen, dass sich der Vorkauf auf das gesamte Grund-
    stück erstreckt, wenn ihm der weitere Verbleib in seinem Eigentum
    wirtschaftlich nicht zuzumuten ist.

(2) Das Vorkaufsrecht darf nur ausgeübt werden, wenn dies aus Gründen
des Naturschutzes und der Landschaftspflege einschließlich der Erho-
lungsvorsorge erforderlich ist.

(3) Das Vorkaufsrecht bedarf nicht der Eintragung in das Grundbuch. Es
geht rechtsgeschäftlich und landesrechtlich begründeten Vorkaufsrech-
ten mit Ausnahme solcher auf den Gebieten des Grundstücksverkehrs
und des Siedlungswesens im Rang vor. Bei einem Eigentumserwerb auf
Grund der Ausübung des Vorkaufsrechts erlöschen durch Rechtsgeschäft
begründete Vorkaufsrechte. Die §§ 463 bis 469, 471, 1098 Absatz 2 und
die §§ 1099 bis 1102 des Bürgerlichen Gesetzbuches finden Anwendung.
Das Vorkaufsrecht erstreckt sich nicht auf einen Verkauf, der an einen
Ehegatten, eingetragenen Lebenspartner oder einen Verwandten ersten
Grades erfolgt.

(4) Das Vorkaufsrecht kann von den Ländern auf Antrag auch zugunsten
von Körperschaften und Stiftungen des öffentlichen Rechts und anerkannten Naturschutzvereinigungen ausgeübt werden.

(5) Abweichende Vorschriften der Länder bleiben unberührt.

§ 67 Befreiungen

(1) Von den Geboten und Verboten dieses Gesetzes, in einer Rechtsverordnung auf Grund des § 57 sowie nach dem Naturschutzrecht der Länder
kann auf Antrag Befreiung gewährt werden, wenn

1. dies aus Gründen des überwiegenden öffentlichen Interesses, ein-
    schließlich solcher sozialer und wirtschaftlicher Art, notwendig ist oder
2. die Durchführung der Vorschriften im Einzelfall zu einer unzumutbaren
    Belastung führen würde und die Abweichung mit den Belangen von
    Naturschutz und Landschaftspflege vereinbar ist.

Im Rahmen des Kapitels 5 gilt Satz 1 nur für die §§ 39 und 40, 42 und 43.

(2) Von den Verboten des § 33 Absatz 1 Satz 1 und des § 44 sowie von Geboten und Verboten im Sinne des § 32 Absatz 3 kann auf Antrag Befreiung gewährt werden, wenn die Durchführung der Vorschriften im Einzelfall zu einer unzumutbaren Belastung führen würde. Im Fall des Verbringens von Tieren oder Pflanzen aus dem Ausland wird die Befreiung vom Bundesamt für Naturschutz gewährt.

(3) Die Befreiung kann mit Nebenbestimmungen versehen werden. § 15 Absatz 1 bis 4 und Absatz 6 sowie § 17 Absatz 5 und 7 finden auch dann Anwendung, wenn kein Eingriff in Natur und Landschaft im Sinne des § 14 vorliegt.

§ 68 Beschränkungen des Eigentums; Entschädigung und Ausgleich

(1) Führen Beschränkungen des Eigentums, die sich auf Grund von Vorschriften dieses Gesetzes, Rechtsvorschriften, die auf Grund dieses Gesetzes erlassen worden sind oder fortgelten, oder Naturschutzrecht der Länder ergeben, im Einzelfall zu einer unzumutbaren Belastung, der nicht durch andere Maßnahmen, insbesondere durch die Gewährung einer Ausnahme oder Befreiung, abgeholfen werden kann, ist eine angemessene Entschädigung zu leisten.

(2) Die Entschädigung ist in Geld zu leisten. Sie kann in wiederkehrenden Leistungen bestehen. Der Eigentümer kann die Übernahme eines Grundstücks verlangen, wenn ihm der weitere Verbleib in seinem Eigentum wirtschaftlich nicht zuzumuten ist. Das Nähere richtet sich nach Landesrecht.

(3) Die Enteignung von Grundstücken zum Wohl der Allgemeinheit aus Gründen des Naturschutzes und der Landschaftspflege richtet sich nach Landesrecht.

(4) Die Länder können vorsehen, dass Eigentümern und Nutzungsberechtigten, denen auf Grund von Vorschriften dieses Gesetzes, Rechtsvorschriften, die auf Grund dieses Gesetzes erlassen worden sind oder fortgelten, oder Naturschutzrecht der Länder insbesondere die land-, forst- und fischereiwirtschaftliche Nutzung von Grundstücken wesentlich erschwert wird, ohne dass eine Entschädigung nach den Absätzen 1 bis 3 zu leisten ist, auf Antrag ein angemessener Ausgleich nach Maßgabe des jeweiligen Haushaltsgesetzes gezahlt werden kann.

Anhang 9

§ 69 Bußgeldvorschriften

(1) Ordnungswidrig handelt, wer wissentlich entgegen § 39 Absatz 1 Nummer 1 ein wild lebendes Tier beunruhigt.

(2) Ordnungswidrig handelt, wer

1. entgegen § 44 Absatz 1 Nummer 1 einem wild lebenden Tier nachstellt, es fängt, verletzt oder tötet oder seine Entwicklungsformen aus der Natur entnimmt, beschädigt oder zerstört,
2. entgegen § 44 Absatz 1 Nummer 2 ein wild lebendes Tier erheblich stört,
3. entgegen § 44 Absatz 1 Nummer 3 eine Fortpflanzungs- oder Ruhestätte aus der Natur entnimmt, beschädigt oder zerstört oder
4. entgegen § 44 Absatz 1 Nummer 4 eine wild lebende Pflanze oder ihre Entwicklungsformen aus der Natur entnimmt oder sie oder ihren Standort beschädigt oder zerstört.

(3) Ordnungswidrig handelt, wer vorsätzlich oder fahrlässig

1. ohne Genehmigung nach § 17 Absatz 3 Satz 1 einen Eingriff in Natur und Landschaft vornimmt,
2. einer vollziehbaren Anordnung nach § 17 Absatz 8 Satz 1 oder Satz 2, § 34 Absatz 6 Satz 4 oder Satz 5, § 42 Absatz 7 oder Absatz 8 Satz 1 oder Satz 2, auch in Verbindung mit § 43 Absatz 3 Satz 4, oder § 43 Absatz 3 Satz 2 oder Satz 3 zuwiderhandelt,
3. entgegen § 22 Absatz 3 Satz 3 eine dort genannte Handlung oder Maßnahme vornimmt,
4. entgegen § 23 Absatz 2 Satz 1 in Verbindung mit einer Rechtsverordnung nach § 57 Absatz 2 eine dort genannte Handlung oder Maßnahme in einem Meeresgebiet vornimmt, das als Naturschutzgebiet geschützt wird,
5. entgegen § 30 Absatz 2 Satz 1 ein dort genanntes Biotop zerstört oder sonst erheblich beeinträchtigt,
6. entgegen § 33 Absatz 1 Satz 1, auch in Verbindung mit Absatz 2 Satz 1, eine Veränderung oder Störung vornimmt,
7. entgegen § 39 Absatz 1 Nummer 1 ein wild lebendes Tier ohne vernünftigen Grund fängt, verletzt oder tötet,
8. entgegen § 39 Absatz 1 Nummer 2 eine wild lebende Pflanze ohne vernünftigen Grund entnimmt, nutzt oder ihre Bestände niederschlägt oder auf sonstige Weise verwüstet,

9. entgegen § 39 Absatz 1 Nummer 3 eine Lebensstätte wild lebender Tiere oder Pflanzen ohne vernünftigen Grund erheblich beeinträchtigt oder zerstört,
10. entgegen § 39 Absatz 2 Satz 1 ein wild lebendes Tier oder eine wild lebende Pflanze aus der Natur entnimmt,
11. ohne Genehmigung nach § 39 Absatz 4 Satz 1 eine wild lebende Pflanze gewerbsmäßig entnimmt oder be- oder verarbeitet,
12. entgegen § 39 Absatz 5 Satz 1 Nummer 1 die Bodendecke abbrennt oder eine dort genannte Fläche behandelt,
13. entgegen § 39 Absatz 5 Satz 1 Nummer 2 einen Baum eine Hecke, einen lebenden Zaun, ein Gebüsch oder ein anderes Gehölz abschneidet oder auf den Stock setzt,
14. entgegen § 39 Absatz 5 Satz 1 Nummer 3 ein Röhricht zurückschneidet,
15. entgegen § 39 Absatz 5 Satz 1 Nummer 4 einen dort genannten Graben räumt,
16. entgegen § 39 Absatz 6 eine Höhle, einen Stollen, einen Erdkeller oder einen ähnlichen Raum aufsucht,
17. ohne Genehmigung nach § 40 Absatz 4 Satz 1 eine Pflanze einer gebietsfremden Art oder ein Tier ausbringt,
18. ohne Genehmigung nach § 42 Absatz 2 Satz 1 einen Zoo errichtet, erweitert, wesentlich ändert oder betreibt,
19. entgegen § 43 Absatz 3 Satz 1 eine Anzeige nicht, nicht richtig, nicht vollständig oder nicht rechtzeitig erstattet,
20. entgegen § 44 Absatz 2 Satz 1 Nummer 1, auch in Verbindung mit § 44 Absatz 3 Nummer 1 oder Nummer 2, diese in Verbindung mit einer Rechtsverordnung nach § 54 Absatz 4, ein Tier, eine Pflanze oder eine Ware in Besitz oder Gewahrsam nimmt, in Besitz oder Gewahrsam hat oder be- oder verarbeitet,
21. entgegen § 44 Absatz 2 Satz 1 Nummer 2, auch in Verbindung mit § 44 Absatz 3 Nummer 1 oder Nummer 2, diese in Verbindung mit einer Rechtsverordnung nach § 54 Absatz 4, ein Tier, eine Pflanze oder eine Ware verkauft, kauft, zum Verkauf oder Kauf anbietet, zum Verkauf vorrätig hält oder befördert, tauscht oder entgeltlich zum Gebrauch oder zur Nutzung überlässt, zu kommerziellen Zwecken erwirbt, zur Schau stellt oder auf andere Weise verwendet,
22. entgegen § 50 Absatz 1 Satz 1 ein Tier oder eine Pflanze nicht, nicht richtig oder nicht rechtzeitig zur Ein- oder Ausfuhr anmeldet oder nicht oder nicht rechtzeitig vorführt,
23. entgegen § 50 Absatz 2 eine Mitteilung nicht, nicht richtig, nicht vollständig oder nicht rechtzeitig macht,

24. entgegen § 52 Absatz 1 eine Auskunft nicht, nicht richtig, nicht vollständig oder nicht rechtzeitig erteilt,
25. entgegen § 52 Absatz 2 Satz 2 eine beauftragte Person nicht unterstützt oder eine geschäftliche Unterlage nicht, nicht richtig, nicht vollständig oder nicht rechtzeitig vorlegt,
26. entgegen § 61 Absatz 1 Satz 1 oder Satz 2 an einem Gewässer eine bauliche Anlage errichtet oder wesentlich ändert oder
27. einer Rechtsverordnung nach a) § 49 Absatz 2, b) § 54 Absatz 5, c) § 54 Absatz 6 Satz 1, Absatz 7 oder Absatz 8 oder einer vollziehbaren Anordnung auf Grund einer solchen Rechtsverordnung zuwiderhandelt, soweit die Rechtsverordnung für einen bestimmten Tatbestand auf diese Bußgeldvorschrift verweist.

(4) Ordnungswidrig handelt, wer gegen die Verordnung (EG) Nr. 338/97 des Rates vom 9. Dezember 1996 über den Schutz von Exemplaren wildlebender Tier- und Pflanzenarten durch Überwachung des Handels (ABl. L 61 vom 3.3.1997, S. 1, L 100 vom 17.4.1997, S. 72, L 298 vom 1.11.1997, S. 70, L 113 vom 27.4.2006, S. 26), die zuletzt durch die Verordnung (EG) Nr. 318/2008 (ABl. L 95 vom 8.4.2008, S. 3) geändert worden ist, verstößt, indem er vorsätzlich oder fahrlässig

1. entgegen Artikel 4 Absatz 1 Satz 1 oder Absatz 2 Satz 1 oder Artikel 5 Absatz 1 oder Absatz 4 Satz 1 eine Einfuhrgenehmigung, eine Ausfuhrgenehmigung oder eine Wiederausfuhrbescheinigung nicht, nicht richtig, nicht vollständig oder nicht rechtzeitig vorlegt,
2. entgegen Artikel 4 Absatz 3 Halbsatz 1 oder Absatz 4 eine Einfuhrmeldung nicht, nicht richtig, nicht vollständig oder nicht rechtzeitig vorlegt,
3. entgegen Artikel 8 Absatz 1, auch in Verbindung mit Absatz 5, ein Exemplar einer dort genannten Art kauft, zum Kauf anbietet, zu kommerziellen Zwecken erwirbt, zur Schau stellt oder verwendet oder ein Exemplar verkauft oder zu Verkaufszwecken vorrätig hält, anbietet oder befördert oder
4. einer vollziehbaren Auflage nach Artikel 11 Absatz 3 Satz 1 zuwiderhandelt.

(5) Ordnungswidrig handelt, wer gegen die Verordnung (EWG) Nr. 3254/91 des Rates vom 4. November 1991 zum Verbot von Tellereisen in der Gemeinschaft und der Einfuhr von Pelzen und Waren von bestimmten Wildtierarten aus Ländern, die Tellereisen oder den internationalen humanen Fangnormen nicht entsprechende Fangmethoden anwenden (ABl. L 308 vom 9.11.1991, S. 1), verstößt, indem er vorsätzlich oder fahrlässig

1. entgegen Artikel 2 ein Tellereisen verwendet oder
2. entgegen Artikel 3 Absatz 1 Satz 1 einen Pelz einer dort genannten Tierart oder eine dort genannte Ware in die Gemeinschaft verbringt.

(6) Die Ordnungswidrigkeit kann in den Fällen der Absätze 1 und 2, des Absatzes 3 Nummer 1 bis 6, 18, 20, 21, 26 und 27 Buchstabe b, des Absatzes 4 Nummer 1 und 3 und des Absatzes 5 mit einer Geldbuße bis zu fünfzigtausend Euro, in den übrigen Fällen mit einer Geldbuße bis zu zehntausend Euro geahndet werden.

(7) Die Länder können gesetzlich bestimmen, dass weitere rechtswidrige und vorwerfbare Handlungen, die gegen Vorschriften dieses Gesetzes oder Rechtsvorschriften verstoßen, die auf Grund dieses Gesetzes erlassen worden sind oder fortgelten, als Ordnungswidrigkeiten geahndet werden können.

§ 70 Verwaltungsbehörde

Verwaltungsbehörde im Sinne des § 36 Absatz 1 Nummer 1 des Gesetzes über Ordnungswidrigkeiten ist

1. das Bundesamt für Naturschutz in den Fällen
   a) des § 69 Absatz 3 Nummer 20 und 21 und Absatz 4 Nummer 3 bei Handlungen im Zusammenhang mit der Einfuhr in die oder der Ausfuhr aus der Gemeinschaft oder dem Verbringen in die oder aus der Bundesrepublik Deutschland,
   b) des § 69 Absatz 3 Nummer 24 bei Verletzungen der Auskunftspflicht gegenüber dem Bundesamt,
   c) des § 69 Absatz 3 Nummer 25 und Absatz 4 Nummer 4 bei Maßnahmen des Bundesamtes,
   d) des § 69 Absatz 4 Nummer 1 und Absatz 5 Nummer 2,
   e) von sonstigen Ordnungswidrigkeiten nach § 69 Absatz 1 bis 5, die im Bereich der deutschen ausschließlichen Wirtschaftszone oder des Festlandsockels begangen worden sind,
2. das zuständige Hauptzollamt in den Fällen des § 69 Absatz 3 Nummer 22, 23 und 27 Buchstabe a und Absatz 4 Nummer 2,
3. in allen übrigen Fällen die nach Landesrecht zuständige Behörde.

§ 71 Strafvorschriften

(1) Mit Freiheitsstrafe bis zu drei Jahren oder mit Geldstrafe wird bestraft, wer eine in § 69 Absatz 2, Absatz 3 Nummer 21, Absatz 4 Nummer 1 oder

Nummer 3 oder Absatz 5 bezeichnete vorsätzliche Handlung gewerbs-
oder gewohnheitsmäßig begeht.

(2) Mit Freiheitsstrafe bis zu fünf Jahren oder mit Geldstrafe wird bestraft,
wer eine in § 69 Absatz 2, Absatz 3 Nummer 21, Absatz 4 Nummer 1 oder
Nummer 3 oder Absatz 5 bezeichnete vorsätzliche Handlung begeht, die
sich auf ein Tier oder eine Pflanze einer streng geschützten Art bezieht.

(3) Wer in den Fällen des Absatzes 2 die Tat gewerbs- oder gewohnheitsmäßig begeht, wird mit Freiheitsstrafe von drei Monaten bis zu fünf Jahren
bestraft.

(4) Erkennt der Täter in den Fällen des Absatzes 2 fahrlässig nicht, dass
sich die Handlung auf ein Tier oder eine Pflanze einer streng geschützten
Art bezieht, so ist die Strafe Freiheitsstrafe bis zu einem Jahr oder Geldstrafe.

§ 72 Einziehung

Ist eine Ordnungswidrigkeit nach § 69 Absatz 1 bis 5 oder eine Straftat
nach § 71 begangen worden, so können

1. Gegenstände, auf die sich die Straftat oder die Ordnungswidrigkeit
    bezieht, und
2. Gegenstände, die zu ihrer Begehung oder Vorbereitung gebraucht
    worden oder bestimmt gewesen sind, eingezogen werden. § 23 des
    Gesetzes über Ordnungswidrigkeiten und § 74a des Strafgesetzbu-
    ches sind anzuwenden.

§ 73 Befugnisse der Zollbehörden

Die zuständigen Verwaltungsbehörden und die Staatsanwaltschaft
können im Rahmen ihrer Zuständigkeit zur Aufklärung von Straftaten oder
Ordnungswidrigkeiten nach diesem Gesetz Ermittlungen auch durch die
Hauptzollämter oder die Behörden des Zollfahndungsdienstes und deren
Beamte vornehmen lassen. § 37 Absatz 2 bis 4 des Außenwirtschaftsge-
setzes gilt entsprechend.

Kapitel 11   Übergangs- und Überleitungsvorschrift

§ 74 Übergangs- und Überleitungsregelungen

(1) Vor dem 1. März 2010 begonnene Verfahren zur Anerkennung von
Vereinen sind zu Ende zu führen

1. durch das Bundesministerium für Umwelt, Naturschutz und Reaktorsicherheit nach § 59 des Bundesnaturschutzgesetzes in der bis zum 28. Februar 2010 geltenden Fassung,
2. durch die zuständigen Behörden der Länder nach den im Rahmen von § 60 Absatz 1 und 3 des Bundesnaturschutzgesetzes in der bis zum 28. Februar 2010 geltenden Fassung erlassenen Vorschriften des Landesrechts.

(2) Vor dem 3. April 2002 begonnene Verwaltungsverfahren sind nach § 29 des Bundesnaturschutzgesetzes in der bis zu diesem Tag geltenden Fassung zu Ende zu führen. Vor dem 1. März 2010 begonnene Verwaltungsverfahren sind nach § 58 des Bundesnaturschutzgesetzes in der bis zu diesem Tag geltenden Fassung zu Ende zu führen.

(3) Die §§ 63 und 64 gelten auch für Vereine, die nach § 29 des Bundesnaturschutzgesetzes in der bis zum 3. April 2002 geltenden Fassung oder nach § 59 oder im Rahmen von § 60 Absatz 1 und 3 des Bundesnaturschutzgesetzes in der bis zum 1. März 2010 geltenden Fassung vom Bund oder den Ländern anerkannt worden sind.

Verordnung zum Schutz wild lebender Tier- und Pflanzenarten (Bundesartenschutzverordnung – BArtSchV)

Vom 16. Februar 2005 (BGBl. I S. 258, 896), zuletzt geändert durch Art. 22 des Gesetzes vom 29. Juli 2009 (BGBl. I S. 2542, 2576)

Abschnitt 1   Unterschutzstellung, Ausnahmen und Verbote

§ 1 Besonders geschützte und streng geschützte Tier- und Pflanzenarten

Die in Anlage 1 Spalte 2 mit einem Kreuz (+) bezeichneten Tier- und Pflanzenarten werden unter besonderen Schutz gestellt. Die in Anlage 1 Spalte 3 mit einem Kreuz (+) bezeichneten Tier- und Pflanzenarten werden unter strengen Schutz gestellt.

§ 2 Ausnahmen

(1) Die Verbote des § 44 Abs. 1 Nr. 4 und Abs. 2 Satz 1 Nr. 1 des Bundesnaturschutzgesetzes gelten nicht für Pilze der nachstehend aufgeführten Arten, soweit sie in geringen Mengen für den eigenen Bedarf der Natur entnommen werden:

Boletus edulis	Steinpilz
Cantharellus spp.	Pfifferling – alle heimischen Arten
Gomphus clavatus	Schweinsohr
Lactarius volemus	Brätling
Leccinum spp.	Birkenpilz und Rotkappe – alle heimischen Arten
Morchella spp.	Morchel – alle heimischen Arten

Die nach Landesrecht zuständige Behörde kann im Einzelfall für die in Satz 1 genannten Pilze weitergehende Ausnahmen von den dort genannten Verboten zulassen, solange und soweit die Erhaltung der betreffenden Arten landesweit oder in bestimmten Landesteilen nicht gefährdet ist.

(2) Die nach Landesrecht zuständige Behörde kann Ausnahmen von § 44 Abs. 1 Nr. 1 und 3 und Abs. 2 des Bundesnaturschutzgesetzes für Weinbergschnecken (Helix pomatia) mit einem Gehäusedurchmesser von mindestens 30 Millimeter zulassen, soweit die Vorgaben der Artikel 14 und 16 Abs. 1 der Richtlinie 92/43/EWG des Rates vom 21. Mai 1992 zur Erhaltung der natürlichen Lebensräume sowie der wild lebenden Tiere

und Pflanzen (FFH-Richtlinie) (Abl. L 296 vom 22.7.1992, S. 7), die zuletzt durch die Richtlinie 2006/105/EG (Abl. L 363 vom 20.12.2006, S. 368) geändert worden ist, nicht entgegenstehen.

(3) Die Besitz- und Vermarktungsverbote des § 44 Abs. 2 Satz 1 des Bundesnaturschutzgesetzes sowie die Vorschriften der §§ 6, 7 und 12 gelten nicht für

1. domestizierte Formen von Arten im Sinne von § 7 Abs. 2 Nr. 13 Buchstabe b des Bundesnaturschutzgesetzes,
2. gezüchtete beziehungsweise künstlich vermehrte Exemplare der in Anlage 1[1] aufgeführten Arten sowie
3. Edelkrebse (Astacus astacus), die rechtmäßig und zum Zweck der Hege dem Gewässer entnommen werden.

Die in Satz 1 genannten Formen sind auch von den Verboten des § 44 Abs. 1 Nr. 1 des Bundesnaturschutzgesetzes ausgenommen.

§ 3 Verbote für nicht besonders geschützte Tierarten

(1) Die Besitz- und Vermarktungsverbote des § 44 Abs. 2 Satz 1 des Bundesnaturschutzgesetzes gelten nach § 44 Abs. 3 Nr. 2 des Bundesnaturschutzgesetzes für lebende Tiere folgender Arten:

Castor canadensis	Amerikanischer Biber
Chelydra serpentina	Schnappschildkröte
Macroclemys temminckii	Geierschildkröte
Sciurus carolinensis	Grauhörnchen.

Die Regelung des § 45 Abs. 1 Satz 1 Nr. 2 des Bundesnaturschutzgesetzes bleibt unberührt.

(2) Es ist verboten,

1. lebende Tiere der im Absatz 1 Satz 1 genannten Arten anzubieten, zur Abgabe vorrätig zu halten, feilzuhalten oder an andere abzugeben,
2. Tiere der in Absatz 1 Satz 1 genannten Arten zu züchten.

(3) Absatz 2 Nr. 2 gilt nicht für Tierhaltungen unter zoologisch fachkundiger Leitung, die ganz oder überwiegend juristischen Personen des öffentlichen Rechts gehören,

---

1 Die Anlagen 2 bis 6 sind nicht, die Anlage 1 ist teilweise abgedruckt.

Anhang 10

§ 4 Verbotene, Handlungen, Verfahren und Geräte

(1) Es ist verboten, in folgender Weise wild lebenden Tieren der besonders geschützten Arten und der nicht besonders geschützten Wirbeltierarten, die nicht dem Jagd- oder Fischereirecht unterliegen, nachzustellen, sie anzulocken, zu fangen oder zu töten:

1. mit Schlingen, Netzen, Fallen, Haken, Leim und sonstigen Klebstoffen,
2. unter Benutzung von lebenden Tieren als Lockmittel,
3. mit Armbrüsten,
4. mit künstlichen Lichtquellen, Spiegeln oder anderen beleuchtenden oder blendenden Vorrichtungen,
5. mit akustischen, elektrischen oder elektronischen Geräten,
6. durch Begasen oder Ausräuchern oder unter Verwendung von Giftstoffen, vergifteten oder betäubenden Ködern oder sonstigen betäubenden Mitteln,
7. mit halbautomatischen oder automatischen Waffen, deren Magazin mehr als zwei Patronen aufnehmen kann, oder unter Verwendung von Visiervorrichtungen für das Schießen bei Nacht mit elektronischen Bildverstärkern oder Bildumwandlern,
8. unter Verwendung von Sprengstoffen,
9. aus Kraftfahrzeugen oder Luftfahrzeugen oder
10. aus Booten mit einer Antriebsgeschwindigkeit von mehr als fünf Kilometer/Stunde.

Satz 1 Nr. 1 gilt, außer beim Vogelfang, für Netze und Fallen nur, wenn mit ihnen Tiere in größeren Mengen oder wahllos gefangen oder getötet werden können. Satz 1 Nr. 6 gilt nur für Tiere der besonders geschützten Arten.

(2) Abweichend von Absatz 1 Satz 1 Nr. 1 ist es gestattet, Bisams (Ondatra zibethicus) mit Fallen, ausgenommen Käfigfallen mit Klappenschleusen (Reusenfallen), zu bekämpfen, soweit dies zum Schutz gefährdeter Objekte, insbesondere zum Hochwasserabfluss oder zum Schutz gegen Hochwasser oder zur Abwehr von land- oder fischerei- oder sonstiger erheblicher gemeinwirtschaftlicher Schäden erforderlich ist. Die Fallen müssen so beschaffen sein und dürfen nur so verwendet werden, dass das unbeabsichtigte Fangen von sonstigen wild lebenden Tieren weitgehend ausgeschlossen ist,

(3) Die nach Landesrecht zuständige Behörde kann im Einzelfall weitere Ausnahmen von den Verboten des Absatzes 1 zulassen, soweit dies

1. zur Abwendung erheblicher land-, forst-, fischerei-, wasser- oder sonstiger gemeinwirtschaftlicher Schäden,
2. zum Schutz der heimischen Tier- und Pflanzenwelt oder
3. für Zwecke der Forschung, Lehre oder Wiederansiedlung oder zur Nachzucht für einen dieser Zwecke

erforderlich ist, der Bestand und die Verbreitung der betreffenden Population oder Art dadurch nicht nachteilig beeinflusst wird und sonstige Belange des Artenschutzes, insbesondere Artikel 9 Abs. 1 der Richtlinie 79/409/EWG des Rates vom 2. April 1979 über die Erhaltung der wild lebenden Vogelarten (Abl. L 103 vom 25.4.1979, S. 1), die zuletzt durch die Richtlinie 2008/102/EG (Abl. L 323 vom 3.12.2008, S. 31) geändert worden ist, und Artikel 16 Abs. 1 der Richtlinie 92/43/EWG des Rates nicht entgegenstehen.

(4) Artikel 2 der Verordnung (EWG) Nr. 3254/91 des Rates vom 4. November 1991 zum Verbot von Tellereisen in der Gemeinschaft und der Einfuhr von Pelzen und Waren von bestimmten Wildtierarten aus Ländern, die Tellereisen oder den internationalen humanen Fangnormen nicht entsprechende Fangmethoden anwenden (ABl. EG Nr. L 308 S. 1), bleibt unberührt.

Abschnitt 2   Teile und Erzeugnisse, Aufzeichnungspflichten

§ 5 Teile und Erzeugnisse

Ohne Weiteres erkennbare Teile von Tieren und Pflanzen sowie, ohne weiteres erkennbar aus ihnen gewonnene Erzeugnisse im Sinne des § 7 Abs. 2 Nr. 1 Buchstabe c und d oder Nr. 2 Buchstabe c und d des Bundesnaturschutzgesetzes sind

1. alle Teile und Erzeugnisse von Arten im Sinne von § 7 Abs. 2 Nr. 10 Buchstabe b Doppelbuchstabe aa des Bundesnaturschutzgesetzes,
2. die in Anlage 3 bezeichneten Teile und Erzeugnisse von Tieren und Pflanzen der dort genannten Arten,
3. andere Gegenstände, bei denen aus einem Beleg, aus der Verpackung, aus einer Marke, aus einer Aufschrift oder aus sonstigen Umständen hervorgeht, dass es sich um Teile von Tieren und Pflanzen der besonders geschützten Arten oder aus ihnen gewonnene Erzeugnisse handelt.

§ 6 Aufnahme- und Auslieferungsbuch

(1) Wer gewerbsmäßig Tiere oder Pflanzen der besonders geschützten Arten erwirbt, be- oder verarbeitet oder in den Verkehr bringt, hat ein Aufnahme- und Auslieferungsbuch mit täglicher Eintragung zu führen; alle Eintragungen in das Buch sind in dauerhafter Form vorzunehmen. Das Aufnahme- und Auslieferungsbuch ist nach dem Muster in Anlage 4 zu führen; die §§ 239 und 261 des Handelsgesetzbuchs gelten sinngemäß. Bei der Abgabe von Teilen oder Erzeugnissen im Einzelhandel müssen Name und Anschrift des Empfängers nur angegeben werden, wenn der Verkaufspreis der Teile oder Erzeugnisse über 250 Euro beträgt; sind die Teile oder Erzeugnisse mit anderen Materialien fest verbunden, so ist der auf die Teile und Erzeugnisse entfallende Anteil am Verkaufswert maßgebend. Die nach Landesrecht zuständige Behörde kann, sofern Belange des Artenschutzes nicht entgegenstehen, Ausnahmen von den Sätzen 1 bis 3 zulassen, soweit durch gleichwertige Vorkehrungen eine ausreichende Überwachung sichergestellt ist.

(2) Absatz 1 Satz 1 bis 3 gilt nicht

1. für Pilze der in § 2 Abs. 1 Satz 1 aufgeführten und für Tiere der nachstehenden Arten, soweit aus einer Aufschrift auf einem Beleg oder auf der Verpackung die Einhaltung artenschutzrechtlicher Vorschriften hervorgeht:

Acipenseriformes spp.	Störartige – ausgenommen tote Exemplare, Teile und Erzeugnisse
Austropotamobius torrentlum	Steinkrebs
Helix aspersa	Gefleckte Weinbergschnecke
Helix pamatia	Gewöhnliche Weinbergschnecke
Homarus gammarus	Hummer,

2. für durch künstliche Vermehrung gewonnene Pflanzenarten,
3. soweit eine gleichwertige Buchführung auf Grund anderer Vorschriften durchgeführt wird,
4. für Tiere und Pflanzen, bei denen auf Grund eines von der nach Landesrecht zuständigen Behörde anerkannten Verfahrens, dem Belange des Artenschutzes nicht entgegenstehen, durch gleichwertige Vorkehrungen eine ausreichende Überwachung sichergestellt ist,
5. für zu Gegenständen verarbeitete Teile und Erzeugnisse von Tieren und Pflanzen, die vor mehr als 50 Jahren erworben wurden, im Sinne von Artikel 2 Buchstabe w der Verordnung (EG) Nr. 338/97 des Rates vom 9. Dezember 1996 über den Schutz von Exemplaren wild lebender Tier- und Pflanzenarten durch Überwachung des Handels (Abl. L

61 vom 3.3.1997, S. 1, L 100 vom 17.4.1997, S. 72, L 298 vom
1.11.1997, S. 70, L 113 vom 27.4.2006, S. 26), die zuletzt durch die
Verordnung (EG) Nr. 318/2008 (Abl. L 95 vom 8.4.2008, S. 3 geändert
worden ist.

(3) Die Bücher mit den Belegen sind den in § 48 des Bundesnaturschutzgesetzes bestimmten Behörden sowie anderen, nach Landesrecht zuständigen Behörden auf Verlangen zur Prüfung auszuhändigen.

(4) Die Bücher mit den Belegen sind nach Maßgabe des Satzes 2 fünf
Jahre aufzubewahren. Die Aufbewahrungsfrist beginnt mit dem Schluss
des Kalenderjahres, in dem die letzte Eintragung für ein abgeschlossenes
Geschäftsjahr gemacht worden ist. Andere gesetzliche Vorschriften, die
eine längere Aufbewahrungspflicht vorsehen, bleiben unberührt.

Abschnitt 3   Haltung und Zucht, Anzeigepflichten

Unterabschnitt 1   Haltung und Anzeigepflichten

§ 7 Haltung von Wirbeltieren

(1) Wirbeltiere der besonders geschützten und der in § 3 Abs. 1 Satz 1
genannten Arten dürfen nur gehalten werden, wenn sie keinem Besitzverbot unterliegen und der Halter

1.   die erforderliche Zuverlässigkeit und ausreichende Kenntnisse über
   die Haltung und Pflege der Tiere hat und
2.   über die erforderlichen Einrichtungen verfügt, die Gewähr dafür bieten, dass die Tiere nicht entweichen können und die Haltung den
   tierschutzrechtlichen Vorschriften entspricht.

Satz 1 gilt nicht für Greifvögel der in Anlage 4 der Bundeswildschutzverordnung vom 25. Oktober 1985 (BGBl. I S. 2040), die durch Artikel 3 der
Verordnung vom 14. Oktober 1999 (BGBl. I. S. 1955) geändert worden
ist, aufgeführten Arten. Das Vorliegen der Anforderungen nach Satz 1 ist
der nach Landesrecht zuständigen Behörde auf Verlangen nachzuweisen.

(2) Wer Tiere der unter Absatz 1 fallenden Arten, ausgenommen Tiere
der in Anlage 5 aufgeführten Arten, hält, hat der nach Landesrecht zuständigen Behörde unverzüglich nach Beginn der Haltung den Bestand
der Tiere und nach der Bestandsanzeige den Zu- und Abgang sowie eine
Kennzeichnung von Tieren unverzüglich schriftlich anzuzeigen; die Anzeige muss Angaben enthalten über Zahl, Art, Alter, Geschlecht, Herkunft,
Verbleib, Standort, Verwendungszweck und Kennzeichen der Tiere. Die

Verlegung des regelmäßigen Standorts der Tiere ist unverzüglich anzuzeigen.

(3) Für Absatz 2 gilt § 3 Abs. 3 entsprechend. Die nach Landesrecht
zuständige Behörde kann für andere Tierhaltungen unter zoologisch fachkundiger Leitung Ausnahmen von Absatz 2 zulassen, sofern Belange des
Artenschutzes nicht entgegenstehen.

Unterabschnitt 2 Zucht und Haltung von Greifvogelhybriden

§ 8 Begriffsbestimmungen

Greifvogelhybriden im Sinne dieser Verordnung sind Greifvögel, die gene-
tische Anteile von mindestens einer heimischen sowie einer weiteren
Greifvogelart enthalten.

§ 9 Zuchtverbot

(1) Es ist verboten, Greifvogelhybriden zu züchten.

(2) Bis zum 31. Dezember 2014 sind ausgenommen von dem Verbot des
Absatzes 1 Züchter, die vor dem 25. Februar 2005 mit der Zucht von
Greifvogelhybriden begonnen haben.

§ 10 Haltungsverbot

Es ist verboten, Greifvogelhybriden zu halten. Ausgenommen von dem
Verbot sind Tiere, die vor dem 25. Februar 2005 in Übereinstimmung mit
den zu ihrem Schutz geltenden Vorschriften gehalten werden, sowie, im
Falle der Zucht, Jungvögel bis zur Abgabe an Dritte mit Wohnsitz oder
Sitz im Ausland.

§ 11 Flugverbot, Entweichen

(1) Es ist verboten, Greifvogelhybriden in den Flug zu entlassen.

(2) Ausgenommen von dem Verbot des Absatzes 1 ist ein mit telemetri-
scher Ausrüstung überwachter Flug außerhalb des Zeitraums vom Beginn
der Bettelflugperiode bis zum Erreichen der Selbstständigkeit des Vogels.
Die telemetrische Ausrüstung muss so beschaffen sein, dass die Identifizierung und Ortung des in den Freiflug gestellten Greifvogelhybriden
jederzeit kurzfristig möglich ist. Der Halter hat den Greifvogelhybriden
nach Abschluss des Fluges unverzüglich in ein Gehege zurückzuführen.

(3) Sobald eine Identifizierung und Ortung nach Absatz 2 Satz 2 nicht mehr möglich ist, hat der Halter unverzüglich alle zumutbaren Maßnahmen zur Rückführung des in den Freiflug gestellten Greifvogelhybriden in ein Gehege zu ergreifen und die nach Landesrecht zuständige Naturschutzbehörde zu informieren.

(4) Für Halter eines Greifvogelhybriden, der aus einem Gehege entwichen ist, gilt Absatz 3 entsprechend.

Abschnitt 4   Kennzeichnung

§ 12 Kennzeichnungspflicht

Wer lebende Säugetiere, Vögel und Reptilien der in Anlage 6 Spalte 1 aufgeführten Arten hält, hat diese unverzüglich zu kennzeichnen. Die Kennzeichnung hat nach Maßgabe

1. des § 13 Abs. 1 Satz 1 und 2, Abs. 2 und 3, des § 15 Abs. 1 bis 3, 5 und 7,
2. des § 13 Abs. 1 Satz 3 bis 10 sowie des § 15 Abs. 4 und 6

zu erfolgen.

§ 13 Kennzeichnungsmethoden

(1) Für die Kennzeichnung sind die Kennzeichnungsmethoden zu verwenden, die in Anlage 6 Spalte 2 bis 6 mit einem Kreuz (+) bei den jeweiligen Tierarten bezeichnet sind, sowie für Vogelarten der offene Ring gemäß Satz 2. Sind nach Satz 1 mehrere Kennzeichnungsmethoden vorgesehen, sind die Tiere mit einem Kennzeichen in der folgenden Rangfolge zu versehen:

1. gezüchtete Vögel vorrangig mit dem geschlossenen Ring;
2. Vögel, die nicht unter Nummer 1 fallen, vorrangig nach Wahl des Halters mit dem offenen Ring oder dem Transponder, ansonsten mit der Dokumentation;
3. Säugetiere vorrangig mit dem Transponder, ansonsten mit der Dokumentation oder mit sonstigen Kennzeichen;
4. Reptilien vorrangig nach Wahl des Halters mit dem Transponder oder der Dokumentation.

Die Kennzeichnung mit einem Transponder scheidet aus, soweit die Tiere weniger als 200 Gramm, bei Schildkröten weniger als 500 Gramm, wiegen oder ein solches Gewicht nicht erreichen können. Das Absehen von der jeweils als vorrangig bezeichneten Kennzeichnungsmethode bedarf der

Anhang 10

Zustimmung der nach Landesrecht zuständigen Behörde. Diese kann das Absehen von den als vorrangig bezeichneten Kennzeichnungsmethoden zulassen, wenn diese wegen körperlicher oder verhaltensbedingter Eigenschaften der Tiere einschließlich des Unterschreitens der in Satz 3 genannten Gewichtsgrenzen nicht angewandt werden können. In diesem Fall sind unter den Voraussetzungen von Satz 5 andere für die betreffende Art mit einem Kreuz (+) bezeichneten Kennzeichnungsmethoden anzuordnen. Soweit dies nicht möglich ist, können weitere geeignete Kennzeichnungsmethoden, insbesondere molekulargenetische Methoden, zugelassen werden. Die Entscheidung nach Satz 5 ist mit der Auflage zu verbinden, die Kennzeichnung nachzuholen, sobald mit einem Fortfall der in Satz 5 genannten Hindernisse gerechnet werden kann. Für Tiere der in Anlage 6 Spalte 1 aufgeführten Arten, die in den Spalten 2 bis 6 nicht mit einem Kreuz (+) bezeichnet sind, sowie für Hybride von in Anlage 6 Spalte 1 aufgeführten Vogelarten mit weiteren dort aufgeführten oder anderen Arten hat der Halter spätestens mit Eintritt der Kennzeichnungspflicht bei der nach Landesrecht zuständigen Behörde die Festlegung der verbindlichen Kennzeichnungsmethode zu beantragen. Satz 7 gilt entsprechend.

(2) Ringe müssen eine Größe aufweisen, dass sie nach vollständigem Auswachsen des Beines nur durch Zerstörung des Ringes oder Verletzung des Vogels entfernt werden können. Dazu sind grundsätzlich Ringe der in Anlage 6 Spalte 3 vorgegebenen Größe zu verwenden. Von den Vorgaben in Satz 2 kann für Vögel bestimmter Rassen oder Populationen abgewichen werden, soweit die Verwendung von Ringen der dort genannten Größe entweder zu Verletzungen beim Vogel führt oder – abweichend von Satz 1 – ein Entfernen des Ringes möglich ist.

(3) Eine Dokumentation muss eine zeichnerische oder fotografische Darstellung individueller Körpermerkmale enthalten, die eine Identifizierung ermöglicht. Diese Darstellung ist zu ergänzen um eine Beschreibung des Tieres, die zumindest Angaben umfassen muss zu Größe und Länge, Gewicht, Geschlecht und Alter, sowie eine Beschreibung vorhandener Besonderheiten. Die Dokumentation ist in solchen Zeitabständen zu wiederholen, dass mögliche Änderungen der Körpermerkmale nachvollziehbar sind. Eine Mehrfertigung der ersten Dokumentation hat der Halter der Anzeige nach § 7 Abs. 2 beizufügen, weitere Dokumentationen sind den nach Landesrecht zuständigen Behörden auf Verlangen vorzulegen.

§ 14 Ausnahmen von der Kennzeichnungspflicht

(1) Die Kennzeichnungspflicht nach § 12 entfällt, wenn ein verletztes, hilfloses oder krankes Wirbeltier aufgenommen wird, um es gesund zu pflegen und es wieder in die Freiheit zu entlassen. Die nach Landesrecht zuständige Behörde kann im Einzelfall Ausnahmen von der Kennzeichnungspflicht nach § 12 zulassen für Wirbeltiere, die im Rahmen von bestandsschützenden Maßnahmen oder Wiederansiedlungsmaßnahmen gehalten oder abgegeben werden.

(2) Die Kennzeichnungspflicht nach § 12 entfällt auch, wenn ein Wirbeltier im Vollzug artenschutzrechtlicher Vorschriften der Europäischen Gemeinschaften oder auf Grund von Rechtsvorschriften anderer Mitgliedstaaten bereits mit einem Kennzeichen versehen ist. Vor Inkrafttreten der Kennzeichnungspflicht angebrachte Kennzeichnungen, die nicht unter Satz 1 fallen, kann die nach Landesrecht zuständige Behörde als Kennzeichnung im Sinne des § 12 anerkennen, soweit eine gleichwertige Individualisierung sichergestellt ist.

§ 15 Ausgabe von Kennzeichen

(1) Für die Kennzeichnung nach dieser Verordnung sind nur Ringe und Transponder zu verwenden, die von den nachstehenden Vereinen ausgegeben werden:

1. Bundesverband für fachgerechten Natur- und Artenschutz e.V.,
2. Zentralverband Zoologischer Fachbetriebe Deutschlands e.V.

Sie ermöglichen nicht vereinsangehörigen Personen den Bezug von Kennzeichen zu denselben Bedingungen wie Vereinsmitgliedern.

(2) Nach Absatz 1 ausgegebene Ringe müssen so beschaffen sein, dass sie vom Tier nicht zerstört werden können, ihre Lesbarkeit dauerhaft gewährleistet ist, sie nicht erheblich verformt oder geweitet werden können und eine Entfernung nur durch Zerstörung des Ringes oder Verletzung des Tieres möglich ist. Geschlossene Ringe müssen nahtlos, offene Ringe müssen darüber hinaus so beschaffen sein, dass sie nur einmal verwendet werden können. Ringe müssen tierschutzgerecht sein. Ringe für Greifvogelhybriden sind blau zu färben.

(3) Nach Absatz 1 ausgegebene Ringe müssen eine Beschriftung nach Maßgabe der Anlage 7 aufweisen. Die in Satz 1 genannte Beschriftung muss sich gegenüber eventuell auf dem Ring zusätzlich angebrachten Angaben deutlich hervorheben.

(4) Ringe für Papageien und Sittiche dürfen nur unter den Voraussetzungen des § 2 Abs. 1 bis 4 der Psittakoseverordnung in der Fassung der Bekanntmachung vom 14. November 1991 (BGBl. I S. 2111), die zuletzt durch Artikel 3 der Verordnung vom 12. Dezember 2002 (BGBl. I S. 4532) geändert worden ist, ausgegeben werden.

(5) Nach Absatz 1 ausgegebene Transponder müssen in der Codestruktur und dem Informationsgehalt dem Standard ISO 11784:1996 (e) „Radio Frequency Identification of Animals – Code Structure"[1] entsprechen. Die im Transponder festgelegte Information muss einmalig und darf nach Herstellung nicht veränderbar sein. Die Transponder müssen ferner den im Standard ISO 11785: 1996 (E) Radio-Frequency Identification of Animals – Technical Concept"[1] festgelegten technischen Anforderungen entsprechen.

(6) Die in Absatz 1 genannten Vereine haben der nach Landesrecht zuständigen Behörde vierteljährlich die Beschriftung von in ihrem Zuständigkeitsbereich im laufenden Jahr ausgegebenen Kennzeichen sowie Name und Anschrift der Empfänger in für die elektronische Datenverarbeitung geeigneter Form zu übermitteln sowie dieser und dem Bundesamt für Naturschutz auf Anfrage unverzüglich entsprechende Angaben zu machen.

(7) Im Falle der Präparation verbleibt der Ring am Vogel.

Abschnitt 5   Ordnungswidrigkeiten

§ 16 Ordnungswidrigkeiten

(1) Ordnungswidrig im Sinne des § 69 Abs. 3 Nr. 27 Buchstabe b des Bundesnaturschutzgesetzes handelt, wer vorsätzlich oder fahrlässig entgegen § 3 Abs. 2 ein Tier anbietet, zur Abgabe vorrätig hält, feilhält, an andere abgibt oder züchtet.

(2) Ordnungswidrig im Sinne des § 69 Abs. 3 Nr. 27 Buchstabe c des Bundesnaturschutzgesetzes handelt, wer vorsätzlich oder fahrlässig

1. entgegen § 4 Abs. 1 in der dort bezeichneten Weise einem Tier nachstellt, es anlockt, fängt oder tötet,
2. entgegen § 6 Abs. 1 Satz 1 ein Buch nicht, nicht richtig, nicht vollständig oder nicht in der vorgeschriebenen Weise führt,
3. entgegen § 6 Abs. 3 ein Buch nicht oder nicht rechtzeitig aushändigt,

---

1   Vertrieb: Beuth Verlag, Burggrafenstraße 6, 10787 Berlin.

4. entgegen § 6 Abs. 4 Satz 1 ein Buch nicht oder nicht mindestens fünf Jahre aufbewahrt,
5. entgegen § 7 Abs. 2 eine Anzeige nicht, nicht richtig, nicht vollständig, nicht in der vorgeschriebenen Weise oder nicht rechtzeitig erstattet,
6. entgegen § 9 Greifvogelhybride züchtet,
7. entgegen § 10 Greifvogelhybride hält,
8. entgegen § 11 Greifvogelhybride in den Flug entlässt,
9. entgegen § 11 Abs. 3 auch in Verbindung mit Abs. 4 eine Maßnahme nicht oder nicht rechtzeitig ergreift oder eine Greifvogelhybride nicht rechtzeitig zurückführt,
10. entgegen § 12 Satz 1 und 2 Nr. 1 ein Tier nicht, nicht richtig, nicht in der vorgeschriebenen Weise oder nicht, rechtzeitig kennzeichnet, oder Kennzeichen ohne Zustimmung der nach Landesrecht zuständigen Behörde verändert oder entfernt,
11. entgegen § 13 Abs. 1 Satz 9 die Festlegung einer verbindlichen Kennzeichnungsmethode nicht oder nicht rechtzeitig beantragt,
12. entgegen § 13 Abs. 3 Satz 4 eine dort genannte Unterlage nicht beifügt oder nicht oder nicht rechtzeitig vorlegt.

Abschnitt 6   Ländervorbehalt

§ 17 Ländervorbehalt

Die nach Landesrecht zuständigen Behörden können nach § 2 Abs. 1 Satz 2 und Abs. 2, § 4 Abs. 3, § 6 Abs. 1 Satz 4, § 7 Abs. 3 Satz 2 und § 14 Abs. 1 Satz 2 unter den jeweils genannten Voraussetzungen Ausnahmen auch allgemein zulassen.

Anhang 10

Anlage 1
(zu § 1)

Schutzstatus wild lebender Tier- und Pflanzenarten[1]

Erläuterungen zur Anlage 1

1. Die in Anlage 1 aufgeführten Arten werden bezeichnet
   a) mit dem Namen der Art oder
   b) als Gesamtheit der einem höheren Taxon (Ordnungsstufe des Tier- bzw. Pflanzenreiches) oder einem bestimmten Teil derselben angehörenden Arten.
2. Die Abkürzung „spp." wird zur Bezeichnung alter Arten eines höheren Taxons verwendet.
3. Sonstige Bezugnahmen auf höhere Taxa als Arten dienen nur der Information oder Klassifikation.
4. Durch Aufnahme einer Art in Anlage 1 werden auch Bastarde dieser Art mit anderen Arten erfasst. Sind beide an der Bastardierung beteiligten Ausgangsarten geschützt, so richtet sich der Schutz nach den für die am strengsten geschützte Art geltenden Vorschriften.
5. Domestizierte Formen werden durch die Aufnahme einer Art in Anlage 1 nicht erfasst. Als domestizierte Form gilt insbesondere Apis mellifera – Honigbiene.
6. „Europäisch" ist eine wild lebende Tier- oder Pflanzenart, die ihr Verbreitungsgebiet oder regelmäßiges Wanderungsgebiet ganz oder teilweise
   a) in Europa hat oder in geschichtlicher Zeit hatte oder
   b) auf natürliche Weise nach Europa ausdehnt.
   Europa umfasst im Osten und Südosten jenen Teil Eurasiens, der vom Uralgebirge und der Kaspisee, dem Kaukasus, dem Schwarzen Meer, dem Bosporus, dem Marmarameer und den Dardanellen begrenzt wird, dazu alle Ägäischen Inseln und Kreta; im Süden und Südwesten Malta, Sizilien, die Balearen und die iberische Halbinsel; im Westen die Britischen Inseln und im Norden Skandinavien mit Island sowie Spitzbergen, Franz-Joseph-Land und Nowaja Semlja.

---

1 Durch § 10 Abs. 2 Nr. 10 Buchstabe 1 und b des Bundesnaturschutzgesetzes werden weitere Arten unter Schutz gestellt.

7. Die Taxonomie der in den Anlagen genannten Tier- und Pflanzenarten richtet sich nach folgenden Werken, soweit die Arten dort aufgeführt sind:[1]

Wissenschaftl. Bezeichnung	Deutscher Name	Besonders geschützte Arten zu § 1 Satz 1	Streng geschützte Arten zu § 1 Satz 2
Fauna			
Mammalia	**Säugetiere**		
Crocidura suaveolens ariadne	Kretische Gartenspitzmaus	+	
Crocidura suaveolens cypria	Zypriotische Gartenspitzmaus	+	
Desmana moschata	Russischer Desman	+	
Gazella subgutturosa	Kropfgazelle	+	
Gulo gulo[1]	Vielfraß	+	
Mesocricetus newtoni	Rumänischer Hamster	+	
Microtus bavaricus	Bayerische Kleinwühlmaus	+	
Ovibos moschatus	Moschusochse	+	+
Phoca hispida ladogensis	Ringelrobbe + – nur die Unterart ladogensis	+	
Spalax graecus	Bukowinische Blindmaus	+	
Vormela peregusna	Tigeriltis	+	
Mammalia spp.[2][3][4]	Säugetiere – alle heimischen Arten, soweit nicht im Einzelnen aufgeführt,	+	
excl.	mit Ausnahme von		
Aricola terrestris	Schermaus		
Clethrionomys glareolus	Rötelmaus		
Microtus agrestis	Erdmaus		
Microtus arvalis	Feldmaus		
Mus musculus	Hausmaus		
Mustela vison	Amerikanischer Nerz		
Myocastor coypus	Nutria		
Nyctereutes procyonoides	Marderhund		
Ondatra zibethicus	Bisam		
Procyon lotor	Waschbär		
Rattus norvegicus	Wanderratte		
Rattus rattus	Hausratte		
Aves	**Vögel**		
Acrocephalus arundinaceus[5]	Drosselrohrsänger		+
Acrocephalus paludicola[5]	Seggenrohrsänger		+

---

1 hier nicht abgedruckt

Anhang 10

Wissenschaftl. Bezeichnung	Deutscher Name	Beson-ders ge-schützte Arten zu § 1 Satz 1	Streng ge-schützte Arten zu § 1 Satz 2
Acrocephalus schoenobaenus[5]	Schilfrohrsänger		+
Actitis hypoleucos[5]	Flussuferläufer		+
Alcedo atthis[5]	Eisvogel		+
Alectoris graeca[5]	Steinhuhn		+
Alectoris rufa[5]	Rothuhn		+
Anthus campestris[5]	Brachpieper		+
Ardea purpurea[5]	Purpurreiher		+
Arenaria interpres[5]	Steinwälzer		+
Aytha nyroca	Moorente		+
Botaurus stellaris[5]	Rohrdommel		+
Burhinus oedicnemus[5]	Triel		+
Calldris alpina[5]	Alpenstrandläufer		+
Caprimulgus europaeus[5]	Ziegenmelker		+
Carpodacus erythrinus[5]	Karmingimpel		+
Cathartes aura	Truthahngeier	+	
Cathartes burrovianus	Kleiner Gelbkopfgeier	+	
Cathartes melambrotus	Großer Gelbkopfgeier	+	
Charadrius alexandrinus[5]	Seeregenpfeifer		+
Charadrius dublus[5]	Flussregenpfeifer		+
Charadrius hiaticula[5]	Sandregenpfeifer		+
Chlidonias leucopterus[5]	Weißflügelseeschwalbe		+
Chlidonias niger[5]	Trauerseeschwalbe		+
Ciconia ciconia[5]	Weißstorch		+
Coracias garrulus[5]	Blauracke		+
Coragyps atratus	Rabengeier	+	
Crex crex[5]	Wachtelkönig		+
Cygnus cygnus[5]	Singschwan		+
Dendrocopos leucotos[5]	Weißrückenspecht		+
Dendrocopos medius[5]	Mittelspecht		+
Dryocopus martius[8]	Schwarzspecht		+
Emberiza calandra[5]	Grauammer		+
Emberiza cia[5]	Zippammer		+

480

Wissenschaftl. Bezeichnung	Deutscher Name	Besonders geschützte Arten zu § 1 Satz 1	Streng geschützte Arten zu § 1 Satz 2
Emberiza cirlus[5]	Zaunammer		+
Emberiza hortulana[5]	Ortolan		+
Eudromias morinellus[5]	Mornellregenpfeifer		+
Ficedula albicollis[5]	Halsbandschnäpper		+
Ficedula parva	Zwergschnäpper		+
Fratercula arctica[5]	Papageitaucher		+
Fulmarus glacialis[5]	Eissturmvogel		+
Galerida cristata[5]	Haubenlerche		+
Gallinago gallinago[5]	Bekassine		+
Gallinago media[5]	Doppelschnepfe		+
Gallinula chloropus[5]	Teichhuhn		+
Gavia immer[5]	Eistaucher		+
Gelochelidon nilotica[5]	Lachseeschwalbe		+
Hirnantopus himantopus[5]	Stelzenläufer		+
Hydrobates pelagicus[5]	Sturmschwalbe		+
Ixobrychus minutus[5]	Zwergdommel		+
Jynx torquilla[5]	Wendehals		+
Lanius excubitor[5]	Raubwürger		+
Lanius minor[5]	Schwarzstirnwürger		+
Lanius senator[5]	Rotkopfwürger		+
Limosa limosa[5]	Uferschnepfe		+
Locustella luscinioides[5]	Rohrschwirl		+
Lullula arborea[5]	Heidelerche		+
Luscinia svecica[5]	Blaukehlchen		+
Lymnocryptes minimus[5]	Zwergschnepfe		+
Merops apiaster[5]	Bienenfresser		+
Monticola saxatilis[5]	Steinrötel		+
Numenius arquata[5]	Großer Brachvogel		+
Nycticorax nycticorax[5]	Nachtreiher		+
Oceanodroma leucorhoa[5]	Wellenläufer		+
Petronia petronia[5]	Steinsperling		+
Phalaropus lobatus[5]	Odinshühnchen		+

Anhang 10

Wissenschaftl. Bezeichnung	Deutscher Name	Beson-ders ge-schützte Arten zu § 1 Satz 1	Streng ge-schützte Arten zu § 1 Satz 2
Philomachus pugnax[5]	Kampfläufer		+
Phylloscopus bonelli[5]	Berglaubsänger		+
Picoides tridactylus[5]	Dreizehenspecht		+
Picus canus[5]	Grauspecht		+
Picus viridis[5]	Grünspecht		+
Plegadis falcinellus[5]	Braunsichler		+
Pluvialis apricaria[5]	Goldregenpfeifer		+
Podiceps auritus[5]	Ohrentaucher		+
Podiceps grisegena[5]	Rothalstaucher		+
Podiceps nigricollis[5]	Schwarzhalstaucher		+
Porzana parva[5]	Kleines Sumpfhuhn		+
Porzana porzana[5]	Tüpfelsumpfhuhn		+
Porzana pusilla[5]	Zwergsumpfhuhn		+
Ptyonoprogne rupestris[5]	Felsenschwalbe		+
Recurvirostra avosetta[5]	Säbelschnäbler		+
Riparia ripania[5]	Uferschwalbe		+
Serinus citrinella[5]	Zitronengirlitz		+
Sterna albifrons[5]	Zwergseeschwalbe		+
Sterna caspia[5]	Raubseeschwalbe		+
Sterna dougallii[5]	Rosenschwalbe		+
Sterna hirundo[5]	Flussseeschwalbe		+
Sterna paradisaea[5]	Küstenseeschwalbe		+
Sterna sandvicensis[5]	Brandseeschwalbe		+
Sylvia nisoria[5]	Sperbergrasmücke		+
Tetrao tetrix	Birkhuhn		+
Tetrao urogallus	Auerhuhn		+
Tringa glareola[5]	Bruchwasserläufer		+
Tringa ochropus[5]	Waldwasserläufer		+
Tringa stagnatilis[5]	Teichwasserläufer		+
Tringa totanus[5]	Rotschenkel		+
Upupa epops[5]	Wiedehopf		+
Vanellus vanellus[5]	Kiebitz		+

Niedersächsisches Ausführungsgesetz zum Bundesnaturschutzgesetz (NAGBNatSchG)

vom 18. Februar 2010 (Nds. GVBl. S. 104)

Erster Abschnitt   Allgemeine Vorschriften

§ 1 Regelungsgegenstand dieses Gesetzes

In diesem Gesetz werden Regelungen getroffen, die das Bundesnaturschutzgesetz (BNatSchG) vom 29. Juli 2009 (BGBl. I S. 2542) ergänzen oder von diesem im Sinne von Artikel 72 Abs. 3 Satz 1 Nr. 2 des Grundgesetzes abweichen. Die abweichenden Regelungen gelten nicht im Bereich der Küstengewässer (§ 56 Abs. 1 BNatSchG).

§ 2 Aufgaben und Befugnisse der Naturschutzbehörde
(zu § 3 BNatSchG)

(1) Behörde im Sinne des § 3 Abs. 1 Nr. 1 BNatSchG ist die Naturschutzbehörde. Ergänzend zu den in § 3 Abs. 2 BNatSchG genannten Vorschriften überwacht diese auch die Einhaltung des Naturschutz und Landschaftspflege betreffenden Rechts der Europäischen Gemeinschaft, soweit dieses unmittelbar gilt, des sonstigen Bundesrechts und des Landesrechts. Sie trifft nach pflichtgemäßem Ermessen die im Einzelfall erforderlichen Maßnahmen, um die Einhaltung auch dieser Rechtsvorschriften sicherzustellen.

(2) Sind Natur oder Landschaft rechtswidrig zerstört, beschädigt oder verändert worden, so kann die Naturschutzbehörde auch die Wiederherstellung des bisherigen Zustandes anordnen.

(3) Für Maßnahmen nach den Absätzen 1 und 2 sowie für solche nach § 3 Abs. 2 BNatSchG gilt im Übrigen das Niedersächsische Gesetz über die öffentliche Sicherheit und Ordnung. Eine grundstücksbezogene Anordnung der Naturschutzbehörde an den Eigentümer oder Nutzungsberechtigten ist auch gegenüber dem Rechtsnachfolger wirksam.

Fünfter Abschnitt   Schutz bestimmter Teile von Natur und Landschaft

§ 14 Erklärung zum geschützten Teil von Natur und Landschaft
(zu § 22 BNatSchG)

(1) Vor dem Erlass einer Verordnung nach den § 16 Abs. 1, § 17 Abs. 2, § 19, § 21 Abs. 1 oder § 22 Abs. 1 Satz 1 Nr. 2 ist den Gemeinden, deren

Gebiet betroffen ist, und den sonst betroffenen Behörden Gelegenheit zur Stellungnahme zu geben.

(2) Der Entwurf einer Verordnung ist nebst Begründung mindestens einen Monat lang bei den Gemeinden, deren Gebiet betroffen ist, öffentlich auszulegen. Ort und Dauer der Auslegung haben die Gemeinden mindestens eine Woche vorher mit dem Hinweis darauf ortsüblich bekannt zu machen, dass jedermann während der Auslegungszeit bei der Gemeinde oder bei der Naturschutzbehörde, die die Verordnung erlassen will, Bedenken und Anregungen vorbringen kann.

(3) Vor dem Erlass einer Verordnung nach § 21 Abs. 1 oder § 22 Abs. 1 Satz 1 Nr. 2 sind die betroffenen Eigentümer und Nutzungsberechtigten zu hören. Absatz 2 findet keine Anwendung.

(4) [1]In der Verordnung werden der geschützte Teil von Natur und Landschaft und der Geltungsbereich von Vorschriften zeichnerisch in Karten bestimmt. Werden die Karten nicht oder nicht vollständig im Verkündungsblatt abgedruckt, so ist nach den Sätzen 3 bis 6 zu verfahren. Die Naturschutzbehörde, die die Verordnung erlässt, und die Gemeinden, deren Gebiet betroffen ist, haben eine Ausfertigung der Karten aufzubewahren und jedermann kostenlos Einsicht zu gewähren. Hierauf ist in der Verordnung hinzuweisen. Außerdem sind die in Satz 1 genannten Örtlichkeiten im Text der Verordnung grob zu beschreiben. Die Beschreibung nach Satz 5 ist nicht erforderlich, wenn eine Übersichtskarte mit einem Maßstab von 1 : 50 000 oder einem genaueren Maßstab Bestandteil der Verordnung ist. Die Verkündung erfolgt im amtlichen Verkündungsblatt oder, sofern ein solches nicht vorhanden ist, im Niedersächsischen Ministerialblatt.

(5) Für den Erlass einer Satzung nach § 22 Abs. 1 Satz 1 Nr. 1 gelten entsprechend

1. die Absätze 1 bis 3,
2. Absatz 4 mit der Maßgabe, dass eine zeichnerische Bestimmung in Karten freigestellt ist.

(6) [1]Nach den Absätzen 1 bis 5 ist auch bei der Änderung und Aufhebung einer Verordnung oder Satzung zu verfahren. [2]Dies gilt nicht für die Umstellung von Bußgeldhöchstbeträgen auf Euro.

(7) Eine Verletzung der Vorschriften der Absätze 1 bis 3 ist unbeachtlich, wenn sie nicht innerhalb eines Jahres nach Verkündung der Verordnung oder Satzung schriftlich unter Angabe des Sachverhalts, der die Verlet-

zung begründen soll, bei der Naturschutzbehörde oder Gemeinde, die die Verordnung oder Satzung erlassen hat, geltend gemacht wird.

(8) Unter den Voraussetzungen des § 22 Abs. 3 BNatSchG können

1. Teile von Natur und Landschaft im Sinne von § 23 Abs. 1, § 24 Abs. 4, § 26 Abs. 1 und § 28 Abs. 1 BNatSchG durch Verordnung der Naturschutzbehörde und

2. Teile von Natur und Landschaft im Sinne von § 29 Abs. 1 BNatSchG entsprechend § 22 Abs. 1

einstweilig sichergestellt werden; für einzelne Grundstücke genügt ein Verwaltungsakt. Für einstweilige Sicherstellungen sind die Hauptverwaltungsbeamtinnen oder Hauptverwaltungsbeamten zuständig; sie haben die Vertretungen hiervon unverzüglich zu unterrichten. Absatz 4 gilt entsprechend, für die einstweilige Sicherstellung nach Satz 1 Nr. 2 jedoch mit der Maßgabe, dass eine zeichnerische Bestimmung in Karten freigestellt ist.

(9) Die Naturschutzbehörde führt ein Verzeichnis der im Sinne der §§ 23 bis 26 und 28 bis 30 BNatSchG geschützten Teile von Natur und Landschaft, einschließlich der Wallhecken im Sinne von § 22 Abs. 3 Satz 1, der Flächen im Sinne von § 22 Abs. 4 Satz 1 und der gesetzlich geschützten Biotope im Sinne des § 24 Abs. 2 sowie der Natura 2000-Gebiete in ihrem Bereich. Die Gemeinden führen Auszüge aus dem Verzeichnis. Jedermann kann das Verzeichnis und die Auszüge einsehen.

(10) Die Naturschutzbehörde kennzeichnet die geschützten Teile von Natur und Landschaft im Sinne der §§ 23, 24, 26 und 28 BNatSchG. Die Kennzeichnungspflicht gilt abweichend von § 22 Abs. 4 Satz 1 BNatSchG nicht für Naturparke im Sinne des § 27 BNatSchG und nicht für geschützte Landschaftsbestandteile im Sinne von § 22.

(11) Als „Naturschutzgebiet", „Nationalpark", „Nationales Naturmonument", „Biosphärenreservat", „Landschaftsschutzgebiet", „Naturpark" oder „Naturdenkmal" dürfen Teile von Natur und Landschaft nur bezeichnet werden, wenn sie von der zuständigen Behörde dazu erklärt worden sind. Satz 1 gilt entsprechend für ein Gebiet, das die UNESCO als „Biosphärenreservat" anerkannt hat. Bezeichnungen, die den genannten zum Verwechseln ähnlich sind, dürfen für Teile von Natur und Landschaft nicht benutzt werden.

§ 15 Pflege-, Entwicklungs- und Wiederherstellungsmaßnahmen
(zu § 22 BNatSchG)

(1) Pflege-, Entwicklungs- und Wiederherstellungsmaßnahmen für die nach § 16 Abs. 1, § 17 Abs. 2, § 19, § 21 Abs. 1, § 22 Abs. 1, 3 oder 4, § 24 Abs. 2 dieses Gesetzes oder nach § 30 Abs. 2 BNatSchG geschützten Teile von Natur und Landschaft kann die Naturschutzbehörde auch im Einzelfall anordnen.

(2) In Erklärungen nach § 22 Abs. 1 Satz 2 BNatSchG bestimmte oder auf Grund einer solchen Erklärung angeordnete Pflege-, Entwicklungs- und Wiederherstellungsmaßnahmen sowie Maßnahmen nach Absatz 1 lässt die Naturschutzbehörde durchführen. Auf Antrag soll sie den Eigentümern oder sonstigen Nutzungsberechtigten gestatten, selbst für die Durchführung der Maßnahmen zu sorgen.

(3) Kosten aus

1. Pflege-, Entwicklungs- und Wiederherstellungsmaßnahmen oder
2. Vereinbarungen im Sinne von § 3 Abs. 3 BNatSchG, durch die sich Eigentümer oder sonstige Nutzungsberechtigte von Grundstücken dauernd oder befristet zu einer Pflege-, Entwicklungs- oder Wiederherstellungsmaßnahme oder zu einer nicht bereits durch Rechtsvorschrift angeordneten Unterlassung gegen Zahlung eines angemessenen Entgelts verpflichten,

trägt für Naturschutzgebiete und für Natura 2000-Gebiete das Land nach Maßgabe des Landeshaushalts; im Übrigen trägt die Kosten die Naturschutzbehörde, die die Maßnahme angeordnet oder die Vereinbarung getroffen hat.

(4) Bei Teilen von Natur und Landschaft, die nach § 22 Abs. 1 Satz 1 Nr. 1 oder Satz 2 durch Satzung festgesetzt sind, tritt bei der Anwendung der Absätze 1 bis 3 die Gemeinde an die Stelle der Naturschutzbehörde.

§ 16 Naturschutzgebiete
(zu § 23 BNatSchG)

(1) Die Naturschutzbehörde kann Gebiete im Sinne von § 23 Abs. 1 BNatSchG durch Verordnung als Naturschutzgebiet festsetzen.

(2) Das Naturschutzgebiet darf außerhalb der Wege nicht betreten werden. Soweit der Schutzzweck es erfordert oder erlaubt, kann die Verordnung Ausnahmen von Satz 1 zulassen.

§ 17 Nationalparke, Nationale Naturmonumente
(zu § 24 BNatSchG)

(1) Gebiete im Sinne von § 24 Abs. 1 BNatSchG können nur durch Gesetz als Nationalpark festgesetzt werden.

(2) Die oberste Naturschutzbehörde kann Gebiete im Sinne von § 24 Abs. 4 BNatSchG durch Verordnung als Nationales Naturmonument festsetzen

§ 18 Biosphärenreservate
(zu § 25 BNatSchG)

Gebiete im Sinne von § 25 Abs. 1 BNatSchG können nur durch Gesetz als Biosphärenreservat festgesetzt werden.

§ 19 Landschaftsschutzgebiete
(zu § 26 BNatSchG)

Die Naturschutzbehörde kann Gebiete im Sinne von § 26 Abs. 1 BNatSchG durch Verordnung als Landschaftsschutzgebiet festsetzen.

§ 20 Naturparke
(zu § 27 BNatSchG)

(1) Die oberste Naturschutzbehörde kann Gebiete im Sinne von § 27 Abs. 1 BNatSchG zum Naturpark erklären. Abweichend von § 27 Abs. 1 Nr. 2 BNatSchG muss der Naturpark großenteils aus Landschaftsschutzgebieten oder Naturschutzgebieten bestehen. Ergänzend zu den in § 27 Abs. 1 BNatSchG genannten Voraussetzungen muss der Naturpark einen Träger haben, der diesen zweckentsprechend entwickelt und pflegt.

(2) Die Erklärung nach Absatz 1 Satz 1 ist einschließlich einer Übersichtskarte mit einem Maßstab von 1 : 100 000 oder einem genaueren Maßstab sowie der Angabe des Trägers im Niedersächsischen Ministerialblatt bekannt zu machen.

§ 21 Naturdenkmäler
(zu § 28 BNatSchG)

(1) Die Naturschutzbehörde kann Einzelschöpfungen und Flächen im Sinne von § 28 Abs. 1 BNatSchG durch Verordnung als Naturdenkmal festsetzen.

(2) Maßnahmen, die der Feststellung oder Beseitigung einer von dem Naturdenkmal ausgehenden Gefahr dienen, sind abweichend von § 28 Abs. 2 BNatSchG nicht verboten. Die Maßnahmen sind der Naturschutzbehörde spätestens drei Werktage vor der Durchführung, bei gegenwärtiger erheblicher Gefahr unverzüglich, anzuzeigen.

(3) Wer einen Findling mit mehr als zwei Metern Durchmesser oder eine Höhle entdeckt, der oder die bisher unbekannt ist und als Naturdenkmal in Betracht kommt, hat den Fund unverzüglich der Naturschutzbehörde oder der Gemeinde anzuzeigen. Anzeigepflichtig sind auch der Leiter und der Unternehmer der Arbeiten, die zu dem Fund geführt haben, sowie der Eigentümer und Besitzer des Grundstücks. Die Anzeige eines Pflichtigen befreit die übrigen. Nimmt der Finder an den Arbeiten, die zu dem Fund geführt haben, aufgrund eines Arbeitsverhältnisses teil, so wird er durch Anzeige an den Leiter oder den Unternehmer der Arbeiten befreit. Der Fund und die Fundstelle sind unverändert zu lassen, bis die Naturschutzbehörde entschieden hat, ob der Fund geschützt (§ 22 Abs. 1 oder 3 BNatSchG) oder freigegeben werden soll. Ist sie bis zum Ablauf von vier Werktagen nach der Anzeige nicht tätig geworden, so gilt der Fund als freigegeben

§ 22 Geschützte Landschaftsbestandteile
(zu § 29 BNatSchG)

(1) Teile von Natur und Landschaft im Sinne von § 29 Abs. 1 BNatSchG kann

1. innerhalb der im Zusammenhang bebauten Ortsteile die Gemeinde im eigenen Wirkungskreis durch Satzung,
2. im Übrigen die Naturschutzbehörde durch Verordnung

als geschützten Landschaftsbestandteil festsetzen. Satz 1 Nr. 1 gilt für Teile von Natur und Landschaft außerhalb der im Zusammenhang bebauten Ortsteile entsprechend, solange und soweit die Naturschutzbehörde keine Festsetzung nach Satz 1 Nr. 2 erlässt. Die Naturschutzbehörde kann Festsetzungen der Gemeinde für Teile von Natur und Landschaft außerhalb der im Zusammenhang bebauten Ortsteile durch eigene ersetzen.

(2) Für Geldersatzleistungen im Sinne von § 29 Abs. 2 Satz 2 BNatSchG gelten § 15 Abs. 6 Satz 7 BNatSchG sowie § 7 Abs. 4 Satz 1 und Abs. 5 dieses Gesetzes entsprechend.

(3) Mit Bäumen oder Sträuchern bewachsene Wälle, die als Einfriedung dienen oder dienten, auch wenn sie zur Wiederherstellung oder natur-räumlich-standörtlich sinnvollen Ergänzung des traditionellen Wall-heckennetzes neu angelegt worden sind, (Wallhecken) sind geschützte Landschaftsbestandteile im Sinne von § 29 Abs. 1 Satz 1 BNatSchG; aus-genommen sind Wälle, die Teil eines Waldes im Sinne von § 2 des Nie-dersächsischen Gesetzes über den Wald und die Landschaftsordnung sind. Wallhecken dürfen nicht beseitigt werden. Alle Handlungen, die das Wachstum der Bäume und Sträucher beeinträchtigen, sind verboten. Die Verbote nach den Sätzen 2 und 3 gelten nicht

1. für Pflegemaßnahmen der Eigentümer oder sonstigen Nutzungsbe-rechtigten,
2. für die bisher übliche Nutzung der Bäume und Sträucher, wenn deren Nachwachsen nicht behindert wird,
3. für Maßnahmen zur Durchführung des Pflanzenschutzgesetzes,
4. für rechtmäßige Eingriffe im Sinne der §§ 14 und 15 BNatSchG sowie
5. für das Anlegen und Verbreitern von bis zu zwei Durchfahrten pro Schlag, jeweils bis zu zwölf Metern Breite.

Das Anlegen und Verbreitern nach Satz 4 Nr. 5 ist der Naturschutzbe-hörde spätestens einen Monat vor ihrer Durchführung anzuzeigen. Die Naturschutzbehörde kann im Einzelfall oder allgemein durch Verordnung Ausnahmen von den Verboten nach den Sätzen 2 und 3 zulassen, wenn dies mit den Zielen von Naturschutz und Landschaftspflege vereinbar oder im überwiegenden öffentlichen Interesse geboten ist oder wenn die Erhaltung den Eigentümer oder Nutzungsberechtigten unzumutbar belas-tet. Die Eintragung einer Wallhecke in das Verzeichnis nach § 14 Abs. 9 wird den Eigentümern und Nutzungsberechtigten der Grundstücke, auf denen sich die Wallhecke befindet, schriftlich und unter Hinweis auf die Verbote nach den Sätzen 2 und 3 bekannt gegeben. Bei mehr als zehn Betroffenen kann die Eintragung öffentlich bekannt gegeben werden. Die Naturschutzbehörde teilt dem Grundeigentümer oder Nutzungsberechtig-ten auf Verlangen mit, ob sich auf seinem Grundstück eine Wallhecke befindet oder ein bestimmtes Vorhaben des Grundstückseigentümers oder Nutzungsberechtigten nach Satz 2 oder 3 verboten ist.

(4) Flächen, die im Außenbereich im Sinne des § 35 des Baugesetzbuchs gelegen sind und

1. keiner wirtschaftlichen Nutzung unterliegen (Ödland) oder
2. deren Standorteigenschaften bisher wenig verändert wurden (sons-tige naturnahe Flächen),

sind geschützte Landschaftsbestandteile im Sinne von § 29 Abs. 1 Satz 1 BNatSchG; ausgenommen sind gesetzlich geschützte Biotope (§ 30 BNatSchG, § 24 Abs. 2 dieses Gesetzes), Wallhecken (Absatz 3) und Wald im Sinne von § 2 des Niedersächsischen Gesetzes über den Wald und die Landschaftsordnung. Abweichend von § 29 Abs. 2 Satz 1 BNatSchG bedarf die Umwandlung von Flächen nach Satz 1 in Ackerland oder Intensivgrünland der Genehmigung durch die Naturschutzbehörde, wenn die Umwandlung nicht nach einer anderen Vorschrift genehmigungsbedürftig ist. Die Genehmigung ist zu erteilen, wenn die Umwandlung den Grundsätzen der guten fachlichen Praxis der Landwirtschaft entspricht und

1. für die Erhaltung eines bestehenden landwirtschaftlichen Betriebs erforderlich oder
2. mit den Zielen von Naturschutz und Landschaftspflege vereinbar

ist. Bei Flächen nach Satz 1, die während der Laufzeit einer vertraglichen Vereinbarung oder der Teilnahme an öffentlichen Programmen zur Bewirtschaftungsbeschränkung entstanden sind, gilt Satz 2 nicht für die Wiederaufnahme einer zulässigen land- oder forstwirtschaftlichen Nutzung innerhalb von zehn Jahren nach Beendigung der betreffenden vertraglichen Vereinbarung oder der Teilnahme an den betreffenden öffentlichen Programmen. Die Eintragung einer Fläche nach Satz 1 in das Verzeichnis nach § 14 Abs. 9 wird den Eigentümern und Nutzungsberechtigten der Grundstücke, auf denen sich diese Fläche befindet, schriftlich und unter Hinweis auf das Verbot nach Satz 2 bekannt gegeben; Absatz 3 Satz 8 gilt entsprechend. Die Naturschutzbehörde teilt dem Grundeigentümer oder Nutzungsberechtigten auf Verlangen mit, ob sich auf seinem Grundstück eine Fläche nach Satz 1 befindet oder ein bestimmtes Vorhaben des Grundstückseigentümers oder Nutzungsberechtigten nach Satz 2 genehmigungsbedürftig ist.

§ 23 Gemeingebrauch an Gewässern

Soweit der Schutzzweck es erfordert, können in einer Festsetzung nach § 16 Abs. 1, § 17 Abs. 2, § 19, § 21 Abs. 1 oder § 22 Abs. 1 Regelungen über den Gemeingebrauch an Gewässern (§ 34 des Niedersächsischen Wassergesetzes) getroffen werden.

§ 24 Gesetzlich geschützte Biotope
(zu § 30 BNatSchG)

(1) § 30 Abs. 2 Satz 1 BNatSchG findet keine Anwendung auf Biotope, die

1. auf einer von einem Betriebsplan nach den §§ 52 und 53 des Bundesberggesetzes erfassten Fläche nach der Zulassung oder Planfeststellung oder

2. auf einer von einem Bebauungsplan erfassten Fläche nach dessen Inkrafttreten

entstehen, wenn dort eine nach dem Plan zulässige Nutzung verwirklicht wird.

(2) Gesetzlich geschützte Biotope sind auch

1. hochstaudenreiche Nasswiesen,
2. Bergwiesen,
3. natürliche Höhlen und Erdfälle.

(3) Die Eintragung gesetzlich geschützter Biotope in das Verzeichnis nach § 14 Abs. 9 wird den Eigentümern und Nutzungsberechtigten der Grundstücke, auf denen sich die Biotope befinden, schriftlich und unter Hinweis auf die Verbote des § 30 Abs. 2 BNatSchG bekannt gegeben; § 22 Abs. 3 Satz 8 gilt entsprechend. Die Naturschutzbehörde teilt dem Grundeigentümer oder Nutzungsberechtigten auf Verlangen mit, ob sich auf seinem Grundstück ein Biotop befindet oder ein bestimmtes Vorhaben des Grundstückseigentümers oder Nutzungsberechtigten nach § 30 Abs. 2 BNatSchG verboten ist.

§ 25 Schutzgebiete des Netzes „Natura 2000"
(zu § 32 BNatSchG)

Die Auswahl nach § 32 Abs. 1 Satz 1 BNatSchG trifft die Landesregierung. Die Gebiete nach § 32 Abs. 2 BNatSchG macht die oberste Naturschutzbehörde im Niedersächsischen Ministerialblatt bekannt.

§ 26 Verträglichkeit und Unzulässigkeit von Projekten; Ausnahmen
(zu § 34 BNatSchG)

Über die Verträglichkeit von Projekten im Sinne von § 34 Abs. 1 Satz 1 BNatSchG, die nicht unter § 34 Abs. 6 Satz 1 BNatSchG fallen, mit den Erhaltungszielen eines Natura 2000-Gebietes, über die Zulässigkeit solcher Projekte nach § 34 Abs. 3 und 4 BNatSchG und über Maßnahmen nach § 34 Abs. 5 Satz 1 BNatSchG entscheidet die Behörde, die das Projekt zulässt, der das Projekt anzuzeigen ist oder die das Projekt selbst durchführt, im Benehmen mit der Naturschutzbehörde. Die Durchführung der Maßnahmen ist dem Träger des Projektes aufzuerlegen. Für Maßnahmen, die er nicht selbst ausführen kann, sind ihm die Kosten aufzuerlegen.

Anhang 11

Die Unterrichtung nach § 34 Abs. 5 Satz 2 BNatSchG erfolgt über die jeweilige oberste Landesbehörde.

§ 29 Zoos
(zu § 42 BNatSchG)

Für die Genehmigung nach § 42 Abs. 2 Satz 1 BNatSchG ist die Naturschutzbehörde zuständig. Die Genehmigung schließt die Erlaubnis nach § 11 Abs. 1 Satz 1 Nrn. 2a und 3 Buchst. d des Tierschutzgesetzes sowie die baurechtliche Genehmigung ein. 3 Auf Antrag soll zugleich mit der Genehmigung über das Ausstellen einer Bescheinigung nach § 4 Nr. 20 Buchst. a des Umsatzsteuergesetzes entschieden werden

§ 30 Tiergehege
(zu § 43 BNatSchG)

Die Anzeigepflicht nach § 43 Abs. 3 Satz 1 BNatSchG gilt nicht für

1. Tiergehege, die eine Grundfläche von insgesamt 50 m² nicht überschreiten und in denen keine Tiere besonders geschützter Arten (§ 7 Abs. 2 Nr. 13 BNatSchG) gehalten werden,
2. Auswilderungsvolieren für dem Jagdrecht unterliegende Tierarten, wenn die Volieren nicht länger als einen Monat aufgestellt werden,
3. Anlagen für höchstens zwei Greifvögel, wenn die Vögel zum Zweck der Beizjagd gehalten werden und der Halter einen Falknerschein besitzt,
4. Netzgehege, in denen Zucht- oder Speisefische gehalten werden.

Siebenter Abschnitt   Durchführung naturschutzrechtlicher Vorschriften

§ 31 Naturschutzbehörden

(1) Die Landkreise und die kreisfreien Städte nehmen die Aufgaben der unteren Naturschutzbehörden wahr. Die Zuständigkeit der großen selbstständigen Städte und der selbstständigen Gemeinden wird ausgeschlossen. Die oberste Naturschutzbehörde kann auf Antrag die Aufgaben der unteren Naturschutzbehörde einer großen selbstständigen Stadt übertragen; die Übertragung kann widerrufen werden, wenn die große selbstständige Stadt dies beantragt oder sie keine Gewähr mehr für eine ordnungsgemäße Erfüllung der ihr übertragenen Aufgaben bietet. Die Aufgaben der unteren Naturschutzbehörde gehören zum übertragenen Wirkungskreis.

(2) Oberste Naturschutzbehörde ist das Fachministerium.

(3) Naturschutzbehörden sind auch

1. die Nationalparkverwaltung „Harz", die Nationalparkverwaltung „Niedersächsisches Wattenmeer" und die Biosphärenreservatsverwaltung „Niedersächsische Elbtalaue",
2. andere Landesbehörden, soweit diese aufgrund einer Verordnung nach § 32 Abs. 4 zuständig sind.

§ 32 Zuständigkeit der Naturschutzbehörden

(1) Soweit nicht durch Rechtsvorschrift oder aufgrund Rechtsvorschrift etwas anderes bestimmt ist, sind die unteren Naturschutzbehörden zuständig. Die oberste Naturschutzbehörde übt die Fachaufsicht über die Naturschutzbehörden aus. Die Fachaufsichtsbehörde kann anstelle einer nachgeordneten Behörde tätig werden, wenn diese eine Weisung nicht fristgemäß befolgt oder wenn Gefahr im Verzuge ist; die dabei entstehenden Kosten sind von der nachgeordneten Behörde zu erstatten.

(2) Fällt eine Angelegenheit in den Zuständigkeitsbereich mehrerer unterer Naturschutzbehörden oder ist eine Änderung der Zuständigkeit aus anderen Gründen zweckdienlich, so kann die oberste Naturschutzbehörde im Einzelfall die Aufgabe einer anderen unteren Naturschutzbehörde oder einer Landesbehörde übertragen.

(3) Hat ein Programm des Landes, das ganz oder teilweise mit Mitteln der Europäischen Gemeinschaft finanziert wird, die Förderung von Schutz-, Pflege- und Entwicklungsmaßnahmen für Naturschutzzwecke zum Gegenstand, so kann die oberste Naturschutzbehörde bestimmen, dass für Vereinbarungen zu seiner Durchführung andere Behörden des Landes zuständig sind. Diese Behörden sind an die fachlichen Vorgaben der Naturschutzbehörden über Inhalt und Ort der Maßnahmen gebunden.

(4) Die oberste Naturschutzbehörde kann durch Verordnung die Zuständigkeit für bestimmte Aufgaben auf sich selbst oder eine andere Landesbehörde übertragen, wenn dies zur sachgerechten Erfüllung der Aufgaben erforderlich ist.

§ 33 Fachbehörde für Naturschutz

Die Fachbehörde für Naturschutz ist eine Behörde des Landes. Sie wirkt bei der Ausführung dieses Gesetzes mit. Sie hat insbesondere

1. Untersuchungen zur Verwirklichung der Ziele des Naturschutzes und der Landschaftspflege durchzuführen,

2. die Naturschutzbehörden und andere Stellen in Fragen des Naturschutzes und der Landschaftspflege zu beraten,
3. die Öffentlichkeit über Naturschutz und Landschaftspflege zu unterrichten,
4. die Aufgaben der staatlichen Vogelschutzwarte wahrzunehmen.

§ 34 Beauftragte für Naturschutz und Landschaftspflege

(1) Die Naturschutzbehörde kann Beauftragte für Naturschutz und Landschaftspflege bestellen. Die Beauftragten müssen die erforderliche Sachkunde besitzen und dürfen nicht Bedienstete der bestellenden Behörde sein. Sie werden jeweils für fünf Jahre bestellt.

(2) Die Beauftragten beraten und unterstützen die Naturschutzbehörde in allen Angelegenheiten des Naturschutzes und der Landschaftspflege. Sie fördern das allgemeine Verständnis für diese Aufgaben. Sie sind an fachliche Weisungen nicht gebunden. Die Naturschutzbehörde hat ihnen die Auskünfte zu erteilen, die zur Wahrnehmung ihrer Aufgaben erforderlich sind.

(3) Die Beauftragten sind ehrenamtlich tätig.

§ 35 Landschaftswacht

Die Naturschutzbehörde kann aus geeigneten Personen eine Landschaftswacht bilden, die geschützte Teile von Natur und Landschaft und Naturparke überwacht und für den Artenschutz sorgt.

§ 36 Beteiligung von Vereinen an Aufgaben des Naturschutzes und der Landschaftspflege
(zu § 3 BNatSchG)

Die Naturschutzbehörde kann über die in § 3 Abs. 4 BNatSchG genannten Fälle hinaus Vereinen und anderen juristischen Personen mit deren Einverständnis auch

1. die Betreuung bestimmter, nach § 16 Abs. 1, § 17 Abs. 2, § 19, § 21 Abs. 1 oder § 22 Abs. 1, 3 oder 4 dieses Gesetzes oder § 30 Abs. 2 BNatSchG, auch in Verbindung mit § 24 Abs. 2 dieses Gesetzes, geschützter Teile von Natur und Landschaft,
2. die Betreuung von Naturparken im Einvernehmen mit dem jeweiligen Träger und
3. bestimmte Aufgaben des Artenschutzes

widerruflich übertragen, wenn diese die Gewähr für die sachgerechte Erfüllung der Aufgabe bieten. Hoheitliche Befugnisse können nicht übertragen werden.

§ 37 Schutz von Bezeichnungen

Die Bezeichnungen „Vogelwarte", „Vogelschutzwarte", „Vogelschutzstation", „Naturschutzakademie", „Naturschutzstation" und andere zum Verwechseln ähnliche Bezeichnungen dürfen nur mit Genehmigung der obersten Naturschutzbehörde geführt werden.

§ 38 Mitwirkungsrechte
(zu § 63 BNatSchG)

(1) Die anerkannten Naturschutzvereinigungen sind über den Inhalt und den Ort eines Vorhabens nach § 63 Abs. 2 BNatSchG in Kenntnis zu setzen und auf ihre Rechte hinzuweisen. Sie werden abweichend von § 63 Abs. 2 BNatSchG an dem weiteren Verfahren nur beteiligt, wenn der Antragsteller dies beantragt hat oder sie innerhalb von zwei Wochen nach Zugang der Mitteilung ankündigen, eine Stellungnahme abgeben zu wollen.

(2) Den Naturschutzvereinigungen, die nach Absatz 1 Satz 2 am weiteren Verfahren zu beteiligen sind, werden die das Verfahren betreffenden Unterlagen übersandt, soweit diese nicht Geschäfts- oder Betriebsgeheimnisse enthalten.

(3) Legt der Antragsteller der Behörde Unterlagen vor, die nach seiner Beurteilung Geschäfts- oder Betriebsgeheimnisse enthalten, so hat er sie zu kennzeichnen und von den anderen Unterlagen getrennt vorzulegen. Sieht die Behörde daraufhin von einer Übersendung von Unterlagen an die zu beteiligenden Naturschutzvereinigungen ab, so muss sie ihnen den Inhalt dieser Unterlagen, soweit es ohne Preisgabe des Geheimnisses geschehen kann, so ausführlich darstellen, dass den Naturschutzvereinigungen eine Beurteilung der Auswirkungen auf Natur und Landschaft möglich ist. Hält die Behörde die Kennzeichnung der Unterlagen als geheimhaltungsbedürftig für unberechtigt, so hat sie den Antragsteller vor der Übersendung der Unterlagen an die Naturschutzvereinigungen zu hören.

(4) Eine zu beteiligende Naturschutzvereinigung kann innerhalb einer Frist von einem Monat nach Übersendung der Unterlagen eine Stellungnahme abgeben. Die Frist zur Stellungnahme beträgt zwei Monate für

Vorhaben, die nach dem Gesetz über die Umweltverträglichkeitsprüfung in der jeweils geltenden Fassung oder nach dem Niedersächsischen Gesetz über die Umweltverträglichkeitsprüfung in der jeweils geltenden Fassung UVP-pflichtig sind. Sie kann auf Antrag verlängert werden, wenn dadurch keine Verzögerung des Verfahrens zu erwarten ist. Endet das Verfahren durch einen Verwaltungsakt oder den Abschluss eines öffentlich-rechtlichen Vertrages, so ist den Naturschutzvereinigungen, die im Verfahren eine Stellungnahme abgegeben haben, die Entscheidung bekannt zu geben.

(5) [1]Die Naturschutzvereinigungen haben jeder Naturschutzbehörde eine Stelle zu benennen, die zur Mitwirkung nach § 63 Abs. 2 BNatSchG berechtigt ist. [2]An diese sind die Mitteilungen und Unterlagen nach den Absätzen 1 und 2 zu übermitteln. [3]Hat eine Naturschutzvereinigung einer Naturschutzbehörde keine Stelle benannt, so wird sie in deren Zuständigkeitsbereich abweichend von § 63 Abs. 2 BNatSchG nicht am Verfahren beteiligt.

(6) Durch schriftliche Erklärung der nach Absatz 5 Satz 1 benannten Stelle kann eine Naturschutzvereinigung gegenüber der zuständigen Naturschutzbehörde auf die Mitwirkung in bestimmten Verfahren generell verzichten.

(7) Eine Verletzung der Mitwirkungsrechte nach § 63 Abs. 2 Nr. 1 BNatSchG ist unbeachtlich, wenn sie nicht innerhalb eines Jahres nach Verkündung der Verordnung schriftlich unter Angabe des Sachverhalts, der die Verletzung begründen soll, bei der Behörde, die die Verordnung oder Satzung erlassen hat, geltend gemacht wird.

Achter Abschnitt   Eigentumsbindung, Befreiungen

§ 39 Betretensrecht
(zu § 65 BNatSchG)

Bedienstete und sonstige Beauftragte der zuständigen Behörden dürfen, soweit dies zur Wahrnehmung ihrer Aufgaben erforderlich ist,

1. Grundstücke außerhalb von Wohngebäuden und Betriebsräumen sowie des unmittelbar angrenzenden befriedeten Besitztums jederzeit und
2. Betriebsräume sowie das unmittelbar angrenzende befriedete Besitztum während der Betriebszeiten

betreten. Sie dürfen dort Prüfungen, Vermessungen, Bodenuntersuchungen und ähnliche Arbeiten und Besichtigungen vornehmen. Maßnahmen nach den Sätzen 1 und 2 sind rechtzeitig anzukündigen, wenn dadurch deren Zweck nicht gefährdet wird. Das Grundrecht der Unverletzlichkeit der Wohnung (Artikel 13 des Grundgesetzes) wird eingeschränkt.

§ 40 Vorkaufsrecht
(zu § 66 BNatSchG)

(1) Ergänzend zu § 66 Abs. 1 Satz 1 BNatSchG kann die Naturschutzbehörde auch durch Verordnung an Grundstücken in bestimmten Gebieten, die die Voraussetzungen des § 23 Abs. 1 BNatSchG erfüllen, ein Vorkaufsrecht des Landes begründen; § 14 Abs. 4 dieses Gesetzes und die Registrierungspflicht nach § 22 Abs. 4 Satz 1 BNatSchG in Verbindung mit § 14 Abs. 9 dieses Gesetzes gelten entsprechend.

(2) Im Liegenschaftskataster ist ein nachrichtlicher Hinweis auf das Vorkaufsrecht einzutragen.

(3) Die Naturschutzbehörde übt das Vorkaufsrecht durch Verwaltungsakt aus. Der Verwendungszweck ist bei der Ausübung des Vorkaufsrechts näher anzugeben. Wird das Grundstück nicht in angemessener Zeit für den angegebenen Zweck verwendet, so kann der frühere Käufer verlangen, dass ihm das Grundstück gegen Erstattung des Kaufpreises übereignet wird. Dieses Recht erlischt, wenn ihm die Übereignung angeboten wird und er das Angebot nicht binnen drei Monaten annimmt.

(4) Das Land haftet neben den nach § 66 Abs. 4 BNatSchG begünstigten Dritten für die Verpflichtungen aus dem Kaufvertrag.

(5) Wird durch die Ausübung des Vorkaufsrechts jemandem, dem bereits vor Entstehung des Vorkaufsrechts ein vertraglich begründetes Recht zum Erwerb des Grundstücks zustand, ein Vermögensnachteil zugefügt, so ist er angemessen zu entschädigen. § 42 Abs. 1 und 2 gilt entsprechend

§ 41 Befreiungen
(zu § 67 BNatSchG)

(1) Der Antrag auf Befreiung nach § 67 Abs. 1 und 2 Satz 1 BNatSchG ist bei der Naturschutzbehörde, im Fall einer beantragten Befreiung von Geboten oder Verboten einer Satzung nach § 22 Abs. 1 Satz 1 Nr. 1 bei der Gemeinde zu stellen.

(2) § 67 Abs. 3 Satz 2 BNatSchG findet keine Anwendung.

Anhang 11

§ 42 Beschränkungen des Eigentums;
Entschädigung und Ausgleich
(zu § 68 BNatSchG)

(1) Zur Entschädigung ist das Land verpflichtet. Die Gemeinden und Landkreise sollen zu dem Entschädigungsaufwand des Landes beitragen, wenn und soweit die entschädigungspflichtige Maßnahme überwiegend einem örtlichen Interesse an Naturschutz und Landschaftspflege oder an der Erholung in Natur und Landschaft Rechnung trägt. Hat eine Satzung nach § 22 Abs. 1 Satz 1 Nr. 1 Auswirkungen im Sinne des § 68 Abs. 1 BNatSchG, so ist die Gemeinde zur Entschädigung verpflichtet.

(2) Der Antrag auf Entschädigung oder auf Übernahme eines Grundstücks ist bei der Behörde zu stellen, die die Beschränkung der Nutzungsrechte oder die Auferlegung von Pflichten angeordnet hat. Beruht die Nutzungsbeschränkung auf einem gesetzlichen Verbot, so ist der Antrag bei der Naturschutzbehörde zu stellen. Kommt keine Einigung zustande, so entscheidet die Enteignungsbehörde über die Geldentschädigung und die Übernahme in entsprechender Anwendung der §§ 11, 13 bis 17 Abs. 2 und 3, §§ 18, 24 bis 26, 29 bis 33 und 36 bis 42 des Niedersächsischen Enteignungsgesetzes. Vor Erhebung der Anfechtungs- oder Verpflichtungsklage gegen Verwaltungsakte der Enteignungsbehörde bedarf es abweichend von § 68 Abs. 1 Satz 1 der Verwaltungsgerichtsordnung keiner Nachprüfung in einem Vorverfahren.

(3) Eine Enteignung ist zulässig, wenn sie erforderlich ist,

1. um Maßnahmen von Naturschutz und Landschaftspflege durchzuführen oder
2. um besonders geeignete Grundstücke, insbesondere die Ufer von Seen und Flüssen, für die Erholung der Allgemeinheit in Natur und Landschaft nutzbar zu machen.

Die Enteignung ist zugunsten des Landes, einer anderen Körperschaft oder Stiftung des öffentlichen Rechts oder einer anerkannten Naturschutzvereinigung zulässig. Im Übrigen gilt das Niedersächsische Enteignungsgesetz.

(4) Die Landesregierung soll durch Verordnung die Gewährung eines angemessenen Ausgleichs für Eigentümer und Nutzungsberechtigte regeln, denen aufgrund von Vorschriften zum Schutz von Naturschutzgebieten, Nationalparken, Teilen von Biosphärenreservaten, die die Voraussetzung eines Naturschutzgebiets erfüllen, oder gesetzlich geschützten Biotopen die rechtmäßig ausgeübte land-, forst- und fischereiwirtschaft-

liche Nutzung von Grundstücken wesentlich erschwert wird, ohne dass eine Entschädigung nach § 68 Abs. 1 bis 3 BNatSchG zu gewähren ist (Erschwernisausgleich). Es kann insbesondere geregelt werden

1. die Art und Weise der wirtschaftlichen Nutzung, für deren Erschwernis ein Ausgleich gewährt wird,
2. die Art und der Zeitraum der Bewirtschaftungsbeschränkungen, für die ein Ausgleich gewährt wird,
3. die Höhe des Erschwernisausgleichs und Bagatellgrenzen, der Ausschluss des Anspruchs auf Erschwernisausgleich,
4. das Antragsverfahren sowie die für die Gewährung und die Auszahlung zuständige Stelle,
5. der Nachweis über die Einhaltung der Bewirtschaftungsbeschränkungen,
6. der Austausch von Daten, die für den Erschwernisausgleich relevant sind, zwischen der für die Gewährung des Erschwernisausgleichs zuständigen Stelle und der für die Auszahlung der Direktzahlungen zuständigen Stelle im Sinne der Verordnung (EG) Nr. 73/2009 des Rates vom 19. Januar 2009 mit gemeinsamen Regeln für Direktzahlungen im Rahmen der gemeinsamen Agrarpolitik und mit bestimmten Stützungsregelungen für Inhaber landwirtschaftlicher Betriebe und zur Änderung der Verordnungen (EG) Nr. 1290/2005, (EG) Nr. 247/2006, (EG) Nr. 378/2007 sowie zur Aufhebung der Verordnung (EG) Nr. 1782/2003 (ABl. EU Nr. L 30 S. 16) in der jeweils geltenden Fassung und
7. die Folgen der teilweisen oder vollständigen Finanzierung des Erschwernisausgleichs aus Mitteln der Europäischen Gemeinschaft.

(5) Erschwernisausgleich wird nur auf Antrag gewährt. Er wird nicht gewährt, soweit die Nutzung aufgrund einer anderen rechtlichen oder vertraglichen Verpflichtung im gleichen Maße erschwert ist. Er wird auch nicht gewährt,

1. für Grundstücke im Eigentum von Gebietskörperschaften,
2. für Grundstücke im Eigentum einer Stiftung, die von einer Gebietskörperschaft errichtet wurde,
3. für Grundstücke im Eigentum einer Anstalt, die vom Bund oder einem Land errichtet wurde,
4. für Grundstücke im Eigentum einer kommunalen Anstalt, einer gemeinsamen kommunalen Anstalt, eines Zweckverbands,
5. für Grundstücke im Eigentum einer sonstigen juristischen Person oder Organisation des öffentlichen oder privaten Rechts, deren geschäftsführendes Organ einer Gesellschafterversammlung, einem Aufsichts-

rat, einem Verwaltungsrat oder einem vergleichbaren Organ unmittelbar verantwortlich ist, wenn Gebietskörperschaften über die Mehrheit der Anteile oder Stimmrechte verfügen.

Voraussetzung für die Gewährung von Erschwernisausgleich in Bezug auf gesetzlich geschützte Biotope ist, dass das Biotop in das Verzeichnis nach § 14 Abs. 9 Satz 1 eingetragen oder eine Mitteilung über das Vorliegen eines Biotops nach § 24 Abs. 3 Satz 2 erfolgt ist.

Neunter Abschnitt   Ordnungswidrigkeiten

§ 43 Ordnungswidrigkeiten
(zu § 69 BNatSchG)

(1) § 69 Abs. 3 Nr. 1 BNatSchG findet keine Anwendung.

(2) Eine Ordnungswidrigkeit nach § 69 Abs. 3 Nr. 5 BNatSchG liegt nur vor, wenn die Eintragung nach § 14 Abs. 9 Satz 1 oder eine Mitteilung nach § 24 Abs. 3 Satz 2 vorliegt.

(3) [1]Ergänzend zu § 69 Abs. 1 bis 5 BNatSchG handelt ordnungswidrig, wer vorsätzlich oder fahrlässig

1. entgegen § 23 Abs. 2 Satz 1 BNatSchG in Verbindung mit einer Verordnung nach § 16 Abs. 1 Handlungen vornimmt, die das Naturschutzgebiet oder einen seiner Bestandteile zerstören, beschädigen oder verändern,
2. entgegen § 28 Abs. 2 BNatSchG in Verbindung mit einer Verordnung nach § 21 Abs. 1 Handlungen vornimmt, die ein Naturdenkmal zerstören, beschädigen oder verändern,
3. entgegen § 29 Abs. 2 Satz 1 BNatSchG in Verbindung mit einer Satzung oder Verordnung nach § 22 Abs. 1 Handlungen vornimmt, die einen geschützten Landschaftsbestandteil zerstören, beschädigen oder verändern,
4. einer aufgrund dieses Gesetzes erlassenen sonstigen Verordnung zuwiderhandelt, soweit sie für bestimmte Tatbestände auf diese Bußgeldvorschrift verweist,
5. einer aufgrund dieses Gesetzes erlassenen vollziehbaren schriftlichen Anordnung zuwiderhandelt, soweit sie auf diese Bußgeldvorschrift verweist,
6. Bodenschätze ohne die nach § 8 erforderliche Genehmigung abbaut,
7. entgegen § 16 Abs. 2 ein Naturschutzgebiet außerhalb der Wege betritt,

8. entgegen § 21 Abs. 3 Satz 5 einen Fund oder eine Fundstelle verändert,
9. entgegen § 22 Abs. 3 Sätze 2 bis 4 eine Wallhecke beseitigt oder eine Handlung vornimmt, die das Wachstum der Bäume oder Sträucher beeinträchtigt, wenn die Eintragung in das Verzeichnis nach § 14 Abs. 9 Satz 1 oder eine Mitteilung nach § 22 Abs. 3 Satz 9 vorliegt,
10. ohne Genehmigung nach § 22 Abs. 4 Satz 3 Ödland oder eine sonstige naturnahe Fläche in Ackerland oder Intensivgrünland umwandelt, wenn die Eintragung in das Verzeichnis nach § 14 Abs. 9 Satz 1 oder eine Mitteilung nach § 22 Abs. 4 Satz 6 vorliegt,
11. entgegen § 30 Abs. 2 Satz 1 BNatSchG ein in § 24 Abs. 2 dieses Gesetzes genanntes Biotop zerstört oder sonst erheblich beeinträchtigt, wenn die Eintragung in das Verzeichnis nach § 14 Abs. 9 Satz 1 oder eine Mitteilung nach § 24 Abs. 3 Satz 2 vorliegt.

²Bei der Anwendung des Satzes 1 Nrn. 9 und 10 gelten Wallhecken, Ödland und sonstige naturnahe Flächen bis zu ihrer erstmaligen Eintragung in das Verzeichnis nach § 14 Abs. 9 Satz 1, längstens jedoch bis zum 28. Februar 2013, als eingetragen.

(4) Ordnungswidrigkeiten nach Absatz 3 Satz 1 können mit einer Geldbuße bis zu 25000 Euro, in den Fällen der Nummern 1, 2, 6, 10 und 11 bis zu 50000 Euro, geahndet werden.

§ 44 Einziehung
(zu § 72 BNatSchG)

§ 72 BNatSchG gilt für Ordnungswidrigkeiten nach § 43 Abs. 3 entsprechend.

Zehnter Abschnitt   Übergangs- und Überleitungsvorschriften

§ 45 Übergangs- und Überleitungsvorschriften

(1) Verordnungen und Anordnungen, die aufgrund des Reichsnaturschutzgesetzes vom 26. Juni 1935 (Nds. GVBl. Sb. II S. 908) in der jeweils geltenden Fassung zum Schutz oder zur einstweiligen Sicherstellung von Naturschutzgebieten, Naturdenkmalen, Landschaftsschutzgebieten oder Landschaftsteilen erlassen wurden, bleiben in Kraft, bis sie ausdrücklich geändert oder aufgehoben werden oder ihre Geltungsdauer abläuft. Das Gleiche gilt für Erklärungen zu geschützten Teilen von Natur und Landschaft, die aufgrund des Niedersächsischen Naturschutzgesetzes vom 20. März 1981 (Nds. GVBl. S. 31) in der jeweils geltenden Fassung erlas-

sen worden sind. Für die Änderung oder Aufhebung gelten die Zuständig-
keits- und Verfahrensvorschriften dieses Gesetzes, für Befreiungen von
Geboten und Verboten für diese geschützten Teile von Natur und Landschaft gelten § 67 Abs. 1 und 3 BNatSchG und § 41 dieses Gesetzes
entsprechend. Eine fehlende grobe Beschreibung der Örtlichkeiten in Verordnungen, die vor dem 8. Februar 2003 erlassen worden sind und für die
Karten veröffentlicht oder hinterlegt wurden, ist unbeachtlich.

(2) Soweit Verordnungen oder Anordnungen nach Absatz 1 Satz 1 für die
Ahndung

1. von Verstößen auf Strafen nach den §§ 21 und 22 des Reichsnatur-
    schutzgesetzes vom 26. Juni 1935 (Nds. GVBl. Sb. II S. 908) oder
2. von Ordnungswidrigkeiten auf die §§ 21a und 22 des Reichsnatur-
    schutzgesetzes vom 26. Juni 1935 (Nds. GVBl. Sb. II S. 908) in der
    Fassung des Artikels 70 des Ersten Anpassungsgesetzes vom
    24. Juni 1970 (Nds. GVBl. S. 237) verweisen, treten an deren Stelle
    die §§ 69 und 71 BNatSchG in Verbindung mit den §§ 43 und 44
    dieses Gesetzes. Entsprechend gilt dies, soweit Erklärungen nach
    Absatz 1 Satz 2 auf die Vorschriften des Niedersächsischen Natur-
    schutzgesetzes vom 20. März 1981 (Nds. GVBl. S. 31) in der jeweils
    geltenden Fassung zu den Ordnungswidrigkeitentatbeständen, zur
    Höhe der Geldbuße und zur Einziehung verweisen.

(3) Ist die Bezirksregierung aufgrund einer Verordnung zum Schutz, zur
Pflege und Entwicklung bestimmter Teile von Natur und Landschaft für die
Wahrnehmung bestimmter Aufgaben zuständig, so nimmt diese Aufgaben
vom 1. Januar 2005 an die untere Naturschutzbehörde wahr, in deren
Gebiet das Naturschutzgebiet oder der jeweilige Teil des Naturschutzgebiets liegt, wenn die Zuständigkeit nicht durch Rechtsvorschrift abweichend geregelt ist.

(4) Soweit nach den §§ 1, 2 und 16 Nr. 1 des Bodenabbaugesetzes vom
15. März 1972 (Nds. GVBl. S. 137) eine Pflicht zur Herrichtung von Abbau-
oder Betriebsflächen entstanden und bei Inkrafttreten dieses Gesetzes
noch nicht erfüllt ist, bleibt diese als Verpflichtung zum Ausgleich nach
§ 15 Abs. 2 BNatSchG bestehen. Genehmigungen nach § 4 des Bodenabbaugesetzes oder nach § 17 des Niedersächsischen Naturschutzgesetzes vom 20. März 1981 (Nds. GVBl. S. 31) in der jeweils geltenden
Fassung gelten als Genehmigungen nach § 10 fort.

(5) Für die am 31. Oktober 2009 anhängigen Verfahren sind § 19 Abs. 2
Satz 1 und die §§ 60a, 60b Abs. 1 Satz 2 sowie Abs. 4 Sätze 1 bis 3 des
Niedersächsischen Naturschutzgesetzes in der bis zum 31. Oktober 2009

geltenden Fassung anzuwenden. Soweit für die am 31. Oktober 2009 anhängigen Verfahren die Regelungen nach § 3 Nr. 3 und § 5 Abs. 1 Nr. 2 des Modellkommunen-Gesetzes vom 8. Dezember 2005 (Nds. GVBl. S. 386), zuletzt geändert durch Artikel 11 des Gesetzes vom 13. Mai 2009 (Nds. GVBl. S. 191), anzuwenden waren, sind diese Vorschriften in der bis zum 31. Oktober 2009 geltenden Fassung weiterhin anzuwenden.

(6) Für die am 28. Februar 2010, nicht jedoch am 31. Oktober 2009 anhängigen Verfahren sind in der bis zum 28. Februar 2010 geltenden Fassung anzuwenden

1.   § 19 Abs. 2 Satz 1 des Niedersächsischen Naturschutzgesetzes,
2.   § 61 Abs. 1 bis 4 BNatSchG und die §§ 60a bis 60c des Niedersächsischen Naturschutzgesetzes.

(7) Die öffentliche Auslegung in Verfahren zur Erklärung zu geschützten Teilen von Natur und Landschaft muss sich, wenn diese vor dem 1. März 2010 begonnen worden ist, entgegen § 14 Abs. 2 nicht auf die Begründung erstrecken.

(8) Hat die öffentliche Auslegung einer Verordnung in einem Verfahren zur Erklärung zu geschützten Teilen von Natur und Landschaft vor dem 1. März 2010 begonnen, so ist die zeichnerische Bestimmung in Karten entgegen § 14 Abs. 4 Satz 1 freigestellt.

(9) Die erstmalige Eintragung einer Wallhecke im Sinne von § 22 Abs. 3 Satz 1 in das Verzeichnis nach § 14 Abs. 9 Satz 1 erfolgt abweichend von § 22 Abs. 4 Satz 1 BNatSchG bis zum 28. Februar 2013.

(10) Die erstmalige Eintragung einer Fläche im Sinne von § 22 Abs. 4 Satz 1 in das Verzeichnis nach § 14 Abs. 9 Satz 1 erfolgt abweichend von § 22 Abs. 4 Satz 1 BNatSchG bis zum 28. Februar 2013.

Anhang 12

Strafgesetzbuch (StGB)

In der Fassung der Bekanntmachung vom 13. November 1998
(BGBl. I S. 3322), zuletzt geändert durch Art. 3 des Gesetzes
vom 2. Oktober 2009 (BGBl. I S. 3214) – Auszug –

§ 292 Jagdwilderei

(1) Wer unter Verletzung fremden Jagdrechts oder Jagdausübungsrechts

1. dem Wild nachstellt, es fängt, erlegt oder sich oder einem Dritten zueignet oder
2. eine Sache, die dem Jagdrecht unterliegt, sich oder einem Dritten zueignet, beschädigt oder zerstört,

wird mit Freiheitsstrafe bis zu drei Jahren oder mit Geldstrafe bestraft.

(2) In besonders schweren Fällen ist die Strafe Freiheitsstrafe von drei Monaten bis zu fünf Jahren. Ein besonders schwerer Fall liegt in der Regel vor, wenn die Tat

1. gewerbs- oder gewohnheitsmäßig,
2. zur Nachtzeit, in der Schonzeit, unter Anwendung von Schlingen oder in anderer nicht weidmännischer Weise oder
3. von mehreren mit Schusswaffen ausgerüsteten Beteiligten gemeinschaftlich

begangen wird.

§ 293 Fischwilderei

Wer unter Verletzung fremden Fischereirechts oder Fischereiausübungsrechts

1. fischt oder
2. eine Sache, die dem Fischereirecht unterliegt, sich oder einem Dritten zueignet, beschädigt oder zerstört,

wird mit Freiheitsstrafe bis zu zwei Jahren oder mit Geldstrafe bestraft.

§ 294 Strafantrag

In den Fällen des § 292 Abs. 1 und des § 293 wird die Tat nur auf Antrag des Verletzten verfolgt, wenn sie von einem Angehörigen oder an einem

Ort begangen worden ist, wo der Täter die Jagd oder die Fischerei in beschränktem Umfang ausüben durfte.

§ 295 Einziehung

Jagd- und Fischereigeräte, Hunde und andere Tiere, die der Täter oder Teilnehmer bei der Tat mit sich geführt oder verwendet hat, können eingezogen werden. § 74a ist anzuwenden.

§ 306f Herbeiführen einer Brandgefahr

(1) Wer fremde

1. feuergefährdete Betriebe oder Anlagen,
2. Anlagen oder Betriebe der Land- oder Ernährungswirtschaft, in denen sich deren Erzeugnisse befinden,
3. Wälder, Heiden oder Moore oder
4. bestellte Felder oder leicht entzündliche Erzeugnisse der Landwirtschaft, die auf Feldern lagern,

durch Rauchen, durch offenes Feuer oder Licht, durch Wegwerfen brennender oder glimmender Gegenstände oder in sonstiger Weise in Brandgefahr bringt, wird mit Freiheitsstrafe bis zu drei Jahren oder mit Geldstrafe bestraft.

(2) Ebenso wird bestraft, wer eine in Absatz 1 Nr. 1 bis 4 bezeichnete Sache in Brandgefahr bringt und dadurch Leib oder Leben eines anderen Menschen oder fremde Sachen von bedeutendem Wert gefährdet.

(3) Wer in den Fällen des Absatzes 1 fahrlässig handelt oder in den Fällen des Absatzes 2 die Gefahr fahrlässig verursacht, wird mit Freiheitsstrafe bis zu einem Jahr oder mit Geldstrafe bestraft.

§ 326 Unerlaubter Umgang mit gefährlichen Abfällen

(1) Wer unbefugt Abfälle, die

1. ...
2. ...
3. ...
4. nach Art, Beschaffenheit oder Menge geeignet sind,
   a) nachhaltig ein Gewässer, die Luft oder den Boden zu verunreinigen oder sonst nachteilig zu verändern oder
   b) einen Bestand von Tieren oder Pflanzen zu gefährden,

außerhalb einer dafür zugelassenen Anlage oder unter wesentlicher Abweichung von einem vorgeschriebenen oder zugelassenen Verfahren behandelt, lagert, ablagert, ablässt oder sonst beseitigt, wird mit Freiheitsstrafe bis zu fünf Jahren oder mit Geldstrafe bestraft.

(2) ...

(3) ...

(4) In den Fällen der Absätze 1 und 2 ist der Versuch strafbar.

(5) Handelt der Täter fahrlässig, so ist die Strafe

1. in den Fällen der Absätze 1 und 2 Freiheitsstrafe bis zu drei Jahren oder Geldstrafe,
2. ...

(6) Die Tat ist dann nicht strafbar, wenn schädliche Einwirkungen auf die Umwelt, insbesondere auf Menschen, Gewässer, die Luft, den Boden, Nutztiere oder Nutzpflanzen, wegen der geringen Menge der Abfälle offensichtlich ausgeschlossen sind.

§ 329 Gefährdung schutzbedürftiger Gebiete

(1) ...

(2) ...

(3) Wer entgegen einer zum Schutz eines Naturschutzgebietes, einer als Naturschutzgebiet einstweilig sichergestellten Fläche oder eines Nationalparks erlassenen Rechtsvorschrift oder vollziehbaren Untersagung

1. Bodenschätze oder andere Bodenbestandteile abbaut oder gewinnt,
2. Abgrabungen oder Aufschüttungen vornimmt,
3. Gewässer schafft, verändert oder beseitigt,
4. Moore, Sümpfe, Brüche oder sonstige Feuchtgebiete entwässert,
5. Wald rodet,
6. Tiere einer im Sinne des Bundesnaturschutzgesetzes besonders geschützten Art tötet, fängt, diesen nachstellt oder deren Gelege ganz oder teilweise zerstört oder entfernt,
7. Pflanzen einer im Sinne des Bundesnaturschutzgesetzes besonders geschützten Art beschädigt oder entfernt oder
8. ein Gebäude errichtet

und dadurch den jeweiligen Schutzzweck nicht unerheblich beeinträchtigt, wird mit Freiheitsstrafe bis zu fünf Jahren oder mit Geldstrafe bestraft.

(4) Handelt der Täter fahrlässig, so ist die Strafe

1. in den Fällen der Absätze 1 und 2 Freiheitsstrafe bis zu zwei Jahren oder Geldstrafe,
2. in den Fällen des Absatzes 3 Freiheitsstrafe bis zu drei Jahren oder Geldstrafe.

Die Unfallverhütungsvorschrift Jagd der Hannoverschen landwirtschaftlichen Berufsgenossenschaft

– VSG 4.4 – vom 1. Januar 2000 (Vorschriften für Sicherheit und Gesundheitsschutz – VSG)

§ 1 Grundsätze

Diese Unfallverhütungsvorschrift gilt für den Umgang mit Waffen und Munition sowie für die Ausübung der Jagd.

§ 2 Waffen und Munition

(1) Es dürfen nur Schusswaffen verwendet werden, die den Bestimmungen des Waffengesetzes entsprechen und nach dem Bundesjagdgesetz für jagdliche Zwecke zugelassen sind. Die Waffen müssen funktionssicher sein und dürfen nur bestimmungsgemäß verwendet werden.

Durchführungsanweisung zu Absatz 1

1. *Eine Waffe ist z. B. funktionssicher, wenn sie zuverlässig gesichert werden kann, ihr Verschluss dicht ist und wenn sie keine Laufaufbauchungen, Laufdellen oder die Funktionssicherheit beeinträchtigende Rostnarben aufweist.*
2. *Keine bestimmungsgemäße Verwendung ist z. B. die Benutzung der Waffe zum*
   - *Niederhalten von Zäunen beim Übersteigen,*
   - *Aufstoßen von Hochsitzluken,*
   - *Erschlagen des Wildes.*
3. *Auf die einschlägigen Bestimmungen*
   - *des Waffengesetzes (WaffG),*
   - *der Verordnungen zum Waffengesetz (WaffV),*
   - *der Verwaltungsvorschrift zum Waffengesetz (WaffVwV),*
   - *das Bundesjagdgesetz (BJG)*

   wird hingewiesen.

(2) Es darf nur die für die jeweilige Schusswaffe bestimmte Munition in einwandfreiem Zustand verwendet werden.

Durchführungsanweisung zu Absatz 2

1. *Hinweise auf die verwendbare Munition geben z. B. die Angaben auf der Schusswaffe.*
2. *In nicht einwandfreiem Zustand ist z. B. feucht gewordene Munition, selbst wenn sie getrocknet wurde.*

(3) Auch nicht gewerbsmäßig hergestellte Munition muss den gesetzlichen Bestimmungen entsprechen.

Durchführungsanweisung zu Absatz 3

1. *Hierzu gehört z. B. wiedergeladene Munition.*
2. *Auf die einschlägigen Bestimmungen des Waffengesetzes und des Sprengstoffgesetzes wird hingewiesen.*

(4) Flintenlaufgeschosspatronen müssen so mitgeführt werden, dass Verwechslungen mit Schrotpatronen ausgeschlossen sind.

§ 3 Ausübung der Jagd

(1) Schusswaffen dürfen nur während der tatsächlichen Jagdausübung geladen sein. Die Laufmündung ist stets – unabhängig vom Ladezustand – in eine Richtung zu halten, in der niemand gefährdet wird. Nach dem Laden ist die Waffe zu sichern.

(2) Eine gestochene Waffe ist sofort zu sichern und zu entstechen, falls der Schuss nicht abgegeben wurde.

(3) Beim Besteigen von Fahrzeugen und während der Fahrt muss die Schusswaffe entladen sein. Beim Besteigen oder Verlassen eines Hochsitzes, beim Überwinden von Hindernissen oder in ähnlichen Gefahrlagen müssen die Läufe (Patronenlager) entladen sein.

(4) Ein Schuss darf erst abgegeben werden, wenn sich der Schütze vergewissert hat, dass niemand gefährdet wird.

Durchführungsanweisung zu Absatz 4

Eine Gefährdung ist z. B. dann gegeben, wenn

- *Personen durch Geschosse oder Geschossteile verletzt werden können, die an Steinen, gefrorenem Boden, Ästen, Wasserflä-*

chen oder am Wildkörper abprallen oder beim Durchschlagen des
Wildkörpers abgelenkt werden,

- beim Schießen mit Einzelgeschossen kein ausreichender Kugel-
fang vorhanden ist.

(5) Von Wasserfahrzeugen aus darf im Stehen nur geschossen werden,
wenn das Fahrzeug gegen Umschlagen und der Schütze gegen Stürzen
gesichert sind.

(6) Bei einer mit besonderen Gefahren verbundenen Jagdausübung ist
ein Begleiter zur Hilfeleistung mitzunehmen.

Durchführungsanweisung zu Absatz 6

Besondere Gefahren können sich ergeben, z. B. durch Witterungs-,
Gelände- und Bodenverhältnisse, vor allem im Hochgebirge, auf
Gewässern und in Mooren oder bei der Nachsuche auf wehrhaftes
Wild.

(7) Fangeisen dürfen nur mit einer entsprechenden Vorrichtung gespannt
und nur mit einem geeigneten Gegenstand ge- bzw. entsichert werden.

(8) Fangeisen dürfen fängisch nur so aufgestellt werden, dass keine Personen gefährdet werden.

Durchführungsanweisung zu Absatz 8

Eine Gefährdung kann z. B. vermieden werden, wenn Fangeisen in
verblendeten Fangbunkern, Fallenkästen oder Fangburgen aufgestellt werden.

§ 4 Besondere Bestimmungen für Gesellschaftsjagden

(1) Bei Gesellschaftsjagden muss der Unternehmer einen Jagdleiter
bestimmen, wenn er nicht selbst diese Aufgabe wahrnimmt. Die Anordnungen des Jagdleiters sind zu befolgen.

Durchführungsanweisung zu Absatz 1

Zur Gesellschaftsjagd gehören z. B. Treibjagden und Drückjagden.

(2) Der Jagdleiter hat den Schützen und Treibern die erforderlichen Anordnungen für den gefahrlosen Ablauf der Jagd zu geben. Er hat insbesondere die Schützen und Treiber vor Beginn der Jagd zu belehren und ihnen die Signale bekannt zu geben.

Durchführungsanweisung zu Absatz 2

Zur Belehrung gehört insbesondere der Hinweis auf die Vorschriften in Absatz 3 sowie in den Absätzen 6 bis 11.

(3) Sofern der Jagdleiter nichts anderes anordnet, ist die Waffe erst auf dem Stand zu laden und nach Beendigung des Treibens sofort zu entladen.

(4) Der Jagdleiter hat Personen, die infolge mangelnder geistiger und körperlicher Eignung besonders unfallgefährdet sind, die Teilnahme an der Jagd zu untersagen.

(5) Der Jagdleiter kann für einzelne Aufgaben Beauftragte einsetzen.

Durchführungsanweisung zu Absatz 5

Zu den Aufgaben des Beauftragten können z. B. das Einweisen der Schützen in die Schützenstände und das Führen der Treiberwehr gehören.

(6) Bei Standtreiben haben der Jagdleiter oder die von ihm zum Anstellen bestimmten Beauftragten den Schützen ihre jeweiligen Stände anzuweisen und den jeweils einzuhaltenden Schussbereich genau zu bezeichnen. Nach Einnahme der Stände haben sich die Schützen mit den jeweiligen Nachbarn zu verständigen; bei fehlender Sichtverbindung hat der Jagdleiter diese Verständigung sicherzustellen. Sofern der Jagdleiter nichts anderes bestimmt, darf der Stand vor Beendigung des Treibens weder verändert noch verlassen werden. Verändert oder verlässt ein Schütze mit Zustimmung des Jagdleiters seinen Stand, so hat er sich vorher mit seinem Nachbarn zu verständigen.

(7) Wenn sich Personen in gefahrbringender Nähe befinden, darf in diese Richtung weder angeschlagen noch geschossen werden. Ein Durchziehen mit der Schusswaffe durch die Schützen- oder Treiberlinie ist unzulässig.

(8) Mit Büchsen- oder Flintenlaufgeschossen darf nicht in das Treiben hineingeschossen werden. Ausnahmen kann der Jagdleiter nur unter besonderen Verhältnissen zulassen, sofern hierdurch eine Gefährdung ausgeschlossen ist.

Durchführungsanweisung zu Absatz 8

Besondere Verhältnisse können z. B. gegeben sein durch die Geländeform oder mit Ansitzdrückjagden.

(9) Bei Kesseltreiben bestimmt der Jagdleiter, ab wann nicht mehr in den Kessel geschossen werden darf; spätestens darf jedoch nach dem Signal „Treiber rein" nicht mehr in den Kessel geschossen werden.

(10) Die Waffe ist außerhalb des Treibens stets ungeladen, mit geöffnetem Verschluss und mit der Mündung nach oben oder abgeknickt, zu tragen. Bei besonderen Witterungsverhältnissen kann der Jagdleiter zulassen, dass Waffen geschlossen und mit der Mündung nach unten getragen werden, wenn sie entladen sind.

(11) Durchgeh- oder Treiberschützen dürfen während des Treibens nur entladene Schusswaffen mitführen. Dies gilt nicht für Feldstreifen und Kesseltreiben.

Durchführungsanweisung zu Absatz 11

1. *Als Feldstreife kann nach Entscheidung des Jagdleiters auch eine Streife mit flankierenden und vorgestellten Schützen in sonstigem übersichtlichem Gelände gelten.*
2. *Das Mitführen der Schusswaffe mit entladenen Läufen (Patronenlager) ist ausnahmsweise für den Durchgeh- und Treiberschützen zulässig*
   - *für den Eigenschutz*
   - *für den Fangschuss*
   - *für den Schuss auf vom Hund gestelltes Wild.*

(12) Bei Gesellschaftsjagden müssen sich alle an der Jagd unmittelbar Beteiligten deutlich farblich von der Umgebung abheben.

Durchführungsanweisung zu Absatz 12

Als deutlich farbliche Abhebung eignen sich bei Treibern, Treiber- und Durchgehschützen z. B. gelbe Regenbekleidung oder Brustumhänge in orange-roter Signalfarbe, bei Schützen z. B. ein orange-rotes Signalband am Hut.

(13) Bei schlechten Sichtverhältnissen hat der Jagdleiter die Jagd einzustellen.

Durchführungsanweisung zu Absatz 13

Schlechte Sichtverhältnisse liegen z. B. vor bei dichtem Nebel, einsetzender Dunkelheit oder Schneetreiben.

§ 5 Nachsuche

(1) Der Hundeführer wird durch den Unternehmer oder seinen Beauftragten als Jagdleiter bestimmt; er hat damit Weisungsrecht bei der Nachsuche, falls weitere Personen beteiligt sind.

(2) Der Hundeführer muss die notwendige persönliche Schutzausrüstung benutzen.

Durchführungsanweisung zu Absatz 2

Hierzu kann z. B. das Tragen von Schutzbrille und Schutzhandschuhen gehören.

(3) Der Lauf der Waffe ist vor eindringenden Fremdkörpern zu schützen.

Durchführungsanweisung zu Absatz 3

Hierzu eignen sich z. B. Klebestreifen aus durchschießbarem Material.

(4) Kinder und Jugendliche dürfen nicht an der Nachsuche teilnehmen.

(5) Der Unternehmer hat bei der Nachsuche für die Bereitstellung von Erste-Hilfe-Material zu sorgen.

Durchführungsanweisung zu Absatz 5

Auf die Unfallverhütungsvorschrift „Erste Hilfe" (VSG 1.3) wird verwiesen.

(6) Es gelten im Übrigen die Vorschriften von § 4 Absätze 2, 3, 5, 6, 7, 10 und 12 entsprechend.

§ 6 Übungsschießen

(1) Das Übungsschießen ist nur auf behördlich zugelassenen Schießständen erlaubt.

Durchführungsanweisung zu Absatz 1

1. *Die behördliche Zulassung kann auf Grundlage des Bundesimmissionsschutzgesetzes oder des Waffengesetzes erfolgen.*
2. *Auf die Schießstandordnung und die Schießvorschrift des Deutschen Jagdschutz-Verbandes e.V. wird hingewiesen.*

(2) Beim Schießen ist geeigneter Gehörschutz zu tragen.

Durchführungsanweisung zu Absatz 2

Als geeigneter Gehörschutz sind z. B. Gehörschutzkapseln anzusehen. Auf die Unfallverhütungsvorschrift „Allgemeine Vorschriften für Sicherheit und Gesundheitsschutz" (VSG 1.1) wird verwiesen.

§ 7 Hochsitze

(1) Der Unternehmer muss sicherstellen, dass

1. Hochsitze, ihre Zugänge sowie Stege fachgerecht errichtet und mit Einrichtungen gegen das Abstürzen von Personen gesichert sind,
2. bei ortsveränderlichen Hochsitzen die Standsicherheit gewährleistet ist,
3. Hochsitze vor jeder Benutzung, mindestens jedoch einmal jährlich, geprüft werden,
4. nicht mehr benötigte Einrichtungen abgebaut werden.

Durchführungsanweisung zu Absatz 1 Ziffer 1

1. *Als Absturzsicherung bei Ansitzleitern wird die Waffenauflage angesehen.*
2. *Auf die Unfallverhütungsvorschrift „Allgemeine Vorschriften für Sicherheit und Gesundheitsschutz" (VSG 1.1) und die Unfallverhütungsvorschrift „Arbeitsstätten, bauliche Anlagen und Einrichtungen" (VSG 2.1) wird verwiesen.*
3. *Als fachgerecht hergestellt gelten Jagdeinrichtungen, wenn z. B. die Hinweise in der Broschüre „Sichere Hochsitzkonstruktion" beachtet sind.*

Durchführungsanweisung zu Absatz 1 Ziffer 2

Auf die Unfallverhütungsvorschrift „Technische Arbeitsmittel" (VSG 3.1) wird verwiesen.

(2) Aufgenagelte Sprossen sind nur an geneigt stehenden Leitern zulässig. Sie sind mit den Leiterholmen fest zu verbinden und auf diesen nach unten hin abzustützen.

§ 8 Ordnungswidrigkeiten

Ordnungswidrig im Sinne des § 209 Absatz 1 Nr. 1 Siebtes Buch Sozialgesetzbuch (SGB VII) handelt, wer vorsätzlich oder fahrlässig den Bestimmungen des

§ 2 Abs. 1,

§ 3 Abs. 1 Satz 1,

§ 4 Abs. 1 Satz 1, Abs. 2, 3, 6, 7, Abs. 8 Satz 1, Abs. 10 Satz 1 oder § 11 Satz 1,

§ 5 Abs. 4,

§ 6 Abs. 1 oder

§ 7 Abs. 1 Ziffern 3 oder 4

zuwiderhandelt.

STICHWORTVERZEICHNIS

Stichwortverzeichnis

Stichwortverzeichnis

Stichwortverzeichnis

Stichwortverzeichnis

Berichte über Landwirtschaft

**Herausgegeben vom Bundes-
ministerium für Ernährung,
Landwirtschaft und Verbraucherschutz (BMELV)**

88. Jahrgang 2010
Erscheinungsweise: 3x jährlich
Jahresbezugspreis 2010: € 212,55
inkl. Versandkosten
ISSN 0005-9080

In der Zeitschrift für Agrarpolitik und Landwirtschaft „Berichte
über Landwirtschaft" werden Beiträge zu aktuellen Problemen
und Lösungen aus den Fachgebieten der Agrarerzeugung, der
Ernährungs- und Marktpolitik, der Verbraucherpolitik, der
Entwicklung der ländlichen Räume sowie Fragen des Umwelt-
schutzes und der Landschaftspflege publiziert. Verbindungen
gibt es zu angrenzenden Bereichen, insbesondere zu Bildung
und Beratung sowie zum Agrarsozialbereich.

Beiträge zur Gestaltung von Agrarumweltmaßnahmen, zur Ver-
marktung umwelt- und tiergerecht erzeugter landwirtschaftlicher Produkte sowie zum Verbraucherschutz finden verstärkt
Berücksichtigung. Die Zeitschrift versteht sich als eine Platt-
form zur Darstellung wissenschaftlicher Ergebnisse aus der
Agrarforschung sowie der Erfahrungen aus der landwirtschaftlichen Praxis.

▶ **www.kohlhammer.de**

W. Kohlhammer GmbH · 70549 Stuttgart